AS TAXAS
DE REGULAÇÃO ECONÓMICA EM PORTUGAL

AS TAXAS DE REGULAÇÃO ECONÓMICA EM PORTUGAL

Coordenação:
SÉRGIO VASQUES
Professor da Faculdade de Direito da Universidade de Lisboa

AS TAXAS DE REGULAÇÃO ECONÓMICA EM PORTUGAL

COORDENAÇÃO
SÉRGIO VASQUES

EDITOR
EDIÇÕES ALMEDINA, SA
Av. Fernão Magalhães, n.º 584, 5.º Andar
3000-174 Coimbra
Tel.: 239 851 904
Fax: 239 851 901
www.almedina.net
editora@almedina.net

PRÉ-IMPRESSÃO | IMPRESSÃO | ACABAMENTO
G.C. GRÁFICA DE COIMBRA, LDA.
Palheira – Assafarge
3001-453 Coimbra
producao@graficadecoimbra.pt

Março, 2008

DEPÓSITO LEGAL
273760/08

Os dados e as opiniões inseridos na presente publicação
são da exclusiva responsabilidade do(s) seu(s) autor(es).

Toda a reprodução desta obra, por fotocópia ou outro qualquer
processo, sem prévia autorização escrita do Editor, é ilícita
e passível de procedimento judicial contra o infractor.

Biblioteca Nacional de Portugal - Catalogação na Publicação

As taxas de regulação económica em Portugal / coord.
Sérgio Vasques. - (Obras colectivas)
ISBN 978-972- 40-3457-7

I – VASQUES, Sérgio, 1969-

CDU   336

NOTA PRÉVIA

As taxas de regulação económica são tributos aos quais dedicamos por regra pouca atenção, concentrados como sempre estamos nos grandes impostos, são tributos que nunca tiveram entre nós enquadramento legislativo preciso, sendo produzidos de modo avulso e inconstante, e são tributos que apesar disso têm vindo a alimentar um conjunto interessante de litígios e decisões dos nossos tribunais. Estas são com certeza razões boas para deitar mãos ao trabalho e analisar com maior cuidado as taxas de regulação económica que se cobram em Portugal e são razões tanto melhores quando é certo que o número e dimensão destas taxas tem vindo a crescer nos últimos tempos, à medida que se multiplicam autoridades reguladoras e institutos públicos, com grau diverso de autonomia, lançando sobre sectores determinados da nossa economia encargos parafiscais de peso considerável. Com este trabalho colectivo pretende-se levar a cabo um primeiro levantamento das taxas de regulação cobradas em alguns dos mais importantes sectores da nossa economia e fazê-lo juntando os contributos dos profissionais que lidam com estas figuras tributárias no seu dia-a-dia e conhecem por isso de perto os problemas que têm vindo a rodear a respectiva aplicação.

Porque é sobretudo de um trabalho de levantamento que se trata, os textos que aqui se recolhem assentam em larga medida numa estrutura comum, com os desvios sempre ditados pelo particularismo de uma ou outra figura, procurando fixar com rigor o enquadramento institucional de cada sector, as normas aplicáveis do direito comunitário e nacional, os elementos constitutivos destas taxas de regulação e dar conta também da jurisprudência produzida sobre as mesmas. Com isto, pretende-se facultar a estudantes e profissionais do direito uma panorâmica sobre estas figuras tributárias, avançar argumentos para a sua análise e comparação crítica e fornecer também pistas para a sua melhor concepção legislativa. Sem dúvida que existe muito nesta área que depende, antes do mais, do legislador comunitário mas importa reconhecer ainda assim que muitos dos problemas que rodeiam as nossas taxas de regulação económica resultam de opções tomadas pelo legislador nacional na construção do direito interno português, seja na delimitação dos elementos essenciais destas figuras, seja na fixação do respectivo montante, seja na afectação da sua receita ou em tantas pequenas-grandes questões relativas à sua gestão administrativa.

A sistematização deste trabalho colectivo segue assim pela ordem alfabética dos sectores em análise, os aeroportos, as águas e os resíduos, a comunicação social, as comunicações electrónicas, a concorrência, a electricidade, as ferrovias, o gás natural, o mercado de capitais, a saúde e os seguros. E, antes dessa análise sectorial, faz-se uma breve introdução às taxas de regulação económica para ensaiar o seu enquadramento histórico, dogmático e conceitual, aproveitando para o efeito os elementos recolhidos nos diferentes textos.

Em tudo isto, fica um agradecimento à Inês Setil pelo trabalho de revisão final, sempre espinhoso num trabalho colectivo.

SÉRGIO VASQUES
sergiovasques@fd.ul.pt

APRESENTAÇÃO DOS AUTORES

António Moura Portugal Nascido em 1973, terminou a licenciatura em Direito na Universidade de Coimbra em 1996, na menção de ciências jurídico-económicas. Em 2003, terminou o Curso de Mestrado em Ciências Jurídico-Empresariais na Faculdade de Direito de Lisboa, com dissertação subordinada ao tema *A Dedutibilidade dos Custos na Jurisprudência Fiscal Portuguesa*. É advogado especialista em Direito Fiscal e sócio da Azevedo Neves, Benjamim Mendes, Bessa Monteiro, Cardigos & Associados – Sociedade de Advogados R.L., tendo a seu cargo a execução e coordenação de vários assuntos ligados à área fiscal e da aviação. É membro da European Air Space Law Association, do European Aviation Club e do Comité de Aviação da International Bar Association (IBA). É assistente da Faculdade de Direito da Universidade de Lisboa, integrando o grupo de ciências jurídico-económicas e a equipa docente do curso pós-graduação em Direito Fiscal ministrado pelo Instituto de Direito Económico, Financeiro e Fiscal da Faculdade de Direito da Universidade de Lisboa.

Carlos Pinto Correia Licenciado e mestre em Direito (Ciências Jurídico-Económicas) pela Faculdade de Direito de Lisboa. Assistente da FDL entre 1982 e 1987 e entre 1998 e 2005. Funcionário do Tribunal de Justiça das Comunidades Europeias entre 1987 e 1998, onde foi assessor do Presidente do Tribunal de Primeira Instância. Advogado e docente do Instituto de Direito Económico, Financeiro e Fiscal e da FDL.

Conceição Gamito Nascida em Moçambique, em 1971, licenciou-se em Direito pela Faculdade de Direito da Universidade de Lisboa, em 1995. Realizou Pós-Graduação em Gestão e Fiscalidade pelo Instituto de Estudos Superiores Financeiros e Fiscais, em 1997, e em Direito Fiscal Avançada pelo Instituto de Direito Económico Financeiro e Fiscal da

8   *As Taxas de Regulação Económica em Portugal*

Faculdade de Direito, em 2005, bem como o Curso "Value Added Taxation", *International Tax Centre*, na Universidade de Leiden, em 2004. Iniciou a sua prática profissional na PLMJ, tendo integrado o Departamento de Especialização Exclusiva em Direito Fiscal desta Sociedade de Advogados. Foi consultora sénior da área especializada *Financial Services Industry* da Divisão de Impostos da Andersen Portugal entre 1999 e 2002. Integra a Vieira de Almeida & Associados – Sociedade de Advogados, RL (VdA) desde Fevereiro de 2002. Actualmente é associada sénior da Área Fiscal da VdA, na qual presta assessoria fiscal a grupos farmacêuticos, financeiros, imobiliários, de tecnologia e informação e de telecomunicações, com especial incidência nos domínios da tributação indirecta, taxas e contribuições. Participa regularmente como oradora em seminários relativos ao Imposto sobre o Valor Acrescentado e à fiscalidade do imobiliário.

Diogo Leónidas Rocha Licenciado em Direito em 1990 pela Faculdade de Direito da Universidade Católica. Pós-graduado em Estudos Europeus pela Faculdade de Direito da Universidade Católica. Especialista em Direito Financeiro, título atribuído pela Ordem dos Advogados. Advogado na Sociedade "Carlos de Sousa e Brito & Associados" de Outubro de 1990 a Janeiro de 1999. Sócio da Sociedade "Pena, Machete, Botelho Moniz, Nobre Guedes, Ruiz & Associados (PMBGR)", de Fevereiro de 1999 a Agosto de 2000. Sócio da Sociedade Leónidas, Matos & Associados, de 2000 a 2004. Sócio da Sociedade Garrigues, Leónidas, Matos, S.L., actualmente Garrigues Portugal, S.L.

Diogo Ortigão Ramos Nascido em Lisboa, em 1965. Licenciado em Direito pela Universidade Lusíada, em 1989. Pós-Graduação em Fiscalidade no ano de 1995 pelo Instituto Superior de Gestão. Especialista de Direito Fiscal, título atribuído pela Ordem dos advogados. Iniciou a sua prática profissional em 1989. Inscrito na Ordem dos Advogados desde 1989, e reconhecido pela Ordem dos Advogados como Especialista de Fiscal. Iniciou a sua carreira no Grupo Legal Português (actualmente Simmons & Simmons), colaborou no departamento de fiscal da Deloitte & Touche e juntou-se à Gonçalves Pereira, Castelo Branco & Associados em 1996. Sócio desde 2000. É o responsável pelo grupo de Fiscal. Leccionou Direito Fiscal Internacional no Overgest / Instituto Superior de Ciências do Trabalho e da Empresa. Tem centrado a sua actividade no Direito Fiscal Nacional Comunitário e Internacional, nomeadamente em

Apresentação dos Autores 9

fusões e aquisições, *buy-outs*, reorganizações empresariais, operações financeiras, estruturação e transação de investimentos imobiliários. Tem também desenvolvido a sua actividade na área do contencioso tributário e aduaneiro e na estruturação de operações no Centro Internacional de Negócios da Madeira.

Gonçalo Anastácio Sócio e Coordenador do Departamento de Concorrência e Energia da Simmons & Simmons Rebelo de Sousa – Lisboa. "Advogado Especialista em Direito Europeu e da Concorrência". Licenciado em Direito pela Universidade de Coimbra, pós-graduado pelo Collége des Hautes Études Européennes da Sorbonne (Paris I) e Mestre em Direito Comunitário pela Universidade de Lisboa, onde foi assistente, de 1997 a 2007. Actualmente, é docente da Pós-graduação em Concorrência e Regulação (módulo Energia) e do Instituto Europeu, da mesma Faculdade, bem como do Programa de Gestão de Energias Renováveis da Universidade Católica Portuguesa. Ao longo da sua carreira tem sempre trabalhado intensamente no sector da Energia, em todos os níveis da cadeia de produção e, em particular, nas vertentes de direito da concorrência, regulatório e europeu. Trabalhou nos departamentos de Concorrência e Energia do Escritório de Londres da Simmons & Simmons e é membro da Associação Portuguesa de Energia.

Gonçalo Castro Ribeiro Licenciado em Direito pela Universidade Católica Portuguesa em 2003, frequentou a Universidad Complutense de Madrid e a Académie de Droit International de La Haye. Encontra-se a realizar a pós-graduação em Direito dos Valores Mobiliários pela Faculdade de Direito da Universidade de Lisboa. Colabora com a Garrigues desde 2003, desenvolvendo a sua actividade profissional nas áreas de Mercado de Capitais e Fusões e Aquisições.

Gonçalo Leite de Campos Sócio responsável pelo Departamento de Direito Fiscal da Sérvulo & Associados, Sociedade de Advogados, R.L.; Vogal do Gabinete de Estudos/Comissão de Legislação (GECL) da Ordem dos Advogados desde 2005; Vogal da Comissão de Reforma do Regime do Património Imobiliário Público entre 2005 e 2006; Assessor do Secretário de Estado dos Assuntos Fiscais no XIV Governo Constitucional entre 2001 e 2002; Membro da IFA – *International Fiscal Association* desde 2000; e Membro da AFP – Associação Fiscal Portuguesa desde 2000.

Inês Salema Licenciada pela Faculdade de Direito da Universidade de Lisboa, é advogada estagiária na sociedade de advogados Morais

Leitão, Galvão Teles, Soares da Silva & Associados, e dedica-se fundamentalmente à consultadoria fiscal.

Joana Pacheco Licenciada em Direito pela Universidade Católica Portuguesa – Porto, pós-graduada em Direito do Ordenamento, Urbanismo e Ambiente pela Faculdade de Direito da Universidade de Coimbra e em Fiscalidade pelo Instituto Superior de Administração e Gestão em colaboração com a PriceWaterhouseCoopers. Tem prestado assessoria a empresas no sector da Energia, nomeadamente nas vertentes de direito societário e comercial, administrativo e de representação em contencioso civil, administrativo e tributário. Trabalhou no departamento de Concorrência e Regulação de Energia do escritório de Lisboa da Simmons & Simmons Rebelo de Sousa, pertencendo aos respectivos grupos internacionais da Simmons & Simmons.

João Parreira Mesquita Nascido em 1982, licenciou-se em Direito pela Faculdade de Direito da Universidade Nova de Lisboa, em 2006, é advogado estagiário na Área de Prática de Direito Fiscal em PLMJ – Sociedade de Advogados, R.L., e membro da Associação Fiscal Portuguesa.

João Riscado Rapoula Nascido em Leiria a 11 de Junho de 1983. Licenciado em Direito pela Faculdade de Direito da Universidade de Lisboa em 2007. Especialização em Fiscalidade pela Overgest – Business School/ISCTE em 2007. Iniciou a sua actividade profissional em 2007 na Vieira de Almeida e Associados – Sociedade de Advogados, R.L., onde colabora na Área Fiscal.

Luís M. S. Oliveira Advogado (Especialista em Direito Fiscal), Sócio de Miranda, Correia, Amendoeira & Associados – Sociedade de Advogados RL. Tem uma pós-graduação em Direito da Sociedade da Informação, pela Faculdade de Direito da Universidade de Lisboa, e fez um "E-business Course" pela Darden Graduate School of Business Administration, Universidade da Virginia, EUA. Integrou a Estrutura de Coordenação da Reforma Fiscal (Janeiro de 2000 a Agosto de 2001), no âmbito do Ministério das Finanças. Foi também membro de um Grupo de Trabalho de Assessoria ao Ministro da Ciência e da Tecnologia, em matéria de contratação pública electrónica (Setembro de 2000 a Julho de 2001), o qual produziu o *Relatório sobre Aquisição de Bens por Via Electrónica pela Administração Pública*, anexo à Resolução do Conselho de Ministros n.º 32/2001. Após algumas passagens pela docência (Faculdade de Direito da Universidade de Lisboa, Instituto Superior de Gestão Bancária e Instituto Superior de Gestão), concentrou a actividade profissional exclusivamente no exercício da advocacia. Tem desenvolvido actividade com particular ênfase nos sectores regulados, designadamente gestão de infra-estruturas e operação ferroviária, transporte rodoviário, transporte marítimo, operação portuária e aeroportuária, electricidade e gás natural, financiamento de infra-estruturas, bem como em matéria de concessões, aquisições públicas e sistemas de compras públicas, contratação electrónica e comércio electrónico.

Mafalda Martins Alfaiate Advogada, associada da sociedade de advogados Galhardo Vilão, Torres. É licenciada em Direito pela Faculdade de Direito da Universidade de Lisboa e pós-graduada em Fiscalidade pelo Instituto Superior de Gestão, de Lisboa. Estagiou na Direcção-Geral dos Impostos, na Direcção de Serviços do Imposto Municipal sobre as Transmissões Onerosas de Imóveis, do Imposto do Selo, dos Impostos Rodoviários e das Contribuições Especiais.

Manuel Anselmo Torres Advogado, especialista em direito fiscal, área de prática à qual se dedica em exclusividade desde o início dos anos 90. É sócio fundador da sociedade de advogados Galhardo Vilão, Torres, que actua sobretudo nas áreas do direito financeiro e fiscal. Foi consultor fiscal da Price Waterhouse até 1995 e sócio responsável pelo departamento de fiscalidade da PLMJ até 1999. Como docente universitário, foi regente da cadeira de Direito Fiscal II da Licenciatura em Direito da Universidade Moderna e cabe-lhe actualmente a direcção da cadeira de IRC da Pós-Graduação em Fiscalidade da Faculdade de Direito da Universidade Católica. É correspondente português da revista *Tax Notes International* e membro da redacção da revista *Fiscalidade*. Entre os seus trabalhos mais recentemente publicados contam-se *A Critical Overview of the Treatment of Tax Losses in Portugal* e *A Contabilização das Acções Próprias e a sua Repercussão Comercial e Tributária*.

Maria José Viegas Nasceu a 17 de Julho de 1970. Licenciou-se em Direito 1993 pela Faculdade de Direito da Universidade de Lisboa. É sócia da Coutinho, Duarte, Correia & Associados – Sociedade de Advogados, RL, e desde 1998 exerce funções como advogada na Direcção dos Serviços Jurídicos e do Contencioso da ANA, Aeroportos de Portugal, S.A., onde tem centrado a sua actividade na área do direito aeroportuário e do direito tributário. Tem participado em conferências em Portugal e no estrangeiro sobre a actividade aeroportuária e a legislação aplicável ao sector e possui várias publicações neste domínio, entre os quais *Direito dos Aeroportos – Regime Jurídico da Assistência em Escala, Anotado e Comentado* e artigos na revista *Ground Handling International* (Inglaterra).

Marta Graça Rodrigues Licenciada pela Faculdade de Direito da Universidade Católica em Direito em 1999. Pós-graduada em Direito dos Valores Mobiliários pelo Instituto de Valores Mobiliários da Faculdade de Direito da Universidade Clássica de Lisboa em 2004. Trabalhou na Presidência do Conselho de Ministros no âmbito do procedimento legislativo do Governo em regime de estágio de Fevereiro a Outubro de 2000 ao abrigo de Protocolo celebrado entre o Secretário de Estado da Presidência do Conselho de Ministros e a UCP. Entrou para a Léonidas, Matos & Associados (a que sucedeu posteriormente a Garrigues Portugal, SL – Sucursal) em Novembro de 2000. Actualmente é a associada responsável pela área de Mercado de Capitais da Garrigues Portugal.

Miguel Clemente Advogado Estagiário na Sérvulo & Associados, Sociedade de Advogados, R.L.; Minor em Gestão pela Faculdade de Economia da Universidade Nova de Lisboa em 2005; Membro da AFP – Associação Fiscal Portuguesa desde 2007.

Nuno de Oliveira Garcia Licenciado em Direito pela Universidade de Lisboa, na qual concluiu curso de pós-graduação em direito fiscal avançado, encontra-se a terminar programa de mestrado em ciências jurídico-económicas na referida Universidade. Advogado associado da sociedade de advogados Morais Leitão, Galvão Teles, Soares da Silva & Associados, com especialização no campo do Direito Tributário e do Direito Comercial e das Sociedades. Mantém intensa actividade no âmbito das actividades de consultadoria, parcerística e contencioso em áreas específicas como a fiscalidade dos sectores regulados e das autarquias locais, aspectos contabilísticos e fiscais relacionados com planos de subscrição de acções, bem como fusões e aquisições de sociedades comerciais. Desde 2006/2007, colabora com a Faculdade de Direito da Universidade do Porto como docente convidado. Inscrito na Ordem dos Advogados, é também membro da Associação Fiscal Portuguesa, da Associação Portuguesa dos Consultores Fiscais e do Instituto de Direito Económico, Financeiro e Fiscal da Faculdade de Direito da Universidade de Lisboa. Autor de diversos artigos, em revistas nacionais e internacionais, com enfoque para matérias relacionadas com taxas, contribuições específicas e com fusões e aquisições de sociedades.

Pedro Sousa Machado Nascido no Porto, em 1973. Licenciado em Direito pela Universidade Católica, em 1996. Pós-Graduado em Gestão e Fiscalidade pelo Instituto de Estudos Financeiros e Fiscais e em Estudos Europeus pela Universidade de Coimbra. Iniciou a sua prática profissional em 1996, na Sociedade de Advogados Osório de Castro, Verde Pinho, Vieira Peres & Lobo Xavier. Entre 2005 e 2006, integrou a Sociedade de Advogados Abreu, Cardigos & Associados, tendo-se juntado à Gonçalves Pereira, Castelo Branco & Associados em 2006. Tem exercido a sua actividade na área fiscal, assistindo vários clientes, de diversos sectores de actividade, nas áreas de IRS, IRC, IVA e Impostos sobre o Património, possuindo ainda uma experiência relevante no contencioso tributário.

Rogério M. Fernandes Ferreira Nascido em 1964, licenciou-se em Direito pela Faculdade de Ciências Humanas da Universidade Católica Portuguesa, em 1987, sendo pós-graduado em Estudos Europeus e Mestre em Ciências Jurídico-Económicas pela mesma Universidade. Advogado desde 1989, é sócio de capital e responsável pela Área de Prática de Direito Fiscal em PLMJ – Sociedade de Advogados, R.L., e docente nos cursos de pós-graduação do IDEFF e Instituto Europeu da Faculdade de Direito de Lisboa, da Universidade Católica Portuguesa e do Instituto Superior de Economia e Gestão. Foi Presidente da Comissão de Reforma do Regime do Património Imobiliário Público, membro da Comissão de Reforma da Lei de Enquadramento Orçamental e da Comissão de Estudo da Tributação das Instituições e Produtos Financeiros, consultor do Instituto de Seguros de Portugal e o Secretário de Estado dos Assuntos Fiscais do XIV Governo Constitucional. É o actual Presidente da Associação Fiscal Portuguesa.

Rui Camacho Palma Nascido em 1975, licenciou-se em Direito pela Universidade de Lisboa em 1998. Consultor fiscal de Setembro de 1998 a Julho de 2007 nas firmas Andersen e Deloitte, e advogado desde 2000, é responsável desde Agosto de 2007 pelo Departamento Fiscal do escritório de Lisboa da Linklaters LLP. Especializou-se ao longo da sua carreira na área da fiscalidade internacional, tendo apoiado diversos grupos multinacionais nos seus investimentos em Portugal e vários grupos económicos portugueses no seu processo de internacionalização. Foi docente universitário de Relações Económicas Internacionais, Direito Fiscal e Direito Processual Administrativo e Fiscal e publicou diversos artigos em matéria fiscal, em publicações nacionais e estrangeiras, para além de outros estudos em Direito Civil, salientando-se a monografia *Da Obrigação Natural*. Tem sido orador em conferências subordinadas a temas tributários, tanto em Portugal como no estrangeiro.

Sérgio Vasques Nascido em 1969, licenciou-se em Direito pela Universidade Católica Portuguesa em 1994, concluiu mestrado em Ciências Jurídico-Económicas pela mesma casa ao ano de 1999 e doutorou--se em 2007 na Faculdade de Direito da Universidade de Lisboa, na especialidade de Direito Fiscal, onde exerce funções docentes como Professor Auxiliar e secretaria a Pós-Graduação em Direito Fiscal. Exerceu funções nos últimos anos como jurista do Centro de Estudos Fiscais da Direcção-Geral dos Impostos, como adjunto do Secretário de Estado dos Assuntos Fiscais, assessor do Ministro das Finanças e assessor do Ministro do Ambiente, tendo participado de diversos trabalhos de concepção e reforma de tributos públicos, nomeadamente na reforma dos impostos especiais sobre o consumo e da tributação automóvel, bem como na concepção de taxas ambientais sobre as águas e resíduos. Integra a equipa de redacção do periódico *Fiscalidade*, é correspondente português do periódico *EC Tax Review* e faz parte do conselho editorial da revista *Fórum de Direito Tributário* (Brasil).

AS TAXAS DE REGULAÇÃO ECONÓMICA EM PORTUGAL: UMA INTRODUÇÃO

SÉRGIO VASQUES

SUMÁRIO: 1. A evolução da parafiscalidade económica portuguesa 2. Fixação conceitual e enquadramento dogmático 2.1. A qualificação das taxas de regulação económica 2.2. O princípio da legalidade tributária 2.3. O princípio da igualdade tributária 3. Problemas transversais das taxas de regulação económica 3.1. Transparência e divulgação de informação 3.2. Técnica e gestão legislativa 3.3. A privatização da gestão tributária 3.4. A captura fiscal dos regulados 4. Conclusões: quem regula as taxas de regulação?

1. A evolução da parafiscalidade económica portuguesa

É sabido que logo no século dezanove nascem entre nós, com os seus contornos modernos, os primeiros organismos administrativos ligados à coordenação económica e os primeiros tributos parafiscais dirigidos ao respectivo financiamento. Na viragem do século dezanove para o século vinte, o estado alarga progressivamente o seu âmbito de intervenção, estendendo-se muito além das tradicionais funções de soberania que a doutrina liberal lhe cometia e, consciente de que nem tudo está ao seu alcance, intervém sobre a economia de modo indirecto, através de entidades autónomas às quais é cometida a coordenação de sectores determinados. Os tributos parafiscais que se criaram para sustento destas entidades representaram, portanto, um passo intermédio entre a neutralidade económica e a intervenção directa, o instrumento próprio de um poder público com muita vontade e poucos meios.

Sem prejuízo dos antecedentes que se encontram com facilidade folheando as páginas do *Diário do Governo* no primeiro quartel do século vinte, é sabido também que foi com a instituição do Estado Novo e com a afirmação do aparelho corporativo que as taxas de regulação económica ganharam entre nós maior projecção, passando a infundir os sectores económicos que maior peso revestiam em Portugal.

Assim, em correspondência com a Constituição de 1933 e com o Estatuto do Trabalho Nacional, aprovado no mesmo ano, o Decreto-Lei n.º 26757, de 8 de Julho de 1936, viria estabelecer o enquadramento dos "organismos de coordenação económica", organismos novos concebidos como elementos de ligação entre o Estado e as organizações corporativas propriamente ditas, para que o primeiro concretizasse de modo indirecto "o direito e a obrigação de coordenar e regular superiormente a vida económica e social, determinando-lhe os objectivos e subordinando todos os interesses parcelares ao conceito mais elevado do interesse da nação".[1] Os organismos de coordenação económica, munidos de autonomia administrativa e personalidade jurídica, surgiam assim como entidades que "completam a harmonia da organização e constituem ao mesmo tempo uma forte ossatura, susceptível de garantir em certos aspectos mais delicados o bom funcionamento do sistema [corporativo]" e que se previa tevessem carácter provisório, devendo ser integrados nas corporações logo que estas se constituíssem, como dispunha o artigo 2.º do Decreto-Lei n.º 26757.[2]

Os organismos de coordenação económica concentravam-se sobre os ramos da produção e do comércio mais ligados à importação e ex-

---

[1] Quanto aos organismos de coordenação económica e à sua relação com o sistema corporativo do Estado Novo, vejam-se Teixeira Ribeiro (Coimbra, 1939), *Princípios e Fins do Sistema Corporativo Português*; Marcelo Caetano (Lisboa, 1938), *O Sistema Corporativo*; Mário de Oliveira (Lisboa, 1959), *O Regime Corporativo e os Organismos de Coordenação Económica*; Manuel de Lucena, "Sobre a Evolução dos Organismos de Coordenação Económica Ligados à Lavoura", *Análise Social*, 1978, n.º 56, 817-862, n.º 57, 117-167, e 1979, e n.º 58, 287-357; e Vital Moreira (Coimbra, 1997), *Auto-Regulação Profissional e Administração Pública*, 243-253.

[2] Anteriores ao Decreto-Lei n.º 26757 eram o Instituto do Vinho do Porto, a Junta Nacional de Exportação de Frutas, a Comissão Reguladora do Comércio do Bacalhau, bem como a Comissão Reguladora do Comércio do Arroz. A propósito, veja-se Luiz Pinto Coelho, "Os Organismos de Coordenação Económica", *Revista da Ordem dos Advogados*, 1941, n.º 3, 51-65.

portação, pois no delicado período entre as duas grandes guerras era aqui que se sentia que o estado devia estar "mais vigilante para defesa do conveniente equilíbrio e prosperidade de todos os factores da vida económica e social da nação", revestindo três formas essenciais: a das *comissões reguladoras*, destinadas a condicionar a importação de harmonia com as necessidades da produção da metrópole e das colónias e com vista aos superiores interesses da nação, a das *juntas nacionais*, que visavam desenvolver, aperfeiçoar e coordenar as actividades da produção e do comércio nacionais em ordem à maior expansão da exportação portuguesa, e a dos *institutos*, que seriam criados quando se encontrassem já organizadas corporativamente as actividades da produção e do comércio de produtos principalmente orientados para a exportação e que, em virtude da sua importância, exigissem garantia oficial da sua qualidade e categoria.

Em conformidade com o artigo 8.º do Decreto-Lei n.º 26757, contar-se-iam entre as receitas próprias dos organismos de coordenação económica as "taxas cobradas sobre a importação e exportação dos respectivos produtos", afirmando-se em parágrafo único que a sua cobrança competiria em regra às alfândegas ou a outros serviços públicos. A configuração das taxas de coordenação económica como pequenos tributos aduaneiros assegurava-lhes alguma simplicidade e permitia pôr a administração do estado ao serviço destes organismos corporativos, poupando-os a um esforço de gestão tributária para o qual sempre estariam mal apetrechados.

As taxas de coordenação económica ganhariam, assim, os contornos prototípicos que encontramos nas taxas devidas à Junta Nacional dos Resinosos, criada pelo Decreto n.º 27001, de 12 de Setembro de 1936, correspondentes a $06 por quilograma de água-raz e $03 por quilograma de pez louro objecto de exportação, ou que encontramos nas taxas devidas à Junta Nacional de Cortiça, criada pelo Decreto n.º 27164, de 7 de Novembro de 1936, correspondentes a 3$ por tonelada de cortiça em aglomerados, discos ou rolhas, a 4$ por tonelada de cortiça virgem, aparas ou serradura e a 5$ por tonelada de cortiça em prancha ou em quadros, sempre quando fossem objecto de exportação. Em ambos os diplomas se dispunha que as taxas poderiam ser modificadas por meio de portaria do Ministro do Comércio e da Indústria, o que deixa ver como a tendência à deslegalização destes tributos parafiscais possui longos antecedentes.

Possuindo embora natureza provisória, os organismos de coordenação económica acabariam por se multiplicar ao longo das décadas seguintes, logo assim nos anos trinta e quarenta, sob o impulso da doutrina corporativa do Estado Novo, e algo mais tarde nos anos cinquenta e sessenta, com o arranque da economia de fomento, surgindo assim um conjunto largo de juntas nacionais, comissões reguladoras e institutos, reproduzidos à escala mais pequena nas províncias ultramarinas portuguesas.[3] Ao ano de 1969, José Freitas Mota registava sob a tutela do Ministério da Economia a Comissão Reguladora dos Cereais do Arquipélago dos Açores, a Comissão Reguladora do Comércio do Algodão em Rama, a Comissão Reguladora do Comércio do Arroz, a Comissão Reguladora do Comércio de Bacalhau, a Comissão Reguladora das Moagens de Ramas, a Comissão Reguladora das Oleaginosas e Óleos Vegetais, a Comissão Reguladora dos Produtos Químicos e Farmacêuticos, o Instituto Nacional do Pão, o Instituto Português de Conservas de Peixe, o Instituto do Vinho do Porto, a Junta dos Lacticínios da Madeira, a Junta Nacional do Azeite, a Junta Nacional da Cortiça, a Junta Nacional das Frutas, a Junta Nacional dos Produtos Pecuários, a Junta Nacional dos Resinosos e a Junta Nacional do Vinho. À margem do Ministério da Economia encontravam-se ainda a Junta Nacional da Marinha Mercante e a Junta Nacional de Fomento das Pescas, uma e outra subordinadas ao Ministério da Marinha.[4]

A esta multiplicidade de organismos de coordenação económica correspondia uma multiplicidade de taxas também, às quais se foram habituando sectores variados da economia portuguesa. Alberto Xavier, escrevendo nas suas lições de Direito Corporativo em 1972, observava em tom crítico como as funções transitórias destes organismos se tinham convertido em definitivas e como as preocupações do comércio externo tinham sido progressivamente substituídas por "preocupações de intervenção e regularização" de todo o circuito económico dos sectores em causa, lamentando que as taxas de coordenação económica, incidentes sobre os produtos das actividades coordenadas, representassem então "uma parafiscalidade onerosa, dispersa e incoerente". De resto, ao ano

---

[3] Vejam-se Vicente Loff (Lisboa, 1960), *Estudo de Base sobre o Ordenamento e Coordenação dos Serviços e Organismos Executivos da Política Económica Nacional de Âmbito Ultramarino*; e Nunes Barata (Lisboa, 1961), *Localização dos Organismos de Coordenação Económica no Ultramar*.

[4] José Freitas Mota (Lisboa, 1969), *Taxas dos Organismos de Coordenação Económica 1965-1967*, Cadernos de Ciência e Técnica Fiscal, n.º 71.

em que Alberto Xavier escreve tinha sido editado o Decreto-Lei n.º 283/72, de 11 de Agosto, bem como os Decretos-Leis n.ºˢ 426/72, 427/72, 428/72, 429/72 e 430/72, todos de 31 de Outubro, introduzindo a primeira grande reforma dos organismos de coordenação económica portugueses em quatro décadas.

Sempre com o cuidado de ressalvar que "a intenção de reformar não implica menor reconhecimento pelo muito que se realizou" e representando o diploma como um retorno à "autenticidade da institucionalização corporativa" dos organismos de coordenação económica que reconhecia terem desempenhado "funções de indiscutível relevo no panorama da política económica nacional", o legislador registava no preâmbulo comum daqueles cinco diplomas críticas fundas "quanto às deficiências reveladas na sua actuação corrente", algumas das quais reconhecemos ainda hoje sem dificuldade: "em primeiro lugar, apresentam uma estrutura institucional complexa que dificulta alguma acção centralizada no conjunto da organização. Além disso, crescendo à medida dos serviços que lhe eram cometidos, detêm hoje, porventura, funções próprias dos departamentos correntes da administração e do sector privado. Assim, os benefícios que advêm para a economia da actuação dos organismos são, em parte, prejudicados pelo elevado encargo que envolve o seu funcionamento e pela dificuldade de coordenar a sua acção de intervenção. Reconhece-se, com efeito, como potencialmente geradora de descoordenações e de um eventual excesso de encargos a justaposição de um número elevado de organismos com competência específica limitada e, portanto, deficientemente informados sobre os objectivos e prioridades estabelecidos a curto, médio e longo prazos para a economia no seu conjunto".

O pacote legislativo de 1972 não punha termo, contudo, aos organismos de coordenação económica nem às taxas por eles arrecadadas, procurando simplesmente racionalizar o seu número através da fusão daqueles que mostravam "afinidades de funções particularmente evidentes" ou em que se impunha uma "melhor coordenação dos meios existentes". Assim é que à Junta Nacional da Cortiça e à Junta Nacional dos Resinosos vem substituir-se o Instituto dos Produtos Florestais ou que a Junta Nacional do Azeite e a Comissão Reguladora as Oleaginosas e dos Óleos Vegetais dão agora lugar ao Instituto do Azeite e Produtos Oleaginosos. Em todos os cinco decretos-leis encontramos a mesma fórmula aberta, nos termos da qual constituem receitas destas novas entidades "as importâncias das taxas que incidem sobre as actividades coordenadas e os

20   *As Taxas de Regulação Económica em Portugal*

respectivos produtos", remetendo-se a disciplina da sua incidência e forma de cobrança para portaria conjunta do Ministro das Finanças e do Secretário de Estado do Comércio. E enquanto não fossem estabelecidas novas taxas, mantinham-se naturalmente em vigor as taxas de coordenação existentes.

Assim, ainda que à entrada dos anos setenta fosse evidente para o próprio legislador que a economia nacional não se encontrava em transição para o corporativismo e que os organismos de coordenação económica criados nos anos trinta e quarenta geravam tantos problemas quantos vinham resolver, as taxas de coordenação económica mantiveram-se praticamente intocadas nos seus contornos essenciais até à restauração da democracia em 1974. Na verdade, o próprio 25 de Abril deixá-las-ia praticamente intocadas, pois que o novo regime democrático acabaria por preservar o aparelho dos organismos de coordenação económica, um instrumento de intervenção fundamental também num país que se pretendia em transição para o socialismo. Neste sentido ia claramente o Decreto-Lei n.º 443/74, de 12 de Setembro, extinguindo os organismos corporativos dependentes do Ministério da Economia – grémios, uniões e federações de produtores – mas diluindo as funções e receitas destes nos organismos de coordenação económica, que tomavam agora a forma dominante dos *institutos*, mero prolongamento da administração central, à qual deveriam caber as "funções mais importantes de intervenção e disciplina na vida económica" portuguesa.[5]

Nos anos setenta e oitenta, as taxas de coordenação económica sofreriam ajustes variados, destinados a robustecê-las em face da reserva

---

[5] Sobre a evolução destes organismos no período subsequente ao 25 de Abril vale a pena fazer a leitura da terceira parte do estudo de Manuel de Lucena (1979), 307-310, onde o autor contrasta o crescimento moderado que tiveram as suas receitas e quadros de pessoal durante três décadas com o alargamento explosivo que vieram a sofrer nos anos setenta. Assim, a Junta Nacional das Frutas, que em 1970 possuía quadro permanente com 251 funcionários, viria depois de 1974 a crescer até aos 700 efectivos, a Junta Nacional do Vinho, que em 1968 possuía quadro com 701 funcionários alargar-se-ia depois de 1974 até mais de um milhar de efectivos, ao mesmo tempo que a Junta Nacional dos Produtos Pecuários, cujo quadro integrava 545 funcionários em 1970 acabaria depois de 1974 por se alargar até cerca de 5000 efectivos – números ao pé dos quais Manuel de Lucena concluía fazerem "fraca figura" os que se observavam ao longo do Estado Novo, estes "expressivos de um crescimento moderado ao longo dos anos e entrecortado por períodos de relativa estagnação e até de algum ligeiro retrocesso, no fim da guerra, compreensivelmente".

As Taxas de Regulação Económica em Portugal: Uma Introdução   21

de lei parlamentar entretanto consagrada no artigo 167.º da Constituição da República de 1976. Com este propósito a Lei do Orçamento do Estado, a Lei n.º 21-A/79, de 25 de Junho, viria no seu artigo 31.º autorizar o Governo a rever a base de incidência e regime de cobrança das receitas dos organismos de coordenação económica. Esta autorização legislativa, com alcance absolutamente indeterminado e revogada embora pela Lei n.º 43/79, de 7 de Setembro, lei de alteração orçamental, serviria de fundamento aos Decretos-Leis n.º 374-H/79 a 374-L/79, todos de 10 de Setembro, alterando a base de incidência das taxas de coordenação económica incidentes sobre produtos químicos e farmacêuticos, produtos vínicos, produtos florestais e azeite e produtos oleaginosos, sendo que a propósito destas últimas o legislador sublinhava a necessidade de pôr termos "às dúvidas que se têm vindo a levantar relativamente à [sua] inconstitucionalidade".[6] Esta autorização legislativa seria repetida nas leis orçamentais dos anos seguintes, com ajustes pontuais apenas, até à lei orçamental para o ano de 1986, tendo-se produzido ao seu abrigo diversos diplomas de adaptação das taxas de coordenação económica.[7]

À medida que se avança nos anos oitenta, porém, a preocupação com a constitucionalidade das taxas de coordenação económica é suplantada pela da sua conformidade com o direito da Comunidade Económica Europeia, à qual Portugal se preparava para aderir. O projecto da inte-

---

[6] O mesmo sucederia com as taxas incidentes sobre os têxteis, revistas por meio do Decreto-Lei n.º 12/83, de 18 de Janeiro, em virtude de ter sido posta em causa a respectiva constitucionalidade.

[7] A hesitação quanto ao enquadramento constitucional destas figuras tributárias, bem como o número crescente de litígios gerados em seu torno, levariam à introdução de disposições curiosas na Lei do Orçamento do Estado para 1987, a Lei n.º 49/86, de 31 de Dezembro, em cujo art. 71.º n.º 1 se pode ler que "o regime legal dos impostos, contribuições, diferenciais e outros tributos cobrados pelos serviços autónomos, pelos fundos autónomos e pela Segurança Social e pelos organismos de coordenação económica e institutos públicos só pode ser modificado pela Assembleia da República". No n.º 2 deste artigo precisava-se ainda que "o disposto no número anterior não se aplica a taxas pagas pelos utilizadores directos dos bens e serviços fornecidos por fundos e serviços autónomos, pela Segurança Social e pelos organismos de coordenação económica e institutos públicos, contanto que o respectivo montante corresponda ao custo dos referidos bens e serviços". Esboça-se logo aqui uma distinção interessante entre as taxas de coordenação económica, caracterizadas por uma bilateralidade difusa, e as taxas verdadeiras e próprias cobradas por estes organismos, caracterizadas por uma bilateralidade estrita, apelando-se para o efeito ao princípio da cobertura de custos e à tese da convolação.

gração comunitária obrigava ao recuo do estado português perante a economia e ao abandono dos propósitos de intervenção e fomento subjacentes a tantos dos organismos de coordenação económica, impondo-lhe em vez disso uma função de mera regulação externa quando essa função de regulação não pudesse ela própria ser levada a cabo por autoridades reguladoras independentes. Mais de perto, as grandes liberdades económicas comunitárias vedavam a cobrança de tributos incidentes sobre importações e exportações feitas no espaço comunitário, como o eram tradicionalmente as taxas de coordenação económica. O ingresso de Portugal na CEE ditaria, assim, a primeira grande transformação desta parafiscalidade económica, através do saneamento e reestruturação de muitos destes pequenos tributos. Assim, veremos que o Decreto-Lei n.º 75-C/86, de 23 de Abril, procede à reforma das taxas de coordenação económica devidas ao Instituto dos Produtos Florestais, já não com a preocupação de as proteger da alegação da inconstitucionalidade, como sucedera em 1979, mas com o propósito de as adaptar "às necessidades impostas pela adesão às Comunidades Europeias, decorrentes do facto de a maioria das taxas até agora cobradas poder ser qualificada como de efeito equivalente a direitos aduaneiros".[8] De modo geral, as taxas de coordenação que até então incidiam sobre as operações de importação ou exportação e eram liquidadas pelos serviços aduaneiros passam a incidir sobre as transacções internas adoptando-se cada vez mais como regra a solução da autoliquidação pelos operadores.

Entretanto, os litígios em torno destas figuras, que se tinham já multiplicado junto dos nossos tribunais, alargar-se-iam ao Tribunal de Justiça das Comunidades, culminando em decisões como o acórdão

---

[8] Já antes, no Decreto-Lei n.º 181/82, de 15 de Maio, o legislador apontava "as necessidades impostas pela futura adesão a novos espaços económicos" como uma das razões principais para a revisão das taxas devidas ao Instituto dos Produtos Florestais, procedendo-se também à revisão das taxas devidas à Junta Nacional dos Produtos Pecuários, por meio dos Decretos-Leis n.os 182/82 e 183/82, da mesma data. Mais tarde, seria também a adesão de Portugal à Comunidade Económica Europeia a impor a reestruturação dos nossos mercados agrícolas e a extinção da Junta Nacional do Vinho, através do Decreto-Lei n.º 304/86, de 22 de Setembro, da Junta Nacional dos Produtos Pecuários, da Junta Nacional das Frutas e do Instituto do Azeite e Produtos Oleaginosos, através do Decreto-Lei n.º 15/87, de 9 de Janeiro, ocasião em que procederia à criação do IROMA, o Instituto Regulador e Orientador dos Mercados Agrícolas, extinto, por sua vez, por meio do Decreto-Lei n.º 239/2002, de 5 de Novembro.

CELBI, de 1993, relativo à *taxa sobre pastas químicas* consignada ao Instituto de Produtos Florestais, entre cujas atribuições se contavam as de disciplinar e promover a produção do sector das madeiras, resinas e celuloses, regulando as condições da sua produção e comércio, sempre "tendo em conta a defesa da produção e os superiores interesses da economia nacional"; o acórdão UCAL, de 1997, relativo à *taxa de comercialização de lacticínios* que constituía receita do Instituto Regulador e Orientador dos Mercados Agrícolas (IROMA) – e, num segundo momento, do Instituto Nacional de Intervenção e Garantia Agrícola (INGA) e da Direcção-Geral dos Mercados Agrícolas e da Indústria Agro-alimentar – a quem cabiam as funções de regular estes mercados e estimular a produção nacional; e o acórdão Fricarnes, também de 1997, respeitante à *taxa de comercialização de carnes e miudezas*, a *taxa sobre os ruminantes* e a *taxa contra a peste suína* que constituíam receita daquelas entidades públicas, a quem cabia a coordenação destes sectores.[9]

A experimentação das taxas de coordenação económica, feita ao longo de cinquenta anos, permitiu à administração portuguesa ganhar familiaridade com os tributos parafiscais e ensaiar algumas técnicas elementares na sua estrutura e gestão, resultando assim facilitada a transição para as taxas de regulação económica mais modernas. Na verdade, se existe nota merecedora de registo na evolução da nossa parafiscalidade económica ela está na relativa continuidade entre os tributos característicos da organização corporativa de outros tempos e aqueles que hoje em dia são cobrados por institutos públicos e autoridades reguladoras independentes. O recuo do estado português perante a economia e a renúncia ao "direito e obrigação de coordenar e regular superiormente a vida económica e social" do país não levou ao apagamento da nossa parafiscalidade mas a um mero compasso de espera findo o qual se multiplicariam organismos mais e menos independentes, com a função de disciplinar sectores determinados da economia nacional e alimentados por tributos parafiscais em número tão largo quanto os que noutros tempos recenseava José Freitas Mota.

---

[9] Acórdão CELBI, de 2 de Agosto de 1993, proc. C-266/91, *Colectânea*, I-4337-4366; acórdão Fricarnes, de 17 de Setembro de 1997, proc. C-347/95, *Colectânea*, I-4911-4937; acórdão UCAL, de 17 de Setembro de 1997, proc. C-28/96, *Colectânea*, I-4939-4959, todos eles analisados em Patrícia Cunha/Sérgio Vasques (Coimbra, 2002), *Jurisprudência Fiscal Comunitária Anotada*.

24   *As Taxas de Regulação Económica em Portugal*

É bem verdade que a doutrina política e económica que subjaz à criação dos modernos institutos públicos e autoridades reguladoras independentes se encontra distante já do discurso corporativo do fomento e da protecção, apelando em vez disso à eficiência dos mercados e à diminuição dos custos de transacção, à garantia da concorrência e à contenção dos monopólios naturais, à correcção das exterioridades negativas e das falhas de informação dos consumidores, bem como à garantia de obrigações de serviços público que importa assegurar depois de liberalizados sectores que por tradição se encontravam sob domínio público. A criação de autoridades reguladoras mais e menos independentes visa, portanto, "construir mercado" e defendê-lo das suas próprias falhas, sendo certo, como o dizem Vital Moreira e Maria Manuel Leitão Marques, que entregue a si próprio o mercado se revela por vezes suicidário.[10]

E com este propósito surgiram em Portugal muitos dos institutos públicos e autoridades reguladoras de que se ocupa o presente trabalho colectivo: a Comissão do Mercado de Valores Mobiliários criada logo 1991, a Entidade Reguladora do Sector Eléctrico criada em 1995, o Instituto Regulador de Águas e Resíduos criado em 1997 e transformado agora em Entidade Reguladora das Águas e Resíduos, o Instituto Nacional da Aviação Civil criado em 1998, o Instituto Nacional de Transporte Ferroviário criado também em 1998 e dando lugar ao Instituto da Mobilidade e dos Transportes Terrestres em 2007, o ICP transformado em Autoridade Nacional de Comunicações em 2001, a Autoridade da Concorrência criada em 2003, a Entidade Reguladora da Saúde em 2003 e, mais recentemente, a Entidade Reguladora da Comunicação Social, criada ao ano de 2005.[11]

Estes organismos constituem com certeza o aparelho necessário à garantia das regras do jogo numa economia crescentemente livre e aberta como o é a portuguesa. Mas como sempre sucede quando nos propomos corrigir *falhas de mercado* é inevitável que surjam também algumas

---

[10] Maria Manuel Leitão Marques/Vital Moreira, "Economia de Mercado e Regulação", in (Coimbra, 2003), *A Mão Visível: Mercado e Regulação*, 13-15.

[11] A panorâmica destas autoridades reguladoras, feita ao ano de 2005, pode encontrar-se no trabalho de Maria Manuel Leitão Marques/João Paulo Simões de Almeida/André Matos Forte (Coimbra, 2005), *Concorrência e Regulação (A Relação entre a Autoridade da Concorrência e as Autoridades de Regulação Sectorial)*, sem desenvolvimento quanto ao respectivo financiamento, no entanto.

falhas de governo, fazendo com que os benefícios da regulação venham a diluir-se aqui e acolá por entre efeitos perversos variados, sendo possível redescobrir hoje em dia alguns dos problemas que no passado gerou a multiplicação desordenada dos organismos de coordenação económica. Na exposição de motivos do projecto de *lei-quadro das autoridades reguladoras independentes* submetido já por mais de uma vez, sem sucesso, à apreciação da Assembleia da República podemos ler um bom apanhado dos "traços impressivos" com que se justifica este diploma de enquadramento: primeiro, "existindo muitos organismos reguladores, é, porém, notória a falta de homogeneidade das soluções institucionais, dando lugar a soluções organizatórias diferentes, ora sob a forma de institutos públicos tradicionais ora sob a forma de entidades independentes, perante situações aparentemente idênticas, dependendo isso de factores, em grande medida, conjunturais e aleatórios"; segundo, "apesar dessa heterogeneidade institucional, observa-se uma incontestável tendência para a substituição de institutos públicos tradicionais por autoridades reguladoras independentes; terceiro, "apesar dessa tendência, está longe de haver homogeneidade nas soluções relativas às diversas autoridades reguladoras independentes, havendo consideráveis diferenças entre elas, mesmo dentro das que operam em áreas afins (por exemplo, as do sector financeiro ou as do sector dos transportes)".[12]

As taxas de regulação económica que hoje em dia povoam o ordenamento jurídico português têm crescido, assim, por entre a continuidade e o particularismo, somando-se ao lastro da prática acumulada ao longo dos tempos, em certos casos desde tempos anteriores à organização corporativa, um experimentalismo parafiscal que se alimenta do défice de enquadramento legislativo em que estas figuras têm vivido e que é tanto mais fundo quanto mais jovens as instituições em jogo. Assim, quando olhamos às *taxas de supervisão contínua* devidas à CMVM, que neste trabalho analisam Diogo Leónidas Rocha, Marta Graça Rodrigues e Gonçalo Castro Ribeiro, conseguimos sem dificuldade fazer a ponte com os regulamentos em vigor na viragem do século dezanove para o século vinte, estabelecendo taxas sobre a admissão de papéis à cotação ou sobre

---

[12] O texto do projecto, apresentado nos anos de 2002 e 2003, pode ser encontrado em www.parlamento.pt, tendo sido objecto de publicação por Vital Moreira/Maria Fernanda Maçãs (Coimbra, 2003), *Autoridades Reguladoras Independentes: Estudo e Projecto de Lei-Quadro.*

as operações a prazo.[13] Já quando olhamos às taxas devidas à ERS, sobre as quais se debruçam neste trabalho Manuel Anselmo Torres e Mafalda Martins Alfaiate, descobrimos figuras sem fundamento claro nem antecedente seguro, oscilando o legislador entre o absurdo da *taxa pelos serviços prestados,* calculada com base na facturação dos operadores do sector e o *da taxa pela manutenção do registo* calculada com base no número dos técnicos de saúde por eles empregados.[14]

Vale a pena notar, aliás, que o legislador português nunca se abalançou à fixação de regras de enquadramento para estas taxas de regulação económica, sendo inteiramente omissos nesta matéria a Lei-Quadro dos Institutos Públicos – Lei n.º 3/2004, de 15 de Janeiro – assim como o projecto de Lei-Quadro das Autoridades Reguladoras Independentes. A primeira limita-se a estabelecer no seu artigo 37.º que os institutos públicos dispõem dos tipos de receitas previstos na legislação aplicável aos serviços e fundos autónomos ou na legislação da segurança social, o segundo a determinar no seu artigo 39.º que se consideram receitas próprias das autoridades reguladoras independentes "as taxas cobradas pelos serviços prestados" e as "contribuições legalmente impostas aos operadores sujeitos à sua jurisdição". Em resultado, a criação das taxas de regulação econó-

---

[13] Para nos ficarmos pelo início do século vinte, veja-se o *Regulamento do Serviço e Operações das Bolsas de Fundos Públicos e Outros Papéis de Crédito*, aprovado pelo Decreto de 10 de Outubro de 1901, muito em particular os seus artigos 29.º e 63.º. As taxas devidas ao Instituto de Seguros de Portugal possuem também antecedente remoto no Decreto de 21 de Outubro de 1907, cujo artigo 63.º dispunha que o Conselho dos Seguros haveria de custear as suas despesas com o produto das multas e emolumentos que cobrasse, bem como com o produto da venda das suas publicações, e "a importância do deficit que porventura se apure com respeito a cada ano económico, será (...) rateada pelas sociedades de seguros portuguesas na proporção dos prémios cobrados no ano civil anterior, e pelas sociedades de seguros estrangeiras autorizadas a exercer a sua indústria no reino, na proporção dos prémios dos seguros relativos a Portugal", não podendo nunca este rateio exceder um por mil da totalidade dos prémios cobrados por aquelas sociedades.

[14] Sobre a especificidade que mostra a regulação deste sector, vale a pena fazer a leitura de Ana Sofia Ferreira, "Do que Falamos Quando Falamos de Regulação em Saúde?", *Análise Social*, 2004, n.º 171, 313-337, sublinhando a verificação comum no domínio da saúde, quer de "fracassos de mercado", quer de "fracassos de governo", de onde resultará a necessidade de ir mais além na busca de uma fundamentação para a regulação do sector. Seguramente que essa dificuldade acrescida de fundamentação, que pressentimos no domínio da saúde como no domínio da comunicação social, explica muita da resistência dos operadores económicos ao pagamento das taxas de regulação recentemente introduzidas em Portugal nestes sectores.

As Taxas de Regulação Económica em Portugal: Uma Introdução   27

mica tem sido levada a cabo por institutos públicos e autoridades reguladoras com grande margem de liberdade, sem constrangimento de substância no plano do nosso direito interno, e tem sido feita muitas vezes sem a visão de conjunto que permita garantir a correcta articulação de todos estes pequenos tributos que tão grande peso têm junto das nossas empresas.[15]

Seria exagerado entrever nas taxas de regulação económica todo o conjunto dos vícios que afectam as nossas taxas locais, sendo certo que institutos públicos e autoridades reguladoras dispõem de recursos técnicos e humanos claramente superiores àqueles que estão acessíveis à generalidade das autarquias locais portuguesas. É certo, ainda assim, que o levantamento feito no âmbito deste trabalho colectivo deixa ver que a tendência à multiplicação que vicia tão fundo as taxas locais portuguesas não deixa de se fazer sentir também nesta outra área do sistema tributário.

Aeroportos	Taxas de tráfego Taxas de assistência em escala Taxas de segurança
Águas e Resíduos	Taxa de regulação Taxa de recursos hídricos Taxa de gestão de resíduos
Comunicação Social	Taxa de regulação e supervisão Taxas por emissão de títulos habilitadores
Comunicações Electrónicas	Taxa de utilização do espectro radioeléctrico Contribuições pelo exercício de actividade
Concorrência	Comparticipação nas taxas dos reguladores sectoriais Taxas pela apreciação de operações de concentração Taxas de apreciação de acordos entre empresas
Electricidade	Contribuições das concessionárias
Ferrovias	Comparticipação nas taxas de utilização da REFER
Gás Natural	Contribuições das concessionárias
Mercado de Capitais	Taxas de supervisão contínua
Saúde	Taxa de manutenção de registo
Seguros	Contribuições sobre os prémios de seguro

O problema da racionalização desta parafiscalidade económica mostra-se agora, no entanto, de difícil resolução, não apenas em virtude dos particularismos de cada sector mas em virtude do avanço do direito

---

[15] Quanto aos institutos públicos, veja-se Ministério da Reforma do Estado e da Administração Pública (Lisboa, 2001) *Relatório e Proposta de Lei-Quadro sobre os Institutos Públicos.* Ainda que os trabalhos de preparação da lei-quadro se tenham debruçado sobre o regime financeiro e patrimonial dos institutos públicos, não mereceram atenção especial do grupo de trabalho as receitas tributárias que os alimentam e que constituem o sustento principal da sua autonomia financeira.

comunitário sobre esta área do sistema. Com efeito, se as taxas de coordenação económica de outros tempos se pautavam essencialmente pelas regras do direito interno português, as modernas taxas de regulação económica estão largamente sujeitas ao direito comunitário, sendo muito o que nelas escapa agora à disposição do legislador nacional. Se é verdade que esta perda de soberania não terá representado uma verdadeira perda para o país – provindo das instituições comunitárias muitas ideias interessantes para a estruturação destes tributos – a verdade é que é cada vez mais estreita a margem para se produzir uma lei de enquadramento da parafiscalidade económica, como o ensaiava há cinquenta anos atrás o legislador espanhol com a *Ley de Tasas y Exacciones Parafiscales* de 1958.[16] De resto, esta "janela de oportunidade" que se fecha ao legislador nacional vai-se fechando progressivamente também à jurisprudência: concentrando-se sobre a questão estreita do princípio da legalidade e da obediência à reserva de lei parlamentar, os nossos tribunais abdicaram de explorar a fundamentação material destes tributos, e agora que essa fundamentação se mostra mais urgente o papel que poderia caber ao direito constitucional português vemo-lo já tomado pelo direito comunitário.

Assim, sendo numerosa e variada a jurisprudência nacional sobre as taxas de coordenação ou regulação económica, vemos que é do Tribunal de Justiça das Comunidades Europeias que recentemente provêm as decisões mais sugestivas na matéria, seja o acórdão Infostrada, de 18 de Setembro de 2003, registado por Conceição Gamito e João Riscado Rapoula mais adiante, em que o TJCE qualifica como discriminatória a contribuição imposta em Itália aos concessionários de telecomunicações, calculada com base no respectivo volume de negócios, seja o acórdão Optiver, de 10 de Março de 2005, em que o TJCE equipara a taxa de supervisão cobrada pela autoridade holandesa dos mercados financeiros a determinados operadores do sector dos valores mobiliários, fixada com base nos respectivos rendimentos, a um imposto directo sobre os rendimentos, seja o acórdão Deutsche Lufthansa, de 5 de Julho de 2007, a que se referem António Portugal e Maria José Viegas, em que o TJCE exclui a cobrança de uma taxa de assistência em terra e supervisão aeroportuária

---

[16] Sobre esta, veja-se à altura o texto de Fernando Vicente-Archo Domingo, "Notas de Derecho Financiero a la Ley de Tasas y Exacciones Parafiscales de 26 Diciembre de 1958", *Revista de Administración Pública*, 1959, n.º 29, 377-414, em tom fortemente crítico face ao diploma.

As Taxas de Regulação Económica em Portugal: Uma Introdução 29

cobrada pelas autoridades aeroportuárias portuguesas, fixada com base no volume de negócios dos operadores do sector, por se mostrar alheia à utilização efectiva das infra-estruturas.[17] Sem dúvida que o apelo ao Tribunal de Justiça das Comunidades constitui hoje em dia uma das principais armas de defesa face à exigência de taxas de regulação económica desprovidas de fundamento objectivo, demonstrando-se mais facilmente a lesão do direito comunitário perante o TJCE do que a lesão da nossa lei fundamental perante o Tribunal Constitucional.

A evolução recente das taxas de regulação económica portuguesas deixa adivinhar que este é um domínio onde o legislador continuará em larga medida a progredir por tentativa e erro, ensaiando soluções mais e menos capazes de acomodar as exigências da Constituição da República e do Direito Comunitário. Também entre a doutrina falta ainda algum tempo para em torno destas figuras se formar algum consenso, como se pode, de resto, comprovar pelos textos que integram o presente trabalho colectivo, apontando pistas diferentes na sua delimitação conceitual e enquadramento dogmático. É destas duas precisas questões que nos ocuparemos já em seguida, por nos parecer essencial rever algumas das ideias que entre nós se têm enraizado nesta matéria e a metodologia que os nossos tribunais empregam no exame destas figuras tributárias.[18]

2. Fixação conceitual e enquadramento dogmático

2.1. *A qualificação das taxas de regulação económica*

A questão da fixação conceitual das taxas de coordenação económica nunca recebeu da doutrina portuguesa um investimento de esforços significativo, sem dúvida pelo lugar marginal que estas figuras ocupavam no nosso sistema tributário. Aos anos setenta, quando se levam a cabo os

---

[17] Acórdão de 18 de Setembro de 2003, proc. C-292/01 e C-293/01; acórdão de 10 de Março de 2005, proc. C-22/03; e acórdão de 5 de Julho de 2007, proc. C-181/06, todos eles disponíveis no site do TJCE.

[18] Sobre estas questões faremos, no entanto, uma exposição sintética apenas, pois delas nos ocupamos já com outro cuidado em Sérgio Vasques (Coimbra, 2008a), *O Princípio da Equivalência como Critério de Igualdade Tributária*, texto que aqui acompanhamos em larga medida.

30 As Taxas de Regulação Económica em Portugal

primeiros esforços tendentes à sua racionalização e se levantam as primeiras dúvidas sobre a respectiva constitucionalidade, Alberto Xavier firmaria a linha de pensamento dominante até hoje, representando as taxas de coordenação como genuínos impostos, em virtude do carácter difuso da relação comutativa em que elas assentam. As taxas devidas aos organismos de coordenação económica, afirmava Alberto Xavier em 1974, no seu *Manual de Direito Fiscal*, são figuras nas quais "não se descortina qualquer nexo sinalagmático" que justifique a sua designação como taxas e que, bem pelo contrário, "são lançadas sobre os produtos sujeitos à respectiva disciplina a título puramente unilateral e, portanto, como verdadeiros impostos". Em consequência, concluía o autor, dever-se-ia considerar inconstitucional "a prática comum de criar as referidas 'taxas' por decreto, mero despacho ou portaria ministerial", sem obediência à reserva de lei então fixada no artigo 70.º da Constituição de 1933.[19]

A edição da Constituição de 1976 prolongaria esta forma de ver as coisas, alimentada agora por um texto constitucional que, na sua redacção originária, apartava rigorosamente os impostos das taxas, sugerindo uma representação dicotómica dos tributos públicos que não deixava espaço a figuras intermédias ou de contornos atípicos. Olhando às taxas de coordenação económica mais antigas ou às taxas de regulação económica mais modernas, a generalidade da doutrina acabaria assim por propender no mesmo sentido, equiparando estas figuras aos impostos para efeitos da reserva de lei parlamentar estabelecida agora pelo artigo 165.º da Constituição da República. Também o Tribunal Constitucional, confrontado com um número largo de tributos parafiscais, viria a tratá-los como impostos para efeitos da reserva de lei parlamentar, embora sem se pronunciar categoricamente quanto à respectiva natureza, como sucederia a propósito da taxa sobre as vendas de pastas químicas devida ao Instituto dos Produtos Florestais, da taxa de comercialização de carnes devida ao IROMA ou da taxa de comercialização de produtos de saúde devida ao INFARMED.[20]

---

[19] Alberto Xavier (1974), 74, que, a p. 76, atribui a mesma natureza, com inteira coerência, às taxas cobradas pelos organismos corporativos "abaixo" dos organismos de coordenação económica.

[20] Referimo-nos aos acórdãos n.º 387/91, de 22 de Outubro, (taxas sobre as vendas de pastas químicas), *Acórdãos do Tribunal Constitucional*, vol. 20, 367-375, n.º 419/96, de 7 de Março, (taxas de comercialização de carnes), *Acórdãos do Tribunal Constitucional*,

As Taxas de Regulação Económica em Portugal: Uma Introdução

A *equiparação* das taxas de regulação económica aos impostos *para efeitos da reserva de lei parlamentar* constitui uma solução de cautela, que sempre teve como propósito essencial prevenir o surgimento de um conglomerado de tributos com bilateralidade difusa criados à margem da intervenção parlamentar, esse aventureirismo fiscal contra o qual nos prevenia logo em 1982 a Comissão Constitucional.[21] Sendo embora justificada esta preocupação num país como o nosso, em que a produção normativa nestas franjas do sistema tributário é feita com boa dose de empirismo, acreditamos que a concentração da doutrina e da jurisprudência sobre o problema da reserva de lei parlamentar, bem como a insistência numa representação dicotómica dos tributos públicos, prejudicaram a delimitação conceitual das taxas de regulação económica.

Com efeito, parece-nos evidente que as taxas de coordenação económica mais antigas ou que as taxas de regulação mais modernas não podem ser qualificadas como verdadeiras e próprias taxas, por não se dirigirem à compensação de prestações administrativas *efectivamente* provocadas ou aproveitadas pelos sujeitos passivos. O trabalho quotidiano de vigilância e regulação dos mercados não se pode desagregar em prestações concretas e individualizadas, cujo custo ou valor se possa exigir daqueles que efectivamente as provocam ou aproveitam. As taxas de regulação económica não podem por isso ser qualificadas como taxas verdadeiras e próprias, ainda que a par destas os institutos públicos e as autoridades reguladoras cobrem verdadeiras e próprias taxas em contrapartida de prestações concretas e individualizadas que levam a cabo. Em alguns dos diplomas legais referidos neste trabalho colectivo, aliás, esta distinção é evidenciada pelo legislador com razoável clareza, como sucede na área dos mercados financeiros, aqui analisada por Diogo

---

vol. 33, 647-654; e n.º 133/04, de 9 de Março (taxa de comercialização de produtos de saúde). A excepção a esta linha de pensamento é-nos dada pelo acórdão do Tribunal Constitucional n.º 256/2005, de 24 de Maio, que tem por objecto as *taxas por operações fora de bolsa* devidas à CMVM que antecederam as actuais *taxas de supervisão contínua*. Sobre a jurisprudência do tribunal em toda esta matéria, vejam-se Casalta Nabais, "Jurisprudência do Tribunal Constitucional em Matéria Fiscal", *Boletim de Faculdade de Direito de Coimbra*, 1993, n.º 69, 395-396; e Jorge Miranda, "A Competência Legislativa no Domínio dos Impostos e as Chamadas Receitas Parafiscais", *Revista da Faculdade de Direito da Universidade de Lisboa*, 1988, vol. XXIX, 9ss.

[21] Citamos o voto de Hernâni de Lencastre no Parecer da Comissão Constitucional n.º 35/82, de 19 de Outubro, *Pareceres da Comissão Constitucional*, vol. 21, 153-178.

Leónidas Rocha, Marta Graça Rodrigues e Gonçalo Castro Ribeiro, em que se contrapõem com razoável nitidez as taxas de supervisão contínua cobradas pela CMVM em contrapartida do trabalho quotidiano de regulação do mercado às taxas que esta cobra em contrapartida de actos ou serviços concretos; ou como sucede na área da concorrência, em que se distinguem com rigor a comparticipação genérica da Autoridade da Concorrência nas taxas de regulação cobradas pelos reguladores sectoriais das taxas exigidas em contrapartida da apreciação de operações de concentração ou de acordos entre empresas, matéria de que aqui se ocupam Carlos Pinto Correia e Rui Camacho Palma.[22]

Se as taxas de coordenação económica mais antigas ou as taxas de regulação mais modernas não podem ser qualificadas como verdadeiras e próprias *taxas*, parece-nos evidente que não podem tão pouco qualificar-se como *impostos*, pois que o seu propósito não está em fazer com que os operadores de cada sector contribuam para os gastos gerais da comunidade, em cumprimento de um dever fundamental de cidadania, mas antes em fazê-los contribuir para o financiamento de prestações de que são *presumíveis causadores ou beneficiários*. Assim, quando se oneram com taxas de regulação económica os operadores do sector financeiro ou as empresas do sector das comunicações electrónicas, isso não sucede simplesmente porque, à margem dos impostos que estes pagam, se pretenda ainda por este meio fazê-los concorrer para o sustento geral da comunidade, mas antes porque a natureza da sua actividade exige da administração um cuidado redobrado, de que os operadores como um grupo se podem dizer presumíveis causadores e beneficiários, justificando-se por isso que o financiem pela via tributária. As modernas taxas de regulação económica são tributos que se encontram assim a meio caminho entre as taxas e os impostos, constituindo verdadeiras contri-

---

[22] Também na área da comunicação social o legislador se esforçou por distinguir a *taxa de regulação e supervisão*, exigida em contrapartida do trabalho continuado de regulação do sector, das *taxas por serviços prestados* na apreciação de certas práticas ou operações. Na economia do Decreto-Lei n.º 103/2006, de 7 de Junho, aliás, são as *taxas pela emissão de títulos habilitadores* – taxas de licenciamento, afinal – que introduzem um elemento de maior ambiguidade. Já na área da saúde, esbateram-se propositadamente os contornos dos tributos devidos à ERS, aproximando-se na Portaria n.º 38/2006, de 6 de Janeiro, as *taxas de inscrição no registo*, devidas em contrapartida de prestação concreta e individualizada, das *taxas de manutenção de registo*, que manifestamente o não são.

As Taxas de Regulação Económica em Portugal: Uma Introdução   33

buições, figuras de contornos paracomutativos que dão corpo a uma relação de troca entre a administração e grupos determinados de indivíduos.[23]

Em muitos dos diplomas que disciplinavam as antigas taxas de coordenação económica ficava bem sublinhado este seu carácter paracomutativo. Assim vemos que no preâmbulo do Decreto-Lei n.º 75-B/86, de 23 de Abril, o legislador afirmava constituírem as taxas de coordenação devidas ao Instituto dos Têxteis a contrapartida dos serviços que presta aos empresários do sector, "designadamente no importante capítulo da gestão dos limites quantitativos às exportações e no apoio técnico-laboratorial", do mesmo modo que logo no preâmbulo do Decreto-Lei n.º 75-C//86, também de 23 de Abril, afirmava constituírem as taxas de coordenação devidas ao Instituto dos Produtos Florestais a contrapartida dos apoios que este presta ao sector "nos domínios da informação, investigação e tecnologia".[24]

Em termos não muito diferentes, é comum o legislador sublinhar também hoje em dia o carácter paracomutativo das taxas de regulação económica. Assim, vemos que no contexto do Decreto-Lei n.º 103/2006, de 7 de Junho, se representam as taxas de regulação e supervisão devidas à ERC como a contrapartida do trabalho que esta leva a cabo na regulação e supervisão "contínua e prudencial" do sector, um trabalho com custos diferentes consoante as características técnicas, alcance geográfico,

---

[23] É verdade que a relação comutativa em que as taxas de regulação económica assentam se mostra especialmente difusa, sendo que estes tributos visam compensar "feixes" mais ou menos amplos de prestações, como o são a fiscalização quotidiana dos mercados ou a defesa das regras da concorrência. Precisamente por isto a doutrina alemã começou por representar os *Sonderabgaben* como tributos unilaterais, em relação de concorrência com os impostos, só progressivamente vindo a reconhecer neles, como o tende a fazer hoje, tributos com natureza paracomutativa. Sobre o tema, vejam-se, entre outros, Hans Jarass (Köln, 1999), *Nichtsteuerliche Abgaben und lenkende Steuern unter dem Grundgesetz.* Também entre a doutrina brasileira é comum reconhecer-se natureza comutativa aos tributos parafiscais, merecendo nesta matéria leitura atenta os trabalhos recentes de Marco Aurélio Greco (São Paulo, 2000), *Contribuições: Uma Figura Sui Generis,* e (São Paulo, 2001), *Contribuições de Intervenção no Domínio Económico e Figuras Afins,* sempre sublinhando a relação dos tributos parafiscais com prestações públicas especificamente dirigidas a grupos homogéneos de indivíduos.

[24] É o fundo comutativo que estas figuras possuem que explica que elas tenham surgido nos anos trinta unificadas sob a designação de "taxas", uma escolha que Alberto Xavier (1974), 73-74, porém, associa simplesmente "às ligações aduaneiras na incidência ou na cobrança de tais receitas".

volume e impacto social da actividade de comunicação desenvolvida pelos operadores económicos. Assim, vemos que no contexto da Portaria n.º 913-I/2003, de 30 de Agosto, as taxas de supervisão contínua exigidas pela CMVM são claramente associadas ao "princípio do utilizador-pagador" e ao custeamento das funções que competem à CMVM na regulamentção do mercado, na supervisão das actividades que nele se desenvolvem, na fiscalização do cumprimento da lei e na promoção da competitividade das praças nacionais, nos termos do Decreto-Lei n.º 473/99, de 8 de Novembro. Ainda a este propósito, vale a pena olhar também ao projecto da Lei-Quadro das Autoridades Reguladoras Independentes, em cujo artigo 39.º, relativo às receitas destas autoridades, se contrapõem as *taxas pelos serviços prestados* às *contribuições legalmente impostas aos operadores sujeitos à sua jurisdição*, ficando assim bem sublinhada a diferente estrutura das taxas pela prestação de serviços concretos e das taxas de regulação económica, estas últimas qualificadas como *contribuições* para melhor se marcar a sua bilateralidade apenas difusa.[25]

Vale isto dizer, em suma, que as taxas de regulação económica, sem constituírem verdadeiras taxas, não constituem por isso impostos. São tributos que melhor se qualificam como *contribuições* – já não as contribuições especiais da tradição, exigidas em virtude de obras públicas, mas contribuições da modernidade, representando a contrapartida de prestações de que os respectivos sujeitos passivos, membros de grupos económicos bem delimitados, são *presumíveis* causadores ou beneficiários. Esta qualificação das taxas de coordenação económica como contribuições pressupõe a superação da tipologia dicotómica dos tributos públicos que se enraizou entre a nossa doutrina nos últimos anos e pressupõe que na análise destas figuras de contornos intermédios prestemos idêntica atenção aos problemas da reserva de lei parlamentar e da igualdade tributária, problemas dos quais nos ocupamos brevemente em seguida.[26]

---

[25] Mais claramente ainda que o direito nacional, é no direito comunitário que geralmente resulta marcada esta estrutura paracomutativa das taxas de regulação económica, como sucede, por exemplo, no âmbito da Directiva n.º 2002/20/CE, de 7 de Março, a "Directiva-Autorização" do sector das comunicações electrónicas, representando os "encargos administrativos" devidos aos reguladores essencialmente como a contrapartida periódica das actividades por estes desenvolvidas na gestão, controlo e aplicação do sistema de autorização geral ou dos direitos de utilização.

[26] A qualificação das taxas de regulação económica como impostos obrigaria, naturalmente, a perguntar pela sua conformidade com o princípio da capacidade contributiva

2.2. *O princípio da legalidade tributária*

Os termos em que a Constituição da República de 1976, na sua redacção originária, procedia à repartição da competência legislativa em matéria tributária alimentou entre a doutrina e jurisprudência portuguesas uma representação dicotómica dos tributos públicos na qual se reconhecia espaço apenas para os impostos, sujeitos à reserva de lei parlamentar, e para as taxas, que por contrapartida não lhe ficavam sujeitas, recusando--se autonomia a figuras com os contornos paracomutativos das contribuições. Ao longo dos últimos vinte anos, viria a enraizar-se entre a nossa doutrina e jurisprudência a noção de que a tipificação dos tributos públicos apenas releva no plano constitucional para efeitos da delimitação da reserva de lei parlamentar e que, para esses efeitos, as taxas de regulação económica haviam de ser tratadas como impostos, por lhes faltar a rigorosa bilateralidade das taxas. O exame das taxas de regulação económica esgotar-se-ia assim, entre nós, em saber se estas foram ou não criadas por meio de lei parlamentar, mostrando-se os tribunais largamente indiferentes aos problemas da sua legitimação material e estruturação interna.

É verdade que a redacção originária da Constituição da República de 1976 convidava a esta representação dicotómica dos tributos públicos, não parecendo exigir mais dos tribunais que o distinguir entre o que está "do lado de cá" e o que está "do lado de lá" da reserva de lei parlamentar fixada no artigo 167.º, depois no artigo 168.º. Daí não se pode inferir, no entanto, que no plano constitucional a qualificação dos tributos públicos

---

a que todos os impostos se encontram constitucionalmente subordinados. Ora, é evidente que o princípio da capacidade contributiva não permite a oneração de conjuntos limitados de operadores ou produtos com tributos que se *sobreponham* aos impostos gerais sobre o rendimento, património e consumo, pois não se encontra aqui uma qualquer manifestação de força económica *acrescida* que justifique essa tributação suplementar. Na verdade, enquanto as consideremos impostos, as taxas de regulação económica não conseguem legitimar-se em face do princípio da igualdade tributária, só se mostrando possível encontrar-lhe fundamento legitimador quando as reconheçamos como contribuições e as refiramos ao princípio da equivalência: é o facto de estes operadores económicos, em virtude da sua actividade, gerarem custos especiais sobre a administração, que justifica que além do comum dos impostos paguem ainda um tributo que lhes é especificamente dirigido. Veja-se, a propósito, o nosso trabalho Sérgio Vasques, "Remédios Secretos e Especialidades Farmacêuticas: A Legitimação Material dos Tributos Parafiscais", CTF, 2005, n.º 413, 135-220, cujos pontos essenciais retomamos ao longo do texto.

esgote o seu alcance na delimitação da reserva de lei nem sequer que para efeitos desta nos baste a contraposição simples entre as taxas e os impostos.[27]

De facto, a revisão constitucional de 1997 veio tornar o texto da Constituição da República algo mais subtil nesta matéria, passando a referir-se agora no artigo 165.º, n.º 1, alínea i), a três categorias de tributos públicos, os *impostos*, as *taxas* e as demais *contribuições financeiras devidas a favor de entidades públicas*, os primeiros plenamente sujeitos à reserva de lei parlamentar, as duas últimas sujeitas a reserva de lei apenas no que respeita à fixação do respectivo regime geral. Com isto, autonomizou-se no plano constitucional, e para os efeitos da reserva de lei parlamentar, uma categoria intermédia de tributos públicos, relativizando-se as diferenças entre os tributos unilaterais e os tributos comutativos em termos que não permitem já a catalogação dicotómica que entre nós se tinha tornado opinião corrente. E com isto impõe-se rever também a posição que ocupam na Constituição Fiscal portuguesa as taxas de regulação económica, outrora equiparadas simplesmente aos impostos, pois que foi sobretudo com esta parafiscalidade económica em mente que se procedeu à revisão da reserva de lei parlamentar fixada na alínea i), do n.º 1 do actual artigo 165.º.[28]

Sem dúvida pelo receio, largamente justificado, em deslocar para fora da reserva de lei parlamentar tributos públicos sem contornos precisos, a doutrina portuguesa tem hesitado até agora na concretização desta referência constitucional às "demais contribuições financeiras devidas a favor de entidades públicas". Na sua anotação recente ao artigo 103.º da Constituição da República, porém, Gomes Canotilho e Vital Moreira interpretam já a referência introduzida naquele preceito como o reconhecimento do "controverso conceito de parafiscalidade" e como a constitucionalização de uma categoria intermédia de tributos – composta pelas

---

[27] Sobre a evolução do princípio da legalidade tributária e da reserva de lei parlamentar, veja-se Ana Paula Dourado (Coimbra, 2007), *O Princípio da Legalidade Fiscal: Tipicidade, Conceitos Jurídicos Indeterminados e Margem de Livre Apreciação*; assim como Casalta Nabais, "O Princípio da Legalidade Fiscal e os Actuais Desafios da Tributação", *Boletim da Faculdade de Direito de Coimbra: Volume Comemorativo dos 75 Anos*, 2003, 1057-1119.

[28] Os trabalhos parlamentares feitos em torno deste preceito encontram-se publicados no *Diário da Assembleia da República*, II Série, RC, n.º 36, de 10 de Outubro de 1996.

As Taxas de Regulação Económica em Portugal: Uma Introdução 37

contribuições para a segurança social, pelas quotas para as ordens profissionais, pelas taxas dos organismos reguladores – que "por falta de reconhecimento constitucional, era anteriormente equiparada pela doutrina e pela jurisprudência aos impostos, com as inerentes consequências, sobretudo em termos de criação e disciplina por via legislativa e de reserva parlamentar". Em face da nova redacção do artigo 165.º, n.º 1, alínea i), concluem Gomes Canotilho e Vital Moreira dever-se considerar que doravante só o regime geral destes tributos permanece sujeito a reserva parlamentar, não o ficando a sua concreta criação, que pode agora ser levada a cabo por diploma legislativo governamental, "observada a lei-quadro competente".[29] Em texto também recente, Cardoso da Costa vai neste mesmo sentido, observando que a referência introduzida no artigo 165.º, n.º 1, alínea i), se dirige a uma "multiplicidade de receitas públicas coactivas, muito frequentes e características do estado contemporâneo, que acrescem aos exemplos mais clássicos e puros de 'impostos' e 'taxas', apresentando, face a essa tradicional dicotomia, uma natureza de certo modo ambígua (…) e, entre elas, de modo particular, as comummente designadas 'receitas parafiscais'". Em consequência, Cardoso da Costa conclui ter-se tornado insustentável a classificação dicotómica dos tributos públicos a que nos tínhamos habituado, não podendo tão pouco manter-se "a orientação jurisprudencial segundo a qual certas receitas parafiscais típicas, como o eram as dos antigos organismos de coordenação económica (e serão hoje as das autoridades reguladoras), devem ser consideradas e tratadas como impostos e sujeitas ao correspondente regime de reserva de lei parlamentar".[30]

É evidente que a reformulação da reserva de lei parlamentar operada em 1997 veio alterar profundamente os pressupostos em que assentava a representação dicotómica dos tributos públicos e a assimilação aos impostos dos muitos tributos que hoje em dia possuem a estrutura paracomutativa que define as contribuições. Do ponto de vista do *direito a constituir*, não se pode encarar sem reserva a opção de trazer para fora da reserva de lei parlamentar um universo tão vasto de tributos públicos e

---

[29] J. J. Gomes Canotilho/Vital Moreira (Coimbra, 2007), *Constituição da República Portuguesa Anotada, vol. I (Artigos 1º a 107º)*, 1095.

[30] José Manuel Cardoso da Costa, "Sobre o Princípio da Legalidade das 'Taxas' (e das 'Demais Contribuições Financeiras')", in VV. (Coimbra, 2006), *Estudos em Homenagem ao Professor Doutor Marcello Caetano*, vol. I, 789-807.

de um universo de tributos cuja vastidão não é seguro que o legislador constituinte tenha plenamente apreendido. No terreno intermédio que vai das taxas aos impostos encontramos hoje em dia não apenas as taxas de regulação económica mas toda a parafiscalidade associativa, as contribuições para a segurança social, as contribuições especiais de melhoria, assim como o universo crescente dos tributos ambientais, todos eles tributos com estrutura paracomutativa, dirigidos à compensação de prestações de que os sujeitos passivos são presumíveis causadores ou beneficiários. Do ponto de vista do *direito constituído*, porém, importa reconhecer que se encontra agora aberta a porta à criação das taxas de regulação económica por decreto-lei simples, posto que ela se mostre conforme ao regime geral a estabelecer pela Assembleia da República.

As alterações trazidas à reserva de lei parlamentar pela revisão constitucional de 1997 possuem, portanto, um alcance seguramente importante mas um alcance que importa saber colocar de modo cuidadoso em perspectiva.

Antes do mais, deve ter-se presente que a criação de taxas de regulação económica por meio de acto legislativo governamental exige a prévia edição pelo parlamento de um regime geral que dê cabal enquadramento a estas "contribuições financeiras". Ao contrário do que sucede com as taxas verdadeiras e próprias, até à revisão constitucional de 1997 estas taxas de regulação económica, marcadas pela estrutura paracomutativa que é característica das contribuições, eram consensualmente subordinadas pela nossa doutrina e jurisprudência à reserva de lei parlamentar, sendo tratadas para esse efeito como se fossem impostos. Ao rever o artigo 165.º da Constituição de República e ao fixar a reserva de lei parlamentar na edição de um "regime geral", o legislador constituinte não pretendeu, com toda a certeza, facultar de modo incondicional ao Governo a criação de tributos com a estrutura híbrida e os contornos fugidios das modernas contribuições mas antes subordinar essa faculdade à edição prévia de um regime geral que lhes fixe os princípios estruturantes e os elementos essenciais. Com efeito, só pela edição de um tal diploma de enquadramento se pode assegurar a legitimação material destas contribuições financeiras, garantir a sua articulação recíproca e prevenir a formação de um conglomerado de tributos fronteiros aos impostos mas alheios ao consentimento político do parlamento. Não podemos, por isso, admitir que ao abrigo do artigo 165.º, n.º 1, alínea i), da Constituição da República se venham a criar por decreto-lei simples tributos com a

As Taxas de Regulação Económica em Portugal: Uma Introdução   39

natureza paracomutativa das taxas de regulação económica antes que seja estabelecido por lei parlamentar o regime geral que lhes dê o necessário enquadramento.

Além disto, importa ter presente que a edição de um regime geral capaz de enquadrar as "contribuições financeiras devidas a favor de entidades públicas" não se afigura uma empresa fácil e que ela não se mostra identicamente exequível relativamente a todo o tipo de contribuições. Na verdade, o terreno que vai das taxas aos impostos é hoje em dia povoado por um número largo de espécies tributárias e se todas elas possuem em comum o dirigirem-se à compensação de prestações presumivelmente provocadas ou aproveitadas pelos respectivos sujeitos passivos, os seus contornos mostram-se em tudo o mais muito heterogéneos, resistindo a um tratamento comum. É difícil imaginar que se possam subordinar a um mesmo texto de enquadramento figuras tão diferentes quanto as taxas de regulação económica, as quotizações devidas a ordens profissionais, as contribuições de melhoria devidas por obras públicas ou tributos ambientais como os que incidem sobre águas, resíduos, produtos energéticos ou automóveis. O que se poderá porventura imaginar é que o parlamento proceda à edição de diferentes textos de enquadramento de algumas destas figuras, produzindo um "regime geral" para as contribuições de melhoria, um "regime geral" para as taxas de regulação económica e talvez outro "regime geral" ainda para os pequenos tributos ambientais que costumamos dizer "eco-taxas" e dos quais se encontram já entre nós alguns exemplos.[31] Bem vistas as coisas, é este o percurso que se tem vindo a fazer no tocante às taxas verdadeiras e próprias, tendo-se aprovado um

---

[31] Quanto às contribuições especiais de melhoria, elas têm-se multiplicado entre nós ao ritmo das grandes obras públicas, tendo até agora sido introduzidas, como é sabido, a contribuição especial devida em virtude do lançamento da nova travessia do Tejo, disciplinada pelo Decreto-Lei n.º 51/95, de 20 de Março, a contribuição especial devida em virtude da exposição internacional EXPO 98, estabelecida pelo Decreto-Lei n.º 54/95, de 22 de Março, e a contribuição especial devida em virtude da construção das vias circulares nas cidades de Lisboa e do Porto, da travessia ferroviária do Tejo e da extensão das linhas do metropolitano em Lisboa, instituída pelo Decreto-Lei n.º 43/98, de 3 de Março, sendo possível que os investimentos na rede ferroviária de alta velocidade, na albufeira do Alqueva ou no futuro aeroporto internacional de Lisboa venham a dar origem a tributos semelhantes. Possuindo embora estrutura idêntica, estranha-se que até agora o legislador não se tenha abalançado à criação de um texto que unifique estas figuras em torno de um modelo comum, a empregar sempre que a ocasião o justifique.

"regime geral" para as taxas locais que abre a porta à edição futura de um "regime geral" para as taxas da administração central, sendo esta, ainda assim, uma opção cheia de dificuldades.[32]

As alterações trazidas à reserva de lei parlamentar pela revisão constitucional de 1997 merecem, por tudo isto, ser olhadas com alguma cautela. Até à edição de um regime geral que enquadre estas figuras tributárias, quando quer que ela suceda, dever-se-á continuar a subordinar a criação e disciplina das taxas de regulação económica a intervenção parlamentar e a censurar como organicamente inconstitucionais aquelas que o sejam por decreto-lei simples. É incerto que o legislador português se abalance à criação de um regime geral para as taxas de regulação económica no momento em que o direito comunitário se impõe progressivamente neste domínio mas não se trata de hipótese que se deva em absoluto excluir perante a multiplicação de institutos públicos e autoridades reguladoras a que se tem vindo a assistir entre nós. Como quer que se construa um tal regime geral, nele se compreenderão forçosamente os princípios estruturantes comuns destes tributos públicos bem como as regras elementares respeitantes aos seus elementos essenciais, um ponto bem sublinhado por Cardoso da Costa, não se podendo obviamente representar como "regime geral" o diploma avulso que preveja a cobrança de taxas por uma qualquer entidade reguladora. E porque estas "contribuições financeiras" são tributos com uma estrutura apenas paracomutativa, dirigidos à compensação de prestações presumivelmente provocadas ou aproveitadas pelos contribuintes, *devemos ser mais exigentes quanto ao conteúdo do seu regime geral do que somos quanto ao conteúdo do regime geral das taxas verdadeiras e próprias*, tributos rigorosamente comutativos que se dirigem à compensação de prestações de que os contribuintes são efectivos causadores ou beneficiários.

---

[32] De resto, através de um curioso fenómeno de recepção jurídica, o Regime Geral das Taxas das Autarquias Locais, aprovado em Portugal por meio da Lei n.º 53-E/2006, de 29 de Dezembro, veio a servir de base essencial à elaboração do Regime Geral das Taxas do Estado de Cabo Verde, aprovado por meio da Lei n.º 21/VII/2008, de 14 de Janeiro, que reproduz as disposições da lei portuguesa sem alteração de substância.

2.3. O princípio da igualdade tributária

A qualificação das taxas de regulação económica como contribuições não releva, no plano constitucional, apenas para efeitos do princípio da legalidade tributária e da reserva de lei parlamentar prevista no artigo 165.º, n.º 1, alínea i). Ainda que o controlo material destas espécies tributárias sempre tenha sido marginalizado pela nossa jurisprudência, é no tocante ao princípio da igualdade tributária, que se desprende do artigo 13.º da Constituição da República, que a qualificação das taxas de regulação económica como contribuições possui alcance mais importante. Na verdade, mesmo que as taxas de regulação económica permaneçam subordinadas à reserva de lei parlamentar até que seja editado o regime geral que as enquadre, é certo que a sua natureza paracomutativa exige um critério de repartição distinto daquele que é aplicável aos impostos, pois que a lógica de troca em que assentam as torna resistentes ao *princípio da capacidade contributiva* apelando em vez dele ao *princípio da equivalência.*[33]

O exame da igualdade tributária constitui um exercício especialmente importante no tocante a estes tributos parafiscais, pois que estes são tributos que isolam grupos sociais determinados para os onerar com encargos que não se exigem ao todo da comunidade, oscilando entre a legitimação especial e a discriminação infundada, e porque estes são tributos que vivem numa zona marginal do sistema, reproduzindo-se por impulso da administração à margem de controlo político eficaz. Sobram, portanto, as razões para ir além do domínio formal da legalidade e para perguntar pela legitimação material de figuras como estas: será legítimo que, *além do comum dos impostos*, se exija aos operadores do sector financeiro, dos seguros, do transporte aéreo ou ferroviário o pagamento de outros tributos ainda, destinados a financiar a regulação da respectiva actividade? E as razões para colocar esta questão são tanto maiores agora que a Constituição da República abre a porta para que, no futuro, estas taxas de regulação económica venham a ser produzidas sem intervenção parlamentar.

O que importa antes do mais ter presente é que o princípio da igualdade não possui o mesmo significado em todas as áreas do sistema

---

[33] Sobre este, remetemos para o nosso trabalho (2008a), 335ss.

tributário. O imposto constitui um tributo rigorosamente unilateral, no sentido em que o seu pressuposto e finalidade são alheios a qualquer prestação pública, podendo por isso dizer-se um exercício de solidariedade, pagando-o cada um independentemente do que recebe da comunidade. A natureza unilateral do imposto convoca por isso como critério de repartição o *princípio da capacidade contributiva*, pois se do que se trata é de contribuir para os gastos comuns da comunidade, logo se impõe que a contribuição seja feita de acordo com a força económica de cada um. E por constituir o critério de repartição naturalmente adequado ao imposto, não é necessária a consagração constitucional explícita do princípio da capacidade contributiva para que ele se imponha ao legislador ordinário, bastando para o efeito o princípio genérico da igualdade que entre nós se acolhe no artigo 13.º da Constituição da República.[34]

A questão coloca-se de modo naturalmente diverso relativamente às taxas de regulação económica, tributos que se dirigem à compensação de prestações públicas presumivelmente provocadas ou aproveitadas pelos contribuintes. Estes são tributos que não possuem o fundo solidarístico do imposto e que, em vez disso, se inserem numa lógica de troca entre o contribuinte e a administração, sendo essa natureza comutativa que repele o princípio da capacidade contributiva e convoca como critério de repartição o *princípio da equivalência*. Se do que se trata é de compensar prestações públicas, conforme à natureza das coisas é que se repartam os encargos tributários de acordo com o custo que cada um produz à administração ou de acordo com o benefício que cada um dela recebe, afigurando-se totalmente deslocado apelar para esse efeito à força económica dos contribuintes. E por constituir o critério de repartição naturalmente adequado às taxas de regulação económica, é dispensável a consagração constitucional explícita do princípio da equivalência para que ele se imponha ao legislador ordinário e à administração no exercício do seu poder regulamentar, fundando-se ele também no artigo 13.º da Constituição da República.[35]

---

[34] É precisamente neste sentido que J. L. Saldanha Sanches (Coimbra, 2007), *Manual de Direito Fiscal*, 228, nos diz que o princípio da capacidade contributiva constitui simultaneamente "um axioma ético" e "a síntese de princípios constitucionais vinculativos para o legislador".

[35] Assim vemos J. L. Saldanha Sanches (2007), 53ss, reconduzir taxas, contribuições especiais, tributos parafiscais e impostos especiais de consumo ao princípio de equiva-

O princípio da equivalência, enquanto projecção da igualdade tributária, não constitui no entanto um princípio incerto, desprovido de conteúdo, que tolere toda e qualquer solução na estruturação das taxas de regulação económica, podendo e devendo extrair-se da equivalência corolários precisos na estruturação destas figuras, exigências a que o legislador e a administração têm que obedecer se não quiserem fazer delas tributos intrinsecamente discriminatórios. Não reconstituiremos aqui todos esses corolários – podendo remeter o leitor para outros textos onde o fazemos com maior cuidado – mas vale com certeza a pena chamar a atenção para alguns dos pontos sensíveis na estrutura das taxas de regulação económica a que o princípio da equivalência sempre nos obriga a prestar maior atenção.

Um corolário essencial do princípio da equivalência que as taxas de regulação económica nem sempre respeitam está na adopção de uma *base tributável específica*. Com efeito, sempre que se pretenda com um tributo compensar o custo ou o valor de prestações administrativas determinadas, a tributação *ad valorem* revela-se uma solução materialmente infundada, na medida em que o valor de uma transacção não mantém relação directa com o custo ou valor de uma prestação administrativa. Assim, é certo que o trabalho de regulação dos serviços de saúde se pode revelar muito elevado mesmo quando o seu preço junto dos consumidores seja diminuto, como é certo que pode ser diminuto o custo da supervisão de determinadas operações financeiras mesmo quando o volume de negócios que elas geram seja exorbitante. O valor dos rendimentos ou o valor do volume de negócios dos operadores económicos não constitui indicador válido do custo ou do valor das prestações de regulação que lhes são dirigidas, redundando o emprego de bases tributáveis *ad valorem* na mera auscultação da sua capacidade contributiva e no emprego de um critério de repartição em contradição com a natureza comutativa destas espécies tributárias.[36]

---

lência; e Casalta Nabais (Coimbra, 1998), *O Dever Fundamental de Pagar Impostos*, 474, rejeitar que o princípio da capacidade contributiva se aplique "às taxas e demais figuras tributárias com natureza remuneratória, retributiva ou reparadora".

[36] Como afirma Hugo de Brito Machado, "As Taxas no Direito Brasileiro", *Boletim da Faculdade de Direito da Universidade de Coimbra*, 2001, n.º 77, 506, a propósito das taxas do direito brasileiro, "se a grandeza é própria, ou adequada, para o cálculo do imposto, é porque não é pertinente à actividade estatal, mas à vida do contribuinte", e

Esta exigência fundamental do princípio da equivalência, explorada abundantemente pela doutrina estrangeira e registada de modo sugestivo em tantas decisões do Tribunal de Justiça das Comunidades Europeias, não parece inteiramente assimilada ainda pelo nosso Tribunal Constitucional, que transigiria com taxas de regulação *ad valorem* no acórdão n.º 256/2005, de 24 de Maio, dedicado às *taxas por operações fora de bolsa* cobradas até há pouco pela CMVM. E sem dúvida porque encorajado por uma jurisprudência tão condescendente, o legislador português mantém ainda em vigor taxas de regulação *ad valorem* que alimentam institutos públicos e autoridades reguladoras como uma espécie de sucedâneo dos impostos sobre o consumo ou sobre o rendimento. São disso exemplo as *taxas de supervisão contínua* que a CMVM continua a aplicar a alguns operadores, de que aqui nos dão conta Diogo Leónidas Rocha, Marta Graça Rodrigues e Gonçalo Castro Ribeiro, as *taxas por serviços prestados* que a ERS começou por exigir dos prestadores de cuidados de saúde, registadas no trabalho de Manuel Anselmo Torres e Mafalda Martins Alfaiate, ou as *taxas de assistência em escala* que em certos casos são devidas à ANA, como assinalam António Portugal e Maria José Viegas.

Na verdade, esta é uma matéria em que o legislador chega a ser mais exigente do que o são os tribunais, ocorrendo descartar as taxas *ad valorem* mesmo na falta de decisão judicial que o imponha, como sucedeu com as taxas devidas à ERS, ou subordinar as taxas *ad valorem* a limites quantitativos máximos com os quais tempera os efeitos de uma solução que sente arbitrária, como sucede com as taxas devidas à CMVM. O esquema de taxas recentemente criado para a ERC mostra-nos também que o legislador português aprende progressivamente a lidar com bases específicas na conformação das taxas de regulação económica e que é na escolha dos elementos específicos capazes de revelar os custos incorridos pelas autoridades reguladoras que está a chave para a adequação destes tributos públicos ao princípio da equivalência.

As taxas de regulação devidas à ERC chamam, no entanto, a atenção para um outro ponto sensível na concretização do princípio da equiva-

---

"não tendo pertinência à actividade estatal, que constitui o facto gerador da taxa, não poderá ser a sua base de cálculo". Sobre esta questão, vale a pena fazer também a leitura das considerações de Mercedes Ruiz Garijo (Valladolid, 2002), *Problemas Actuales de las Tasas,* 223, sobre o "perigoso critério da utilidade derivada".

As Taxas de Regulação Económica em Portugal: Uma Introdução   45

lência, *o problema da dupla tributação*, que possui especial relevância quando lidamos com tributos comutativos.[37]

A cumulação de dois *impostos* sobre o mesmo rendimento, património ou consumo mostra-se, em si mesma, irrelevante à respectiva legitimação, sempre que ela se produza sobre todos aqueles que lhes estão sujeitos. Ao princípio da capacidade contributiva é indiferente que se exija da generalidade dos contribuintes um só imposto com alíquota de 40% ou dois impostos com alíquota de 20%, posto que todos os contribuintes os sofram por igual. A dupla tributação só se mostra contrária ao princípio da capacidade contributiva quando apresente natureza selectiva e dela resulte para certos indivíduos um encargo superior àquele que suporta a generalidade dos contribuintes, como sucede quando ao imposto de 40% que se exija de todos os rendimentos se some, para algumas categorias de rendimentos apenas, um imposto adicional de 10%, solução evidentemente discriminatória.[38]

A questão não se coloca nos mesmos termos quando lidamos com tributos comutativos como as taxas de regulação económica. O princípio da equivalência não permite, evidentemente, que a remuneração de prestações de regulação que possuam o custo ou valor de 20 seja feita pela exigência ao contribuinte de duas taxas com esse mesmo valor, pois que ao obrigar os contribuintes a pagar duas vezes pelo mesmo custo ou benefício os estamos forçosamente a discriminar face ao todo da comunidade em que se integram. Assim, se obrigássemos os operadores económicos de um dado sector a custear duas vezes os mesmos custos de regulação o resultado seria o de os levarmos a financiar prestações de natureza diversa que aproveitam ao todo da comunidade ou a grupos de operadores económicos diferentes. Vale isto dizer que a cumulação de duas taxas de regulação económica sobre os mesmos custos ou benefícios consubstancia, por si mesma, uma lesão do princípio da equivalência, exprimindo uma discriminação arbitrária dos contribuintes.

---

[37] Sobre o alcance desta questão no domínio da nossa tributação local, Sérgio Vasques (Coimbra, 2008b), *Regime das Taxas Locais: Introdução e Comentário*, anotação ao artigo 8.º.

[38] É precisamente isso o que nos pretende dizer Casalta Nabais (Coimbra, 2006), *Direito Fiscal*, 155, quando, a propósito da legitimação dos *impostos*, afirma que o princípio da capacidade contributiva não nos fornece uma resposta para o problema da dupla ou da múltipla tributação.

A dupla tributação é um problema ao qual nos devemos mostrar particularmente atentos num momento em que se multiplicam entre nós institutos públicos e autoridades reguladoras, cada qual munido das suas taxas, nem sempre concebidas com a preocupação de evitar a oneração em dobro dos operadores económicos. O risco da dupla tributação mostra-se especialmente acentuado em sectores económicos ricos, como o das telecomunicações, nos quais se descobrem empresas cuja capacidade pagadora oferece uma fonte de receita apetecível a diferentes organismos em diferentes níveis da nossa administração, sendo muito fina a linha que distingue as taxas exigidas pelo ICP – ANACOM em contrapartida da regulação do sector das comunicações móveis daquelas que são exigidas pela ERC em contrapartida da regulação do conteúdo que por meio dessas estações seja transmitido. À disputa destas bases de incidência por institutos públicos e autoridades reguladoras somam-se muito frequentemente as reivindicações da administração local, munida também de taxas e licenças as mais variadas, frequentemente penalizadoras das indústrias de rede.

Um terceiro ponto sensível ao qual importa estarmos atentos na adequação das taxas de regulação ao princípio da equivalência, é o da *consignação da receita*. Com efeito, o modo como se procede à afectação da receita é de importância fundamental à legitimação dos tributos comutativos, pois que estes, diferentemente dos impostos, são exigidos de grupos determinados de contribuintes com vista à compensação de prestações de que estes são causadores ou beneficiários. Assim, sempre que se onere um grupo determinado de contribuintes com um tributo comutativo e se afecte depois a receita ao financiamento de prestações provocadas ou aproveitadas por terceiros ou ao financiamento de prestações dirigidas ao todo da comunidade, está-se perante uma discriminação arbitrária destes contribuintes, violadora do princípio da igualdade tributária e do princípio da equivalência que é sua expressão. É certo que a afectação correcta da receita se pode concretizar sem apelar à respectiva consignação, bastando para o efeito que ela seja *de facto* empregue no financiamento das prestações provocadas ou aproveitadas pelo grupo de contribuintes em causa. É evidente, em qualquer caso, que a melhor garantia de que a receita é afectada ao financiamento dessas prestações e não de prestações diferentes está na respectiva consignação legal.[39]

---

[39] Esta associação entre os tributos comutativos e a consignação de receitas tem sido sobretudo explorada entre a doutrina e a jurisprudência alemãs a propósito dos tributos

O princípio da equivalência sugere, portanto, a consignação da receita dos tributos comutativos e no tocante às taxas de regulação económica ela é concretizada pela atribuição destas receitas a institutos públicos e autoridades reguladoras como receitas próprias, integrantes dos seus orçamentos. Esta consignação *orgânica* das taxas de regulação escapa ao âmbito de aplicação do artigo 7.º da Lei de Enquadramento Orçamental e, na verdade, o princípio de não consignação aí fixado foi concebido com os tributos unilaterais em mente, não valendo as razões em que ele assenta para taxas e contribuições.[40] De entre todos os casos registados neste trabalho colectivo, mostra-se especialmente curioso a este respeito o que regista Carlos Pinto Correia e Rui Camacho Palma, o da afectação à Autoridade da Concorrência de uma parcela das taxas cobradas por alguns dos reguladores sectoriais nos termos do Decreto-Lei n.º 30/2004, de 6 de Fevereiro. Trata-se de solução que lembra o esquema de financiamento em cascata dos antigos organismos de coordenação económica – as Juntas Nacionais e Comissões Reguladoras cobrando a montante as suas taxas próprias mas apropriando também uma parcela das taxas cobradas mais a jusante pelos Grémios e Federações – e que suscita alguma perplexidade, pois que assim se faz com que o trabalho quotidiano de defesa da concorrência levado a cabo pela Autoridade da Concorrência, que aproveita ao todo da economia, venha a ser largamente

---

parafiscais, os *Sonderabgaben*, tributos devidos por grupos determinados de contribuintes, canalizados para fundos autónomos e destinados a financiar despesas em proveito comum. A propósito veja-se, entre outros, Rheinhard Mussgnug, "Die zweckgebundene öffentliche Abgabe", in Roman Schnur, org. (München, 1972), *Festschrift für Ernst Forsthoff zum 70. Geburtstag*, 288; e, mais recentemente, Hans Jarass, "Verfassungsrechtliche Grenzen für die Erhebung nichtsteuerlicher Abgaben", *Die öffentliche Verwaltung*, 1989, 1013-1022.

[40] Sobre estas noções, é indispensável a leitura de Ministério das Finanças (Lisboa, 1998) *Reforma da Lei do Enquadramento Orçamental: Trabalhos Preparatórios e Ante-projecto*, 246-247, onde se afirma que só nos casos de consignação material se dispõe efectivamente quanto ao "conteúdo intrínseco de um orçamento" vinculando a receita a finalidade determinada, ao passo que nos casos de consignação orgânica se trata apenas de atribuir receitas próprias a serviços que gozam de autonomia financeira, faltando então qualquer vinculação da receita a finalidades determinadas. Como é sabido, a *Ley de Haciendas Locales* espanhola, no que toca às contribuições especiais de melhoria, determina no seu artigo 29.º, n.º 3, que "os valores arrecadados por meio de contribuições especiais só podem ser empregues para cobrir os gastos da obra ou serviço em virtude dos quais elas tenham sido exigidas", um solução inteiramente condizente com o princípio da equivalência que norteia estas figuras.

suportado por um conjunto limitado de operadores económicos, nisto se insinuando não apenas a sua discriminação infundada mas também uma lesão da concorrência ela própria. Outro caso especialmente curioso a este respeito é o que aqui regista Luís Oliveira, dando-nos conta do modo como o Instituto da Mobilidade e dos Transportes Terrestres se alimenta em larga medida da "comparticipação" nas taxas de utilização cobradas pelo gestor da infra-estrutura ferroviária, ainda que as suas atribuições se estendam à generalidade dos transportes terrestres, nomeadamente ao sector do transporte rodoviário. Como afirma Luís Oliveira, na falta da consignação desta "comparticipação" aos serviços que no âmbito do IMTT se ocupam da regulação ferroviária, ela acaba por servir ao financiamento de prestações que beneficiam a operadores económicos de sectores diferentes, ficando assim posta em causa a sua legitimação material. Dito de outro modo, adivinham-se numa e noutra destas figuras os contornos dos *fremdnützige Abgaben* de que se ocupa a doutrina alemã, tributos paracomutativos que pela afectação perversa da receita acabam por contrariar o princípio da equivalência e produzir a discriminação arbitrária dos grupos de contribuintes que os suportam.

3. Problemas transversais das taxas de regulação económica

Além destes tópicos essenciais, aos quais devemos prestar maior atenção pela relação estreita que mantêm com o princípio da igualdade tributária, existe um conjunto de questões avulsas que os textos recolhidos neste trabalho colectivo deixam ver serem problemas transversais às taxas de regulação económica em vigor e sobre os quais vale a pena fazer algum apontamento também.

3.1. *Transparência e divulgação de informação*

Uma primeira questão à qual vale a pena prestar atenção está na *divulgação de informação* por parte de institutos públicos e autoridades reguladoras relativamente às taxas arrecadadas. É verdade que a divulgação de informação quanto à receita tributária reveste sempre grande importância na pacificação das relações entre a administração e os contribuintes, mostrando-se essencial à legitimação da generalidade dos tributos públicos. A importância desta transparência é maior ainda, no entanto, quando lidamos com tributos comutativos, pois estando o seu propósito na compensação de prestações que a administração dirige aos contribuintes, torna-se indispensável que estes conheçam com precisão a quanto monta a receita arrecadada e o concreto destino que lhe é dado. Ademais, sendo as taxas de regulação suportadas por grupos precisos de operadores económicos, a divulgação pública da informação relativa à receita arrecadada constitui a melhor garantia de que estes encargos tributários não são canalizados para o financiamento de despesas que aproveitam ao todo da comunidade ou que aproveitam a grupos de operadores económicos diferentes, com o que se produziria uma discriminação infundada destes contribuintes.

Nos sectores dominados pelo direito comunitário e onde as preocupações da livre concorrência se colocam com maior acuidade, é comum por isso que o legislador comunitário imponha exigências específicas de transparência com vista a prevenir a oneração excessiva dos operadores económicos ou a sua subsidiação cruzada. É isso que sucede, por exemplo, no sector das comunicações electrónicas, vendo-se que a Directiva n.º 2002/22/CE, ao disciplinar as *contribuições para o serviço universal*, não apenas fixa com rigor os elementos que hão-de ser integrados no cômputo do custo líquido deste serviço como obriga as entidades reguladoras à publicação de relatórios anuais em que se dê conta desse custo e das contribuições exigidas a todas as empresas para o seu financiamento, por forma a garantir a proporcionalidade, neutralidade e legitimação das contribuições – por forma a garantir, afinal, a subordinação destes tributos paracomutativos ao princípio da equivalência.[41]

Pese embora a influência crescente do direito comunitário e as pistas importantes que dele se extraem na conformação das taxas de regulação

---

[41] Relevante é sobretudo o artigo 14.º da Directiva n.º 2002/22/CE, de 7 de Março, de 2002, no qual se dispõe que sempre que seja instituído um mecanismo pelos operadores da repartição do custo líquido das obrigações de serviço universal, "as autoridades reguladoras nacionais garantirão que os princípios de repartição dos custos e os elementos constituintes do mecanismo utilizado estejam acessíveis ao público". Em conformidade, estas autoridades reguladoras procederão à publicação de relatório anual compreendendo o "custo calculado das obrigações do serviço universal", "as contribuições feitas por todas as empresas envolvidas", bem como "as vantagens de mercado que possam ter resultado para a ou as empresas designadas para prestar o serviço universal", sempre que tenha sido instituído um fundo alimentado pelas contribuições e este se encontre em funcionamento.

económica, os textos que integram o presente trabalho colectivo mostram-nos que o legislador nacional poderia e deveria usar de maior exigência na fixação destas obrigações de transparência, sendo muito diverso
o cuidado posto na divulgação da receita tributária de institutos públicos
e autoridades reguladoras. Com efeito, na falta de um diploma que genericamente imponha a institutos públicos e autoridades reguladoras a divulgação pública completa e detalhada da sua receita tributária, o acesso a
essa informação acaba por se revelar muitas vezes espinhoso, ainda que
alguns valores mais simples e agregados se possam sempre extrair das
suas contas ou dos mapas do orçamento do estado.

A comprovar a importância desta informação na legitimação das
taxas de regulação estão algumas das conclusões a que se chega neste
trabalho colectivo. Assim, é através da análise dos números relativos às
receitas da Entidade Reguladora da Saúde que Manuel Anselmo Torres e
Mafalda Alfaiate chegam à conclusão de ser provável que as *taxas de
inscrição* arrecadadas pela ERS se situem globalmente acima dos custos
inerentes à actividade da regulação do sector, pois que estas taxas que lhe
são devidas mantiveram o seu valor e encaixe aproximado mesmo depois
de terem diminuído as despesas de instalação daquela entidade. Assim, é
também através da análise dos números relativos às receitas do antigo
Instituto Nacional do Transporte Ferroviário que Luís Oliveira chega à
conclusão de que os operadores económicos do sector acabam por financiar prestações que são alheias à gestão da infra-estrutura ferroviária, uma
vez que a comparticipação deste instituto nas taxas de utilização cobradas
pela REFER correspondia à quase totalidade das suas receitas próprias.

Pela importância imensa que tem na legitimação destes tributos e no
seu controlo pelos operadores económicos e pelos tribunais, a divulgação
de informação é, sem qualquer dúvida, um ponto em que se deveria ter
ido mais longe na Lei-Quadro dos Institutos Públicos, inteiramente omissa na matéria, e um ponto que merece especial atenção também na eventual edição de uma Lei-Quadro das Autoridades Reguladoras Independen-
dentes, sendo que os projectos que até agora foram entre nós objecto de
discussão não exploram tão pouco este problema do seu financiamento.

3.2. *Técnica e gestão legislativa*

Uma segunda questão que atravessa todas as nossas taxas de regulação económica é a da *técnica legislativa* empregue na respectiva pro-

As Taxas de Regulação Económica em Portugal: Uma Introdução   51

dução, geralmente levada a cabo pelos próprios institutos públicos e autoridades reguladoras titulares da receita.

Como se pode constatar pelos textos aqui recolhidos, as taxas de regulação económica são disciplinadas em Portugal por textos normativos com valor hierárquico muito diverso, nem sempre se tendo a preocupação de as fundar em lei parlamentar como se parece impor em face da Constituição da República. Os textos aqui recolhidos mostram-nos, com efeito, que as taxas de regulação são frequentemente disciplinadas nos seus elementos essenciais por decreto-lei simples, como sucede com as *taxas de regulação e supervisão* devidas à ERC, por portaria ministerial, como sucede com as *taxas de supervisão contínua* devidas à CMVM ou mesmo por despacho ministerial, como sucede com as *taxas de regulação* devidas ao IRAR. Qualquer que seja o caso, é certo que a produção normativa destes tributos públicos tende a ser dominada pelos próprios institutos públicos e autoridades reguladoras que são titulares destas receitas, pois que são estes quem melhor conhece os condicionalismos do direito comunitário e do direito interno a que elas se encontram sujeitas, bem como a evolução e especificidades dos diferentes sectores económicos em jogo.

Assim sendo, a intervenção do Governo tende a ser uma intervenção de segunda linha, como será talvez inevitável neste domínio, e a intervenção do Parlamento, hoje em dia marginal já no tocante aos próprios impostos, mostra-se vestigial apenas no que respeita às taxas de regulação económica. A apropriação do processo de produção normativa pelos titulares da receita contribui, naturalmente, para que se acentuem os particularismos das taxas devidas a institutos públicos e autoridades reguladoras, cada qual ensaiando soluções talhadas à medida das suas preocupações e rotinas administrativas, sem que haja de cada um excessivo cuidado com o resultado conjunto. Entre outras consequências a que tudo isto conduz, ocorre por vezes que daqui resultem figuras tributárias com deficiências técnicas graves ou figuras tributárias às quais falta a clareza e legibilidade que se impõem ao comum dos tributos públicos.

O caso da saúde, aqui analisado por Manuel Anselmo Torres e Mafalda Martins Alfaiate, mostra-nos bem as enfermidades que podem afectar as taxas de regulação assim produzidas, reencontrando-se nas *taxas de inscrição* devidas à ERS muitos dos vícios que tinham já rodeado as *taxas de comercialização* incidentes sobre o sector farmacêutico, estas devidas ao INFARMED. Estes são tributos marcados por uma boa dose de experimentalismo, com incidência objectiva e subjectiva delimitada de forma insegura, com esquema de liquidação equívoco, procedendo o regulador por tentativa e erro com os inevitáveis custos que daí decorrem para os operadores económicos.

O caso da electricidade, aqui analisado por Nuno Garcia e Inês Salema, bem como o caso do gás natural, aqui estudado por Gonçalo Anastácio e Joana Pacheco, ilustra-nos, em vez dessa deficiência técnica, os problemas de clareza e legibilidade que ocorre afectarem estas figuras tributárias mesmo quando bem estruturadas na sua substância. De facto, o financiamento da actividade de regulação destes dois sectores, levada a cabo pela ERSE, assenta em *contribuições* que se diluem nas tarifas imensamente complexas cobradas pelos operadores do sector, tornando-se difícil isolar os elementos estruturantes destes tributos públicos bem como a receita que eles produzem. Bem vistas as coisas, estes são sectores com particularismos tais que o financiamento da sua regulação permanece, em larga medida, alheio à técnica da relação jurídica tributária.

É inevitável que a produção normativa das taxas de regulação económica continue a ser dominada em larga medida pelos institutos públicos e autoridades reguladoras que são titulares destas receitas, por força de toda a especialização técnica que ela envolve. A garantia do apuro técnico, transparência e articulação recíproca destas figuras exige, no entanto, alguma espécie de filtragem superior e análise conjunta, que até agora tem faltado em absoluto entre nós e que poderá passar pela edição de um "regime geral" que as enquadre como pode na verdade dispensá-la. Assim, mesmo na falta de um regime geral das taxas de regulação económica que concretize o artigo 165.º, n.º 1, alínea i) da Constituição da República, há com certeza espaço e razão para que o próprio Ministério das Finanças faça um acompanhamento mais cuidadoso destas figuras tributárias, que oneram os operadores económicos em termos não muito diferentes dos termos em que os oneram os grandes impostos. Ainda que na produção das taxas de regulação deva caber aos reguladores e às tutelas sectoriais o papel principal, existem em tudo isto questões de técnica tributária e de política fiscal que devem passar forçosamente pelo exame crítico do Ministério das Finanças, a quem compete avaliar com regularidade o peso global que estes tributos trazem à economia, a litigância que geram entre os operadores económicos, a adequação que mostram com o direito comunitário e a incoerência que eventualmente mostrem no seu conjunto. Importa, ao fim ao cabo, que as taxas de

As Taxas de Regulação Económica em Portugal: Uma Introdução

regulação económica não vivam entregues a si próprias mas que também delas se faça uma gestão legislativa consistente.

3.3. A privatização da gestão tributária

Uma terceira questão que os textos aqui recolhidos mostram ser transversal às taxas de regulação económica portuguesa reside na *privatização da gestão* destes tributos públicos.

Como vimos mais atrás, as taxas de coordenação económica que nos anos trinta e quarenta eram devidas a juntas nacionais e comissões reguladoras não eram cobradas pelas próprias mas pelos serviços da administração alfandegária, melhor habilitados para o efeito. Sucede também que os institutos públicos e autoridades reguladoras a quem hoje em dia são devidas as taxas de regulação económica não procedem muitas vezes à liquidação e cobrança destes tributos, sendo esta assegurada pelos operadores económicos em quem se delegam as funções da gestão tributária.

Com efeito, a parafiscalidade económica constitui actualmente um domínio onde prepondera a privatização da gestão tributária, seguramente porque as entidades titulares destas receitas têm pouca vocação e recursos para levar a cabo este trabalho, que pode ser feito com maior eficiência pelas empresas que as têm que suportar. A mecânica das taxas de regulação económica assenta, assim, muitas vezes, na técnica da *autoliquidação*, competindo aos operadores económicos proceder à aplicação destes tributos e à sua posterior entrega às entidades titulares da receita. É isso que sucede, entre outros casos, com as *taxas de regulação* devidas ao Instituto de Seguros de Portugal, que neste trabalho colectivo analisam Rogério M. Fernandes Ferreira e João Parreira Mesquita, aplicadas pelas empresas de seguros e resseguros à receita dos prémios de seguro em conformidade com uma tradição quase secular e que devem por estas ser pagas através de depósito bancário em duas prestações semestrais.

Em virtude destes esquemas de autoliquidação tributária, a gestão das taxas de regulação económica resulta por vezes largamente privatizada, recolhendo-se as entidades titulares da receita a uma posição de relativa passividade, quebrada por regra apenas quando se apura uma qualquer irregularidade. Deslocam-se deste modo custos importantes da administração pública para os operadores económicos privados, sobre os quais passam a impender não apenas a obrigação da liquidação e entrega das taxas de regulação mas também obrigações acessórias destinadas a assegurar o seu bom pagamento e fiscalização. Assim sucede, por exemplo, que para assegurar o controlo das taxas de regulação devidas ao ISP, as empresas de seguros e resseguros são obrigadas a enviar-lhe declarações com mapas diversos, em que se hão-de discriminar com rigor as receitas provenientes de cada um dos seus ramos de actividade.

De resto, as obrigações acessórias que impendem sobre os operadores económicos mostram-se importantes mesmo quando a liquidação é assegurada por institutos públicos e autoridades reguladoras, como sucede em muitos casos também. Serve de exemplo a *taxa de gestão de resíduos*, aqui analisada por Gonçalo Leite de Campos e Miguel Clemente, um tributo liquidado pela Agência Portuguesa do Ambiente com base na informação que os operadores económicos estão obrigados a carrear periodicamente para o Sistema Integrado de Registo Electrónico de Resíduos, discriminando a natureza, origem, quantidade e destino de todos os resíduos que produzam ou importem. Assim, quando a liquidação das taxas de regulação é levada a cabo pelos próprios institutos públicos e autoridades reguladoras ela assenta largamente nos elementos que os operadores lhes facultam em cumprimento de obrigações declarativas mais ou menos complexas e às quais têm de afectar recursos e adequar muitas vezes procedimentos comerciais e sistemas de informação.

Os textos aqui recolhidos dão-nos boa ideia do encargo que toda esta privatização da gestão tributária representa para as empresas portuguesas, acrescendo aos custos de gestão importantes que sobre elas impendem já em matéria de impostos sobre o rendimento, consumo e património. Dão-nos também a ideia de que a administração nem sempre procura minimizar estes custos, ainda que essa preocupação aflore em sectores mais expostos à concorrência internacional e onde mais importa diminuir os custos de transacção. Assim sucedeu que a CMVM passou recentemente a liquidar ela própria as taxas de supervisão que até há pouco tempo atrás eram objecto de autoliquidação pelos operadores do mercado de capitais, como aqui nos dão conta Diogo Leónidas Rocha, Marta Graça Rodrigues e Gonçalo Castro Ribeiro.

Os custos de gestão das taxas de regulação pelos operadores económicos privados constituem seguramente um dos factores que importa ponderar com maior cuidado em qualquer exercício de política legislativa que se ensaie neste domínio. E trata-se de um factor cuja importância cresce de dia para dia, na exacta medida em que se multiplicam institutos

As Taxas de Regulação Económica em Portugal: Uma Introdução 55

públicos e autoridades reguladoras, exigindo das empresas tributos que acrescem àqueles que lhes exigem já entidades diferentes – como sucede com tanta clareza no domínio das telecomunicações, cujos operadores asseguram a gestão das taxas devidas ao ICP – ANACOM, daquelas que devem à ERC e ainda das taxas municipais de direitos de passagem que lhes são exigidas pelas autarquias. Ainda que não se subordinem as taxas de regulação a um regime jurídico comum, importa ao menos que se tenha o cuidado mínimo de proceder ao cômputo dos cus-tos que a gestão de todos estes tributos públicos representa para as empresas portuguesas e que se procure dentro de cada sector escolher as soluções capazes de os minimizar.[42]

3.4. *A captura fiscal dos regulados*

Como sublinhámos algo mais atrás, seria irrazoável apontar às taxas de regulação económica que em Portugal cobram institutos públicos e autoridades reguladoras os mesmos vícios que afectam as taxas cobradas pela nossa administração local. Entre as muitas taxas de regulação que se registam neste trabalho encontram-se, é verdade, figuras com contornos grosseiros que são fruto de um experimentalismo fiscal evidente mas encontramos também figuras com apuro técnico grande e que têm vindo a dar boas provas ao longo dos tempos. Para esta vantagem relativa con-tribuirá com certeza a disponibilidade por parte de institutos públicos e autoridades reguladoras de maiores recursos técnicos e humanos do que aqueles que geralmente estão ao dispor das autarquias locais, sem pre-juízo das inevitáveis diferenças que entre eles sempre existem.

Seja maior ou menor o seu apuro técnico, porém, sobressai dos textos aqui recolhidos que *é relativamente diminuto o nível de resistência e litigiosidade que rodeia as taxas de regulação económica* que actual-mente se cobram em Portugal.

Na verdade, só nos domínios da saúde e da comunicação social se conheceu alguma resistência aberta dos operadores à cobrança das taxas de regulação económica, no primeiro caso alimentada pela deficiência

---

[42] Na verdade, o cômputo dos custos de gestão constitui um exercício que o estado português não ensaia sequer quanto aos principais impostos.

técnica das *taxas de inscrição* exigidas pela ERS, no segundo caso pela oposição quanto à própria criação de uma entidade com as funções da ERC. Afora estes sectores, em que a regulação económica possui menos tradição e em que a cobrança de taxas para seu custeamento apresenta maior novidade, foram poucos os litígios sérios que a este propósito opuseram autoridades reguladoras a regulados, registando-se neste trabalho colectivo os casos das *taxas por operações fora de bolsa* outrora devidas à CMVM, cuja discussão subiu até ao nosso Tribunal Constitucional, e das *taxas de assistência em escala* devidas à ANA, cuja discussão chegou ao Tribunal de Justiça das Comunidades Europeias.[43]

Constituindo as taxas de regulação um encargo importante – por vezes muito importante – para os operadores de cada um destes sectores económicos, o baixo nível de resistência e litigiosidade que as tem rodeado sugere que existem nestes tributos factores específicos que concorrem para o efeito. O mais importante de entre eles reside com certeza na circunstância de *os regulados estarem invariavelmente cativos das decisões do regulador* em aspectos variados do exercício da sua actividade, seja no licenciamento da própria actividade, seja na autorização de operações concretas, seja na distribuição de recursos escassos, seja na apreciação de tarifários e condições negociais, seja na fiscalização e sancionamento das suas práticas. Por esta razão, nos sectores objecto de regulação os operadores económicos não se podem verdadeiramente dar ao luxo de manter relações abertamente conflituosas com os reguladores, daí resultando a tendência a marginalizar eventuais divergências face às taxas de regulação que lhes são exigidas ou a procurar resolver essas divergências pela via do diálogo ou pela pressão indirecta junto do poder político. Em Portugal, como noutros países, as taxas de regulação económica tendem, assim, a dar corpo a uma *fiscalidade pactuada*, feita de um consentimento que só esta relação de dependência pode verdadeiramente explicar.

---

[43] Quanto às taxas por operações fora de bolsa devidas à CMVM, referimo-nos ao acórdão do Tribunal Constitucional n.º 256/2005, de 24 de Maio, uma decisão que no essencial retoma os argumentos equívocos do acórdão n.º 115/2002, de 12 de Março, relativo aos emolumentos dos registos e notariado. Do acórdão n.º 256/2005 vale sobretudo a pena fazer a leitura das declarações de voto, profundamente críticas, de Carlos Pamplona de Oliveira e Rui Moura Ramos. Quanto às taxas de assistência em escala devidas à ANA, referimo-nos ao acórdão do Tribunal de Justiça de 5 de Julho de 2007, (Deutsche Lufthansa), proc. C-181/06, de que se ocupam mais adiante António Portugal e Maria José Viegas.

A *captura fiscal dos regulados* constitui a principal razão pela qual se não assiste nesta área do sistema tributário à conflitualidade generalizada e permanente que marca as taxas locais portuguesas. É evidente, em qualquer caso, que ela não constitui o único factor a explicar o ambiente relativamente pacífico em que têm vivido as nossas taxas de regulação económica, sendo que para isso tem contribuído seguramente também *a timidez da jurisprudência nacional*, sempre centrada no problema formal da reserva de lei parlamentar, largamente insensível à legitimação material destes tributos públicos, contemporizadora para com as soluções concebidas pelo legislador e pela administração. Com efeito, importa reconhecer que decisões como o acórdão do Tribunal Constitucional n.º 256/2005, relativo às taxas por operações fora de bolsa devidas à CMVM, imaginando nestas figuras a natureza rigorosamente bilateral característica das verdadeiras taxas e sancionando nelas o emprego de bases tributáveis *ad valorem*, não apenas encorajam o experimentalismo fiscal por parte do legislador português como desmotivam os contribuintes a apelar aos tribunais nacionais na contestação das taxas de regulação económica, deixando-lhes como única alternativa de defesa útil o recurso ao Tribunal de Justiça das Comunidades Europeias.

4. Conclusões: quem regula as taxas de regulação?

A imagem das taxas de regulação económica que nos é dada pelos textos recolhidos neste trabalho colectivo é a de uma área do sistema em movimento rápido, onde se descobrem figuras já com tradição, herdadas dos antigos organismos de coordenação económica, a par de outras de contornos inovadores, multiplicando-se de dia para dia. Estas são figuras tributárias que se situam a meio caminho entre taxas e impostos, numa área intermédia do sistema à qual estamos habituados a prestar pouca atenção e da qual os nossos tribunais têm feito até agora um exame apenas formal. As taxas de regulação económica vivem, por isso, em relativa marginalidade, sendo estudadas, negociadas, lançadas e discutidas as mais das vezes dentro das fronteiras estreitas de cada um dos sectores económicos que as suportam, num contexto não muito diferente daquele em que viveram as taxas de coordenação económica que entre nós as antecederam.

Ainda que a Constituição da República o sugira agora, a resolução dos problemas que entre nós rodeiam as taxas de regulação económica não parece ter que passar pela edição de um regime geral que as enquadre, nem é certo que se possa editar hoje em dia um regime que nesta matéria vá além das linhas orientadoras mais elementares, tal é a heterogeneidade destas espécies tributárias e o avanço que sobre elas ganha a todo o tempo o direito comunitário. Sem dúvida que questões como a fixação de bases tributáveis específicas, como a correcta afectação da receita ou como a divulgação de informação poderiam beneficiar de uma tal lei de enquadramento, que nestas coisas serviria ao menos para prevenir os equívocos mais grosseiros. É verdade, ainda assim, que muitas dessas questões podem vir a ter melhor tratamento se entre a comunidade jurídica se prestar maior atenção a estas pequenas-grandes figuras tributárias, se o legislador tiver o cuidado de olhar ao conjunto antes de fixar as suas soluções e, muito em particular, se os tribunais se tornarem mais exigentes no respectivo controlo.

Vale isto dizer que as taxas de regulação económica que se cobram em Portugal, sem viverem entre a absoluta desordem, não dão corpo ainda a um verdadeiro sistema. Vale isto dizer que a construção desse sistema não depende apenas do impulso legislativo mas de um esforço de juridificação que todos os profissionais que lidam com estas espécies tributárias terão que fazer. Sem dúvida que para a melhor regulação das taxas de regulação contribuirão também os textos que em seguida se recolhem neste trabalho colectivo.

AS TAXAS DE REGULAÇÃO ECONÓMICA NO SECTOR DOS AEROPORTOS

António Moura Portugal
Maria José Viegas[*]

Sumário: 1. Introdução 2. Enquadramento normativo e institucional do sector 2.1. Enquadramento normativo 2.2. Enquadramento institucional 3. Taxas de tráfego 3.1. Direito nacional 3.2. Incidência objectiva 3.3. Incidência subjectiva 3.4. Isenções 3.5. Base de cálculo 3.6. Montante 3.7. Liquidação e pagamento 3.8. Afectação e valor da receita 3.9. Jurisprudência nacional e comunitária 4. Taxas de assistência em escala 4.1. Direito comunitário 4.2. Direito nacional 4.3. Incidência objectiva 4.3.1. Taxas cobradas pelo INAC 4.3.2. Taxas cobradas pela ANA 4.3.3. Apontamento crítico 4.4. Incidência subjectiva 4.4.1. Taxas cobradas pelo INAC 4.4.2. Taxas cobradas pela ANA 4.5. Isenções 4.6. Base de cálculo 4.6.1. Taxas cobradas pelo INAC 4.6.2. Taxas cobradas pela ANA 4.6.3. Apontamento crítico 4.7. Montante 4.7.1. Taxas cobradas pelo INAC 4.7.2. Taxas cobradas pela ANA 4.7.3. Apontamento crítico 4.8. Liquidação e pagamento 4.9. Afectação e valor da receita 4.10. Jurisprudência comunitária 4.10.1. Caso do Aeroporto de Hannover 4.10.2. Caso do Aeroporto do Porto

---

[*] Os capítulos 1, 2 e 4 são da responsabilidade de António Moura Portugal, sendo que as opiniões neles expressas o são a título pessoal, não vinculando a co-autora ou as entidades referenciadas ao longo do capítulo que o autor representou judicialmente nos litígios identificados. O capítulo 3 é da responsabilidade de Maria José Viegas, sendo que a opinião aqui expressa o é a título individual, não vinculando o co-autor ou as entidades para quem trabalha ou que representou no âmbito dos processos referidos ao longo deste excurso. Os autores agradecem à Dr.ª Inês Teixeira todo o apoio que deu na elaboração e revisão do trabalho.

1. Introdução

Os aeroportos constituem monopólios naturais, pelo que a introdução de concorrência não gera efeitos benéficos em termos sociais, já que o monopólio é capaz de produzir economias de escala que de outro modo não se verificariam. Assim, impõe-se a regulação dos aeroportos em termos tais que permitam aproveitar as vantagens da eficiência produtiva resultante da existência de um só operador (economias de escala e externalidades positivas de rede) que o monopólio natural traduz, evitando-se no entanto, os problemas concorrenciais que derivam da concentração.[1]

Os aeroportos são, hoje, sujeitos a uma forte concorrência com outros aeroportos (concorrência intra-sistemática) o que os obriga a competir entre si para atrair companhias aéreas e passageiros, através da diminuição de custos e melhoria da qualidade do serviço oferecido. A análise da concorrência entre aeroportos depende da comparação das respectivas áreas atractivas económicas e de população, do congestionamento, da existência de infra-estruturas de acesso, dos serviços aeroportuários disponibilizados.[2]

A regulação praticada no sector da aviação tem, por isso, implicações em outros sectores económicos de importância fulcral nas sociedades modernas. Essa característica leva a que se defenda uma regulação económica forte, robusta e independente, capaz de evitar abusos de posição dominante e subsidiações cruzadas nos grupos empresariais, de garantir a transparência do mercado e a existência de taxas não discriminatórias.[3] Nos capítulos subsequentes deste trabalho serão analisadas,

---

[1] Em termos económicos, o monopólio natural traduz uma situação de sub-aditividade da função de custos associada ao processo produtivo, no sentido de que produzir isoladamente conduz a um custo inferior ao de produzir em separado, pelo que a situação de maior eficiência produtiva corresponde à existência de uma única empresa a actuar no mercado. Um aeroporto constitui uma infra-estrutura essencial (*essencial utility*) cuja duplicação acarreta perdas de bem-estar social e, por isso, deve ser regulado de modo a garantir-se o acesso à infra-estrutura em termos não discriminatórios e universais.

[2] Não obstante, a concorrência inter-sistemática é hoje, também, um forte desafio para os aeroportos, que se vêm confrontados com a concorrência de meios alternativos de transporte (sobretudo o comboio de alta velocidade).

[3] A subsidiação cruzada conduz a que companhias aéreas e passageiros paguem por infra-estruturas e serviços de que não necessitam e que não utilizam. De outro ponto de vista, a subsidiação cruzada conduz a que essas infra-estruturas e serviços sejam gozados

em detalhe, as taxas aeroportuárias existentes no ordenamento jurídico português, logo após a definição breve do enquadramento normativo e institucional do sector.

2. Enquadramento normativo e institucional do sector

2.1. *Enquadramento normativo*

Na Europa, as taxas existentes são qualificáveis em dois grupos: taxas aeroportuárias (*aviation*) e taxas contrapartida de actividades não aeroportuárias (*non aviation*). As primeiras financiam as atribuições de serviço público desempenhadas pelas entidades gestoras das infra-estruturas aeroportuárias, sendo devidas pelas companhias aéreas, e as segundas são devidas pelos particulares que utilizam ou exploram outros negócios no aeroporto.

Pelas implicações que têm ao nível da concorrência e competitividade dos aeroportos, foi elaborada uma proposta de Directiva, em 1997, sobre taxas aeroportuárias que enquadrava o regime sob o princípio da não discriminação.[4] A diversidade de regimes de taxas nacionais e o *lobbying* dos aeroportos tornou impossível a harmonização por via da Directiva, que permaneceu congelada até 24/01/2007, altura em que foi apresentada, pela Comissão, uma nova Proposta de Directiva relativa às taxas aeroportuárias.[5] A Proposta de Directiva assenta nos princípios da não discriminação, garantia de transparência, consulta e recurso, qualidade das normas de serviços, diferenciação das taxas, subsidiariedade e proporcionalidade.

---

por quem nada paga por eles ou paga um preço inferior ao dos outros utilizadores. Esta prática anticoncorrencial conduz a uma distorção de concorrência que desequilibra o *level playing field* concorrencial pois quebra a ligação entre o preço pago pelos bens e serviços e o seu custo.

[4] Proposta de Directiva da Comissão COM (97) 154 final, alterada pela proposta COM (98) 509 final, a qual, depois de vários bloqueios por parte do Conselho, acabou por ser retirada de discussão em Dezembro de 2001.

[5] Proposta de Directiva da Comissão sobre taxas aeroportuárias COM (2006) 820 final, disponível para consulta em http://eur-lex.europa.eu/LexUriServ/site/pt/com/2006/com2006_0820pt01.pdf.

62   *As Taxas de Regulação Económica em Portugal*

De acordo com o definido na Proposta de Directiva, as taxas devem ser estabelecidas de forma não discriminatória entre transportadoras ou entre passageiros, devendo as diferenças de tratamento fundar-se no custo real das infra-estruturas e serviços prestados. Na mesma linha, o documento defende que o sistema de tarifação deve ser discutido de forma participada entre as entidades gestoras dos aeroportos e as transportadoras aéreas, devendo estas fornecer àquelas um volume de informação suficiente sobre as suas previsões de tráfego, utilização da frota prevista e necessidades específicas presentes e futuras no aeroporto.

Uma ideia forte do sistema subjacente à Proposta de Directiva é a de que as taxas devem ser diferenciadas, para garantir que todas as transportadoras aéreas que desejem ter acesso ao terminal ou a serviços com custos e qualidade reduzidos disponham desse acesso.[6]

Neste cenário, a nível supranacional apenas se encontra em vigor o documento produzido pela International Civil Aviation Organization (ICAO) n.º 9082/6, aplicável aos membros desta organização, o qual fornece linhas orientadoras para a adopção de boas práticas na criação de sistemas de tarifários aplicáveis nos aeroportos.[7]

---

[6] Ainda assim, essa diferenciação das taxas só deve existir quando os serviços disponibilizados são, de facto, distintos. As chamadas taxas "Premium", mais elevadas e aplicadas a companhias aéreas que não sejam *low-cost*, só são aceitáveis, porque discriminatórias, quando elas são contrapartida de serviços distintos efectivamente prestados [será o caso da disponibilização de serviços ou infra-estruturas adicionais, como sejam pontes telescópicas ("mangas") ou *"lounges* Premium/VIP" às companhias que o solicitem]. Fora destes casos, as taxas aeroportuárias praticadas num aeroporto devem ser as mesmas independentemente do fornecedor de serviços de navegação aérea em causa, de modo a manter-se um *level playing field* entre todos os concorrentes, reduzir os custos e melhorar a eficiência, beneficiando todos os passageiros e permitindo que o tráfego aéreo constitua uma alternativa viável aos restantes meios de transporte.

[7] *ICAO's Policies on Charges for Airports and Air Navigation Services.* A ICAO constitui uma agência especializada das Nações Unidas criada em 1944 e que conta hoje com 190 membros (a lista completa pode encontrar-se em http://www.icao.int/cgi/goto_m.pl?cgi/statesDB4.pl?en). Tem sede permanente em Montreal, Canadá, e apresenta como objectivo a regulamentação da aviação civil internacional através de um fórum global da aviação civil. Esta agência foi criada para promover o desenvolvimento dos princípios e técnicas de navegação aérea internacional, a organização e o progresso dos transportes aéreos, de modo a garantir a segurança, a eficiência, a economia e o desenvolvimento sustentável dos serviços aéreos. Presta também serviços de assistência técnica, visando a organização e eficiência dos serviços de infra-estrutura aeronáutica nos países em desenvolvimento. Essa assistência é prestada por meio de equipas de especialistas,

As Taxas de Regulação Económica no Sector dos Aeroportos

Em Portugal, a matéria das taxas aeroportuárias está regulamentada no Decreto-Lei n.º 102/90, de 21 de Março, com a redacção dada pelo Decreto-Lei n.º 280/99, de 26 de Julho e pelo Decreto-Lei n.º 268/2007, de 26 de Julho, no Decreto-Lei n.º 275/99, de 23 de Julho – que transpõe para o direito interno a Directiva n.º 96/67/CE, do Conselho, de 15 de Outubro –, e no Decreto Regulamentar n.º 12/99, de 30 de Julho, com a redacção dada pelo Decreto Regulamentar n.º 5-A/2002, de 8 de Fevereiro, e pelo Decreto Regulamentar n.º 2/2004, de 21 de Janeiro.

Em termos gerais, as taxas dividem-se em quatro grupos, seguindo a distinção prevista no artigo 17.º do Decreto-Lei n.º 102/90: (i) taxas de tráfego; (ii) taxas de assistência em escala; (iii) taxas de ocupação; e (iv) outras taxas de natureza comercial. São estas as taxas cobradas actualmente nos aeroportos e aeródromos públicos existentes no território nacional pertencentes ao domínio público do Estado.[8]

---

enviados aos diversos países para organizar e orientar a operação dos serviços técnicos indispensáveis à aviação civil, e opera ainda mediante concessão de bolsas de estudo para cursos de especialização. A ICAO apresenta como órgãos institucionais um Conselho, um Presidente do Conselho, um Secretariado e respectivo Secretário-Geral e uma Assembleia. Segundo o documento da ICAO, devem ser tidos em conta os seguintes princípios na criação de um sistema tarifário aplicável num aeroporto: (i) princípio da não discriminação na aplicação das taxas; (ii) princípio da não tributação excessiva ou de outras práticas anticoncorrenciais ou de abuso de posição dominante; (iii) princípio da transparência, avaliação e apresentação de todos os dados financeiros requeridos com vista à determinação da matéria colectável.

[8] Por serem devidas apenas nos aeroportos e aeródromos públicos integrados no domínio público do Estado, as taxas em questão são cobradas somente nos principais aeroportos do continente (aeroporto de Lisboa, aeroporto Francisco Sá Carneiro, no Porto, e aeroporto de Faro) e nos aeroportos do arquipélago dos Açores que pertencem ao domínio público do Estado (aeroporto João Paulo II, em Ponta Delgada, aeroporto de Santa Maria, aeroporto da Horta e aeroporto das Flores). Os demais aeródromos existentes no continente e nas ilhas integram, por exclusão de partes, o domínio público municipal e regional, estando, por isso, a sua gestão e a respectiva legitimidade para cobrar taxas entregues aos municípios ou às regiões autónomas (ou são, pura e simplesmente, particulares). Salientamos, no entanto, que não existe actualmente no ordenamento jurídico nacional uma classificação expressa do carácter dominial de cada um dos aeroportos e aeródromos. Nesta matéria, apenas a alínea e) do artigo 4.º do Decreto-Lei n.º 477/80, de 15 de Outubro, estabelece que integram o domínio público do Estado os aeroportos e aeródromos de interesse público, sem que, em momento algum, tenham sido os mesmos identificados. Ora, perante esta ausência de classificação expressa da natureza de cada um dos aeroportos e aeródromos nacionais, tem a doutrina entendido que terão apenas interesse público – e, consequentemente, integrarão o domínio público do Estado – aqueles

As taxas de tráfego – objecto de desenvolvimento no capítulo subsequente – compreendem os tributos relacionados com a actividade de aviação, a saber: a taxa de aterragem e descolagem, a taxa de controlo terminal, a taxa de estacionamento, a taxa de abrigo, a taxa de serviço a passageiros e a taxa de abertura de aeródromo, sendo que o quantitativo das mesmas é definido, após parecer do INAC, por portaria ministerial.[9] Estes tributos assentam na utilização efectiva do aeroporto ou aeródromo, ou seja, na utilização de um bem do domínio público, e encontram-se classificados no artigo 17.º do Decreto-Lei n.º 102/90, de 21 de Março, com a redacção dada pelo Decreto-Lei n.º 280/99, de 26 de Julho, e pelo Decreto-Lei n.º 268/2007, de 26 de Julho, e nos artigos 4.º e seguintes do Decreto Regulamentar n.º 12/99, de 30 de Julho, com a redacção dada pelo Decreto Regulamentar n.º 5-A/2002, de 8 de Fevereiro, e pelo Decreto Regulamentar n.º 2/2004, de 21 de Janeiro.

As taxas de assistência em escala, que levantam uma multiplicidade de questões no âmbito regulatório e deram já azo a substancial produção jurisprudencial, serão igualmente objecto de tratamento autónomo no próximo capítulo 4.

As taxas de ocupação, previstas no artigo 13.º do Decreto Regulamentar n.º 12/99 e no artigo 18.º, n.os 3 e 4, do Decreto-Lei n.º 102/90, são devidas pela utilização privativa de espaços, edifícios, gabinetes, hangares e outras áreas dos aeroportos ou aeródromos, sendo definidas por unidade métrica, zona, finalidade, localização e período horário, diário ou mensal de utilização, podendo ser diferenciadas em função do prazo da ocupação ou sujeitas a valores máximos por tipo de ocupação ou utilização.

---

cuja exploração o Estado entregou, através de concessão de serviço público aeroportuário de apoio à aviação civil, à ANA – Aeroportos de Portugal, S.A. Já no que respeita aos aeroportos situados no arquipélago dos Açores que não integram a concessão, bem como aos aeroportos do arquipélago da Madeira, são os mesmos expressamente classificados como domínio público regional, sujeitos a legislação específica em matéria de cobrança de taxas de tráfego. Sobre a cobrança de taxas de tráfego nos aeroportos dos arquipélagos dos Açores e da Madeira que integram o domínio de cada uma das regiões autónomas, v., respectivamente, o Decreto Legislativo Regional n.º 35/20002/A, a Portaria n.º 666/ /2007, de 1 de Junho, e o Decreto Legislativo Regional n.º 7/2000/M, com as alterações introduzidas pelo Decreto Legislativo Regional n.º 3/2003/M.

[9] A entidade competente para a emissão da portaria varia consoante se refira ao domínio público aeroportuário explorado pela ANA – Aeroportos de Portugal, S.A., aos aeroportos e aeródromos regionalizados ou aos aeroportos e aeródromos cuja exploração esteja a cargo dos municípios – artigo 18.º do Decreto-Lei n.º 102/90.

As Taxas de Regulação Económica no Sector dos Aeroportos

O quantitativo destas taxas é fixado pelas entidades a quem estiver cometida a exploração dos respectivos aeroportos ou aeródromos públicos.

Finalmente, quanto às taxas de natureza comercial definidas nos artigos 14.º a 24.º do Decreto Regulamentar n.º 12/99, destacam-se a taxa de equipamento, taxa de prestação de serviços, taxa de consumo, taxa de manuseamento de carga, taxa de armazenagem, taxa de depósito de bagagem, taxa de fotografia e filmagem, taxa de acesso, taxa de exploração, taxa de estacionamento de viaturas e taxa de publicidade. A incidência objectiva, subjectiva, as isenções e a base de cálculo destas taxas é definida, individual e diferenciadamente, em cada um dos artigos do mencionado decreto regulamentar que as consagra.

	Legislação	Entidade responsável pela liquidação e cobrança
Taxas de tráfego	Decreto-Lei n.º 102/90, de 21/3 (actual redacção dada pelos Decreto-Lei n.º 280/99 e Decreto-Lei n.º 268/2007, de 26/7) – artigo 18.º;	ANA, S.A., enquanto entidade exploradora dos aeroportos que integram o domínio público do Estado;
	Decreto Regulamentar n.º 12/99, de 30/7, na actual redacção (Decreto Regulamentar n.º 5-A/2002, de 8/2, e Decreto Regulamentar n.º 2/2004, de 21/1);	NAV Portugal, E.P.E., quanto à taxa de controlo de terminal.
	Portaria n.º 592/2007, de 11/5;	
	Portaria n.º 666/2007, de 1/6;	
	Portaria n.º 591/2007, de 11/5.	
Taxas de ocupação	Decreto-Lei n.º 102/90, de 21/3 (actual redacção dada pelos Decreto-Lei n.º 280/99 e Decreto-Lei n.º 268/2007, de 26/7) – artigo 18.º, n.ºs 3 e 4;	ANA, S.A., enquanto entidade exploradora dos aeroportos e aeródromos que integram o domínio público do Estado.
	Decreto Regulamentar n.º 12/99, de 30/7, na actual redacção (Decreto Regulamentar n.º 5-A/2002, de 8/2, e Decreto Regulamentar n.º 2/2004, de 21/1) – artigo 13.º;	
	Decreto-Lei n.º 275/99 de 23 de Julho – artigo 26.º.	
Taxas de natureza comercial	Decreto-Lei n.º 102/90, de 21/3 (actual redacção dada pelos Decreto-Lei n.º 280/99 e Decreto-Lei n.º 268/2007, de 26/7) – artigos 18.º, n.º 4, e 21.º;	ANA, S.A., enquanto entidade exploradora dos aeroportos e aeródromos que integram o domínio público do Estado.
	Decreto Regulamentar n.º 12/99, de 30/7, na actual redacção (Decreto Regulamentar n.º 5-A/2002, de 8/2, e Decreto Regulamentar n.º 2/2004, de 21/1) – artigo 14.º.	
Taxa de segurança	Decreto-Lei n.º 102/91, de 8/3;	Transportadoras aéreas, no acto de emissão do bilhete ou da cobrança do preço (embora constitua uma receita do INAC).
	Despacho Normativo n.º 21/93, de 27/2;	
	Portaria n.º 63/2003, de 20/1, actualizada pela Portaria n.º 541/2004, de 21/5.	

Salvo disposição expressa em contrário, as taxas indicadas constituem receitas próprias das entidades que exploram os aeroportos e aeródromos públicos que são, também, responsáveis pela sua liquidação e cobrança.

Fora do elenco das taxas aeroportuárias constante do Decreto Regulamentar n.º 12/99 encontra-se ainda a taxa de segurança, criada pelo Decreto-Lei n.º 102/91, de 8 de Março, e regulamentada pelo Despacho Normativo n.º 21/93, de 27 de Fevereiro, tendo os respectivos montantes sido fixados pela Portaria n.º 63/2003, de 20 de Janeiro, e actualizados pela Portaria n.º 541/2004, de 21 de Maio.

A Taxa de Segurança foi criada em 1991 com o objectivo de fazer participar, na cobertura dos custos com os meios humanos e materiais afectos à segurança da aviação civil para prevenção e repressão de actos ilícitos, os utentes do transporte aéreo, enquanto destinatários concretos da prestação de serviços. Esta taxa de segurança é devida por cada título de passagem emitido para passageiro embarcado em todos os aeroportos nacionais e aeródromos constantes de lista publicada pelo Ministro das Obras Publicas, Transportes e Comunicações. O montante da taxa é fixado tendo em conta o tipo de voo a efectuar e estão isentos do pagamento desta taxa de segurança as crianças menores de dois anos, os passageiros em trânsito directo e os passageiros que embarquem em aeronaves ao serviço do Estado Português ou de estado estrangeiro em regime de reciprocidade e estejam incluídos em missões oficiais. Em 2004, mercê da publicação do Decreto-Lei n.º 11/2004, de 9 de Janeiro, esta taxa passa a englobar duas componentes distintas: (*i*) a que constitui uma contrapartida dos encargos gerais respeitantes aos meios humanos e materiais afectos à segurança da aviação civil para prevenção e repressão de actos ilícitos e (*ii*) a que constitui uma contrapartida da instalação e manutenção dos sistemas de verificação a 100% de bagagem de porão destinada a ser embarcada em aeronaves que efectuem voos comerciais.

Quanto à primeira componente da taxa, constitui receita do INAC, o qual fica autorizado a distribuir parte das receitas por outras entidades responsáveis pela segurança da aviação civil, enquanto a segunda componente constitui receita das entidades gestoras dos aeroportos nacionais responsáveis pela instalação e manutenção dos sistemas de verificação a 100% da bagagem de porão e do Ministério da Administração Interna, a quem cabe a responsabilidade da operação do sistema e a disponibilização dos meios humanos. A publicação deste decreto-lei foi seguida pela Portaria n.º 541/2004, de 21 de Maio, a qual veio determinar os valores de cada uma das componentes da taxa de segurança. Por um lado, fixou os montantes da componente geral da taxa de segurança nos seguintes termos: a) voos dentro do espaço Schengen – € 2,39; b) voos intracomunitários fora do espaço Schengen – € 3,06; c) voos internacionais – € 4,07. Por outro lado, fixou o montante da segunda componente daquele tributo em € 1,64 por cada título de passagem emitido. Finalmente, o pacote legislativo da taxa de segurança ficou completo com a publicação do Despacho Conjunto n.º 312/2004, o qual veio determinar expressamente que os valores obtidos através da liquidação e cobrança da primeira componente da taxa de segurança passam a ser distribuídos da seguinte forma: a) forças e serviços de segurança dependentes do Ministro da Administração Interna – 60% do produto da referida receita; b) entidades gestoras aeroportuárias – 12,5% do produto da referida receita. Quanto à segunda componente da taxa de segurança, constitui uma receita exclusiva da ANA, S.A. e da ANAM, S.A. (ainda que esta entidade não gira aeroportos nacionais, mas, sim, aeroportos integrados no domínio público regional).

2.2. Enquadramento institucional

A entidade reguladora da aviação civil em Portugal é o Instituto Nacional de Aviação Civil (INAC). Foi criado pelo Decreto-Lei n.º 133/98 (entretanto revogado e substituído pelo Decreto-Lei n.º 145/2007, de 27 de Abril) como instituto público dotado de personalidade jurídica, autonomia administrativa, financeira e patrimonial e tem como finalidade supervisionar, regulamentar e inspeccionar o sector da aviação civil. O INAC dispõe de receitas e património próprio, nos termos dos artigos 12.º e 14.º do Decreto-Lei n.º 145/2007.

As principais atribuições deste regulador estão definidas no artigo 3.º do Decreto-Lei n.º 145/2007. A entidade reguladora do sector da aviação civil é também dotada de poderes regulamentares no âmbito das suas atribuições, podendo, na parte que interessa ao presente excurso, emitir regulamentos de execução que definam, nomeadamente, o sistema de cobrança de taxas.

O enquadramento institucional não ficaria completo sem a referência às concessionárias dos serviços públicos aeroportuário e de navegação aérea civil. Em 1998, como resultado da cisão da antiga Empresa Pública Aeroportos e Navegação Aérea, ANA, E.P. surgem duas empresas distintas: a ANA – Aeroportos de Portugal, S.A., que continuou com o objecto social da sua antecessora quanto ao serviço público aeroportuário de apoio à Aviação Civil e à Navegação Aérea de Portugal – NAV, E.P., a quem foi acometido o serviço público de apoio à navegação aérea civil.

A NAV, E.P.E., que tem, também, algumas funções regulatórias no quadro das suas atribuições de gestão de tráfego aéreo e apoio à navegação aérea, é a entidade responsável pela liquidação e cobrança da taxa de controlo terminal, que constitui uma receita própria desta entidade, como determina a alínea b) do n.º 1 do artigo 19.º dos Estatutos da NAV Portugal, E.P.E. aprovados pelo Decreto-Lei n.º 404/98, de 18 de Dezembro, com a redacção dada pelo Decreto-Lei n.º 74/2003, de 16 de Abril.

Por sua vez, a ANA, S.A. detém poderes e prerrogativas de autoridade no que respeita à fixação das taxas a cobrar pela ocupação de terrenos, edificações ou outras instalações e pelo exercício de qualquer actividade na área dos aeroportos incluídos na concessão, tal como previsto na alínea b) do n.º 1 do artigo 14.º do Decreto-Lei n.º 404/98, de 18 de Dezembro.

Neste âmbito, dispõe ainda de competências o Comité de Utilizadores – uma figura criada pela Directiva n.º 96/67/CE, de 15 de Outubro de 1996, e prevista no artigo 4.º do Decreto-Lei n.º 275/99 – que tem poderes consultivos importantes em matéria de fixação de taxas, visto que este organismo emite parecer obrigatório – ainda que não vinculativo –, sobre os montantes das taxas de tráfego, de assistência em escala e parte das taxas de ocupação. Nesse sentido, assim o determinam os n.ºs 7 e 8 do artigo 18.º do Decreto-Lei n.º 102/90, de 21 de Março, na redacção dada pelo Decreto-Lei n.º 268/07, de 26 de Julho.

Finalmente, incumbe ao Ministro responsável pelo sector dos transportes fixar o quantitativo das taxas de tráfego após parecer prévio do INAC, conforme o determina a alínea a) do n.º 1 do artigo 18.º do Decreto-Lei n.º 102/90, de 21 de Março, na sua actual redacção.

A panóplia de taxas aeroportuárias (mais de quarenta taxas distintas) torna impossível, dadas as limitações impostas a este estudo, o respectivo tratamento autonomizado. Nesse sentido, a opção dos autores foi no sentido de apenas desenvolver as duas categorias de taxas específicas e próprias do sector – taxas de tráfego e taxas de assistência em escala –, não só pela importância que têm em matéria financeira, mas, sobretudo, pelos desafios e problemas que colocam. Seguir-se-á, na exposição subsequente e para cada uma das taxas, o modelo propugnado.

3. Taxas de tráfego

3.1. *Direito nacional*

As taxas de tráfego, de acordo com o disposto no artigo 16.º do Decreto-Lei n.º 102/90, de 21 de Março, na sua actual redacção, são devidas pela utilização da infra-estrutura aeroportuária, constituindo esta disposição legal uma verdadeira norma habilitante para a concessionária do serviço público de apoio à aviação civil, à qual está cometida a gestão dos aeroportos que integram o domínio público do Estado. Em sentido técnico, estamos perante uma taxa ou preço de um bem ou serviço público, fixada autoritariamente, embora não directamente pelo Estado, mas por uma sociedade dotada pelo Estado de poderes de autoridade.[10]

De acordo com o disposto no n.º 2 do artigo 4.º da Lei Geral Tributária (LGT), estes tributos assentam, antes de mais, na utilização efectiva do aeroporto ou aeródromo, ou seja, na utilização de um bem do domínio público. Obtendo o sujeito passivo uma vantagem económica pela utilização do bem dominial, é legítimo à entidade gestora do mesmo a cobrança de um valor que contribua para os encargos gerais com a manutenção da infra-estrutura aeroportuária. Porém, na nossa perspectiva, esta utilização efectiva do aeroporto tem ainda acoplada a prestação concreta de um serviço por parte da entidade gestora, porquanto o bem dominial não está apenas disponível para ser utilizado pelo sujeito passivo, está igualmente em funcionamento em condições de operacionalidade e segurança que garantem o seu uso adequado. Assim sendo, quando o contribuinte entra em contacto com o aeroporto, pode simultaneamente beneficiar em concreto de um serviço público que lhe é directa e imediatamente prestado pela entidade gestora do aeroporto ou, ao invés, beneficiar, de forma reflexa, de toda a organização da infra-estrutura levada a cabo pela entidade gestora. Porque a prestação de um serviço público não tem necessariamente de significar um benefício directo e imediato na

---

[10] Segundo o artigo 20.º, n.º 1, do Decreto-Lei n.º 102/90, as receitas respectivas constituem, salvo disposição em contrário, "receitas próprias" das entidades que exploram os aeroportos e os aeródromos, mas isso não lhes retira a natureza de preços públicos, ou seja, de "taxas".

70   As Taxas de Regulação Económica em Portugal

esfera do sujeito passivo, é nosso entendimento que as taxas de tráfego são devidas também pela prestação concreta do serviço público.[11]

Como taxas que são, ao respectivo pagamento deve corresponder, como referimos *supra*, uma contraprestação aeroportuária específica, embora nem sempre a respectiva individualidade seja clara, como sucede muito frequentemente com sistemas complexos de taxas, de que são exemplo as taxas de tráfego. É assim possível que existam sobreposições, ou seja, serviços ou utilizações de espaços aeroportuários cobertos por mais do que uma taxa, uma vez que a fronteira entre alguns tributos não é, por vezes, facilmente delineável.

No âmbito das taxas de tráfego, a legislação nacional tem revelado grande estabilidade. Efectivamente, muito embora a actual classificação das taxas cobradas nos aeroportos que integram o domínio público do Estado tenha sido adoptada em 1999, a verdade é que desde 1991 são aplicáveis praticamente todas as taxas de tráfego em vigor, com excepção da taxa de abertura de aeródromo, sinal demonstrativo da pacificação legislativa neste segmento de taxas cobradas nos aeroportos nacionais.[12] Por esse motivo, pode afirmar-se existir uma aceitação generalizada dos operadores relativamente a estes tributos. Acresce que, tal como já foi

---

[11] Sobre o tema da taxa, v. Carlos Baptista Lobo (2006), "Taxas enquanto instrumento de financiamento público – as responsabilidades acrescidas do Estado", TOC, 2006, n.º 76, 26ss.

[12] De acordo com o disposto no artigo 17.º do Decreto-Lei n.º 102/90, de 21 de Março, na sua redacção actual, e com o consagrado no artigo 3.º do Decreto Regulamentar n.º 12/99, de 30 de Julho, na sua actual redacção, as taxas a cobrar nos aeroportos que integram o domínio público do Estado agrupam-se em taxas de tráfego, de assistência em escala, de ocupação e outras taxas de natureza comercial. Já antes de 1999, o Decreto Regulamentar n.º 38/91, de 29 de Julho, o qual foi expressamente revogado pelo Decreto Regulamentar n.º 12/99, de 30 de Julho, consagrava, no elenco das taxas cobradas nos aeroportos do domínio público do Estado, a taxa de aterragem e descolagem, a taxa de abrigo, a taxa de serviço a passageiros e taxa de abertura de aeródromo. Estes tributos, a par de uma série de outros, eram então classificados como taxas aeronáuticas e não aeronáuticas, muito embora cada um deles tivesse uma base de incidência objectiva e subjectiva idêntica à que actualmente se encontra definida. As alterações adoptadas pelo Decreto Regulamentar n.º 12/99, de 30 de Julho, tiveram como principal objectivo a adaptação do sistema tarifário à actividade de assistência em escala (*handling*) na sequência da transposição da Directiva Comunitária n.º 96/67/CE, do Conselho, de 15 de Outubro, e o abandono da dicotomia entre taxas aeronáuticas e não aeronáuticas, para se adoptar a nova classificação de taxas, mantendo-se intacto, ainda assim, o conteúdo das taxas de tráfego.

As Taxas de Regulação Económica no Sector dos Aeroportos   71

referido, em grande parte dos aeroportos e aeródromos da União Europeia são cobradas taxas com incidência objectiva e subjectiva muito semelhante a estas, o que contribui para o reforço da natureza das mesmas como remuneração pela utilização da infra-estrutura aeroportuária e pela prestação concreta de serviços públicos, aceite pelos respectivos sujeitos passivos enquanto tal.

3.2. *Incidência objectiva*

Sendo certo que as taxas de tráfego correspondem *prima facie* a uma contrapartida devida pela utilização do aeroporto, enquanto bem integrante do domínio público, cabe analisar em concreto estes tributos e delimitar, em relação a cada um deles, a base de incidência objectiva, a qual se encontra definida no Decreto Regulamentar n.º 12/99, de 30 de Julho, na sua actual redacção.[13]

Tal facto fica a dever-se, desde logo, à não sujeição das taxas ao princípio constitucional da legalidade tributária consagrado no n.º 2 do artigo 103.º e na alínea i) do n.º 1 do artigo 165.º, ambos da Constituição da República Portuguesa, bem como no artigo 8.º da LGT.[14] A não imposição dos elementos da taxa a uma lei da Assembleia da República ou a um decreto-lei autorizado permite a definição e concretização da mesma através de diploma de carácter regulamentar, solução expressamente adoptada pelo legislador no artigo 30.º do Decreto-Lei n.º 102/90, de 21 de Março, na sua actual redacção, no que respeita a todo o espectro de taxas cobradas nos aeroportos pertencentes ao domínio público do Estado.

O elenco das taxas de tráfego compreende taxas de natureza distinta, existindo, desde logo, uma diferença evidente quanto à natureza da taxa de serviço a passageiros e as demais taxas de tráfego. É essa diferença de natureza que explica, como veremos adiante, que esta taxa seja separável da tarifa de transporte aéreo, ao contrário das demais.

As taxas de tráfego, em geral, são devidas pela operação geral do transporte aéreo e não se proporcionam ao número de passageiros trans-

---

[13] Embora, tal como referimos *supra*, estas taxas pretendam também remunerar a prestação concreta de um serviço público.

[14] Sobre o princípio da legalidade tributária pode ver-se Diogo Leite de Campos/ /Benjamim Silva Rodrigues/Jorge Lopes de Sousa (Lisboa, 2003), *Lei Geral Tributária Comentada e Anotada*, 63ss. V. ainda Carlos Baptista Lobo (2006), 44.

portados. Constituem custos gerais das transportadoras aéreas e não poderiam nunca ser individualizados e imputados a cada bilhete vendido. Vejamos individualmente o que dispõe a lei a propósito da incidência objectiva de cada uma destas taxas.

Começando pelas taxas de aterragem e descolagem, de acordo com o disposto no n.º 1 e no n.º 3 do artigo 4.º do referido decreto regulamentar, estas taxas são devidas por cada operação de aterragem e descolagem e constituem uma contrapartida da utilização das infra-estruturas inerentes à circulação de aeronaves no solo, de utilização de ajudas visuais inerentes à aterragem e descolagem e ainda do estacionamento da aeronave imediatamente após a aterragem ou antes da descolagem.

Directamente ligadas à operação de aterragem e descolagem estão as operações de controlo de tráfego aéreo de aproximação e aeródromo, onde se inclui a utilização das ajudas rádio inerentes à aterragem e descolagem, serviço este que dá lugar à cobrança da taxa de controlo terminal prevista no artigo 5.º do Decreto Regulamentar n.º 12/99.[15]

Quanto à taxa de estacionamento de aeronaves – artigo 6.º do mesmo diploma –, esta é devida pela ocupação temporária de um espaço não coberto destinado ao estacionamento de uma aeronave, esteja aquele situado numa área de tráfego, de manutenção ou noutra. Diversamente, estando a aeronave estacionada num espaço coberto, ou para utilizar a expressão da lei, num local abrigado, haverá lugar à cobrança da taxa de abrigo consagrada no artigo 7.º do decreto regulamentar.[16]

---

[15] Esta é, de entre o leque das taxas de tráfego, a que não integra na base de incidência objectiva a utilização de um bem do domínio público, mas, sim, a prestação de um serviço público, muito embora seja manifesto que este serviço apenas pode ser prestado dentro do perímetro do bem dominial, ou seja, do aeroporto.

[16] É curioso notar que os artigos 6.º e 7.º prevêem expressamente que cada uma das taxas "não dá direito à prestação de qualquer serviço, nem envolve por parte dos aeroportos ou aeródromos, qualquer responsabilidade quanto à segurança das aeronaves". Esta previsão legal causa-nos alguma estranheza, porquanto o estacionamento de aeronaves, seja em local abrigado ou não, pressupõe sempre o seu encaminhamento da via de circulação para a posição de estacionamento ou vice-versa, ou até mesmo de uma posição de estacionamento para outra. Ora, este serviço de orientação da circulação no solo é prestado pelo aeroporto e, salvo melhor opinião, será – ou pelo menos deveria ser – remunerado pela taxa de estacionamento ou pela taxa de abrigo. Não parece ter sido essa a intenção do legislador, ao consagrar o n.º 5 do artigo 6.º e o n.º 3 do artigo 7.º. Ainda assim, cremos que não haverá movimentação da aeronave de, ou para um local de estacionamento, sem que seja prestado o serviço de orientação do aparelho, o qual não é

As Taxas de Regulação Económica no Sector dos Aeroportos

Finalmente, a taxa de abertura de aeródromo é cobrada em virtude da disponibilização da infra-estrutura aeroportuária e dos serviços inerentes à sua utilização fora do seu período normal de funcionamento.[17]

A base de incidência objectiva destas taxas de tráfego encontra-se definida de forma mais ou menos clara para os operadores, porquanto o sujeito passivo de cada uma delas consegue determinar, com maior ou menor precisão, quais as infra-estruturas do domínio público cuja utilização está a ser remunerada.[18] A excepção a esta tendência será apenas a taxa de serviço a passageiros, pela natureza peculiar de que se reveste face às demais. Efectivamente, na nossa perspectiva, não é claro para os operadores qual seja a utilidade pública que esta taxa pretende remunerar, visto que o artigo 8.º nada refere sobre esta matéria. Estando em causa a utilização de um bem dominial, ainda assim não é evidente a sua concreta delimitação, bem como a determinação dos serviços públicos associados, havendo que lançar mão dos princípios sobre a interpretação das normas tributárias, nomeadamente efectuar uma interpretação extensiva da disposição legal, cuja letra terá ficado aquém da *mens legis*.[19] Certo é que, tal como referimos *supra*, no nosso entendimento, a taxa de serviço a passageiros pretende remunerar a utilização das infra-estruturas aeroportuárias directamente ligadas ao embarque de passageiros, a saber, os terminais de embarque e desembarque, bem como os serviços prestados nestas infra-estruturas, tais como o fornecimento de carros de bagagem.

3.3. *Incidência subjectiva*

Quanto à base de incidência subjectiva destas taxas de tráfego, esta não está definida em lei, encontrando-se apenas de forma indirecta no

---

remunerado através de uma outra taxa. Nem tão pouco se diga que este serviço de apoio à circulação é remunerado pela taxa de aterragem e descolagem, porquanto este tributo será devido pela prestação de ajudas visuais no solo no período de tempo imediatamente anterior à descolagem ou posterior à aterragem.

[17] Seja porque o aeroporto é aberto quando se encontrava encerrado, seja porque é prorrogado o seu período normal de funcionamento, continuando aquele aberto mais tempo do que o habitual.

[18] Com maior ou menor precisão, cada uma das normas legais constantes do capítulo II do Decreto Regulamentar n.º 12/99, de 30 de Julho, tem inserido, na sua previsão, os bens dominiais cuja utilização se pretende remunerar.

[19] Sobre esta matéria v. Diogo Leite de Campos/Benjamim Silva Rodrigues/Jorge Lopes de Sousa (2003), 75ss.

Decreto Regulamentar n.º 12/99, de 30 de Julho, na sua actual redacção, impondo-se uma interpretação teleológica das normas em causa.

Analisando cada uma das taxas, verifica-se que, com excepção da taxa de serviço a passageiros, que determina de forma expressa, no n.º 3 do artigo 8.º, que este tributo é devido por cada passageiro embarcado, sendo debitado aos transportadores, mais nenhuma das demais normas delimita quem é o sujeito passivo da relação tributária.

Cada uma das taxas de tráfego é definida por referência à operação realizada, a saber: a operação de aterragem e descolagem, a operação de controlo terminal e a operação de estacionamento em local desabrigado ou abrigado, pressupondo que o sujeito passivo será, afinal, aquele que realiza a operação e, nessa medida, utiliza o domínio público aeroportuário e beneficia da prestação concreta do serviço público.[20] Posto isto, o sujeito tributário será a pessoa singular ou colectiva ou a organização de facto ou de direito que efectua o transporte aéreo comercial ou não comercial e que, no âmbito desta actividade, realiza, no domínio público aeroportuário, qualquer das operações tipificadas na lei.[21]

Assim sendo, muito embora constatemos que as taxas de tráfego incidem sobre os operadores do sector da aviação, atendendo à multiplicidade de agentes, só casuisticamente poderemos determinar quem é o sujeito passivo que beneficia da contraprestação específica prestada pela concessionária do serviço público de apoio à aviação civil e que, consequentemente, fica obrigado a pagar a respectiva taxa.

O mesmo não se passa com a taxa de serviço a passageiros relativamente à qual o n.º 3 do artigo 8.º prevê expressamente que será debitada aos transportadores. Mais, de acordo com esta norma, o montante da taxa não pode ser cobrado em separado do acto de emissão do bilhete ou

---

[20] E relativamente à taxa de aterragem e descolagem, bem como à taxa de controlo de terminal, tendo também em conta o tipo de aeronave utilizada.

[21] Tomando como ponto de partida várias definições sobre transporte aéreo ínsitas no Anexo 6 à Convenção de Chicago ratificada pelo Estado Português em 1948, constatamos que o transporte aéreo divide-se, actualmente, em transporte comercial e transporte não comercial. Dentro do transporte comercial encontramos a seguinte subdivisão: a) serviço regular; b) serviço não regular (*charters*, táxi aéreo e trabalho aéreo); c) outros serviços. Já no que respeita ao transporte não comercial, o mesmo é dividido em: a) voos de Estado; b) aviação geral (particulares e aeroclubes); c) voos militares; d) outros voos (treino ou instrução, teste, experiência e ensaio, demonstração, *ferry*, posição, exame, busca e salvamento).

As Taxas de Regulação Económica no Sector dos Aeroportos 75

da cobrança do preço deste. A diferença de regimes justifica-se pela especificidade desta taxa face às demais taxas de tráfego. A taxa de serviço a passageiros é a única taxa de tráfego que é proporcional ao número de passageiros transportados, constituindo um encargo de natureza tributária separável dos custos suportados pelos transportadores e separada na tarifa por não corresponder a factores de produção utilizados pelas companhias aéreas para a realização do serviço de transporte.

Trata-se afinal de um encargo tributário – uma taxa fixada autoritariamente – que as companhias cobram para a ANA, S.A., actuando simplesmente como agentes cobradores e limitando-se a repercutir individualizadamente, em cada bilhete vendido, a respectiva quantia, não podendo cobrá-la em separado do acto de emissão do bilhete ou da cobrança do preço deste (cf. n.º 2 do artigo 8.º do Decreto Regulamentar n.º 12/99, de 30 de Julho, na sua actual redacção).

A proibição da cobrança da taxa de serviço a passageiros por parte dos transportadores separadamente do acto de emissão do bilhete ou da cobrança do preço deste justifica-se como forma de garantir a simplificação de processos e a comodidade dos passageiros transportados. A referida proibição garante ao passageiro que não lhe será exigida, nos aeroportos nacionais, aquela taxa, com todas as incomodidades que a respectiva cobrança, separadamente da aquisição do título de transporte, acarretaria. No fundo, o legislador pretendeu que os transportadores fossem os cobradores daquela taxa, em vez das autoridades aeroportuárias, uma solução pragmática que não altera a natureza tributária da quantia cobrada e que introduz neste campo um fenómeno de substituição, semelhante ao utilizado no campo tributário.[22]

Do exposto resulta uma limitação no campo potencial de destinatários da norma de incidência: enquanto os demais tributos são liquidados aos sujeitos que realizam uma operação com uma aeronave independentemente da sua natureza jurídica e do tipo de voo em questão, no caso concreto da taxa de serviço a passageiros, esta apenas poderá ser cobrada

---

[22] V., a propósito da substituição tributária, Saldanha Sanches (Coimbra, 2007), *Manual de Direito Fiscal*, 268ss, Alberto Xavier (Lisboa, 1974), *Manual de Direito Fiscal*, vol. I, Casalta Nabais (Coimbra, 2006), *Direito Fiscal*, 273ss, Manuel Faustino (Lisboa, 2003), *IRS de Reforma em Reforma*, 515ss, Ana Paula Dourado, "Caracterização e fundamentação da substituição e da responsabilidade tributária", CTF, 1998, n.º 39, 129-88, e Vítor Faveiro (Coimbra, 2002), *O Estatuto do Contribuinte. A pessoa do Contribuinte no Estado Social de Direito*, 560ss.

As entidades que efectuarem o transporte aéreo comercial e, dentro deste, pelas transportadoras que procedam à emissão de bilhetes a favor do passageiros, bilhetes estes pelos quais será devido um preço. Ora, somente no âmbito do transporte aéreo comercial se poderá equacionar esta hipótese e, mesmo no segmento da aviação comercial, só o serviço regular e alguns serviços não regulares, tais como o voo *charter*, darão lugar à existência de um bilhete.[23]

3.4. *Isenções*

Analisada a base de incidência objectiva e subjectiva das taxas de tráfego, importa agora averiguar as isenções relativas a cada um destes tributos, as quais se encontram definidas no Decreto-Lei n.º 102/90, de 21 de Março, na sua actual versão, e no Decreto Regulamentar n.º 12/99, de 30 de Julho, na sua presente redacção.

Por via do disposto no n.º 2 do artigo 16.º do Decreto-Lei n.º 102/90, de 21 de Março, "não são exigíveis quaisquer taxas às Forças Armadas e forças e serviços de segurança, ao Serviço Nacional de Bombeiros e Protecção Civil e outras corporações de bombeiros quando no exercício

---

[23] Como referimos *supra*, o n.º 3 do artigo 8.º, ao fazer depender a incidência desta taxa da existência de um bilhete, pressupõe que a este corresponderá inevitavelmente um preço. Porém, no nosso entendimento, estes dois elementos (bilhete e preço) não são indissociáveis, podendo existir um título de passagem gratuito ou, pura e simplesmente, não existir qualquer bilhete e, ainda assim, ser devido um preço pelo transporte de um passageiro. A primeira nota reforça a natureza do encargo – uma taxa devida pelos passageiros e não pelas transportadoras – dado que, independentemente da cobrança do preço ou não (na livre disponibilidade do transportador), sempre haverá lugar ao pagamento da taxa pelo passageiro e à respectiva entrega à ANA. O segundo caso terá lugar, por exemplo, num voo realizado por um táxi aéreo em que, não existindo qualquer bilhete, o serviço de transporte do passageiro é remunerado à operadora. Certo é que o legislador terá pretendido ligar este tributo ao transporte aéreo de passageiros realizado de forma onerosa por um transportador, independentemente de estar ou não associada ao serviço a emissão de um bilhete. Haverá, por isso, lugar à cobrança desta taxa quando houver lugar à emissão de um título de transporte a que corresponderá um preço ou quando, não existindo bilhete a favor de um passageiro, ainda assim a actividade de transporte seja remunerada. Atento o exposto, é nosso entendimento que o n.º 3 do artigo 8.º deverá ser objecto de interpretação correctiva, porquanto a letra da lei não traduz a *mens legis*.

de competências e ou funções legais e em relação às áreas mínimas e meios de transporte oficiais ou de serviço necessários para o exercício nas suas atribuições nos aeroportos".

Apesar de a lei não ser clara, consideramos estar perante uma isenção das taxas de tráfego a favor destas entidades quando as mesmas prossigam operações de aterragem e descolagem ou estacionamento no exercício das suas competências.[24]

A par desta isenção genérica estabelecida na lei, também o próprio Decreto Regulamentar n.º 12/99, de 30 de Julho, na sua actual redacção, consagra expressamente isenções em cada uma das taxas de tráfego. Assim, desde logo, o n.º 4 do artigo 4.º do diploma estabelece que estão isentas da taxa de aterragem e descolagem diversas aeronaves, tendo em conta a natureza do voo.[25] As isenções estabelecidas nesta norma são também aplicáveis, na sua globalidade ou em parte, à taxa de controlo terminal, à taxa de estacionamento e à taxa de serviço a passageiros, tal como previsto no n.º 4 do artigo 5.º, no n.º 7 do artigo 6.º e na alínea d) do n.º 4 do artigo 8.º, respectivamente. No que concerne à taxa de abertura de aeródromo, a mesma também prevê a isenção da sua cobrança às aeronaves em missões de busca, salvamento ou em missões humanitárias urgentes e inadiáveis, conceitos indeterminados cujo preenchimento pertence à entidade gestora que tem discricionariedade para isentar o pagamento das mesmas a um sujeito passivo que opere uma aeronave que se encontre numa das referidas missões.

Relativamente à taxa de serviço de passageiros, constatamos que o artigo 8.º prevê isenções ao pagamento das mesmas por determinado tipo

---

[24] Este n.º 2 do artigo 16.º não é para nós muito claro, na medida em que a expressão "não são exigíveis" tanto poderia corresponder a uma isenção, como a uma verdadeira não incidência que o legislador tivesse tido necessidade de deixar expressamente consagrada. Vale a pena referir que, quanto a estes sujeitos passivos, não haverá lugar à cobrança da taxa de serviço a passageiros prevista no artigo 8.º, não por via desta isenção, mas antes porque, na nossa perspectiva, estamos perante uma não incidência subjectiva, na medida em que este tributo apenas é cobrado aos transportadores que efectuam, de forma onerosa, o transporte aéreo comercial de passageiros ao qual estará, na sua maioria das vezes, associada a emissão de um bilhete. Ora, não será o caso das entidades referidas no n.º 2 do artigo 16.º do Decreto-Lei n.º 102/90, de 21 de Março, que, salvo melhor opinião, apenas efectuam o transporte aéreo não comercial.

[25] Tal como a lei determina, estão isentas do pagamento desta taxa as aeronaves que realizem voos para transporte de membros dos órgãos de soberania quando viajem no âmbito de uma deslocação oficial, aeronaves em determinadas missões e ainda aeronaves que efectuem aterragem forçada por circunstâncias expressas.

de passageiros – cf. as alíneas a), b), c) e d) do n.º 4 do artigo 8.º –, bem como a possibilidade de esta ser graduada conforme o destino do passageiro. Ainda no âmbito destas isenções à taxa de serviço a passageiros, não podemos deixar de nos deter sobre a alínea d) do n.º 4, que nos causa alguma estranheza.[26] Efectivamente, esta prevê que cessa o dever de pagar a taxa quando sejam transportados passageiros em aeronaves militares em missão oficial não remunerada ao abrigo de acordos especiais que vinculem o Estado Português, confirmados pelas competentes entidades diplomáticas ou militares. Ora, tendo em conta tudo o que referimos *supra* sobre a incidência subjectiva desta taxa e a própria natureza do voo em causa, não vislumbramos como poderá uma aeronave militar em missão oficial inserir-se na categoria de transportador que realiza, com carácter oneroso, o transporte comercial de passageiros. Este tipo de voos integrará o transporte não comercial realizado por militares, o qual, por tudo quanto dissemos, não está sujeito à incidência da taxa de serviço a passageiros.[27] Temos então que, em bom rigor, não haveria que estar consagrada esta isenção, devendo, ao invés, considerar-se que se trata de uma situação de não incidência subjectiva do tributo.

A par das isenções propriamente ditas consagradas nas normas do capítulo II do decreto regulamentar, são também expressamente previstas reduções sobre os montantes devidos em cada uma das taxas, as quais constituem uma vantagem atribuída ao sujeito passivo do tributo. As reduções estão anunciadas relativamente à taxa de aterragem e descolagem, à taxa de controlo terminal e à taxa de serviço a passageiros, tal como consagrado no n.º 5 do artigo 4.º, no n.º 5 do artigo 5.º e no n.º 6 do artigo 8.º, respectivamente, do Decreto Regulamentar n.º 12/99, de 30 de Julho, na sua actual redacção.

De acordo com estas normas, os contribuintes poderão beneficiar de um desconto até 50%, "de 50% até 100%" ou, simplesmente, obter uma redução da taxa não determinada em concreto na lei.[28] Ora, uma vez que em lado algum se encontram delimitados os vários patamares de redução dos montantes devidos pelas taxas, constatamos que estas reduções acabam por não ter aplicação prática, na medida em que o sujeito activo da

---

[26] A qual, por sua vez, remete para as alíneas a) e b) do n.º 4 do artigo 4.º.

[27] Sobre classificação do transporte aéreo consoante a natureza dos voos, cf. a nota de rodapé n.º 30.

[28] Uma redução que atinge o valor de 100% não será mais do que uma isenção.

As Taxas de Regulação Económica no Sector dos Aeroportos 79

relação tributária não poderá caso a caso determinar quando deverá ser aplicada uma redução do tributo, sob pena de violação do princípio da legalidade.[29] O mesmo se passa com a taxa de serviço a passageiros que, muito embora preveja a possibilidade de beneficiarem de uma redução as transportadoras que transportem passageiros em transferência, a mesma não é minimamente concretizada – seja no decreto regulamentar, seja na portaria que aprova os montantes destas taxas de tráfego –, impedindo, assim, a aplicação concreta desta vantagem aos sujeitos passivos.

Finalmente, o legislador nacional consagrou ainda no n.º 5 do artigo 18.º do Decreto-Lei n.º 102/90, de 21 de Março, na sua actual redacção, a possibilidade de operar uma diferenciação do montante a cobrar em todas as taxas de tráfego, tendo em conta a categoria, a funcionalidade, a densidade e o período de utilização de cada aeroporto ou de ocorrer uma modulação dos tributos por razões de protecção ambiental.[30]

Estas taxas poderão, pois, ser de montantes variáveis, com o objectivo de obter uma rentabilização da utilização da infra-estrutura aeroportuária e atingir objectivos de protecção ambiental.[31] Esta diferenciação e modulação que, nos termos da lei, é susceptível de ter lugar em todas as taxas de tráfego, não configurando uma isenção, equivale, ainda assim, a

---

[29] Sobre a determinação concreta dos montantes devidos em cada uma das taxas, debruçar-nos-emos *infra*. Como é sabido, os montantes das taxas encontram-se fixados em portaria do ministro responsável pelo sector da aviação civil. Ora, da análise da portaria constatamos que não se encontram definidas nenhuma destas reduções possíveis no âmbito das taxas de aterragem e descolagem, da taxa de controlo de terminal e da taxa de serviço a passageiros, o que impede, na prática, ao sujeito activo da relação tributária, a sua aplicação por ausência de norma legal habilitante.

[30] Não são apenas as taxas de tráfego que poderão ser objecto de diferenciação, mas, sim, toda e qualquer taxa integrante em alguma das categorias de taxas constantes do artigo 17.º do Decreto-Lei n.º 102/90, de 21 de Março, na sua actual versão, e do artigo 3.º do Decreto Regulamentar n.º 12/99, de 30 de Julho, na sua actual redacção. Temos, porém, alguma dificuldade em descortinar em que consiste a diferenciação da taxa por oposição à modulação da taxa, arriscando-nos a considerar que ambas terão como único objectivo estabelecer valores diferentes a cobrar ao sujeito passivo pelo mesmo tributo.

[31] O montante da taxa poderá, por exemplo, oscilar consoante a operação seja realizada por diferentes tipos de aeronaves que, dependendo da tonelagem, serão mais ou menos poluidores. Se atentarmos na Portaria n.º 592/2007, de 11 de Maio, a qual aprova as taxas de tráfego a aplicar nos aeroportos do continente sob responsabilidade da ANA, S.A., verificamos que existe uma modulação da taxa de aterragem e descolagem baseada na tonelagem da aeronave que realiza a operação.

uma medida desagravadora da carga tributária do sujeito passivo com fundamento em razões de ordem operacional e ambiental.[32]

É curioso, ainda assim, verificar que este n.º 5 do artigo 18.º, o qual corresponde a uma novidade legislativa introduzida pelo legislador aquando da revisão do Decreto-Lei n.º 102/90, de 21 de Março, não encontra a mesma expressão no Decreto Regulamentar n.º 12/99, de 30 de Julho, na sua actual versão. Efectivamente, apenas os artigos 4.º e 5.º prevêem, respectivamente, a possibilidade de modulação da taxa com vista a uma diversificação da utilização do aeroporto ou por razões de protecção ambiental, ou de diferenciação, tendo em conta a origem e o destino do voo.[33] Por sua vez, a taxa de serviço a passageiros pode, nos termos do n.º 1 do artigo 8.º, ser diferenciada tendo em conta o destino do voo. Para o efeito, são considerados os seguintes voos: (i) voo dentro do espaço Schengen; (ii) voo intracomunitário fora do espaço Schengen; (iii) voo internacional.[34]

Constatamos então que, em bom rigor, este decreto regulamentar fica muito aquém daquele decreto-lei no que respeita à possibilidade de introdução de variações no montante a cobrar no âmbito de cada uma das taxas de tráfego. Certo é que, da conjugação das normas legais dos dois diplomas, todas as taxas de tráfego podem ser diferenciadas ou moduladas com fundamento na categoria, na funcionalidade, na densidade e no período de utilização de cada aeroporto ou em função de razões de protecção ambiental.[35] Já no que se refere à taxa de serviço a passageiros, esta pode ainda ser diferenciada com base na origem e no destino do voo.

---

[32] No sentido inverso, começam a surgir propostas no sentido de criar "taxas sociais", como foi o caso da "taxa de solidariedade" que o Governo Francês tentou introduzir em 2006, como forma de financiar os países em vias de desenvolvimento. A ideia foi apresentada ao ECOFIN, que a rejeitou. Curiosamente, a iniciativa não teve sequer o apoio da União Africana, que manifestou publicamente a sua oposição à mesma.

[33] Como podemos constatar, a taxa de aterragem e descolagem apenas pode ser modulada, enquanto, por sua vez, a taxa de controlo terminal pode ser diferenciada ou modulada.

[34] Actualmente, o montante diferenciado das taxas encontra-se definido no artigo 8.º, n.º 2, do Decreto Regulamentar n.º 5-A/2002, de 8 de Fevereiro, que alterou o Decreto Regulamentar n.º 12/99.

[35] O que poderá levantar problemas de compatibilização com as normas da ICAO e de rejeição pelo sector, como vimos no exemplo citado da "taxa de solidariedade" que o Governo Francês tentou introduzir em 2006 ou face às propostas para criação de "taxas de turismo", fortemente contestadas pela IATA e pelo sector.

Em suma, não há dúvida de que, no desenho de algumas das taxas de tráfego, é possível identificar elementos fiscais, isto é, utilização de técnicas próprias da fiscalidade, em princípio estranhas a figuras como as taxas que, na sua essência, são preços públicos. Sendo a taxa um preço, em princípio proporcionado à obtenção de uma vantagem por parte do "comprador", não deveriam caber em linha de máxima isenções, como não deveria caber uma graduação do montante da taxa em função de um factor – como seja o destino do passageiro – que não é determinante na intensidade do uso das estruturas aeroportuárias.

3.5. *Base de cálculo*

A base de cálculo das taxas de tráfego encontra-se definida no capítulo II do Decreto Regulamentar n.º 12/99, de 30 de Julho, na sua actual versão. Cada um destes tributos possui uma base específica que assenta, na maioria das vezes, na unidade de tonelagem métrica do peso máximo de descolagem de cada aeronave indicado no certificado de navegabilidade – como seja a taxa de aterragem e descolagem –, podendo esta mesma base de cálculo estar ou não associada a outro factor de cálculo, como seja o período de tempo despendido para a realização da operação.

Relativamente ao serviço a passageiros remunerado pela respectiva taxa, a mesma é calculada com base no número de passageiros embarcados pela transportadora.

Finalmente, a taxa de abertura de aeródromo é calculada com base no tipo de operação em causa, no período em que a abertura ou a prorrogação do funcionamento do aeródromo seja solicitada e por referência ao modelo de aeronave em questão.

Refira-se que o cálculo destes tributos não é, no nosso entender, complexo, visto que assenta em critérios facilmente identificáveis pelos operadores e correntes na indústria da aviação, como seja o peso da aeronave registado no certificado de navegabilidade.[36]

---

[36] É o caso do factor tempo da operação ou do número de passageiros embarcados, facilmente mensuráveis por todos os intervenientes da operação e para os sujeitos da relação tributária.

3.6. *Montante*

Conforme prevê o artigo 19.º do Decreto-Lei n.º 102/90, de 21 de Março, na sua actual versão, o processo de fixação destas taxas pode ser despoletado pelo ministro responsável pelo sector dos transportes ou pela entidade gestora dos aeroportos, como tem sucedido.[37] Neste caso, a ANA, S.A. inicia o processo de actualização do tarifário, elaborando uma proposta que apresenta ao INAC, com a antecedência mínima de 90 dias relativamente à data prevista de início da sua entrada em vigor. Recebida a proposta por este Instituto, deve o mesmo, no prazo de 45 dias após a recepção da proposta, pronunciar-se sobre a mesma, remetendo-a de seguida para o ministério dos transportes para aprovação. Caso o INAC receba a proposta de actualização das taxas remetida pela ANA, S.A. e não se pronuncie sobre a mesma no prazo *supra* referido, a mesma considera-se aceite por aquele Instituto que, ainda assim, terá o dever de a remeter para o ministro responsável.

Desde a entrada em vigor do Decreto Regulamentar n.º 12/99, de 30 de Julho, o montante das taxas de tráfego a cobrar aos sujeitos passivos tem sido objecto de actualizações periódicas.[38] Efectivamente, após a publicação do diploma regulamentar, as taxas de tráfego foram aprovadas pela Portaria n.º 237/2000, de 29 de Abril, tendo sido anual e sucessivamente actualizadas, através das Portarias n.º 313-C/2001, de 31 de Março, n.º 1023/2002, de 9 de Agosto, n.º 608/2003, de 21 de Julho, n.º 556/2004, de 22 de Maio, n.º 33/2006, de 5 de Janeiro, e n.º 518/2006, de 5 de Junho, que se encontra actualmente em vigor.[39]

---

[37] Muito embora a lei nada refira, estamos em crer que, quando o processo de actualização do tarifário é iniciado pelo ministro do sector dos transportes, o INAC deverá sempre emitir parecer, conforme estabelece o n.º 1 do artigo 18.º do decreto-lei. Mais, salvo melhor opinião, as regras de procedimento constantes dos n.ºs 2 e seguintes do artigo 29.º serão também aplicáveis, devendo o INAC pronunciar-se nos mesmos termos e prazos sobre a proposta de taxas, quer a mesma seja apresentada pelo ministro, quer seja pela entidade gestora dos aeroportos.

[38] Muito embora o Decreto-Lei n.º 102/90, de 21 de Março com a sua actual redacção e o Decreto Regulamentar n.º 12/99, de 30 de Julho, na sua versão actual, nada refiram sobre a periodicidade de revisão dos montantes das taxas de tráfego, ainda assim, tem-se verificado uma actualização anual de todas as taxas contadas nos aeroportos que integram o domínio público.

[39] O procedimento de actualização do tarifário para 2008 já se encontra em curso, tendo a ANA, S.A. iniciado a consulta aos interessados, nos termos e para os efeitos previstos do disposto no artigo 18.º, n.º 7, do Decreto-Lei n.º 102/90, na redacção actual.

3.7. Liquidação e pagamento

As taxas de tráfego são liquidadas e cobradas pelas entidades que explorem os aeroportos públicos e constituem, na maioria dos casos, receitas próprias dessas entidades. As taxas de tráfego são, pois, liquidadas pela ANA, S.A., enquanto entidade exploradora dos aeroportos que integram o domínio público do Estado. Não é assim, porém, no que diz res-peito à taxa de controlo terminal, a qual não é liquidada ou cobrada pela entidade gestora dos aeroportos, mas, sim, pela NAV Portugal, E.P.E., constituindo, aliás, uma receita sua, tal como determina a alínea b) do n.º 1 do artigo 19.º dos Estatutos da NAV Portugal, E.P.E., aprovados pelo Decreto-Lei n.º 404/98, de 18 de Dezembro, com a redacção dada pelo Decreto-Lei n.º 74/2003, de 16 de Abril.

Ora, muito embora o *supra* referido artigo consagre o dever da entidade gestora liquidar e cobrar todas as taxas de tráfego, na prática, o que se verifica relativamente à taxa de controlo terminal é que o sujeito activo da relação tributária não é aquele que se encontra definido no diploma enquanto tal, pelo que é nosso entendimento que a norma deste decreto--lei é pouco rigorosa e obriga a uma interpretação correctiva.

Ainda no que concerne à liquidação e cobrança destes tributos, os mesmos devem ser pagos pelo sujeito passivo antes da partida da aeronave, tal como expressamente determina o n.º 2 do artigo 21.º do Decreto--Lei n.º 102/90, de 21 de Março, na sua presente redacção. O momento imediatamente anterior à descolagem da aeronave foi, pois, escolhido pelo legislador como o adequado para a cobrança das taxas de tráfego devidas pelo sujeito passivo, sejam elas a taxa de aterragem e descolagem devida a propósito da operação de aterragem, como a mesma taxa a liquidar pela posterior operação de descolagem do mesmo aparelho ou ainda qualquer um dos demais tributos constantes do capítulo II do Decreto Regulamentar n.º 12/99, de 30 de Julho, na sua actual versão.

Este momento do vencimento da obrigação tributária pode ser modificado unilateralmente pelo sujeito activo, tal como previsto no n.º 2 e no n.º 3 do artigo 21.º do supra referido decreto-lei. Efectivamente, determina esta norma que a entidade gestora do aeroporto pode, por razões de operacionalidade da exploração aeroportuária, fixar regimes especiais de cobrança ou ainda fixar regimes de cobrança periódica destes tributos em relação aos sujeitos passivos que operem regularmente nos aeroportos.

3.8. *Afectação e valor da receita*

Encontrando-se definida a consignação das receitas às correspondentes entidades, cabe-nos agora indagar da sua afectação objectiva, isto é, da afectação das receitas provenientes das taxas de tráfego a despesas concretas.

As receitas obtidas através destes tributos destinam-se à manutenção das infra-estruturas necessárias à aviação civil e aos serviços inerentes ao seu funcionamento, muito embora, como veremos infra, não seja clara a afectação concreta e específica das receitas aos custos.

Tem sido notória a dificuldade crescente das taxas de tráfego fazerem face ao custo dos serviços e à manutenção das infra-estruturas aeroportuárias, circunstância esta que levou a entidade gestora dos aeroportos a equacionar os modelos de gestão aplicáveis ao aeroportos – *i.e.*, o modelo *single till* e o modelo *dual till* –, por forma a encontrar aquele que melhor se adequasse à realidade aeroportuária nacional.[40]

Na verdade, sendo a prestação dos serviços públicos de apoio à aviação e a manutenção das infra-estruturas aeroportuárias bastante dispendiosas, a afectação estanque das receitas provenientes das taxas de tráfego àquelas despesas cedo se revelou insuficiente para cobrir os custos dos serviços e dos bens imóveis e móveis. De igual modo, também a inexistência de uma imperativa correspectividade financeira entre a taxa e o custo do serviço, aliada à necessidade de competitividade dos aeroportos nacionais, têm condicionado a fixação dos quantitativos das taxas de tráfego em valores que têm ficado aquém das despesas.

Nessa continuidade, a entidade gestora dos aeroportos nacionais tem adoptado o modelo *single till*, ainda que de forma ajustada.[41] Este modelo

---

[40] O modelo *single till* prevê uma afectação indistinta das receitas obtidas através das taxas de tráfego e das demais taxas cobradas no sector *aviation*, bem como dos resultados das actividades comerciais para cobertura dos custos globais da gestão aeroportuária. Neste modelo, assistimos a uma desafectação específica das receitas às despesas, apenas importando que as mesmas cubram as despesas emergentes da gestão aeroportuária num todo. Não sendo as taxas de tráfego suficientes para cobrir os custos da actividade *aviation*, as receitas provenientes do sector comercial, ou seja, da actividade *non aviation* são utilizadas para cobertura dos custos da manutenção do serviço aeroportuário e das infra-estruturas aeroportuárias. Quanto ao modelo *dual till*, pressupõe contabilidades separadas dos negócios *aviation* e *non aviation*, sendo as receitas obtidas a partir de cada um dos negócios afectas aos custos próprios e específicos desse mesmo negócio.

[41] O denominado *adjusted single till*.

As Taxas de Regulação Económica no Sector dos Aeroportos

pressupõe que se integrem num todo a globalidade das receitas das actividades directamente ligadas ao segmento da aviação – entre as quais se incluem todas as taxas de tráfego – e ainda algumas, mas não todas, receitas de actividades comerciais, por forma a não agravar acentuadamente a carga tributária dos sujeitos passivos das taxas de tráfego.

O modelo *adjusted single till* acaba, pois, por ser um tipo de gestão que se situa entre o *single till* e o *dual till* porquanto a desafectação concreta das receitas aos custos não é completa, uma vez que há determinadas receitas provenientes das áreas comerciais que não são utilizadas para a cobertura de despesas do sector *aviation*, ficando cativas no sector *non aviation*. Certo é que, no que refere às receitas provenientes das taxas de tráfego, estas destinam-se a suportar os custos da manutenção das infra--estruturas aeroportuárias utilizadas para a realização das operações de aterragem e descolagem, de estacionamento e de serviço a passageiros.[42]

3.9. *Jurisprudência nacional e comunitária*

A concorrência entre aeroportos faz-se sobretudo através de uma de duas vias: descontos nas taxas e incentivos por parte das estruturas aeroportuárias aos fornecedores de serviços de navegação aérea. Muitos aeroportos lançam mão destes incentivos, bastante apetecíveis para companhias que iniciam a sua actividade ou que criaram novas rotas para esses destinos.

No entanto, a jurisprudência comunitária tem vindo a restringir o recurso aos descontos, tendo inclusivamente considerado inadmissível a política de descontos em função do volume praticada pelos aeroportos portugueses no Acórdão C-163/99, que opôs a Republica Portuguesa à Comissão Europeia.

No litígio, a Comissão Europeia defendeu deverem ser consideradas como constituindo uma restrição à livre prestação de serviços de transporte as medidas que conduzem a fazer beneficiar os transportadores que asseguram, em maior volume do que outros, transportes internos, por referência aos transportes internacionais. Tais medidas acarretariam

---

[42] De acordo com os números apresentados pela ANA, S.A. na proposta para revisão de taxas aeroportuárias para 2008, com referência a este ano está prevista uma transferência de 48% de receitas obtidas com o negócio não-aviação.

igualmente um tratamento desigual para prestações equivalentes, o que afectaria o jogo da concorrência. Caberia nesta situação a discriminação que resulta da aplicação, às taxas de aterragem, de uma tarificação diferenciada para um mesmo número de aterragens com aeronaves de tipo idêntico, consoante se tratasse de voos internos ou internacionais.[43] No parágrafo 52 do Acórdão determinou-se que, "quando os limiares dos diferentes escalões de redução, conjugados com as taxas praticadas, conduzem a que as reduções, ou reduções suplementares, só beneficiem determinados parceiros comerciais, concedendo-lhes uma vantagem económica não justificada pelo volume de actividade que implicam e pelas eventuais economias de escala que permitem ao fornecedor realizar relativamente aos seus concorrentes, um sistema de redução de quantidades acarreta a aplicação de condições desiguais a prestações equivalentes sendo, portanto, proibida pela legislação comunitária".

Estes descontos e condições vantajosas, necessariamente discriminatórios, são aceitáveis desde que estejam disponíveis a todos os operadores

---

[43] O processo foi despoletado pela Comissão, que iniciou um inquérito relativo ao sistema de taxas de tráfego e aos alegados descontos praticados pelo Estado português de acordo com a origem e destino do voo e o número de operações realizadas, por considerar que o mesmo seria discriminatório face às regras comunitárias da concorrência. Chamadas a pronunciar-se, as autoridades nacionais apresentaram as suas observações, alegando três ordens de razões: em primeiro lugar, "(...) as taxas diferenciadas segundo a origem do voo são justificadas pelo facto de uma parte dos voos domésticos servirem aeroportos insulares relativamente aos quais não existe qualquer alternativa de transporte aéreo e de os restantes voos domésticos serem muito curtos e com tarifas pouco elevadas. Em segundo lugar, o sistema de taxas de aterragem em vigor corresponde a imperativos de coesão económica e social. Por último, no que diz respeito aos voos internacionais, os aeroportos portugueses enfrentam a concorrência dos aeroportos de Madrid e Barcelona (Espanha) que praticam este tipo de tarifação. Por outro lado, o sistema em vigor pretende promover as economias de escala resultantes de uma maior utilização dos aeroportos portugueses e de Portugal como destino turístico (...)" – v. Acórdão do Tribunal de Justiça de 29 de Março de 2001, proc. C-163/99 (cf. http//europa.eu/index_pt.htm). Os argumentos apresentados pelo nosso país não foram atendidos pela Comissão Europeia, que condenou Portugal pela adopção de uma política tributária baseada em descontos de quantidade e na origem e destino do voo que, no entender daquele órgão, era violadora dos artigos 89.º e 90.º do Tratado de Roma, em virtude de consubstanciar um abuso de posição dominante. Na sequência desta posição, a Comissão convidou o Estado Português a abandonar, no prazo de dois meses, tal prática anticoncorrencial, decisão não aceite pelo governo nacional, que recorreu da decisão em causa no tribunal europeu, solicitando a sua anulação. Tendo perdido a acção em tribunal, Portugal foi condenado a abandonar esta política de descontos no âmbito da liquidação da taxa de aterragem e descolagem.

As Taxas de Regulação Económica no Sector dos Aeroportos   87

nas mesmas condições, sejam publicados, transparentes e objectivos, se-jam limitados no tempo, no escopo e no montante, não distorçam a concorrência e não subsidiem, nem sejam subsidiados, de forma cruzada por outras taxas. Esta orientação surge hoje como incontestada.

Na sequência da condenação do Estado português, a legislação nacio-nal, nomeadamente o artigo 4.º do Decreto Regulamentar n.º 12/99, de 30 de Julho teve de ser alterado, através do Decreto Regulamentar n.º 5-A/02, de 8 de Fevereiro, por forma a suprimir qualquer referência a uma dife-renciação deste tributo com base na origem ou no destino do voo. Ainda assim a solução adoptada, apesar de abandonar este critério, continuou a combinar métodos de cálculo desta taxa baseados no peso da aeronave e em razões de protecção ambiental que, na prática, permitem diferencia-ções nos montantes devidos pelo sujeito passivo da relação tributária.

No que concerne à actividade jurisprudencial nacional em matéria de taxas de tráfego, esta tem sido bastante escassa, não existindo ainda decisões das instâncias nacionais sobre a aplicação das normas constantes dos artigos 4.º e seguintes do Decreto Regulamentar n.º 12/99, de 30 de Julho, na sua versão actual.

4. Taxas de assistência em escala

4.1. *Direito comunitário*

A regulação do domínio aeroportuário e das taxas que lhe estão associadas tem sido desenvolvida, a nível comunitário, no âmbito da política comum de transportes aéreos, da prossecução dos objectivos de progresso económico-social europeu e de realização do mercado interno. Tal regulação tem procurado suprimir as restrições à livre prestação de serviços na comunidade e garantir o livre jogo das forças de mercado.

A legislação comunitária exprime a indispensabilidade da abertura do acesso ao mercado e à actividade de prestação de serviços de assis-tência em escala como condição para o funcionamento eficiente do mer-cado do transporte aéreo. De facto, a utilização racional das infra-estru-turas aeroportuárias, a redução dos custos de exploração das companhias aéreas e a melhoria da qualidade do serviço prestado aos clientes só podem ser alcançados através da abertura do mercado da assistência em escala a todos os prestadores interessados. Essa abertura não impede,

88   *As Taxas de Regulação Económica em Portugal*

contudo, algumas restrições ou condicionalismos relacionados com a segurança, protecção, capacidade e espaço disponível, desde que tais restrições sejam pertinentes, objectivas, transparentes e não discriminatórias (e que eventuais limitações do número de prestadores seja feita por processos de selecção imparciais e mediante consulta aos utilizadores na figura de um comité).

Estes fundamentos estiveram na base da Directiva n.º 96/67/CE, de 15 de Outubro de 1996 ("Directiva do *Handling*" ou "Directiva"), relativa ao acesso ao mercado da assistência em escala nos aeroportos da Comunidade e cujo objectivo era a promoção da manutenção de uma concorrência efectiva e leal no domínio do transporte aéreo.

Para tal, a Directiva do *Handling* veio consagrar uma liberalização progressiva do sector e permitir a subordinação, pelos Estados-Membros, da actividade dos prestadores de serviços de assistência em escala à obtenção de uma licença, por cuja emissão seriam devidas taxas. De acordo com a Directiva, o acesso às infra-estruturas aeroportuárias também poderia estar sujeito ao pagamento de uma remuneração, desde que orientada por critérios de objectividade, pertinência, transparência e não discriminação (artigo 16.º).

O artigo 23º da Directiva estabelecia o prazo máximo de um ano para a transposição para o direito interno dos Estados-Membros das disposições da Directiva. No entanto, em Portugal, essa transposição só ocorreu em 1999, com a promulgação do Decreto-Lei n.º 275/99, de 23 de Julho.

4.2. *Direito nacional*

O Decreto-Lei n.º 102/90, de 21 de Março, sobre licenciamento do uso privativo dos bens do domínio público e das actividades desenvolvidas nos aeroportos, previa já a necessidade de aprovação de normas específicas para o licenciamento da assistência em escala. Tal só veio a concretizar-se por via da transposição da Directiva n.º 96/67/CE, em 1999. O Decreto-Lei n.º 275/99, por sua vez, veio suprir a necessidade de normas adequadas à realidade aeroportuária existente no domínio do licenciamento da assistência em escala, dada a mera existência, até então, de normas regulamentares já obsoletas e insuficientes, incapazes de atingir os propósitos liberalizadores da União Europeia. Com este decreto-lei

As Taxas de Regulação Económica no Sector dos Aeroportos

estabeleceram-se as regras gerais do licenciamento do acesso à actividade de prestação de serviços da assistência em escala, assegurando-se a continuidade dos serviços na transposição para o novo regime. O Decreto-Lei n.º 275/99 retoma as orientações da Directiva n.º 96/67/CE, estabelecendo a exigência de licenciamento para o exercício da actividade de assistência em escala (artigo 5.º) e respectivos requisitos (artigos 6.º, 7.º, 8.º, 9.º e 10.º), determinando a forma e o processo de licenciamento e instituindo, no seu artigo 4.º, o comité de utilizadores com funções consultivas que a Directiva já previa no seu artigo 5.º.[44]

O exercício da prestação de serviços de assistência em escala depende, por um lado, do já mencionado processo de acesso à actividade e, por outro, de um processo de acesso ao mercado, liberalizado por força da Directiva n.º 96/97/CE, totalmente no que respeita à auto-assistência e parcialmente no que respeita à assistência a terceiros.

Na sequência da transposição da Directiva operada pelo Decreto-Lei n.º 275/99, o Decreto-Lei n.º 280/99, de 26 de Julho, veio actualizar e rever as taxas antes previstas e classificadas pelo Decreto-Lei n.º 102/90, estabelecendo simultaneamente um novo regime de fixação do quantitativo das taxas. O Decreto-Lei n.º 268/2007, de 26 de Julho, por sua vez, alterou o regime jurídico da ocupação e utilização privativa dos terrenos e edificações e o exercício de actividades na área dos aeroportos e aeródromos públicos (Decreto-Lei n.º 102/90), adoptando novos procedimentos, mais céleres e simplificados, de selecção e atribuição de licenças a particulares e delimitando, de forma mais rigorosa, as competências do INAC na fixação dos quantitativos das taxas.

É com este horizonte normativo, que envolve, por um lado, o Decreto-Lei n.º 102/90, na redacção que lhe foi dada pelo Decreto-Lei n.º 268/2007, relativamente à utilização do domínio público, e, por outro, o Decreto-Lei n.º 275/99, enquanto transposição da directiva comunitária relativa à prestação dos serviços de assistência em escala, ambos regulamentados pelo Decreto Regulamentar n.º 12/99, que se compõe o essencial do regime jurídico das taxas aeroportuárias relativas à assistência em escala.

Uma referência final para a Portaria n.º 1340/2001, de 5 de Dezembro, que estabeleceu o quantitativo das taxas previstas pelo Decreto-Lei

---

[44] Para maiores desenvolvimentos sobre o assunto, v. Maria José Viegas (Lisboa, 2004), *Direito dos Aeroportos*, em especial a anotação ao artigo 4.º do Decreto-Lei n.º 275/99.

n.º 275/99 para as licenças de acesso à actividade de prestação de serviços de assistência em escala (apreciação de requerimento, emissão e alteração de licença), em obediência ao princípio da equivalência ou benefício (segundo o qual as taxas devem reflectir o valor dos serviços de que são contrapartida).

De forma resumida, a legislação relevante em matéria de taxas no mercado da assistência em escala é a seguinte:

Legislação Comunitária		Legislação Comunitária
Assistência em Escala (Licenças)	Ocupação e utilização privativa dos terrenos e edificações dos aeroportos e aeródromos públicos.	Directiva n.º 96/67/CE, do Conselho, de 15/10
Decreto-Lei n.º 275/99, de 23/7 (transposição da directiva)	Decreto-Lei n.º 102/90, alterado e republicado pelo Decreto-Lei n.º 268/2007, de 26/7	
Decreto Regulamentar n.º 12/99, de 30/7 (taxas)		
Portaria n.º 1340/2001, de 5/12 (taxas)		

4.3. Incidência objectiva

No que respeita à incidência objectiva das taxas, importa distinguir entre as taxas devidas pelo processamento e pela emissão, alteração e cancelamento de licença para o exercício da actividade de assistência em escala cobradas pelo INAC e as devidas pelo exercício das modalidades de assistência em escala cobradas pela ANA.

4.3.1. Taxas cobradas pelo INAC

No que concerne às primeiras – taxas devidas ao INAC pelo licenciamento para o exercício da actividade –, o artigo 12.º n.º 5 do Decreto--Lei n.º 275/99 e o artigo 1.º da Portaria n.º 1340/2001 estabelecem a exigência de licença distinta para cada uma das modalidades de assistência em escala autorizadas, fixando o artigo 17.º do Decreto-Lei n.º 275/99 a obrigação de pagamento das taxas pela emissão, alteração e cancelamento dessas licenças.

No que respeita às taxas devidas pela apreciação do requerimento, pela emissão de licença para cada um dos tipos de serviços de assistência

As Taxas de Regulação Económica no Sector dos Aeroportos 91

em escala e pela alteração das licenças, a incidência objectiva é claramente definida na Portaria n.º 1340/2001.

Concretamente, o artigo 1.º da portaria exige licenças distintas para cada um dos tipos de serviços de assistência em escala que se pretende praticar (Anexo I do Decreto-Lei n.º 275/99), sendo devidas taxas pela apreciação de cada um dos requerimentos (artigo 2.º).[45] A taxa por emissão de licença para a assistência em escala é, contudo, diferenciada, consoante esteja em causa a prestação em regime de auto-assistência ou em regime de prestação de serviços a terceiros (sendo neste caso mais elevada, sem que se adiante no diploma qualquer justificação objectiva para a dualidade de tratamento). Além disso, nos casos em que seja requerida licença para mais de uma modalidade do mesmo serviço, a taxa pela emissão da licença é acrescida de montantes distintos em função dos serviços em concreto que se visa cumular (previstos no anexo I do Decreto-Lei n.º 275/99) – cf. artigo 4.º da portaria.

4.3.2. Taxas cobradas pela ANA

Em relação às taxas de assistência em escala devidas à ANA, estas constituem uma inovação no regime jurídico português, tendo sido consagradas aquando da transposição da Directiva comunitária. A cada um dos onze tipos de licenças para o exercício de actividades de prestação de serviços de assistência em escala (cf. artigo 2.º, alínea g), e anexo I do Decreto-Lei n.º 275/99), o artigo 10.º do Decreto Regulamentar n.º 12/99 faz corresponder uma taxa distinta. A criação destes onze tipos de taxas foi assim efectuada pelo Decreto Regulamentar n.º 12/99, que, sob a epígrafe "taxas de assistência administrativa em terra e supervisão", estabeleceu as seguintes taxas: 1) taxa de assistência administrativa em terra e supervisão; 2) taxa de assistência a passageiros; 3) taxa de assistência a bagagem; 4) taxa de assistência a carga e correio; 5) taxa de assistência de operações em pista; 6) taxa de assistência de limpeza e serviço do

---

[45] Refira-se que, curiosamente, apesar de a lei impor ao INAC a emissão de uma licença para cada categoria de serviços e por aeroporto (que são pagas em separado por cada "candidato"), na prática, é emitido um único título, independentemente do número de categorias de serviços prestados. Nem aqui, onde menos custaria, o nexo sinalagmático existe...

92 *As Taxas de Regulação Económica em Portugal*

avião; 7) taxa de assistência a combustível e óleo; 8) taxa de assistência de manutenção em linha; 9) taxa de assistência de operações aéreas e gestão das tripulações; 10) taxa de assistência de transporte em terra; 11) taxa de assistência de restauração.[46]

A incidência objectiva destas taxas é fixada no Decreto Regulamentar n.º 12/99, por remissão para a especificação constante do Anexo I ao Decreto-Lei n.º 275/99. Apesar da técnica legislativa duvidosa, de remissão de um diploma para outro, a base de incidência objectiva das taxas de *handling* é definida no Anexo I ao Decreto-Lei n.º 275/99. Tendo em conta que tais taxas são devidas pelo facto de se deter licença para uma das categorias de prestação de serviços de assistência em escala definidas naquele decreto-lei, torna-se apreensível pelo operador qual a incidência objectiva da mesma, já que depende directamente do conteúdo do pedido de licenciamento requerido pelo operador.

4.3.3. *Apontamento crítico*

A coabitação dos regimes legais descritos – que levam à existência de dois tipos de taxas com o mesmo âmbito de incidência objectiva, com destinatários distintos – coloca sérias dúvidas quanto à respectiva legalidade, mais a mais num mercado supostamente liberalizado e de livre acesso, em que o enquadramento legal comunitário limita fortemente a possibilidade de cobrar taxas pelo exercício desta actividade.

De facto, as taxas devidas pela emissão de licença para cada um dos tipos de serviços de assistência em escala cobradas pelo INAC constituem um exemplo clássico de remoção de limites jurídicos que não possibilitam a utilização de um bem semi-público.[47] Ora, logo aqui é discu-

---

[46] Como se pode verificar, este tributo tem como epígrafe "Taxas de Assistência Administrativa em Terra e Supervisão" e logo de seguida o n.º 1 da norma prevê a existência de uma taxa de assistência administrativa em terra e supervisão, o que suscita confusão. Naturalmente que o legislador foi infeliz na redacção da epígrafe do artigo, não podendo deixar de se efectuar uma interpretação correctiva da norma, considerando-se que onde se lê a epígrafe actual deveria ao invés ler-se "taxas pelo exercício de modalidades de assistência em escala".

[47] Uma vez que a utilização do bem propriamente dito – a infra-estrutura aeroportuária – está dependente de um segundo processo de acesso ao mercado e do pagamento das respectivas taxas à ANA, S.A., que as justifica precisamente pelo facto de ter de cobrir

As Taxas de Regulação Económica no Sector dos Aeroportos

tível a existência do tributo, porquanto, como se refere na Directiva do *Handling*, se trata de um sector liberalizado, em que apenas o acesso às infra-estruturas aeroportuárias pode estar sujeito ao pagamento de uma remuneração.

Em suma, a Directiva apenas permite a criação de um tributo como contrapartida pelo acesso à infra-estrutura e não pelo acesso à actividade económica, como sucede de forma flagrante com a imposição do pagamento de taxas ao INAC para atribuição de uma licença "virtual". Por outro lado, a Directiva só admite a cobrança de uma única remuneração, limite quantitativo que também não é respeitado pelo actual regime em vigor em Portugal, que cumula as taxas devidas ao INAC pelo licenciamento para o exercício da actividade com as taxas pelo exercício da assistência em escala devidas à ANA, S.A.

Se aos argumentos expostos se adicionar um último – falta de evidência da natureza remuneratória – que, como se verá adiante, não é exclusivo das taxas devidas ao INAC, a desconformidade com o regime comunitário resulta evidente.[48]

---

os custos relacionados com a manutenção do aeroporto. Sobre isto v. Teixeira Ribeiro, "Noção Jurídica de Taxa", RLJ, 1985, n.º 117, 12ss, e Saldanha Sanches (2007).

[48] Não só não existe qualquer custo a cobrir, como há uma afectação das receitas às necessidades gerais do INAC, marca própria e característica do imposto. A primeira ideia é expressa pelo Princípio da Cobertura de Custos, traduzido numa equivalência jurídica entre a prestação (taxa) e a contraprestação que desde há muito tem sido apontado pela doutrina como um dos pressupostos para a cobrança de taxas e que foi acolhido pela jurisprudência do Tribunal Constitucional em variados acórdãos. Cf. Saldanha Sanches (2007), 37ss, e Acórdão do Tribunal Constitucional n.º 640/95 (Ponte sobre o Tejo) e respectiva anotação de Saldanha Sanches, in Fisco, 1996, n.ºs 76-77, 123-125. Cf. ainda Acórdão do Tribunal Constitucional n.º 354/98 (Ac. Radiodifusão Portuguesa), entre outros elencados em Saldanha Sanches (2007). Relativamente à afectação do tributo, isto é, à sua finalidade ou teleologia e à contraposição entre imposto e taxa neste domínio particular, ver Casalta Nabais (2006), 18-20, defendendo, para os impostos, uma afectação à realização das funções gerais de carácter não sancionatório das entidades públicas, apresentando assim tanto uma função reditícia como outros objectivos de natureza económica e social, por contraposição às taxas, necessariamente sinalagmáticas.

94   *As Taxas de Regulação Económica em Portugal*

4.4. *Incidência subjectiva*

4.4.1. *Taxas cobradas pelo INAC*

A incidência subjectiva destas taxas não levanta quaisquer problemas de natureza legal: serão devidas pelas empresas (pessoas singulares ou colectivas) que requeiram a atribuição das licenças para exercer a actividade de assistência em escala, quer em regime de auto-assistência, quer em regime de prestação de serviços a terceiros (cf. alíneas c) e f) do artigo 2º do Decreto-Lei 275/99).

4.4.2. *Taxas cobradas pela ANA*

A incidência subjectiva das taxas de assistência em escala pelo exercício de uma das modalidades previstas no Anexo I ao Decreto-Lei n.º 275/ /99 está prevista no artigo 10.º do Decreto Regulamentar n.º 12/99. As taxas incidem sobre os operadores do sector, divergindo em cada uma das modalidades de prestação de serviço de *handling*, na medida em que tanto podem ser dirigidas simultaneamente a prestadores de serviços de assistência em escala a terceiros e utilizadores de aeroportos/aeródromos em regime de auto-assistência, como somente aos prestadores de serviços de assistência em escala a terceiros.[49]

Esta questão, que assume particular relevo no caso da taxa de assistência administrativa em terra e supervisão, poderá colocar problemas de igualdade e não discriminação entre prestadores de serviços a terceiros e utilizadores dos aeroportos em regime de auto-assistência, em prejuízo dos primeiros, que se vêem sujeitos a taxas que não são exigidas aos segundos (sem que para isso estejam expressas na lei ou sejam evidentes quaisquer razões materiais distintivas entre uns e outros, no que respeita

---

[49] Nos termos do artigo 2.º alínea c) do Decreto-Lei n.º 275/99, de 23 de Julho, é considerada auto-assistência em escala a prestação por um utilizador de um ou mais serviços ou modalidades de assistência em escala, sem celebração de qualquer tipo de contrato com terceiros para prestação desses serviços, a si próprio ou a outros utilizadores nos quais detenha uma participação maioritária ou que sejam maioritariamente detidos pela mesma entidade. O artigo 2.º, alínea f), define, como prestador de serviços de assistência em escala, uma pessoa singular ou colectiva que preste a terceiros um ou mais serviços ou modalidades de assistência em escala.

As Taxas de Regulação Económica no Sector dos Aeroportos

à utilização de bens de domínio público).[50] Na verdade, as infra-estruturas aeroportuárias são utilizadas na mesma medida tanto por prestadores de serviços de assistência em escala, como por utilizadores em regime de auto-assistência (na maioria dos casos são uma mesma entidade), pelo que, na nossa opinião, será desprovida de sentido a diferenciação que se estabelece quanto à incidência subjectiva da taxa de assistência administrativa em terra e supervisão. Esta situação conduz a uma iniquidade patente, que resulta no facto de apenas os prestadores de serviços de assistência em escala suportarem os custos de manutenção dos aeroportos, quando os operadores em regime de auto-assistência contribuem, em igual medida, para o desgaste, deterioração e custos associados ao espaço aeroportuário.[51]

Não estão aqui definidas quaisquer regras específicas de substituição tributária, devendo os operadores de assistência em escala, seja em prestação de serviços seja em regime de auto-assistência, garantir o pagamento das taxas devidas, ainda que venham a repercutir o montante pago nos preços cobrados aos seus clientes.

4.5. Isenções

Só se consagram isenções às taxas devidas pela ocupação de terrenos, edificações ou outras instalações, bem como pelo exercício de actividades na área dos aeroportos ou aeródromos públicos, pela sua utilização ou dos seus serviços e equipamentos por razões de segurança pública. Para tanto, isentam-se as Forças Armadas e forças e serviços de segurança,

---

[50] Veja-se, a propósito, no capítulo referente à jurisprudência comunitária, o caso decidido em reenvio prejudicial pelo TJCE relativo à taxa de assistência administrativa em terra e supervisão que opõe a Lufthansa e a ANA – Aeroportos de Portugal, S.A.

[51] Ou, diferentemente, à inexistência de qualquer contrapartida autónoma e individualizável para esta taxa, à luz das limitações da Directiva do *Handling*. Acresce que, da leitura dos diplomas legais enquadradores, *maxime* do Decreto-Lei n.º 102/90, na redacção actual, e do Decreto Regulamentar n.º 12/99, parecem resultar situações parciais de dupla tributação ou até tripla tributação quando o operador seja simultaneamente sujeito ao pagamento da taxa de assistência em terra e supervisão e da taxa de ocupação; ou da taxa de assistência a passageiros concomitante com taxa de ocupação e com a taxa de serviço a passageiros ou, ainda, da taxa de assistência de operações em pista quando cumulada com a taxa de assistência de restauração.

Serviço Nacional de Bombeiros e Protecção Civil e outras corporações de bombeiros, quando no exercício de competências ou funções legais em relação às áreas mínimas e meios de transporte oficiais ou de serviço necessários para o exercício das suas atribuições nos aeroportos (artigo 16.º, n.º 2, do Decreto-Lei n.º 102/90).

No que concerne às taxas devidas pelo requerimento, emissão ou alteração de licença para acesso à actividade de assistência em escala, não se prevêem quaisquer isenções (Decreto-Lei n.º 275/99 e Portaria n.º 1340/2001).

4.6. Base de cálculo

4.6.1. Taxas cobradas pelo INAC

A base de cálculo das taxas de acesso à actividade relativas ao processamento, emissão, alteração ou cancelamento de licença para o exercício de assistência em escala, que são cobradas pelo INAC, está definida na Portaria n.º 1340/2001 e varia consoante a modalidade do serviço que se pretende prestar (em regime de auto-assistência ou de prestação a terceiros) e a natureza das categorias (um grupo inclui os serviços incluídos na lista anexa ao Decreto-Lei n.º 275/99 com os números 4 a 8 e 11 e outro, os serviços da mesma lista com os números 1, 9 e 10).

4.6.2. Taxas cobradas pela ANA

A base de cálculo das taxas de assistência em escala encontra-se definida no Decreto Regulamentar n.º 12/99 para cada uma das onze taxas de assistência em escala. A taxa de assistência administrativa em terra e supervisão, a taxa de assistência a carga e correio (quando devida por prestadores de serviços a terceiros), a taxa de assistência de operações em pista (quando devida pelos prestadores de serviços a terceiros), a taxa de assistência de limpeza e serviço do avião, a taxa de assistência a combustível e óleo, a taxa de assistência de manutenção em linha, a taxa de assistência de operações aéreas e gestão das tripulações, a taxa de assistência de transporte em terra e a taxa de restauração incidem sobre um valor percentual do volume de negócios realizado. Diversamente, a taxa de assistência a passageiros e a taxa de assistência a bagagem são definidas tendo em conta períodos de horas ou fracção de dias ou mês ou por balcão de admissão e registo de passageiros/unidade de bagagem processada. A taxa de assistência a carga e correio (quando devida pelos utilizadores de um aeroporto em regime de auto-assistência) e a taxa de assistência de operações em pista (quando devida pelos utilizadores de um aeroporto em regime de auto-assistência) são calculadas por unidade de tráfego.[52]

4.6.3. *Apontamento crítico*

A opção pelo valor percentual do volume de negócios realizado como base de cálculo das taxas de assistência em escala afigura-se desadequada à finalidade que com elas se visa prosseguir. De facto, sobretudo no que respeita à taxa de assistência administrativa e supervisão prevista no n.º 1 do artigo 10.º, a escolha de um critério abstracto, totalmente desligado do serviço público prestado em concreto e que ademais assenta no volume global de negócios de um prestador de assistência em escala a terceiros, contraria o princípio da equivalência ou benefício que deve pautar a criação das taxas (artigo 4.º, n.º 2, da LGT) e aproxima esta taxa de assistência administrativa e supervisão a um verdadeiro imposto. A utilização de um tal critério – de percentagem sobre o volume de negócios – constitui uma forma de estabelecimento do quantitativo da taxa em função da capacidade contributiva, o que comprova a aproximação à figura do imposto.[53]

---

[52] Na proposta de actualização do tarifário para 2008 apresentada em 26/12/2007, a ANA anunciou ainda que criará duas taxas adicionais: (*i*) taxa de assistência a bagagem e (*ii*) uma taxa de *self check-in*. Os termos e condições em que tais tributos serão criados ainda não são conhecidos, mas regista-se a tendência para criar mais encargos sobre os operadores, já bastante onerados com o extenso lote de taxas aeroportuárias existentes.

[53] E coloca problemas de violação do princípio constitucional da proporcionalidade (artigo 266.º da Constituição), sendo um meio inadequado, desnecessário e desproporcional para obter um fim público. O princípio da proporcionalidade exige que o montante da taxa tenha por base as vantagens que a prestação pública proporciona ao sujeito passivo ou os custos que este provoca às entidades públicas. Mostra-se também exigível que na determinação do montante das taxas haja uma referência, ainda que mínima, às contrapartidas prestadas. Veja-se, a propósito, o Acórdão do TJCE de 29 de Setembro de 1999, no proc. C-56/98 (Modelo SGPS), que determinou a desconformidade com o direito comunitário dos emolumentos cobrados pelos notários públicos pela celebração de escrituras públicas, através de um esquema degressivo de taxas *ad valorem*. O facto de

Por outro lado, parece existir uma dupla incidência desta taxa de assistência administrativa e supervisão sobre a base de tributação, já que esta taxa parece assentar sobre o volume global de negócios relativo aos onze tipos de actividades de assistência em escala dos prestadores de serviços, sem distinguir qual a percentagem do volume de negócios que corresponde efectivamente à actividade de assistência administrativa em terra e supervisão (identificada no n.º 1 do artigo 10.º do Decreto Regulamentar n.º 12/99) face às demais actividades de assistência em escala previstas nos demais números do mesmo artigo 10.º.

Estas taxas cujo montante é definido por remissão para o volume de negócios realizado apresentam ainda problemas de conformidade com o direito comunitário. Desde logo, porque estão sujeitos a estas taxas todos aqueles que dispõem de licença para o exercício da actividade de prestador de assistência em escala, independentemente de exercerem efecti-

---

os sujeitos passivos de emolumentos devidos pelo registo predial, comercial ou de navios, relativos a inscrições de valor superior a certo montante, suportarem uma taxa regressiva configurava uma situação em que o tributo era fixado em função da capacidade contributiva e não dos custos dos serviços prestados. Neste sentido, Patrícia Cunha/Sérgio Vasques, (Coimbra, 2002), *Jurisprudência Fiscal Comunitária Anotada*, vol. I, 277ss. Para uma enunciação dos principais acórdãos do Tribunal Constitucional nos quais se fixaram os requisitos das taxas e a sua contraposição à figura dos impostos, veja-se Casalta Nabais (2006), 20ss, e Saldanha Sanches (2007), 42ss. O Tribunal Constitucional tem enunciado em diversa jurisprudência (Acórdão do Tribunal Constitucional n.º 375/99 – Taxa de urbanização de Amarante; Acórdão do Tribunal Constitucional n.º 410/2000 – Taxa de urbanização da Póvoa do Varzim; Acórdão do Tribunal Constitucional n.º 274/ /2004 – Taxa de urbanização de Baião; Acórdão do Tribunal Constitucional n.º 354/98 – "taxa" de Radiodifusão Portuguesa; Acórdão do Tribunal Constitucional n.º 558/98 e 63/99 – "licenças de publicidade" relativas a painéis publicitários afixados ou inscritos, não em quaisquer bens ou locais públicos ou semipúblicos, mas, sim, em bens particulares; Acórdão do Tribunal Constitucional n.º 20/2003 e Acórdão do Tribunal Constitucional n.º 204/2003 – postos de abastecimento de combustíveis de Sintra) os requisitos da configuração de um tributo como taxa, exigindo um teste de bilateralidade e um teste de proporcionalidade entre o tributo e a contraprestação. A taxa surge, assim, dando-se pleno acolhimento à definição de Alberto Xavier (1981), 42, como uma "receita tributária, com carácter sinalagmático, não unilateral e que consiste na prestação de uma actividade pública, na utilização de bens do domínio público ou na remoção de um limite jurídico à actividade dos particulares", razão pela qual, como ensina Saldanha Sanches (2007), 30ss, a taxa deve pautar-se pela divisibilidade (que lhe garante a sinalagmaticidade), pelo princípio da cobertura de custos e pelo princípio do benefício ou da equivalência. Sobre o tema, v. ainda Saldanha Sanches/João Taborda da Gama "Taxas municipais pela ocupação do subsolo", *Fiscalidade*, 2004, n.ºs 19-20, 5-43.

As Taxas de Regulação Económica no Sector dos Aeroportos 99

vamente essas actividades, o que põe em causa o carácter remuneratório, e não impositivo, que a Directiva n.º 96/67/CE impõe no seu artigo 16.º. Por outro lado, porque o artigo 16.º da Directiva apenas permite que seja cobrada uma única remuneração (requisito quantitativo) e somente pelo acesso às instalações aeroportuárias (requisito qualitativo), desde que essa remuneração se baseie em critérios pertinentes, objectivos, transparentes e não discriminatórios (requisito negativo).

Ora, no que respeita à taxa de assistência administrativa e supervisão, parece não estar em causa nenhuma utilização específica de bens do domínio público que não seja já remunerada por outro tipo de taxa de assistência em escala.[54] Aliás, mesmo admitindo a existência de tal utilização de bens públicos, sempre se poderá questionar o facto de só os prestadores de serviços serem abrangidos por esta taxa, o que, para além de violar o princípio da igualdade e da não discriminação, pode pôr em causa o carácter remuneratório desta taxa.

Com interesse para o presente excurso, refira-se que o TJCE tem entendido que devem ser consideradas imposições, as retribuições cujo montante não tenha qualquer relação com o custo do serviço específico ou cujo montante seja calculado não em função do custo da operação de que é contrapartida, mas em função da globalidade dos custos de funcionamento e de investimento do serviço encarregado dessa operação. A inexigibilidade desta taxa aos utilizadores do aeroporto em regime de auto-assistência levanta sérias dúvidas sobre a existência de sinalagma ou carácter remuneratório, caso contrário esta taxa não poderia deixar de ser cobrada a todos os prestadores, independentemente do regime em que operam.[55]

---

[54] Os mesmos problemas se colocam face às taxas devidas ao INAC pela emissão das licenças.

[55] Veja-se, a este propósito, a jurisprudência comunitária nesta matéria vertida nos Acórdãos Modelo SGPS (C-56/98), Ponente Carni (C-71/91) e Cispadana Costruzioni (C-178/91), nos quais o TJCE distingue entre "as imposições proibidas pelo artigo 10º da directiva e os direitos com carácter remuneratório", considerando que essa distinção "implica que os últimos abranjam apenas as retribuições cujo montante é calculado com base no custo do serviço prestado. Uma retribuição cujo montante não tenha qualquer relação com o custo desse serviço específico, ou cujo montante seja calculado não em função do custo da operação de que é a contrapartida, mas em função da globalidade dos custos de funcionamento e de investimento do serviço encarregado dessa operação, deverá ser considerada como uma imposição a que se aplica exclusivamente a proibição formulada no artigo 10º da directiva".

100   As Taxas de Regulação Económica em Portugal

4.7. *Montante*

4.7.1. *Taxas cobradas pelo INAC*

A Portaria n.º 1340/2001 estabelece montantes fixos para a taxa de apreciação do requerimento, mas montantes variáveis, em função do tipo de assistência em escala requerida (prestação de serviços a terceiros ou auto-assistência), para a taxa de emissão/alteração de licença para cada um dos tipos de serviços de assistência em escala.

Quando seja requerida licença para mais do que uma modalidade de assistência em escala (de acordo com a lista do anexo I ao Decreto-Lei n.º 275/99), acresce ao montante da taxa um valor definido no n.º 4 da Portaria n.º 1340/2001. Nos casos em que a mesma empresa requeira licenças para assistência em escala a terceiros e para auto-assistência, para o mesmo serviço e para o mesmo aeródromo são aplicados quantitativos de taxas específicos, devendo a apreciação do requerimento ser objecto de uma única taxa (n.º 6 da Portaria n.º 1340/2001).

4.7.2. *Taxas cobradas pela ANA*

O montante das taxas de assistência em escala cobradas pela ANA, previsto no artigo 11.º do Decreto Regulamentar n.º 12/99 depende ou 1) do volume de negócios, ou 2) do período de horas ou fracção de dias ou mês, número de balcões de admissão e registo de passageiros, ou 3) do número de unidades de bagagem processada, ou ainda 4) do tráfego das entidades que pratiquem assistência em escala.[56]

O montante das taxas cobradas pela ANA em virtude do exercício da actividade de assistência em escala, seja em regime de auto-assistên-

---

[56] Quanto a 1), será o caso da taxa de assistência administrativa em terra e supervisão, taxa de assistência a carga e correio quando praticada por prestadores de serviços, taxa de assistência de limpeza e serviço, taxa de assistência a combustível e óleo, taxa de assistência de manutenção em linha, taxa de assistência de operações aéreas e gestão das tripulações, taxa de assistência de transporte em terra e taxa de assistência de restauração. Quanto a 3), será o caso da taxa de assistência a passageiros e taxa de assistência a bagagem. Quanto a 4), será o caso da taxa de assistência a carga e correio devida por utilizadores de um aeroporto em regime de auto-assistência e taxa de assistência de operações de pista devida por utilizadores de um aeroporto em regime de auto-assistência.

As Taxas de Regulação Económica no Sector dos Aeroportos 101

cia, seja em regime de prestação de serviços, está directamente relacionado com a base de cálculo que foi fixada para cada um dos tipos de assistência e que já foi enunciada *supra*.[57] Tendo em conta que o montante das taxas é fixado em função de critérios *ad valorem*, suscitam-se problemas de constitucionalidade por violação do princípio da igualdade tributária que serão tratados adiante.

O montante das taxas é diferenciado para os prestadores de serviços de assistência em escala e para os utilizadores do aeroporto em regime de auto-assistência, nos casos da taxa de assistência a carga e correio e da taxa de operações em pista, sem que, no entanto, se avance qualquer justificação objectiva para esse facto.

4.7.3. *Apontamento crítico*

No que concerne às taxas cobradas pelo INAC, cuja própria existência no ordenamento jurídico português já foi atrás questionada, verifica-se que também ao nível da fixação do respectivo montante o criticismo tem razão de ser. Com efeito, não existe nenhuma indicação no diploma legal sobre o valor dos serviços de que a taxa supostamente constitui uma contrapartida.

É, contudo, na definição em cascata do montante das taxas e na incoerência face ao resultado verificado que residem as maiores objecções a esta(s) taxa(s). Com efeito, dificilmente se compreende como é que se cobra uma taxa pela emissão de licença para cada um dos tipos de serviços (número 3.º da Portaria n.º 1340/2001), acrescida de um valor para cada uma das modalidades (número 4.º da Portaria n.º 1340/2001), quando, no final, apenas se emite um único título (licença), comum a todas. Note--se que, no limite, um utilizador pode ter de pagar 45 taxas (11 correspondentes ao número de serviços e 31 correspondentes às várias modalidades dos serviços) – isto sem contar com a taxa de emissão e as taxas de alteração – só para estar potencialmente apto a exercer uma actividade liberalizada, sem prejuízo do posterior pagamento das taxas cobradas pela ANA durante o exercício da actividade.

Em relação às taxas cobradas pela ANA, as críticas formuladas a propósito da base de cálculo – nomeadamente a escolha de critérios

---

[57] V. 4.6.2, sobre as taxas cobradas pela ANA.

abstractos, totalmente desligados do serviço público prestado em concreto e que assentam no volume global de negócios do operador – são igualmente válidas nesta sede. Exemplo desta abstracção é o facto de não existir qualquer estudo ou documento que apresente um fundamento económico para o montante fixado (3,5% sobre o volume de negócios), sendo de mencionar que desde a fixação do primeiro tarifário, em 2000, os Comités de Utilizadores dos aeroportos nacionais (Lisboa e Porto) se têm pronunciado negativamente sobre os aumentos de valores propostos, questionando a entidade gestora (ANA) sobre os critérios e fundamento para a fixação deste valor.

Trata-se, pois, de uma prática que merece severas críticas da generalidade da doutrina, que tende a apontar uma contradição insanável entre a utilização de taxas *ad valorem* e o princípio da equivalência que deve servir de fundamento, critério e limite das taxas, considerando estar em causa neste tipo de taxas uma violação do princípio da igualdade tributária, previsto no artigo 13.º da Constituição. O próprio TJCE tem considerado que a utilização de bases tributáveis *ad valorem* nas taxas quebra o carácter remuneratório e o nexo directo entre estes tributos e a prestação que visam compensar.[58]

4.8. *Liquidação e pagamento*

As taxas de acesso à actividade, pelo processamento de requerimento e pela emissão, alteração ou cancelamento de licença para exercício de actividade de assistência em escala são liquidadas e pagas antes da emissão, alteração ou cancelamento da respectiva licença, dependendo assim o acesso à actividade do prévio pagamento da taxa.

As taxas de assistência em escala devidas por ocupação e utilização privativa de bens do domínio público são liquidadas e cobradas pelas

---

[58] Para mais desenvolvimentos, v. Sérgio Vasques, "Taxas de Saneamento Ad Valorem – Anotação ao Acórdão n.º 68/2007 do TC", *Fiscalidade*, 2006, n.º 28, onde se defende que não pode procurar-se na esfera do particular, mas apenas na esfera da própria administração, o valor da prestação administrativa, sendo fixada a estrutura e o montante do tributo comutativo em conformidade com o valor de mercado do serviço em causa. A força económica do contribuinte, revelada pelo rendimento, património ou consumo deve ser totalmente desatendida quando se procede à fixação do valor da taxa sob pena de se produzirem discriminações sem fundamento objectivo e, por isso, violadoras do princípio da igualdade tributária.

As Taxas de Regulação Económica no Sector dos Aeroportos 103

entidades que explorem os aeroportos e aeródromos públicos (artigo 20.º
do Decreto-Lei n.º 102/90). A liquidação e a cobrança destas taxas seguem
o regime da legislação tributária aplicável aos serviços públicos em tudo
o que não esteja especificamente regulado.

Os titulares de licença de assistência em escala devem fornecer às
entidades que explorem os aeroportos todos os esclarecimentos necessários ao processamento e cobrança das taxas (artigo 27.º do Decreto-Lei
n.º 102/90), nomeadamente as cópias dos documentos comprovativos das
receitas cobradas ou dos aprovisionamentos e serviços efectuados de que
constem os elementos necessários à liquidação das taxas exigíveis, quando
o quantitativo da taxa seja determinado em função do volume de negócios.[59]

Estas taxas vencem-se no prazo de 20 dias (artigo 22.º do Decreto-
-Lei n.º 102/90) a contar da data de emissão da respectiva factura e a falta
de pagamento faz incorrer o devedor no pagamento de juros de mora,
podendo ainda ser revogada a respectiva licença pela entidade licencia-
dora (artigo 23.º do Decreto-Lei n.º 102/90).

As reclamações e os recursos sobre as taxas liquidadas não suspen-
dem o dever de pagamento e presumem-se tacitamente deferidos no prazo de 60 dias. Do indeferimento da reclamação ou recurso cabe reacção
contenciosa nos termos gerais (artigo 24.º do Decreto-Lei n.º 102/90).

Em razão de dívidas pelo não pagamento destas taxas, as entidades
gestoras dos aeroportos gozam de privilégio creditório sobre os bens dos
devedores que se encontrem na zona dos aeroportos/aeródromos, podendo estes ser alvo de direito de retenção até integral pagamento das quantias em dívida ou decisão judicial.

4.9. *Afectação e valor da receita*

As taxas devidas pelo acesso à actividade são, nos termos do artigo
17.º do Decreto-Lei n.º 275/99, receitas do INAC, encontrando-se assim
definida a consignação subjectiva das taxas em causa ao organismo responsável pela prestação do serviço.

As taxas de assistência em escala por utilização de bens do domínio
público constituem receita da entidade gestora dos aeroportos e aeró-

---

[59] A inobservância destas obrigações ou a falsidade de quaisquer declarações ou
documentos apresentados constitui fundamento para revogação da licença (artigo 12.º,
n.º 3, do Decreto Regulamentar n.º 12/99).

104   *As Taxas de Regulação Económica em Portugal*

dromos, que no caso português é a ANA – Aeroportos de Portugal, S.A. (artigo 26.º do Decreto-Lei n.º 275/99).

4.10. *Jurisprudência comunitária*

A existência de taxas de assistência em escala que se destinam a remunerar a mera possibilidade de acesso ao mercado e ao exercício da actividade de assistência em escala concomitantes à cobrança de taxas pelo acesso às infra-estruturas aeroportuárias tem causado acesa disputa no TJCE. Sobre essa questão debruçaram-se já dois acórdãos do TJCE em sede de reenvio prejudicial.

4.10.1. *Caso do Aeroporto de Hannover*

Sobre esta questão versou o acórdão de 16 de Outubro de 2003, em sede de reenvio prejudicial, que opôs Flughafen Hannover-Langenhagen GmbH contra Deutsche Lufthansa AG.1

Em causa estava uma taxa cobrada pela entidade gestora do aeroporto de Hannover pelo simples facto de dar acesso ao mercado da prestação de serviços em escala. A Lufthansa fazia assistência em escala nesse aeroporto desde há muito, aí procedendo ao registo (*check-in*) dos seus passageiros (auto-assistência em escala), bem como dos passageiros de outras companhias aéreas (actividade de prestação de serviços de assistência em escala). O aeroporto locava à Lufthansa balcões de registo e recebia, como contrapartida, uma remuneração fixada num contrato de assistência a aeronaves no solo. Até 1997, o aeroporto não exigiu à Lufthansa uma taxa específica de acesso ao mercado, pelo menos no domínio da auto-assistência em escala. Em contrapartida, já recebia essa taxa dos prestadores de serviços que garantiam a assistência em escala a terceiros e de outros prestadores. O litígio surgiu quando o aeroporto reclamou o pagamento, a partir de 1 de Janeiro de 1998, de uma taxa que visava a remuneração específica da concessão da possibilidade de acesso ao mercado (autorização de acesso a uma possibilidade de lucro), não tendo por objectivo remunerar as prestações concretas do aeroporto, como a colocação à disposição de instalações precisas ou utilizadas em comum ou ainda outras prestações, as quais já eram remuneradas pela taxa de utilização que a Lufthansa já pagava a outro título.

O aeroporto de Hannover defendeu a sua posição recorrendo à legislação nacional alemã, à Decisão 98/513/CE da Comissão, de 11 de Junho de 1998, relativa a um processo de aplicação do artigo 86.º do Tratado CE (IV/35.613 – Alpha Flight Services/Aéroports de Paris – cf. JO L 230, p. 10) e ao acórdão do Tribunal de Primeira Instância de 12 de Dezembro de 2000, Aéroports de Paris/Comissão (T-128/98, Colect., p. II-3929). No entender do aeroporto, o artigo 16.º, n.º 3, da Directiva e o § 9 da BADV (legislação alemã) poderiam ser interpretados no sentido de que admitiam a cobrança de uma remuneração como contrapartida da concessão da possibilidade de obtenção de lucro e não meramente a colocação à disposição de instalações físicas, tendo em vista uma utilização específica.

O Advogado-Geral Mischo, nas suas Conclusões, defendeu que a Directiva n.º 96/67/CE do Conselho, de 15 de Outubro de 1996, especialmente o artigo 16.º, n.º 3, em conjugação com o vigésimo quinto considerando, deve ser interpretada no sentido de que a entidade gestora de um aeroporto na acepção do artigo 3.º não pode sujeitar o acesso às instalações aeroportuárias de um operador que presta assistência a terceiros ou de um utilizador que pratica a auto-assistência ao pagamento de uma remuneração específica, sob a forma de uma taxa de acesso ao mercado, a título de contrapartida pela possibilidade de acesso a uma actividade lucrativa.[60] Em contrapartida, a entidade gestora de um aeroporto tem o direito de cobrar uma remuneração pela utilização das instalações aeroportuárias, cujo montante deve ser fixado em conformidade com os critérios previstos no artigo 16.º, n.º 3, atendendo ao fim lucrativo da entidade gestora do aeroporto.

Por sua vez, o TJCE, no Acórdão proferido em 16 de Outubro de 2003, concluiu no sentido da impossibilidade de cobrança de uma taxa de acesso ao mercado como contrapartida da concessão de uma possibilidade de lucro (dado o objectivo de liberalização do mercado versado pela Directiva n.º 96/67/CE), quando também seja cobrada uma taxa pela colocação à disposição do prestador de serviços de assistência em escala ou do utilizador que pratica a auto-assistência das instalações aeroportuárias.

Para fundamentar a asserção exposta, o Tribunal baseou-se em dois argumentos nucleares: em primeiro lugar, no facto de os artigos 6.º e 7.º

---

[60] Apresentadas em 28 de Janeiro de 2003 e disponíveis em http://eur-lex.europa.eu/LexUriServ/LexUriServ.do?uri=CELEX:62001C0363:PT:HTML.

da Directiva, relativamente ao acesso ao mercado e à actividade de prestação de serviços de assistência em escala, não admitirem qualquer contrapartida remuneratória; em segundo lugar, no disposto no artigo 16.º, n.º 3, da Directiva, o qual, na óptica do Tribunal, apenas permite a possibilidade de cobrança de uma remuneração pelo acesso às instalações aeroportuárias (permitindo inclusive que essa remuneração tenha em conta o interesse da entidade gestora em realizar um lucro).

O TJCE reafirmou ainda um princípio fundamental da Directiva: a obrigação de que a remuneração admitida (como contrapartida do acesso às instalações aeroportuárias) tenha de ser determinada de acordo com critérios pertinentes, objectivos, transparentes e não discriminatórios. Refira-se, contudo, que na óptica do Tribunal esta circunstância não se opunha a que a referida remuneração fosse fixada de uma forma que permitisse à entidade gestora do aeroporto não apenas cobrir os custos associados à colocação à disposição das instalações aeroportuárias e à sua gestão, mas também a realização de uma margem de lucro. Com esta argumentação, o TJCE deitou por terra o argumento do Aeroporto de Hannover no sentido de que estaria em causa uma violação do direito de propriedade, na medida em que o aeroporto ficaria impossibilitado de explorar os seus bens de forma a deles retirar um lucro.

4.10.2. *Caso do Aeroporto do Porto*

No acórdão de 5 de Julho de 2007 do TJCE no processo de reenvio prejudicial C-181/06, em que são partes Deutsche Lufthansa AG e ANA – Aeroportos de Portugal, S.A., o TJCE pronunciou-se sobre a conformidade com o direito comunitário, nomeadamente com a Directiva n.º 96/67/CE, da taxa de assistência administrativa em terra e supervisão prevista no n.º 1 do artigo 10.º do Decreto Regulamentar n.º 12/99, cobrada pela ANA, S.A.[61] Em termos concretos, o litígio versava sobre a legalidade da cobrança daquela taxa pela ANA à Lufthansa, enquanto prestadora de serviços de assistência em escala a terceiros.

Na óptica da Lufthansa, que deduziu impugnação judicial do acto de liquidação e cobrança de taxas de assistência administrativa em terra e supervisão liquidadas pela ANA, as disposições de direito nacional –

---

[61]   Disponível   em   http://eur-lex.europa.eu/LexUriServ/
LexUriServ.do?uri=CELEX:62006J0181:PT:HTML.

artigo 10.º, n.º 1, do Decreto Regulamentar n.º 12/99 e o artigo 18.º, n.º 2, do Decreto-Lei n.º 280/99 – violavam a Directiva n.º 96/67/CE. O processo foi posteriormente objecto de reenvio para o TJCE, tendo o Advogado-Geral Mazák apresentado as suas conclusões em 19 de Abril de 2007.[62]

Em termos sucintos, o Advogado-Geral sustentou que a possibilidade de cobrança de uma remuneração, nos termos do artigo 16.º, n.º 3, da Directiva, depende da efectiva utilização das instalações aeroportuárias, não sendo admissível a cobrança, a título de remuneração geral pelo acesso ou de uma espécie de taxa de concessão. Afirma ainda que os serviços prestados lhe parecem muito genéricos e remotos em relação à utilização efectiva das instalações aeroportuárias, de modo que, em sua opinião, a taxa equivale efectivamente a uma taxa de acesso que é paga como contrapartida pela concessão da possibilidade de desenvolver uma actividade comercial. Além disso, na opinião do Advogado-Geral, do cálculo da taxa em causa não se pode deduzir que esta é paga como contrapartida pela utilização das instalações do aeroporto, uma vez que a mesma é fixada numa percentagem fixa do volume de negócios total proveniente da assistência em escala no aeroporto. Acresce que a referência feita pelo tribunal de reenvio à "assistência administrativa e supervisão" não permite concluir, em definitivo, que a taxa em causa seja paga pela utilização das instalações aeroportuárias. Conclui assim: "Por conseguinte, embora me ocorra sugerir que uma taxa como a que está aqui em causa não é paga pela utilização das instalações aeroportuárias na acepção do artigo 16.º, n. 3, da directiva, não sendo, portanto, conforme com esta, compete, em última análise, ao órgão jurisdicional nacional verificar se é isso que acontece, caso o Tribunal de Justiça não disponha de informações mais concretas".

Recorrendo à anterior jurisprudência proferida pelo TJCE no caso do Aeroporto de Hannover, o TJCE, no Acórdão de 5 de Julho de 2007, decidiu o caso, sustentando que o direito comunitário se opõe a uma regulamentação nacional como a prevista nos artigos 10.º, n.º 1, do Decreto Regulamentar n.º12/99, de 30 de Julho, e 18.º, n.º 2, do Decreto-Lei n.º 102/90, de 21 de Março, conforme alterado pelo Decreto-Lei n.º 280/99, de 26 de Julho, a menos que a taxa de assistência adminis-

---

[62]   Disponíveis   em   http://eur-lex.europa.eu/LexUriServ/ LexUriServ.do?uri=CELEX:62006C0181:PT:HTML.

trativa em terra e supervisão prevista nesta legislação seja devida como contrapartida pela totalidade ou parte dos serviços definidos no ponto 1 do anexo da Directiva n.º 96/67/CE do Conselho, de 15 de Outubro de 1996, relativa ao acesso ao mercado da assistência em escala nos aeroportos da Comunidade e não constitua uma segunda tributação de serviços já remunerados por outra taxa ou imposição.

O Tribunal fixou o princípio, deixando claro que o Direito comunitário se opõe a regulamentação como a prevista nas disposições citadas, abrindo a porta à possibilidade de, no âmbito dos litígios em curso na jurisdição nacional, os tribunais portugueses poderem vir a entender diferentemente, se se verificarem dois pressupostos: (*i*) confirmação de que a taxa de assistência administrativa em terra e supervisão é devida como contrapartida pela totalidade ou parte dos serviços definidos no ponto 1 do anexo da Directiva n.º 96/67/CE, do Conselho e, sobretudo, (*ii*) de que tal taxa não constitui uma segunda tributação de serviços já remunerados por outra taxa ou imposição.

Sítios consultados

Endereços acessíveis à data de 31 de Dezembro de 2007

Instituto Nacional de Aviação Civil: www.inac.pt
Comissão Europeia, Transportes: http://ec.europa.eu/transport/index_pt.html
Organização Europeia para a Segurança da Navegação Aérea: http://www.eurocontrol.be/corporate/public/subsite_homepage/index.html
International Air Transport Association (IATA): www.iata.org
ICAO: http://www.icao.int/
Sínteses de Legislação da União Europeia: http://europa.eu/scadplus/leg/pt/s13004.htm
NAV Portugal, E.P.E.: http://www.nav.pt/
Parlamento Europeu: http://www.europarl.europa.eu/
Parlamento Europeu: Fichas Técnicas – http://www.europe-info.de/facts/pt/default.htm
European Civil Aviation Conference (ECAC): http://www.ecac-ceac.org/
Dirección General de Aviación Civil: http://www.fomento.es/mfom/lang_castellano/direcciones_generales/aviacion_civil/
Direction Générale de l'"Aviation Civile: http://www.dgac.fr/
Luftfahrt-Bundesamt: ttp://www.lba.de/cln_009/nn_57316/en/hme/homepage__node.html__nnn=true

Federal Aviation Administration: http://www.faa.gov/
Aviation Authority – CAA: http://www.caa.co.uk/
Ente Nazionale per l"Aviazione Civile (E.N.A.C.): http://www.enac-italia.it/
Report to European Commission, SH&E, 2002: http://ec.europa.eu/transport/air_portal/airports/doc/2002_ground_handling_final_report.pdf
ACI Europe Study, 2002: http://www.aci-europe.org/upload/2003_05_08_Airport%20charges%20in%20Europe%20study.pdf

AS TAXAS DE REGULAÇÃO ECONÓMICA NOS SECTORES DAS ÁGUAS E RESÍDUOS

GONÇALO LEITE DE CAMPOS
MIGUEL CLEMENTE

SUMÁRIO: 1. Razão de ordem; delimitação dos Sectores das Águas e dos Resíduos analisados 2. Sobre o Sector das Águas 2.1. Enquadramento normativo 2.2. En-quadramento institucional 2.3. Das taxas no Sector das Água 2.3.1. A Taxa de Recursos Hídricos (TRH) 2.3.1.1 Enquadramento legal 2.3.1.2 Caracterização 2.3.1.3 Nótulas 2.3.2. A "provisoriamente" aplicada Taxa de Utilização 2.3.2.1 Enquadramento legal 2.3.2.2 Caracterização 2.3.2.3 Nótulas 2.3.3. As Taxas de Regulação do IRAR 2.3.4. Da Taxa de Controlo da Qualidade da Água 2.3.4.1 Enquadramento legal 2.3.4.2 Caracterização 2.3.4.3 Nótulas 3. Sobre o Sector dos Resíduos 3.1 Enquadramento normativo 3.2. Enquadramento institucional 3.3. Sobre as taxas relativas ao sector dos resíduos 3.3.1. Fundamento legal 3.3.2. As taxas em concreto 3.3.2.1 A Taxa de Gestão de Resíduos 3.3.2.1.1 Caracterização 3.3.2.1.2 Nótulas 3.3.2.2 As Taxas de Licenciamento 3.3.2.3 A Taxa de Manutenção de Actividades no SIRER

1. Razão de ordem; delimitação dos Sectores das Águas e dos Resíduos analisados[1]

A apreciação feita no âmbito do sector das águas centrou-se, essencialmente, na análise da Lei n.º 58/2005, de 29 de Dezembro, designada

---

[1] Dos referidos sectores excluíram-se, para efeitos da análise subsequente e pelas razões que de seguida se apontam no texto, as taxas relativas às águas para consumo, às águas residuais urbanas e à recolha dos resíduos urbanos.

por Lei da Água, que define o quadro institucional para a gestão sustentável das águas nacionais e, na ausência do necessário regime económico e financeiro – ainda por aprovar –, no Anteprojecto de Decreto-Lei, elaborado em 2006, relativo a este regime económico e financeiro dos recursos hídricos. Por seu turno, o estudo efectuado em torno do Sector dos Resíduos ancorou-se, principalmente, no Decreto-Lei n.º 178/2006, de 5 de Setembro, que aprovou o regime geral da gestão de resíduos, e na Portaria n.º 1407/2006, de 18 de Dezembro, o que, para além de complementar o regime da taxa de gestão de resíduos, constitui o pilar do regime económico e financeiro da gestão de resíduos. Em traços simples, os sectores das águas e dos resíduos em apreço têm por objecto, respectivamente, a utilização privativa do domínio público hídrico e as operações de tratamento, valorização e eliminação de resíduos, bem como as operações de descontaminação de solos e monitorização dos locais de deposição. E as finalidades prosseguidas no âmbito destes dois sistemas regulatórios fundeiam-se em preocupações comuns: a necessidade de reduzir os impactos ambientais negativos, que tanto as actividades que se desenvolvem mediante a utilização de recursos hídricos, como as geradoras de resíduos, provocam. Não será despiciendo notar, aliás, que a protecção do ambiente e a sua gestão sustentável constituem objectivos comunitários primordiais, como decorre, desde logo, do princípio de defesa do ambiente vertido no Título XIX do Tratado da União Europeia.

Daí, as taxas previstas em ambos os sectores desempenham a mesma função – que não a única – extrafiscal: comutar as externalidades ambientais negativas que decorrem das actividades reguladas. Estas taxas visam, por outro lado, impedir que se verifiquem as falhas de mercado provocadas pela ausência de repercussão de facto dos custos ambientais, originados por determinadas actividades, nos preços praticados. Por outras palavras, à tributação ambiental subjazem, também, propósitos de compensação económica das externalidades negativas orientados para uma gestão ou alocação de recursos mais eficiente. Enfim, perfilam-se diversas razões para erigir a taxa a instrumento central da política do ambiente (cf. a alínea r) do n.º 1 do artigo 27.º da Lei de Bases do Ambiente) e, bem assim, o princípio do poluidor-pagador, a princípio de valor superior no perímetro da tributação ambiental. À luz deste princípio, "os poluidores são chamados a suportar o custo dos recursos ambientais que utilizam, de forma a que eles sejam geridos e utilizados

As Taxas de Regulação Económica nos Sectores das Águas e Resíduos   113

parcimoniosamente".[2] O que significa que a correcção das falhas de mercado geradas por externalidades ambientais é, obrigatoriamente, prosseguida através da interiorização ou internalização dos custos.

Chegados a este estádio, vejamos, agora, ainda que sumariamente, as duas formas potencialmente adequadas à comutação de tais correcções: (*i*) os tributos pigouvianos; e (*ii*) a emissão de licenças ou títulos de utilização. Os primeiros objectivam uma compensação directa dos custos – externalidades negativas – ambientais decorrentes de determinada actividade (o facto tributário), efectivando-a através de uma imposição de internalização directa dirigida ao sujeito passivo (agente económico). Estes tributos encontrar-se-ão, portanto, dotados de efeitos de prevenção geral e – enfatiza-se – especial, assacando-se-lhes a característica de constituírem um incentivo à adopção de comportamentos ambientalmente eficientes. Os segundos, pelo contrário, consubstanciam-se numa internalização dos custos ambientais, que se concretiza no pagamento de um determinado valor (taxa) devido pelo acesso e pela manutenção das actividades externalizadoras. Os tributos vertentes reflectem, essencialmente, como se verá, a segunda solução. Em suma, os instrumentos tributários convocados para a regulação dos sectores da água e dos resíduos encontram fundamento, inevitavelmente, nos mesmos princípios, pelo que se justifica a sua análise integrada.

Ainda assim, prosseguindo com a delimitação do objecto do nosso estudo, precisa-se que do seu âmbito se exclui um subsector que, por via de especificidades históricas e de regime, assume uma autonomia relevante e, como tal, excludente, na nossa opinião, dos sectores em causa: o "subsector das águas para consumo, das águas residuais urbanas e dos resíduos urbanos". Este subsector, embora conexo com o sector das águas e dos resíduos em geral, integra actividades que, pela sua natureza específica, pressupõe a aplicação de princípios e de regimes cuja semelhança com os acima identificados é, no mínimo, difusa. Com efeito, as actividades de abastecimento público de água às populações, de saneamento de águas residuais urbanas e de recolha de resíduos urbanos constituem serviços públicos de carácter estrutural que se revelam essenciais ao bem-estar geral, à saúde pública e à segurança collectiva das populações.[3]

---

[2] Cf. Alexandra Aragão (Coimbra, 1997), *O Princípio do Poluidor Pagador*, 42.

[3] A própria Lei da Água salvaguarda a aplicação de regimes especiais, previstos, nomeadamente, em relação às águas para consumo humano, aos recursos minerais

De resto, a necessidade premente de desenvolver este subsector específico implicou uma descentralização da sua estrutura, sendo que hoje são as edilidades que têm competências de desenvolvimento dos modelos necessários à prossecução dos objectivos subjacentes.[4] Acresce, por último, que – precisamente decorrente da referida dissemelhança estrutural – este subsector é também objecto de regulação autónoma, atribuída ao Instituto Regulador de Águas e Resíduos (IRAR), criado pelo Decreto-Lei n.º 230/97, de 30 de Agosto.[5] Inexiste, em conclusão, paralelismo regimental que justifique a inclusão deste "subsector das águas para consumo, das águas residuais urbanas e dos resíduos urbanos" nos sectores das águas e dos resíduos para efeitos da presente análise.[6] Por conseguinte, a abordagem que este subsector nos mereceu insere-se, singelamente, na

---

geotécnicos e águas de nascente, às águas destinadas a fins terapêuticos, bem como às águas que alimentam recintos com diversões aquáticas. De facto, a actividade de distribuição de água para consumo humano, em particular, obedece a princípios diversos daqueles que se encontram subjacentes à utilização dos recursos hídricos objecto do presente estudo, como se infere, aliás, da circunstância de a regulação desta actividade ter merecido tratamento legislativo – nacional e comunitário – autónomo, nos termos do Decreto-Lei n.º 243/2001, de 5 de Setembro (alterado pelo Decreto-Lei n.º 306/2007, de 27 de Agosto), que transpôs a Directiva n.º 98/83/CE, do Conselho, de 3 de Novembro.

[4] O abastecimento de água às populações e actividades económicas de drenagem e tratamento das águas residuais geradas é um dos problemas que permanece na ordem do dia desde o início do desenvolvimento da sociedade. Com efeito, a criação de agregados populacionais despoletou uma concentração de necessidades de água para os vários usos e a consequente necessidade de rejeição das águas residuais geradas, e de resíduos urbanos em quantidades e cargas cada vez maiores. Esta realidade veio obrigar à adopção de sistemas de abastecimento, drenagem e recolha progressivamente mais complexos e à prossecução de modelos de gestão mais robustos, que melhor se adequassem àquelas exigências. Com efeito, este tem sido um dos sectores mais complexos das chamadas atribuições do Estado.

[5] O seu Estatuto consta do Decreto-Lei n.º 362/98, de 18 de Novembro, com as alterações introduzidas pelo Decreto-Lei n.º 151/2002, de 23 de Maio.

[6] Poder-se-ia, ainda, sublinhar, em sustentação da delimitação negativa efectuada, que a relação entre os operadores deste subsector e os consumidores finais assume especificidades relevantes consoante a natureza, local ou regional, dos serviços prestados, na medida em que quer o abastecimento de águas, quer a recolha e o tratamento das águas residuais e dos resíduos urbanos continuam a cargo de inúmeros sistemas municipais ou multimunicipais, cujo regime específico apresenta diversas cambiantes em função das opções tomadas por cada municipalidade e no âmbito das quais, consequentemente, varia, de igual forma, o método de cobrança de taxas ou tarifas devidas pela prestação daqueles mesmos serviços.

análise, mais abrangente, do Sector das Águas, no qual aquele é referenciado na estrita medida em que contempla a regulação de entidades que se inserem naquele Sector, cujas actividades são comutadas através de taxas de regulação devidas ao IRAR e, bem assim, quando onera, através da Taxa do Controlo da Qualidade da Água, as entidades que exercem actividades de abastecimento de água para consumo humano (e, reflexamente, de captação de água do domínio público hídrico), sendo interessante observar, neste ponto concreto, as nem sempre nítidas diferenças de recorte com a Taxa dos Recursos Hídricos.[7]

2. Sobre o Sector das Águas

2.1. *Enquadramento normativo*

O regime jurídico da gestão das águas superficiais e das águas subterrâneas é moldado pela Lei n.º 58/2005, de 29 de Dezembro (denominada por Lei da Água). Este diploma constitui o instrumento de transposição da Directiva n.º 2000/60/CE, do Parlamento Europeu e do Conselho, de 23 de Outubro (Directiva Quadro da Água), pelo que estabelece, no seguimento do quadro de acção comunitária no domínio da política da água, as bases e o enquadramento institucional para a protecção das águas de superfície interiores, das águas de transição, das águas costeiras e das águas subterrâneas.

No âmbito objectivo de aplicação da indicada Lei da Água, incluem-se não somente os referidos recursos hídricos nacionais, como, também, os respectivos leitos e margens, as zonas adjacentes, as de infiltração e as zonas protegidas.[8]

---

[7] A abordagem do "subsector das águas para consumo, das águas residuais urbanas e dos resíduos urbanos" poderia, porém, ser feita, também, integrada no Sector dos Resíduos, uma vez que aquele respeita, igualmente, aos resíduos sólidos urbanos. No entanto, considerando que a maioria das actividades deste subsector encontram acolhimento no Sector das Águas, optou-se por inserir sistematicamente a sua análise no seio deste último.

[8] Cf. o n.º 2 do artigo 2.º da Lei n.º 58/2005, de 29 de Dezembro. Ressalvam-se, porém, conforme observado, a aplicação de regimes especiais, mormente os relativos às águas para consumo humano, aos recursos minerais geotécnicos e águas de nascente, às águas destinadas a fins terapêuticos e, ainda, o referente às águas que alimentam recintos com diversões aquáticas.

De entre os princípios fundamentais traçados relativamente à gestão de recursos hídricos nacionais, destacam-se, pela sua importância no contexto da presente análise – incidente sobre as taxas aplicáveis neste sector –, os da precaução e da prevenção, que legitimam o princípio da necessidade de título de utilização, o do valor económico da água, na sua vertente mais estrita de princípio da promoção da utilização sustentável dos recursos hídricos e o da correcção.[9] Concretizando: o princípio da necessidade de título de utilização, que se extrai dos referidos princípios da precaução e da prevenção (previstos, respectivamente, na alíneas e) e f) do n.º 1 do artigo 3.º da Lei n.º 58/2005, de 29 de Dezembro), materializa-se no estabelecimento de um requisito formal para o desenvolvimento de actividades que pressuponham a utilização de recursos hídricos. Referimo-nos, evidentemente, ao título de utilização, emitido nos termos legais, cuja obtenção dará lugar ao pagamento da taxa de recursos hídricos.[10] As utilizações sujeitas, nos termos da Lei da Água, à detenção de títulos de utilização – e, portanto, ao pagamento da indicada taxa de recursos hídricos –, reconduzem-se às utilizações privativas do domínio público hídrico e, quando tenham por objecto recursos hídricos particulares (leitos, margens e águas), "à realização de construções; implantação de infra-estruturas hidráulicas; captação de águas; outras actividades que alterem o estado das massas de águas ou coloquem esses estado em perigo"; "rejeição de águas residuais; imersão de resíduos; recarga e injecção artificial em águas subterrâneas; extracção de inertes; [e] aterros e escavações".[11]

Por seu turno, o princípio do valor económico da água, previsto na alínea c) do n.º 1 do artigo 3.º da Lei da Água, desdobra-se, conforme observado, no da promoção da utilização sustentável dos recursos hídricos, regulado no artigo 77.º da Lei n.º 58/2005, de 29 de Dezembro. Este último prossegue a utilização economicamente eficiente dos recursos hídricos, resultante do reconhecimento da sua escassez, e assenta na

---

[9] Tais princípios, da precaução, da acção preventiva e da correcção, enunciados na Lei n.º 58/2005, de 29 de Dezembro, constituem, juntamente com o do poluidor-pagador, princípios comunitários a política de ambiente previstos no n.º 2 do artigo 174.º do Tratado.

[10] O regime específico das utilizações dos recursos hídricos e dos respectivos títulos de utilização (que podem revestir a modalidade de autorização, licença ou concessão) consta do Decreto-Lei n.º 226-A/2007, de 31 de Maio.

[11] Cf. artigo 62.º da Lei n.º 58/2005, de 29 de Dezembro.

recuperação dos custos dos serviços de águas – incluindo os de escassez – através de instrumentos precisos de repartição da carga tributária, enformados por razões de sustentabilidade ambiental – o princípio do poluidor-pagador – ou por razões de benefício – o princípio do utilizador-pagador.

Finalmente, mantendo as estremas anteriormente definidas, o princípio da correcção consubstancia-se na reconstituição do estado das águas, imposta ao emissor poluente, mediante medidas de correcção e de recuperação, que podem ser desenhadas, no que aqui interessa realçar, no próprio título de utilização.

A par da gestão das águas promovida pela Lei da Água, importa ainda destacar o âmbito específico de regulação económica dirigido aos "serviços prestados pelos sistemas multimunicipais e municipais de água de abastecimento público, de águas residuais urbanas e de resíduos sólidos urbanos", cabendo à respectiva entidade reguladora a supervisão da concepção, execução, gestão e exploração dos sistemas objecto da concessão, no sentido de garantir o equilíbrio do sector e a sustentabilidade económica desses sistemas.[12]

2.2. Enquadramento institucional

Descrito, sinteticamente, o sector a que respeitam as taxas que constituem o objecto da nossa análise e, bem assim, explicitados – como foram, ainda que superficialmente – os princípios subordinantes de tais taxas, resta-nos, nesta fase, identificar as entidades que compõem o quadro institucional do Sector das Águas.

Iniciando a apreciação – necessariamente sintética – em causa pelo Decreto-Lei n.º 135/2007, de 27 de Abril – o qual, na sequência, entre outras razões, do novo quadro institucional definido pela Lei n.º 58/2005, de 29 de Dezembro, para o Sector das Águas, reformulou o estatuto do Instituto da Água, I.P. (INAG) –, verifica-se ser o INAG e a Autoridade Nacional da Água.[13] O INAG, organismo integrado na administração

---

[12] Cf. artigo 4.º do Estatuto do IRAR aprovado pelo Decreto-Lei n.º 362/98, de 18 de Novembro (tal como alterado pelo Decreto-Lei n.º 151/2002, de 23 de Maio).

[13] O INAG viu a sua lei orgânica aprovada pelo citado Decreto-Lei n.º 135/2007, de 27 de Abril, tendo os seus estatutos sido aprovados pela Portaria n.º 529/2007, de 30 de Abril.

118 *As Taxas de Regulação Económica em Portugal*

indirecta do Estado, dotado de autonomia administrativa e de património próprio, e, bem assim, com jurisdição sobre todo o território nacional, assume-se, portanto, como a entidade incumbida da regulação e supervisão do sector das águas. Mas o seu regime não é definido, somente, pelos diplomas que o têm por objecto. Faz-se notar, com efeito, que a Lei da Água atribuiu ao INAG competências específicas no domínio da coordenação das actividades desenvolvidas pelas restantes entidades que completam o novo quadro institucional do sector: as cinco administrações das Regiões Hidrográficas (ARH). Na verdade, a par do INAG, I.P., coexistem, no indicado quadro institucional, as denominadas administrações das regiões hidrográficas (ARH), as quais, para além das atribuições, no âmbito da gestão das águas, *stricto sensu*, definidas na Lei da Água, são, ainda, competentes para decidir sobre a emissão e para, subsequentemente, emitir, os títulos de utilização dos recursos hídricos.[14]

O quadro institucional do Sector das Águas é, ainda, integrado pelo Instituto Regulador de Águas e Resíduos (IRAR). Nos termos do seu Estatuto (aprovado pelo Decreto-Lei n.º 362/98, de 18 de Novembro, com as alterações introduzidas pelo Decreto-Lei n.º 151/2002, de 23 de Maio), o IRAR está incumbido da supervisão e regulação das actividades de concepção, execução, gestão e exploração dos sistemas multimunicipais e municipais de água de abastecimento público, de águas residuais urbanas e de resíduos sólidos urbanos. Como resulta daqueles diplomas, a missão de regulação do IRAR é aplicável apenas às entidades gestoras constituídas sob a forma de sociedades concessionárias, multimunicipais e municipais, incumbidas de prestar aqueles mesmos serviços. Convém referir, por conseguinte, que a gestão directa dos sistemas municipais e multimunicipais está excluída da intervenção do IRAR (n.ºs 1 e 2 do artigo 4.º do Estatuto do IRAR).

Complementarmente, foi atribuído à Entidade Reguladora dos Serviços de Águas e Resíduos (ERSAR) – ainda que, transitoriamente, tais

---

[14] Cf. a alínea b) do n.º 6 do artigo 9.º da Lei n.º 558/2005, de 29 de Dezembro. Todavia, enquanto as referidas ARH não entrarem em funcionamento, as competências de licenciamento e fiscalização atribuídas às ARH são exercidas pelas comissões de coordenação e desenvolvimento regional (CCDR), com excepção das relativas à emissão de títulos de utilização de recursos hídricos afectos a centros electroprodutores ou relativos às Barragens de Elevado Potencial Hidroeléctrico, que são da competência do INAG, I.P. (cf. o artigo 93.º do Decreto-Lei n.º 226-A/2007, de 31 de Maio, na redacção que lhe foi introduzida pelo Decreto-Lei n.º 391-A/2007, de 21 de Dezembro).

As Taxas de Regulação Económica nos Sectores das Águas e Resíduos   119

competências se encontrem cometidas ao IRAR – o estatuto de autoridade competente para supervisionar a qualidade da água para consumo humano, ao abrigo do Decreto-Lei n.º 306/2007, de 27 de Agosto, que entrou em aplicação plena a 1 de Janeiro de 2008 (este diploma manteve, no essencial, o regime anteriormente vigente ao abrigo do Decreto-Lei n.º 243/ /2001, de 5 de Setembro, que transpôs a Directiva n.º 98/83/CE, do Conselho, de 3 de Novembro, relativa à qualidade da água destinada ao consumo humano).[15] No âmbito desta missão, a ERSAR (ou, actualmente, o IRAR) tem de se relacionar com todas as entidades gestoras de sistemas de abastecimento de água para consumo humano, independentemente da sua estrutura formal. Esta missão é, ao invés da anterior, aplicável a todas as entidades gestoras de serviços de abastecimento de água existentes no território nacional.

2.3. *Das taxas no Sector das Águas*

2.3.1. *A Taxa de Recursos Hídricos (TRH)*

2.3.1.1. Fundamento legal

A citada Directiva n.º 2000/60/CE, do Parlamento Europeu e do Conselho, de 23 de Outubro (Directiva Quadro da Água) – instrumento que estabelece, conforme observado, o quadro de acção comunitária no domínio da política da água –, não define o regime concreto a que deve obedecer a gestão económica e financeira dos recursos hídricos, nem estabelece, em particular, os contornos a que deve obedecer a comutatividade da utilização dos recursos hídricos. Não significa isto, porém, que a legitimação – *rectius*, a imposição – para a cobrança de taxas pela utilização desses bens dominiais e, bem assim, os princípios que presidem à fixação destes tributos não tenham, ainda assim, a sua fonte na referida Directiva Quadro da Água. É possível, com efeito, extrair de diversas disposições constantes da citada Directiva, dois princípios relevantes

---

[15] Nos termos do artigo 39.º do Decreto-Lei n.º 306/2007, de 27 de Agosto, até à entrada em vigor da Lei Orgânica da Entidade Reguladora dos Serviços de Águas e Resíduos, I.P. (ERSAR) – o que ainda não se verificou –, as competências atribuídas em matéria de controlo da qualidade da água são exercidas pelo IRAR.

neste domínio, porquanto fundamentantes da cobrança de taxas pela utilização dos recursos hídricos e do figurino que estas devem assumir; são eles, respectivamente, o princípio da amortização dos custos dos serviços hídricos e o princípio do poluidor-pagador (cf. Considerandos 11 e 38, artigo 9.º e o Anexo III da Directiva Quadro da Água). Incisivamente, o artigo 9.º da Directiva Quadro da Água impõe aos Estados-Membros a adopção de medidas que contribuam para a concretização dos objectivos ambientais previstos na Directiva, designadamente a consideração do princípio da amortização dos custos dos serviços hídricos, acentuando que a sua concretização é feita em obediência ao princípio do poluidor-pagador. Da Directiva Quadro da Água, decorre, em suma, a obrigação, dirigida aos Estados-Membros, de gerirem o domínio público hídrico com base no princípio do poluidor-pagador. A única limitação que a aplicação do referido princípio do poluidor-pagador sofre, em termos de concretização do princípio da amortização dos custos dos serviços hídricos, vem prevista no n.º 4 do indicado artigo 9.º da Directiva n.º 2000/60/CE. De acordo com esta disposição, os Estados-Membros poderão, relativamente a uma determinada actividade de utilização da água – e não, portanto, genericamente –, decidir – justificadamente – não aplicar o mencionado princípio do poluidor-pagador, quando a mesma não redunde num comprometimento da finalidade e dos objectivos comunitários.

Concluindo, o Direito Comunitário impõe, através da Directiva Quadro da Água, a utilização de instrumentos económicos com o intuito de fomentar o aproveitamento racional e a utilização eficiente dos recursos hídricos, de entre os quais sobressai, actualmente – tratando-se de uma efectiva exigência comunitária –, a tributação da utilização dos recursos hídricos, alicerçada no princípio do poluidor-pagador.

2.3.1.2. Caracterização

O Regime Económico e Financeiro dos Recursos Hídricos, previsto no artigo 102.º, n.º 2, da Lei da Água, não foi ainda aprovado. A análise efectuada, em tudo o que não se encontre expressamente regulado na citada Lei n.º 58/2005, de 29 de Dezembro, ancora-se, assim, no Anteprojecto de Decreto-Lei elaborado em 2006 (o qual, excepção feita aos critérios de determinação da base tributável, não deverá, ao que supomos, diferir muito do que vier a ser aprovado).

O elemento objectivo do facto tributário em apreço é constituído pela utilização dos recursos hídricos, revestindo esta as seguintes modalidades: "a) a utilização de águas do domínio público hídrico do Estado; b) a descarga, directa ou indirecta, de efluentes sobre os recursos hídricos, susceptível de causar impacto adverso significativo; c) a extracção de materiais inertes do domínio público hídrico do Estado; c) a ocupação de terrenos ou planos de água do domínio público hídrico do Estado; d) a utilização de águas, qualquer que seja a sua natureza ou regime legal, sujeitas a planeamento e gestão públicos, susceptível de causar impacto adverso significativo".[16] Coerentemente, o artigo 78.º da Lei da Água também decompõe o plano de incidência objectiva da TRH em duas parcelas cumulativas, ambas colocadas sob o domínio do princípio da equivalência. A primeira, consiste na utilização privativa dos bens dominais e assenta no benefício, como contraprestação específica e individualmente mensurável, que o sujeito passivo da relação jurídica tributária retira dessa utilização (prestando, assim, homenagem ao princípio do utlizador-pagador). Já a segunda, formada pelas "actividades susceptíveis de causarem impacto negativo significativo no estado de qualidade ou quantidade de água", é norteada pela necessidade de repercutir no poluidor os custos ambientais provocados (obedecendo, portanto, à lógica que subjaz ao princípio do poluidor-pagador). Em face do exposto, as actividades que não pressuponham a utilização do domínio público hídrico ou que, conquanto desenvolvidas mediante aquela utilização, não sejam susceptíveis de causar impacto adverso, estão excluídas do âmbito da incidência da TRH. É o que se infere, aliás, do disposto no n.º 3 do artigo 80.º da Lei da Água, o qual, em concretização do princípio do poluidor-pagador, estabelece uma delimitação negativa de incidência relativamente às actividades que venham a ser reconhecidas, através de decreto-lei, como não implicando custos ambientais significativos.

Definido o âmbito objectivo da TRH, facilmente se depreende que a sua base de incidência subjectiva é preenchida por aplicação do citado princípio da necessidade de título de utilização, ou seja, em substância, pelas entidades que, por um lado, utilizem o domínio público hídrico e

---

[16] Cf. as alíneas a) a e) do artigo 4.º do Anteprojecto do Decreto-Lei relativo ao Regime Económico e Financeiro dos Recursos Hídricos (cf. http://aguainfo.no.sapo.pt/docs/pdl_ecf.pdf).

que, por outro, pela sua dimensão e potenciais efeitos, sejam susceptíveis de provocar um impacto negativo significativo sobre os recursos hídricos. Tais utilizações – susceptíveis de causar impacto negativo relevante no estado das águas – encontram-se, naturalmente, enumeradas na Lei da Água, correspondendo, em suma, às que são sujeitas à emissão de título de utilização do domínio público hídrico.[17]

A matéria tributável da TRH, tal como definida pelo artigo 6.º e seguintes do Anteprojecto do Regime Económico e Financeiro dos Recursos Hídricos, é expressa pela seguinte fórmula: taxa = A + E + I + O + U. A componente "A", corresponde ao elemento objectivo de utilização de águas do domínio público hídrico e constitui o resultado da aplicação de um valor de base (que varia em função da actividade desenvolvida pelo sujeito passivo) ao volume de água captado, desviado, represado ou restituído após utilização, expresso em metros cúbicos, subsequentemente multiplicado por um coeficiente de escassez (este, por seu turno, difere consoante a bacia hidrográfica utilizada – decorrente, ao que supomos, de um juízo técnico sobre a escassez dos recursos hídricos a nível regional). A matéria tributável da TRH devida pela actividade de descarga, directa ou indirecta, susceptível de causar impacto adverso significativo, de efluentes sobre os recursos hídricos é determinada por aplicação da componente "E". O cálculo desta efectua-se através da aplicação de um valor base – variável em função do agente poluente (matéria oxidável, azoto ou fósforo) – à quantidade de poluentes, expressa em quilogramas, contida na descarga.[18] A componente seguinte ("I"), corresponde à actividade de extracção de inertes do domínio público hídrico, e calcula-se pela aplicação de um valor de base ao volume, expresso em metros cúbicos, de inertes extraídos pelo sujeito passivo. À ocupação de terrenos ou planos de água do domínio público hídrico, corresponde a componente "O", a qual é calculada pela aplicação de um valor de base à área ocupada,

---

[17] O regime sobre as utilizações dos recursos hídricos e respectivos títulos consta do Decreto-Lei n.º 226-A/2007, de 31 de Maio.

[18] Estão isentas desta componente "E" – nos termos do n.º 4 do artigo 8.º do mesmo Anteprojecto –, as descargas provenientes de habitações isoladas com soluções próprias de tratamento de águas residuais; descargas provenientes de aglomerados urbanos com dimensão até 200 habitantes, desde que as águas residuais não contenham efluentes industriais não tratados; descargas de águas residuais no solo após tratamento ou armazenamento, com vista à reutilização ou espalhamento para efeitos de fertilização.

As Taxas de Regulação Económica nos Sectores das Águas e Resíduos   123

expressa em metros quadrados.[19] Naturalmente, aquele valor de base é determinado por referência a uma decomposição realizada em torno da finalidade da ocupação. Igualmente, quando a ocupação seja feita por um período inferior a um ano, aquela componente sofre uma redução proporcional, tendo como limite mínimo o período de um mês. Por último, a componente "U" aplica-se à utilização de águas sujeitas a planeamento e gestão públicos susceptível de causar impacto adverso significativo. À semelhança do método de cálculo da componente "A" – no que toca, igualmente, à decomposição do valor de base aplicável –, esta componente é calculada através da aplicação de um valor de base ao volume de água captado, desviado, represado ou restituído após utilização, expresso em metros cúbicos. Ultima-se este ponto, referindo que a determinação da matéria tributável é, genericamente, feita com base nos valores máximos constantes do respectivo título de utilização. Porém, quando o título de utilização possua validade igual ou superior a um ano – ou quando o sujeito passivo exerça opção nesse sentido –, o volume de água considerado nas componentes "A" e "U" e, bem assim, a quantidade de poluentes a que respeita a componente "E", ficam sujeitos a auto-controlo e medição regular (processando-se a determinação por referência aos valores assim apurados). Por fim, quando seja impossível determinar directamente a matéria tributável (quer seja por falta de título de utilização, quer por violação dos seus termos), tal determinação é feita por aplicação de métodos indirectos.

Prosseguindo a análise, verifica-se que a taxa de recursos hídricos é liquidada pelas autoridades licenciadoras, aquando da emissão dos títulos de utilização que lhe derem origem ou periodicamente, nos termos fixados por estes mesmos títulos (cf. artigo 80.º da Lei da Água). Em concreto, a atender ao que se dispõe no Anteprojecto do Regime Económico e Financeiro dos Recursos Hídricos (nos artigos 14.º e 15.º), a liquidação da TRH compete às Administração das Regiões Hidrográficas, e é feita

---

[19] Encontram-se isentos desta componente, a ocupação de terrenos ou planos de água em que estejam implantadas infra-estruturas de saneamento, abastecimento público de energia, produção de energia, ou em que estejam implantadas infra-estruturas ou equipamentos de apoio a actividades piscatórias tradicionais, quando essa ocupação já exista à data de entrada em vigor do diploma; bem como a ocupação de terrenos por habitações próprias e permanentes de sujeitos passivos cujo agregado familiar aufira rendimento bruto que não ultrapasse o dobro do valor anual da retribuição mínima mensal.

124 As Taxas de Regulação Económica em Portugal

até ao dia 31 de Janeiro do ano subsequente ao da utilização, quando estejam em causa títulos de validade igual ou superior a um ano, ou previamente à emissão do título, nos casos em que este possua uma validade inferior a um ano. Por seu turno, a TRH deverá ser paga, respectivamente, até ao último dia do mês de Fevereiro ou até à emissão do título.

Resta referir, por último, que, conforme resulta da alínea b) do n.º 1 do artigo 82.º da Lei da Água – e se reproduz no n.º 2 do artigo 5.º do Anteprojecto do Regime Económico e Financeiro dos Recursos Hídricos –, sempre que o sujeito passivo da TRH não seja o utilizador final dos recursos hídricos, esta deve ser economicamente repercutida nos preços ou tarifas praticados.

A consignação das receitas geradas pela cobrança da taxa de recursos hídricos, no modo como vem regulada no n.º 1 do artigo 18.º do Anteprojecto do Regime Económico e Financeiro dos Recursos Hídricos, é efectuada em benefício da Administração da Região Hidrográfica correspondente (60%), do INAG (10%) e do Fundo de Protecção dos Recursos Hídricos (40%).[20] Já quanto à aplicação daquelas receitas, dita o artigo 79.º da Lei da Água que as mesmas deverão ser aplicadas: "no financiamento das actividades que tenham por objectivo melhorar a eficiência do uso da água e a qualidade dos recursos hídricos; no financiamento das acções de melhoria do estado das águas e dos ecossistemas associados; na cobertura da amortização dos investimentos e dos custos de exploração das infra-estruturas necessárias ao melhor uso da água; e, por último, na cobertura dos serviços de administração e gestão dos recursos hídricos, objecto de utilização e protecção".[21] Há, portanto, uma efectiva apli-

---

[20] "O Fundo de Protecção dos Recursos Hídricos, a constituir no âmbito do INAG, terá como objectivo promover a utilização racional e a protecção dos recursos hídricos através da afectação de recursos a projectos e investimentos necessários ao seu melhor uso" (cf. o n.º 1 do artigo 19.º do Anteprojecto do Regime Económico e Financeiro dos Recursos Hídricos).

[21] Cf. alínea a), do n.º 2, do artigo 9.º do Decreto-Lei n.º 135/2007, de 27 de Abril de 2007, que aprovou a orgânica do Instituto da Água, I. P., e que preceitua que "O INAG, I. P., dispõe ainda das seguintes receitas próprias: (...) a) As taxas resultantes da aplicação do regime económico e financeiro dos recursos hídricos, nos termos previstos na lei". De forma igualmente precisa, o citado artigo 18.º, n.º 2, do Anteprojecto do Regime Económico e Financeiro dos Recursos Hídricos, manda aplicar as referidas receitas, no "a) financiamento das actividades que tenham por objectivo melhorar a eficiência do uso da água e a qualidade dos recursos hídricos; b) No financiamento das acções de melhoria do estado das águas e dos ecossistemas associados; c) Na cobertura da amortização dos

cação das receitas geradas pela taxa de recursos hídricos direccionada para os objectivos visados pela Lei da Água, ou seja, genericamente, a promoção da gestão sustentada dos recursos hídricos nacionais.

2.3.1.3. Nótulas

A taxa de recursos hídricos tem, a par de uma função retributiva – de compensação dos custos das prestações públicas que proporcionem vantagens aos utilizadores ou que envolvam a realização de despesas públicas, designadamente através das prestações dos serviços de fiscalização, de planeamento e de protecção da quantidade e da qualidade das águas e a recuperação dos custos dos serviços de águas, incluindo os custos de escassez –, uma função extrafiscal, que se reflecte na promoção de uma utilização sustentável dos recursos hídricos, designadamente mediante a internalização dos custos decorrentes de actividades susceptíveis de causar um impacto negativo no estado de qualidade e de quantidade de água.[22] Neste contexto, e atento o núcleo distintivo dos tributos

---

investimentos e dos custos de exploração das infra-estruturas necessárias ao melhor uso da água; [e] d) Na cobertura dos custos dos serviços de administração e gestão dos recursos hídricos, objecto de utilização e protecção".

[22] A circunstância de a amortização dos custos dos serviços hídricos, sejam eles ambientais ou de recursos, estar, em face da Lei da Água, simultaneamente subordinada aos princípios do utilizador-pagador e do poluidor-pagador – em aparente, portanto, desconformidade com o previsto na Directiva Quadro da Água, que impõe que os custos dos serviços hídricos, independentemente da sua natureza, sejam, económica e exclusivamente suportados pelas entidades poluentes e não, ao invés ou também, pelos utilizadores dos recursos hídricos dominiais –, não parece provocar qualquer desvalor jurídico ao nível da TRH, uma vez que, o "poluidor-que-deve-pagar" tanto pode ser o utilizador/ /consumidor, enquanto "responsável" pela poluição, como "aquele que tem poder de controlo sobre as condições que levam à ocorrência da poluição, podendo portanto preveni-las ou tomar precauções para evitar que ocorram" (cf. Alexandra Aragão (1997), 136). Assim, não é de suscitar a questão de saber se o sujeito passivo da taxa, ainda que efectivo utilizador de determinado bem dominial, é, em concreto, o agente poluidor, no sentido de agente que potencia – através de um nexo de causalidade directo – os custos ambientais associados a determinada utilização. Para efeitos da aplicação do princípio comunitário do poluidor-pagador, será, de facto, ao que parece, indiferente, exigir do "poluidor" ou do utilizador – quando não coincidentes – o pagamento do referido tributo. Concretizando-se o referido princípio na internalização de externalidades ambientais negativas será, na verdade, igualmente conforme, que a mesma seja imposta a quem desenvolve a actividade poluente – ao poluidor directo ou material – ou a quem beneficia e, portanto, provoca, essa actividade – o poluidor indirecto ou moral.

(a taxa, as contribuições especiais, e o imposto) hoje objecto de conceptualização legislativa no artigo 4.º da Lei Geral Tributária, tenderíamos, muito singelamente, a subsumir a TRH no conceito de contribuições especiais e, portanto, a qualificá-la como um imposto.[23] E a circunstância de a TRH ser devida pela utilização de recursos hídricos levar-nos-ia a qualificá-la, de entre as classificações usuais dos impostos, como um imposto sobre o consumo. Todavia, tal classificação – asseverando-se, eventualmente, correcta, nos casos em que o sujeito passivo da TRH e o utilizador final se confundem – não será, como procuraremos demonstrar, a mais correcta para enquadrar as TRH sujeitas a repercussão.[24] A este

---

[23] É certo que à lei não compete proceder a qualificações jurídicas, devendo-se limitar a regular os institutos. Contudo, também não convém ao intérprete alhear-se dessas qualificações quando as mesmas existam, conquanto reflectirão, necessariamente, no caso concreto, a *mens legislatoris* das normas que criam tributos. Dito isto, faz-se notar que as contribuições especiais – conquanto desprovidas de autonomia jurídica, posto que enquadradas no instituto dos impostos – são definidas, no n.º 3 do citado artigo 4.º da Lei Geral Tributária, nos seguintes termos: "As contribuições especiais que assentam na obtenção pelo sujeito passivo de benefícios ou aumentos de valor dos seus bens em resultado de obras públicas ou da criação ou ampliação de serviços públicos ou no especial desgaste de bens públicos ocasionados pelo exercício de uma actividade são considerados impostos". Com efeito, as contribuições por maiores despesas encontram-se lapidarmente definidas por Alberto Xavier, concretizando-se nos casos "em que é devida uma prestação em virtude das coisas possuídas ou da actividade exercida pelos particulares darem origem a uma maior despesa da entidade pública" (cf. Alberto Xavier, (Lisboa, 1974), *Manual de Direito Fiscal*, 57-58). Deste modo, perante a visível – expressa – função de compensação dos custos da actividade regulatória (a maior despesa) e, bem assim, de internalização dos custos ambientais provocados (associados) pela (à) actividade desenvolvida (igualmente, maior despesa), não podemos deixar de enquadrar a TRH no concelho de contribuição especial, na sua vertente de contribuição por maior despesa. Neste sentido parece também apontar a posição adoptada por Saldanha Sanches (Coimbra, 2002), *Manual de Direito Fiscal*, 24-25. Convergentemente, repare-se, por último, que o Supremo Tribunal Administrativo já se pronunciou sobre esta questão da natureza dos tributos em situações semelhantes à da TRH (ou de parcelas desta), tendo concluído pela sua qualificação como imposto. Assim, no aresto do Supremo Tribunal Administrativo de 4 de Junho de 2003, entendeu-se que as taxas sobre a comercialização de produtos de saúde, previstas no artigo 72.º da Lei n.º 3-B/2000 (Orçamento do Estado para 2000) eram verdadeiros impostos – que não taxas – na medida em que constituíam prestações pecuniárias, sempre coactivas, sem carácter de sanção, exigidas por um ente público com vista à realização de fins públicos, inexistindo um vínculo sinalagmático característico daquelas (jurisprudência que foi mantida nos acórdãos seguintes proferidos sobre a mesma questão).

[24] O facto de a TRH ser, estruturalmente, um tributo nuns casos repercutível e noutros não, permite-nos concluir pela existência de dois tributos sob a mesma designação.

propósito cumpre esclarecer que "Os impostos directos (...) não são susceptíveis de repercussão (...) Ao invés, os impostos indirectos, (...) são repercutíveis no consumidor".[25] Com efeito, na classificação dos impostos indirectos e, mais precisamente, dos impostos sobre o consumo, apenas se integram os impostos que sejam susceptíveis de ser repercutidos no consumidor, seja económica ou juridicamente. Assim é porque "nos impostos sobre o consumo tributa-se o rendimento ou o património utilizado no consumo".[26] E esta tributação efectiva-se, atento o recorte dos impostos sob análise, através da repercussão do imposto no consumidor, ou seja, na pessoa que o legislador identifica como sendo a que revela capacidade contributiva consistente no rendimento ou património utilizado no consumo.[27] Reflectindo o que se disse, os impostos especiais sobre o consumo, por serem liquidados a montante do circuito económico, são repercutidos, economicamente, nos consumidores finais. Esta repercussão económica do imposto opera através da inclusão do valor do imposto pago pelo importador, produtor ou prestador de serviços (agente poluidor) no valor de venda do produto em causa. Ora, este mecanismo da repercussão dos impostos sobre o consumo, constitui elemento de suma importância para o propósito que nos move, que é o de "classificar" a TRH. Incidindo a TRH sobre a utilização dos recursos hídricos do domínio público e sendo a sua base tributável, nos casos em que a TRH é repercutível, determinada de acordo, designadamente, com o volume de água utilizado no ano anterior ao da liquidação, a sua efectiva repercussão económica sobre o utilizador final é impossível. A repercussão

---

[25] Cf. Alberto Xavier (1974), 96-97. V. também Diogo Leite de Campos (Coimbra, 2003), 59, quando indica que "Serão impostos indirectos aqueles em que a norma tributária concede a faculdade ou o direito ao sujeito passivo do imposto de obter de outra pessoa, que não está prevista na norma que criou a relação jurídica tributária, o reembolso do imposto pago ao sujeito activo". Cf. Sainz de Bujanda, *Impuestos Directos e Impustos Indirectos, Análisis Jurídico de una vieja distincion*, "Acienda III", II, 429ss., *apud* Diogo Leite de Campos, obra e loc. cits

[26] Cf. José Casalta Nabais (Coimbra, 2003), *Direito Fiscal*, 62.

[27] Não desconhecemos que os impostos ambientais não terão, como medida, de acordo com a doutrina, a capacidade contributiva, encontrando-se, ao invés, sujeitos à proibição do excesso. Não obstante, quando repercutíveis no consumidor, não vislumbramos – excluindo a função extrafiscal que é diversa da que assiste os restantes impostos (a reditícia) – qualquer característica, incluindo a da "capacidade contributiva" (indirectamente revelada através do acto de consumo), que os diferencie dos restantes impostos especiais sobre o consumo.

económica da TRH pressuporia, atendendo ao momento da liquidação e pagamento, que os utilizadores finais dos recursos hídricos se mantivessem os mesmos no período tributário seguinte e, ainda, com um consumo constante, ou seja, idêntico ao do ano anterior. A não ser assim, a repercussão torna-se impraticável. Flui, pois, do exposto, que esta TRH, nos casos em que é devida por entidades que não sejam os utilizadores finais, não poderá ser configurada como um imposto sobre o consumo, posto que não proporciona uma sua efectiva repercussão (jurídica e, inclusivamente, económica) no consumidor. A TRH, nesta sua estrutura, acomodar-se-á, portanto, de forma mais adequada, no conceito de imposto sobre o rendimento.[28] A TRH, sob a forma em apreço, parece assumir-se, afinal, como um imposto e, atendendo à classificação dos impostos, poderá revestir a natureza de um imposto directo e sobre o rendimento: consistirá num tributo que incide sobre o volume da água proporcionada aos utilizadores finais pelo sujeito passivo, o que constitui um rendimento real da entidade vendedora. Em suma, perante a conclusão de que a TRH assume a natureza de imposto sobre o rendimento, ter-se-ia de questionar a sua conformidade com o princípio da tributação das empresas pelo lucro real, da igualdade – na sua vertente de proscrição de impostos que atentem contra a capacidade contributiva dos contribuintes, e da liberdade de empresa.

Por outro lado, não podemos deixar de salientar, neste ponto, que também o recurso a métodos indirectos, para efeitos da determinação da matéria tributável da TRH, poderá, na medida em que assenta em razões alheias ao repercutido, invalidar o mecanismo da repercussão, comprometendo a efectiva liquidação e consequente repercussão desta taxa, na sua forma de tributo repercutível.

---

[28] Antecipando, não obstante, entendimento contrário ao exposto, sempre se dirá que, a susceptibilidade de o imposto em apreço ser qualificado como um imposto sobre o consumo poderia vir a suscitar dúvidas ao nível da sua constitucionalidade. Com efeito, a tributação do consumo parte, genericamente, da oneração primeira do operador económico (por razões, maioritariamente, de índole administrativa e de facilidade de tributação). Porém, a tributação efectiva do consumo deverá, através do mecanismo da repercussão e a jusante, incidir sobre o agente económico que consubstancie o consumidor final, apenas neste momento se concretizando a efectiva, e visada, tributação do consumo (até lá, o tributo apenas onera, transitoriamente, o operador económico, e não o efectivo consumidor). Desta forma, impossibilitando-se aquela repercussão, e, assim, não se alcançando a linha final dos consumidores, vê-se prejudicada, sem mais, a própria legitimidade constitucional do tributo em questão.

As Taxas de Regulação Económica nos Sectores das Águas e Resíduos 129

Adicionalmente, convém referir, relativamente à TRH qualificável como imposto sobre o consumo – a que incide sobre os utilizadores finais, não sendo, portanto, sujeita a repercussão tributária –, que a sua aplicação poderá constituir causa de ilegalidade do pagamento especial por conta previsto no artigo 98.º do CIRC, por o cálculo deste poder vir a ser efectuado sem ter em consideração este novo imposto sobre o consumo (a TRH), como deve suceder quanto a todos os impostos especiais sobre o consumo e ao imposto automóvel (cf. os n.ºs 6 e 7 do artigo 98.º do CIRC).

Neste contexto, assinala-se, finalmente, que a qualificação da TRH como imposto, a asseverar-se correcta, implicaria a sua desconformidade com o disposto na alínea r) do n.º 1 do artigo 27.º da Lei de Bases do Ambiente, que elevou a taxa a instrumento preferencial da política ambiental.

2.3.2. A *"provisoriamente"* aplicada Taxa de Utilização

2.3.2.1. Fundamento legal

A Lei da Água apenas define genericamente a estrutura da Taxa de Recursos Hídricos, remetendo para legislação posterior a sua regulamentação concreta (cf. n.º 4 do artigo 78.º e n.º 2 do artigo 102.º, ambos da Lei da Água). Em função do exposto, e na medida em que ainda não foi, até ao presente momento, aprovado o novo regime económico e financeiro dos recursos hídricos – diploma que, por natureza, deverá regulamentar a aplicação da nova taxa de recursos hídricos –, tem-se entendido que se mantém em vigor o anterior regime, plasmado no Decreto-Lei n.º 47/94, de 22 de Fevereiro (este diploma é expressamente revogado, nos termos do n.º 2 do artigo 98.º da Lei da Água, no momento em que entrem em vigor os actos legislativos posteriores referidos no n.º 2 do artigo 102.º do mesmo diploma – o que ainda não se verificou).

2.3.2.2. Caracterização

Nos termos daquele Decreto-Lei n.º 47/94, de 22 de Fevereiro, a utilização de recursos hídricos, enquanto base de incidência objectiva desta Taxa de Utilização, desagrega-se no aproveitamento do domínio público hídrico; na utilização, susceptível de causar impacto adverso, de águas sujeitas a planeamento público; na descarga de efluentes sobre os recursos hídricos, susceptível de causar um impacto adverso; na extracção de materiais inertes do domínio público hídrico; bem como, por último, na ocupação de terrenos ou planos de água daquele domínio. Já no que respeita à incidência subjectiva, e à semelhança da caracterização supra efectuada da TRH, serão devedores da taxa os utilizadores dos recursos hídricos que usufruam do domínio público e todos os utilizadores de recursos hídricos públicos ou particulares que beneficiem de prestações públicas que lhes proporcionem vantagens ou que envolvam a realização de despesas públicas.

No caso específico de incidência objectiva concretizada na utilização de obras de regularização de águas superficiais e subterrâneas, os sujeitos passivos da taxa de recursos hídricos serão os beneficiários, pessoas singulares ou colectivas, que, de forma directa ou indirecta, beneficiem de obras hidráulicas de regularização.[29]

Nos termos do Decreto-Lei n.º 47/94, de 22 de Fevereiro, todas as fórmulas de cálculo desta taxa assumem uma natureza *ad rem*, na medida em que partem dos volumes de utilização ou de ocupação do domínio público hídrico (ainda que as fórmulas aplicáveis ajustem a tributação de cada uma das situações concretas através da utilização de multiplicadores que procuram traduzir o acréscimo marginal daqueles custos em função do volume da utilização e de coeficientes de escassez ou disponibilidade dos recursos hídricos em causa). Já quanto ao cálculo da taxa incidente sobre utilização de obras de regularização de águas superficiais e subterrâneas, caberá à Comissão de Coordenação e Desenvolvimento Regional (CCDR) respectiva – anteriormente designada Direcção Regional do Ambiente e Recursos Naturais (DRARN) – a fixação do montante da mesma, tendo em consideração os dados fornecidos pelo INAG relativamente aos investimentos realizados pelo Estado com obras hidráulicas de regularização. Esta base de cálculo revela, assim, uma correspondência imediata com o custo do investimento, e mediata com a externalidade positiva ou

---

[29] Nos termos do n.º 4 do artigo 2.º do Decreto-Lei n.º 47/94, de 22 de Fevereiro, considera-se que "são beneficiados directamente os utilizadores que, beneficiando da regularização, utilizem a água das represas artificiais ou das águas a jusante ou que se abasteçam de um aquífero recarregado artificialmente e, indirectamente, os utilizadores de águas públicas cujos títulos do direito ao uso da água se fundamentam na existência de uma regularização que permita a reposição dos caudais utilizados".

benefício, estimados, decorrentes da utilização – por terceiros, sujeitos passivos – das obras realizadas pelo Estado.

As diferentes fórmulas utilizadas, e respectivos multiplicadores, procuram reflectir, por um lado, os diferentes contributos que cada tipo de operador económico – em função da actividade prosseguida – deve ser chamado a dar para a gestão sustentável dos recursos hídricos nacionais, bem como, por outro lado, a escassez daqueles mesmos recursos. Assim, a título de exemplo, e quanto à captação de água, o montante da taxa de recursos hídricos será apurado por via da seguinte fórmula: $T = A \times K1$ (em que T será o valor da taxa; A o volume de água, em metros cúbicos, genericamente captada; e K1 o valor final de cada metro cúbico de água, fixado nos termos de fórmula anexa ao diploma, e que tem em considera-ção coeficientes sectoriais, de disponibilidade e de intensidade).[30] Em cumprimento do princípio da equivalência, as componentes que integram aquela fórmula são ainda mitigadas em função da verificação de determi-nados factores. Assim, o volume de água tido em consideração para efeitos daquela fórmula é descontado dos metros cúbicos de água que sejam posteriormente restituídos à corrente natural sem alteração signi-ficativa de qualidade e sem aumento substancial de temperatura. Igual-mente, se a água captada directamente do meio hídrico, antes de ser utilizada, apresentar já um elevado grau de poluição, pode, ainda que a pedido do utilizador e à sua custa, ser feita uma avaliação da qualidade dessa água, e, sendo essa qualidade inferior à qualidade legal mínima, pode ser reduzida a taxa a pagar na mesma percentagem. No que respeita ao montante da taxa incidente sobre utilização de obras de regularização de águas superficiais e subterrâneas, o seu valor é repartido por todos os beneficiários das obras segundo critérios de equidade na distribuição dos encargos, racionalização do uso da água e autofinanciamento dos sistemas.

Nos termos gerais da Lei da Água, a liquidação será efectuada pelas autoridades licenciadoras aquando da emissão dos títulos de utilização que lhe derem origem e, periodicamente, nos termos fixados por estes mesmos títulos. Em concreto, nos termos do Decreto-Lei n.º 47/94, de 22 de Fevereiro, a liquidação e cobrança da taxa cabe à CCDR respectiva, devendo o respectivo pagamento ser feito na mesma CCDR, no INAG,

---

[30] Cf. artigo 5.º do Decreto-Lei n.º 47/94, de 22 de Fevereiro.

132　　As Taxas de Regulação Económica em Portugal

nas instituições bancárias autorizadas, nos correios ou em qualquer outro local determinado por lei.

A consignação subjectiva das receitas geradas pela cobrança da taxa encontra-se determinada, igualmente, no Decreto-Lei n.º 47/94, de 22 de Fevereiro (na redacção introduzida pelo Decreto-Lei n.º 113/97, de 10 de Maio), cabendo 40% do seu montante ao INAG, e os restantes 60% à CCDR respectiva (sendo que, daqueles 60%, 40% deverão ser aplicados no exercício das respectivas competências, e os restantes 20% na prossecução de acções específicas determinadas pelos órgãos incumbidos da gestão da respectiva região hidrográfica).

2.3.2.3. Nótulas

O Decreto-Lei n.º 47/94, de 22 de Fevereiro, foi construído sobre uma noção de "Taxa de Utilização" que é bem diversa da actual TRH. Com efeito, muito embora o regime tributário desenhado pelo Decreto-Lei n.º 47/94, de 22 de Fevereiro, se encontre formalmente subordinado à Lei da Água, é notório que o mesmo – por razões históricas – não se adequa à estrutura e aos princípios enformadores da TRH, delineada pela citada Lei da Água.

A eternização da conjugação da estrutura tributária definida na Lei da Água com o regime previsto no referido Decreto-Lei n.º 47/94, de 22 de Fevereiro, poderá confluir numa nova taxa – um *tertium genus* – nela se acoplando todo um conjunto de pertinentes questões relacionadas com a sua legalidade, cuja importância recrudescerá no momento em que se encontrar decorrido o prazo para a transposição da Directiva Quadro da Água.[31]

---

[31] Nos termos do artigo 9.º da Directiva Quadro da Água, os "Estados-Membros assegurarão que até 2010: as políticas de estabelecimento de preços da água dêem incentivos adequados para que os consumidores utilizem eficazmente a água, e assim contribuam para os objectivos ambientais da presente directiva, (...) seja estabelecido um contributo adequado dos diversos sectores económicos, separados pelo menos em sector industrial, sector doméstico e sector agrícola, para a recuperação dos custos dos serviços de abastecimento de água, baseado numa análise económica realizada de acordo com o anexo III e que tenha em conta o princípio do poluidor-pagador".

2.3.3. As taxas de regulação do IRAR

2.3.3.1. Fundamento legal

As taxas de regulação do IRAR encontram a sua legitimidade no artigo 23.º do Estatuto do IRAR, o que, epígrafado de "recebimentos", estatui, no seu n.º 1, que "as entidade gestoras concessionárias de sistemas multimunicipais e municipais ficam sujeitas ao pagamento de taxas pela sua actividade, segundo critérios a definir em portaria". Assim, é na Portaria n.º 993/2003, de 30 de Julho (tal como alterada pela Portaria n.º 813/2005, de 12 de Setembro), que encontramos a caracterização das taxas de regulação devidas ao IRAR pelo exercício das suas competências.

2.3.3.2. Caracterização

As taxas de regulação do IRAR, estabelecidas na Portaria n.º 993/ /2003, de 30 de Julho, são, ao nível da sua incidência objectiva, definidas em torno da actividade concessionada – e objecto de regulação económica – de gestão de sistemas, municipais e multimunicipais, de água para consumo público, de águas residuais urbanas e de resíduos sólidos urbanos.[32] Em conformidade, são as respectivas entidades gestoras concessionárias que enformam o âmbito subjectivo destas taxas.

Por seu turno, este instrumento tributário decompõem-se em quatro taxas autónomas. Em conformidade, a primeira taxa – comum a todos os sistemas que integram este sector específico de regulação – tem a sua base de cálculo definida por referência ao número de habitantes (em múltiplos de 1000) residentes na área de exploração do respectivo sistema concessionado (sujeito passivo). Cumpre destacar que esta taxa de regulação, calculada com base na componente populacional, é devida independentemente de o sistema concessionado se encontrar, ou não, em funcionamento (integral ou parcialmente).

---

[32] A incidência objectiva é desagregada, nos termos do artigo 2.º daquela Portaria, através da autonomização da gestão de sistemas concessionados. Resulta do anterior que, no caso de a entidade concessionária gerir, mais do que um sistema, as taxas serão devidas por cada um dos sistemas explorados. Da mesma forma, quando a cadeia de produção de determinado sistema implique mais do que uma concessão, entende-se que cada concessão constitui um sistema concessionado para efeitos de tributação.

134   *As Taxas de Regulação Económica em Portugal*

As restantes taxas são calculadas de acordo com o tipo de actividade explorada por cada sistema (de abastecimento de águas, de recolha de águas residuais ou de resíduos urbanos), por referência a cada 1000 metros cúbicos de água de abastecimento público facturada, por cada 1000 metros cúbicos de águas residuais recolhidas, ou por cada tonelada de resíduos sólidos a gerir.[33]

A liquidação destas taxas de regulação é efectuada pelo IRAR com base na informação prestada, numa base mensal, pelas entidades gestoras concessionárias dos sistemas. O pagamento das taxas deverá ser feito trimestralmente, tratando-se da taxa devida em função da componente populacional, e mensalmente nos restantes casos (até ao final do segundo mês seguinte ao período de fornecimento dos serviços a que se referem, ou até 15 de Dezembro, no caso dos pagamentos a efectuar nesse mês).

Por fim, a afectação (no caso, subjectiva) da receita gerada pela cobrança destas taxas encontra-se cometida ao IRAR, nos termos do n.º 1 do artigo 23.º do seu Estatuto. Todavia, nos termos da Portaria n.º 456/ /2007, de 31 de Maio, e ao abrigo do Decreto-Lei n.º 30/2004, de 6 de Fevereiro, 3,75% das receitas geradas pela cobrança destas taxas constitui receita própria da Autoridade da Concorrência.

2.3.3.3. Nótulas

As taxas de regulação devidas ao IRAR visam, *prima facie*, financiar a actividade de regulação deste subsector.[34] De facto, quanto ao financiamento dos encargos administrativos decorrentes desta regulação, quer o Preâmbulo, quer o artigo 3.º do Decreto-Lei n.º 362/98, de 18 de Novembro, referem, expressamente, que cabe às entidades concessionárias dos sistemas multimunicipais e municipais suportar, de forma integral, os custos resultantes da actividade regulatória do IRAR.[35] É, portanto,

---

[33] O montante da base específica destas taxas foi objecto de recente actualização, com efeitos a partir de 1 de Janeiro de 2008, através do Despacho n.º 30131/2007, de 28 de Dezembro.

[34] O preâmbulo do Decreto-Lei n.º 362/98, de 18 de Novembro (tal como alterado pelo Decreto-Lei n.º 151/2002, de 23 de Maio), refere que a consagração da regulação económica deste subsector se encontra alicerçada na "crescente complexidade dos problemas suscitados pelos segmentos de actividade económica em causa".

[35] O n.º 1 do artigo 3.º do Decreto-Lei n.º 362/98, de 18 de Novembro, dispõe que "as entidades concessionárias dos sistemas multimunicipais e municipais suportarão os

As Taxas de Regulação Económica nos Sectores das Águas e Resíduos 135

neste contexto que a Portaria n.º 993/2003, de 30 de Julho, ao aprovar a estrutura das taxas de regulação do IRAR, subordina os critérios da sua definição e cálculo à necessidade de os ajustar ao serviço efectivamente prestado pelo IRAR.[36] Ora, o estabelecimento de um nexo entre as taxas de regulação devidas e o seu propósito – exclusivamente retributivo – de financiar a entidade reguladora não podia ser mais evidente.[37] Em conclusão, e como cremos decorrer manifestamente do exposto, o núcleo distintivo deste tributo aponta, de forma objectiva, para a sua qualificação como contribuição especial, e, dentro desta categoria conceptual, para a de contribuição por maiores despesas. De facto, toda a sua estrutura se encontra fundeada no objectivo – único – de financiamento da entidade reguladora, por via de compensação directa dos custos associados à actividade regulatória.[38] Esta conclusão, a asseverar-se correcta, poderá

---

encargos resultantes do funcionamento do IRAR nos termos fixados no Estatuto publicado em anexo, constituindo um dos critérios para a fixação das respectivas tarifas". Note-se, ainda, que o último período desta norma parece legitimar a repercussão económica desta taxa nos beneficiários dos serviços prestados pelo sujeito passivo.

[36] Saliente-se que as taxas de regulação podem, "sempre que se verifique uma alteração do âmbito de intervenção e ou das competências do IRAR ou um necessário reforço da actividade regulatória" e a qualquer momento – nos termos do n.º 3 do artigo 12.º da Portaria n.º 993/2003, de 30 de Julho –, ser ajustadas por despacho. Decorre do anterior que o montante destas taxas assume, uma vez mais, uma relação directa – e explícita – com o objectivo único de compensação dos custos administrativos de regulação do sector, sem qualquer contrapartida para o sujeito passivo.

[37] É nesta linha que, na alínea a) do artigo 22.º do Estatuto do IRAR, se dispõe que constituem receitas do IRAR os valores previstos no artigo seguinte (respeitantes às taxas de regulação e à taxa de controlo da qualidade da água) e, logo de seguida, na alínea b) do mesmo preceito, se refere que constituem, igualmente, receitas do IRAR, "as quantias cobradas por trabalhos e serviços prestados pelo IRAR". Ora, em face do disposto nesta segunda alínea, parecem ser, também neste ponto, totalmente esvaziadas de natureza retributiva as taxas referidas na alínea a). Com efeito, ainda que, porventura, fosse possível estabelecer um nexo retributivo entre a taxa e o seu sujeito passivo, a verdade é que o n.º 2 do artigo 4.º da Portaria n.º 993/2003, de 30 de Julho (na redacção que lhe foi dada pela Portaria n.º 813/2005, de 12 de Setembro), consagra a obrigatoriedade de pagamento desta taxa independentemente de o sistema (que concretiza a actividade do sujeito passivo) se encontrar em funcionamento.

[38] O n.º 2 do artigo 4.º da Lei Geral Tributária veio consagrar de forma inequívoca que a exigência de uma taxa tem de se fundamentar numa utilidade individual e directa que beneficie o particular, resultante de uma contraprestação concreta e simultânea por parte da entidade que cobra o tributo, apenas assim se verificando o nexo sinalagmático que enforma o pressuposto da taxa.

136 As Taxas de Regulação Económica em Portugal

implicar o reconhecimento de uma inconstitucionalidade orgânica deste tributo, por o mesmo não ter sido aprovado por lei em sentido formal.

2.3.4. *Da taxa de controlo da qualidade da água*

2.3.4.1. Fundamento legal

A taxa de controlo da qualidade decorre, *prima facie*, da Directiva n.º 98/83/CE, de 3 de Novembro de 1998, que, estabelecendo o regime da qualidade da água destinada ao consumo humano, determinou a obrigação de os Estados-Membros implementarem programas de controlo destinados a verificar se a água para consumo humano respeita os requisitos comunitários neste âmbito. Contudo, o direito comunitário não regula a matéria relativa à cobrança de tributos destinados a fazer face aos custos decorrentes desse controlo. No âmbito nacional, a transposição daquela Directiva foi efectuada pelo Decreto-Lei n.º 243/2001, de 5 de Setembro, recentemente substituído pelo Decreto-Lei n.º 306/2007, de 27 de Agosto. Porém, e à semelhança do que se verifica no caso da Directiva n.º 98/83/CE, de 3 de Novembro de 1998, nenhum dos dois diplomas regula a cobrança da taxa de controlo da qualidade da água. Com efeito, a primeira fonte normativa desta taxa decorre do Estatuto do IRAR – que determina que o produto da respectiva cobrança constitui receita sua –, sendo que a sua regulamentação apenas surge com a aprovação da Portaria n.º 966/2006, de 8 de Junho.

Assim, a taxa de controlo da qualidade da água enquadra-se – transitoriamente – na previsão do artigo 23.º do Estatuto do IRAR, que, sob a epígrafe de recebimentos, estatui no seu n.º 1 que "as entidade gestoras concessionárias de sistemas multimunicipais e municipais ficam sujeitas ao pagamento de taxas pela sua actividade, segundo critérios a definir em portaria" e, no seu n.º 2, que "as demais entidades gestoras ficam igualmente sujeitas ao pagamento de taxas, por força do Decreto-Lei n.º 243/ /2001, de 5 de Setembro (entretanto revogado pelo citado Decreto-Lei n.º 306/2007, de 23 de Agosto), segundo critérios a definir na portaria prevista no número anterior".

2.3.4.2. Caracterização

A taxa de controlo da qualidade da água, definida na Portaria n.º 966/ /2006, de 8 de Junho, incide, objectivamente, sobre a actividade de abastecimento público de água que, nos termos do n.º 2 do artigo 2.º daquela Portaria, compreende, subjectivamente, o Estado, os municípios, as associações de municípios, os serviços municipalizados, as juntas de freguesia, as empresas concessionárias e delegatárias de sistemas de titularidade estadual e municipal de água para consumo público, e ainda, a EPAL – Empresa Portuguesa das Águas Livres, S.A. Todavia, encontram-se excluídas de tributação as entidades gestoras de sistemas de abastecimento público de água que possuam uma facturação anual com um volume inferior a 100 000 metros cúbicos de água.

Por seu turno, a taxa de controlo da qualidade da água é devida a partir do início da actividade de exploração por parte da entidade gestora, sendo calculada através da aplicação de uma base específica (por cada 1000 metros cúbicos de água) incidente sobre o volume de água de abastecimento público facturado (volume que é, obrigatoriamente e numa base anual, declarado pelo sujeito passivo e auditado pelo IRAR).

A liquidação é efectuada pelo IRAR com base nos valores declarados ou, na sua falta, e em caso justificado, por meio de estimativa baseada nas melhores informações de que o IRAR disponha. Já quanto ao pagamento desta taxa, o mesmo é realizado numa prestação única, anual, e no prazo de 30 dias após notificação da respectiva liquidação (admite-se, no entanto, o pagamento da taxa em duas prestações, semestrais, quando o sujeito passivo tenha um volume anual de água facturada superior a 5.000.000 metros cúbicos).

Por último, refere o artigo 8.º da citada Portaria, que a interposição de reclamações ou recursos que tenham por objecto o acto de liquidação da taxa não suspende a obrigação do seu pagamento tempestivo.

A receita gerada pela cobrança desta taxa encontra-se afecta ao IRAR – à semelhança do que se verifica quanto às taxas de regulação supra analisadas –, de acordo com o disposto no n.º 2 do artigo 23.º do seu Estatuto.

2.3.4.3. Nótulas

Uma vez mais, decorre explicitamente do normativo aplicável a esta taxa o escopo retributivo cometido a este tributo: de acordo com o artigo

1.º da Portaria n.º 966/2006, de 8 de Junho, a taxa de controlo da qualidade da água é "devida em contrapartida das actividades de fiscalização e controlo da qualidade da água para consumo humano realizadas pelo IRAR". Com efeito, o objectivo visado por esta taxa não é mais que, a par das taxas de regulação supra analisadas, o de fazer face aos custos administrativos acrescidos sofridos pela entidade reguladora em função desta nova atribuição (de controlo da qualidade da água para consumo humano).[39] Não se vislumbra, por outro lado, qualquer contrapartida directamente imputável ao sujeito passivo em função do pagamento desta taxa. O benefício comutado é, ao invés, um benefício indivisível imputado à colectividade – o da qualidade efectiva da água consumida. Por tudo quanto já foi dito relativamente à natureza exclusivamente retributiva de determinado tributo, dispensamo-nos, neste ponto, de aprofundar mais esta análise, concluindo, singelamente, pela possibilidade de esta taxa de controlo da qualidade da água ser qualificada como imposto – contribuição especial – com as implicações daí resultantes.

Todavia, importa, noutra perspectiva, esclarecer uma dúvida que se suscita de forma imediata perante o regime supra descrito da TRH: saber se há, ou não, sobreposição entre estes dois tributos. Cumpre notar, desde logo, que os sujeitos passivos desta taxa de controlo da qualidade da água se concretizam nos fornecedores de água para consumo humano, ou seja, nas entidades gestoras de sistemas de abastecimento público de água para consumo humano.[40] Ora, nos termos do artigo 61.º da Lei da Água, a captação de água para abastecimento público (enquanto utilização privativa do domínio público hídrico) encontra-se sujeita a prévia concessão.[41]

---

[39] Deste modo, é nesta lógica de compensação de custos administrativos que a base de cálculo desta taxa se define em torno do volume de água de abastecimento público facturado. Na verdade, e por maioria de razão, somente o volume de água efectivamente fornecido para consumo humano será merecedor de controlo e, portanto, apenas este deverá suscitar encargos acrescidos de regulação e supervisão.

[40] Com efeito, nos termos do n.º 2 do artigo 42.º do supra citado Decreto-Lei n.º 226-A/2007, de 31 de Maio, qualifica-se como sistema de abastecimento público aquele que "produz água para consumo humano, de acordo com os requisitos definidos no Decreto-Lei n.º 243/2001, de 5 de Setembro, sob a responsabilidade de uma entidade distribuidora, seja autarquia, entidade concessionária, empresarial ou qualquer outra que esteja investida na responsabilidade pela actividade".

[41] Nos termos do n.º 1 do artigo 59.º da Lei da Água, "considera-se utilização privativa dos recursos hídricos do domínio público aquela em que alguém obtiver para si

As Taxas de Regulação Económica nos Sectores das Águas e Resíduos   139

Por sua vez, dita o n.º 8 do artigo 68.º do mesmo diploma que, no âmbito daquela concessão, e em contrapartida da utilização do domínio público hídrico, é devida uma taxa de recursos hídricos por força da utilização dominial e do impacto efectivo ou potencial da actividade concessionada.[42] Por último – nos termos do artigo 82.º da Lei da Água –, as tarifas praticadas pelos serviços públicos de águas, quer seja por entidades públicas, quer seja por entidades concessionárias de serviços públicos de águas, devem repercutir no utilizador final desses serviços a taxa de recursos hídricos (cf. análise da TRH supra). Do exposto resulta, numa primeira análise, que entre os dois tributos há, em concreto, uma sobreposição: o utilizador (na vertente de captação de água para abastecimento público) do domínio público hídrico, para efeitos da TRH, confunde-se com o fornecedor de água para consumo humano sujeito ao pagamento da taxa de controlo da qualidade da água.[43] Todavia, nos termos do artigo 82.º da Lei da Água, o utilizador, sujeito passivo da TRH, deve repercutir esta taxa nos consumidores (utilizadores finais dos serviços de abastecimento público de água), facto que permitirá, ao que parece, eliminar, a jusante, a eventual sobreposição tributária verificada entre a componente "A" da base tributável da TRH e a taxa de controlo de qualidade da água.[44]

Por fim, destacamos o último parágrafo do Preâmbulo da Portaria n.º 966/2006, de 8 de Junho, que indicia a repercussão da taxa de con-

---

a reserva de um maior aproveitamento desses recursos que a generalidade dos utentes ou aquela que implicar alteração no estado dos mesmos recursos ou colocar esse estado em perigo", definição que, por se centrar nos efeitos da utilização (e não na sua forma), abrangerá no seu seio a captação de água para abastecimento público, independentemente da entidade que a levar a cabo.

[42] Taxa que, nos termos da componente "A" da sua base de incidência, tributa o volume de água captada pelo utilizador.

[43] Quanto à incidência objectiva de ambos os tributos, salienta-se que a TRH (na componente "A" da sua base tributável) incide sobre o volume de água captada – ainda que na vertente de compensação dos custos ambientais e de escassez daí decorrentes –, e que a taxa de controlo de qualidade da água incide sobre o volume de água fornecida e facturada – desta feita com o propósito de custear os custos decorrentes da garantia de qualidade da mesma. Assim, e ao que supomos, aquele volume de água será tendencialmente o mesmo, ainda que visto sob duas perspectivas diversas.

[44] Referimo-nos, neste ponto, à repercussão *cum grano salis*, em função da posição que defendemos quanto a este aspecto na análise supra realizada a respeito da TRH.

140   *As Taxas de Regulação Económica em Portugal*

trolo da qualidade da água sobre o consumidor final.[45] Deste modo, forçoso será reconhecer que, *in fine*, o encargo económico desta tributação parece recair por inteiro no consumidor final da água. O anterior conduz-nos, pois, ao reconhecimento de uma dupla oneração económica do consumo de água (uma vez que ambas as taxas – a TRH e a Taxa de Controlo da Qualidade da Água – acabam por ser repercutidas naquele agente, e em ambos os casos por referência ao volume de água consumido).

3. Sobre o Sector dos Resíduos

3.1. *Enquadramento normativo*

O regime geral da gestão de resíduos consta do Decreto-Lei n.º 178/ /2006, de 5 de Setembro, que transpôs para a ordem jurídica interna a Directiva n.º 2006/12/CE, do Parlamento Europeu e do Conselho, de 5 de Abril, relativa aos resíduos e, bem assim, a Directiva n.º 91/689/CEE, do Conselho, de 12 de Dezembro, relativa aos resíduos perigosos. A aprovação deste regime de gestão e de recolha de resíduos constituiu o desfecho de um processo iniciado com base na necessidade de consagrar na ordem jurídica interna um conjunto de princípios orientadores em matéria de gestão de resíduos que permitisse a institucionalização de um mercado organizado. Este, por seu turno, destinado a potenciar o encontro rápido, seguro e eficaz da procura e da oferta dos produtos envolvidos, por forma a minimizar, senão a produção de resíduos, pelo menos o seu impacto ambiental (cf. o preâmbulo do Decreto-Lei n.º 178/2006, de 5 de Setembro). O sector dos resíduos – que compreende, regulando, as operações de recolha, transporte, armazenagem, triagem, tratamento, valorização e eliminação de resíduos, bem como as operações de descontaminação de solos e monitorização dos locais de deposição – assenta, portanto, primacialmente, em dois vectores: o da valorização dos resíduos e o da sua eliminação. E o equilíbrio entre estes dois processos de gestão pode

---

[45] Dita este parágrafo que o Estatuto do IRAR "estabelece a obrigação de as entidades gestoras dos sistemas multimunicipais e municipais de água de abastecimento público suportarem, através do pagamento de taxas, os custos inerentes às novas atribuições do IRAR, constituindo este ónus um dos critérios para a fixação das tarifas que cobram".

As Taxas de Regulação Económica nos Sectores das Águas e Resíduos 141

ser sintetizado no princípio da hierarquia das operações de gestão de resíduos, consagrado no artigo 7.º do regime geral da gestão de resíduos, cujo sentido se depreende, com clareza, do n.º 2 deste citado artigo 7.º, segundo o qual "A eliminação definitiva de resíduos, nomeadamente a sua deposição em aterro, constitui a última opção de gestão, justificando-se apenas quando seja técnica ou financeiramente inviável a prevenção, a reutilização, a reciclagem ou outras formas de valorização". Está, pois, definido – ainda que de forma simples –, o contexto em que se movem as taxas respeitantes ao Sector dos Resíduos. Com efeito, a principal taxa aplicável neste sector é, como se verá, a Taxa de Gestão de Resíduos, cuja legitimidade remonta, justamente, ao considerando 14 da Directiva n.º 2006/12/CE, do Parlamento Europeu e do Conselho, de 5 de Abril, em que se referia que "a parte dos custos não coberta pela valorização dos resíduos deverá ser suportada de acordo com o princípio do "poluidor- -pagador". As restantes taxas decorrem, indiferenciadamente, como teremos oportunidade de observar, do princípio da regulação da gestão de resíduos. De acordo com este, todas as empresas relevantemente relacionadas e as operações de gestão de resíduos, desde a sua produção até à sua eliminação, estão sujeitas ao cumprimento de normas técnicas, a registo, controlo e a fiscalização por parte das entidades competentes. Em suma, os factos tributários das restantes taxas devidas no Sector erguem- se do licenciamento e do registo das operações que se desenvolvem no âmbito da gestão de resíduos.

3.2. *Enquadramento institucional*

A Agência Portuguesa do Ambiente (APA), entidade que resultou da fusão do Instituto do Ambiente e do Instituto Nacional dos Resíduos (concretizada através do Decreto Regulamentar n.º 53/2007, de 27 de Abril), assume, neste sector, as funções de Autoridade Nacional de Resíduos (ANR) (cf. a alínea b), do n.º 2, do artigo 2.º do Decreto Regulamentar n.º 53/2007, de 27 de Abril). Compete-lhe, assim, enquanto serviço central da administração directa do Estado, dotado de autonomia administrativa, assegurar e acompanhar a implementação de uma estratégia nacional para os resíduos, mediante o exercício de competências próprias de licenciamento, da emissão de normas técnicas aplicáveis às operações de gestão de resíduos, do desempenho de tarefas de acom-

142 *As Taxas de Regulação Económica em Portugal*

panhamento das actividades de gestão de resíduos, de uniformização dos procedimentos de licenciamento e dos assuntos internacionais e comunitários no domínio dos resíduos.

3.3. Sobre as taxas relativas ao sector dos resíduos

3.3.1. Fundamento legal

Por razões que se prendem com exigências do direito comunitário e com exigências da sociedade portuguesa em matéria ambiental, o cumprimento dos objectivos a que Portugal se obrigou, no quadro comunitário, justifica que um dos propósitos do regime geral de gestão de resíduos em matéria tributária se encontre, precisamente, na consagração de novos instrumentos tributários que concretizem uma maior orientação do comportamento de operadores económicos e consumidores finais, no sentido da redução da produção de resíduos e do seu tratamento mais eficiente. Acresce que a comutatividade sectorial está, por imposição comunitária, sob alçada do mesmo princípio que vimos ser também o aplicável no domínio das águas, ou seja, o do poluidor-pagador. Neste sentido, o artigo 15.º daquela Directiva preceitua que, "em conformidade com o princípio do poluidor-pagador, os custos da eliminação dos resíduos devem ser suportados: a) pelo detentor que entrega os resíduos a um serviço de recolha ou a uma das empresas mencionadas no artigo 9.º e/ou; b) pelos detentores anteriores ou pelo produtor do produto gerador dos resíduos".

No panorama nacional, a defesa do ambiente, a conservação da natureza e a preservação dos recursos naturais são, à luz da Constituição de 1976, tarefas fundamentais do Estado, que têm como corolário a sujeição deste ao dever de prevenir e controlar a poluição e os seus principais efeitos.[46] Uma das questões que tem vindo recentemente a adquirir maior importância neste âmbito, dados os impactos, fortemente negativos, provocados pela sua (elevadíssima) produção, é, precisamente, a respeitante ao controlo do destino final a dar aos resíduos e às suas potencialidades em termos de tratamento e de valorização.[47] Eis, pois, a razão pela qual o

---

[46] Cf. artigo 9.º, alínea e), e artigo 66.º, n.º 2, alínea a), da Constituição.

[47] A legislação nacional, neste domínio, tem recorrido a uma noção muito ampla de "resíduo", nela abrangendo quaisquer substâncias ou objectos de que o detentor se desfaz

regime jurídico dos resíduos se orienta no sentido de assegurar, em termos finais, a responsabilidade do poluidor (no caso, identificado, como se verá, na pessoa da entidade gestora que procede à eliminação dos resíduos e – por efeito da repercussão – na do detentor anterior desses resíduos) pelo destino final dos resíduos que produz, proibindo o abandono ou descarga de resíduos fora dos quadros e mecanismos previstos na lei. Para o efeito, acolhe-se, conforme já bastas vezes referido, o princípio do poluidor-pagador, que é aplicável aos operadores de resíduos que desenvolvam actividades de eliminação de resíduos – e não sobre os produtores daqueles. Ou seja, ter-se-á optado por alcançar os produtores de resíduos de forma mediata, atenta a obrigação que lhes é imposta de recorrer a este mercado específico de gestão e de valorização. Acresce que a actividade regulatória do sector dos resíduos desenvolve-se, primacialmente, em torno de um sistema integrado de registo electrónico de resíduos (SIRER), que agrega toda a informação relativa, quer aos resíduos produzidos, nomeadamente sobre a sua origem, quantidade, discriminação e destino, identificação das operações efectuadas e respectivo acompanhamento, quer aos resíduos importados. Neste sentido, encontram-se abrangidas pela obrigatoriedade de registo no SIRER, todas as entidades que operem no sector, ou seja, os produtores de resíduos perigosos, de natureza florestal, agrícola ou outra, os produtores de resíduos urbanos cuja produção diária exceda 1100l, os produtores de resíduos não urbanos que empreguem pelo menos 10 trabalhadores no acto da produção, os operadores da gestão de resíduos, as entidades responsáveis pelos sistemas de operação, os operadores que actuem no mercado de resíduos e os operadores e operações de gestão de resíduos hospitalares. É este registo que serve de matiz à maioria das taxas devidas no âmbito deste sector; referimo-nos, em particular, à taxa de gestão de resíduos e à taxa de manutenção de registo no SIRER, que de seguida se analisam.

---

ou tem intenção ou obrigação de se desfazer, ficando apenas dela excluídos tipos específicos de resíduos, quando e na medida em que se encontrem disciplinados por legislação especial.

144　　As Taxas de Regulação Económica em Portugal

3.3.2. As Taxas em concreto[48]

3.3.2.1. A Taxa de Gestão de Resíduos

3.3.2.1.1. Caracterização

O plano de incidência objectiva da taxa de gestão de resíduos (TGR) é integrado pela gestão – na sua vertente, essencialmente, de eliminação – de fluxos específicos de resíduos, individuais ou colectivos, de centros integrados de recuperação, valorização e eliminação de resíduos sólidos perigosos (CIRVER), de instalações de incineração e co-incineração de resíduos e de aterros sujeitos a licenciamento, sendo a sua base de incidência subjectiva delineada por referência a estas mesmas entidades (cf. o n.º 1 do artigo 58.º do Decreto-Lei n.º 178/2006, de 5 de Setembro).

O *quid* da TGR possui natureza *ad rem*, consistindo na quantidade de resíduos geridos (na essência, eliminados) anualmente. A taxa da TGR desagrega-se por espécie de resíduos e por "sistema" de eliminação (*i.e.*, varia em função dos resíduos, na medida em que os mesmos possam implicar diferentes impactos por via da sua natureza diversa e do destino que lhes é dado), e tem por medida a tonelada. Assim, o cálculo da TGR opera da seguinte forma: "€ 1,00 por tonelada de resíduos geridos pelos CIRVER e instalações de incineração e co-incineração; € 2,00 por tonelada de resíduos urbanos depositados em aterro; € 2,00 por tonelada de resíduos resultantes dos produtos introduzidos em mercado cuja gestão esteja a cargo de sistemas de fluxos específicos de resíduos; € 5,00 por tonelada de resíduos inertes e resíduos industriais não perigosos depositados em aterro" (cf. as alíneas a) a d) do n.º 2 do artigo 58.º do Decreto-Lei n.º 178/2006, de 5 de Setembro). Ainda nesta sede, importa sublinhar que a TGR está sujeita a um montante mínimo de € 5.000,00 por

---

[48] Dispensámo-nos, pelo seu reduzido impacto, da análise das taxas relativas ao movimento transfronteiriço de resíduos, prevista no artigo 59.º do Decreto-Lei n.º 178/ /2006, de 5 de Setembro, e regulada na Portaria n.º 830/2005, de 16 de Setembro, que são devidas pela apreciação dos processos de notificação relativos ao movimento transfronteiriço de resíduos (cuja fórmula de cálculo varia em função da quantidade de resíduos transportados – tendo por medida, à semelhança do que se verifica quanto à taxa de gestão de resíduos, a tonelada – e, bem assim, em função do destino desses mesmos resíduos).

sujeito passivo. Uma última nota caberá ao facto de o valor da TGR ser objecto de actualização anual e automática, indexada ao índice de preços no consumidor publicado pelo Instituto Nacional de Estatística.

Outro aspecto que nos incumbe realçar relativamente à TGR, respeita ao mecanismo de liquidação previsto. Este assume o figurino comum, ou seja, o da liquidação por parte do sujeito activo da relação jurídica tributária, *in casu*, a ANR. É, de facto, a ANR que procede a essa operação com base na informação prestada pelos sujeitos passivos no âmbito do SIRER – *i.e.*, com base no registo da quantidade de resíduos geridos pelo sujeito passivo – e à consequente notificação dessa liquidação, por via electrónica, até ao termo do mês de Abril do ano seguinte àquele a que a taxa diz respeito (cf. Portaria n.º 1407/2006, de 18 de Dezembro). Porém, quanto, especificamente, às entidades gestoras de centros integrados de recuperação, valorização e eliminação de resíduos perigosos (CIRVER), de instalações de incineração e co-incineração de resíduos e de aterros sujeitos a licenciamento, a ANR efectua, ainda, uma liquidação por conta da TGR devida a final, até ao mês de Julho do ano a que esta se refere, tendo por base as quantidades de resíduos declaradas pelo sujeito passivo durante o primeiro semestre desse mesmo ano. No tocante ao pagamento da TGR – provisória ou definitiva –, a regra é a de que o mesmo deverá ser efectuado até ao termo do mês seguinte ao da liquidação. Por último, prevê-se a utilização de métodos indirectos de estimativa fundamentada das quantidades de resíduos produzidos nos termos do artigo 3.º da Portaria n.º 320/2007, de 23 de Março, para efeitos da determinação da matéria tributável, sempre que, por motivos de indisponibilidade ou falha técnica do sistema, não for possível aos sujeitos passivos utilizadores do SIRER preencher os respectivos mapas de registo de produção de resíduos. Ainda no contexto da liquidação e do pagamento da TGR, convém sublinhar que esta taxa está sujeita a um regime legal de repercussão, que se concretiza no seu adicionamento ao valor das facturas relativas às tarifas e prestações financeiras cobradas pelos sujeitos passivos aos seus clientes (cf. Portaria n.º 1407/2006, de 18 de Dezembro).

A receita gerada pelo produto da TGR constitui, conforme decorre dos artigos 60.º do Decreto-Lei n.º 178/2006, de 5 de Setembro, e 13.º da Portaria n.º 1407/2006, de 18 de Dezembro, receita própria e exclusiva da Autoridade Nacional dos Resíduos ou das autoridades regionais dos resíduos (ARR), as quais a devem aplicar "na cobertura dos custos administrativos de acompanhamento das actividades dos sujeitos passivos e na

146   *As Taxas de Regulação Económica em Portugal*

realização das acções tendentes ao cumprimento dos objectivos nacionais em matéria de gestão de resíduos" (cf. o citado artigo 13.º da Portaria n.º 1407/2006, de 18 de Dezembro).

3.3.2.1.2. Nótulas

À semelhança do que se concluiu quanto à Taxa de Recursos Hídricos, na TGR também se identificam, objectivamente, uma função retributiva – dirigida ao custeio das maiores despesas geradas pela necessidade de regulação deste sector –, como, concomitantemente, um propósito extrafiscal, dirigido à internalização dos custos ambientais gerados pela produção de resíduos.[49] Deste modo, escusando-nos a ulteriores desenvolvimentos (remetemos a sua análise para a que efectuámos aquando da qualificação da TRH), parece-nos poder afirmar, também neste caso, que nos encontramos perante um tributo que assume a natureza de contribuição especial por maiores despesas (tanto na vertente de compensação dos encargos administrativos, como na vertente de compensação dos custos ambientais gerados pela actividade regulada), admitindo que a TGR possa ser qualificada, consequentemente, como um imposto. Por conseguinte, e a par de outras potenciais inconstitucionalidades suscitáveis por via daquela qualificação (em particular, em função de violação do princípio da liberdade de empresa), salientamos, somente, que a TGR, por ter sido aprovada – por decreto-lei – sem observância da reserva de lei formal, poderá padecer de inconstitucionalidade orgânica.

Também o recurso a métodos indirectos para efeitos de determinação da base de cálculo desta TGR – previstos na Portaria n.º 320/2007, de 23 de Março – poderá, por paridade de razões (as apresentadas rela-

---

[49] Manifestações expressas deste propósito encontram-se na Portaria n.º 1407/2006, de 18 de Dezembro, ditando o seu artigo 13.º que a receita gerada deve ser aplicada na cobertura dos custos administrativos de acompanhamento das actividades dos sujeitos passivos. Este propósito – de compensação, através da TGR, das externalidades ambientais negativas geradas pela produção de resíduos –, encontra-se exclusivamente dirigido às actividades de eliminação de resíduos levadas a cabo pelos sujeitos passivos desta taxa, o que se compreende, na medida em que o recurso a serviços de eliminação pressupõe, naturalmente, e para além da produção dos resíduos, a não valorização dos mesmos (estimulando-se, em conformidade, uma maior eficiência na gestão dos resíduos através da promoção de uma menor produção, por um lado, ou de uma maior valorização, por outro).

tivamente à TRH), comprometer o mecanismo da repercussão legal, com o que isso implica em termos de sustentação da legalidade desta TGR.

Merecedor de realce é, ainda, o sistema de imputação dos pagamentos parciais previsto no artigo 8.º da Portaria n.º 1407/2006, de 18 de Dezembro, que permite evitar – ou, quanto muito, reduzir –, prosseguindo propósitos de eficiência, litígios entre as entidades gestoras (os sujeitos passivos da TGR) e os tarifados (repercutidos). Com efeito, dispondo aquele preceito que os pagamentos parciais das facturas nas quais tenha sido adicionada a TGR devem ser proporcionalmente imputados à taxa, tarifas e demais prestações, qualquer desconformidade assacada à TGR deixa de ser oponível ao sujeito passivo da mesma, que a pretende repercutir, na medida em que o seu pagamento é sempre assegurado, indirectamente, através da cobrança coerciva da componente tarifária em dívida.

Outra questão que pode suscitar alguma ponderação, prende-se com o princípio da equivalência, previsto no artigo 10.º do Decreto-Lei n.º 178/ /2006, de 5 de Setembro. Em face deste, "o regime económico e financeiro das entidades de gestão de resíduos visa a compensação tendencial dos custos sociais e ambientais que o produtor gera à comunidade ou dos benefícios que a comunidade lhe faculta, de acordo com um princípio geral de equivalência". Mais atrás, a alínea r) do artigo 3.º do citado diploma define "produtor" como sendo "qualquer pessoa, singular ou colectiva, agindo em nome próprio ou prestando serviços a terceiro cuja actividade produza resíduos ou que efectue operações de pré-tratamento de mistura ou outras que alterem a natureza ou a composição de resíduos". Da conjugação dessas duas disposições resulta, portanto, que "o encargo ambiental" deve incidir sobre a entidade que "produza resíduos (...)". Sucede, por um lado, que os sujeitos passivos da TGR não são, como vimos, as entidades que produzem resíduos – são, ao invés, as incumbidas da sua eliminação – e, por outro lado, que, por efeito da repercussão, as entidades que efectivamente suportam o encargo da TGR são os municípios, os quais são qualificáveis como meros detentores dos resíduos entregues para eliminação.[50] No entanto, o artigo 15.º da Directiva n.º 2006/ /12/CE identifica como poluidor, para efeitos da imputação dos custos decorrentes da eliminação dos resíduos, não apenas o efectivo produtor

---

[50] O "detentor" vem definido, pela alínea i) do artigo 3.º do Decreto-Lei n.º 178/ /2006, de 5 de Setembro, como sendo "a pessoa singular ou colectiva que tenha resíduos, pelo menos, na sua simples detenção, nos termos da legislação civil".

148 *As Taxas de Regulação Económica em Portugal*

dos resíduos, mas também o detentor que os entrega para eliminação ou, mesmo, o seu detentor anterior. De onde decorre, por um lado, que o princípio da equivalência não é observado – o que não terá particular significado legal – e, por outro lado, que o cumprimento da imputação comunitária subjectiva dos custos de eliminação dos resíduos, depende da efectiva repercussão da TGR, com as implicações que daí resultam.

A finalizar, importa averiguar, antecipando uma dúvida suscitada pela referida repercussão, se esta nova Taxa de Gestão de Resíduos, na medida em que é repercutível sobre os beneficiários de serviços de eliminação e valorização de resíduos, não se sobreporá às taxas municipais de resíduos sólidos, comummente designadas por taxas do lixo.[51] Em resposta, dir-se-á, sinteticamente, que os factos tributários não são, em qualquer dos seus elementos relevantes – objectivo e subjectivo –, coincidentes. Com efeito, o elemento objectivo do facto tributário desta última taxa consiste na recolha e tratamento de resíduos – e não na sua eliminação – e, bem assim, o seu elemento subjectivo é constituído pelos munícipes – e não pelos municípios repercutidos, ou pelas entidades gestoras sujeitos passivos da TGR.

3.3.2.2. As taxas de licenciamento

As taxas de licenciamento subdividem-se numa taxa geral e em diversas taxas específicas. O *quid* destas taxas é constituído pelos actos de licenciamento ou de registo, considerados de *per se*, previstos no regime geral da gestão de resíduos. Assim, será devida uma taxa – a já referida taxa geral de licenciamento – por qualquer licenciamento ou autorização de operações de gestão de resíduos que não esteja sujeito a uma taxa de licenciamento específica. A denominada taxa de licenciamento geral tem, portanto, natureza residual. Os licenciamentos subtraídos do âmbito de aplicação desta taxa, portanto sob a alçada das desi-

---

[51] Optámos, conforme consta do ponto 1. e pelas razões aí aduzidas, por não analisar o subsector que apelidámos de "subsector das águas para consumo, das águas residuais urbanas e dos resíduos urbanos", no âmbito do qual se inserem as referidas taxas municipais de resíduos sólidos, genericamente previstas na alínea c) do n.º 3 do artigo 16.º da Lei das Finanças Locais (Lei n.º 2/2007, de 15 de Janeiro). Não quisemos, porém, deixar de nos pronunciar sobre esta questão, na medida em que se trata de uma dúvida que ressalta, de forma quase imediatista, da análise da TGR.

As Taxas de Regulação Económica nos Sectores das Águas e Resíduos 149

gnadas taxas de licenciamento específico, são os de aterros, de sistemas de gestão de fluxos específicos de resíduos, de CIRVER, de instalações de incineração e de instalações de co-incineração.

No caso concreto das taxas de licenciamento, a incidência subjectiva encontra-se, naturalmente, delimitada em torno dos diversos operadores do sector da gestão de resíduos e das entidades gestoras de sistemas de gestão de fluxos requerentes.

Considerando que as taxas em apreço visam compensar os custos administrativos associados aos referidos actos de licenciamento, a todas elas corresponde um valor fixo, correspondendo o valor mais baixo previsto a € 500,00 e o mais elevado a € 25.000,00 (cf. artigos 52.º a 56.º do Decreto-Lei n.º 178/2006, de 5 de Setembro). A liquidação e o pagamento destas taxas precedem os respectivos actos de licenciamento. Exceptuam-se deste regime, porém, o pagamento das taxas devidas em função de requerimentos de vistoria, as quais podem ser pagas até ao décimo dia seguinte ao da emissão da respectiva guia de pagamento.

A receita gerada pelo produto das taxas constitui, genericamente – salvo, portanto, raras excepções, em que se incluem as receitas geradas pelas taxas de licenciamento de sistemas de gestão de fluxos específicos de resíduos, quando relativas aos fluxos de óleos usados e dos veículos em fim de vida e, ainda, pelas devidas pelo licenciamento de instalações de incineração e co-incineração –, receita própria e exclusiva da Autoridade Nacional dos Resíduos ou das Autoridades Regionais de Resíduos, consoante a que seja competente para o acto que origina a obrigação tributária.

3.3.2.3. A Taxa de Manutenção do Registo de Actividades no SIRER

A derradeira taxa compreendida no Sector dos Resíduos é a de manutenção do registo de actividades no Sistema Integrado de Registo Electrónico de Resíduos (SIRER). A obrigação tributária decorrente desta taxa de registo no SIRER, prevista no artigo 57.º do regime geral da gestão de resíduos – mas cujo regime específico se encontra vertido no regulamento de funcionamento do SIRER constante da Portaria n.º 1408//2006, de 18 de Dezembro –, tem como base de incidência objectiva, num primeiro momento, o acto de inscrição no SIRER e, posteriormente a este acto, a manutenção daquela inscrição em cada um dos anos subsequentes, vencendo-se no respectivo mês da inscrição.[52] Trata-se, sinteticamente, de uma taxa, no montante de € 25,00, que é devida pelos produtores de resíduos, os operadores de gestão de resíduos e as entidades responsáveis pelos sistemas de gestão de resíduos (individuais ou colectivos) e que é liquidada e paga nos termos do regulamento de funcionamento do SIRER, constante do Anexo I da Portaria n.º 1408/2006, de 18 de Dezembro, ou seja, respectivamente, pela ANR e pelo referido sujeito passivo, devendo este último proceder ao pagamento até ao termo do mês subsequente ao da notificação daquela liquidação. Já no que respeita à afectação da receita gerada pela cobrança desta taxa, e tal como sucede quanto à taxa de gestão de resíduos, também a taxa de registo no SIRER, sendo liquidada pela ANR, constitui, nos termos do regime geral da gestão de resíduos, uma receita própria desta entidade. Assim, tendo em consideração que, nos termos do artigo 10.º do regulamento do SIRER, cabe àquela entidade a prática dos actos necessários para garantir o regular funcionamento do sistema, bem como a sua qualidade e segurança, a receita gerada por esta taxa deverá, *a fortiori*, ser aplicada na prossecução desta incumbência da ANR. Com efeito, o n.º 1 do artigo 15.º daquele regulamento, determina, expressamente, que as receitas decorrentes da cobrança desta taxa se destinam a custear os encargos administrativos com a manutenção do registo.

Resumo cronológico da legislação

Sector das Águas

Decreto-Lei n.º 47/94, de 22 de Fevereiro (estabelece o regime económico e financeiro dos recursos hídricos)
Decreto-Lei n.º 113/97, de 10 de Maio (altera o Decreto-Lei n.º 47/94, de 22 de Fevereiro, que estabelece o regime económico e financeiro dos recursos hídricos)

---

[52] Nos termos do n.º 1 do artigo 2.º do Regulamento do SIRER, aprovado em anexo à Portaria n.º 1408/2006, de 18 de Dezembro, a inscrição no SIRER deve ser efectuada no prazo de trinta dias úteis a contar do início da actividade da entidade obrigada a tal registo.

As Taxas de Regulação Económica nos Sectores das Águas e Resíduos   151

Directiva n.º 98/83/CE, do Conselho, de 3 de Novembro de 1998 (relativa à qualidade da água destinada ao consumo humano)

Decreto-Lei n.º 362/98, de 18 de Novembro (aprova o Estatuto do Instituto Regulador de Águas e Resíduos)

Directiva n.º 2000/60/CE, do Parlamento Europeu e do Conselho, de 23 de Outubro (estabelece um quadro de acção comunitária no domínio da política da água)

Decreto-Lei n.º 151/2002, de 23 de Maio (altera o Decreto-Lei n.º 362/98, de 18 de Novembro, que aprovou o Estatuto do Instituto Regulador de Águas e Resíduos)

Portaria n.º 993/2003 (II Série), de 30 de Julho (estabelece as taxas de regulação devidas ao Instituto Regulador de Águas e Resíduos)

Portaria n.º 813/2005, de 12 de Setembro (que altera a Portaria n.º 993/2003 (II Série), de 30 de Julho)

Lei n.º 58/2005, de 29 de Dezembro (aprova a Lei da Água, transpondo para a ordem jurídica interna a Directiva n.º 2000/60/CE, do Parlamento Europeu e do Conselho, de 23 de Outubro, e estabelecendo as bases e o quadro institucional para a gestão sustentável das águas)

Portaria n.º 966/2006 (II Série), de 8 de Junho (estabelece o regime da taxa de controlo da qualidade da água)

Decreto-Lei n.º 135/2007, de 27 de Abril (aprova a lei orgânica do Instituto da Água – INAG, I.P.)

Portaria n.º 529/2007, de 30 de Abril (aprova os Estatutos do Instituto da Água, I.P.)

Decreto-Lei n.º 226-A/2007, de 31 de Maio (estabelece o regime de utilização dos recursos hídricos)

Despacho n.º 16982/2007, de 2 de Agosto (relativo à taxa de recursos hídricos no âmbito de operadores da Rede Nacional de Transporte de Electricidade)

Decreto-Lei n.º 306/2007, de 27 de Agosto (estabelece o regime da qualidade da água destinada ao consumo humano)

Portaria n.º 1450/2007, de 12 de Novembro (fixa as regras do regime de utilização dos recursos hídricos)

Decreto-Lei n.º 391-A/2007, de 21 de Dezembro (altera a redacção do artigo 93.º do Decreto-Lei n.º 226-A/2007, de 31 de Março, que estabelece o regime de utilização dos recursos hídricos)

Despacho n.º 30131/2007, de 28 de Dezembro (actualiza os valores das taxas de regulação a pagar ao Instituto Regulador de Águas e Resíduos, nos termos da Portaria n.º 993/2003, de 30 de Julho)

152   *As Taxas de Regulação Económica em Portugal*

Sector dos Resíduos

Directiva 91/689/CEE, do Conselho, de 12 de Dezembro (relativa aos resíduos perigosos)

Decreto-Lei n.º 85/2005, de 28 de Abril (estabelece o regime legal da incineração e co-incineração de resíduos, transpondo para a ordem jurídica interna a Directiva n.º 2000/76/CE, do Parlamento Europeu e do Conselho, de 4 de Dezembro)

Portaria n.º 830/2005, de 16 de Setembro (estabelece os montantes das taxas a cobrar pelo Instituto dos Resíduos (actual ANR) pela apreciação dos processos de notificação relativos ao movimento transfronteiriço de resíduos)

Directiva 2006/12/CE, do Parlamento Europeu e do Conselho, de 5 de Abril de 2006 (relativa aos resíduos)

Decreto-Lei n.º 178/2006, de 5 de Setembro (aprova o regime geral da gestão de resíduos, transpondo para a ordem jurídica interna a Directiva n.º 2006/12/ /CE, do Parlamento Europeu e do Conselho, de 5 de Abril, e a Directiva n.º 91/689/CEE, do Conselho, de 12 de Dezembro)

Portaria n.º 1407/2006, de 18 de Dezembro (relativa à taxa de gestão de resíduos)

Portaria n.º 1408/2006, de 18 de Dezembro (aprova o Regulamento de Funcionamento do Sistema Integrado de Registo Electrónico de Resíduos – SIRER)

Portaria n.º 320/2007, de 23 de Março (relativa ao registo de utilizadores no Sistema Integrado de Registo Electrónico de Resíduos – SIRER)

Decreto Regulamentar n.º 53/2007, de 27 de Abril (aprova a orgânica da Agência Portuguesa do Ambiente (APA), que exerce as funções de Autoridade Nacional dos Resíduos (ANR), fundindo os anteriores Instituto do Ambiente e Instituto Nacional dos Resíduos)

Portaria n.º 573-C/2007, de 30 de Abril (estabelece a estrutura nuclear da Agência Portuguesa do Ambiente e as competências das respectivas unidades)

AS TAXAS DE REGULAÇÃO ECONÓMICA NO SECTOR DA COMUNICAÇÃO SOCIAL

Diogo Ortigão Ramos
Pedro Sousa Machado

SUMÁRIO: 1. Breve resenha histórica: o surgimento da ERC – Entidade Reguladora para a Comunicação Social 1.1. Do Estado Novo à revisão constitucional de 1989 1.2. A Alta Autoridade para a Comunicação Social 1.3. O sector da comunicação social na Constituição da República 1.4. A consagração da ERC como entidade reguladora da comunicação social 2. As taxas cobradas pela ERC 2.1. A autonomia financeira da ERC 2.2. O sistema tripartido de taxas 2.3. A incidência das taxas 2.4. O apuramento do montante a pagar, a título de taxa 2.5. Aspectos relativos à liquidação e cobrança da taxa de regulação e supervisão 2.6. A evolução legislação e a regulamentação das taxas do sector 2.7. Jurisprudência sobre a taxa de regulação e supervisão 2.8. Uma qualificação alternativa para a taxa de regulação e supervisão

1. Breve resenha histórica: o surgimento da ERC – Entidade Reguladora para a Comunicação Social

No presente estudo, iremos analisar o regime jurídico das taxas que são cobradas em Portugal no âmbito da regulação económica do sector da comunicação social. Iniciaremos a nossa análise por uma breve, mas necessária, descrição da evolução do sector nos últimos anos, para, em seguida, procedermos ao enquadramento jurídico dos referidos tributos.

1.1. Do Estado Novo à revisão constitucional de 1989

É amplamente reconhecido que o sector da comunicação social assume, nas sociedades modernas, uma importância fundamental. Esta relevância foi sentida, desde logo, pelo legislador da nossa Constituição Política de 1933, que consagrou a "liberdade de expressão do pensamento sob qualquer forma", estipulando, no entanto, que a sua regulamentação seria efectuada por via de lei especial.[1] Surgiu, assim, o Decreto n.º 22.469, de 11 de Abril de 1933, que permitiu a criação das comissões legais de censura, cujos membros eram nomeados pelo governo e estavam subordinados à Direcção-Geral dos Serviços de Censura.[2] No que concerne à rádio e à televisão, o Decreto n.º 17.899, de 29 de Janeiro de 1930, introduziu o regime de monopólio do Estado para os serviços de radiodifusão e de radiotelevisão.

O exercício da radiotelevisão foi concessionado à RTP – Radiotelevisão Portuguesa, S.A.R.L, uma empresa nacional no sentido da Lei n.º 1994, de 13 de Abril 1943 (Lei da Nacionalização de Capitais), em regime de exclusividade, por um período de 20 anos. No tocante à rádio, embora com reservas, foi admitida a possibilidade de concessão de licenças para emissoras experimentais ou científicas, abrindo assim caminho à criação e desenvolvimento das rádios privadas.[3]

Como é sabido, a Revolução de 25 de Abril de 1974 constituiu, não obstante o período conturbado que se lhe seguiu, um ponto de viragem para o sector da comunicação social no nosso país. Foi publicada uma nova Lei da Imprensa que veio repor a liberdade de expressão e de pensamento e pôr termo ao regime de controlo da imprensa, prevendo o estabelecimento de um Conselho de Imprensa, a funcionar junto do Ministério da Comunicação Social, com o objectivo principal de salvaguardar a liberdade de imprensa perante o poder político.[4] Todavia, apesar do fim da censura, as empresas de comunicação social não foram alheias ao processo de nacionalização que marcou o pós-25 de Abril,

---

[1] Cf. Luís Brito Correia (Coimbra, 2000), *Direito da Comunicação Social*, vol. I, 94ss.

[2] Por sua vez, o Decreto-lei n.º 26.589, de 14 de Maio de 1936, veio, entre outras coisas, restringir o número de páginas a publicar por cada jornal, fez depender a fundação de qualquer publicação a censura prévia e proibiu a venda de publicações estrangeiras.

[3] Cf. Luís Brito Correia (2000), 99ss.

[4] Cf. Decreto-Lei n.º 85-C/75, de 26 de Fevereiro.

razão pela qual o Estado passou a ter o controlo de diversas publicações, tornando-se detentor de uma grande parte dos meios de comunicação social.[5]

Esta circunstância tornou fundamental assegurar a respectiva independência perante o Governo, pelo que a Constituição da República de 1976 (CRP) previu a criação de conselhos de informação constituídos por representantes indicados pelos partidos políticos com assento na Assembleia da República. Foram, por conseguinte, através da Lei n.º 78/77, de 26 de Outubro, criadas as primeiras entidades independentes com competências no âmbito da comunicação social, as quais, contudo, se viriam a revelar bastante politizadas, visto serem constituídas unicamente por representantes designados pelos partidos políticos com assento na Assembleia da República. Assim, com a entrada em vigor daquele diploma legal, surgiu o Conselho de Informação para a Radiodifusão Portuguesa, o Conselho de Informação para a Radiotelevisão Portuguesa, o Conselho de Informação para a Imprensa e, ainda, o Conselho de Informação para a Anop – Agência Noticiosa Portuguesa. Em todo o caso, cabia-lhes zelar pela independência da imprensa face ao poder político e económico, assegurar o pluralismo ideológico, impedindo, no entanto, a apologia da ideologia fascista e de quaisquer outras consideradas contrárias às liberdades democráticas e à Constituição.

Em 1983, surgiu a Lei n.º 23/83, de 6 de Setembro, que extinguiu estes conselhos de informação, criando, em sua substituição, o Conselho de Comunicação Social. Este Conselho funcionava junto da Assembleia da República e exercia a sua competência em todo o território nacional.[6] As deliberações deste conselho, que revestiam natureza vinculativa, consistiam em: a) recomendações e directivas dirigidas aos órgãos de gestão e direcção dos órgãos de comunicação social; b) pareceres relativamente à nomeação e exoneração dos respectivos directores ou de quem, a qualquer título, exercesse funções de direcção em departamentos de informação ou programação; c) convocatórias para as suas reuniões, ou em parte delas, de membros dos órgãos de gestão, fiscalização ou direcção e dos conselhos de redacção.

A adesão de Portugal às Comunidades Europeias, em 1 de Janeiro de 1986, veio a dar um forte e decisivo impulso para a modernização e

---

[5] Cf. Luís Brito Correia (2000), 108.
[6] Cf. Luís Brito Correia (2000), 115.

156 As Taxas de Regulação Económica em Portugal

liberalização do sector da comunicação social. Neste âmbito, podemos referir a possibilidade da outorga de licenças a estações de rádio privadas, através da aprovação do Decreto-Lei n.º 338/88, de 28 de Setembro, e a concessão de licenças a novas estações de televisão, por concurso público, possibilitada pela Revisão Constitucional de 1989.[7]

1.2. A Alta Autoridade para a Comunicação Social

Com a Revisão Constitucional de 1989, o legislador constitucional criou a Alta Autoridade para a Comunicação Social, em substituição do mencionado Conselho da Imprensa e do Conselho da Comunicação Social. Conforme se poderá depreender desta brevíssima resenha histórica, apenas com a revisão constitucional de 1989 surgiu, em boa verdade, o primeiro organismo passível de ser, com propriedade, considerado como regulador do sector da comunicação social. A Alta Autoridade para a Comunicação Social foi delineada no artigo 39.º da CRP como um órgão independente a quem cabia assegurar o direito à informação, a liberdade de imprensa e a independência dos meios de comunicação social, bem como a possibilidade de expressão e confronto das diversas correntes de opinião e o exercício dos direitos de antena, de resposta e de réplica política.

O surgimento da Alta Autoridade para a Comunicação Social coincidiu com a abertura do audiovisual ao sector privado, razão pela qual as suas competências de carácter regulatório se estendiam quer ao sector público, quer ao sector privado da comunicação social.[8]

A Alta Autoridade para a Comunicação Social desempenhou o papel de organismo regulador do sector até à sexta revisão constitucional, efectuada pela Lei Constitucional n.º 1/2004, pois, a partir dessa data, a nova redacção do artigo 39.º da CRP determinou que a regulação do sector da comunicação social teria de ser prosseguida por uma entidade

---

[7] A abertura da televisão ao sector privado conduziu à atribuição de duas novas licenças que corresponderam a dois novos canais generalistas – a SIC e a TVI. Por sua vez, a RDP e a RTP, continuando a pertencer ao Estado, foram, no entanto, transformadas em sociedades anónimas de capitais exclusivamente públicos.

[8] As atribuições e as competências da Alta Autoridade para a Comunicação Social encontravam-se reguladas por lei da Assembleia da República: num primeiro momento, pela Lei n.º 15/90, de 30 de Junho, e, posteriormente, pela Lei n.º 43/98, de 6 de Agosto.

As Taxas de Regulação Económica no Sector da Comunicação Social   157

administrativa independente, abrindo assim caminho à substituição da Alta Autoridade para a Comunicação Social pela ERC – Entidade Reguladora para a Comunicação Social (ERC).[9]

1.3. *O sector da comunicação social na Constituição da República*

Resulta do exposto que o sector da comunicação social foi, desde sempre, objecto de uma minuciosa regulamentação por parte do legislador, designadamente a nível constitucional. A CRP inclui uma "ampla constituição da informação", incluída no capítulo reservado aos Direitos, Liberdades e Garantias Pessoais, a qual contém quatro artigos que regulam a temática da comunicação social e formam a "base do regime jurídico desta".[10]

Em primeiro lugar, o artigo 37.º da CRP garante a liberdade de expressão e de informação, assegurando a todos o direito "de exprimir e divulgar livremente o seu pensamento pela palavra, pela imagem ou por qualquer outro meio, bem como o direito de informar, de se informar e de ser informados, sem impedimentos nem discriminações". Uma leitura atenta deste preceito permite divisar não um, mas dois direitos ligados entre si: o direito de expressão do pensamento e o direito de informação, cuja fronteira, não obstante, nem sempre é fácil de traçar.[11]

Em segundo lugar, o artigo 38.º da CRP, desenvolvendo a consagrada liberdade de expressão e de informação, estabelece a "liberdade de imprensa e meios de comunicação social", a qual abarca em si mesma uma série de direitos entre os quais se conta, desde logo, o direito de criar órgãos de imprensa.[12]

---

[9] Para mais desenvolvimentos sobre a Alta Autoridade para a Comunicação Social, cf. Luís Brito Correia (2000), 437ss.

[10] Cf. Gomes Canotilho/Vital Moreira (Coimbra, 2007), *Constituição da República Portuguesa Anotada*, 571.

[11] Cf. neste sentido Gomes Canotilho/Vital Moreira (2007), 572.

[12] Afirmam J. J. Gomes Canotilho e Vital Moreira que: "Sendo a liberdade de imprensa apenas uma qualificação da liberdade de expressão e informação destinada ao público – os meios de comunicação são um veículo de expressão ou informação –, ela compartilha de todo o regime constitucional desta, incluindo a proibição de censura, a submissão das infracções aos princípios gerais do direito criminal, o direito de resposta e de rectificação".

158   *As Taxas de Regulação Económica em Portugal*

Em terceiro lugar, o artigo 39.º da CRP prevê, de forma detalhada, a regulação da comunicação social. Este preceito foi integralmente reformulado por força da sexta revisão constitucional, a qual determinou a extinção da Alta Autoridade para a Comunicação Social – cuja previsão e composição estava definida constitucionalmente – e estabeleceu que teria de ser uma entidade administrativa independente a prosseguir a tarefa de regulação do sector da comunicação social. Nessa ocasião, o legislador constitucional aproveitou o ensejo para estipular, desde logo, os objectivos prioritários a prosseguir pela futura entidade responsável pela regulação do sector da comunicação social. No n.º 2 deste preceito remeteu, ainda, para uma lei da Assembleia da República o encargo de definir "a composição, as competências, a organização e o funcionamento da entidade referida no número anterior, bem como o estatuto dos respectivos membros, designados pela Assembleia da República e por cooptação destes".

Finalmente, o artigo 40.º da CRP, o último de um conjunto de quatro artigos relativos à liberdade e direitos de expressão e de informação, sob a epígrafe "Direitos de antena, de resposta e de réplica política", salvaguarda e assegura vários direitos, a saber: a) direito de antena dos partidos políticos e das organizações sociais em geral; b) direito de antena específico dos partidos da oposição; c) direito de resposta ou de réplica política dos partidos da oposição; d) direito de antena eleitoral dos concorrentes.[13] De acordo com Gomes Canotilho e Vital Moreira, a inserção deste preceito no âmbito dos "direitos, liberdades e garantias pessoais", e não nos "direitos, liberdades e garantias de participação política", só se justifica em face da sua ligação aos preceitos constitucionais vindos de descrever, e, sobretudo, à sua estreita conexão com a liberdade de imprensa e com os meios de comunicação do Estado.

1.4. *A consagração da ERC como entidade reguladora da comunicação social*

Em cumprimento do comando constitucional ínsito no citado n.º 2 do artigo 39.º da CRP, a Assembleia da República aprovou a Lei n.º 53/

---

[13] Cf. Gomes Canotilho/Vital Moreira (2007), 602.

As Taxas de Regulação Económica no Sector da Comunicação Social 159

/2005, de 8 de Novembro, procedendo à extinção da Alta Autoridade para a Comunicação Social e à criação da ERC, aprovando, em anexo, os respectivos estatutos.

Com relevância para o trabalho que nos ocupa, saliente-se que o artigo 50.º dos referidos Estatutos prevê uma série de receitas próprias da ERC, entre as quais se conta o produto das taxas devidas como contra-partida dos actos por si praticados. Estas taxas vieram a ser criadas pelo Decreto-lei n.º 103/2006, de 7 de Junho, que, em obediência ao disposto no artigo 51.º dos Estatutos, aprovou o Regime de Taxas da ERC, cujo regime jurídico iremos agora analisar.

A fixação em concreto do montante das taxas a pagar pelos respectivos sujeitos passivos, para o ano de 2006, foi efectuada pela Portaria n.º 653/ /2006 de 29 de Junho, sendo que, para o ano de 2007, já se aplicaram os montantes previstos na Portaria n.º 136/2007, de 29 de Janeiro.

Ainda no âmbito do sector da comunicação social, apesar de não afectarem directamente o objecto deste trabalho – as taxas cobradas neste sector –, podemos mencionar a aprovação do Decreto-Lei n.º 165/2007, de 3 de Maio, que estabeleceu o regime de organização e funcionamento do Gabinete para os Meios de Comunicação Social. De acordo com o preâmbulo deste diploma, a transferência para a ERC de um vasto con-junto de competências até então atribuídas ao Instituto da Comunicação Social veio impor a este último uma importante alteração no modo de funcionamento, quer no que respeita à estrutura organizativa, quer quanto à gestão de recursos humanos. Todavia, continuando a incumbir ao Es-tado, na área da comunicação social, algumas tarefas essenciais que, de acordo uma vez mais com o preâmbulo do Decreto-Lei n.º 165/2007, são insusceptíveis de serem atribuídas a uma entidade independente, fica na dependência do Gabinete para os Meios de Comunicação Social "apoiar o Governo na concepção, execução e avaliação das políticas públicas para a comunicação social, procurando a qualificação do sector e dos novos serviços de comunicação social, tendo em vista a salvaguarda da liber-dade de expressão e dos direitos fundamentais, bem como do pluralismo e da diversidade".

Na sequência da publicação deste Decreto-Lei, surgiu a Portaria n.º 622-D/2007, de 31 de Maio, que veio fixar o número máximo de unidades orgânicas flexíveis e a dotação máxima de chefes de equipas multidisciplinares do Gabinete para os Meios de Comunicação Social, assim como a Portaria n.º 622-G/2007, de 31 de Maio, que estabeleceu

160   *As Taxas de Regulação Económica em Portugal*

a estrutura nuclear do Gabinete para os Meios de Comunicação Social e as competências das respectivas unidades orgânicas.

A compreensão da legitimidade das taxas cobradas actualmente pela ERC implicou que se recordasse a evolução das entidades que, ao longo do tempo, foram regulando e supervisionando o sector da comunicação social em Portugal, pois só assim se poderá compreender a importância que aquelas receitas representam para o desempenho, independente do poder político, das tarefas de supervisão e de regulação do sector da comunicação social.

2. As taxas cobradas pela ERC

2.1. *A autonomia financeira da ERC*

Pode afirmar-se que o fundamento para as taxas cobradas pela ERC consta directamente do artigo 39.º da CRP. Com efeito, é a actual redacção deste preceito que determina, conforme já tivemos oportunidade de referir, a criação de uma entidade administrativa independente para a regulação do sector da comunicação social.

Já vimos que a necessidade constitucional de substituir a Alta Autoridade para a Comunicação Social por uma entidade administrativa independente surgiu com o propósito de criar um outro órgão que garantisse uma maior independência face ao poder político. Ora, um aspecto fundamental para lograr essa independência vem a ser a autonomia financeira, pois a dependência em exclusivo de receitas externas, designadamente de transferências do Orçamento do Estado, diminui, evidentemente, a capacidade de decisão livre e autónoma dessas entidades. Não se olvida que o financiamento externo é necessário e importante para o equilíbrio financeiro destes órgãos mas, para que esta entidade seja verdadeiramente independente e autónoma na sua actividade, o seu financiamento tem de ser complementado por receitas próprias.[14]

A ERC possui, conforme estipula o artigo 1.º dos respectivos Estatutos, aprovados em anexo à mencionada Lei n.º 53/2005, a natureza

---

[14] Cf. João Confraria (Lisboa, 2005), *Regulação e Concorrência – Desafios do século XXI.*

As Taxas de Regulação Económica no Sector da Comunicação Social   161

jurídica de entidade administrativa independente, pelo que a sua independência face ao poder político governamental é sustentada em várias características do respectivo regime jurídico, usufruindo de independência orgânica, funcional e financeira.[15] Esta última vem a ser, como já sublinhámos, a mais relevante para o estudo que agora nos ocupa, pois a pretendida auto-suficiência financeira destas entidades – através de receitas próprias – implica que o respectivo financiamento não dependa, em exclusivo, de fontes externas sob pena de ser afectado negativamente o seu estatuto de independência.

Ciente da importância da autonomia financeira da ERC face ao poder político, o legislador definiu um regime de financiamento misto, de forma a permitir um inequívoco reforço dos poderes de regulação e supervisão das actividades de comunicação social, em obediência ao comando do legislador constitucional. O regime de financiamento misto consagrado na Lei estabelece, como principais fontes de receita da ERC, as verbas provenientes do Orçamento do Estado, as taxas e outras receitas a cobrar junto das entidades que prosseguem actividades no âmbito da comunicação social (cf. artigo 50.º dos Estatutos da ERC).[16]

2.2. *O sistema tripartido de taxas*

O legislador determinou que as taxas são a contrapartida dos actos praticados pela ERC, em função dos custos necessários à regulação das actividades no âmbito da comunicação social, à prestação de serviços

---

[15] A lei prevê os requisitos de designação e de destituição dos respectivos membros, a sua inamovibilidade e a existência de um vasto leque de incompatibilidades. Por sua vez, a independência funcional traduz-se na ausência de controlo de mérito sobre os actos que pratica, não recebendo ordens ou instruções do Governo.

[16] Afirma-se no preâmbulo do Decreto-Lei n.º 103/2006, de 7 de Junho, que "parte do orçamento próprio é sustentada pelos cidadãos, através das transferências do Orçamento do Estado, uma vez que estes são beneficiários directos da actividade de regulação da comunicação social, enquanto função essencial para a salvaguarda dos direitos, liberdades e garantias (...) Outra parcela do orçamento da ERC é sustentada por taxas a cobrar junto das entidades que prosseguem actividades no âmbito da comunicação social. Tais taxas são a contrapartida dos actos praticados pela ERC, em função dos custos necessários à regulação das actividades ou à prestação de serviços específicos, ou em função das vantagens obtidas pela utilização de bens do domínio público na actividade de difusão".

específicos ou ainda em função das vantagens obtidas pela utilização de bens do domínio público na actividade de difusão, tendo gizado um sistema de taxas tripartido.

Em primeiro lugar, foi prevista a taxa de regulação e supervisão, a qual visa remunerar os custos específicos incorridos pela ERC "no exercício da sua actividade de regulação e supervisão contínua e prudencial" (cf. o n.º 1 do artigo 4.º do Regime de Taxas da ERC).

Em segundo lugar, o legislador consagrou a taxa por serviços prestados que remunera especificamente a realização casuística de determinadas actividades por parte da ERC, nomeadamente a apreciação de operações de concentração, a apreciação de acordos entre empresas, a emissão de certidões e de pareceres e a realização de inscrições e averbamentos (cf. artigo 8.º do Regime de Taxas da ERC).

Em terceiro lugar, foi estipulada uma taxa por emissão de títulos habilitadores cobrada em função dos custos decorrentes do procedimento administrativo inerente à outorga dos mesmos (cf. artigo 9.º do Regime de Taxas da ERC).

2.3. A incidência das taxas

A incidência objectiva das taxas cobradas pela ERC – taxa de regulação e supervisão, taxa por serviços prestados e taxa por emissão de títulos habilitadores – encontra-se definida no Regime de Taxas da ERC, aprovado pelo Decreto-Lei n.º 103/2006, de 7 de Junho. Conforme se pode ler no artigo 3.º do respectivo Regime, estas taxas "visam remunerar de forma objectiva, transparente e proporcionada o exercício pela ERC das suas atribuições de regulação e supervisão das actividades de comunicação social, bem como promover os padrões de eficiência dos mercados correspondentes".[17]

O primeiro tributo regulado na lei vem a ser a taxa de regulação e supervisão. Esta taxa "visa remunerar os custos específicos incorridos pela ERC no exercício da sua actividade de regulação e supervisão contínua e prudencial" (cf. n.º 1 do artigo 4.º do Regime de Taxas), sendo o respectivo quantitativo calculado de acordo com a categoria de meio de

---

[17] O valor a cobrar a título das referidas taxas encontra-se fixado nas Portarias n.º 653/2006, de 29 de Junho, e n.º 136/2007, de 29 de Janeiro.

As Taxas de Regulação Económica no Sector da Comunicação Social   163

comunicação social em que se insere o sujeito passivo e subcategoria da intensidade de regulação necessária (cf. artigos 5.º e 6.º do Regime de Taxas). Na verdade, a actividade de regulação e de supervisão implica um diferente dispêndio de tempo, o qual varia consoante os meios de suporte, a complexidade técnica, o volume de trabalho e a área de cobertura inerentes aos diversos meios de comunicação social, pelo que o legislador instituiu um sistema de categorias que distingue diversas intensidades da função reguladora requerida (regulação alta, média e baixa).

O legislador previu ainda uma taxa por serviços prestados. Este tributo remunera a prestação concreta de um determinado acto praticado pela ERC, no âmbito das suas funções de regulação e supervisão do sector da comunicação social. A título meramente exemplificativo, diga--se que esta taxa poderá incidir sobre a "apreciação de operações de concentração" ou sobre a "apreciação de abusos de posição dominante no mercado da comunicação social" (cf. al. a) e c) do n.º 2 do artigo 8.º do Regime de Taxas).

Por último, existe ainda a taxa por emissão de títulos habilitadores, a qual "visa remunerar parcialmente o Estado pela cedência da utilização de um bem escasso do domínio público, bem como remunerar os custos pelo procedimento administrativo inerente à sua outorga" (cf. n.º 1 do artigo 9.º do Regime de Taxas).

Tal como a incidência objectiva, a base de incidência subjectiva das taxas cobradas pela ERC encontra-se definida no Regime de Taxas da ERC. Neste âmbito, podemos distinguir a taxa de regulação e supervisão das taxas cobradas por ocasião da prestação dos serviços, enumerados no artigo 8.º do Regime de Taxas, e da emissão de títulos habilitadores. Com efeito, enquanto a taxa de regulação e supervisão incide sobre "todas as entidades que prossigam, sob jurisdição do Estado Português, actividades de comunicação social", a sujeição às restantes taxas depende da prestação individualizada do respectivo serviço.

2.4. *O apuramento do montante a pagar, a título de taxa*

No que concerne à taxa de regulação e supervisão, o apuramento do montante a pagar varia em função do operador em causa. O legislador procedeu à divisão dos diversos meios de comunicação social, sendo o valor da taxa arbitrado em função da subsunção a uma categoria (imprensa, rádio, televisão, cabo, comunicações móveis e sítios informativos submetidos a tratamento editorial) e a uma subcategoria estabelecida em função da actividade exigida à ERC. Assim, na óptica do legislador, o serviço de regulação e supervisão prestado pela ERC, aos operadores na área da comunicação social, é naturalmente diferenciado em função do grau e da intensidade de acompanhamento que cada um deles postula, o que implica, necessariamente, uma diferenciação correspondente ao nível da taxa respectiva. De acordo com os índices previstos na lei, as publicações periódicas de âmbito nacional, ou os serviços de programas generalistas com cobertura nacional, pagam uma taxa mais elevada do que as publicações periódicas de âmbito regional, ou de informação especializada de periodicidade não diária.

Como é bom de ver, a taxa em apreço não requer para a sua aplicação uma base de cálculo, pois o montante da taxa é apurado mediante a inclusão de um determinado operador de comunicação social na categoria e subcategoria correspondente. O método da fixação desta taxa obedece, portanto, a uma distribuição equitativa por todos operadores de comunicação social que, de acordo com o preceituado no artigo 7.º do Regime de Taxas, respeita os seguintes critérios: a) volume de trabalho repercutido na actividade reguladora; b) complexidade técnica da actividade reguladora; c) características técnicas do meio de comunicação utilizado; d) alcance geográfico do meio de comunicação utilizado; e) impacto da actividade desenvolvida pelo operador de comunicação social.

Nas restantes taxas cobradas pela ERC, o valor é determinado em função do serviço requerido e prestado, não variando, por conseguinte, em função de um qualquer índice relacionado com o requerente. As taxas cobradas no momento da prestação de um dos serviços previstos no artigo 8.º do Regime de Taxas ou as cobradas por ocasião da emissão de títulos habilitadores, estipuladas no artigo 9.º do mesmo Regime, não estabelecem, por isso, diferenças consoante o sujeito passivo seja um pequeno ou um grande operador. Aliás, o legislador explicitou que a fixação do montante destas taxas deverá respeitar o princípio da cobertura dos custos administrativos de cada acto em concreto, acrescentando os critérios a seguir: a) volume de trabalho repercutido na actividade reguladora; b) tempo despendido na actividade reguladora; c) complexidade técnica da actividade reguladora; d) gastos a suportar pela entidade reguladora.

Por outras palavras e em suma, no caso da taxa de regulação e supervisão, o montante do valor da taxa é calculado em função da inserção de cada entidade na categoria respectiva, atendendo ao tipo de meio de comunicação e subcategoria, que é estabelecida com base na intensidade da actividade de regulação exigida. Com efeito, as necessidades de supervisão são directamente proporcionais, desde logo, ao alcance geográfico do meio de comunicação utilizado ou ao impacto da actividade desenvolvida pelo operador de comunicação social. Assim, resulta claro que as exigências de regulação e supervisão se intensificam à medida que aumentam os indicadores estabelecidos no artigo 7.º do Regime de Taxas, pelo que não se suscitarão dúvidas quanto ao cumprimento do critério da proporcionalidade, por reporte a um sistema de graduação da taxa que tenha em consideração os factores enumerados naquele normativo.

Quanto à taxa por serviços prestados, de acordo com o artigo 10.º do Regime de Taxas, o montante em concreto do tributo baseia-se na cobertura dos custos administrativos de cada acto, segundo os seguintes critérios: a) volume de trabalho repercutido na actividade reguladora; b) tempo dispendido na actividade reguladora; c) complexidade técnica da actividade reguladora; d) gastos a suportar pela entidade reguladora. A variação do montante da taxa é feita por reporte a estes factores, pelo que os valores a cobrar variam consoante os actos praticados e reflectem a variação do custo efectivo de cada serviço, razão pela qual, em princípio, está garantida a existência de uma equivalência jurídica entre o valor da taxa e o valor do serviço prestado.

Por último, o carácter proporcional da taxa por emissão de títulos habilitadores também não levanta dúvidas. Este tributo visa a remuneração do Estado pela cedência da utilização de um bem escasso do domínio público e assenta na socialização parcial das vantagens económicas atribuídas aos operadores. Tal como na taxa supra referida, o valor em concreto da taxa varia em função dos diferentes tipos de actos que, naturalmente, impõem diferentes exigências ao regulador. Acresce que a atribuição destes títulos implica, para a comunidade, um sacrifício que aumenta proporcionalmente à limitação no uso de um bem comum, pelo que também esse factor faz variar o montante da taxa, corroborando o seu carácter proporcional.

2.5. Aspectos relativos à liquidação e cobrança da taxa de regulação e supervisão

A competência para a liquidação e cobrança dos tributos – que são, recorde-se, uma receita própria da ERC – cabe inteiramente aos serviços administrativos da ERC, pois é esta entidade quem detém a competência para o apuramento do montante das taxas e para, depois de liquidar a taxa, proceder à respectiva notificação ao sujeito passivo.

A taxa de regulação e supervisão é cobrada semestralmente, em duas prestações iguais, nos meses de Janeiro e Julho de cada ano e, apenas se o montante a cobrar for inferior a cinco unidades de conta, a cobrança deverá ser anual, realizando-se no mês de Janeiro de cada ano.

Refira-se ainda que o montante da taxa de regulação e supervisão é fixado por referência ao valor da unidade de conta processual, o qual é actualizado anualmente em função do ordenado mínimo nacional. Em 2006, o valor da unidade de conta processual era de € 89,00 e, em 2007, este valor foi aumentado para € 96,00, tendo sido esta a única alteração sofrida pela taxa desde a sua entrada em vigor.

2.6. A evolução legislação e a regulamentação das taxas do sector

A legislação das taxas de regulação económica, prevista para o sector da comunicação social, foi introduzida *ex novo* pela Lei n.º 53/2005, de 8 de Novembro, tendo o regime jurídico das taxas sido definido pelo Decreto-Lei n.º 103/2006, de 7 de Junho. A regulamentação destes tributos – a definição dos montantes a cobrar – foi efectuada, para o ano de 2006, pela Portaria n.º 653/2006, de 29 de Junho, e, para o ano de 2007, pela Portaria n.º 136/2007 de 29 de Janeiro.

Tendo em conta o curto período de vigência da legislação em apreço e o facto de, até à data, ainda não ter havido alterações, excepto no que diz respeito aos montantes a cobrar a título de taxa, podemos afirmar que a legislação no sector tem-se revelado estável. Em todo o caso, o legislador previu, no artigo 5.º do Decreto-Lei n.º 103/2006, uma avaliação intercalar para aferir da necessidade de rever o regime das taxas da ERC. Esta avaliação deverá ser realizada no prazo de dois anos após a entrada em vigor do referido regime jurídico, pelo que deverá ter lugar em Junho de 2008.

2.7. Jurisprudência sobre a taxa de regulação e supervisão

Apesar do desagrado público revelado por determinados grupos de comunicação social, aquando do início de vigência da taxa de regulação e supervisão, a verdade é que, até ao momento, cerca de 75% dos sujeitos passivos procederam ao pagamento da taxa.[18] Refira-se, no entanto, que cerca de 25% optaram por impugnar as liquidações da taxa de regulação e supervisão, alegando que a mesma seria inconstitucional, designadamente por não cumprir os requisitos da bilateralidade e da proporcionalidade.

Até à data, conhecem-se três decisões, proferidas no âmbito de processos de impugnação da liquidação da taxa de regulação e supervisão, do Tribunal Administrativo e Fiscal de Ponta Delgada, que se pronunciou pela conformidade jurídico-constitucional deste tributo. Conforme se pode ler nas sentenças, "compulsados os preceitos dos artigos 4.º a 7.º do Regime das Taxas da ERC, referentes à TRS, julgo dever concluir que estamos perante uma verdadeira taxa", pois verifica-se, na opinião do Tribunal, o necessário equilíbrio entre a prestação consubstanciada pela taxa e a sua contraprestação, no estrito respeito pelo princípio da proporcionalidade. Assim, de acordo com o referido Tribunal, o tributo em causa configura uma verdadeira taxa, tendo-se concluído pela não declaração de inconstitucionalidade do Decreto-Lei n.º 103/2006, de 7 de Junho, invocada pelo impugnante.[19]

Concomitantemente, podemos referir ainda duas sentenças proferidas pelo Tribunal Administrativo e Fiscal de Sintra que afirmaram a inconstitucionalidade da taxa de regulação e supervisão.[20]

---

[18] Segundo informações recolhidas junto da ERC, estima-se que tenham sido arrecadados, no ano de 2006, cerca de € 400.000,00, o que equivale a 75,79% do total notificado. No ano de 2007, a ERC prevê receber cerca de € 800.000,00.

[19] Decisões proferidas nos processos n.os 122/06.4BEPDL, 133/06.0BEPDL e 9//07.3BEPDL.

[20] Decisões proferidas nos processos n.os 1233/06 e 240/07.

2.8. Uma qualificação alternativa para a taxa de regulação e supervisão

Sem prejuízo do que ficou escrito sobre a natureza de taxa dos tributos cobrados pela ERC, não podemos deixar de assinalar o facto de certa doutrina, da mais respeitável no nosso país, ter vindo recentemente a enquadrar as receitas cobradas pelos organismos reguladores na categoria residual das demais contribuições financeiras a favor de entidades públicas.

Actualmente, a Constituição da República consagra, na alínea i) do n.º 1 do artigo 165.º, uma divisão tripartida dos tributos: impostos, taxas e contribuições financeiras a favor de entidades públicas. A consideração constitucional desta terceira categoria veio permitir o enquadramento das denominadas figuras híbridas, isto é, dos tributos que partilham a natureza dos impostos e, simultaneamente, das taxas.[21] Na verdade, existem tributos que poderão ser confundidos com os impostos, pois não possuem uma contrapartida perfeitamente individualizável, e assemelham-se às taxas "porque visam retribuir o serviço prestado (...) a um certo círculo ou certa categoria de pessoas ou entidades, que beneficiam colectivamente da actividade" desenvolvida pelo ente público ou por uma entidade investida com poderes públicos.[22]

De acordo com Gomes Canotilho e Vital Moreira, "as taxas dos organismos reguladores" enquadram-se naquela categoria, visto que "visam retribuir os serviços prestados por uma entidade pública a um certo conjunto ou categoria de pessoas".[23] No mesmo sentido, Cardoso da Costa entende que as receitas atribuídas às entidades reguladoras se deverão enquadrar neste *tertium genus*.[24]

Este entendimento não afectará a conformidade jurídico-constitucional dos tributos cobrados pela ERC, pois a criação das demais contribuições financeiras a favor de entidades públicas seguirá o regime previsto

---

[21] Cf. Gomes Canotilho/Vital Moreira (2007), 1094.

[22] Cf. Gomes Canotilho/Vital Moreira (2007), 1095.

[23] Cf. Gomes Canotilho/Vital Moreira (2007), 1094-1095

[24] Cf. José Manuel M. Cardoso da Costa (Coimbra, 2006), "Sobre o princípio da legalidade das "taxas" (e das "demais contribuições financeiras")", separata de *Estudos em Homenagem ao Professor Doutor Marcello Caetano – No Centenário do seu Nascimento*, 807.

para as taxas, o qual, como vimos, foi respeitado. Com efeito, não estando as receitas das entidades administrativas independentes sujeitas ao regime de criação dos impostos, excepto no que concerne à definição do referido regime geral, é "legítima a sua criação e modulação individualizada por simples diploma governamental", pelo que o facto de os tributos cobrados pela ERC terem sido estabelecidos por diploma governamental, e reguladas por via regulamentar, no respeito pelos condicionalismos da lei-quadro competente, cumpre os ditames constitucionais para a sua criação.

Resumo cronológico da legislação

Lei n.º 53/2005, de 8 de Novembro (Cria a ERC – Entidade Reguladora para a Comunicação Social, extinguindo a Alta Autoridade para a Comunicação Social, e aprova os Estatutos da referida Entidade Reguladora)

Decreto-Lei n.º 103/2006, de 7 de Junho (Aprova o Regime de Taxas da ERC – Entidade Reguladora para a Comunicação Social e estabelece, ainda, a participação nos resultados líquidos do ICP – ANACOM)

Portaria n.º 653/2006, de 29 de Junho (Fixa, para o ano de 2006, os montantes pecuniários a pagar pelas entidades que prosseguem actividades de comunicação social tal como definidas no Regulamento de taxas da ERC – Entidade Reguladora para a Comunicação Social)

Portaria n.º 136/2007, de 29 de Janeiro (Fixa, para o ano de 2007, os montantes pecuniários a pagar pelas entidades que prosseguem actividades de comunicação social, tal como definidas no regulamento de taxas da ERC – Entidade Reguladora para a Comunicação Social)

AS TAXAS DE REGULAÇÃO ECONÓMICA NO SECTOR DAS COMUNICAÇÕES ELECTRÓNICAS

CONCEIÇÃO GAMITO
JOÃO RISCADO RAPOULA[*]

SUMÁRIO: 1. Enquadramento normativo e institucional do sector 1.1. Enquadramento normativo do sector das comunicações electrónicas 1.2. Enquadramento institucional do sector das comunicações electrónicas 1.3. Evolução do sector nos últimos anos 2. As taxas incidentes sobre o sector e o direito comunitário 2.1. Fundamento para as taxas incidentes sobre o sector 2.2. Instituição das taxas: obrigação ou faculdade? 2.3. Justificação para a criação das taxas 3. As taxas incidentes sobre o sector e o direito nacional 3.1. Razão de ordem 3.2. Legislação primária: o quadro geral do REGICOM 3.3. Necessidade de legislação derivada 3.4. Tributos cobrados 3.4.1. As contribuições pelo exercício das actividades de fornecedor de redes e de serviços de comunicações electrónicas 3.4.2. A taxa de utilização de frequências para o STM 3.4.3. O caso específico da TMDP 3.5. Tributos não cobrados 3.5.1. As taxas pela emissão de declarações comprovativas dos direitos 3.5.2. As taxas pela atribuição de direitos de utilização de frequências 3.5.3. As taxas pela atribuição e reserva de direitos de utili-

---

[*] Os autores agradecem ao ICP – ANACOM, especialmente ao Dr. Luís Filipe Menezes e ao Dr. Fernando Manuel Carreiras, as informações prestadas e a disponibilidade sempre demonstrada. Os autores agradecem aos colegas da Área de Telecomunicações da Vieira de Almeida & Associados – Sociedade de Advogados, R.L. (VdA), particularmente à Margarida Couto, à Magda Cocco, à Sofia Mello e Faro e ao Tiago Bessa, a partilha do seu profundo conhecimento sobre o sector, aos colegas da Área de Concorrência & UE da VdA, nomeadamente, ao Ricardo Bordalo Junqueiro, a leitura e sugestões efectuadas, e aos colegas da Área Fiscal da VdA, o esforço adicional que todos fizeram para que este trabalho fosse possível.

172 *As Taxas de Regulação Económica em Portugal*

zação de números 3.5.4. As taxas de utilização de números 3.5.5. As contribuições para o serviço universal 3.6. A aplicação da receita 3.6.1. As contribuições para a AdC 3.6.2. As transferências para a ERC 3.6.3. As transferências para o Estado 4. Conclusões

1. Enquadramento normativo e institucional do sector

1.1. *Enquadramento normativo do sector das comunicações electrónicas*

A pedra basilar do sector das comunicações electrónicas é a Lei n.º 5/ /2004, de 10 de Fevereiro (REGICOM), que estabelece o regime jurídico aplicável às redes e serviços de comunicações electrónicas. O REGICOM disciplina matérias fundamentais, que passam, nomeadamente, pela definição das competências da autoridade reguladora nacional, o ICP – Autoridade Nacional de Comunicações (ICP – ANACOM), pela delimitação do âmbito de actuação das empresas que oferecem redes e serviços de comunicações electrónicas, que podem ser ou não acessíveis ao público, mormente, no caso de se tratar de serviços acessíveis ao público, quanto à obrigação de estas prestarem informações transparentes e actualizadas sobre os preços aplicáveis e também pela fixação das taxas de regulação aplicáveis ao sector.

O quadro legal e regulamentar deste sector decorre de fonte comunitária, deixando um espaço de manobra muito limitado ao legislador nacional, na medida em que um dos objectivos da União Europeia neste sector é justamente o de garantir a maior harmonização legislativa possível e uma aplicação consistente das regras em todos os países da União.[1]

Finalmente, no âmbito do enquadramento normativo do sector e com relevância para o presente trabalho, importa ainda fazer uma breve referência ao Decreto-Lei n.º 151-A/2000, de 20 de Julho, que constitui o regime geral das radiocomunicações. Este diploma tem por objecto o regime aplicável ao licenciamento de redes e estações de radiocomunicações e à fiscalização das referidas estações e da utilização do espectro

---

[1] Veja-se a referência ao conjunto de directivas que integra o denominado Pacote Regulamentar de 2002, no ponto 1.3, em baixo.

radioeléctrico, bem como a definição dos princípios aplicáveis às taxas radioeléctricas, à protecção da exposição a radiações electromagnéticas e à partilha de infra-estruturas de radiocomunicações.

1.2. Enquadramento institucional do sector das comunicações electrónicas

É o ICP – ANACOM que, actualmente, se encontra na incumbência de regular e supervisionar o sector das comunicações electrónicas.[2]

A criação da entidade reguladora, tal como hoje a conhecemos, resultou de um processo longo e pouco articulado, que se consolidou com o Decreto-Lei n.º 309/2001, de 7 de Dezembro, na medida em que o Instituto de Comunicações de Portugal (ICP), enquanto antecedente da actual autoridade reguladora nacional, conhece a sua criação legal em 1981, tendo, posteriormente, em 1983, sido aprovados os seus estatutos. Contudo, o ICP só viria a ser efectivamente estabelecido em 1989, com a aprovação dos seus novos estatutos.

Com efeito, foi com o Decreto-Lei n.º 188/81, de 2 de Julho, diploma que estabeleceu os princípios gerais das comunicações, que se criou o ICP. Este quadro normativo visava instituir uma entidade cujo campo de actuação abrangesse não somente o apoio ao Governo nas atribuições inerentes ao sector, na tutela e planeamento das comunicações de uso público, bem como na representação do sector no plano internacional, mas também funções de índole mais técnica, que passavam pela gestão do espectro radioeléctrico, "um dos mais importantes activos físicos do Estado".[3]

Todavia, o ICP não tinha poderes de regulação da actividade dos operadores, *i.e.*, de regulamentação e licenciamento, nem de fixação das tarifas dos serviços de comunicações, prerrogativas que continuavam reservadas ao Estado.

---

[2] Na função de supervisão, o ICP – ANACOM actua como um agente passivo que apenas controla as regras aplicáveis. Veja-se a alínea b) do n.º 1 do artigo 6.º dos Estatutos do ICP – ANACOM.

[3] Assim o afirma Carlos Lobo, "Reflexões sobre a (necessária) equivalência económica das taxas", in VV. (Coimbra, 2006), *Estudos Jurídicos e Económicos em Homenagem ao Prof. Doutor António de Sousa Franco*, vol. I, 449, nota 73.

Apesar de criado pelo Decreto-Lei n.º 188/81, o ICP só iria ver os seus estatutos aprovados com o Decreto Regulamentar n.º 70/83, de 20 de Julho. As grandes inovações introduzidas por este diploma eram, contudo, a orgânica e funcionamento, assim como a autonomia financeira do ICP. Deste modo, no que tange à organização, foram criados três órgãos: o conselho directivo, o conselho administrativo e o conselho consultivo, garantindo-se, quanto ao regime financeiro, o princípio da autonomia financeira ao serem enumeradas as receitas do Instituto. Tratava-se de "um instituto público de tipo tradicional, sujeito a tutela e superintendência do Governo, e sujeito a um regime de direito administrativo em todos os aspectos, nomeadamente o estatuto dos dirigentes, regime do pessoal, gestão económica e financeira".[4]

Não obstante este diploma estipular que o ICP deveria ser implementado no prazo de seis meses, tal não sucedeu, tendo sido criada, cinco anos depois, uma comissão instaladora que deveria propor eventuais alterações aos estatutos do ICP, que culminaram, no entanto, numa revisão geral dos estatutos do Instituto.

O capítulo seguinte do processo evolutivo do ente regulador português iniciou-se com o Decreto-Lei n.º 283/89, de 23 de Agosto, que preconizou a equiparação deste ente a empresa pública, alargando o seu campo de actuação, já que passou a competir ao ICP o licenciamento de operadores e prestadores de serviços de telecomunicações. A sua orgânica foi também alterada, pois os seus órgãos passaram a ser o conselho de administração, o conselho fiscal e o conselho consultivo. É igualmente de realçar o facto de vigorar um princípio de autonomia financeira, considerando que ao ICP eram devidas contribuições por parte dos operadores de telecomunicações.

Mas o grande passo neste processo evolutivo terá sido dado com a Lei n.º 91/97, de 1 de Agosto (Lei de Bases das Telecomunicações de 1997), tendo em conta que foi com este diploma que se passou a considerar o ICP como a verdadeira entidade reguladora do sector.[5] O ICP tornou-se o garante máximo da liberalização do sector e da observância das obri-

---

[4] Fernanda Maçãs/Vital Moreira, "Estudo e Projecto de Estatutos do Instituto das Comunicações de Portugal (ICP)", in Vital Moreira, org. (Coimbra, 2004), *Estudos de Regulação Pública*, 103.

[5] A Lei de Bases das Telecomunicações de 1997 foi revogada pela alínea a) do n.º 1 do artigo 127.º do REGICOM.

gações de serviço universal, sempre com o objectivo de promoção da concorrência (de imposição comunitária e que assentava na criação do mercado interno) no horizonte.

Não obstante, o derradeiro capítulo, até ao momento, surgiu com a entrada em vigor do Decreto-Lei n.º 309/2001, que conferiu ao anterior ICP a sua actual designação de ICP – ANACOM e no qual se publicam os seus novos estatutos.

O ICP – ANACOM continua a personalidade jurídica do ICP, desvinculando-se do anterior estatuto jurídico de instituto público e assumindo o de pessoa colectiva de direito público, dotada de autonomia administrativa e financeira e de património próprio.

Peça fundamental na determinação das atribuições do ICP – ANACOM é o REGICOM, na medida em que foi com este diploma que se transpôs para a ordem jurídica portuguesa o conteúdo do Pacote Regulamentar de 2002, trave mestra do actual estado do sector a nível comunitário.

A orgânica do ICP – ANACOM mantém-se corporizada nos seguintes órgãos: Conselho de Administração, Conselho Fiscal e Conselho Consultivo.

À autoridade reguladora nacional estão reservadas as funções de regulação, supervisão e representação que se exprimem, de forma genérica, no facto de ser esta entidade que tem a incumbência de garantir o acesso ao mercado, nomeadamente pela gestão do regime de autorização geral, de gerir os recursos públicos à disposição dos operadores, designadamente, o espectro radioeléctrico (frequências) e os números, de zelar pela aplicação do quadro legislativo pertinente, em especial no tocante às obrigações a cargo dos operadores, e de representar o Estado português tanto no plano interno como no panorama internacional.

Um ponto-chave que deve igualmente ser considerado neste contexto reside no facto de o Pacote Regulamentar de 2002, que analisaremos mais adiante, exortar os Estados-Membros a conferirem as funções de regulação a autoridades administrativas independentes, imunes à influência e orientações governamentais, conforme decorre da Directiva-Quadro, cujo objectivo é a consolidação de um modelo institucional de regulação independente. No caso do ICP – ANACOM, constata-se que os seus Estatutos prescrevem que se trata de uma autoridade independente no exercício das suas funções.[6]

---

[6] Directiva n.º 2002/21/CE, de 7 de Março de 2002, relativa a um quadro regulamentar comum para as redes e serviços de comunicações electrónicas. Nos termos

176 *As Taxas de Regulação Económica em Portugal*

É, pois, essencial que se verifique essa independência para que o ente regulador possa prosseguir as suas atribuições de promoção da concorrência e, consequentemente, do livre acesso ao mercado, para que se atinja o fim último que norteia os imperativos comunitários constantes do Pacote Regulamentar de 2002, que é a consolidação do mercado interno no sector das comunicações electrónicas.[7]

1.3. *Evolução do sector nos últimos anos*

A evolução do sector das comunicações electrónicas em Portugal é indissociável do processo evolutivo à escala comunitária.

Se, historicamente, o sector constituía, na maioria dos países europeus, um monopólio natural, com a crescente integração europeia optou--se por uma via de liberalização que tinha como objectivo primário, tal como referimos já mais atrás, a criação de um mercado interno das telecomunicações, o que passaria inevitavelmente pela transformação da intervenção pública, isto é, pela redefinição do papel do Estado no âmbito do sector, passando este de fornecedor de serviço público a regulador de um sector económico fundamental.

Deste modo, com o conjunto de directivas que integraram o Pacote "Open Network Provision" (Oferta de Rede Aberta, que também ficou conhecido como "Pacote ORA"), na década de 90, deu-se início ao desmantelamento dos monopólios públicos das telecomunicações que se

---

previstos no n.º 2 do artigo 3.º desta Directiva, "os Estados-Membros garantirão a independência das autoridades reguladoras nacionais, providenciando para que sejam juridicamente distintas e funcionalmente independentes de todas as organizações que asseguram a oferta de redes, equipamentos ou serviços de comunicações electrónicas. Os Estados--Membros que mantenham a propriedade ou o controlo de empresas que assegurem o funcionamento de redes e/ou serviços de comunicações electrónicas garantirão uma separação total e efectiva entre a função de regulação, por um lado, e as actividades ligadas à propriedade ou à direcção dessas empresas, por outro". Todavia, a independência não é total, na medida em que o ICP – ANACOM está sujeito aos princípios orientadores da política de comunicações fixados pelo Governo, nos termos do artigo 4.º, carecendo os respectivos plano de actividades, orçamento, relatório de actividades e contas de aprovação ministerial, como se retira do n.º 2 do artigo 50.º. Vejam-se ainda os nossos comentários no ponto 3.6., em baixo.

[7] Veja-se a alínea b) do n.º 1 do artigo 5.º do REGICOM.

encontravam estabelecidos na maioria dos países europeus, abolindo-se os direitos especiais de quaisquer operadores, designadamente empresas concessionárias.

A Directiva n.º 97/13/CE constituía o instrumento fundamental no contexto do quadro regulatório vigente à data e pugnava pela cobrança de tributos apenas na medida do necessário para compensar os custos inerentes ao regime de autorização geral, o serviço universal e os custos relativos à atribuição de uma licença individual.[8] Quanto a estes últimos custos, quando estivessem em causa recursos escassos, a Directiva n.º 97/ /13/CE conferia às autoridades reguladoras nacionais a faculdade de imporem tributos que reflectissem a necessidade de gestão criteriosa daqueles recursos.[9]

Este quadro regulamentar pretendia assegurar uma transição tranquila de uma situação de monopólio para um cenário concorrencial que culminaria com a abertura à livre concorrência do serviço fixo telefónico, processo que conheceu mais desenvolvimentos com a revisão de 99, no âmbito da qual se sentiu necessidade de revitalizar o movimento de liberalização do sector.[10]

Implementou-se, então, o Pacote Regulamentar de 2002, no qual passou a falar-se em *comunicações electrónicas* e já não em telecomunicações, com o objectivo de adaptar o novo quadro regulatório às novas realidades e à evolução tecnológica do sector, designadamente em virtude do acesso massificado à Internet.

---

[8] Directiva n.º 97/13/CE, de 10 de Abril de 1997, relativa a um quadro comum para autorizações gerais e licenças individuais no domínio dos serviços de telecomunicações, revogada em 25 de Julho de 2003. Vejam-se os artigos 6.º e 11.º desta Directiva.

[9] Veja-se o n.º 2 do artigo 11.º da Directiva n.º 97/13/CE.

[10] Como refere Carlos Blanco de Morais, em Portugal o serviço fixo telefónico foi aberto à concorrência em 1 de Janeiro de 2000, passando os anteriores operadores monopolistas a ser designados como operadores incumbentes e responsabilizados pela prestação do serviço universal. Assistiu-se igualmente ao processo de privatização destes entes, sendo de mencionar que o Governo detém uma *golden share* de 500 acções na Portugal Telecom, assistindo-lhe deste modo a prerrogativa de intervir em determinadas decisões estratégicas – "Breve Introdução ao Regime Jurídico das Comunicações Electrónicas no Direito Comunitário e Português", in VV. (Coimbra, 2006), *Estudos Jurídicos e Económicos em Homenagem ao Prof. Doutor António de Sousa Franco*, vol. I, 4. Veja-se também a Comunicação da Comissão Europeia, *Para um novo quadro das infra-estruturas das comunicações e electrónicas e serviços conexos* COM (1999) 539 final, 10.11.1999, ponto 3, disponível em http://europa.eu/scadplus/leg/pt/lvb/l24216.htm.

O Pacote Regulamentar de 2002 integra um conjunto de cinco directivas, a saber:

(i) Directiva-Quadro;[11]
(ii) Directiva Acesso;[12]
(iii) Directiva do Serviço Universal;[13]
(iv) Directiva Autorização;[14]
(v) Directiva Protecção de Dados Pessoais.[15]

Visou-se com a sua implementação, uma vez asseguradas as condições de plena concorrência nos mercados, garantir o respeito por um princípio de intervenção mínima ou de adequação na actuação do ente regulador, limitando-a ao estritamente necessário. Para este efeito, sugere-se a introdução de mecanismos destinados a reduzir a regulação quando os objectivos políticos que presidem a este quadro sejam atingidos por via da concorrência. Outro objectivo consistia na neutralidade tecnológica, ponto fulcral para evitar distorções de mercado que passassem pela promoção de determinada tecnologia ou infra-estrutura em detrimento de outra. O Pacote Regulamentar de 2002 intentou igualmente agilizar os processos de entrada no mercado, essencial para o fomento da concorrência e, consequentemente, para a consolidação do mercado interno. Uma preocupação adicional deste Pacote entroncava na defesa dos interesses dos cidadãos, sendo a existência de um serviço universal um dos exemplos desta preocupação.[16]

---

[11] Directiva n.º 2002/21/CE, de 7 de Março de 2002, relativa a um quadro regulamentar comum para as redes e serviços de comunicações electrónicas.

[12] Directiva n.º 2002/19/CE, de 7 de Março de 2002, relativa ao acesso e interligação de redes de comunicações electrónicas e recursos conexos.

[13] Directiva n.º 2002/22/CE, de 7 de Março de 2002, relativa ao serviço universal e aos direitos dos utilizadores em matéria de redes e serviços de comunicações electrónicas.

[14] Directiva n.º 2002/20/CE, de 7 de Março de 2002, relativa à autorização de redes e serviços de comunicações electrónicas.

[15] Directiva n.º 2002/58/CE, de 12 de Julho de 2002, relativa ao tratamento de dados pessoais e à protecção da privacidade no sector das comunicações electrónicas.

[16] Este objectivo encontra-se consagrado na alínea a) do n.º 1 e no n.º 4 do artigo 5.º do REGICOM. De acordo com o disposto no artigo 93.º do REGICOM, na prossecução deste objectivo, o ICP – ANACOM pode, designadamente determinar a disponibilização de opções ou pacotes tarifários diferentes dos oferecidos em condições comerciais normais, a imposição de impor limites máximos de preços e a aplicação de tarifas comuns. Cf. artigos 39.º, 40.º, 47.º, 48.º e 52.º do REGICOM. O serviço universal encontra-se definido na alínea ff) do artigo 3.º do REGICOM como o conjunto mínimo dos serviços de qualidade especificada, disponível para todos os utilizadores, independentemente da sua localização geográfica e, em função das condições nacionais, a um preço acessível. Dispõe o n.º 2 do artigo 86.º do REGICOM que "O âmbito de serviço universal deve

As Taxas de Regulação Económica no Sector das Comunicações Electrónicas 179

O Pacote Regulamentar de 2002 conferiu à Comissão um papel de protagonista, sem paralelo até então, na medida em que esta instituição passou a dispor de poder de veto das medidas nacionais e de competência para adoptar recomendações e linhas de orientação que as autoridades nacionais deverão tomar em consideração.[17]

Este Pacote Regulamentar visava ainda uma aproximação às regras da concorrência, privilegiando-se a regulação *a posteriori* em detrimento de uma regulação *ex ante*.

A transposição do Pacote Regulamentar de 2002 para os direitos nacionais não foi, todavia, um processo ágil. Com efeito, esta transposição deveria encontrar-se concluída até 24 de Julho de 2003. Porém, em Novembro de 2003, apenas oito Estados-Membros haviam tomado as medidas necessárias para o transpor, o que motivou procedimentos por infracção contra os Estados-Membros que não cumpriram as suas obrigações: Alemanha, França, Bélgica, Grécia, Luxemburgo, Países Baixos e Portugal.[18]

Sobre o papel da regulação na entrada no mercado, cumpre referir que a regulação das comunicações electrónicas é uma regulação económica, na medida em que configura a intervenção pública como "destinada a assegurar o funcionamento equilibrado do mercado, corrigindo as suas distorções naturais e criando condições jurídicas para que exista uma concorrência efectiva".[19]

---

evoluir por forma a acompanhar o progresso da tecnologia, o desenvolvimento do mercado e as modificações da procura por parte dos utilizadores, sendo o seu âmbito modificado sempre que tal evolução o justifique". Sobre o conceito de serviço universal veja-se ainda Rodrigo Gouveia, (Coimbra, 2001), *Os Serviços de Interesse Geral em Portugal*, 24ss. Finalmente, refira-se que foi lançada pelo ICP – ANACOM, a 19 de Fevereiro de 2008, uma consulta pública, relativa ao processo de designação dos prestadores de serviço universal (Consulta Serviço Universal), que se encontra disponível em http://www.anacom.pt/template15.jsp?categoryId=268042.

[17] Designadamente, recomendações relativas à definição de mercados relevantes e à declaração de empresas com Poder de Mercado Significativo. Não há veto sobre os remédios regulatórios aplicáveis, embora na reforma em curso do Pacote Regulamentar de 2002, esta hipótese já esteja consagrada.

[18] Comunicação da Comissão de 19 de Dezembro de 2003 – *Regulamentação e mercados das comunicações electrónicas europeias em 2003* – Relatório sobre a aplicação do pacote regulamentar das comunicações electrónicas na UE, COM (2003) 715 final, ponto 1.2, página 4, disponível em http://eur-lex.europa.eu/smartapi/cgi/sga_doc?smartapi!celexplus!prod!DocNumber&lg=pt&type_doc=COMfinal&an_doc=2003&nu_doc=715.

[19] Assim escreve Pedro Gonçalves, "Regulação das Comunicações Electrónicas", in (Coimbra, 2008), *Regulação, Electricidade e Telecomunicações, Estudos de Direito Administrativo da Regulação*, 202.

180 *As Taxas de Regulação Económica em Portugal*

A entrada no mercado assume, assim, grande preponderância no âmbito do Pacote Regulamentar de 2002, o que aliás se infere do considerando n.º 7 da Directiva Autorização, no qual se refere que se deve aplicar o regime de autorizações menos oneroso para os operadores, por forma a estimular o desenvolvimento do mercado de comunicações electrónicas. Importa assim neste âmbito distinguir os dois regimes de entrada no mercado que, em conformidade com a Directiva Autorização, se encontram consagrados no REGICOM, a saber:

(i) Regime de autorização geral

Este regime consta do artigo 21.º do REGICOM e, segundo Pedro Gonçalves, trata-se de uma autorização legislativa ou regulamentar, que resulta directamente da lei, para quaisquer empresas que pretendam oferecer redes e serviços de comunicações electrónicas.[20]

Assim, estas empresas encontram-se obrigadas a comunicar sucintamente ao ICP – ANACOM a rede ou serviço cuja oferta pretendem iniciar e o prazo previsto para o início de actividade. Efectuada esta comunicação, as empresas podem iniciar a actividade.

No prazo de cinco dias a contar da recepção da comunicação, o ICP – ANACOM deve emitir uma declaração confirmando a recepção da comunicação e descrevendo em detalhe os direitos do operador em matéria de acesso e interligação e de instalação de recursos previstos na lei. Deste modo, os operadores dispõem de uma declaração comprovativa dos seus direitos, destinada a ser apresentada, sempre que necessário, com o objectivo de facilitar o exercício destes direitos.

(ii) Regime de atribuição de direitos de utilização

Quando os operadores pretendam explorar redes ou serviços de comunicações que pressuponham a utilização de frequências radioeléctricas ou de números, a autorização geral, por si só, não é suficiente para o exercício dessa actividade.

Com efeito, apesar de o princípio geral em matéria de utilização de frequências e números ser o da não limitação e da não dependência da

---

[20] Pedro Gonçalves (2008), 204. Sobre esta matéria veja-se também Margarida Couto, "O sistema de "Licença Única" na União Europeia", Revista de Direito de Informática e Telecomunicações – RDIT, ano 2, n.º 2, Janeiro/Junho 2007, 191-198.

As Taxas de Regulação Económica no Sector das Comunicações Electrónicas   181

atribuição de direitos de utilização, a utilização de frequências e números pode ser limitada e sujeita à atribuição de direitos de utilização quando estes recursos sejam escassos e tal seja necessário para garantir a sua utilização eficiente.[21]

Deste modo, sempre que as frequências e os números sejam recursos escassos, o regime de atribuição de direitos de utilização apresentar-se-á mais complexo para os operadores do que a autorização geral para a oferta de redes ou serviços de comunicações electrónicas.

Após a entrada no mercado, os operadores ficam sujeitos ao poder regulatório do ICP – ANACOM. A regulação de carácter mais geral, que se consubstancia na supervisão do ICP – ANACOM, nas obrigações a que estão adstritos os operadores de publicação de listas, de prestação de informações sobre facturação e de pagamento de taxas, não esgota as relações regulatórias entre estes e o regulador. Após uma análise de mercado, pode mostrar-se necessária uma regulação de carácter mais específico, destinada a determinados segmentos do sector e, mais concretamente, a determinadas empresas, a chamada regulamentação sectorial *ex ante*. Esses segmentos constituem os Mercados Relevantes e estas empresas são aquelas que detêm Poder de Mercado Significativo (PMS).

Os mercados actualmente identificados como relevantes pela Comissão constam da Recomendação da Comissão n.º 2007/879/CE, de 17 de Dezembro de 2007, relativa aos mercados relevantes no sector das comunicações electrónicas, que substituiu a Recomendação da Comissão n.º 2003/311/CE, e definem-se através da intersecção de duas dimensões, o mercado do produto e o mercado geográfico, sendo susceptíveis de imposição de obrigações regulamentares *ex ante*, caso se verifiquem cumulativamente nesse mercado três condições: (*i*) presença de obstáculos fortes (de natureza estrutural, jurídica ou regulamentar) e não transitórios à entrada nesse mercado; (*ii*) estrutura de mercado que não tenda para uma concorrência efectiva no horizonte temporal pertinente; (*iii*) insuficiência do direito da concorrência para corrigir adequadamente as falhas de que padece o mercado em causa.[22]

---

[21] Neste sentido, vejam-se o artigo 5.º da Directiva Autorização e os artigos 30.º a 35.º do REGICOM.

[22] É importante ter presente que todas as análises de mercado levadas a cabo pelo ICP – ANACOM foram feitas ao abrigo da anterior recomendação, que previa dezoito mercados relevantes (actualmente são sete os mercados definidos como relevantes). Nos termos do n.º 3 do artigo 15.º da Directiva-Quadro, as autoridades reguladoras nacio-

182 *As Taxas de Regulação Económica em Portugal*

Uma vez terminado este processo de identificação de um mercado como relevante, ou seja, susceptível de regulação *ex ante*, importa aferir em que medida existe no mercado em causa concorrência efectiva, o que ocorre, em regra, caso não haja empresas com PMS.[23]

Assim, nos termos do n.º 3 do artigo 59.º do REGICOM, na circunstância de o ICP – ANACOM considerar que naquele mercado existe concorrência efectiva deve abster-se de impor qualquer obrigação regulamentar e levantar as que existam. Por outro lado, havendo empresas com PMS, o n.º 4 do mesmo artigo determina que lhes sejam impostas obrigações regulamentares.[24]

Pelo exposto, conclui-se que, no contexto do fomento da concorrência e consolidação do mercado interno, a regulação *ex ante* assenta no pressuposto de existirem distorções de mercado, o que originou, no âmbito do Pacote Regulamentar de 2002, o primado de uma regulação *a posteriori* e dirigida a todos os operadores, relegando-se para segundo plano a regulação *ex ante*. Contudo, o Pacote Regulamentar de 2002 ainda é muito protector da intervenção regulatória, dado que são muitas as práticas de regulação *a priori* que subsistem.[25]

Refira-se, por último, que está na calha a implementação de um Novo Pacote Regulamentar, que se debruça sobre um conjunto variado de

---

nais deverão tomar a recomendação e as linhas de orientação *na máxima conta.* ao definirem os mercados relevantes que correspondem às circunstâncias nacionais. Sobre esta matéria vejam-se a "Newsletter Telecomunicando", Novembro 2007, da VdA, disponível em http://www.vda.pt/xms/files/Newsletters/TelecomunicandoNovembro2007.pdf e o "Flash Informativo Direito Comunitário, Concorrência e Propriedade Industrial", n.º 169, de 19.12.2007 a 08.01.2008, da VdA, disponível em http://www.vda.pt/xms/files/ Newsletters/Flash_n169_UE_Concorrencia_PI.pdf. Veja-se também o artigo 58.º do REGI-COM. A Recomendação da Comissão n.º 2007/879/CE, de 17 de Dezembro de 2007, relativa aos mercados relevantes de produtos e de serviços susceptíveis de regulamentação *ex ante* em conformidade com a Directiva n.º 2002/21/CE, do Parlamento Europeu e do Conselho, relativa a um quadro regulamentar comum para as redes e serviços de comunicações electrónicas, está disponível em http://eur-lex.europa.eu/LexUriServ/site/pt/oj/ 2007/l_344/l_34420071228pt00650069.pdf.

[23] O conceito de empresa com PMS é decalcado do direito da concorrência, sendo similar ao de empresa com posição dominante. Na definição de empresas com PMS o ICP – ANACOM faz ainda uso dos critérios previstos no n.º 4 do artigo 60.º do REGICOM.

[24] Vejam-se os artigos 8.º e seguintes da Directiva Acesso e o artigo 66.º do REGICOM.

[25] Pedro Gonçalves (2008), 207-211.

temas.[26] Desde logo, no que tange à concorrência, procura-se criar um enquadramento legislativo que melhor responda à sua promoção e ao investimento e à inovação nas comunicações electrónicas, satisfazendo as necessidades e interesses dos consumidores. Relativamente à gestão do espectro, procura-se assegurar que a legislação maximize a utilização deste recurso escasso, designadamente que se adapte rapidamente à evolução tecnológica e às necessidades patenteadas pelo mercado.

Por outro lado, na reforma do actual quadro regulatório continua a ser preocupação a realização do mercado interno das comunicações electrónicas, assumindo preponderância a regulação coerente e eficaz, no sentido de garantir uma actuação dos reguladores limitada ao estritamente necessário e proporcional às falhas a corrigir. Continua, deste modo, a acentuar-se a tendência da regulação *a posteriori,* assente numa lógica de *desregulação.*

Finalmente, no âmbito da protecção dos utilizadores de serviços de comunicações electrónicas, fixa-se um objectivo de convergência tecnológica, procurando-se garantir uma sociedade de informação acessível a todos e contribuir para um nível superior de segurança e de integridade das redes de comunicações electrónicas.

2. As taxas incidentes sobre o sector e o direito comunitário

2.1. *Fundamento para as taxas incidentes sobre o sector*

O Pacote Regulamentar de 2002 procedeu ao enquadramento das taxas e contribuições incidentes sobre o sector das comunicações electrónicas, fixando os princípios e regras comuns que condicionam os legisladores e as administrações nacionais no tratamento que devem conferir aos tributos exigidos aos operadores deste sector.

---

[26] Informações adicionais sobre as propostas de reforma do actual quadro regulatório podem ser consultadas em http://ec.europa.eu/information_society/policy/ecomm/tomorrow/index_en.htm. Sobre esta matéria vejam-se ainda a "Newsletter Telecomunicando", Novembro 2007, da VdA e o "Flash Informativo Direito Comunitário, Concorrência e Propriedade Industrial", n.º 163, de 07 a 13.11.2007, da VdA, disponível em http://www.vda.pt/xms/files/Newsletters/Flash_n163_UE_Concorrencia_PI.pdf.

184   *As Taxas de Regulação Económica em Portugal*

Neste contexto, o Pacote Regulamentar de 2002 fixou um sistema tripartido de tributos, que abrange: (*i*) os encargos administrativos; (*ii*) as taxas de utilização; e (*iii*) as contribuições para o serviço universal.

(i) Encargos administrativos

Os encargos administrativos encontram-se previstos no artigo 12.º da Directiva Autorização e visam financiar as actividades da autoridade reguladora nacional respeitantes à gestão do sistema de autorização e à concessão dos direitos de utilização, sendo devidos pelas "empresas que ofereçam serviços ou redes ao abrigo da autorização geral ou às quais foi concedido um direito de utilização".[27]

(ii) Taxas de utilização

Às taxas sobre os direitos de utilização e direitos de instalação de recursos refere-se o artigo 13.º da Directiva Autorização. Estas taxas constituem a contrapartida concreta e individualizada da utilização de frequências ou números e da instalação de recursos, especificamente disponibilizadas às empresas.

Também o artigo 11.º da Directiva-Quadro, sob a epígrafe "Direitos de passagem", consagra a obrigação, que impende sobre os Estados--Membros, de assegurarem que, sempre que uma autoridade competente pondere um pedido de concessão de direitos de instalação de recursos em, sobre ou sob propriedade pública a uma empresa autorizada a ofe-recer redes de comunicações electrónicas, essa autoridade actue com base em procedimentos (que poderão, no entanto, diferir consoante se trate ou não de um requerente que ofereça redes públicas de comunicações) trans-parentes e acessíveis ao público, aplicados sem discriminação e sem demora, e respeite os princípios da transparência e da não discriminação, ao estabelecer condições para cada um desses direitos.

(iii) Contribuições para o serviço universal

A terceira categoria de tributos incidentes sobre o sector é discipli-nada pelo artigo 13.º da Directiva do Serviço Universal. As contribuições

---

[27] Considerando n.º 30 da Directiva Autorização.

para o serviço universal têm por escopo o financiamento do serviço universal, compensando as empresas que tenham assumido obrigações de serviço universal de acordo com o respectivo custo líquido.

2.2. Instituição das taxas: obrigação ou faculdade?

O legislador comunitário limita-se a permitir a instituição das três categorias de tributos acima assinaladas, não as impondo.

(i) Encargos administrativos

Relativamente aos encargos administrativos, a conclusão pela faculdade, e não obrigação, da instituição destes tributos resulta do considerando n.º 30 da Directiva Autorização, que refere expressamente que estes encargos "podem" ser impostos aos prestadores de serviços de comunicações electrónicas, bem como do n.º 2 do artigo 12.º desta Directiva, que prevê um conjunto de obrigações que impendem sobre as autoridades reguladoras nacionais, "caso [estas] imponham encargos administrativos".

(ii) Taxas de utilização

No que às taxas de utilização diz respeito, a mesma conclusão decorre do considerando n.º 32 da Directiva Autorização, que refere que estas taxas "podem" ser impostas para garantir a utilização óptima destes recursos. Do artigo 13.º desta Directiva decorre ainda que esta possibilidade pode ter um "duplo grau". Com efeito, nos termos previstos neste artigo, os Estados-Membros "podem" autorizar a autoridade competente a impor tais taxas. Caso exerçam esta opção, caberá à autoridade competente decidir, por seu turno, pela sua imposição.

(iii) Contribuições para o serviço universal

A Directiva do Serviço Universal limita-se igualmente a permitir a instituição das contribuições para este serviço. Efectivamente, no considerando n.º 18 desta Directiva afirma-se que, quando se demonstre que as obrigações de serviço universal só podem ser asseguradas com prejuízo ou com um custo líquido que ultrapassa os padrões comerciais normais, "podem" os Estados-Membros estabelecer mecanismos de financiamento

186 As Taxas de Regulação Económica em Portugal

do custo líquido destas obrigações. Todavia, estes mecanismos nem sequer passam necessariamente pela instituição de contribuições incidentes sobre as empresas. Com efeito, resulta do artigo 13.º da Directiva do Serviço Universal que, em alternativa à instituição destas contribuições, podem os Estados-Membros optar por recuperar aqueles custos líquidos através de fundos públicos – as indemnizações compensatórias. Podem igualmente fazê-lo, é certo, através da combinação dos dois métodos: a imposição daquelas contribuições e a canalização de fundos públicos.[28]

2.3. Justificação para a criação das taxas

(i) Encargos administrativos

No que toca à primeira categoria de tributos, o legislador comunitário justifica a sua instituição com a necessidade de financiamento das actividades da autoridade reguladora nacional respeitantes à gestão do sistema de autorização e à concessão dos direitos de utilização.

Neste contexto, o legislador comunitário fixa-lhes como limite a cobertura dos custos administrativos reais das actividades de gestão do sistema de autorização e de concessão dos direitos de utilização. Estes encargos devem, pois, obedecer a um princípio do mínimo ou da cobertura de custos e ser impostos de forma objectiva, transparente e proporcional, que minimize os custos administrativos adicionais e os encargos conexos. Acresce que, de acordo com o considerando n.º 30 da Directiva Autorização, os regimes aplicáveis em matéria de encargos administrativos não devem dar origem a distorções da concorrência, nem colocar entraves à entrada no mercado.

Por outro lado, o legislador comunitário impõe às autoridades reguladoras nacionais a obrigação de publicarem um relatório anual que contenha o montante total dos encargos recebidos e dos custos administrativos suportados, para que as empresas possam verificar o equilíbrio entre os custos administrativos e os encargos pagos, bem como a obrigação de, no período subsequente, procederem aos ajustamentos dos encargos impostos, caso estes se revelem excessivos ou insuficientes.[29]

---

[28] Veja-se o considerando n.º 21 da Directiva do Serviço Universal.
[29] Veja-se o considerando n.º 30 da Directiva Autorização.

A este propósito, cumpre referir que é de afastar a possibilidade de repartição dos encargos administrativos pelos operadores com base no respectivo volume de negócios, que é objecto de uma breve referência no considerando n.º 31 da Directiva Autorização, mas que não mereceu acolhimento no articulado da Directiva, seguramente por se reconhecer que o volume de negócios não apresenta relação fiável com os custos administrativos reais da actividade de regulação.[30]

É de salientar que, no âmbito do anterior quadro regulatório, o Tribunal de Justiça das Comunidades Europeias (Tribunal de Justiça) se pronunciou contra a possibilidade de cobrança de um tributo calculado com base no volume de negócios, no acórdão de 18 de Setembro de 2003, nos processos apensos C-292/01 (Albacom SpA) e C-293/01 (Infostrada SpA). O Tribunal de Justiça considerou *pacífico* que uma contribuição calculada de acordo com uma percentagem do volume de negócios relativo a todos os serviços de telecomunicações fornecidos "não tem por objectivo cobrir os custos administrativos relacionados com o processo de autorização", sendo *forçoso concluir* que tal contribuição não se enquadra em nenhum dos tributos expressamente admitidos pela Directiva n.º 97/13/CE. Concluiu, assim, o Tribunal de Justiça que esta Directiva proíbe que os Estados-Membros imponham às empresas encargos como a contribuição controvertida.[31]

---

[30] Com efeito, os custos de regulação gerados não apresentam necessariamente relação com o volume de negócios da empresa. Sobre a inadequação do emprego de bases tributáveis *ad valorem* nos tributos comutativos ou paracomutativos, veja-se Sérgio Vasques, "Remédios Secretos e Especialidades Farmacêuticas: A Legitimação Material dos Tributos Parafiscais", *Ciência e Técnica Fiscal*, 2004, n.º 413, 183-185, e "Taxas de Saneamento ad Valorem – Anotação ao Acórdão n.º 68/2007 do TC", *Fiscalidade*, 2006, n.º 28, 29-30.

[31] Acórdão de 18 de Setembro de 2003, nos processos apensos C-292/01 (Albacom SpA) e C-293/01 (Infostrada SpA), pontos 27, 28 e 42. No entanto, no considerando n.º 30 da Directiva Autorização, o legislador comunitário parecia sugerir uma solução menos má do que a consagrada na contribuição reprovada pelo Tribunal de Justiça. Com efeito, enquanto esta era exclusivamente calculada com base percentagem do volume de negócios relevante, a solução que o legislador comunitário parecia sugerir partia da prévia delimitação dos custos administrativos reais respeitantes à gestão do sistema de autorização geral e à concessão de direitos de utilização, para depois repartir esses custos pelos operadores com base numa chave de repartição assente no volume de negócios relevante destes. Esta solução, sendo menos má, não é, ainda assim, de admitir, porquanto, como já acima se afirmou, os custos de regulação gerados não apresentam necessariamente relação com o volume de negócios dos operadores.

188 *As Taxas de Regulação Económica em Portugal*

Neste acórdão, o Tribunal de Justiça seguiu, no essencial, a interpretação proposta pelo Advogado-Geral, que, segundo este, "é corroborada pela «directiva autorização» de 2002, que substituiu a Directiva n.º 97/ /13/CE, ao exigir que os regimes dos encargos administrativos e das taxas pelo uso de radiofrequências não distorçam a concorrência nem criem entraves à entrada no mercado".[32]

Tal como refere a Comissão, embora a Directiva n.º 97/13/CE "tenha sido revogada em 25 de Junho de 2003, o acórdão constitui uma orientação para a interpretação de medidas semelhantes ao encargo contestado (uma imposição sobre o volume de negócios dos operadores de telecomunicações) no contexto do novo quadro regulamentar, uma vez que a Directiva Autorização contém disposições similares".[33]

(ii) Taxas de utilização

Por seu turno, as taxas sobre os direitos de utilização de radiofrequências ou números e sobre os direitos de instalação de recursos em propriedade pública ou privada justificam-se em função do propósito extrafiscal de racionalização destes recursos, quando sejam escassos, com o objectivo de garantir a sua utilização óptima.

Estes tributos constituem, como já se referiu, contrapartida concreta e individualizada dos direitos de utilização de recursos escassos, especificamente disponibilizados às empresas.

Quando os recursos não se revelem escassos, os Estados-Membros não devem limitar os direitos de utilização, nem devem fazer depender o seu aproveitamento da atribuição de direitos de utilização individuais, devendo incluir as condições de utilização na autorização geral. Nestas circunstâncias, não existirá fundamento para a cobrança de taxas de utilização.[34]

---

[32] Conclusões do Advogado-Geral D. Dâmaso Ruiz-Jarabo Colomer, apresentadas em 12 de Dezembro de 2002, nos processos apensos C-292/01 (Albacom SpA) e C-293/01 (Infostrada SpA), ponto 53.

[33] Comunicação COM(2003) 715 final, pp. 31-32. Veja-se o acórdão de 10 de Março de 2005, no proc. C-22/03 (Optiver), no qual o Tribunal de Justiça também aflora a problemática aqui subjacente ao considerar que uma taxa cuja matéria colectável é constituída pelos ganhos brutos realizados pelos estabelecimentos de valores mobiliários no exercício de diversas actividades se assemelha a um imposto directo sobre o rendimento.

[34] Veja-se o artigo 5.º da Directiva Autorização, em especial os respectivos números 1, 2 e 5.

As Taxas de Regulação Económica no Sector das Comunicações Electrónicas 189

Enquanto tributos que se justificam pela necessidade de optimização da utilização de recursos escassos, as taxas de utilização devem ser modeladas com base no custo ou valor dessas prestações para as empresas. O custo ou valor deve, pois, constituir um dos limites da quantificação das taxas de utilização. Porém, este limite, isoladamente utilizado na quantificação destes tributos, muitas vezes não permite garantir a prossecução do objectivo extrafiscal de racionalização de recursos que justifica a sua imposição. Nesses casos, pode revelar-se necessário introduzir desvios àquele limite justificados pelas exigências da extrafiscalidade. Os desvios face ao custo ou valor têm, pois, de encontrar justificação na prossecução do objectivo extrafiscal da utilização óptima destes recursos escassos.

No considerando n.º 32 da Directiva Autorização, a propósito das taxas de utilização, o legislador comunitário refere que, em caso de atribuição dos direitos de utilização através de procedimento de selecção concorrencial ou comparativa, as taxas relativas aos direitos de utilização das radiofrequências podem consistir total ou parcialmente num montante único, exigindo no entanto que sejam propostas condições de pagamento adequadas, de forma a assegurar que as taxas não comprometem o objectivo de utilização óptima destes recursos.

Apesar de o considerando da Directiva Autorização em apreço se reportar exclusivamente às taxas pela utilização das radiofrequências, as mesmas possibilidade e exigência devem aplicar-se às taxas relativas aos direitos de utilização de números, quando a respectiva atribuição deva ser efectuada através de procedimento de selecção concorrencial ou comparativa.[35]

Salientamos ainda que o legislador comunitário se refere nesse considerando às taxas pela utilização destes recursos escassos, e não aos encargos administrativos pela atribuição dos respectivos direitos, o que explica que não limite a fixação do quantitativo destas taxas à cobertura dos custos das actividades de concessão dos direitos de utilização, fixando antes como ponto de partida para a quantificação, embora não constitua limite único, o valor económico, excepcional, destes recursos.

---

[35] Sobre os procedimentos de selecção concorrencial ou comparativa para a atribuição de direitos de utilização de números de valor económico excepcional e de radiofrequências, vejam-se o n.º 4 do artigo 5.º e o artigo 7.º, ambos da Directiva Autorização.

O legislador comunitário autonomiza ainda as exigências da transparência, da não discriminação e da observância dos objectivos visados pelo Pacote Regulamentar de 2002, previstos no artigo 8.º da Directiva-Quadro.

Temos, assim, como limites que viabilizam o controlo material destas taxas, a proporcionalidade (ou a equivalência ao custo ou valor das prestações para os operadores) e as exigências da extrafiscalidade, que permitem o controlo do quantitativo das taxas; mas também, a transparência, a não discriminação e o respeito pelos objectivos de política geral definidos no Pacote Regulamentar de 2002.[36]

Refere ainda o legislador comunitário que estas taxas podem também ser utilizadas para financiar as actividades das autoridades reguladoras nacionais que não devam ser cobertas pelos encargos administrativos. Com efeito, as prestações destas entidades que aproveitam de modo comum a todos os operadores/empresas e que não sejam individualizáveis devem ser cobertas pelos encargos administrativos. Deste modo, a utilização das taxas, considerada pelo legislador comunitário, deve, pois, reportar-se sempre às prestações das autoridades reguladoras nacionais relativas a recursos que aproveitam, de forma individualizada, às empresas às quais as taxas são exigidas.

(iii) Contribuições para o serviço universal

Finalmente, as contribuições para o serviço universal encontram justificação na necessidade de repartição, dos encargos excessivos suportados por uma empresa que tenha assumido obrigações de serviço universal, pelo grupo económico que o legislador comunitário entendeu ser aquele ao qual estes encargos devem ser imputados em comum: os restantes operadores de redes e serviços de comunicações electrónicas.

Esta última categoria de tributos tem, pois, um fundamento solidarístico, que justifica as obrigações que o legislador comunitário faz

---

[36] Neste sentido J. L. Saldanha Sanches/João Taborda da Gama, Sanches, "Taxas municipais pela ocupação do subsolo", *Fiscalidade*, 2004, n.ºs 19-20, 14: "Não se esqueça que o cerne da definição de taxa se encontra, como vimos, no conceito de sinalagma: onde este falte, falta a taxa. (…) O conceito de sinalagma deve ser material e incluir um qualquer equilíbrio interno equilíbrio que há-de sempre passar pela necessidade de a prestação pública envolver algum facere, um facere dispendioso que beneficie o sujeito passivo de forma individualizável e que deverá ser suportado por este e não pelos recursos gerais do ente público".

As Taxas de Regulação Económica no Sector das Comunicações Electrónicas   191

impender sobre as autoridades reguladoras nacionais de determinação dos custos líquidos da prestação do serviço universal e de publicação de um relatório anual, que contenha esse custo e indique as contribuições feitas por todas as empresas envolvidas.[37]

Nos termos previstos no artigo 13.º da Directiva do Serviço Universal, quando os Estados-Membros optem por repartir os custos líquidos do serviço universal através da instituição destes tributos, devem estabelecer um mecanismo de repartição (*v.g.*, um fundo) administrado pela autoridade reguladora nacional ou por organismo independente dos beneficiários, sob supervisão daquela.[38]

3. As taxas incidentes sobre o sector e o direito nacional

3.1. *Razão de ordem*

A análise do sistema nacional de tributos incidentes sobre o sector das comunicações electrónicas não pode deixar de começar pelo REGICOM, diploma que constitui a "legislação primária" de transposição para o direito nacional do Pacote Regulamentar de 2002.[39] Este é, pois, o ponto de partida da análise do direito nacional referente às taxas incidentes sobre o sector (ponto 3.2., abaixo).

Apesar de traçar o quadro base dos tributos incidentes sobre o sector das comunicações electrónicas, o REGICOM não pode, nem deve, esgotar a legislação nacional relativa aos tributos incidentes sobre o sector. É imprescindível a adopção, ou a adaptação, de "legislação derivada", que discipline e regulamente a aplicação destes tributos.[40] No ponto 3.3.,

---

[37] Vejam-se os artigos 12.º e 14.º da Directiva do Serviço Universal.

[38] Ainda que na perspectiva mais geral do financiamento de Serviços de Interesse Económico Geral, importa reter a afirmação de João Nuno Calvão da Silva, "Geridos por autoridades independentes, encarregadas de receber as quantias dos operadores e de as afectar à cobertura dos custos das obrigações de serviço universal, os fundos de compensação são considerados meios menos lesivos da concorrência." – Calvão da Silva (Coimbra, 2008), *Mercado e Estado, Serviços de Interesse Económico Geral*, 246.

[39] A expressão que citamos é da Comunicação COM(2003) 715 final, p. 28.

[40] A expressão que citamos é da Comunicação COM(2003) 715 final, p. 4.

192 *As Taxas de Regulação Económica em Portugal*

constatamos, porém, a ausência de legislação derivada que complete a transposição para o direito nacional do sistema de tributos consagrado no Pacote Regulamentar de 2002.

Na ausência de legislação derivada, os tributos incidentes sobre o sector, nuns casos, têm vindo a ser cobrados ao abrigo de legislação não adaptada ao actual quadro regulatório e, noutros, simplesmente não estão a ser cobrados. Ambos os casos colocam problemas de índole diversa.

Do elenco dos tributos que têm vindo a ser cobrados constam: (*i*) as contribuições pelo exercício da actividade de fornecedor de redes e de serviços de comunicações electrónicas; (*ii*) as taxas sobre a utilização de frequências; (*iii*) a TMDP. Quanto às taxas de utilização de frequências, limitamos a nossa análise àquelas que geram o volume de receitas mais significativo para a autoridade reguladora nacional, as taxas de utilização de frequências para o Serviço Móvel Terrestre Público (STM) aplicáveis às estações móveis das redes GSM, DCS1800 e UMTS, com o código 22107. Estes tributos são objecto da nossa análise no ponto 3.4., abaixo.

No rol dos tributos não cobrados encontramos: (*i*) as taxas pela emissão de declarações comprovativas dos direitos; (*ii*) as taxas pela atribuição de direitos de utilização de frequências; (*iii*) as taxas pela atribuição de direitos de utilização de números; (*iv*) as taxas de utilização de números; (*v*) as contribuições para o serviço universal. Sobre este problema versa o ponto 3.5.

Finalmente, e porque a análise da tributação da regulação económica não se pode considerar concluída sem o exame do modo como são aplicadas as receitas destes tributos e das relações entre o ICP – ANACOM e outros entes reguladores que beneficiam destas receitas, encerramos este capítulo, no ponto 3.6., abaixo, com referências à articulação entre o ICP – ANACOM e a Autoridade da Concorrência (AdC), à articulação entre o ICP – ANACOM e a Entidade Reguladora da Comunicação Social (ERC) e ainda com o exame das transferências a favor do Estado efectuadas pelo regulador das comunicações electrónicas, por conta dos seus resultados líquidos do exercício.[41]

---

[41] Este exame é fundamental na medida em que, como refere Sérgio Vasques (2004), 195, frequentemente a natureza discriminatória de um tributo resulta, não apenas da forma como é angariado, mas também do modo como é aplicada a sua receita.

3.2. Legislação primária: o quadro geral do REGICOM

O esquema tripartido de tributos, fixado pelo direito comunitário, foi transposto, em termos genéricos, para o direito nacional pelo REGICOM. Assim, no direito interno, a base legal para a instituição de encargos administrativos encontra-se nas alíneas a) a d) do n.º 1 do artigo 105.º, para a criação de taxas de utilização, nas alíneas e) e f) do n.º 1 do artigo 105.º e no artigo 106.º, e para as contribuições para o serviço universal, na alínea b) do n.º 1 do artigo 97.º.

O quadro legal em que devem assentar os tributos incidentes sobre o sector das comunicações electrónicas pode, pois, sintetizar-se nos seguintes termos:

Artigo 105.º, n.º 1, alínea a)	Declarações comprovativas dos direitos	Encargos administrativos
Artigo 105.º, n.º 1, alínea b)	Exercício da actividade de fornecedor de redes e serviços	
Artigo 105.º, n.º 1, alínea c)	Atribuição de direitos de utilização de frequências	
Artigo 105.º, n.º 1, alínea d)	Atribuição de direitos de utilização de números e a sua reserva	
Artigo 105.º, n.º 1, alínea e)	Utilização de números	Taxas de Utilização
Artigo 105.º, n.º 1, alínea f)	Utilização de frequências	
Artigo 106.º	Direitos de passagem[42]	
Artigo 97.º, n.º 1, alínea b)	Serviço universal	Contribuições para o serviço universal

Quadro 1: O sistema de tributos no REGICOM

---

[42] Apesar de incidir sobre as empresas que oferecem redes e serviços de comunicações electrónicas, esta taxa não apresenta qualquer relação com a regulação do sector das comunicações electrónicas, nem com a utilização de recursos específicos deste sector. Sobre esta problemática e a génese desta taxa vejam-se os nossos comentários mais detalhados, em baixo.

194 As Taxas de Regulação Económica em Portugal

(i) Encargos administrativos

No plano da legislação primária, a transposição dos encargos administrativos, tal como previstos no artigo 12.º da Directiva Autorização, parece ter sido adequadamente concretizada.

Com efeito, quanto à fixação dos limites destes encargos, o legislador nacional determina, no n.º 4 do artigo 105.º do REGICOM, que os tributos previstos nas alíneas a) a d) do n.º 1 do mesmo artigo aspiram à cobertura dos custos administrativos decorrentes da gestão, controlo e aplicação do regime de autorização geral, bem como da concessão dos direitos de utilização e das condições específicas em matéria de acesso e interligação, de controlo dos mercados retalhistas, de serviço universal e decorrentes da manutenção de certas obrigações específicas, seguindo o disposto pelo legislador comunitário na alínea a) do n.º 1 do artigo 12.º da Directiva Autorização.

No mesmo n.º 4, o legislador nacional decalca também o disposto no artigo 12.º da Directiva Autorização, na exemplificação dos custos que estes encargos podem incluir.

Na parte final do n.º 4 do artigo 105.º do REGICOM, o legislador nacional refere ainda explicitamente os princípios, tal como previstos no artigo 12.º da Directiva Autorização, que regem estes encargos (objectividade, transparência e proporcionalidade) e a respectiva finalidade de minimização dos custos administrativos adicionais e dos encargos conexos.

No n.º 5 do artigo 105.º do REGICOM, o legislador nacional fixa, de modo inequívoco, a obrigação, que impende sobre o ICP – ANACOM, de publicação de um relatório anual dos custos administrativos desta autoridade e do montante total resultante da cobrança dos encargos administrativos, estabelecendo de forma clara que o objectivo desta exigência é a realização de ajustamentos para equilibrar o montante daqueles tributos e os custos administrativos suportados pela autoridade reguladora nacional.

Finalmente, entre os encargos que o REGICOM integra nesta categoria de tributos, cabe fazer uma menção especial às taxas sobre as declarações comprovativas dos direitos, para referir que importará averiguar se a contraprestação pela emissão de declarações comprovativas dos direitos se deve considerar compreendida nas taxas anuais que constituem contrapartida do exercício da actividade de fornecedor de redes e serviços de comunicações electrónicas (não se justificando a criação de outros

As Taxas de Regulação Económica no Sector das Comunicações Electrónicas 195

encargos para os operadores, além destas taxas) ou se, a par das taxas anuais, se justifica instituir taxas sobre as declarações comprovativas dos direitos e quais os seus limites. Abordamos esta questão no ponto 3.5.1, abaixo.

(ii) Taxas de utilização

No tocante às taxas de utilização, na perspectiva geral do REGICOM também elas parecem estar em consonância com a legislação comunitária, reflectindo o n.º 6 do artigo 105.º as preocupações do legislador comunitário constantes do artigo 13.º da Directiva Autorização.

Efectivamente, o legislador nacional consagra de forma expressa neste n.º 6 a finalidade extrafiscal de optimização da utilização dos recursos escassos que são colocados à disposição das empresas. Em face deste objectivo, não pode deixar de se atender ao custo ou valor dos recursos na fixação das taxas de utilização. Neste ponto, cabe notar que o REGICOM reconhece a possibilidade de utilização de procedimentos de selecção concorrencial ou comparativa para a atribuição de frequências e de números, à semelhança do disposto na Directiva Autorização.[43] O artigo 105.º do REGICOM não contempla qualquer referência às taxas a que se encontra sujeita a utilização dos recursos atribuídos através destes procedimentos, o que se deve certamente ao facto de, independentemente do procedimento de atribuição, os direitos de utilização terem sempre como primeiro e principal limite o custo ou valor dos recursos especificamente disponibilizados às empresas.[44]

À semelhança do legislador comunitário, o legislador nacional autonomiza, na parte final do n.º 6 do artigo 105.º, os princípios que devem reger estas taxas: transparência, não discriminação e respeito pelos objectivos de regulação fixados no artigo 5.º do REGICOM.

Importará averiguar se o legislador nacional, ao remeter expressamente, no n.º 3 do artigo 105.º do REGICOM, quanto às taxas pela

---

[43] Veja-se o n.º 5 do artigo 5.º da Directiva Autorização e o artigo 35.º do REGICOM. Relativamente à utilização destes procedimentos para a atribuição de recursos de valor económico excepcional, veja-se o n.º 4 do artigo 33.º do REGICOM.

[44] O legislador comunitário também apenas reserva uma referência às taxas a cobrar pelos direitos de utilização atribuídos através de procedimento de selecção concorrencial ou comparativa no considerando n.º 32 da Directiva Autorização, entendendo que não apresentam qualquer especificidade que justifique uma referência autónoma no artigo 13.º da Directiva.

utilização de frequências, para as taxas fixadas nos termos do Decreto-
-Lei n.º 151-A/2000, diploma produzido à luz de um quadro regulatório
anterior ao Pacote Regulamentar de 2002, não terá introduzido a primeira
entorse ao sistema de tributos incidentes sobre o sector. Abordaremos
esta questão mais à frente, a propósito da análise das taxas de utilização
de frequências, tal como se encontram concretamente fixadas no sistema
vigente de tributos incidentes sobre o sector. Em teoria, contudo, a solução
pode ser válida, caso as taxas previstas no mencionado diploma respeitem
ou sejam adaptadas no sentido de respeitarem os princípios que o legislador comunitário definiu como devendo regê-las, princípios estes que,
aliás, o próprio legislador nacional reproduz logo no n.º 6 do mesmo artigo.

Ainda quanto às taxas de utilização, é de salientar que o legislador
nacional estabeleceu, no artigo 106.º do REGICOM, a Taxa Municipal de
Direitos de Passagem (TMDP). À criação da TMDP presidiu um objectivo de simplificação e harmonização das taxas de ocupação do domínio
público local, mediante o estabelecimento de um modelo comum de
taxas de direitos de passagem a lançar pelos municípios.

A génese da TMDP

A criação da TMDP surge no contexto de um litígio entre a Comissão Europeia e a República Portuguesa, que se justifica enquadrar neste
ponto, para melhor compreensão deste tributo.

Com efeito, a Lei de Bases das Telecomunicações de 1997 consagrava uma isenção, a favor dos operadores de "redes básicas", do pagamento de taxas e de quaisquer outros encargos, pela implantação das
infra-estruturas de telecomunicações ou pela passagem das diferentes
partes da instalação ou equipamento necessário à exploração do objecto
de concessão da respectiva rede.[45]

O artigo 12.º da Lei de Bases das Telecomunicações de 1997 des-
crevia, por seu turno, a "rede básica" de telecomunicações como uma
rede pública de telecomunicações endereçadas, destinada a cobrir as
necessidades de comunicação dos cidadãos e das actividades económicas
e sociais no conjunto do território nacional e a assegurar as ligações
internacionais, tendo em conta as exigências de um desenvolvimento
económico e social harmónico e equilibrado.

---

[45] Veja-se o artigo 13.º da Lei de Bases das Telecomunicações de 1997.

As Taxas de Regulação Económica no Sector das Comunicações Electrónicas 197

A isenção consagrada na Lei de Bases das Telecomunicações de 1997 esteve na origem da acção intentada pela Comissão Europeia contra a República Portuguesa, junto do Tribunal de Justiça, por incumprimento das obrigações que lhe incumbiam por força da Directiva n.º 90/388/ /CEE.[46]

Com efeito, a fase pré-contenciosa foi desencadeada em 2 de Maio de 2002, com o envio, pela Comissão Europeia à República Portuguesa, de uma notificação para cumprir as obrigações que lhe incumbiam por força da mencionada directiva. O Governo português respondeu a esta notificação em 2 de Julho de 2002. Em 19 de Dezembro de 2002, a Comissão enviou à República Portuguesa um parecer fundamentado. Na ausência de resposta da República Portuguesa ao parecer fundamentado, a Comissão submeteu o caso ao Tribunal de Justiça.

No âmbito desta acção, alegou a Comissão Europeia que, através da isenção resultante do artigo 13.º da Lei de Bases das Telecomunicações de 1997, em conjugação com as bases da concessão do serviço público de telecomunicações que conferem ao operador da rede básica o direito exclusivo de estabelecimento, gestão e exploração da rede básica, é dado um tratamento mais favorável ao operador da rede básica em comparação com os outros operadores, o que, na falta de justificação, constitui uma infracção ao artigo 4.º-D da Directiva n.º 90/388/CEE.[47] No dia 20 de Outubro de 2005, o Tribunal de Justiça proferiu o acórdão no âmbito do mencionado processo, declarando a verificação do incumprimento pela República Portuguesa.

Nesta data, porém, a República Portuguesa já havia tomado as medidas necessárias ao cumprimento das obrigações que lhe incumbiam por força da Directiva n.º 90/388/CEE, através da revogação da Lei de Bases das Telecomunicações de 1997.[48]

Com efeito, identificada, em 2002/2003, a possível situação de incumprimento decorrente da isenção que veio a ser declarada pelo Tribunal de Justiça em 2005, o Governo português começou a planear e adoptar as

---

[46] Directiva n.º 90/388/CEE, da Comissão, de 28 de Junho de 1990, relativa à concorrência nos mercados de serviços de telecomunicações.

[47] As bases da concessão do serviço público de telecomunicações foram aprovadas pelo Decreto-Lei n.º 40/95, de 15 de Fevereiro, e subsequentemente alteradas pelo Decreto-Lei n.º 31/2003, de 17 de Fevereiro.

[48] Veja-se a alínea a) do n.º 1 do artigo 127.º do REGICOM.

medidas necessárias à conformação com as obrigações decorrentes da Directiva n.º 90/388/CEE.[49]

Em abstracto, estas medidas poderiam ter-se traduzido na eliminação da isenção ou, em alternativa, na respectiva generalização aos demais operadores.

As interpretações, então realizadas, do sentido da conformação com o princípio da não discriminação entre o operador da rede básica e os demais operadores apontavam no sentido da segunda solução, i.e., da generalização da isenção a todos os operadores. Esta solução defrontar--se-ia, porém, com a resistência das autarquias, por envolver uma quebra das respectivas receitas. Em contrapartida, a eliminação da isenção suscitaria a delicada questão da reposição do equilíbrio financeiro da concessão.

Na prática, contudo, o Governo português optou por um *tertium genus*. Deste modo, perante as dificuldades acima assinaladas, e aproveitando o processo de implementação do Pacote Regulamentar de 2002, o qual contemplava a possibilidade de imposição de um tributo sobre os direitos de passagem, "objectivamente justificado, transparente, não discriminatório e proporcional relativamente ao fim a que se destina", o Governo português optou por eliminar a discriminação mediante a instituição da TMDP.[50]

É neste contexto que, no âmbito da acção acima mencionada, um dos argumentos apresentados pelo Governo português em sua defesa foi a indicação de que pretendia, "(…) no âmbito da transposição da Directiva 2002/21, garantir a instituição de uma taxa municipal, transparente, não discriminatória, sobre os direitos de passagem (...)".[51]

Do exposto decorre que, com a instituição da TMDP, se pretendeu substituir as taxas municipais cobradas como contrapartida da ocupação do domínio público e privado pelas infra-estruturas e equipamentos afectos às redes de telecomunicações. Visou-se também pôr termo à arbitrariedade que se verificava na cobrança de taxas de utilização do

---

[49] Como já se referiu, a fase pré-contenciosa foi desencadeada em 2 de Maio de 2002, com o envio, pela Comissão Europeia à República Portuguesa, de uma notificação para cumprir.

[50] Artigo 13.º da Directiva Autorização.

[51] Acórdão do Tribunal de Justiça (Primeira Secção), de 20 de Outubro de 2005, no proc. C-334/03 (Comissão contra Portugal), ponto 35.

domínio público, as quais apresentavam contornos e montantes muito díspares nos vários municípios onde eram cobradas, gerando distorções e desigualdades na implantação, passagem ou atravessamento necessários à instalação de sistemas, equipamentos e demais recursos pelas empresas que oferecem redes e serviços de comunicações electrónicas acessíveis ao público.

É neste contexto que o REGICOM veio instituir, no artigo 106.º, a TMDP, a qual constitui receita dos municípios.

No artigo 24.º do REGICOM, o legislador nacional garante aos operadores "o direito de utilização em condições de igualdade do domínio público" para a instalação de recursos, impondo que as condições de exercício desse direito obedeçam aos princípios da transparência e da não discriminação.[52]

O artigo 128.º do REGICOM, por seu lado, prevê que o REGICOM entra em vigor no dia seguinte ao da sua publicação e que o novo modelo comum de taxas de direitos de passagem que podem ser lançadas pelos municípios, a TMDP, entra em vigor noventa dias após a publicação do REGICOM. A alínea a) do n.º 1 do artigo 127.º do REGICOM procede ainda à revogação da Lei de Bases das Telecomunicações de 1997.

Cabe igualmente salientar que, com a publicação da Lei n.º 53-E//2006, de 29 de Dezembro, a TMDP, enquanto *tributo que assenta na utilização privada de bens do domínio público e privado das autarquias locais*, deverá ser também disciplinada pelas regras, mais precisas, do Regime Geral de Taxas das Autarquias Locais (RTL), aprovado por aquela lei.[53]

Pese embora na parte final do artigo 106.º do REGICOM se determine que devem ser considerados os objectivos de regulação constantes do artigo 5.º do mesmo diploma, julga-se não se estar aqui perante um verdadeiro "tributo de regulação económica", na medida em que a TMDP

---

[52] Vejam-se a alínea b) do n.º 1 e o n.º 3 do artigo 24.º do REGICOM.

[53] A expressão que aqui citamos é do artigo 3.º do RTL. A TMDP é uma taxa municipal enquadrável na alínea c) do n.º 1 do artigo 6.º do RTL. Da aplicabilidade do RTL à TMDP poderá inferir-se que, sobre as taxas de direitos de passagem cobradas pelos municípios, paira também a ameaça de *abolição* a partir de 2009, caso não se conformem com as regras consagradas no RTL, entre as quais se destacam as referentes à criação de taxas e, em particular, a exigência de fundamentação económico-financeira relativa ao valor das taxas. Sobre esta matéria veja-se Sérgio Vasques (2008b), Regime das Taxas Locais: Introdução e Comentário.

constitui a contraprestação devida pela utilização de bens do domínio público e privado municipal e, tal como existe no nosso ordenamento e é cobrada pelos nossos municípios, não apresenta qualquer relação com a actividade de regulação, nem sequer prossegue qualquer objectivo extrafiscal de gestão de recursos escassos e, muito menos, de recursos escassos específicos do sector das comunicações electrónicas.

(iii) Contribuições para o serviço universal

No tocante às contribuições para o serviço universal, importa enquadrar brevemente as especificidades do caso português.[54]

Com a criação da Portugal Telecom, S.A. e com a aprovação das bases da concessão do serviço público de telecomunicações, pelo Decreto-Lei n.º 40/95, de 15 de Fevereiro, estabeleceu-se aquela entidade como concessionária deste serviço, por via de um contrato de concessão válido até 2025, regulando-se, deste modo, a actuação da concessionária, quer no que respeita à prestação do serviço público de telecomunicações objecto da concessão, quer no que tange à exploração das infra-estruturas afectas à prestação desses serviços, como é, por exemplo, a rede básica de telecomunicações.[55]

Depois da entrada em vigor da Lei de Bases das Telecomunicações de 1997 reforçou-se a ideia de que é ao Estado que compete a prestação do serviço universal de telecomunicações, tendo sido regulamentada a concessão do serviço e o seu âmbito no Decreto-Lei n.º 458/99, de 5 de Novembro, aplicável em articulação com o já referido Decreto-Lei n.º 40/95.[56]

---

[54] Como já se referiu acima, a 19 de Fevereiro de 2008 o ICP – ANACOM lançou a Consulta Serviço Universal.

[55] Aprovou as bases da concessão do serviço público de telecomunicações, subsequentemente alteradas pelo Decreto-Lei n.º 31/2003, de 17 de Fevereiro. A posição de concessionária foi transmitida posteriormente a uma nova entidade, a PT Comunicações, S.A., mediante autorização concedida nos termos do artigo 4.º do Decreto-Lei n.º 219/ /2000, de 9 de Setembro. A designação do actual prestador foi posta em causa no âmbito do processo de incumprimento comunitário desencadeado pela Comissão, que se encontra em fase pré-contenciosa.

[56] O Decreto-Lei n.º 458/99, entretanto revogado pelo REGICOM, definia o âmbito do serviço universal de telecomunicações e estabelecia os respectivos regimes de fixação de preços e de financiamento, visando transpor para o direito português os princípios enunciados no Pacote ORA, designadamente na Directiva n.º 97/33/CE.

No entanto, as bases da concessão do serviço público de telecomunicações seriam alteradas mais recentemente pelo Decreto-Lei n.º 31//2003, de 17 de Fevereiro.[57] Atendendo à evolução da legislação a nível comunitário, em virtude do crescente movimento de liberalização, optou--se pela alienação da rede básica, conforme se retira do artigo 2.º daquele diploma, dado que o acesso a esta rede estaria assegurado por via do facto de a concessionária se encontrar adstrita à oferta de rede aberta.[58]

No que diz respeito ao financiamento do serviço universal, o legislador português reproduziu, no artigo 97.º do REGICOM, as orientações comunitárias constantes da Directiva do Serviço Universal, consagrando três mecanismos possíveis para o financiamento: as transferências de fundos públicos para as empresas responsáveis pela prestação do serviço universal; a repartição do custo líquido das obrigações de serviço universal pelos restantes operadores de redes e serviços de comunicações, através das contribuições para o serviço universal; ou, finalmente, combinação de ambos os mecanismos.[59]

De acordo com o disposto no n.º 1 do artigo 95.º do REGICOM, sempre que o ICP – ANACOM considere que a prestação do serviço universal pode constituir um encargo excessivo para os respectivos prestadores, deve proceder ao cálculo dos custos líquidos das obrigações de serviço universal. Incumbe aos prestadores de serviço universal a disponibilização de todas as contas e informações pertinentes para o cálculo dos custos líquidos daquelas obrigações. Estas contas e informações são objecto de auditoria, efectuada pelo ente regulador ou por outra entidade independente dos interessados, e posteriormente aprovadas pelo ICP – ANACOM.[60]

Uma vez verificada a existência de custos líquidos do serviço universal, que sejam considerados excessivos pelo ICP – ANACOM, com-

---

[57] O que equivale a dizer que é neste diploma que se encontra o contrato de concessão actualmente em vigor.

[58] A alienação da rede básica foi autorizada pelo artigo 2.º da Lei n.º 29/2002, de 6 de Dezembro.

[59] A depor neste sentido, Calvão da Silva (2008), 246, "no domínio das comunicações electrónicas, exige-se que os Estados-Membros retirem todos os direitos especiais ou exclusivos, abrindo-se em alternativa, a possibilidade de criação de um fundo destinado a cobrir os custos adicionais do fornecimento de um serviço universal com base em contribuições dos intervenientes no mercado".

[60] Sobre o cálculo do custo líquido, veja-se o artigo 96.º do REGICOM.

202   *As Taxas de Regulação Económica em Portugal*

pete ao Governo, mediante pedido dos prestadores, promover a compensação adequada, por recurso a fundos públicos ou à repartição dos custos pelas empresas que ofereçam redes e serviços de comunicações electrónicas ou ainda através da combinação destes dois mecanismos.

A repartição dos custos líquidos do serviço universal, quando considerados excessivos, implica a criação de um fundo de compensação para o qual contribuem as empresas que oferecem redes e serviços de comunicações electrónicas.[61]

Refira-se ainda que compete ao Governo definir os critérios de repartição do custo líquido do serviço universal, obedecendo aos princípios da transparência, da mínima distorção do mercado, da não discriminação e da proporcionalidade.

3.3. *Necessidade de legislação derivada*

Apesar deste quadro legal geral, de base comunitária, as contribuições e taxas incidentes sobre o sector das comunicações electrónicas continuam a assentar em larga medida, senão na íntegra, em legislação e regulamentação produzidas à luz de um quadro anterior ao Pacote Regulamentar de 2002 e às quais são, portanto, alheias as justificações em que o legislador comunitário pretendeu fundar a imposição destes tributos.

Uma consequência imediata do facto de a legislação e regulamentação nacionais que prevêem os tributos ou fixam os seus montantes terem sido produzidas à luz de um quadro anterior ao Pacote Regulamentar de 2002 é o exercício penoso de correspondência que agora é necessário fazer entre as taxas actualmente cobradas pelo ICP – ANACOM e o sistema de tributos traçado por este Pacote, ou mesmo pelo REGICOM. Acresce que o sítio do ICP – ANACOM não serve aqui de paliativo, porquanto, contendo embora um vasto manancial de informação, e não obstante a obrigação que impende sobre o regulador de "disponibilizar e manter actualizadas informações relativas às taxas", não disponibiliza uma sistematização dos tributos exigidos aos operadores para o financiamento da actividade de regulação ou dos impostos como contrapartida dos direitos de utilização de recursos escassos.[62]

---

[61] Veja-se o n.º 2 do artigo 97.º do REGICOM.

[62] Alínea c) do n.º 1 do artigo 120.º do REGICOM. Neste sentido, veja-se também o considerando n.º 34 da Directiva Autorização, que determina que o objectivo de trans-

As Taxas de Regulação Económica no Sector das Comunicações Electrónicas 203

Como é evidente, o sistema comunitário de tributos consagrado no Pacote Regulamentar de 2002 não se pode considerar transposto para o direito nacional simplesmente através das disposições genéricas constantes dos artigos 97.º, 105.º e 106.º do REGICOM.[63] Para que esta transposição se possa considerar efectuada e completa é imprescindível proceder à adopção de legislação derivada e/ou à adaptação da legislação e da regulamentação nacionais que, em concreto, estabelecem os tributos ou fixam os seus montantes ao sistema comunitário de tributos relativas aos tributos incidentes sobre este sector, no sentido da sua conformação com o quadro regulatório vigente. Estas adopção e/ou adaptação permanecem, no entanto, por concretizar.

É ainda de referir que foram muito tardios e parecem ser igualmente parcos os esforços de adaptação do sistema nacional de tributos incidentes sobre este sector ao sistema de tributos previsto Pacote Regulamentar de 2002.

Com efeito, no Plano de Actividades para 2007-2009 encontra-se uma referência expressa a um estudo, já concretizado pelo ICP – ANACOM, "tendo em consideração o estabelecido no artigo 105.º da Lei n.º 5/2004, de 10 de Fevereiro, conjugado com o Decreto-Lei n.º 151-A/2000, de 20 de Julho", de três novos modelos de aplicação de taxas: (*i*) taxas administrativas a aplicar aos fornecedores de redes e serviços de comunicações electrónicas; (*ii*) taxas de utilização de frequências, (*iii*) taxas associadas à utilização de números.[64]

Apesar de o referido estudo não se encontrar disponível, os três modelos identificados deixam entrever os contornos de dois dos três

---

parência exige que os prestadores de serviços, os consumidores e outras partes interessadas tenham um acesso fácil a quaisquer informações sobre taxas.

[63] Como refere Fausto de Quadros, "transpor uma directiva, mesmo uma directiva de pormenor, não é pura e simplesmente transcrevê-la (ou traduzi-la e, pior ainda, traduzi-la mal para o Direito interno; (...) o demais Direito que o Poder Legislativo venha a criar na ordem interna para dar aplicação à directiva, bem como as medidas emanadas do Poder Administrativo para cumprir a directivas devem respeitar a letra e o espírito desta, mesmo contra o acto de transposição, se este for desconforme com a directiva, e é dessa forma que essas medidas (designadamente, regulamentos e actos administrativos) devem ser interpretadas e integradas na ordem interna, inclusive pelos tribunais" – Fausto de Quadros (Coimbra, 2004), *Direito da União Europeia*, 521-522.

[64] Plano de Actividades 2007-2009, p. 45, publicado em 3 de Novembro de 2006 e disponível em http://www.anacom.pt/streaming/planactiv_2007_09.pdf?categoryId=214182&contentId=417154&field=ATTACHED_FILE.

pilares do sistema de tributos previsto no Pacote Regulamentar de 2002: os encargos administrativos, que têm correspondência no primeiro modelo de taxas; as taxas de utilização, que equivalerão aos segundo e terceiro modelos enunciados.

O plano de receitas constante do mencionado Plano de Actividades foi, naturalmente, elaborado "ainda com base na estrutura de taxas em vigor", uma vez que "as alterações às taxas que constituem receita do ICP – ANACOM carecem de aprovação governamental, a qual será precedida de consulta pública".

O Plano Estratégico para 2008-2010 renova a indicação de que "o tarifário será alterado em profundidade no período do plano", repetindo a estruturação do plano de receitas para este triénio com base na estrutura de tarifário em vigor.[65] Saliente-se, finalmente, que, à data em que se conclui o presente trabalho, não foi ainda lançada a referida consulta pública.

A transposição extemporânea do próprio REGICOM e o facto de o legislador das comunicações electrónicas não ter, logo nessa fase, acautelado a adopção de medidas concretas de transposição do sistema de tributos incidentes sobre o sector consagrados no Pacote Regulamentar de 2002, são factores que contribuem para a explicação da manutenção do *statu quo*.[66]

Todavia, como refere Sérgio Vasques, reportando-se à deficiente técnica legislativa predominante nas contribuições de regulação económica em geral, este é apenas "um fruto mais da incúria que entre nós domina a produção legislativa dos tributos parafiscais".[67] Tal incúria não conhece, pois, excepção no sector das comunicações electrónicas.

---

[65] Plano Estratégico 2008-2010, p. 23, publicado em 14 de Novembro de 2007 e disponível em http://www.anacom.pt/streaming/planoestrateg2008_2010.pdf?categoryId=1755&contentId=534635&field=ATTACHED_FILE.

[66] O prazo para transposição terminou no dia 23 de Julho de 2003. O atraso na transposição motivou a instauração de um processo por infracção contra a República Portuguesa, posteriormente arquivado, na sequência da publicação do REGICOM, em Fevereiro de 2004. A própria Comissão Europeia não escrutinou em profundidade a transposição completa pelos Estados-Membros das disposições das Directivas relativas a estes tributos, como se pode concluir da análise dos relatórios anuais sobre a aplicação do Pacote Regulamentar de 2002, disponíveis em http://ec.europa.eu/information_society/policy/ecomm/library/communications_reports/index_en.htm.

[67] Sérgio Vasques (2004), 178.

3.4. Tributos cobrados

3.4.1. As contribuições pelo exercício das actividades de fornecedor de redes e de serviços de comunicações electrónicas

(i) Incidência, periodicidade e isenções

No plano objectivo, as contribuições em apreço incidem sobre o exercício das actividades de fornecedor de redes e de serviços de comunicações electrónicas. A incidência objectiva encontra-se expressamente definida na alínea b) do n.º 1 do artigo 105.º do REGICOM.

Já a incidência subjectiva é delimitada de forma implícita, na medida em que ficam sujeitas a estas contribuições as entidades que exercem as referidas actividades.

Ainda no plano da incidência subjectiva refira-se que, nem o REGICOM, nem outra regulamentação nacional, contemplam regras específicas de substituição ou repercussão tributária. Todavia, tomando-se como sujeitos passivos os fornecedores de redes e de serviços de comunicações electrónicas, naturalmente procederão estes à repercussão destas contribuições nos consumidores.

Esta realidade, à qual não era certamente alheio o legislador comunitário, sublinha a importância do princípio do mínimo na modelação destes tributos, coerente com o propósito subjacente ao Pacote Regulamentar de 2002 e reafirmado nos considerandos da Directiva Autorização, de "baixar os custos" das comunicações electrónicas, aplicando um regime de autorizações o menos oneroso possível para a oferta de serviços e redes de comunicações electrónicas, que permita que os consumidores beneficiem de economias de escala proporcionadas pelo mercado interno.[68]

A periodicidade destes tributos é anual e encontra-se também fixada na alínea b) do n.º 1 do artigo 105.º do REGICOM. Se a actividade sujeita a este tributo tiver início no decurso do ano civil, o tributo será devido apenas na quota-parte do número de meses que restam até ao final desse ano civil.[69]

---

[68] Considerandos n.º 1 e n.º 7 da Directiva Autorização.
[69] Veja-se o n.º 4 do Despacho n.º 1230/99.

206 *As Taxas de Regulação Económica em Portugal*

Quanto às isenções, nem o REGICOM, nem o Despacho n.º 1230/99, de 25 de Janeiro, do Ministro do Equipamento, do Planeamento e da Administração do Território, que fixou, ao abrigo do anterior quadro regulamentar (embora hoje ainda em vigor), as contribuições devidas pelos operadores de redes públicas de telecomunicações e prestadores de serviços de telecomunicações de uso público, estabelecem quaisquer isenções destes tributos.

(ii) Base de cálculo, montante, liquidação e pagamento

Os tributos em apreço têm uma base específica, prevista no já aludido Despacho n.º 1230/99. O seu montante, ainda em Escudos, está consagrado no n.º 2 do referido despacho. Este montante é diferenciado consoante esteja em causa o exercício da actividade de operador de redes públicas de telecomunicações, para o qual a contribuição anual fixada corresponde a € 9.975,96, ou o exercício da actividade de prestador de serviços de telecomunicações de uso público não sujeito a licença (actualmente fornecedor de serviços de comunicações electrónicas), em que a taxa corresponde a € 7.481,97.[70]

É de sublinhar que esta diferenciação encontrava justificação, à luz do anterior quadro regulatório, pela actividade adicional do regulador com os serviços ou actividades que requeriam a emissão de uma licença. Com efeito, quando o exercício da actividade de fornecedor de serviços se encontrava sujeito a licença, a contribuição prevista era igual à exigida pelo exercício da actividade de operador de redes públicas de telecomunicações (que se encontrava sempre sujeito a licença).[71] No actual quadro regulatório esta diferenciação deixou de se justificar, uma vez que se transitou para um regime de liberdade de oferta de redes e serviços de comunicações electrónicas, estando esta oferta apenas sujeita ao regime

---

[70] Conversão para Euros do montante previsto na alínea d) do n.º 3 do Despacho n.º 1230/99, de 2.000.000$00. Conversão para Euros do montante previsto na alínea b) do n.º 3 do Despacho n.º 1230/99, de 1.500.000$00. Não fazemos aqui referência aos tributos a que se reporta a alínea c) do n.º 3 do mencionado Despacho, incidentes sobre o exercício da actividade de prestação de serviços de telecomunicações de uso público, sujeita a licença, na medida em que a prestação dos serviços de comunicações electrónicas deixou de estar sujeita a licença, nem aos tributos previstos na alínea a) do n.º 3 do mesmo Despacho, incidentes sobre o exercício da actividade de fornecedor de serviços de audiotexto, que ficam fora do âmbito do presente trabalho.

[71] Veja-se a alínea c) do n.º 3 do Despacho 1230/99.

de autorização geral. Exceptua-se, porém, o caso de utilização de frequências e números cuja utilização depende da atribuição de um direito individual de utilização. Tanto as frequências como os números estão sujeitos a uma tributação própria como se verá adiante.

Note-se que os montantes destes tributos permanecem inalterados desde 1999, não tendo sequer sido objecto de conversão para Euros. Considerando que os montantes em apreço foram fixados no âmbito de um quadro regulatório em que o exercício destas actividades se encontrava dependente de licença e, portanto, era mais exigente e onerosa a actividade do regulador, esta "estabilidade" afigura-se muito questionável, o que, actualmente, poderá resultar atenuado pelo facto de, volvidos quase dez anos, aqueles montantes não terem sido objecto de incremento.

Estes tributos são liquidados pelo ICP – ANACOM, determinando o n.º 3 do referido Despacho n.º 1230/99 que eles são pagos antecipadamente, no mês de Janeiro. Admite-se, todavia, que a autoridade reguladora possa fixar outra data, sem que, para o efeito, se defina um critério para o exercício desta faculdade pelo ICP – ANACOM e, em consequência, sem que se assegure aos operadores alguma previsibilidade quanto ao momento em que estes tributos lhes podem ser exigidos. É ainda de referir que, quer no estabelecimento do prazo supletivo referido no n.º 3 do despacho, que vai de 1 a 31 de Janeiro de cada ano, quer para a fixação de outro prazo pelo ICP – ANACOM, não pretendeu o legislador fazer coincidir tais prazos com os prazos de pagamento de outros tributos a que estes operadores se encontram sujeitos, o que gera uma maior ineficiência na gestão, pelos operadores, dos prazos de cumprimento das diversas obrigações tributárias.

De acordo com o disposto no n.º 4 do Despacho n.º 1230/99, quando o exercício das actividades sujeitas aos tributos em apreço tenha início no decurso do ano civil, estes tributos serão devidos apenas na quota-parte do número de meses que restam até ao final do ano civil.

Caso não receba das empresas qualquer comunicação de cessação da oferta de redes e serviços de comunicações electrónicas, o ICP – ANACOM procede à liquidação das *taxas*, mediante a emissão de uma "factura/recibo" a cada empresa.[72] Da factura/recibo constam, entre outros

---

[72] A obrigação de comunicação ao ICP – ANACOM da cessação da oferta de redes e serviços de comunicações electrónicas encontra-se consagrada no n.º 7 do artigo 21.º do REGICOM.

elementos, a base legal da *taxa*, o período de facturação, o valor, a data limite de pagamento e as "regras praticadas na cobrança das taxas", que incluem os locais e formas de pagamentos e as consequências em caso de atraso ou falta de pagamento. Estas regras não incluem, todavia, os meios de defesa e os prazos para reagir contra a liquidação, de que os sujeitos passivos dispõem caso não se conformem com a liquidação destes tributos.[73]

(iii) Afectação e valor da receita

Não se encontram consagradas regras de consignação material das receitas dos tributos incidentes sobre o exercício das actividades de fornecedor de redes e de serviços de comunicações electrónicas. Pode, contudo, falar-se, em sentido impróprio, numa consignação orgânica das receitas destes tributos ao ICP – ANACOM, com base no n.º 2 do artigo 105.º do REGICOM.

Apesar de o REGICOM ter expressamente previsto o dever de o ICP – ANACOM publicar uma relação anual dos seus custos administrativos e dos encargos por si cobrados, a autoridade reguladora nacional não disponibiliza valores desagregados que permitam um controlo da proporcionalidade dos encargos face ao custo das prestações de que os sujeitos passivos presumivelmente são beneficiários ou da proporcionalidade dos encargos suportados pelas entidades que exercem a actividade de fornecedor de redes e de serviços de comunicações electrónicas face a outros grupos que beneficiam de prestações que lhes são concretamente dirigidas pelo regulador.[74]

---

[73] Quanto aos requisitos da fundamentação da liquidação e aos requisitos da notificação, vejam-se o artigo 36.º do Código de Procedimento e de Processo Tributário (CPPT) e o artigo 77.º da Lei Geral Tributária (LGT). Sobre esta matéria vejam-se Jorge Lopes de Sousa (Lisboa, 2006), Código de Procedimento e de Processo Tributário, Anotado e Comentado, vol. I, 325, José António Valente Torrão, (Lisboa, 2005), Código de Procedimento e de Processo Tributário Anotado e Comentado, 170-186, António Lima Guerreiro (Lisboa, 2001), Lei Geral Tributária Anotada, 336-342 e Diogo Leite de Campos/ /Benjamim Silva Rodrigues/Jorge Lopes de Sousa (Lisboa, 2003), Lei Geral Tributária Comentada e Anotada, 379-400.

[74] Veja-se o n.º 5 do artigo 105.º do REGICOM.

O Quadro 2, em baixo, ilustra a evolução das receitas relativas aos encargos administrativos, entre 2003 e 2006.

Comunicações electrónicas e audiotexto	2006	2005	2004	2003
Registos e declarações	798	–	1.596	10.175
Taxas anuais	615.433	657.632	881.542	906.316
Total	616.231	657.632	883.138	916.491

Quadro 2: Evolução das receitas relativas aos encargos administrativos (fonte: ICP – ANACOM; unidade: EUROS)[75]

3.4.2. *A taxa de utilização de frequências para o STM*

(i) Incidência, periodicidade e isenções

Do ponto de vista objectivo, a taxa em apreço incide sobre a utilização de frequências do espectro radioeléctrico, nos termos fixados na alínea f) do n.º 1 do artigo 105.º do REGICOM.[76] O n.º 3 do mesmo preceito refere que a utilização de frequências, abrangida ou não por um direito de utilização, se encontra sujeita às taxas fixadas no Decreto-Lei n.º 151-A/2000. Este diploma, anterior ao Pacote Regulamentar de 2002, fixava já a incidência objectiva destas taxas na alínea e) do n.º 1 do seu artigo 19.º, que determina que a utilização do espectro radioeléctrico se encontra sujeita ao pagamento de taxas.

Nem o artigo 105.º do REGICOM, nem o Decreto-Lei n.º 151-A/2000 delimitam a incidência subjectiva desta taxa. Encontram-se, no entanto, sujeitas a esta taxa as empresas às quais tenham sido atribuídas frequên-

---

[75] Relatórios e Contas ICP – ANACOM relativos aos exercícios de 2005 e 2006, p. 35 e p. 37 respectivamente, disponíveis em http://www.anacom.pt/template15.jsp?categoryId=391.

[76] Nos termos previstos no artigo 15.º do REGICOM, a gestão do espectro, entendido como o "conjunto de frequências associadas às ondas radioeléctricas", compete ao ICP – ANACOM. Na alínea f) do n.º 1 do artigo 32.º do REGICOM, as taxas de utilização de frequências, em conformidade com o artigo 105.º, surgem como uma das condições que podem estar associadas aos direitos de utilização de frequências. Da remissão do n.º 2 do referido artigo 32.º para o artigo 27.º do REGICOM resulta que estas taxas devem ser objectivamente justificadas, não discriminatórias, proporcionais e transparentes.

cias do espectro radioeléctrico. Assim, no exemplo da actividade dos operadores móveis virtuais (*Mobile Virtual Network Operators* ou MVNO), que não recorrem a direitos de utilização de frequências, suportando-se em meios rádio fornecidos por operadores de rede detentores dos respectivos direitos de utilização, os sujeitos passivos das taxas são os operadores de rede móvel hospedeiros, e não os MVNO.[77]

Apesar de estes diplomas não contemplarem regras específicas de substituição ou repercussão tributária, certo é que, ao tomarem como sujeitos passivos as empresas titulares dos direitos de utilização de frequências, se presume que estas repercutirão o encargo destas taxas sobre os consumidores.

Neste contexto, compreende-se a importância que assume o controlo da equivalência entre o montante da taxa e o custo ou valor do espectro efectivamente atribuído, porquanto a exigência aos operadores de uma taxa cujo montante exceda o exigido por aquele princípio, traduz-se numa oneração inadmissível dos consumidores finais.

No tocante à periodicidade, o n.º 7 do artigo 19.º do Decreto-Lei n.º 151-A/2000 remete a sua fixação para portaria do membro do Governo responsável pela área das comunicações. Essa portaria é, actualmente, a Portaria n.º 126-A/2005, de 31 de Janeiro, que fixa as taxas das radiocomunicações. De acordo com o disposto n.º 7 desta portaria, as taxas de utilização do espectro radioeléctrico são liquidadas antecipada e semestralmente, em Janeiro e Julho.

No plano das isenções, veio recentemente isentar-se do pagamento das taxas as entidades em cada momento envolvidas no Sistema Integrado das Redes de Emergência e Segurança de Portugal (SIRESP), designadamente a respectiva entidade gestora, a operadora e seus utilizadores no âmbito da segurança e emergência.[78]

---

[77] Esta conclusão é preconizada no documento sobre o enquadramento regulatório da actividade dos MVNO, aprovado por deliberação de 9 de Fevereiro de 2007, do ICP – ANACOM (que sintetiza o regime aplicável aos MVNO, em particular em relação ao regime de autorização geral e às questões relativas aos direitos e obrigações em matéria de numeração e de interligação) e que se encontra disponível em http://www.anacom.pt/template31.jsp?categoryId=234404.

[78] Esta isenção foi consagrada no novo n.º 11 do Decreto-Lei n.º 151-A/2000, aditado pelo artigo 1.º do Decreto-Lei n.º 167/2006, de 16 de Agosto.

(ii) Base de cálculo, montante, liquidação e pagamento

Nos termos previstos no n.º 2 do artigo 19.º do Decreto-Lei n.º 151-A/2000, na fixação dos montantes das taxas de utilização do espectro radioeléctrico são considerados, em função do serviço, parâmetros espectrais de cobertura e de utilização, designadamente: a) O número de estações utilizadas; b) As frequências ou canais consignados; c) A faixa de frequências; d) A largura de faixa; e) O grau de congestionamento; f) O desenvolvimento económico e social da região de implementação; g) A área de cobertura; h) O tipo de utilização e de utilizador; i) A exclusividade ou a partilha de frequências ou canais consignados.

No que especificamente diz respeito à taxa de utilização de frequências para o STM aplicável às estações móveis, ela apresenta uma base específica, que actualmente se encontra fixada no n.º 2.1.1 do Anexo à Portaria n.º 126-A/2005, na redacção que lhe foi conferida pela Portaria n.º 386/2006, de 19 de Abril, em € 2,38, por cada estação móvel.[79] Os equipamentos terminais de telecomunicações necessários para a prestação do STM, *i.e.*, equipamentos que incluam cartões SIM (*Subscriber Identity Module*), são as próprias estações móveis.[80]

Assim, o cálculo da taxa de utilização de frequências para o STM tem vindo a ser feito com base no número de cartões SIM detidos por assinantes que tenham uma relação contratual em vigor com um operador nacional de STM.

A este propósito refira-se que, por deliberação de 7 de Fevereiro de 2002, que aprovou a estrutura definitiva dos indicadores estatísticos do STM para vigorar a partir de 2002, o ICP – ANACOM veio estabelecer que se entende por assinante "todo o utilizador abrangido por uma relação contratual estabelecida com um operador nacional de Serviço Móvel Terrestre, nomeadamente nas modalidades de assinatura ou de cartão pré--pago activado (considera-se que o cartão é activado após realizada ou recebida a primeira chamada), a quem tenha sido conferido o direito de originar ou receber tráfego, através da rede. Excluem-se do conceito de assinante os utilizadores do serviço, clientes de um operador estrangeiro, no território nacional, em roaming" e por utilizador "todo o assinante

---

[79] O código da taxa é o 22107.

[80] Para uma descrição das principais características do STM, bem como dos principais aspectos sua evolução em 2006, veja-se o documento "Situação das Comunicações 2006", pp. 83-142, publicado em 18 de Outubro de 2007, disponível em http://www.anacom.pt/template12.jsp?categoryId=255382.

As Taxas de Regulação Económica em Portugal

que, tendo subscrito o serviço/tecnologia, tenha acedido pelo menos uma vez no mês a que se reporta".[81]

Porém, esta base de cálculo revela-se incompatível com o propósito extrafiscal fixado pelos legisladores comunitário e nacional para as taxas de utilização de frequências e que consiste na utilização óptima destes recursos escassos e, bem assim, com os limites que devem balizar a modelação destas taxas pelos legisladores nacionais: o custo ou valor das prestações especificamente disponibilizadas a cada empresa, temperados pelos desvios, ao custo ou valor, estritamente necessários à prossecução do objectivo extrafiscal enunciado.

Em face destes limites, as taxas de utilização de frequências deveriam ser fixadas com base no custo ou valor da quantidade/unidades de espectro atribuído e não em função do número de cartões SIM.

Este problema foi, aliás, abertamente discutido no âmbito da Consulta Pública relativa à renovação dos direitos de utilização atribuídos à Vodafone Portugal – Comunicações Pessoais, S.A. e à TMN – Telecomunicações Móveis, S.A. para a prestação do STM de acordo com o Sistema GSM 900/1800, lançada em Julho de 2005, em particular, fruto da seguinte questão colocada pelo ICP – ANACOM: "Atendendo a que na grande maioria dos países as taxas de utilização do espectro se baseiam na quantidade de espectro efectivamente atribuído, como é encarada a hipótese de o mesmo princípio ser adoptado no âmbito da atribuição de direitos de utilização de frequências à TMN e à Vodafone Portugal?".[82]

Entre as respostas dos interessados, merecem especial referência as da TMN e da Telemilénio – Telecomunicações Sociedade Unipessoal. Lda. (Tele2).[83]

A TMN defende a tributação por quantidade de espectro, por ser o único modelo que se adequa ao objectivo de racionalização de recursos de espectro e pela vantagem de incentivo ao crescimento. Acrescenta ainda

---

[81] Disponível em www.anacom.pt/template31.jsp?categoryId=206045.

[82] O documento de consulta, as respostas dos interessados e o relatório da Consulta Pública são documentos úteis para a identificação das questões essenciais que este problema suscita e encontram-se disponíveis em http://www.anacom.pt/template15.jsp?categoryId=157322. Veja-se o documento de Consulta Pública, p. 14, disponível em http://www.anacom.pt/template15.jsp?categoryId=157262_.

[83] Vejam-se os comentários da TMN, disponíveis em http://www.anacom.pt/streaming/TMN.pdf?categoryId=1755&contentId=337858&field=ATTACHED_FILE, pp. 15-20, e os comentários da Tele2, disponíveis em http://www.anacom.pt/streaming/Tele2.pdf?categoryId=1755&contentId=337857&field=ATTACHED_FILE , p. 15.

a TMN que, "sendo o espectro um bem escasso, a sua gestão eficiente é algo que deve ser valorizado e não penalizado como tem acontecido, tendo em conta os valores que têm vindo a ser pagos pelos operadores GSM, uma vez que esses valores são calculados com base no número de clientes ("estação móvel"). Ou seja, o que tem acontecido é a penalização dos operadores que fazem uma gestão mais eficiente do espectro atribuído, visto que são penalizados por terem maior número de clientes".[84]

A Tele2, por seu turno, sublinha, de forma expressiva, que "a definição das taxas de espectro em função do número de SIM activos é não apenas uma prática sem paralelo em outros países da UE, como não encontra suporte na letra nem no espírito do quadro regulamentar vigente e, muito menos, justificação económica".[85]

O ICP – ANACOM, no entendimento final, reconhece que é prática comum, na Europa e na grande maioria dos países, a tributação da quantidade de espectro efectivamente atribuído, único modelo que incentiva práticas mais eficientes da utilização de espectro.

Porém, não retira, da prática internacional ou das respostas dos interessados à Consulta Pública, a conclusão, que se impõe, de que o modelo actual é incompatível com o quadro regulamentar em vigor. Ao invés, sustenta que ambos os modelos – o modelo de tributação em função da quantidade de espectro efectivamente atribuído (modelo vigente na grande maioria dos países) e o modelo de tributação em função do número de cartões SIM (modelo vigente em Portugal) – apresentam "aspectos mais ou menos favoráveis".

Não obstante, o regulador afirma que irá proceder a uma análise mais detalhada do problema, podendo o modelo de tributação com base na quantidade de espectro efectivamente atribuído "ser uma opção a considerar no futuro no âmbito de uma consulta pública, a realizar oportunamente, que contemplará a reapreciação do actual sistema tarifário do espectro radioeléctrico".[86]

---

[84] Comentários da TMN, pp. 16-18.

[85] Comentários da Tele2, p. 15.

[86] Relatório da Consulta Pública, pp. 39-40.

[87] No Plano de Actividades 2006-2008, publicado em Setembro de 2005, o ICP – ANACOM identifica como acções, a realizar neste triénio, a "Análise da utilização do espectro radioeléctrico como recurso económico escasso, valorização económica do espectro, análise de custos de oportunidade de utilizações alternativas deste recurso, análises de substituibilidade entre espectro e outras infra-estruturas de comunicações" (acção A.2.4.4, p. 41), bem como a "Redefinição do tarifário do espectro" (acção A.6.1.5, p. 42).

Admitimos, no entanto, que, no referido entendimento, o ICP – ANACOM tenha pretendido não se comprometer com um modelo de tributação que, apesar de ser o único compatível com o quadro regulatório vigente, pressupunha uma valorização económica do espectro de elevada complexidade e que se encontraria por realizar.[87] Saliente-se ainda que a competência para a aprovação dos montantes das taxas, tal como acima se referiu, é do Governo, nos termos do n.º 7 do artigo 19.º do Decreto-Lei n.º 151-A/2000 e do n.º 3 do artigo 105.º do REGICOM.

No contexto da análise do montante da taxa, e a propósito da comparação com a prática europeia em matéria de tributação do espectro, não podemos deixar de salientar que Portugal é um dos países da União Europeia com o custo anual por utilizador do espectro mais elevado. Na ausência da divulgação pública de dados mais recentes, replicamos em baixo a informação do gráfico constante do Anexo II aos Comentários da TMN à Consulta Pública, que, naturalmente, reflecte os dados, de 2004, disponíveis à data da referida Consulta Pública.[88]

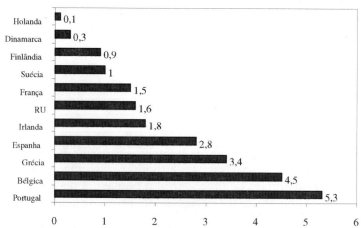

Gráfico 1: *Fees* de espectro GSM (fonte: Comentários da TMN[89]; unidade: Euros por subscritor/ano)

O Plano de Actividades 2006-2008 do ICP – ANACOM encontra-se disponível em http://www.anacom.pt/template12.jsp?categoryId=162702.

[88] Com base nessa informação, conclui a TMN, à data, que os *fees* de espectro em Portugal estão 224% acima da média europeia.

[89] Na recolha destes dados, a TMN utilizou as seguintes fontes: Entrevista com reguladores; *Sites* dos reguladores; BIPT; Relatórios e contas; *Press Clippings* – Veja-se o Anexo II aos comentários da TMN.

As Taxas de Regulação Económica no Sector das Comunicações Electrónicas   215

Relativamente ao montante da taxa em apreço, é relevante fazer também menção ao processo de descida de que a mesma tem sido alvo e que tem vindo a ser concretizado através de sucessivas portarias, a primeira das quais foi a Portaria n.º 667-A/2001, de 2 de Julho. Este processo, nos termos então enunciados, visou fazer reflectir, de forma gradual, uma cada vez maior adequação entre o encargo que as taxas de utilização do espectro radioeléctrico representam para os titulares de direitos de utilização e o benefício que estes retiram da utilização das redes e estações de radiocomunicações e, desse modo, contribuir para uma eficiente utilização do espectro radioeléctrico.

No Quadro 3, em baixo, identificamos as portarias que concretizaram a redução gradual da taxa de utilização de frequências para o STM aplicáveis às estações móveis (código da taxa 22107), a percentagem de redução operada e o montante da taxa fixado.

Base legal	Redução	Taxa (euros)
Portaria n.º 667-A/2001	8,8%[90]	3,50
Portaria n.º 144-A/2003[91]	5%	3,33
Portaria n.º 1076/2003[92]	5%	3,15
Portaria n.º 149-B/2004[93]	5%	3,33
Portaria n.º 1047/2004[94]	7,5%	2,78
Portaria n.º 126-A/2005	5%	2,64
Portaria n.º 386/2006	10%	2,38

Quadro 3: Redução gradual da taxa

---

[90] Fonte: ICP – ANACOM, Relatório e Contas de 2001, disponível em http://www.anacom.pt/template12.jsp?categoryId=44942 .

[91] Portaria n.º 144-A/2003, de 10 de Fevereiro.

[92] Portaria n.º 1076/2003, de 29 de Setembro.

[93] Portaria n.º 149-B/2004, de 12 de Fevereiro.

[94] Portaria n.º 1047/2004, de 16 de Agosto.

As Taxas de Regulação Económica em Portugal

Ainda que se afirme que com esta alteração se visa a prossecução de uma política de redução das taxas de espectro necessárias à prestação do STM, "em consonância com a prática regulatória para o sector e uma aproximação progressiva das práticas internacionais de taxação de espectro radioeléctrico", a tributação dos direitos de utilização em função da utilização efectiva do espectro, e não com base na quantidade de espectro atribuída, não se afigura compatível com o quadro regulatório vigente.[95] Merece igualmente referência o facto de a perda de receita associada às reduções da taxa de utilização ser compensada pelo incremento de receita resultante do crescimento do número de utilizadores.

O Quadro 4, em baixo, ilustra o crescimento da taxa de penetração do STM em Portugal, entre 2002 e 2006.

	2002	2003	2004	2005	2006
N.º de assinantes por 100 habitantes[96]	88,4	95,6	100,3	108,3	115,4

Quadro 4: Taxa de penetração do STM em Portugal (fonte: ICP – ANACOM; unidade: percentagem), "Situação das Comunicações 2006", p. 111.

As taxas são liquidadas pelo ICP – ANACOM antecipada e semestralmente, em Janeiro e Julho. Para este efeito, o ICP – ANACOM solicita previamente às empresas os dados relativos ao número de cartões SIM, referentes ao semestre anterior e, com base na informação por estas prestada, procede, semestralmente, à liquidação da taxa, mediante a emissão de uma "factura/recibo" a cada empresa, pelo valor apurado. Da factura/recibo constam, entre outros elementos, a base legal da taxa, o período de facturação, o valor, a data limite de pagamento e as "regras praticadas na cobrança das taxas", que incluem os locais e formas de pagamentos e as consequências em caso de atraso ou falta de pagamento.

---

[95] Relatório e Contas de 2005, p. 37.

[96] A definição de assinante foi aprovada por deliberação do ICP – ANACOM de 7 de Fevereiro de 2002 e está associada ao número de cartões que se encontram abrangidos por uma relação contratual estabelecida com um dos operadores nacionais do STM e aos quais foi conferido o direito de originar ou receber tráfego através das respectivas redes.

As Taxas de Regulação Económica no Sector das Comunicações Electrónicas   217

Estas regras não incluem, todavia, os meios de defesa e os prazos para reagir contra a liquidação, de que os sujeitos passivos dispõem caso não se conformem com a liquidação destes tributos.

Nos termos previstos no n.º 8 do artigo 19.º do Decreto-Lei n.º 151-A//2000, são devidos juros de mora quando o sujeito passivo não pague a taxa dentro do prazo e, quando o atraso se prolongar por um período superior a noventa dias há lugar à aplicação de uma sobretaxa igual a 15% do valor da taxa.

(iii) Afectação e valor da receita

Não se encontram consagradas regras de consignação material das receitas das taxas de utilização de frequências para o STM aplicável às estações móveis. Pode, contudo, falar-se, em sentido impróprio, numa consignação orgânica das receitas destes tributos ao ICP – ANACOM, com base no n.º 9 do Decreto-Lei n.º 151-A/2000.[97]

O Quadro 5, em baixo, ilustra a evolução das receitas dos tributos incidentes sobre espectro radioeléctrico, entre 2003 e 2006.

Espectro radioeléctrico	2006	2005	2004	2003
Licenciamentos	146.547	110.823	78.676	70.473
Taxas de Utilização	66.664.626	67.591.319	64.153.142	68.864.022
Outras Taxas	4.637	3.718	3.985	3.487
Total	66.815.810	67.705.860	64.235.803	68.937.982

Quadro 5: Evolução das receitas dos tributos sobre o espectro radioeléctrico (fonte: ICP – ANACOM; unidade: Euròs) Relatórios e Contas ICP – ANACOM relativos aos exercícios de 2005 e 2006, p. 35 e p. 37 respectivamente, disponíveis em http://www.anacom.pt/template15.jsp?categoryId=391.

Apesar de não haver desagregação do montante das receitas relativas às taxas de utilização de frequências do espectro radioeléctrico, estima-se que as taxas de utilização relativas ao STM correspondam a mais de 80% do total dessas receitas.

---

[97] Veja-se também a alínea a) do artigo 43.º dos Estatutos do ICP – ANACOM.

218   *As Taxas de Regulação Económica em Portugal*

3.4.3. *O caso específico da TMDP*

(i) Incidência, periodicidade e isenções

A determinação dos elementos estruturantes da TMDP apresenta-se muito deficiente, pondo em evidência, uma vez mais, as consequências negativas decorrentes da *deficiente assimilação da técnica da relação jurídica no domínio da parafiscalidade.*[98]

Com efeito, logo no plano da incidência objectiva constata-se que a TMDP incide sobre os serviços de comunicações electrónicas acessíveis ao público em local fixo, facturados aos clientes finais.[99] A principal deficiência a apontar à definição da incidência objectiva da TMDP é a imprecisão na delimitação dos serviços por ela abrangidos e daqueles que devem ficar fora do respectivo âmbito.[100]

O ICP – ANACOM viu-se, aliás, compelido a intervir nesta matéria, consagrando nos números 2 a 4 do artigo 3.º do Regulamento n.º 38/2004 – diploma que se deveria limitar a definir os procedimentos de cobrança e entrega da TMDP – verdadeiras e próprias normas de incidência objectiva. É assim que se estipula que "não devem ser considerados os valores

---

[98] A expressão que aqui citamos é de Sérgio Vasques (2004), 198.

[99] A escolha do consumo destes serviços como pressuposto da TMDP não seria, por si só, criticável. Com efeito, pode revelar-se impraticável utilizar como pressuposto de um tributo aquele índice que constituiria a maior ou mais directa aproximação da utilização do bem público, sendo então necessário recorrer a índices que permitem presumir com relativa probabilidade o aproveitamento da prestação pública. Neste sentido, mas relativamente à contribuição para o audiovisual, vejam-se Rogério M. Fernandes Ferreira/ Olívio Mota Amador/Sérgio Vasques, "O financiamento do serviço público de televisão e a nova contribuição para o audiovisual", *Fiscalidade*, 2003, n.º 17, 6, 7, 14 e 17. No mesmo sentido, mas criticando a opção tomada pelo legislador nas taxas de saneamento, veja-se Sérgio Vasques (2006), 24. O mesmo não se pode afirmar, contudo, quanto à escolha de uma base tributável *ad valorem* para a TMDP, como veremos em baixo.

[100] Esta imprecisão assume contornos particularmente graves quando, como veremos em baixo, o legislador lança mão da figura da substituição tributária, deslocando para as empresas o conjunto das obrigações tendentes à liquidação, cobrança e entrega do tributo aos seus sujeitos activos, como sucede no caso da TMDP. Nestas circunstâncias, devem ser muito mais acentuadas as preocupações do legislador de rigor na determinação dos elementos estruturantes dos tributos, sob pena de se prejudicar a praticabilidade da sua aplicação e de se consagrarem obrigações que não podem ser exigidas, por violarem o princípio da proporcionalidade.

de serviços que embora constem das facturas não constituam, nos termos da lei, serviços de comunicações electrónicas, tais como venda ou aluguer de equipamentos, consultoria, assistência técnica, configuração de equipamentos terminais, construção de *sites* ou páginas *web*, inscrição em listas telefónicas ou serviços de áudio-texto" ou, com maior relevância, se exclui da incidência objectiva da TMDP o serviço de postos públicos e os cartões virtuais de chamadas e, bem assim, os serviços grossistas.[101]

No plano da incidência subjectiva, cabe notar que o legislador criou a TMDP sem identificar com clareza quem são os seus sujeitos activos, quem são os contribuintes directos e qual o estatuto que, neste âmbito, assumem as empresas que oferecem redes e serviços de comunicações electrónicas acessíveis ao público em local fixo. Estas omissões não são, naturalmente, negligenciáveis, em particular no que toca às titularidades passivas – contribuinte directo e substituto tributário – da relação jurídica tributária em causa, porquanto aos diferentes sujeitos passivos correspondem distintos regimes jurídicos, designadamente em matéria de responsabilidades e garantias.

As preocupações de rigor do legislador na delimitação da incidência subjectiva deveriam ter sido especialmente acentuadas, na medida em que recorreu à figura da substituição tributária sem retenção na fonte, pouco comum entre nós e que não dispõe de disciplina precisa na Lei Geral Tributária ou no Código de Procedimento e de Processo Tributário.[102]

Confrontado com a deficiente técnica legislativa, o ICP – ANACOM viu-se uma vez mais forçado a esclarecer que os municípios assumem a titularidade activa da relação jurídica tributária da TMDP, sendo a titularidade passiva assumida pelos clientes finais, enquanto contribuintes

---

[101] Vejam-se os números 2 a 4 do artigo 3.º do Regulamento n.º 38/2004.

[102] Sobre a substituição tributária, vejam-se José Casalta Nabais (Coimbra, 2007), *Direito Fiscal*, 273-278, J. L. Saldanha Sanches (Coimbra, 2007), *Manual de Direito Fiscal*, 268-270, L. M. T. Menezes Leitão, "A substituição e a responsabilidade fiscal no direito português", CTF, 1997, n.º 388, 104, Ana Paula Dourado, "Caracterização e fundamentação da substituição e da responsabilidade tributária", CTF, 1998, n.º 391, 31, e, sobre um exemplo concreto do recurso à figura da substituição tributária sem retenção na fonte, Rogério M. Fernandes Ferreira/Olívio Mota Amador/Sérgio Vasques (2004), 28-29.

directos, e pelas empresas que oferecem redes e serviços de comunicações electrónicas acessíveis ao público em local fixo, enquanto substitutos tributários.[103]

Este entendimento encontra suporte legal nas disposições, imprecisas embora, do n.º 3 do artigo 106.º do REGICOM e do n.º 1 do artigo 3.º do Regulamento n.º 38/2004. Conclui-se, deste modo, que ainda que à luz dos considerandos n.º 31 e n.º 33 da Directiva Autorização fosse possível fazer assentar a TMDP numa relação jurídica tributária que tivesse como sujeitos passivos e contribuintes directos os operadores – que, através do mecanismo da repercussão, *passariam* este tributo para os respectivos clientes finais –, não foi esta, claramente, a solução adoptada pelo legislador português.

No tocante à periodicidade, é igualmente de sublinhar que o legislador criou a TMDP sem fixar expressamente no artigo 106.º do REGICOM a respectiva periodicidade. Na falta de definição expressa, a periodicidade da TMDP corresponderá à periodicidade da facturação.[104]

É ainda de referir o n.º 4 do artigo 106.º do REGICOM, que determina que o Estado e as Regiões Autónomas não podem cobrar às empresas sujeitas à TMDP, enquanto substitutos tributários, taxas ou quaisquer outros encargos pela implantação, passagem ou atravessamento de sistemas, equipamentos e demais recursos físicos necessários à sua actividade, à superfície ou no subsolo, dos domínios público e privado do Estado e das Regiões Autónomas. Esta norma reflecte a preocupação do legislador de prevenir que se produza uma dupla tributação em diferentes níveis da administração.[105] Finalmente, cabe notar que o REGICOM não consagra quaisquer isenções da TMDP.

---

[103] A conclusão resulta do ponto IV. 1.3. do Relatório Final dos Procedimentos de Consulta aplicáveis ao Projecto de Regulamento dos Procedimentos de Cobrança e Entrega aos Municípios da TMDP, p. 9, disponível em http://www.anacom.pt/template15.jsp?categoryId=127522 que, de modo um tanto empírico, vem esclarecer: "Sobre este ponto entende a ANACOM dever esclarecer o seguinte: De acordo com o regime legal, as receitas provenientes da TMDP têm como beneficiários os municípios, pelo que às empresas que oferecem redes e serviços de comunicações electrónicas em local fixo se comportam como meros intermediários entre os clientes finais, que efectivamente suportam a TMDP, e os municípios".

[104] Determinável por aplicação das regras de relativas à obrigação de emissão de facturas.

[105] Desta norma não se pode, como é evidente, retirar a conclusão que a dupla tributação é admissível a nível municipal. Se o legislador apenas consagrou uma norma

As Taxas de Regulação Económica no Sector das Comunicações Electrónicas 221

(ii) Base de cálculo, montante, liquidação e pagamento

De acordo com o disposto no n.º 2 do artigo 106.º do REGICOM e no n.º 1 do artigo 3.º do Regulamento n.º 38/2004, a TMDP é calculada com base num percentual sobre o valor de cada factura emitida, sem IVA, pelas empresas que oferecem redes e serviços de comunicações electrónicas acessíveis ao público, em local fixo, para todos os clientes finais do correspondente município. O percentual da TMDP é aprovado anualmente por cada município até ao fim do mês de Dezembro do ano anterior àquele a que se destina a sua vigência e não pode ultrapassar os 0,25%.

Do exposto, cabe realçar, em primeiro lugar, o facto de a TMDP ter uma base *ad valorem*, o que constitui uma das deficiências mais profundas, se não a mais profunda, de que enferma este tributo, na medida em que determina a imposição aos clientes finais de um encargo alheio ao valor das prestações que lhes são dirigidas pelos municípios.[106]

Não se encontra prevista, no REGICOM ou no Regulamento n.º 38//2004, qualquer obrigação, a cargo dos municípios que optem por cobrar a TMDP, de comunicarem às empresas sujeitas à TMDP os percentuais

---

que previne a dupla tributação em níveis diferentes da administração, terá sido por entender desnecessário sublinhar que a dupla tributação da mesma prestação pública a nível municipal é inaceitável, mesmo quando, em virtude da utilização de técnicas legislativas diferentes, sejam diversos os contribuintes directos das prestações tributárias duplicadas. É, pois, forçoso concluir que a cobrança de taxas municipais de ocupação do domínio público e privado municipal às empresas sujeitas à TMDP não pode subsistir no contexto do actual modelo comum de taxas de direitos de passagem. Esta conclusão é corroborada pelo contexto em que surgiu a TMDP e é válida também relativamente aos municípios optem por não lançar a TMDP. Sobre a génese da TMDP, veja-se o ponto 3.2., (*ii*), acima.

[106] Sobre os limites materiais das taxas, vejam-se os pontos 2.3., (*ii*), e 3.2., (*ii*), acima. Sobre a inadequação do emprego de bases *ad valorem* e a discriminação por ele gerada, veja-se Sérgio Vasques (2006), 29-30: "O valor de uma prestação administrativa não pode ser procurado na esfera do particular mas apenas na esfera da própria administração, perguntando, através de um exercício de comparação objectiva, quanto valerá em mercado o serviço que lhe é dirigido (...) e fixando a estrutura e montante do tributo comutativo em conformidade. O emprego de bases tributáveis *ad valorem* em figuras comutativas ou paracomutativas, acaba por produzir entre os contribuintes diferenciações inteiramente alheias ao valor de uma prestação administrativa e que se prendem antes com a força económica de que o rendimento, património ou consumo constituem expressão, uma discriminação sem fundamento objectivo e contrária, por isso também, ao princípio da igualdade tributária.".

aprovados. Tal omissão faz recair sobre cada uma das empresas o ónus de confirmar anualmente, junto de cada um dos trezentos e oito municípios, as percentagens aplicáveis. Este ónus é manifestamente excessivo, na medida em que, enquanto substitutos tributários, as empresas mais não fazem do que *colaborar* com os municípios na execução de tarefas, de liquidação e cobrança, que a estes incumbiriam, enquanto sujeitos activos/credores das receitas da TMDP.[107] São, no entanto, de assinalar, por um lado, a prática, adoptada por alguns municípios, que por sua iniciativa comunicam ao ICP – ANACOM os percentuais aprovados e, por outro, a disponibilização pela autoridade reguladora, no seu sítio, da listagem dos percentuais aplicáveis que lhe são comunicados pelos municípios. Da consulta desta listagem retira-se, por exemplo, que, em Lisboa, o percentual definido para 2008 é de 0,25%, já no município de Lagos a TMDP encontra-se suspensa desde 2005 e que o município de Leiria decidiu não aplicar este tributo, por não concordar que ele seja suportado pelos seus munícipes.[108]

Em obediência ao princípio da transparência tarifária, as empresas que oferecem redes e serviços de comunicações electrónicas estão obrigadas a incluir nas facturas dos clientes finais o valor da TMDP a pagar, conforme dispõem o n.º 3 do artigo 106.º do REGICOM e o n.º 4 do Regulamento n.º 38/2004.

---

[107] Sobre os delicados problemas suscitados pelo fenómeno da *privatização* da administração tributária, que consiste na atribuição às empresas de um "papel imprescindível na liquidação e cobrança do grosso das receitas", veja-se Casalta Nabais (2007), 354-360.

[108] Não existindo obrigação por parte dos municípios de efectuarem a comunicação das percentagens aprovadas ao ICP – ANACOM, a listagem disponibilizada pela autoridade reguladora não é, naturalmente exaustiva e não dispensa as empresas de obterem a confirmação das percentagens aplicáveis junto de cada um dos municípios. Vejam-se as informações disponíveis em http://www.anacom.pt/template25.jsp?categoryId=136378. O legislador deveria ter adoptado uma solução semelhante à consagrada para a derrama, no n.º 6 do artigo 14.º da Lei das Finanças Locais, aprovada pela Lei n.º 2/2007, de 15 de Janeiro, que estabelece que cada município deve comunicar à Direcção-Geral dos Impostos, até 31 de Dezembro a percentagem de derrama incidente sobre o lucro tributável em sede de IRC das empresas aí estabelecidas. Todavia, considerando que a TMDP não é uma verdadeira taxa de regulação económica do sector das comunicações electrónicas, a centralização e gestão da informação relativa a esta taxa não deveria recair sobre o ICP – ANACOM (nem os custos associados a essa gestão deveriam recair sobre as empresas deste sector). A centralização, gestão e disponibilização em linha desta informação poderia, por exemplo, ser assumida pela Associação Nacional de Municípios Portugueses.

As Taxas de Regulação Económica no Sector das Comunicações Electrónicas 223

As matérias procedimentais da cobrança e entrega das receitas da TMDP aos municípios encontram-se disciplinadas no Regulamento n.º 38/2004, conforme disposto no n.º 3 do artigo 123.º do REGICOM.

Entre as regras consagradas no Regulamento n.º 38/2004, merecem referência especial neste contexto, as seguintes imposições às empresas: (*i*) que as respectivas bases de dados de facturação permitam, através de sistema de informação adequado, produzir a informação necessária, por município, de modo a possibilitar o apuramento do valor base de incidência, das respectivas percentagens e do cálculo do montante das taxas de forma transparente e auditável; (*ii*) que seja considerada a morada do local de instalação do cliente final, para efeitos do apuramento da TMDP; (*iii*) que promovam anualmente auditorias, realizadas por entidades independentes e previamente aceites pelo ICP – ANACOM, que comprovem a conformidade dos procedimentos adoptados face ao REGICOM e ao Regulamento n.º 38/2004 e assegurem a validação das informações; (*iv*) que forneçam aos municípios informação adequada, quanto à implantação, à passagem e ao atravessamento de sistemas, equipamentos e demais recursos em domínios públicos ou privados municipais, de modo a constituir o suporte de informação necessário, no momento de aplicação inicial da TMDP.[109]

Ao impor-se estas obrigações, desprezou-se a respectiva praticabilidade e não se cuidou de poupar as empresas a esforços e custos muito elevados para a implementação de, ou a adaptação a, tais obrigações, algumas das quais absolutamente injustificadas, como é o caso da obrigação de fornecimento de informação adequada, quanto à implantação, à passagem e ao atravessamento de sistemas, equipamentos e demais recursos em domínios públicos ou privados municipais, na medida em tal informação é totalmente desnecessária para a liquidação, cobrança e entrega da TMDP aos municípios.[110]

---

[109] Vejam-se o n.º 1 do artigo 4.º, o n.º 2 do artigo 4.º e o n.º 2 do artigo 7.º, o artigo 6.º, e o n.º 1 do artigo 7.º do Regulamento n.º 38/2004.

[110] É de salientar que estes problemas foram atempadamente previstos e enunciados pelos operadores, no contexto dos Procedimentos de Consulta aplicáveis ao Projecto de Regulamento dos Procedimentos de Cobrança e Entrega aos Municípios da TMDP. Vejam-se os Comentários da Associação dos Operadores de Telecomunicações, pp. 2-3, disponíveis em http://www.anacom.pt/template15.jsp?categoryId=127526. Exemplo distinto é o da Contribuição do Audiovisual, que também recorre à figura da substituição tributária sem retenção na fonte, em que o legislador cuidou de fazer preceder o processo

224 As Taxas de Regulação Económica em Portugal

Destaque-se igualmente a imposição aos municípios da obrigação de disponibilizarem a cada uma das empresas sujeitas a TMDP uma tabela de conversão entre números de código postal e áreas do respectivo município e de garantir a sua permanente actualização, tendo em vista o apuramento da receita pertencente a cada município.[111]

Por fim, quanto à entrega das receitas da TMDP aos municípios, dispõe o artigo 5.º do Regulamento n.º 38/2004, que as empresas devem efectuar, com base no apuramento dos valores cobrados e até ao final do mês seguinte ao da cobrança, o pagamento da TMDP aos municípios através de cheque ou de transferência bancária, devendo estes emitir o respectivo recibo de quitação e enviá-lo às empresas. As regularizações financeiras decorrentes de acertos serão adicionadas ou deduzidas, consoante sejam favoráveis ou desfavoráveis aos municípios, na entrega a efectuar no mês seguinte ao respectivo apuramento.

(iii) Afectação e valor da receita

Enquanto sujeitos activos da relação jurídico-tributária da TMDP, os municípios são os titulares das receitas deste tributo, tal como decorre do n.º 2 do artigo 106.º do REGICOM e dos artigos 1.º e 5.º do Regulamento n.º 38/2004. O REGICOM não prevê, contudo, qualquer afectação material das receitas da TMDP.

Quanto ao valor das receitas da TMDP, apenas se pode referir que não existe informação disponível, nem sobre os valores cobrados por município, nem mesmo sobre os valores totais das receitas arrecadadas.

---

de criação deste tributo de um estudo que visou assegurar um enquadramento jurídico-tributário da nova contribuição e a praticabilidade das condições de aplicação, para garantir que os substitutos tributários fossem poupados "a qualquer esforço de adaptação, prevenindo atrasos na entrada em vigor da nova contribuição", prevendo ainda uma compensação a favor dos substitutos tributários pelos encargos com a liquidação, cobrança e entrega da contribuição. Veja-se Rogério M. Fernandes Ferreira/Olívio Mota Amador/ Sérgio Vasques (2004), 28-29.

[111] Veja-se o n.º 5 do artigo 4.º do Regulamento n.º 38/2004. Poderia ter-se simplificado o cumprimento desta obrigação, por exemplo, mediante a consagração da obrigação de centralização, gestão e disponibilização em linha desta informação no sítio da Associação Nacional de Municípios Portugueses. Sobre as dificuldades associadas ao cumprimento desta obrigação, vejam-se os Comentários da Câmara Municipal de Oliveira de Azeméis, disponíveis em http://www.anacom.pt/template15.jsp?categoryId=127526.

As Taxas de Regulação Económica no Sector das Comunicações Electrónicas 225

Os direitos de passagem revestem importância crucial para as empresas que oferecem redes e serviços de comunicações electrónicas e têm consagração expressa no artigo 11.º da Directiva-Quadro e no artigo 24.º do REGICOM. Neste contexto, compreende-se que o legislador tenha previsto, na parte final do n.º 1 do artigo 106.º do REGICOM, que a TMDP deve ter em conta os objectivos de regulação constantes do artigo 5.º do mesmo diploma.

Todavia, tal como existe no nosso ordenamento e é cobrada pelos nossos municípios, a TMDP não constitui verdadeiro "tributo de regulação económica", apresentando-se antes como uma contraprestação devida pela utilização de bens do domínio público e privado municipal e à qual é alheia qualquer relação com a actividade de regulação ou objectivo extrafiscal de gestão de recursos escassos, designadamente de recursos escassos específicos do sector das comunicações electrónicas.[112]

3.5. *Tributos não cobrados*

3.5.1. *As taxas pela emissão de declarações comprovativas dos direitos*

A possibilidade de instituição de taxas pela emissão de declarações comprovativas dos direitos encontra-se consagrada na alínea a) do n.º 1 do artigo 105.º do REGICOM. Todavia, não foi aprovada legislação que fixe o montante desta taxa, como se exige no n.º 2 do artigo 105.º do REGICOM, o que justifica que não se proceda à sua cobrança.

As declarações comprovativas dos direitos emitidas pelo ICP – ANACOM que, nos termos previstos na alínea a) do n.º 1 do artigo 105.º do REGICOM, possibilitam a instituição desta taxa, respeitam ao regime de autorização geral e encontram-se previstas no artigo 9.º da Directiva Autorização e no n.º 5 do artigo 21.º do REGICOM.

---

[112] Quanto à questão da correspondência entre a taxa cobrada e a contrapartida prestada refere Saldanha Sanches, "Poderes Tributários dos Municípios e Legislação Ordinária", *Fiscalidade*, 2001, n.º 6, 4, que "Os Municípios têm poderes para cobrar taxas quando prestam serviços ou como contrapartida para o uso do seu património; não há a este respeito qualquer dúvida. Desde que exista alguma correspondência entre preço e serviço".

A epígrafe do artigo 9.º da Directiva Autorização, "Declarações destinadas a facilitar o exercício dos direitos de instalar recursos e dos direitos de interligação", é elucidativa quanto à finalidade destas declarações.

É, pois, com o objectivo de facilitar o exercício, pelas empresas, dos direitos decorrentes da autorização geral, por exemplo a outros níveis da administração ou em relação a outras empresas, que este preceito consagra a obrigação, a cargo das autoridades reguladoras nacionais, de fornecerem "declarações harmonizadas confirmando, se aplicável, que a empresa apresentou uma notificação nos termos do n.º 2 do artigo 3.º e descrevendo pormenorizadamente em que circunstâncias qualquer empresa que ofereça serviços ou redes de comunicações electrónicas ao abrigo da autorização geral tem o direito de requerer direitos de instalar recursos e/ou de obter o acesso ou a interligação".

Tal como esta obrigação se encontra consagrada na Directiva Autorização, as autoridades reguladoras nacionais podem optar por cumpri-la mediante pedido das empresas ou, quando adequado, podem emitir as declarações harmonizadas automaticamente em resposta à notificação da oferta de serviços ou redes de comunicações electrónicas.

O legislador nacional optou por contemplar, no n.º 5 do artigo 21.º do REGICOM, apenas a emissão automática das declarações harmonizadas, a qual deve ocorrer no prazo de cinco dias a contar da comunicação da oferta de serviços ou redes de comunicações electrónicas.[113]

Considerando que as declarações em apreço se enquadram no regime de autorização geral, é necessário apurar, como referimos no ponto 3.2., (i), acima, se a contraprestação pela emissão de declarações comprovativas dos direitos se deve considerar compreendida nos tributos anuais devidos pelo exercício da actividade de fornecedor de redes e de serviços de comunicações electrónicas, hipótese em que não se justificaria a criação de outros encargos para os operadores, além dos tributos anuais, ou se, a par destes tributos, se justifica instituir taxas sobre as declarações comprovativas dos direitos e, nesta hipótese, quais devem ser os respectivos limites.

---

[113] Tal equivale a dizer que, contrariamente ao que se verificaria se as declarações comprovativas de direitos apenas fossem emitidas a pedido dos operadores, em virtude da emissão automática destas declarações, todos os operadores ficam necessariamente abrangidos pela incidência desta taxa.

Para este efeito, devem ser ponderados os objectivos, enunciados no âmbito do Pacote Regulamentar de 2002, de baixar os custos de acesso ao mercado de serviços e redes de comunicações, de garantir a liberdade de oferta, que apenas deve estar sujeita às condições previstas na Directiva Autorização, de assegurar um regime de autorização o menos oneroso possível, bem como a necessidade de incluir expressamente nas autorizações gerais os direitos e obrigações das empresas decorrentes dessas autorizações e de limitar as condições que podem estar associadas à autorização geral ao estritamente necessário para garantir o cumprimento dos requisitos e obrigações de direito comunitário.[114] Deve também ser considerado o n.º 1 do artigo 6.º da Directiva Autorização, que determina que a autorização geral de oferta de redes e serviços de comunicações electrónicas apenas pode estar sujeita às condições enumeradas na parte A do anexo, entre as quais se incluem os "encargos administrativos, em conformidade com o artigo 12.º" da Directiva Autorização.[115]

O artigo 12.º da Directiva Autorização não define expressamente se nele apenas tem enquadramento, no que concerne ao regime de autorização geral, um tributo anual a cobrar aos operadores ou se, além desse tributo anual, podem ser cobradas taxas pela emissão de declarações comprovativas dos direitos ou outras eventuais actividades das autoridades reguladoras nacionais no âmbito do regime de autorização geral.

Este preceito determina, porém, que no que concerne ao regime de autorização geral os encargos administrativos se destinam a cobrir, na totalidade, "apenas os custos administrativos decorrentes da gestão, controlo e aplicação" deste regime.

Deste modo, poderá admitir-se quer um primeiro modelo de encargos administrativos em que todos os custos administrativos decorrentes da gestão, controlo e aplicação do regime de autorização geral são totalmente cobertos por um único tributo anual devido pelos operadores, quer um segundo modelo, alternativo, que isola os custos das prestações individualizáveis, concretamente dirigidas pelo ICP – ANACOM a operadores determinados, no âmbito do regime de autorização geral, como é o caso da emissão de declarações, os quais são cobertos por taxas, sendo

---

[114] Vejam-se os considerandos n.ᵒˢ 1, 3, 5, 9 e 15 da Directiva Autorização.

[115] Veja-se o ponto 2. da parte A do anexo, que contém a lista completa das condições que podem ser associadas às autorizações gerais. Veja-se igualmente o artigo 27.º do REGICOM, que corresponde, no essencial, aos referidos artigo 6.º e parte A do anexo da Directiva Autorização.

228 *As Taxas de Regulação Económica em Portugal*

os demais custos administrativos – depois de subtraídos os custos cobertos através destas taxas – decorrentes deste regime cobertos por um tributo anual.

Poderão, assim, em princípio, admitir-se como válidos ambos os modelos, sendo certo que o legislador nacional, ao consagrar na alínea a) do n.º 1 do artigo 105.º do REGICOM as taxas pelas declarações comprovativas dos direitos, optou pelo segundo modelo. No entanto, as receitas geradas por um ou outro modelo serão sempre inteiramente coincidentes, na medida em que ambos se encontram sujeitos a um limite comum: a cobertura dos custos administrativos reais das actividades de gestão, controlo e aplicação do regime de autorização geral, que os encargos administrativos se destinam a financiar.

Num contexto de revisão dos modelos de tributos cobrados pelo ICP – ANACOM, que se espera venha a ser concretizada a breve trecho e no âmbito da qual é provável que se venha legislar no sentido da fixação dos elementos estruturantes das taxas devidas pelas declarações comprovativas dos direitos, importa sublinhar que, em obediência aos princípios do mínimo ou da cobertura de custos, da objectividade, transparência e proporcionalidade, as taxas devidas pelas declarações comprovativas dos direitos devem limitar-se a cobrir os custos administrativos reais estritamente associados à emissão destas declarações harmonizadas.[116]

Não se pode, assim, deslocar para estas taxas devidas pelas declarações comprovativas dos direitos outros custos, decorrentes da gestão, controlo e aplicação do regime de autorização geral, ou não, sob pena de constituírem entraves à entrada no mercado.

3.5.2. *As taxas pela atribuição de direitos de utilização de frequências*

Outro tributo com consagração no quadro geral do REGICOM, na alínea c) do n.º 1 do artigo 105.º, mas que não é cobrado é a *taxa* pela atribuição de direitos de utilização de frequências.

---

[116] Estes princípios estão consagrados no artigo 12.º da Directiva Autorização e foram transpostos para o direito nacional pelo n.º 4 do artigo 105.º do REGICOM, que prevêem ainda que os encargos administrativos devem ser impostos de forma "que minimize os custos administrativos adicionais e os encargos conexos". Vejam-se os pontos 2.3., (*i*), e 3.2. (*i*), acima.

As Taxas de Regulação Económica no Sector das Comunicações Electrónicas   229

A atribuição e a consignação de frequências competem ao ICP – ANACOM e devem obedecer a critérios objectivos, transparentes, não discriminatórios e de proporcionalidade.[117] O princípio geral em matéria de utilização de frequências é, todavia, o da não dependência de atribuição de direitos de utilização. A utilização de frequências apenas estará dependente de atribuição de direitos de utilização quando tal estiver previsto no Quadro Nacional de Frequências (QNAF).[118]

Compete ao ICP – ANACOM a publicação anual do QNAF, o qual deve conter, designadamente, as faixas de frequências reservadas e a disponibilizar no ano seguinte no âmbito das redes e serviços de comunicações electrónicas, acessíveis e não acessíveis ao público, especificando os casos em que são exigíveis direitos de utilização, bem como o respectivo processo de atribuição.[119] Deste modo, a dependência de atribuição de direitos de utilização de frequências verifica-se apenas nestes casos em que o QNAF preveja a necessidade e o processo de atribuição de direitos de utilização, relativamente às frequências reservadas e a disponibilizar no ano seguinte.

O procedimento de atribuição de direitos de utilização pode ser o de acessibilidade plena, cuja tramitação está prevista no n.º 1 e no n.º 2 do artigo 35.º do REGICOM, ou pode envolver uma selecção por concorrência ou comparação, nomeadamente leilão ou concurso, que segue a tramitação específica prevista no n.º 1 e no n.º 3 do artigo 35.º do REGICOM.

---

[117] Vejam-se o n.º 3 do artigo 15.º do REGICOM e o n.º 3 do artigo 5.º da Directiva Autorização.

[118] Vejam-se os artigos 30.º e 31.º do REGICOM e o n.º 1 do artigo 5.º da Directiva Autorização. A edição de 2007 do QNAF foi aprovada por deliberação do ICP – ANACOM de 25 de Julho de 2007 e encontra-se disponível em http://www.anacom.pt/template12.jsp?categoryId=248603.

[119] Em conformidade com o disposto no artigo 16.º do REGICOM, o QNAF deve conter: (i) as faixas de frequências e o número de canais já atribuídos às empresas que oferecem redes e serviços de comunicações electrónicas acessíveis ao público, incluindo a data de revisão da atribuição; (ii) as faixas de frequências reservadas e a disponibilizar no ano seguinte no âmbito das redes e serviços de comunicações electrónicas, acessíveis e não acessíveis ao público, especificando os casos em que são exigíveis direitos de utilização, bem como o respectivo processo de atribuição; (iii) as frequências cujos direitos de utilização são susceptíveis de transmissão nos termos do artigo 37.º do REGICOM. Ficam excluídas da publicitação as frequências atribuídas às Forças Armadas e às forças e serviços de segurança.

Nos casos em que a atribuição de direitos de utilização se refira a frequências acessíveis pela primeira vez no âmbito das comunicações electrónicas ou que se destinem a ser utilizadas para novos serviços e envolva um procedimento de selecção concorrencial ou por comparação, compete ao Governo aprovar o respectivo regulamento de atribuição. Nos restantes casos, será ao ICP – ANACOM que compete a aprovação dos regulamentos de atribuição de direitos de utilização de frequências.[120]

É, pois, nos casos de atribuição de direitos de utilização através de um destes procedimentos que se justifica a imposição do tributo a que se refere a alínea c) do n.º 1 do artigo 105.º do REGICOM. Todavia, não foi aprovada a legislação derivada, a que se refere o n.º 2 do artigo 105.º do REGICOM, que fixa os elementos estruturantes deste tributo, o que justifica que não seja cobrado.[121]

No entanto é previsível que, com a revisão dos modelos de tributos cobrados pelo ICP – ANACOM, venha a ser produzida a legislação derivada que consagre os elementos estruturantes deste tributo. Na determinação destes elementos estruturantes, será fundamental ter presente que este tributo se destina a financiar os custos administrativos reais da autoridade reguladora nacional associados à atribuição dos direitos de utilização de frequências e deve ser imposto de forma objectiva, transparente e proporcional, que minimize os custos administrativos adicionais e os encargos conexos. Aqueles custos e o montante total das receitas geradas pela cobrança deste tributo deverão constar de um relatório anual a publicar pelo ICP – ANACOM, para que as empresas possam verificar o equilíbrio entre os custos associados à atribuição e o tributo pago. Com a mesma periodicidade, deverá proceder-se aos ajustamentos adequados do tributo, caso ele se revele excessivo ou insuficiente, em função da diferença entre o montante total dos tributos e os custos administrativos.[122]

---

[120] Vejam-se os n.ºˢ 4 e 5 do artigo 35.º do REGICOM.

[121] No contexto do anterior quadro regulatório, no concurso público para a atribuição de licenças UMTS, de âmbito nacional, para os sistemas de telecomunicações móveis internacionais, no ano 2000, foram cobradas taxas, que ascenderam a 20.000.000.000$00 (corresponde a € 99.759.579,41), por cada licença, ao abrigo do n.º 10 do artigo 19.º do Decreto-Lei n.º 151-A/2000. Veja-se a Portaria n.º 532-B/2000, de 31 de Julho.

[122] Vejam-se o n.º 4 e o n.º 5 do artigo 105.º do REGICOM e o artigo 12.º da Directiva Autorização. Para uma análise comparativa dos sistemas de imputação e contabilização dos custos utilizados nos países membros da Conferência Europeia das

3.5.3. As taxas pela atribuição e reserva de direitos de utilização de números

De acordo com o disposto na alínea d) do n.º 1 do artigo 105.º do REGICOM, a atribuição e a reserva de direitos de utilização de recursos de numeração encontram-se sujeitas a taxa.

A atribuição e a reserva de direitos de utilização de recursos de numeração competem ao ICP – ANACOM e devem ser efectuadas através de procedimentos objectivos, transparentes e não discriminatórios. Compete também à autoridade reguladora nacional a definição das linhas orientadoras e dos princípios gerais do Plano Nacional de Numeração (PNN), bem como a gestão do PNN, segundo os princípios da transparência, eficácia, igualdade e não discriminação, incluindo a definição das condições de atribuição e de utilização dos recursos nacionais de numeração.[123] Refira-se, porém, que, à semelhança do que sucede relativamente à utilização de frequências do espectro radioeléctrico, também aqui deve valer o princípio geral da não dependência de atribuição de direitos de utilização.[124]

Administrações Postais e de Telecomunicações (CEPT) para financiamento das actividades de gestão do espectro radioeléctrico, veja-se o Relatório n.º 53 do Comité das Comunicações Electrónicas (ECC), "Cost allocation and accounting systems used to finance the radio administration in CEPT countries" (Relatório ECC 53), 2004, disponível em http://www.erodocdb.dk/Docs/doc98/official/pdf/ECCREP053.PDF.

[123] O PNN está disponível em http://www.anacom.pt/template2.jsp?categoryId=35001 . Para uma primeira noção sobre o que é o PNN, pode aceder-se ao documento sobre o PNN disponível em http://www.anacom.pt/template25.jsp?categoryId=38748: "1. O que é o Plano Nacional de Numeração (PNN)? O PNN constitui o modo de organização dos números dos serviços de telecomunicações de uso público, no que se refere ao seu formato e estrutura. Consiste em grupos de algarismos, os quais contêm elementos usados para a identificação de, por exemplo, serviços, áreas geográficas, redes, clientes.". Vejam-se as alíneas a) a c) do n.º 2 do artigo 17.º do REGICOM e o n.º 3 do artigo 5.º da Directiva Autorização.

[124] Neste sentido, vejam-se o considerando n.º 11 e o n.º 2 do artigo 5.º da Directiva Autorização. No mesmo sentido, veja-se ainda a Comunicação COM(2003), 715 final, p. 32, que prevê, entre outros, os seguintes *elementos essenciais* à transposição da Directiva Autorização: "Apenas deverão ser concedidos direitos individuais de utilização, ou impostas limitações ao seu número, quando tal for necessário.". Porém, em Portugal este *elemento essencial* parece não ter sido transposto adequadamente no tocante aos recursos de numeração. Veja-se o n.º 1 do artigo 33.º do REGICOM.

232 *As Taxas de Regulação Económica em Portugal*

Os procedimentos de atribuição de direitos de utilização de números são também disciplinados pelos números 1 a 3 do artigo 35.º do REGICOM. Relativamente aos denominados "golden numbers", o n.º 4 do artigo 33.º prevê expressamente que o ICP – ANACOM pode decidir que eles sejam atribuídos através de procedimentos de selecção concorrenciais ou por comparação.[125]

Em termos idênticos à atribuição de direitos de utilização de frequências, a imposição do tributo previsto na alínea d) do n.º 1 do artigo 105.º do REGICOM justifica-se quando a atribuição de direitos de utilização de números seja efectuada através de um dos procedimentos atrás referidos. No entanto, este preceito consagra ainda a possibilidade de este tributo incidir também sobre a reserva de recursos de numeração.[126]

Em qualquer caso, não foi aprovada a legislação derivada, a que se reporta o n.º 2 do artigo 105.º do REGICOM, que fixa os elementos estruturantes deste tributo, o que justifica que não haja registo da sua cobrança.[127]

---

[125] Para uma análise comparativa dos procedimentos utilizados na atribuição de direitos de utilização de números adoptados pelos países membros da CEPT, e respectivas vantagens e desvantagens, veja-se o Relatório n.º 60 do ECC, "Number assignment practices in CEPT countries" (Relatório ECC 60), 2005, pp. 8-11, disponível em http://www.erodocdb.dk/Docs/doc98/official/pdf/ECCREP060.PDF .

[126] A reserva consiste na retenção de recursos de numeração pelo ICP – ANACOM para utilização por parte de operadores e prestadores de serviços, que precede, em situações normais, a atribuição dos respectivos recursos. Veja-se o documento "Princípios e critérios para a gestão e atribuição de recursos de numeração", pp. 5 e 9, que se encontra disponível em http://www.anacom.pt/streaming/pnn_principios.pdf?categoryId=2881&contentId=418478&field=ATTACHED_FILE .

[127] No âmbito do anterior quadro regulatório, o Tribunal de Justiça, no acórdão de 20 de Outubro de 2005, nos processos apensos C-327/03 (Isis Multimédia) e C-328/03 (Firma), pronunciou-se contra uma taxa sobre os novos concorrentes pela atribuição de números, muito superior ao dispêndio originado pela sua concessão, se a sociedade que sucede ao operador histórico, ocupando uma posição dominante, obteve gratuitamente os direitos de numeração. O citado acórdão não proíbe a cobrança destes tributos, determinando antes que não se pode onerar excessivamente os novos concorrentes, no que tange à atribuição de direitos de numeração, especialmente quando o anterior operador monopolista obteve aqueles direitos gratuitamente. O que se pretende evitar é um benefício injustificado, assumindo-se como normal a cobrança deste tributo, desde que não exceda os encargos inerentes à concessão de números.

As Taxas de Regulação Económica no Sector das Comunicações Electrónicas 233

Valem também para este tributo as considerações que tecemos no ponto precedente em vista da probabilidade de se aprovar legislação que consagre os elementos estruturantes deste tributo.[128]

A especificidade aplicável à atribuição de direitos de utilização de recursos de numeração, que se justifica assinalar neste contexto, prende--se com a possível diferenciação entre o tributo que incide sobre a atribuição e o cobrado pela reserva de recursos de numeração, que deverá ocorrer se os custos administrativos reais associados a esta prestação da autoridade reguladora nacional forem inferiores, como é expectável, aos da atribuição de direitos de utilização de números.

3.5.4. As taxas de utilização de números

As taxas de utilização de números estão previstas na alínea e) do n.º 1 do artigo 105.º do REGICOM. Todavia, a falta de legislação que fixe os elementos estruturantes destas taxas impede a sua cobrança.[129]

Perspectiva-se, contudo, que essa legislação seja aprovada em breve, uma vez que o terceiro modelo de taxas previsto no estudo realizado para a revisão dos modelos de tributos cobrados pelo ICP – ANACOM é, precisamente, o das taxas associadas à utilização de números.[130]

Na determinação dos elementos estruturantes destas taxas importará ter presente que elas visam garantir a utilização óptima de recursos de numeração escassos e constituem a contrapartida concreta e individualizada desses recursos especificamente atribuídos às empresas através de um dos procedimentos de atribuição a que se reporta o artigo 35.º do REGICOM. As taxas de utilização de números devem ser objectivamente justificadas, transparentes e não discriminatórias e respeitar os objectivos de regulação das comunicações electrónicas.[131]

---

[128] Sobre a questão dos custos associados à gestão da atribuição dos recursos de numeração, veja-se o Relatório 60, ECC, p. 12.

[129] Veja-se também a alínea f) do n.º 1 do artigo 34.º do REGICOM, que prevê que uma das condições a que podem estar sujeitos os direitos de utilização de recursos de numeração é a imposição de taxas, em conformidade com o artigo 105.º do REGICOM.

[130] Plano de Actividades 2007-2009, p. 45.

[131] Vejam-se o n.º 6 do artigo 105.º do REGICOM e o artigo 13.º da Directiva Autorização.

234 As Taxas de Regulação Económica em Portugal

Quando os recursos de numeração não sejam escassos e a sua utilização não dependa de atribuição através de um dos procedimentos atrás referidos, não existirá fundamento para a sujeição às taxas de utilização.

As taxas de utilização de números devem ser modeladas com base no custo ou no valor dos recursos de numeração concretamente atribuídos às empresas e promover a utilização eficiente destes recursos.

Deste modo, à semelhança do que se preconiza relativamente à utilização de frequências, também a utilização de números deve ser tributada em função da quantidade dos recursos atribuídos, e não em função da utilização efectiva dos números atribuídos. A valorização dos recursos de numeração apresenta dificuldades idênticas à valorização das frequências, designadamente as resultantes da evolução tecnológica e dos mercados e da relatividade da noção de escassez.[132] Por exemplo, a portabilidade dos números e o processo de convergência tecnológica e de mercados, que determina a utilização de um único número para múltiplos serviços, têm impacto na valorização dos recursos de numeração.[133]

3.5.5. As contribuições para o serviço universal

Como já atrás se referiu, é ao prestador do serviço universal que incumbe demonstrar a existência de custos líquidos das obrigações de serviço universal (CLOSU), na perspectiva de posterior compensação, submetendo-os à aprovação do ente regulador. Em caso de aprovação, são activados os mecanismos de financiamento do serviço universal.[134]

---

[132] Não cabe no âmbito deste trabalho abordar a problemática da escassez dos recursos, que se encontra dependente de factores como o investimento que neles se pretenda fazer, a dimensão do mercado ou a evolução tecnológica.

[133] A portabilidade dos números está prevista no artigo 54.º do REGICOM. Para uma análise comparativa dos níveis das taxas de utilização de números nos países membros da CEPT, veja-se o Relatório ECC 60, pp. 12-17. Neste relatório conclui-se que as variações das taxas de utilização podem ser explicadas pela diferente relevância atribuída à (ou diferente necessidade de) eficiente gestão destes recursos. Sobre a convergência, Relatório n.º 36, 2003, (Relatório ECC 36), http://www.erodocdb.dk/Docs/doc98/official/pdf/ECCREP036.PDF.

[134] Veja-se o ponto 2.2., (iii), acima.

As Taxas de Regulação Económica no Sector das Comunicações Electrónicas 235

Até aqui, porém, estes mecanismos nunca foram activados, significando isso que o prestador do serviço universal nunca foi compensado dos CLOSU, seja por via de fundos públicos, seja por via da repartição daqueles custos pelas empresas que oferecem redes e serviços de comunicações electrónicas, mediante a fixação de contribuições pela prestação do serviço universal.

No relatório de regulação de 2006, publicado pelo ICP – ANACOM, refere-se que o prestador do serviço universal enviou ao ICP – ANACOM uma estimativa do CLOSU para 2003 e uma revisão dessas estimativas referentes a 2001 e a 2002, tendo requerido a activação do procedimento previsto no REGICOM para efeitos do respectivo financiamento.[135]

Os CLOSU estimados pelo prestador do serviço universal representam, para o ano de 2003, cerca de oito por cento dos proveitos do serviço telefónico fixo daquele prestador, encontrando-se em avaliação por parte da autoridade reguladora.

3.6. *A aplicação da receita*

3.6.1. *As contribuições para a AdC*

No que respeita à relação entre o ICP – ANACOM e a AdC, cumpre delimitar brevemente o âmbito de actuação de ambas as entidades.[136]

---

[135] Relatório de Regulação de 2006, actualizado a 28.12.2007, pp. 50 e ss, disponível em http://www.anacom.pt/streaming/ rregulacao2006.pdf?categoryId=254742&contentId=526746&field=ATTACHED_FILE. De acordo com uma notícia publicada no Jornal de Negócios do dia 3 de Janeiro de 2008, p. 8, as contas do prestador do serviço universal demonstram que as obrigações de serviço universal custaram em média de 170 milhões de euros por ano, nos exercícios de 2001 a 2006, ascendendo a 1.040 milhões de euros no total. Segundo a mesma notícia, em Espanha, o regulador espanhol das comunicações concluiu que o prestador do serviço universal teve um CLOSU de 284 milhões de euros, devendo este valor ser repartido pelas empresas que oferecem redes e serviços de comunicações electrónicas.

[136] Sobre a articulação entre a AdC e o ICP – ANACOM veja-se "Concorrência e Regulação (A relação entre a Autoridade da Concorrência e as Autoridades de Regulação Sectorial" de Maria Manuel Leitão Marques/João Paulo Simões de Almeida/André Matos Forte (Coimbra, 2005), *Concorrência e Regulação (A Relação entre a Autoridade da Concorrência e as Autoridades de Regulação Sectorial)*, 14ss e, em especial, 49ss.

Neste contexto, costuma falar-se numa divisão de tarefas entre, por um lado, autorização de entrada no mercado, da responsabilidade do ICP – ANACOM, sempre que esteja em causa um recurso escasso ou qualquer outro motivo que justifique regulação da actividade dos operadores e, por outro lado, avaliação de operações de concentração e avaliação, monitorização e sancionamento de práticas restritivas da concorrência, tipicamente tratadas pela AdC.[137]

A articulação da AdC com os reguladores sectoriais encontra assento legal nos artigos 15.º e 29.º Lei n.º 18/2003, de 11 de Junho, que aprova o regime jurídico da concorrência, onde se prescreve a obrigação da AdC de notificar os reguladores sectoriais de práticas restritivas da concorrência, devendo estes pronunciar-se num prazo razoável. Este dever assume carácter de reciprocidade sempre que o ente regulador suspeite existirem práticas restritivas da concorrência no seu sector de actuação.

Refira-se também que, com o intuito de assegurar o cumprimento do disposto naqueles artigos, foi assinado a 23 de Setembro de 2003 um Acordo de Cooperação entre o ICP – ANACOM e a AdC, renovável anualmente, onde se reforça a necessidade de troca de informações, tal com resulta do n.º 1 da cláusula 3.ª, e se assegura um sistema de contactos periódicos entre os serviços de ambas as entidades "que permita identificar as matérias em apreciação no âmbito das respectivas atribuições e com a finalidade de prevenir a sobreposição ou a omissão de actuação". Está ainda prevista no n.º 2 desta cláusula que sempre que as partes se encontrem a analisar a mesma situação "deverão proceder a consultas mútuas ao nível dos respectivos Conselhos de Administração no âmbito das quais será determinada a parte competente para a tomada de decisão final, abstendo-se a outra de qualquer intervenção subsequente que não seja a resposta a um processo de consulta". Fica assim evidenciada a necessidade que as ambas as entidades sentiram de prevenir conflitos de competência na prossecução das atribuições de cada uma.

Na determinação de qual das duas autoridades tem melhor capacidade para intervir nos mercados regulados, quanto a comportamentos anti-concorrenciais importa referir que, independentemente do facto de o ente regulador ser melhor conhecedor do sector cabe à AdC, de acordo

---

[137] Pedro Pita Barros (2003), *Sobre a articulação entre o ICP-ANACOM e a Autoridade da Concorrência* (disponível em http://www.icp.pt/streaming/parec_anacom.pdf?categoryId=78651&contentId=128075&field=ATTACHED_FILE), 14.

com a lei, a análise *ex post* e imposição de medidas nas situações que contrariem a lei da concorrência, excepção feita aos casos de prestação de serviços de interesse económico geral, em que a aplicação das regras da concorrência apenas poderá ter lugar quando não ponha em causa a prestação daquele serviço, tal como decorre da Lei n.º 18/2003.

Contudo, os poderes de investigação da AdC são mais vastos que os do ICP – ANACOM, como se confirma pela Lei n.º 18/2003, bem como os poderes sancionatórios quanto a comportamentos abusivos e contrários à concorrência, na medida em que a AdC pode impor às empresas coimas até 10% do volume de negócios do ano anterior, podendo igualmente determinar medidas cautelares.[138]

O ICP – ANACOM tem vantagem sobre a AdC quanto à criação de regras de funcionamento de mercado, prerrogativa que assiste somente àquele, e quanto à maior rapidez de actuação, dado que o acompanhamento permanente do sector e a obrigatoriedade de definição de mercados relevantes levam a que a probabilidade de rápida detecção de comportamentos anti-concorrenciais seja maior no caso de investigação por parte do ICP – ANACOM.

É neste sentido que Pedro Pita Barros refere que nos mercados relevantes em que haja concorrência efectiva o ente regulador sectorial vê o seu âmbito de actuação preenchido. Paralelamente, para os mercados onde não há concorrência, a ausência de regulação económica transfere de forma natural a garantia do bom funcionamento do mercado para uma verificação *ex post* do comportamento dos agentes económicos, esfera de actuação por excelência da AdC.[139]

Conclui este autor que o critério aferidor para determinar qual dos reguladores deve actuar reside na concorrência efectiva. Existindo, esse mercado deverá motivar a análise da AdC, caso contrário deverá ser o ICP – ANACOM a regular o mercado em causa.[140]

Feita a referência à necessária articulação entre os dois entes reguladores, cumpre salientar que o ICP – ANACOM está adstrito ao paga-

---

[138] Vejam-se os artigos 17.º, 27.º e 43.º da Lei n.º 18/2003.

[139] Pedro Pita Barros (2003), 23.

[140] Numa abordagem distinta, Calvão da Silva (2008), 152, refere que "a possibilidade de conflitos de competência entre os reguladores sectoriais e o regulador transversal deve ser ultrapassada através de uma leal colaboração recíproca, justificada pelo primordial objectivo comum de ser assegurado o funcionamento transparente, íntegro e eficiente de mercados livres e concorrenciais".

238   *As Taxas de Regulação Económica em Portugal*

mento de contribuições à AdC. Esta obrigação está consagrada no artigo 1.º do Decreto-Lei n.º 30/2004, de 6 de Fevereiro, onde se determina que várias entidades reguladoras contribuam para o orçamento desta entidade até 7,5% do montante das taxas cobradas.

Refira-se, a título exemplificativo, que para 2006 se estabeleceu, na Portaria n.º 315/2006, de 5 de Abril, uma percentagem de 6,25% dos tributos cobrados a transferir para a entidade reguladora da concorrência, o que se traduziu num valor de € 4.282.000.00.

O Quadro 6, abaixo, ilustra as contribuições pagas pelo ICP – ANACOM à AdC, relativas aos exercícios de 2004 a 2007.

Base legal	Ano	Montante (euros)
Portaria n.º 507/2004[141]	2004	€ 4.369.000.00
Portaria n.º 180/2005[142]	2005	€ 4.073.000.00
Portaria n.º 315/2006[143]	2006	€ 4.282.000.00
Portaria n.º 456/2007	2007	[144]

Quadro 6: Contribuições pagas à AdC

---

[141] Portaria n.º 507/2004, de 14 de Maio. É importante fazer notar que o Despacho Conjunto n.º 93/2004, de 19 de Fevereiro, da Ministra de Estado e das Finanças e do Ministro da Economia, fixou uma transferência para o regulador da concorrência no valor de € 827.349. Contudo, a Portaria n.º 507/2004, de 17 de Maio, estabeleceu posteriormente uma transferência correspondente a 6,25% do montante resultante da cobrança de taxas, que ascendeu a de € 4.369.000.

[142] Vejam-se a Portaria n.º 180/2005, de 15 de Fevereiro, e o relatório e contas do ICP – ANACOM de 2005.

[143] Vejam-se a Portaria n.º 315/2006, de 5 de Abril, e o relatório e contas do ICP – ANACOM de 2006.

[144] Relativamente a 2007, a Portaria n.º 456/2007, de 31 de Maio, manteve a percentagem de 6,25% dos tributos cobrados, tal como prevista nos exercícios de 2004 a 2006. Todavia, até à data de conclusão do presente trabalho não foi aprovado o relatório e contas de 2007 do ICP – ANACOM, pelo que não é possível determinar o valor concreto da transferência.

As Taxas de Regulação Económica no Sector das Comunicações Electrónicas 239

Consumindo estas taxas uma parcela muito expressiva dos proveitos do ICP – ANACOM, conclui-se que as entidades que prestam serviços de comunicações suportam, não apenas a actividade do regulador sectorial, como também a actividade do regulador da concorrência.[145]

3.6.2. *As transferências para a ERC*

Outra entidade com a qual o ICP – ANACOM coopera é a ERC, o que ficou plasmado no protocolo válido por 3 anos assinado pelos dois entes reguladores a 27 de Julho de 2007, visando facilitar a cooperação recíproca na execução das respectivas funções, evitar a duplicação de actividades e assegurar a articulação e coerência das decisões do ICP – ANACOM e da ERC.

No protocolo destaca-se, na cláusula 2.ª, o âmbito da cooperação, designadamente quando se refere como objecto desta a planificação do espectro no domínio da radiodifusão e respectivo controlo de legalidade, que assentam na permuta de informações e em contactos periódicos entre ambas as entidades.

Também no âmbito da relação entre estas entidades há lugar a uma transferência de fundos do regulador das comunicações electrónicas para o regulador da comunicação social, por conta dos resultados líquidos de cada exercício anual do ICP – ANACOM, nos termos da alínea g) do artigo 50.º dos estatutos da ERC, que dispõe que constituem receitas da ERC "quaisquer outras receitas, rendimentos ou valores que provenham da sua actividade ou que por lei ou contrato lhe venham a pertencer ou a ser atribuídos, bem como quaisquer subsídios ou outras formas de apoio financeiro" e do artigo 2.º do Decreto-Lei n.º 103/2006, de 7 de Junho, onde se prescreve que os montantes da transferência são entregues como receita geral do Estado.[146]

---

[145] Chamando a atenção para a duvidosa constitucionalidade do financiamento "em cascata" da AdC, veja-se Sérgio Vasques (Coimbra, 2008a), *O Princípio da Equivalência como Critério de Igualdade Tributária*.

[146] Os Estatutos da ERC foram aprovados pela Lei n.º 53/2005, de 8 de Novembro. O Decreto-Lei n.º 103/2006 aprovou o Regime de Taxas da ERC. Quanto às transferências, é de referir a Portaria n.º 1629/2007, de 31 de Dezembro, que fixou um montante de € 1.000.000, estipulando como data para a transferência o dia 1 de Janeiro de 2008.

Finalmente, quanto à relação entre as comunicações electrónicas e a comunicação social, cumpre mencionar que a ERC poderá cobrar taxas aos operadores de comunicações electrónicas, o que resulta da articulação da alínea d) do artigo 6.º e da alínea b) do artigo 50.º dos Estatutos da ERC, com o artigo 5.º do Regime de Taxas da ERC, na medida em que os operadores de comunicações electrónicas disponibilizem serviços de programas de rádio ou de televisão, no quadro de actividades no âmbito da comunicação social.[147]

Assim, contrariamente ao que se poderia antever, não é o ICP – ANACOM o único regulador a cobrar tributos aos operadores de comunicações electrónicas, assistindo também à ERC essa prerrogativa.

3.6.3. *As transferências para o Estado*

Como já atrás foi referido, o regulador das comunicações electrónicas é uma pessoa colectiva, dotada de autonomia administrativa e financeira e de património próprio. Essa autonomia encontra-se prevista no Pacote Regulamentar de 2002, no artigo 3.º da Directiva-Quadro, transposto para o direito nacional pela alínea a) do n.º 2 do artigo do REGICOM.[148]

O conjunto de receitas próprias do ICP – ANACOM tem consistentemente gerado excedentes nas contas do regulador das comunicações electrónicas. Com efeito, o ICP – ANACOM vê nas suas receitas meios mais do que suficientes para financiar os custos das suas funções de regulação e supervisão.

Deste modo, o Governo definiu uma orientação no sentido da transferência para o Estado dos excedentes resultantes dos resultados líquidos do ICP – ANACOM, assumindo importâncias muito expressivas.[149]

---

[147] O montante destes tributos é fixado pela Portaria n.º 136/2007, de 29 de Janeiro.
[148] Veja-se o ponto 1.2., acima.
[149] Cf. Relatório e contas de 2006.

O Gráfico 2, em baixo, ilustra as transferências que têm vindo a ser efectuadas, a título de aplicação de resultados, do ICP – ANACOM para o Estado:[150]

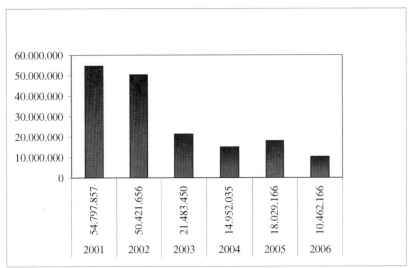

Gráfico 2: Transferências para o Estado (fonte: ICP – ANACOM; unidade: Euros)[151]

As transferências para o Estado suscitam dois tipos de questões. Em primeiro lugar, a questão da independência da autoridade reguladora nacional face ao Governo. Em segundo, e não menos importante no contexto deste trabalho, a da afectação de tributos comutativos ou para-comutativos.

Relativamente à primeira questão, não obstante estar legalmente consagrada a sua autonomia financeira, o regulador das comunicações electrónicas contribui com grande parte das suas receitas para a receita geral do Estado. O importante, contudo, é garantir que os montantes transferidos para o Estado não coloquem em causa a já mencionada independência autonomia do ICP – ANACOM, o que, em função dos

---

[150] Os diplomas que estabeleceram as transferências foram o Decreto-Lei n.º 299/2001, de 22 de Novembro (2001), a Portaria n.º 1534-A/2002, de 23 de Dezembro (2002), a Portaria n.º 1418-A/2003, de 30 de Dezembro (2003), o Decreto-Lei n.º 241-B/2004, de 30 de Dezembro (2004), a Portaria n.º 39/2006, de 12 de Janeiro (2005) e a Portaria n.º 14/2007, de 5 de Janeiro (2006).

[151] Dados retirados dos relatórios e contas relativas aos exercícios de 2001 a 2006.

242 *As Taxas de Regulação Económica em Portugal*

valores apresentados, se afigura um cenário inverosímil. Aliás, cumpre mencionar que desde 2001 as percentagens dos resultados líquidos a transferir têm sido quase sempre de 85%, o que leva a questionar se existe efectivamente autonomia financeira.[152]

Uma conclusão que se apresenta como clara é a de que autonomia financeira não se reconduz à mera existência de receitas próprias necessárias à cobertura dos custos necessários das actividades de regulação e supervisão, para depois se transferir a quase totalidade dos resultados líquidos para os cofres do Estado. A questão que se impõe é a de saber se na prática há receitas próprias do ICP – ANACOM, dadas as elevadas percentagens transferidas para os cofres do Estado. Objectivamente, parece precipitado falar-se em autonomia financeira. De todo o modo, constata-se que o montante das transferências tem vindo a descer consideravelmente nos últimos anos.

Quanto à segunda questão, a da discriminação das empresas que exercem actividades de fornecedor de redes e de serviços de comunicações electrónicas, refira-se que, olhando aos objectivos dos tributos cobrados, constata-se que aos encargos administrativos está reservada uma função de cobertura dos custos do ente regulador, ao passo que as taxas de utilização encerram no seu âmago um propósito de optimização da gestão de recursos escassos.

Face a tais finalidades, parece claro que, a haver excedentes nas receitas do ICP – ANACOM, estes devem-se às receitas provenientes das taxas de utilização, já que os encargos administrativos devem ser cobrados na medida dos custos de regulação em que incorre o regulador. Esses excedentes não deverão constituir receita do Estado, na medida em que desta forma não se assegura a sua aplicação na regulação das comunicações electrónicas. A receita do Estado deve ser assegurada pela cobrança de impostos e não por estes tributos, caso contrário os operadores de comunicações electrónicas são alvo de discriminação, já que se pode afirmar que para além dos impostos sobre o rendimento, o consumo ou o património, ainda estão obrigados ao pagamento de taxas que prosseguem as mesmas funções, o financiamento do Estado e respectivas atribuições.

Para evitar esta discriminação, poder-se-ia porventura configurar a entrega de excedentes ao Estado caso aqueles montantes fossem materialmente consignados à melhoria das comunicações electrónicas, o que pas-

---

[152] Apenas em 2003 (65%) e em 2001 (63%) não foi assim.

saria, designadamente, pelo investimento das infra-estruturas que constituem o espectro radioeléctrico. Outra das inferências que pode resultar facilmente da análise destes dados seria a da redução dos montantes das taxas.

4. Conclusões

A evolução do sector das comunicações electrónicas em Portugal norteou-se pelas imposições comunitárias resultantes das várias directivas que visaram a liberalização do mercado. Tal objectivo implicou a passagem do Estado de fornecedor do serviço a regulador do sector, abandonando-se, consequentemente, uma situação de monopólio natural para um cenário de concorrência. Actualmente, o quadro legal em vigor resulta do Pacote Regulamentar de 2002, cuja transposição para o ordenamento foi assegurada pelo REGICOM.

A transposição do quadro regulamentar não foi, contudo, isenta de falhas. No domínio dos tributos, o REGICOM não foi acompanhado de legislação derivada que estabelecesse os tributos que constam do artigo 105.º e os respectivos montantes, nem tão-pouco foi adaptada ao Pacote de 2002 a legislação já existente em Portugal. É inevitável afirmar-se que estamos perante um processo de transposição incompleto e que Portugal não adoptou as medidas de transposição necessárias ao cumprimento das obrigações que lhe incumbem em matéria de tributos incidentes sobre o sector das comunicações electrónicas.

O REGICOM apresenta um sistema de tributos que se pode dividir em: (i) encargos administrativos, que visam a compensação dos custos em que o ICP-ANACOM incorre em virtude da sua actividade de regulador; (ii) taxas de utilização, cujo propósito é assegurar a gestão eficiente de recursos escassos (números e frequências) que são colocados à disposição das empresas que fornecem redes e serviços de comunicações electrónicas; e (iii) contribuições para o serviço universal, que visam a repartição, pelas restantes empresas que ofereçam redes e serviços de comunicações electrónicas acessíveis ao público, dos custos líquidos das obrigações do serviço universal suportados pelos prestadores deste serviço.

Todavia, não existe correspondência entre o elenco de tributos constante do artigo 105.º do REGICOM e as taxas efectivamente cobradas. Com efeito, apenas se verifica a existência de contribuições pelo exercício das actividades de fornecedor de redes e de serviços de comunicações

244   *As Taxas de Regulação Económica em Portugal*

electrónicas e a cobrança de taxas de utilização de radiofrequências, o que evidencia a deficiente transposição do Pacote Regulamentar de 2002.

Outro dos tributos cobrados é a TMDP, a cuja imposição, todavia, não preside qualquer intuito regulatório ou objectivo extrafiscal de gestão de recursos, constituindo apenas a contraprestação devida pela utilização de bens do domínio público e privado municipal.

A esmagadora maioria das receitas provenientes da cobrança de tributos por parte do ICP-ANACOM é constituída pelas taxas de utilização do espectro radioeléctrico, em particular, pelas taxas de utilização de frequências para o Serviço Terrestre Móvel aplicáveis às estações móveis, analisadas neste trabalho. Portugal é um dos países da União Europeia onde estas taxas se apresentam mais elevadas. Sendo os operadores móveis os sujeitos passivos destas taxas, estes repercutem-nas, naturalmente, nos consumidores. O cálculo destas taxas tem vindo a ser feito com base no número de cartões SIM detidos por assinantes com uma relação contratual em vigor com um operador nacional de STM, o que se afigura incompatível com a finalidade de optimização da utilização de recursos escassos e a consequente exigência comunitária de tributação em função da quantidade de espectro efectivamente atribuída.

O Quadro 7, em baixo, ilustra a evolução das receitas dos tributos incidentes sobre o sector das comunicações electrónicas, entre 2003 e 2006.

Evolução dos Proveitos e Ganhos	2006	2005	2004	2003
a) Espectro Radioeléctrico	66.815.810	67.705.860	64.235.803	68.937.982
Licenciamentos	146.547	110.823	78.676	70.473
Taxas de Utilização	66.664.626	67.591.319	64.153.142	68.864.022
Outras Taxas	4.637	3.718	3.985	3.487
b) Comunicações electrónicas e audiotexto	616.231	657.632	883.138	916.491
Registos e declarações	798	–	1.596	10.175
Taxas anuais	615.433	657.632	881.542	906.316

Quadro 7: Evolução das receitas dos tributos incidentes sobre o sector (fonte: ICP – ANACOM; unidade: Euros) Relatórios e Contas ICP – ANACOM relativos aos exercícios de 2005 e 2006, p. 35 e p. 37 respectivamente, disponíveis em http://www.anacom.pt/template15.jsp?categoryId=391.

As Taxas de Regulação Económica no Sector das Comunicações Electrónicas   245

Entre os tributos não cobrados contam-se (i) as taxas pela emissão de declarações comprovativas dos direitos, cujo objectivo seria facilitar o exercício, pelas empresas, dos direitos decorrentes da autorização geral; (ii) as taxas pela atribuição de direitos de utilização de frequências; (iii) as taxas pela atribuição e reserva de direitos de utilização de números; (iv) as taxas de utilização de números; (v) as contribuições para o serviço universal.

Tanto da legislação comunitária, como do REGICOM, consta a necessidade de os tributos serem cobrados sempre com respeito por exigências de objectividade, transparência e proporcionalidade. Atendendo ao "tarifário" neste momento em vigor, à forma como os tributos são cobrados e aos tributos que não estão a ser cobrados por falta de legislação derivada, constata-se que aqueles imperativos não são observados. Saliente-se em especial o défice de transparência gerado pela falta da adequada publicitação, imposta pelos legisladores comunitário e nacional, dos custos administrativos da autoridade reguladora e do montante total resultante da cobrança dos encargos administrativos e pela forma como a receita proveniente da cobrança destes tributos tem vindo a ser aplicada. É, pois, necessária uma revisão profunda do sistema de tributos incidentes sobre o sector das comunicações electrónicas, no sentido de passar a reflectir na íntegra os objectivos do quadro regulamentar e evidenciar com total transparência a cobrança e a afectação da receita destes tributos.

Uma percentagem muito expressiva das receitas do ICP-ANACOM é destinada à Autoridade da Concorrência. Tal deve-se ao facto de aquela entidade, enquanto regulador sectorial, beneficiar da actividade desta, que se assume como regulador transversal. Não obstante o benefício que resulta para o ICP-ANACOM, a verdade é que o modo de financiamento do regulador transversal pode ser gerador de discriminação para os operadores de redes e serviços de comunicações electrónicas (e, entre estes, especialmente para os que são responsáveis pela esmagadora maioria das receitas do ICP – ANACOM, i.e. os operadores do STM), na medida em que outros grupos que beneficiam da actividade do regulador transversal não são onerados pelas contribuições para a AdC.

Por outro lado, o ICP-ANACOM está igualmente adstrito a uma transferência para a Entidade Reguladora para a Comunicação Social. Neste caso, porém, verifica-se que a ERC pode ainda cobrar taxas aos operadores de comunicações electrónicas. Na perspectiva destes, a cumulação daquela transferência com estas taxas afigura-se muito questionável.

246 *As Taxas de Regulação Económica em Portugal*

Cumpre ainda mencionar que a quase totalidade dos resultados líquidos do ICP-ANACOM é transferida para o Estado. Estas transferências põem em causa a autonomia financeira efectiva e suscitam uma vez mais a questão da discriminação dos operadores de comunicações electrónicas. Esta discriminação poderia porventura ser afastada caso os montantes compreendidos nas transferências para o Estado fossem materialmente consignados a investimentos em infra-estruturas deste sector.

Resumo cronológico da legislação

Nacional

Decreto-Lei n.º 188/81, de 2 de Junho (estabelece os princípios gerais das comunicações e cria o ICP)

Decreto Regulamentar n.º 70/83, de 20 de Julho (consagra os estatutos do ICP; revogado em 23 de Agosto de 1989 pelo Decreto-Lei n.º 283/89)

Decreto-Lei n.º 283/89, de 23 de Agosto (procede à revisão dos estatutos do ICP; revogado em 7 de Dezembro de 2001 pelo Decreto-Lei n.º 309/2001)

Decreto-Lei n.º 40/95, de 15 de Fevereiro (estabelece a base do serviço público de telecomunicações; revogado em 17 de Fevereiro de 2003 pelo Decreto-Lei n.º 31/2003)

Lei n.º 91/97, de 1 de Agosto (estabelece as bases das telecomunicações; revogada em 10 de Fevereiro de 2004 pela Lei n.º 5/2004)

Despacho n.º 1230/99, de 25 de Janeiro (fixa as contribuições devidas pelos operadores de redes públicas de telecomunicações e pelos prestadores de serviços de telecomunicações de uso público)

Decreto-Lei n.º 458/99, de 5 de Novembro (estabelece o âmbito e concessão do serviço universal de telecomunicações; revogado em 10 de Fevereiro de 2004 pela Lei n.º 5/2004)

Decreto-Lei n.º 151-A/2000, de 20 de Julho (estabelece o regime das radiocomunicações)

Portaria n.º 532-B/2000, de 31 de Julho (fixa o montante da taxa a que está sujeito o acto de atribuição de frequências a cada uma das entidades licenciadas para os sistemas de telecomunicações móveis internacionais – IMT2000/UMTS)

Decreto-Lei n.º 219/2000, de 9 de Setembro (autoriza a transferência da posição contratual de concessionária do serviço público de telecomunicações para a PT Comunicações, S.A.)

Decreto-Lei n.º 309/2001, de 7 de Dezembro (estabelece o estatutos do ICP – ANACOM)

Portaria n.º 667-A/2001, de 2 de Junho (fixa taxas aplicáveis às radiocomunicações; revogada em 10 de Fevereiro de 2003 pela Portaria n.º 144-A//2003)

Decreto-Lei n.º 299/2001, de 22 de Novembro (determina o montante a transferir do ICP – ANACOM para os cofres do Estado, por conta dos resultados líquidos do exercício de 2000)

Lei n.º 29/2002, de 6 de Dezembro (autoriza a alienação da rede básica de telecomunicações)

Portaria n.º 1534-A/2002, de 23 de Dezembro (determina o montante a transferir do ICP – ANACOM para os cofres do Estado, por conta dos resultados líquidos do exercício de 2001)

Portaria n.º 144-A/2003, de 10 de Fevereiro (aprova as taxas aplicáveis às radiocomunicações)

Decreto-Lei n.º 31/2003, de 17 de Fevereiro (altera as bases da concessão do serviço público de telecomunicações)

Lei n.º 18/2003, de 11 de Junho (aprova o regime jurídico da concorrência)

Portaria n.º 1076/2003, de 29 de Setembro (altera os montantes das taxas aplicáveis às radiocomunicações públicas)

Portaria n.º 1418-A/2003, de 30 de Dezembro (determina o montante a transferir do ICP – ANACOM para os cofres do Estado, por conta dos resultados líquidos do exercício de 2002)

Decreto-Lei n.º 30/2004, de 6 de Fevereiro (estabelece as contribuições dos reguladores sectoriais à Autoridade da Concorrência)

Despacho Conjunto n.º 93/2004, de 19 de Fevereiro (estabelece o montante a transferir do ICP – ANACOM para a Autoridade da Concorrência ao abrigo do Decreto-Lei n.º 30/2004)

Lei n.º 5/2004, de 10 de Fevereiro (estabelece o regime jurídico aplicável às redes e serviços de comunicações electrónicas)

Portaria n.º 149-B/2004, de 12 de Fevereiro (altera os montantes das taxas aplicáveis às radiocomunicações)

Portaria n.º 507/2004, de 14 de Maio (fixa a percentagem da cobrança das taxas devida pelos reguladores sectoriais à Autoridade da Concorrência)

Portaria n.º 1047/2004, de 16 de Agosto (aprova as taxas aplicáveis às radiocomunicações)

Regulamento n.º 38/2004, de 29 de Setembro (fixa os procedimentos de cobrança e entrega aos municípios da TMDP)

Decreto-Lei n.º 241-B/2004, de 30 de Dezembro (determina o montante a transferir do ICP – ANACOM para os cofres do Estado, por conta dos resultados líquidos do exercício de 2003)

248 *As Taxas de Regulação Económica em Portugal*

Portaria n.º 126-A/2005, de 31 de Janeiro (actualiza o montante das taxas das radiocomunicações)

Portaria n.º 180/2005, de 15 de Fevereiro (estabelece o montante a transferir do ICP – ANACOM para a Autoridade da Concorrência ao abrigo do Decreto--Lei n.º 30/2004)

Lei n.º 53/2005, de 8 de Novembro (aprova os estatutos da Entidade Reguladora para a Comunicação Social)

Portaria n.º 39/2006, de 12 de Janeiro (determina o montante a transferir do ICP – ANACOM para os cofres do Estado, por conta dos resultados líquidos respeitantes ao exercício de 2004)

Portaria n.º 315/2006, de 5 de Abril (estabelece o montante a transferir do ICP – ANACOM para a Autoridade da Concorrência ao abrigo do Decreto-Lei n.º 30/2004)

Portaria n.º 386/2006, de 19 de Abril (altera o montante das taxas aplicáveis às radiocomunicações públicas)

Decreto-Lei n.º 103/2006, de 7 de Junho (aprova o Regime de Taxas da Entidade Reguladora para a Comunicação Social)

Portaria n.º 14/2007, de 5 de Janeiro (determina o montante a transferir do ICP – ANACOM para os cofres do Estado, por conta dos resultados líquidos respeitantes ao exercício de 2005)

Lei n.º 2/2007, de 15 de Janeiro (aprova a Lei das Finanças Locais)

Portaria n.º 136/2007, de 29 de Janeiro (fixa os montantes pecuniários a pagar pelas entidades que prosseguem actividades de comunicação social)

Portaria n.º 1629/2007, de 31 de Dezembro (fixa o montante a transferir do ICP – ANACOM para a Entidade Reguladora para a Comunicação Social)

Comunitária

Directiva n.º 90/388/CEE, da Comissão, de 28 de Junho de 1990 (relativa à concorrência nos mercados de serviços de telecomunicações; revogada em 25 de Julho de 2003 com entrada em vigor do Quadro Regulamentar de 2002)

Directiva n.º 97/13/CE, de 10 de Abril de 1997 (relativa a um quadro comum para autorizações gerais e licenças individuais no domínio dos serviços de telecomunicações; revogada em 7 de Março de 2003 pela Directiva n.º 2002/21/CE)

Directiva n.º 2002/19/CE, de 7 de Março de 2002 (Directiva Acesso; relativa ao acesso e interligação de redes de comunicações electrónicas e recursos conexos)

Directiva n.º 2002/20/CE, de 7 de Março de 2002 (Directiva Autorização; relativa à autorização de redes e serviços de comunicações electrónicas)

Directiva n.º 2002/21/CE, de 7 de Março de 2002 (Directiva-Quadro; relativa a um quadro regulamentar comum para as redes e serviços de comunicações electrónicas)

Directiva n.º 2002/22/CE, de 7 de Março de 2002 (Directiva Serviço Universal; relativa ao serviço universal e aos direitos dos utilizadores em matéria de redes e serviços de comunicações electrónicas)

Directiva n.º 2002/58/CE, de 12 de Julho de 2002 (Directiva Protecção de Dados Pessoais; relativa ao tratamento de dados pessoais e à protecção da privacidade no sector das comunicações electrónicas)

Sítios consultados

http://www.anacom.pt
http://www.apritel.pt
http://www.autoridadedaconcorrencia.pt
http://www.ero.dk
http://curia.europa.eu
http://ec.europa.eu
http://www.erc.pt
http://eur-lex.europa.eu
http://www.saldanhasanches.pt
http://www.vda.pt

AS TAXAS DA AUTORIDADE DA CONCORRÊNCIA

CARLOS PINTO CORREIA
RUI CAMACHO PALMA

SUMÁRIO: 1. Enquadramento normativo e institucional do sector da concorrência 2. Aspectos gerais relativos às taxas devidas à Autoridade da Concorrência 2.1. O direito comunitário 2.2. O direito nacional 3. A taxa devida pela apreciação de operações de concentração sujeitas a notificação prévia 3.1. Incidência objectiva 3.2. Incidência subjectiva 3.3. Isenções 3.4. Base de cálculo e montante das taxas 3.4.1. Aspectos gerais 3.4.2. Aspectos particulares 3.5. Liquidação e pagamento 4. A taxa devida pela apreciação de acordos entre empresas 4.1. Incidência objectiva 4.2. Incidência subjectiva 4.3. Isenções 4.4. Base de cálculo e montante das taxas 4.4.1. Aspectos gerais 4.4.2. Aspectos particulares 4.5. Liquidação e pagamento 5. As taxas devidas pelos demais actos da Autoridade da Concorrência

1. Enquadramento normativo e institucional do sector da concorrência

O diploma que rege directamente o direito da concorrência é a Lei n.º 18/2003, de 11 de Junho (doravante abreviadamente designada por "Lei da Concorrência" ou apenas "Lei"). Paralelamente a esta lei encontramos normas sobre concorrência em múltiplos diplomas, sobretudo relativos aos sectores regulados (energia, telecomunicações, banca e seguros, etc.), cuja interpretação se deve articular com o disposto na Lei da Concorrência.

De um ponto de vista institucional, a entidade a quem cabe, em primeira linha, a tutela do direito da concorrência é a Autoridade da Concorrência, instituída pelo Decreto-Lei n.º 10/2003, de 18 de Janeiro (adiante "AdC").

252 *As Taxas de Regulação Económica em Portugal*

A AdC é uma autoridade administrativa independente cujos membros beneficiam do estatuto e das prerrogativas próprias de tais entidades. Incumbe à AdC defender e promover a concorrência, velando pela aplicação das normas respectivas e tendo, em especial, o poder de investigar comportamentos que violem essas normas e de aplicar as sanções para o efeito previstas. Cabe-lhe igualmente apreciar as notificações de operações de concentração de empresas.

Na vigência do Decreto-Lei n.º 371/93, de 29 de Outubro, revogado pela Lei da Concorrência, as competências em sede de investigação das violações das regras de concorrência cabiam à Direcção-Geral do Comércio e Concorrência. O poder sancionador estava atribuído ao Conselho da Concorrência, uma entidade independente.

A criação da AdC consagra a evolução do sistema português de tutela da concorrência no sentido da independência efectiva das entidades de controlo. Com efeito, ao invés do modelo anterior, que assentava numa Direcção-Geral integrada num ministério e como tal sujeita a formas de dependência, a AdC beneficia de garantias de independência e está habilitada a tomar decisões finais nos processos que lhe são submetidos. Note-se no entanto que, nos termos do artigo 34.º dos Estatutos da AdC (Decreto-Lei n.º 10/2003), em matéria de controlo de concentrações, operações proibidas por decisão da AdC podem ser anuladas por acto do membro do Governo responsável pela área da economia, em recurso interposto pelos autores da notificação.

2. Aspectos gerais relativos às taxas devidas à Autoridade da Concorrência

2.1. *O direito comunitário*

O direito comunitário não dispõe sobre esta matéria, dado que a tutela da concorrência nas situações que não afectem as trocas entre os Estados-Membros é de competência nacional. Note-se em todo o caso que, em direito comunitário da concorrência, não há lugar ao pagamento de quaisquer montantes pelos actos da Comissão Europeia adoptados no exercício de competências paralelas às exercidas pela AdC. Assim, e

As Taxas da Autoridade da Concorrência

nomeadamente, as notificações de operações de controlo de concentrações de dimensão comunitária, feitas nos termos do Regulamento n.º 139/2004, de 24 de Janeiro, são gratuitas.

2.2. *O direito nacional*

Sendo matéria da competência reservada relativa da Assembleia da República, nos termos do artigo 165.º da Constituição, a consagração legislativa do regime das taxas devidas à Autoridade da Concorrência é, num primeiro patamar, assegurada pela própria Lei da Concorrência.

No seu artigo 56.º, este diploma elenca os actos a praticar pela Autoridade da Concorrência que se encontram sujeitos ao pagamento de uma taxa, agrupando-os em cinco categorias fundamentais:

(i)   Apreciação de operações de concentração de empresas que estejam sujeitas a obrigação de notificação prévia, nos termos do disposto no artigo 9.º da Lei da Concorrência;

(ii)   A apreciação de acordos entre empresas, no quadro do procedimento de avaliação prévia previsto no n.º 2 do artigo 5.º;

(iii) A emissão de certidões;

(iv)   A emissão de pareceres;

(v)   Quaisquer outros actos que configurem uma prestação de serviços por parte da Autoridade a entidades privadas.

Em observância do disposto no n.º 2 do preceito citado, a forma de determinação da base de incidência e das taxas em sentido estrito, assim como a disciplina da sua arrecadação, são subsequentemente sedimentadas em normas regulamentares da Autoridade da Concorrência, cujo teor adiante se escrutina.

A este propósito, cumprirá referir que, durante quase dez anos, a afectação de verbas no contexto do Orçamento do Estado constituiu a única fonte de receita da autoridade responsável pela supervisão do sector da concorrência. Com efeito, ao abrigo do artigo 16.º do Decreto-Lei n.º 371/93, de 29 de Outubro, os encargos inerentes ao desenvolvimento da actividade do Conselho da Concorrência foram suportados, até à plena aplicação da Lei da Concorrência, por verbas constantes do orçamento da secretaria-geral do ministério da tutela.

Desde o início de aplicação dos novos mecanismos de financiamento do funcionamento da Autoridade da Concorrência, a matéria tem igualmente conhecido estabilidade, não se registando actividade legislativa ou regulamentar neste domínio, para além da emissão das normas regulamentares que concretizam a referida Lei, as quais não têm sofrido alterações desde o seu início de vigência.

Uma importante, e inovadora, característica do sistema de financiamento da AdC está no facto de lhe caberem parte das receitas de alguns reguladores sectoriais. Com efeito, as receitas da AdC, nos termos do artigo 31.º dos seus Estatutos, são as taxas cobradas, 40% das coimas aplicadas e quaisquer outras receitas que, por lei ou contrato, lhe sejam atribuídas. O Decreto-Lei n.º 30/2004, de 6 de Fevereiro, atribuiu à AdC, como receitas, 7,5% das taxas cobradas pelos seguintes reguladores sectoriais:

(i) Instituto de Seguros de Portugal (ISP);
(ii) Entidade Reguladora dos Serviços Energéticos (ERSE);
(iii) ICP – Autoridade Nacional de Comunicações (ICP – ANACOM);
(iv) Instituto Regulador das Águas e Resíduos (IRAR);
(v) Instituto Nacional do Transporte Ferroviário (INTF);
(vi) Instituto Nacional de Aviação Civil (INAC);
(vii) Instituto dos Mercados de Obras Públicas e Particulares.

A justificação invocada para esta atribuição de receitas consta do preâmbulo deste Decreto-Lei, e consiste na afirmação de que as funções de tutela da concorrência, que eram parcialmente exercidas pelos reguladores sectoriais, passam a ser, de facto, exercidas pela AdC.

Em geral, o modelo de articulação de competências entre os reguladores em causa e a AdC é regido por um princípio de especialidade: ainda que esses reguladores tenham algum tipo de competências relacionadas com a protecção da concorrência (participação em processos de concentração do sector notificados à AdC; comunicação a esta de situações de violação da Lei da Concorrência, por exemplo), é à AdC que cabe investigar e sancionar os factos comunicados. Deste modo, o legislador parece ter entendido que, devido a essa partilha de tarefas, deve caber à AdC uma parte das receitas dos reguladores. A análise da lista dos reguladores sujeitos a esta obrigação de partilha deixa alguma perplexidade, já que dela constam entidades com funções reguladoras muito diferentes, ao mesmo tempo que ficaram de fora outras com competências muito próximas, como a então Alta Autoridade para a Comunicação Social, à qual sucedeu a actual Entidade Reguladora da Comunicação Social.

3. A taxa devida pela apreciação de operações de concentração sujeitas a notificação prévia

Conforme exposto, o âmbito de aplicação objectiva das taxas devidas à Autoridade da Concorrência engloba cinco categorias fundamentais de factos tributários (sendo as últimas três regulamentadas de modo formalmente unitário), dos quais o primeiro consiste na apreciação, por parte da Autoridade da Concorrência, de operações de concentração de empresas que estejam sujeitas a obrigação de notificação prévia, nos termos do disposto no n.º 1 do artigo 9.º da Lei da Concorrência.

A disciplina da tributação deste acto de apreciação encontra-se prevista no Regulamento n.º 1/E/2003, de 3 de Julho, publicado pelo Aviso n.º 8044/2003, na II Série do *Diário da República*, em 25 de Julho de 2003.

3.1. *Incidência objectiva*

O âmbito material de incidência desta taxa recorta-se com meridiana clareza. Embora uma análise superficial da matéria pudesse depor no sentido de que a taxa incidiria sobre a realização de operações de concentração sujeitas a notificação prévia nos termos do n.º 1 do artigo 9.º da Lei da Concorrência, um escrutínio mais atento permite concluir que o facto tributário consiste na *apreciação pela Autoridade da Concorrência de uma operação de concentração*, seja ou não sujeita a notificação prévia e seja ou não objecto de notificação prévia.

Por um lado, nos termos do n.º 1 do artigo 35.º da Lei da Concorrência, da referida apreciação pode, no limite, decorrer a conclusão de que a operação não se encontrava, afinal, sujeita à obrigação de notificação prévia. Salvo se se pretender sustentar que dessa conclusão decorreria para os sujeitos passivos um direito ao reembolso da taxa entretanto liquidada e paga – não previsto nem na lei nem no Regulamento, nem quanto ao fundo, nem quanto aos mecanismos que o pudessem concretizar –, esta simples eventualidade demonstra que a sujeição à obrigação de notificação prévia é um elemento inteiramente acidental e não essencial do facto tributário prototípico.

Por outro lado, a apreciação, oficiosamente desencadeada nos termos do artigo 40.º da Lei da Concorrência, de uma operação legalmente

256 *As Taxas de Regulação Económica em Portugal*

sujeita a notificação prévia que não tenha sido devidamente objecto da mesma encontra-se sujeita, para além de poder naturalmente despoletar a aplicação das sanções previstas no n.º 3 do artigo 43.º e na alínea b) do artigo 46.º da Lei da Concorrência para a violação do dever de notificação, ao pagamento desta taxa, sendo a mesma agravada para o dobro, conforme adiante se explicita.

Por conseguinte, neste aspecto particular, a tributação conforma-se, assim, à natureza intrínseca de taxa, pressupondo uma contrapartida específica e individualizada para o sujeito passivo, qual seja a do desenvolvimento do trabalho de apreciação da operação de concentração e emissão do correspondente parecer pela Autoridade da Concorrência, ainda que de forma limitada, no sentido de concluir que a notificação não era devida, ou ainda que o mesmo seja encetado oficiosamente, na ausência de uma notificação que era devida. Em suma, o facto tributário consiste não na apreciação de operações de concentração *sujeitas* a notificação prévia ou sequer *objecto* de notificação prévia mas afinal na *apreciação de operações de concentração em qualquer circunstância*. A justificação da referência legal à natureza prévia da notificação vem do facto de a concentração de empresas só poder produzir efeitos plenos após a respectiva aprovação. Neste sentido, toda a notificação é prévia. No limite, poder-se-ia conceber uma situação de apreciação oficiosa de operações de concentração não sujeitas a notificação prévia, mas tal é na prática impossível dado que o processo de notificação necessita de um volume importante de dados sobre as partes que só elas podem fornecer. Nessa medida, mesmo o processo oficioso acaba por assentar numa notificação efectuada sob a ameaça das sanções previstas na lei.

Em todo o caso, impõe-se delimitar as operações que se encontram sujeitas ao ónus de notificação prévia, uma vez que, em regra, serão essas que serão primacial, senão exclusivamente, objecto de notificação à Autoridade da Concorrência, constituindo igualmente o paradigma aferidor por parte dos sujeitos passivos relativamente à identificação da obrigação de notificar. A este propósito, constitui uma operação de concentração empresarial sujeita a notificação prévia aquela relativamente à qual se verifique uma das seguintes condições:

    (i)   o acto de concentração propicie a criação ou incremento de uma quota superior a 30% do mercado nacional, ou de uma parte substancial deste, relativamente a determinado bem ou serviço;

(ii) o acto de concentração envolva empresas que, no seu conjunto, tenham realizado no exercício anterior um volume de negócios superior a 150 milhões de euros, líquidos de Imposto sobre o Valor Acrescentado, desde que o volume de negócios realizado individualmente, em território português, por pelo menos duas das empresas envolvidas ultrapasse os 2 milhões de euros.

3.2. Incidência subjectiva

A delimitação da incidência subjectiva não se afigura tão clara como a da incidência objectiva. Com efeito, embora seja inequívoco que os sujeitos passivos são as empresas envolvidas na operação de concentração objecto de notificação prévia, não é inteiramente isento de dúvidas se, por um lado, o são individualmente consideradas ou, de alguma forma, o seu agregado, e, por outro, na eventualidade de cada empresa e cada pessoa envolvida na operação constituir um sujeito passivo, se o facto tributário se verifica relativamente a cada uma delas de forma cumulativa ou se se produz unitariamente por referência ao conjunto.

No que respeita à primeira questão, o Regulamento parece indiciar que toda e cada pessoa ou empresa, individualmente considerada, envolvida na operação constitui um sujeito passivo. Com efeito, o artigo 31.º da Lei da Concorrência dispõe que a obrigação de notificar impende sobre as pessoas e empresas envolvidas e o n.º 5 do Regulamento dispõe que, nos casos de procedimento oficioso e de investigação aprofundada, a Autoridade da Concorrência deve notificar, para procederem ao pagamento da taxa, as pessoas e empresas responsáveis pela apresentação da notificação. Embora teoricamente fosse admissível uma qualquer ficção de agrupamento ou agregado que se assumiria como sujeito passivo, a Lei não vai para além da mera consagração de um representante comum responsável pelas notificações conjuntas.

Já no que se refere à segunda questão, afigura-se mais correcto o entendimento de que o facto tributário se delimita por referência ao contexto do conjunto, não existindo tantos factos tributários quanto o número de empresas envolvidas em operações de concentração. Para além de não existir qualquer expressão na letra da Lei ou do Regulamento que possa ser interpretada nesse sentido, as regras de liquidação da taxa consideram o volume de negócios agregado das várias empresas envolvidas como um critério para efeitos de apuramento da taxa devida, o que parece pressupor uma certa agregação entre as empresas envolvidas no processo de concentração, equacionado e apreciado de forma unitária e não como uma soma de parcelas pelas quais cada empresa ou pessoa individual é responsável.

Como facilmente se antecipa, a parcimónia da regulamentação suscita diversas interrogações, nomeadamente no que respeita à imputação a cada empresa, no caso de controlo conjunto, da sua quota-parte e/ou da totalidade da taxa, uma vez que a lei não estabelece nem a responsabilidade conjunta nem a responsabilidade solidária pela liquidação e pagamento da mesma. A situação é particularmente complexa na eventualidade de um procedimento oficioso, uma vez que nenhum critério é facultado pela Lei da Concorrência ou pelo Regulamento no que concerne à distribuição da obrigação de liquidação e pagamento da taxa. Aponta no sentido de uma repartição capitacional da taxa, entre outros elementos de menor relevo, o carácter indivisível do processo de apreciação do acto de concentração à luz da natureza intrínseca do instituto da taxa. Estudando a Autoridade da Concorrência um determinado processo de concentração empresarial, não se afigura legítimo ou sequer exequível procurar repartir o trabalho desenvolvido pela Autoridade em função da dimensão patrimonial ou de mercado ou da complexidade funcional ou de actividade das empresas envolvidas, imputando a cada uma parcelas diferentes do tempo despendido. Por outras palavras, não se afigura que seja possível afirmar que no âmbito da apreciação da fusão projectada entre a sociedade *A* e a sociedade *B*, a *A* que deu mais trabalho, ou trabalho mais complexo, do que a *B*, porque a análise de cada elemento informativo referente à sociedade *A* emerge adrede no contexto da sua possível fusão com a sociedade *B*. Não se olvida, porém, que depõe em sentido inverso a lógica de consideração do volume de negócios como elemento indicativo da necessidade de notificação prévia, como o proclama o preâmbulo do Regulamento, esclarecendo reconhecer-se "o volume de negócios das empresas envolvidas como um importante indicador de complexidade da apreciação das operações de concentração e, consequentemente, como factor a ter em conta na definição da respectiva taxa". No silêncio da lei, afigura-se porventura mais curial que a repartição da punção tributária seja decidida no âmbito da autonomia privada, cabendo à Autoridade da Concorrência demandar as pessoas responsáveis pela notificação, nos termos da Lei da Concorrência. Em termos de procedimento é esse o resultado que acaba por ocorrer: o início do prazo de aprovação das notificações só começa a correr a partir do momento em que a taxa seja depositada. Cabe pois às partes entenderem-se sobre os critérios de repartição já que, face à lei, o seu pagamento é um ónus dos notificantes vistos como um bloco.

3.3. Isenções

Nem a Lei nem o Regulamento prevêem qualquer espécie de isenção da taxa neste domínio.

3.4. Base de cálculo e montante das taxas

3.4.1. Aspectos gerais

Idealmente, e como sucede relativamente a qualquer taxa, os elementos subjectivos das partes envolvidas na operação de concentração objecto de apreciação pela Autoridade da Concorrência, sem tradução ou reflexo em aspectos objectivos da mesma, deveriam ser inteiramente irrelevantes para efeitos do cômputo da taxa devida por tal apreciação.

Conforme acima aludido, o Regulamento toma a posição de que um aspecto subjectivo – o volume de negócios do conjunto das empresas envolvidas na operação de concentração – constitui, à míngua de outro mais fidedigno, e sob pena de uma mais perniciosa abertura à discricionariedade por parte da Autoridade da Concorrência, um indicador plausível e razoável da complexidade das operações objecto de apreciação.

É sob a égide de tal convicção que se encontram estipulados os seguintes escalões de volumes de negócios e correspondentes taxas:

(i) Volume de negócios conjunto das empresas envolvidas, realizado em Portugal no último exercício, igual ou inferior a 150 milhões de euros – € 7.500,00;

(ii) Volume de negócios conjunto das empresas envolvidas, realizado em Portugal no último exercício, igual ou inferior a 300 milhões de euros mas superior a 150 milhões de euros – € 15.000,00; e

(iii) Volume de negócios conjunto das empresas envolvidas, realizado em Portugal no último exercício, superior a 300 milhões de euros – € 25.000,00.

Para este efeito, o cálculo do volume de negócios observa o normativo consagrado no artigo 10.º da Lei da Concorrência, nomeadamente quanto às rubricas que compõem o volume de negócios e ao perímetro de entidades a considerar.

Num plano que não é, como é bom de ver, exclusivamente técnico, a opção da Autoridade da Concorrência plasmada no Regulamento pode ser objecto das mais distintas opiniões, necessariamente eivadas de alguma subjectividade. Aliás, essa opção foi efectivamente discutida, porquanto objecto de discussão pública, através da divulgação do anteprojecto de Regulamento no endereço de Internet da Autoridade, o qual foi objecto de críticas e sugestões que determinaram modificações sensíveis a alguns aspectos do seu teor, designadamente a delimitação dos escalões supramencionados. Perante o Regulamento em vigor, pode aplaudir-se a manifesta simplicidade da regra de determinação da taxa aplicável – não tanto relativamente ao cômputo do volume de negócios, a que, em todo o caso, seria sempre necessário proceder para outros efeitos, mas no momento lógico subsequente, da operação de subsunção do volume de negócios calculado no escalão respectivo. Contudo, pode igualmente defender-se a existência de mais escalões no limiar superior do espectro, considerando que a fusão de empresas com volumes de negócios de 500 ou 1.000 milhões de euros, a título de exemplo, não será, crescentemente, um evento tão raro que não justifique uma taxa superior a 25 mil euros (ainda para mais quando, compreensivelmente, a complexidade – não apenas técnica, como de gestão de sensibilidades das partes envolvidas – é exponencialmente superior). Pontificou na solução do Regulamento um elemento de alguma discricionariedade cuja discussão, neste momento, é inútil.

Também se revela tarefa tantalizante aferir se as taxas deste modo fixadas são adequadas em função do custo incorrido pela Autoridade da Concorrência na realização da apreciação da operação de concentração. A este propósito, porém, e sob pena de resvalar para uma especulação também ela subjectiva, afigura-se mais seguro arriscar apenas que os valores em causa não parecem ser nem despiciendos ao ponto de poderem ser considerados imateriais, nem particularmente desproporcionados em face das competências técnicas exigíveis aos recursos humanos envolvidos na apreciação dos actos de concentração e, numa certa perspectiva, da dignidade e do valor imanente do próprio acto de apreciação, que de alguma forma acarreta uma responsabilização da própria Autoridade da Concorrência perante os operadores económicos do sector em causa e o mercado em geral.

A apreciação mais relevante, todavia, residirá porventura na avaliação crítica do método de definição do *quantum* da taxa, muito mais do que os escrutínios anteriores. A este propósito, impõe-se, no fundo, o exame da lógica subjacente à já citada posição de que o volume de negócios do conjunto das empresas envolvidas num acto de concentração consubstancia um critério indicativo do grau de exigência associado à tarefa de apreciação do mesmo que recai sobre a Autoridade da Concorrência e, mediatamente, da escala da tributação apropriada à sua remuneração.

No plano técnico, dificilmente se poderá sustentar que a complexidade de uma determinada operação de fusão, a título exemplificativo, se encontra intrinsecamente associada ao volume de negócios das empresas envolvidas. Na realidade, embora este último a possa indiciar, não a assegura nem tão pouco a assinala de forma exclusiva. Já no plano da complexidade inerente à gestão dos interesses e sensibilidades dos vários operadores económicos, não surpreende que a mesma resulte incrementada quanto mais significativa for a actividade das empresas envolvidas. Ainda assim, o critério não deixa de se revelar excessivamente simples relativamente a determinadas situações concretas: a título de exemplo, não será descabido antecipar que uma fusão entre quatro empresas cujo volume de negócios conjunto se aproxima mas não ultrapassa os 150 milhões de euros se poderá revelar mais complexa, ou pelo menos de apreciação mais trabalhosa (pelo menos no que à análise de documentação e informação sobre os mercados respectivos respeita), do que uma fusão entre duas empresas que totalizam entre si um volume de negócio de 200 milhões de euros.

Esta conclusão é reforçada se pensarmos no segundo critério de notificação previsto na Lei. Em termos de análise concorrencial, o indício razoavelmente seguro da dificuldade de uma operação é a quota de mercado. Quanto mais elevada for a quota de mercado que resulte da transacção, mais delicada será, normalmente, a análise. Ora, embora a Lei preveja este critério de notificação – recorde-se que esta é obrigatória quando da operação resulte uma quota de mercado igual ou superior a

30% no mercado nacional –, a determinação da taxa é feita exclusivamente em termos de volume de negócio.

Cabe a este propósito chamar a atenção para modelos alternativos de determinação da taxa de notificação. Assim, na Alemanha, o montante devido pela notificação é fixado pelo BundesKartellAmt na decisão final que põe termo ao processo, por referência à dificuldade objectiva do mesmo. É certo que um tal modelo acaba por repousar numa avaliação subjectiva, ainda que balizada, da administração. Comparado com a solução da Lei da Concorrência, ela corresponde no entanto de modo mais rigoroso à noção de taxa. Da mesma forma, um tal sistema assegura uma repartição muito mais justa dos encargos púbicos associados à função de tutela da concorrência do que uma simples variável indirecta como o volume de negócios.

3.4.2. Aspectos particulares

Em duas situações concretas, intervêm na fixação do valor da taxa outros elementos que não apenas o montante do volume de negócios agregado das empresas envolvidas no acto de concentração.

Num primeiro caso, a que já se aludiu fugazmente, preceitua o n.º 3 do Regulamento haver lugar a um agravamento para o dobro da taxa calculada nos termos gerais se a Autoridade da Concorrência se vir forçada a recorrer a um procedimento oficioso em obediência ao estipulado no artigo 40.º da Lei da Concorrência. Afigura-se duvidoso que tanto os custos inerentes como o trabalho efectivamente desenvolvido pela Autoridade da Concorrência na fase suplementar de instauração do procedimento oficioso (mero formalismo que substitui a notificação) justifiquem tão significativo agravamento no montante da taxa, pelo que parece subjazer ao mesmo um propósito sancionatório (cumulativamente com as coimas previstas nos artigos 43.º e 46.º da Lei da Concorrência).

Num plano distinto, prevê-se igualmente no n.º 4 do Regulamento uma taxa especial, correspondente a uma vez e meia a taxa que resultaria da aplicação dos escalões, incidindo a mesma sobre a apreciação da legalidade de um acto de concentração que envolva um procedimento de investigação aprofundada, nos termos do artigo 35.º da Lei da Concorrência. Ao contrário da situação anterior, não seria legítimo existir qualquer objectivo punitivo, parecendo antes justificar-se o agravamento estipulado no Regulamento (agravamento de 50% do valor-base determinado nos termos gerais, em conformidade com a taxa evidenciada de acordo com os escalões anteriormente elencados) pelo facto de a chamada investigação aprofundada envolver necessariamente mais tempo e porventura os mais experientes e capacitados recursos da Autoridade da Concorrência.

3.5. *Liquidação e pagamento*

As normas relativas à liquidação e pagamento das taxas devidas pela apreciação de actos de concentração empresarial traduzem a distinção substantiva efectuada pelo Regulamento entre situações que por comodidade se poderão referir como "comuns", *i.e.*, situações em que as operações de concentração são devidamente notificadas pelas partes envolvidas e, cumulativamente, não exigem um processo de investigação aprofundada, e as situações particulares em que tal investigação aprofundada se revela necessária ou, mais gravosamente, em que a notificação exigível nos termos da Lei da Concorrência não é efectuada.

Com efeito, no primeiro caso, dispõe o n.º 2 do Regulamento que a taxa é objecto de autoliquidação pelas partes, que devem proceder ao pagamento da taxa, através de transferência bancária, a partir da data da apresentação da notificação, notificação, essa, que, nos termos do disposto no artigo 32.º da Lei da Concorrência, apenas produz os seus efeitos a partir da data do pagamento da taxa correspondente.[1]

Ao invés, nos casos especiais, é a Autoridade da Concorrência que notifica os responsáveis pela apresentação da notificação para proceder (igualmente através de transferência bancária) ao pagamento do valor suplementar, no caso de uma investigação aprofundada, ou de uma taxa calculada como o dobro da que seria devida se houvesse sido devidamente notificada, caso o não tenha sido.

Finalmente, refira-se ainda que, nos termos do artigo 56.º da Lei da Concorrência, a cobrança coerciva das dívidas resultantes de taxas não pagas se desenvolve através de processo de execução fiscal. Este preceito

---

[1] Curiosamente, ao cabo de mais de quatro anos de vigência, resiste inabalável neste artigo 32.º da Lei da Concorrência uma remissão manifestamente errónea para o artigo 57.º, quando é o artigo 56.º que disciplina a matéria das taxas.

deverá ser objecto de interpretação cuidada, senão restritiva, no sentido em que não se afigura existir uma dívida relativamente às situações comuns nas quais a notificação não é acompanhada do devido pagamento da taxa correspondente. Com efeito, caso se entendesse que a notificação de uma operação de concentração empresarial constituiria as partes na obrigação de pagar a respectiva taxa, já líquida, certa e exigível, estar-se-ia, tautologicamente, a atribuir efeitos de autoliquidação à notificação da operação pelas partes, notificação, esta, que não pode ter efeitos jurídicos alguns sem o pagamento da taxa. Por conseguinte, afigura-se dogmaticamente mais correcto sustentar que a autoliquidação da taxa simples (desconsiderando por agora o valor suplementar imposto no caso de investigação aprofundada) devida pela apreciação dos actos de concentração empresarial que sejam objectos de notificação pelas partes se resolve, afinal, no acto do seu próprio pagamento. É na transferência bancária, com o corolário do comprovativo que subsequentemente deve ser remetido à Autoridade da Concorrência, que se materializa o acto de autoliquidação desta taxa. Como tal, não é concebível a existência de uma dívida líquida, certa e exigível que não tenha sido devidamente paga, nem sequer nos casos em que, por erro, seja no processamento da transferência ou no apuramento do volume de negócios que serve de índice para o cálculo do montante devido, a verba transferida se revele incorrecta, porquanto o artigo 32.º da Lei da Concorrência indicia que os efeitos da notificação apenas se produzem com o pagamento da taxa devida, naturalmente na sua totalidade.

4. A taxa devida pela apreciação de acordos entre empresas

O segundo tipo fundamental de actos praticados pela Autoridade da Concorrência que se consubstanciam num facto tributário consiste no procedimento de apreciação prévia de acordos entre empresas, tendo em vista a identificação e prevenção das práticas proibidas pelo n.º 1 do artigo 4.º da Lei da Concorrência, ressalvada a respectiva justificação nos termos do artigo 5.º do mesmo diploma.

A disciplina deste procedimento é explicitada pelo Regulamento n.º 9/2005, de 28 de Dezembro de 2004, publicado na II Série do *Diário da República* de 3 de Fevereiro de 2005, encontrando a matéria das taxas devidas pela prática dos actos em causa assento no seu artigo 10.º.

4.1. *Incidência objectiva*

A delimitação da incidência objectiva das taxas devidas pelo procedimento prévio de apreciação de acordos de empresa e determinadas práticas concertadas encontra-se estabelecida em termos mais simples e simultaneamente restritivos do que a taxa analisada no capítulo anterior, em resultado de o pedido de avaliação de tais acordos e práticas ter natureza meramente facultativa. Com efeito, não obstante a possibilidade de, nos termos do artigo 24.° da Lei da Concorrência, a Autoridade da Concorrência despoletar oficiosamente um procedimento de inquérito que poderá culminar na decisão de qualificação de certos acordos e práticas concertadas como proibidos (podendo resposta inversa ser dada a um pedido de apreciação formulado pelas partes envolvidas, sem que isso as dispense do pagamento da taxa), não se encontra previsto, ao contrário do que sucede com o procedimento de apreciação de actos de concentração anteriormente analisado, o pagamento de taxas, nem agravadas, nem sequer em singelo, por tal avaliação oficiosa, ao passo que a apreciação oficiosa de actos de concentração indevidamente não notificadas se encontra sujeita ao pagamento de taxa (agravada por referência ao procedimento normal).

Sem prejuízo de se reconhecer ser relativamente escasso o significado da taxa devida por tal acto de apreciação, não deixa de ser discutível a opção tomada pela Autoridade da Concorrência nesta matéria, concentrando exclusivamente a punção tributária nos procedimentos de avaliação prévia, voluntariamente promovidos pelas partes envolvidas. Por outro lado, descortina-se uma lacuna do Regulamento, cuja motivação – propositada ou casual – não se afigura facilmente identificável: será possível conceber um pedido de avaliação *a posteriori* das práticas em causa? Em caso de resposta afirmativa, serão devidas as mesmas taxas?

Por um lado, compreende-se dificilmente que a apreciação prévia, solicitada voluntariamente e de boa fé pelas partes envolvidas, seja objecto de tributação, não o sendo a apreciação solicitada *a posteriori*, quando os acordos ou as práticas concertadas já vigoram ou se encontram em curso. Comparativamente, tal solução propiciaria um tratamento mais favorável para quem adopta os comportamentos em causa sem os revelar publicamente. Mais concretamente: perante dois exemplos de acordos de empresa proibidos e não justificados, haverá lugar ao pagamento da taxa se, no decurso da vigência formal ou informal do acordo, as partes envolvidas se aperceberem, por exemplo, de que poderão estar a agir em desconformidade com a lei e pretenderem clarificar a situação, promovendo uma apreciação *a posteriori*, não havendo lugar a qualquer pagamento de taxa se as partes envolvidas se mantiverem silenciosas e não solicitarem voluntariamente o procedimento de apreciação.

Não obstante a manifesta incongruência e até injustiça subjacente a esta solução, não é necessário sublinhar quão afastada dos recursos do aplicador da lei se encontra a analogia quanto ao preenchimento de lacunas em matéria de incidência no domínio tributário. O alargamento da regra de incidência desta taxa a eventuais procedimentos sucessivos de avaliação de acordos de empresa e práticas concertadas ignoraria, em primeiro lugar, a múltipla repetição da referência à natureza "prévia" de tal procedimento de apreciação, e, simultaneamente, a já referida inexistência de regra de incidência relativamente a procedimentos de avaliação sucessivos não decorrentes de iniciativa das partes envolvidas mas de um inquérito promovido oficiosamente pela Autoridade da Concorrência. Ora, se se compreende mal a discrepância de tratamento entre empresas avisadas que solicitam a apreciação a título prévio e outras menos cautelosas que apenas o requerem *a posteriori*, em desfavor das primeiras, ainda se compreenderia menos bem a discriminação traduzida na não tributação pelos actos de avaliação dos acordos e práticas em causa quando despoletados pela Autoridade da Concorrência relativamente a empresas que optassem por jamais solicitar a avaliação em causa, em contraste com a sua eventual aplicação àquelas empresas que tomassem tal iniciativa, ainda que tardiamente.

A superação desta aporia parece residir na conclusão pela simples inexistência da possibilidade de as partes envolvidas em acordos ou práticas concertadas promoverem um "procedimento de avaliação sucessiva" dos mesmos, devendo qualquer comunicação das partes envolvidas sobre a matéria ser interpretada como uma forma de "autodenúncia", não sendo o inquérito da mesma resultante distinto do que possa resultar de outro tipo de aquisição da informação sobre acordos e práticas concertadas pela Autoridade da Concorrência, ressalvados eventuais juízos valorativos mais favoráveis em sede de apreciação da culpa subjacente à infracção para efeitos de estipulação das coimas aplicáveis.

Assim, e ao passo que a taxa anteriormente estudada incidia sobre a *apreciação de operações de concentração em qualquer circunstância*, a taxa consagrada no Regulamento n.º 9/2005 aplica-se à *apreciação de acordos, decisões ou práticas empresariais a pedido dos interessados, formulado em momento prévio e independentemente do juízo formulado pela Autoridade da Concorrência sobre os mesmos.*

4.2. Incidência subjectiva

Os comentários expendidos a propósito da taxa anterior sobre esta temática aplicam-se neste âmbito, *mutatis mutandis*. Também aqui a relação de agregação entre as empresas envolvidas se revela nas regras de liquidação da taxa, mais concretamente na definição da colecta em função do volume de negócios agregado das várias empresas envolvidas, permitindo concluir que o facto tributário se encontra recortado para o conjunto de empresas envolvidas, não se multiplicando pelo número das mesmas. A natureza unitária da oneração tributária resulta, aliás, reforçada do facto de as declarações de conformidade com a lei (seja pela inexistência intrínseca de qualquer desrespeito aos princípios concorrenciais, seja pela sua justificação) que constituem o objectivo último da formulação do pedido não poderem ser emitidas sem que as entidades que o apresentem comprovem que as demais partes envolvidas se encontram a par de tal solicitação, nos termos do n.º 2 do artigo 2.º do Regulamento.

4.3. Isenções

Também aqui, nem a Lei nem o Regulamento prevêem qualquer espécie de isenção da taxa (embora seja consagrada uma redução, em termos adiante descritos).

4.4. Base de cálculo e montante das taxas

4.4.1. Aspectos gerais

Tal como sucede relativamente à taxa anterior, também no caso vertente o volume de negócios das partes envolvidas no acordo ou práticas concertadas constitui o elemento referencial da fixação da taxa, prosseguindo a assimilação ao ponto de serem estabelecidos no artigo 10.º do Regulamento precisamente os mesmos escalões e idênticos valores de taxa, a recordar:

(i) Volume de negócios conjunto das partes envolvidas, realizado em Portugal no último exercício, igual ou inferior a 150 milhões de euros – € 7.500,00;

(ii) Volume de negócios conjunto das empresas envolvidas, realizado em Portugal no último exercício, igual ou inferior a 300 milhões de euros mas superior a 150 milhões de euros – € 15.000,00; e

(iii) Volume de negócios conjunto das empresas envolvidas, realizado em Portugal no último exercício, superior a 300 milhões de euros – € 25.000,00.

Do mesmo modo, preside ao cálculo do volume de negócios das empresas envolvidas no acordo ou prática o disposto no artigo 10.º da Lei da Concorrência, precisando o n.º 2 do artigo 10.º do Regulamento, relativamente ao perímetro das entidades consideradas envolvidas no contexto de pedidos formulados por uma associação de empresas, serem consideradas participantes para estes efeitos todas as empresas que sejam membros da associação em apreço.

4.4.2. Aspectos particulares

Caso a Autoridade da Concorrência conclua que um determinado acordo ou prática, embora objectivamente em contravenção do disposto no artigo 4.º da Lei da Concorrência, é justificado nos termos do preceituado pelo artigo 5.º, deverá emitir uma decisão de conformidade por um prazo delimitado pré-estabelecido, nos termos do n.º 2 do artigo 6.º do Regulamento.

Em consequência, as entidades envolvidas no acordo ou práticas em causa poderão solicitar a renovação da decisão em causa, de forma a ver prorrogados os seus efeitos, ao abrigo do disposto no n.º 3 do mesmo preceito.

Reconhecendo implicitamente os menores volume de trabalho e/ou complexidade inerentes à apreciação, por parte da Autoridade da Concorrência, de tais pedidos de renovação, o n.º 3 do artigo 10.º do Regulamente reduz para metade a taxa devida, com referência à calculada nos termos gerais. Assim, serão aplicáveis taxas de € 3.750,00, € 7.500,00 e € 12.500,00, respectivamente, consoantes os escalões de volume de negócios em que se inscreverem os perímetros de empresas envolvidas nos acordos ou práticas em causa.

4.5. *Liquidação e pagamento*

A assimilação da disciplina da taxa em escrutínio à regulamentação da taxa incidente sobre a apreciação de actos de concentração empresarial encontra um novo capítulo no que respeita às normas relativas à liquidação e pagamento da taxa.

Como naquela, a iniciativa das entidades envolvidas apenas produz a plenitude dos seus efeitos jurídicos na data do pagamento da taxa, segundo o disposto no n.º 6 do artigo 3.º do Regulamento. Por outro lado, o pagamento apenas deve ser realizado a partir da data da apresentação do pedido de avaliação prévia e efectuado através de transferência bancária. A aparente circularidade – o pedido apenas produz efeitos quando paga a taxa e esta apenas é devida quando apresentado o pedido – resolve-se, como exposto no capítulo anterior, entendendo o pagamento como condição suspensiva da sua própria exigibilidade, assumindo então a transferência bancária a dúplice natureza de acto de autoliquidação e de cumprimento da obrigação tributária.

Como tal, também neste caso se perspectiva com dificuldade a possibilidade de efectiva cobrança coerciva, procurando dar sentido útil ao n.º 3 do artigo 56.º da Lei da Concorrência, porquanto se afigura que, sem pagamento, não produzindo o pedido efeitos, não existe igualmente a obrigação de o realizar, pelo que carece de título jurídico qualquer suposta dívida líquida, certa e exigível que alegadamente seria objecto do processo executivo.

5. As taxas devidas pelos demais actos da Autoridade da Concorrência

Finalmente, assiste à Autoridade da Concorrência, com fundamento no Regulamento n.º 47/2004, de 30 de Novembro, publicado na II Série do *Diário da República*, de 23 de Dezembro de 2004, que concretiza o disposto nas alíneas c) a e) do n.º 1 do artigo 56.º da Lei da Concorrência, o direito de perceber um conjunto de taxas e emolumentos pela prática de um conjunto de actos que se poderão reputar de menores, como a emissão de certidões e produção de fotocópias. Atenta a índole despicienda de tais factos tributários e a imaterialidade das correspondentes taxas, da ordem dos euros e até dos cêntimos, não se afigura merecerem mais do que este sumário apontamento.

Justifica-se uma nota suplementar, porém, para a emissão de parecer ao abrigo do regime de benefícios fiscais atribuíveis a determinados actos de concentração e cooperação empresarial (actualmente constante do artigo 56.º-B do Estatuto dos Benefícios Fiscais e não já do Decreto-Lei n.º 404/90, de 21 de Dezembro), pela qual é devida uma singela taxa de € 100,00.

Os actos de concentração em apreço podem revestir diversas naturezas, como a simples fusão societária, a entrada de activos em contrapartida de partes sociais, ou a celebração de contratos de consórcio, entre outros, incumbindo à Autoridade da Concorrência pronunciar-se sobre a "compatibilidade da operação projectada com a existência de um grau [desejável] de concorrência no mercado". Salvo melhor opinião, não se afigura verosímil que exista uma diferença muito substancial entre o trabalho de análise necessário para a emissão deste parecer e a apreciação de alguns actos de concentração ou de acordos de empresa ou práticas concertadas no âmbito dos procedimentos abordados a propósito das taxas estudadas nos capítulos anteriores. Não se pode, desde logo, considerar que exista coincidência entre o trabalho necessário num e noutro planos, para justificar a exiguidade da taxa, porquanto, apenas para apresentar um exemplo, muitos pedidos de reconhecimento de benefícios fiscais se referem a actos de concentração não sujeitos a notificação prévia e relativamente aos quais a Autoridade da Concorrência não instaura nenhum procedimento oficioso de apreciação. Como tal, poderá ter subjazido à fixação de um valor puramente nominal o objectivo de não pretender dissuadir os contribuintes de lançar mão deste recurso. Na pureza dos princípios, porém, afigura-se que a dignidade do acto de apreciação necessário para efeitos de atribuição dos benefícios fiscais em apreço, que prossegue em simultâneo fins de prevenção de violações da Lei da Concorrência e de abuso na obtenção de benefícios fiscais, não deverá ser descurada ou desconsiderada pelo simples facto de ser levada a cabo por uma contrapartida financeira tão reduzida.

AS TAXAS DE REGULAÇÃO ECONÓMICA NO SECTOR DA ELECTRICIDADE

NUNO DE OLIVEIRA GARCIA
INÊS SALEMA[*]

SUMÁRIO: 1. A liberalização dos sectores energéticos e os enquadramentos institucional e normativo 2. As prestações de regulação económica 2.1. Os fundamentos comunitários para o financiamento dos custos de regulação da ERSE 2.2. Os Estatutos da ERSE e as disposições relativas ao seu financiamento. As contribuições devidas à ERSE 2.3. O mercado da electricidade e o regulamento tarifário 2.3.1. Os agentes no mercado 2.3.2. Estrutura tarifária – o princípio da "aditividade tarifária". A autoliquidação das tarifas pelos operadores 2.3.3. O financiamento da regulação – a Tarifa UGS e a sua cobrança pela entidade concessionária da RNT 2.4. Incidência subjectiva e autoliquidação da tarifa UGS 3. A regulação e a consignação a favor da Autoridade da Concorrência 4. A aceitação da fixação das tarifas pelos operadores 5. Conclusões

1. A liberalização dos sectores energéticos e os enquadramentos institucional e normativo

Os dois sectores cuja regulação cabe à Entidade Reguladora dos Serviços Energéticos (ERSE) apresentam, de um ponto de vista económico, características semelhantes, razão pela qual se pode afirmar que a recente evolução da regulação dos sectores da electricidade e do gás

---

[*] Os autores agradecem as sugestões dos Drs. Rui de Oliveira Neves e Luís Nascimento Ferreira. A responsabilidade de ambos cinge-se, todavia, aos eventuais méritos que o leitor, por generosidade, encontrar no texto.

272 *As Taxas de Regulação Económica em Portugal*

natural tem seguido um processo comum. Antes do mais, a própria estrutura dos referidos sectores é análoga: os sectores da electricidade e do gás são sectores energéticos organizados em rede física e material, alicerçando-se os serviços prestados numa determinada infra-estrutura física, respectivamente, em cabos de cobre e gasodutos.

Por outro lado, numa fase inicial, as barreiras à entrada e à saída de ambos os mercados são obstáculos a considerar pelos potenciais investidores, posto que o montante do investimento inicial necessário à construção destas infra-estruturas é avultado e sem retorno imediato garantido. A esta circunstância acresce a ausência de utilidade das respectivas infra-estruturas quando deixam de estar inseridas na rede em que se encontram.

A necessária estabilidade dos mercados, o indiscutível interesse público de que se reveste o fornecimento destas energias e a existência de monopólios naturais no segmento do transporte são outros traços comuns que justificam as diversas medidas legislativas tomadas individualmente pelos Estados-Membros e, mais tarde, a nível comunitário, nomeadamente no que concerne à defesa da concorrência nos diversos segmentos que não o do transporte (monopólio natural em ambos os sectores), bem como às garantias de segurança no abastecimento.[1]

É sabido que os sectores energéticos, à semelhança de outros, têm vindo a sofrer profundas transformações no sentido da sua liberalização, não sendo, por isso, de estranhar as recentes alterações dos regimes dos mercados eléctrico e do gás natural para os quais a União Europeia (UE) apresenta uma ambição comum: a de formar um Mercado Interno da Energia. No sector eléctrico, temos assistido a sucessivos passos rumo à liberalização, tendo deixado de ser um sector vedado à iniciativa privada,

---

[1] Efectivamente, não é possível imaginar a sociedade em que vivemos sem os sectores energéticos. A electricidade, em especial, tem vindo a revelar um carácter de autêntica conquista social irrenunciável. Naturalmente, nem sempre foi assim: da fricção do âmbar na antiga civilização grega aos estudos de Alessandro Volta e Benjamin Franklin, a electricidade foi crescendo de importância ainda que a sua aplicação não tenha sido sempre consensual. O extremo da sua utilização no discurso político e dogmático – segundo Lenine, o comunismo consistira numa soma do marxismo com a electricidade – é disso bom exemplo. Na literatura, são já clássicas as referências a autores do século XIX, como Augusto Emílio Zaluar, Júlio Verne ou Allan Poe, que recorriam aos "fenómenos" da electricidade como fonte de inspiração na criação de mistérios e charadas. O que seria, afinal, da criatura de Mary Shelley sem o raio eléctrico fecundante?

As Taxas de Regulação Económica no Sector da Electricidade 273

como sucedia no início da passada década de 80, para se tornar num sector regulado pelo Estado e, daí, num sector regulado por uma entidade independente – a ERSE.

Importa também destacar que a liberalização do sector eléctrico tem sido levada a "bom porto" num processo faseado e orientado sob a égide das Comunidades. Uma primeira fase visou estabelecer, por um lado, os princípios reguladores do trânsito da electricidade nas grandes redes e, por outro, um processo comunitário que, de alguma forma, garantisse níveis aceitáveis de transparência dos preços praticados no consumidor final industrial de electricidade, mas também do gás natural, tarefas norteadas, respectivamente, pela Directiva n.º 90/547/CEE, do Conselho, de 29 de Outubro, e pela Directiva n.º 90/377/CEE, do Conselho, de 29 de Junho.

Numa segunda fase, os Estados-Membros negociaram a adopção de regras comuns para o mercado comunitário da electricidade, regras, essas, que seriam formalizadas pela Directiva n.º 96/92/CE, do Parlamento Europeu e do Conselho, de 19 de Dezembro.

A terceira e presente fase é norteada pela Directiva n.º 2003/54/CE, do Parlamento Europeu e do Conselho, de 26 de Junho, que estabelece os novos princípios pelos quais se devem orientar os Estados-Membros na liberalização do sector eléctrico, a saber: (*i*) independência dos operadores; (*ii*) reforço da concorrência; (*iii*) transparência nos contactos comerciais; (*iv*) igualdade no tratamento dos clientes; (*v*) segurança no abastecimento. Esta directiva encontra-se transposta para a ordem jurídica portuguesa pelo Decreto-Lei n.º 29/2006, de 15 de Fevereiro, concretizado, por sua vez, pelo Decreto-Lei n.º 172/2006, de 23 de Agosto, alterado pelo Decreto-Lei n.º 264/2007, de 24 de Julho, que veio estabelecer os procedimentos para a atribuição de licenças para a produção em regime ordinário e para a comercialização de electricidade, assim como para a atribuição da concessão da Rede Nacional de Transporte de Electricidade e das concessões de distribuição de electricidade em alta, média e baixa tensões.

Os esforços envidados na liberalização do sector eléctrico culminariam na criação do MIBEL – Mercado Ibérico da Energia Eléctrica –, um projecto que remonta ao ano de 1998, com a assinatura do primeiro Memorando de Acordo. Desde então, Portugal e Espanha realizaram diversos estudos e reuniões até ser assinado, em 2001, o "Protocolo de Colaboração entre as Administrações Espanhola e Portuguesa", no

274   *As Taxas de Regulação Económica em Portugal*

sentido de formalizar as intenções comuns de convergência dos mercados eléctricos de ambos os Estados.[2]

Seria na XVIII Cimeira Luso-Espanhola, realizada em Valência, em 2002, que se lançariam as bases para a construção do MIBEL. Essencialmente, a construção do MIBEL deveria passar pela harmonização dos enquadramentos legais e regulatórios das condições de participação no MIBEL e dos procedimentos de operação dos sistemas, bem como pela convergência metodológica na definição das tarifas, das condições de acesso às interligações e do grau de abertura dos mercados. Mais, acordou-se criar um Operador de Mercado Ibérico (OMI) e estabeleceu-se, para o período anterior ao da sua criação, uma estrutura bipolar para o MIBEL, na qual ao pólo espanhol competiria gerir os mercados diário e intra-diário, enquanto ao pólo português caberia a gestão do mercado a prazo. Por fim, acordou-se ainda que a criação do MIBEL teria de passar pelo estabelecimento de uma plataforma física de suporte do mercado regional ibérico, apoiada no desenvolvimento das infra-estruturas de transporte e na articulação da planificação energética dos dois países.

Na XIX Cimeira Luso-Espanhola, realizada na Figueira da Foz, em 2003, previu-se a assinatura de um Acordo Internacional que criaria formalmente o MIBEL, o que veio a suceder a 20 de Janeiro de 2004.[3]

---

[2] Entre a diversa doutrina sobre a organização do sector da electricidade em Espanha, destacamos as obras de Ortiz, Gaspar Ariño/Castro, Lucía López (Madrid, 1998), *El Sistema Eléctrico Español. Regulación y Competencia*, 25ss., e de Jorge F. Utray (Madrid, 2004), *Liberalización o Regulación? Un Mercado para la Electricidad*. Uma análise nacional do MIBEL, numa perspectiva económica e de mercado (*e.g.*, sustentabilidade, liquidez, supervisão), pode ser encontrada em Andreia Pereira da Costa/Sandra Lage, "MIBEL – Mercado a Prazo; caracterização e implicações fiscais", *Cadernos do Mercado de Valores Mobiliários*, 2006, n.º 25, em especial 9-16. Não incidindo directamente sobre o tema da regulação do sector, revela-se contudo muito interessante o texto de Sérgio Vasques relativo à tributação da própria electricidade e às experiências espanhola, italiana e alemã relativas à figura de um imposto sobre a electricidade – Sérgio Vasques, "A Tributação da Electricidade: Técnica e Direito Comparado", *Ciência e Técnica Fiscal*, 2001, n.º 404, 8-49.

[3] Este acordo não seria, porém, o derradeiro, por força de circunstâncias de carácter político e legal. Foram ainda circunstâncias desta natureza – designadamente, a mudança de Governo que Portugal atravessou em 2005 e os atrasos verificados, em ambos os lados da fronteira, na produção normativa que se tinha por necessária para o arranque do MIBEL – que justificaram que o "Acordo entre a República Portuguesa e o Reino de Espanha para a Constituição de um Mercado Ibérico para a Energia Eléctrica", assinado em Santiago de Compostela (2004), não viesse a produzir efeitos na data estabelecida,

As Taxas de Regulação Económica no Sector da Electricidade 275

Na XXI Cimeira Ibérica, realizada na cidade de Évora, em 2005, ainda antes de se ter firmado o acordo de criação do MIBEL, seria abordada a possibilidade de extensão do projecto "Mercado Ibérico" ao sector do gás natural, criando, paralelamente ao MIBEL, o MIBGAS (Mercado Ibérico do Gás). O alargamento da cooperação luso-espanhola ao mercado do gás natural encontra-se em fase de análise no plano das entidades reguladoras do sector, pretendendo criar-se um mercado ibérico de gás natural liquefeito (GNL) de referência ao nível internacional.

Como se começou por referir, se os sectores da electricidade e do gás natural são hoje ambos regulados pela mesma entidade – a ERSE –, nem sempre foi assim. Em rigor, a ERSE – Entidade Reguladora do Sector Eléctrico – foi criada em 1995 pelo Decreto-Lei n.º 187/95, de 27 de Julho, com vista a acautelar as necessidades específicas dos consumidores de electricidade, procurando garantir a eficiência dos serviços de distribuição de energia eléctrica e prevenir abusos tarifários por parte dos operadores no mercado.[4] Só com o surgimento do gás natural enquanto prioridade energética da União Europeia, a par da electricidade, veio o Decreto-Lei n.º 97/2002, de 12 de Abril, transformar a ERSE (Entidade Reguladora do Sector Eléctrico) na ERSE (Entidade Reguladora dos Serviços Energéticos), alargando as suas competências de regulação ao gás natural pela aprovação de novos estatutos para esta entidade.

2. As prestações de regulação económica

2.1. *Os fundamentos comunitários para o financiamento dos custos de regulação da ERSE*

A Directiva n.º 2003/54/CE, que enforma o sector da electricidade, trata as competências que devem ser atribuídas pelos Estados-Membros às respectivas entidades reguladoras no artigo 23.º.[5]

---

tendo sido somente aprovado a 19 de Janeiro de 2006, pela Resolução da Assembleia da República n.º 23/2006.

[4] Assim, veja-se José Ribeiro (Lisboa, 1997), *História Legislativa do Sector Eléctrico em Portugal*, 182 ss.

[5] Relativamente ao sector do gás natural, essas mesmas competências são tratadas no artigo 25.º da Directiva n.º 2003/55/CE.

As competências da ERSE em matéria de regulação passam por assegurar a concorrência efectiva no mercado, garantir o acesso não discriminatório às redes de transporte e distribuição, bem como acautelar situações de eventual congestionamento das redes nacionais de electricidade. Por outro lado, cabe também à ERSE fixar e aprovar as metodologias de cálculo das tarifas e as próprias tarifas para ligação e acesso às redes nacionais, estabelecer as condições de prestação de serviços de compensação, obrigar, se necessário, os operadores das redes de transporte e distribuição a alterar as suas condições de acesso ou as tarifas praticadas e receber e analisar qualquer queixa formulada contra um operador.[6] Para exercer todas estas competências regulatórias, assegurando, assim, o bom funcionamento do mercado da electricidade, a ERSE precisa de ter à sua disposição os correspondentes recursos financeiros.

Contudo, sobre esta matéria em particular, a directiva é omissa, referindo-se genericamente à necessidade de os Estados-Membros proverem para que as entidades competentes disponham de mecanismos que lhes permitam regular adequada, rápida e eficazmente os sectores à sua responsabilidade.[7]

2.2. Os estatutos da ERSE e as disposições relativas ao seu financiamento. As contribuições devidas à ERSE

No que respeita à matéria que ora nos ocupa, não se pode afirmar que os diplomas nacionais de transposição sejam mais esclarecedores do que as próprias directivas comunitárias. Na verdade, o Decreto-Lei n.º 29/2006, de 15 de Fevereiro, mesmo após os posteriores desenvolvimentos levados a cabo pelo Decreto-Lei n.º 172/2006, de 23 de Agosto,

---

[6] Sobre o conceito de tarifa, e a inerente equivalência económica, é relevante o texto de José Casalta Nabais, "Tarifa e Questões Fiscais: Competência dos Tribunais Tributários", *Justiça Administrativa*, 1997, n.º 6, 49. Para uma análise a parte da doutrina e jurisprudência, veja-se Nuno de Oliveira Garcia "Preços, Tributos e Entidades Reguladoras: O Caso do Sector da Electricidade", *Ciência e Técnica Fiscal*, 2006, n.º 418, 142-147, e ainda "Isenção de Tarifa Municipal/Vigência de Isenção Atribuída em 1955 – Acórdão STA de 6 de Outubro de 2004", *Ciência e Técnica Fiscal*, 2005, n.º 416, *maxime* 338-340.

[7] Assim, cf. Considerando 15 da Directiva n.º 2003/54/CE e, para o sector do gás, o Considerando 13 da Directiva n.º 2003/55/CE, bem como, respectivamente, os artigos 23.º, n.º 7, e 25.º, n.º 7.

As Taxas de Regulação Económica no Sector da Electricidade 277

é pouco esclarecedor relativamente à directiva que transpõe, limitando-se a adaptar as bases da organização e do funcionamento do mercado da electricidade à estrutura de mercado portuguesa.

Em todo o caso, sobre o modo de financiamento da ERSE, dispõe o artigo 50.º dos Estatutos da ERSE – aprovados pelo Decreto-Lei n.º 97/ /2002, de 12 de Abril – que constituem receitas da entidade reguladora as contribuições das entidades concessionárias da RNT (Rede Nacional de Transporte de Electricidade) e de transporte de gás natural necessárias ao financiamento do orçamento da ERSE. A proporção em que cada uma das entidades mencionadas contribui é também, segundo a mesma disposição, fixada no orçamento da ERSE atendendo à relevância e ao impacto dos sectores da electricidade e do gás natural no seu funcionamento.[8]

O preceito transcrito em nota de rodapé é revelador: a ERSE financia a sua actividade reguladora, em primeira linha, através de contribuições trimestrais efectuadas pelas entidades responsáveis pelo segmento do transporte. Atente-se na terminologia utilizada – "contribuições necessárias ao financiamento", a qual remete para a natureza intermédia da figura "contribuição", entre imposto (que se dirige à compensação de quaisquer prestações públicas) e taxa (que visa compensar uma efectiva prestação).[9]

---

[8] A redacção do artigo é a seguinte: "1 – Constituem receitas da ERSE: a) As contribuições da entidade concessionária da RNT e da entidade concessionária da rede de transporte de gás natural que sejam necessárias para financiar o orçamento da ERSE, na proporção que anualmente vier a ser fixada no mesmo, atendendo à relevância e impacto de cada um dos sectores regulados no respectivo funcionamento; b) 40% do produto das coimas, cuja aplicação seja da sua competência, nos termos da lei, revertendo os restantes 60% a favor do Estado; c) As importâncias cobradas por trabalhos ou serviços prestados pela ERSE, bem como pela venda de estudos e publicações; d) Os rendimentos da alienação, oneração ou aplicação financeira de bens próprios; e) Outras receitas que lhe caibam nos termos da lei. 2 – As entidades referidas na alínea a) do n.º 1 transferem para a ERSE, no início de cada trimestre, um quarto do respectivo montante anual previsto na alínea a) do número anterior. 3 – As contribuições referidas na alínea a) do n.º 1 são incluídas nas tarifas a praticar pela entidade concessionária da RNT e pela entidade titular da concessão de serviço público de transporte de gás natural através da rede de alta pressão. 4 – Em caso de incumprimento a cobrança das importâncias em dívida pode ser efectuada coercivamente pelo processo das execuções fiscais".

[9] Neste sentido, veja-se Sérgio Vasques, (Coimbra, 2008a), "O princípio da equivalência como critério da igualdade, no capítulo dedicado à tipologia dos tributos" e, do mesmo autor, "Remédios Secretos e Especialidades Farmacêuticas: A Legitimação Material dos Tributos Parafiscais", *Ciência e Técnica Fiscal*, 2004, n.º 413, 161.

278   As Taxas de Regulação Económica em Portugal

Em rigor, não é, pois, evidente, na actividade de regulação do sector, estarmos perante efectivas prestações da ERSE a favor do conjunto dos operadores económicos. As contribuições a que os Estatutos da ERSE se referem têm, no entanto, por finalidade a compensação de prestações (numa palavra, a regulação do sector) de que se presumem beneficiários os operadores económicos do sector da electricidade. São, assim, genuínas contribuições, figura "a meio caminho" entre a taxa e o imposto.[10]

Antes de proceder à determinação dos montantes destas contribuições, importa, contudo, penetrar no mercado da electricidade e no regulamento tarifário criado pela ERSE para o sector eléctrico. Como veremos, o sistema de tarifas encontra-se perfeitamente integrado num conjunto de repercussões tarifárias de tipo "cascata", que culminará, em última análise, no pagamento pelo consumidor final dos custos incorridos pelos diversos agentes no mercado, nos diversos segmentos do sector, incluindo os custos de regulação.

2.3. O mercado da electricidade e o regulamento tarifário

2.3.1. Os agentes no mercado

O esforço de liberalização que tem vindo a ser feito no sector eléctrico conduziu ao aumento do número de operadores no mercado, muito embora, na verdade, esse fenómeno não se tenha verificado uniformemente nos vários segmentos do sector. De facto, a cadeia de valor do sector eléctrico divide-se em várias actividades, para as quais existem uma ou várias entidades responsáveis pela execução de diferentes tarefas, até a electricidade chegar, por fim, ao consumidor final. Essas actividades são: (i) produção; (ii) transporte; (iii) distribuição; (iv) comercialização.

Sem prejuízo do acesso à produção gerada em Espanha no âmbito do Operador do Mercado Ibérico de Energia – pólo espanhol do MIBEL

---

[10] Sobre a distinção entre taxa (assentes em prestações efectivas) e contribuições (assentes em prestações assumidas), v. autores citados na anotação de Sérgio Vasques, "Acórdãos do Tribunal Constitucional n.º 652/2005 e n.º 52/2006 (Dupla Tributação por Taxas Locais)", *Ciência e Técnica Fiscal*, 2006, n.º 418, 443 (nota n.º 5), com destaque para Ferdinand Kirchhof (Heidelberg, 1999), *Grundriss des Steuer- und Abgabenrechts*, vol. IV.

(OMEL), no segmento da produção de energia operam actualmente em Portugal três grandes produtores – a Turbogás – Produtora Energética, S.A., a Tejo Energia, Produção e Distribuição de Energia Eléctrica, S.A. e a EDP – Gestão de Produção de Energia, S.A. – bem como os designados "Produtores em Regime Especial", ou seja, produtores que utilizam, como fontes para a produção da energia eléctrica, energias renováveis, de resíduos industriais ou de co-geração.

Por seu turno, o segmento do transporte da energia eléctrica encontra-se estruturado em monopólio natural cujo único operador existente é a REN – Rede Eléctrica Nacional, S.A., por via de concessão. Efectivamente, a conexão física (*i.e.*, as infra-estruturas) entre o ponto de produção de energia e o seu consumo é da maior importância. Se essa conexão física se interrompe, o transporte de energia não é efectuado e o consumidor simplesmente não obtém electricidade. Por isso, o segmento do transporte é justamente considerado o *bottleneck* do sector eléctrico.[11]

Na área da distribuição operam a EDP – Distribuição Energia, S.A., que distribui electricidade em alta, média e baixa tensões, e os pequenos distribuidores de electricidade em baixa tensão, cooperativas que operam em áreas geográficas limitadas como, por exemplo, a Cooperativa Eléctrica de Vale D'Este, distribuidora de electricidade para o Concelho de Vila Nova de Famalicão, a Casa do Povo de Valongo do Vouga, distribuidora de electricidade para a Freguesia de Valongo do Vouga, no Município de Águeda, ou a Cooperativa de Electrificação A Lord, C.R.L., distribuidora de electricidade para a Freguesia de Lordelo, entre outras.[12]

Por fim, no segmento da comercialização operam dois tipos de comercializadores: *i*) os comercializadores regulados, também denominados "comercializadores de último recurso" e (*ii*) os comercializadores não regulados, sendo estes últimos em número de quatro – a EDP Comercial, S.A., a Iberdrola, Comercialização de Energia, Lda., a Endesa – Energia, S.A., e a Union Fenosa Comercial, S.L. Os comercializadores de último recurso apelidam-se deste modo pela função que desempenham:

---

[11] O que torna particularmente importante a decisão sobre o modo como compensar a utilização do domínio público local para assegurar o transporte de electricidade. Sobre o tema e a experiência espanhola, v. Juan A. Alvarez Martin (Barcelona, 2003), *La liberalización del sector eléctrico y la tasa municipal por utilización privativa o aprovechamentos especiales del domínio público local*, 57ss.

[12] Segundo dados de Setembro de 2006, disponibilizados no sítio da ERSE (www.erse.pt), são dez os pequenos distribuidores em baixa tensão.

280 As Taxas de Regulação Económica em Portugal

a de garantir o fornecimento de electricidade em condições de qualidade, continuidade e segurança a todos os consumidores de electricidade, independentemente da existência de comercializadores em regime de mercado. Funciona, assim, como uma *safety net* relativamente aos consumidores, sendo a sua existência justificável pelo notório interesse público de que se reveste o fornecimento de electricidade.

No que respeita aos comercializadores regulados, destaca-se a EDP – Serviço Universal, S.A., comercializador de último recurso por excelência.[13] Existem outros comercializadores regulados no mercado que mais não são do que os pequenos distribuidores atrás mencionados e que desenvolvem também a actividade de comercialização de energia eléctrica. No entanto, podendo os clientes finais escolher o seu comercializador livremente, a tendência é para que essas entidades venham, no médio prazo, a dedicar-se exclusivamente à actividade de distribuição, enquanto a EDP – Serviço Universal, S.A., permanecerá como único comercializador de último recurso no mercado.

2.3.2. *Estrutura tarifária – o princípio da "aditividade tarifária". A autoliquidação das tarifas pelos operadores*

Uma vez descrito o mercado eléctrico e identificados os seus operadores, encontram-se reunidas as condições para analisar o respectivo sistema tarifário, de vital importância para conhecer as características das contribuições feitas à ERSE a título de financiamento dos custos de regulação, designadamente, o modo como essas contribuições são liquidadas, o momento da liquidação e a quantia efectivamente liquidada.

No essencial, o sistema tarifário eléctrico parte do conceito de aditividade tarifária. Quer isto dizer que cada segmento de actividade, *i.e.*, da produção à comercialização, incorre em custos próprios que são repercutidos, juntamente com uma margem de proveito a obter pelos operadores do segmento, na tarifa a suportar pelo consumidor final de electricidade.[14] O sistema encontra-se, assim, integrado e bem estruturado, não comportando isenções de qualquer espécie.

---

[13] A EDP – Serviço Universal, S.A. tem actualmente mais de seis milhões de clientes contra os cerca de duzentos mil de cada um dos pequenos distribuidores/comercializadores.

[14] A margem de proveito é, ela própria, calculada segundo fórmulas previamente aprovadas pela ERSE.

Deste modo, os preços da electricidade são compostos, cumulativamente, por tarifas (ou tarifas e preços, na linguagem utilizada pelo Regulamento Tarifário, nos casos dos comercializadores não regulados que livremente negoceiam com os produtores de energia, pagando, ainda assim, a tarifa de acesso às redes) que englobam os custos e a margem de proveito das actividades de produção, transporte, distribuição e comercialização de energia eléctrica, e por uma tarifa especialmente criada para fazer face aos custos de gestão do sistema.

É competência da ERSE a aprovação do regulamento tarifário que permite aos operadores no mercado conhecer o teor das tarifas que podem cobrar, o modo de calcular o seu montante, bem como o método para determinar os proveitos de cada um. O regulamento tarifário actualmente em vigor foi aprovado pelo Despacho da ERSE n.º 8/2007, de 29 de Junho, e nele encontramos espelhadas duas componentes tarifárias de venda a clientes finais: (*i*) uma primeira, que resulta do pagamento de uma tarifa de acesso às redes juntamente com o preço que é livremente negociado entre o cliente e o comercializador de retalho não regulado, e (*ii*) uma segunda, que resulta do pagamento da mesma tarifa de acesso às redes, juntamente com uma tarifa de energia (devida pelos custos de produção) e uma tarifa de comercialização, que substitui o preço negociado com os comercializadores, quando estejamos perante clientes do comercializador de último recurso.

No que se refere às tarifas cobradas em regime de mercado, os comercializadores adquirem a electricidade aos produtores, através de mecanismos de mercado, ao preço a que a negociarem, vendendo-a aos clientes finais também ao preço negociado. Todavia, para que a electricidade efectue o percurso desde o produtor até ao comercializador, que a fornece ao consumidor, é necessário que o comercializador suporte a "Tarifa de Acesso às Redes", repercutindo-a, depois, no preço a pagar pelo cliente final.

Esta "Tarifa de Acesso às Redes" é composta, por sua vez, pelas seguintes tarifas: (*i*) tarifa de acesso à rede de transporte, cobrada pelo transportador ao distribuidor, que a repercute; (*ii*) tarifa de uso global do sistema, cobrada pelo transportador ao distribuidor, que a repercute, (*iii*) tarifa de acesso à rede de distribuição, cobrada pelos distribuidores aos comercializadores; e (*iv*) tarifa de comercialização das redes, cobrada pelos distribuidores aos comercializadores (cf. Figura 1 *infra*).

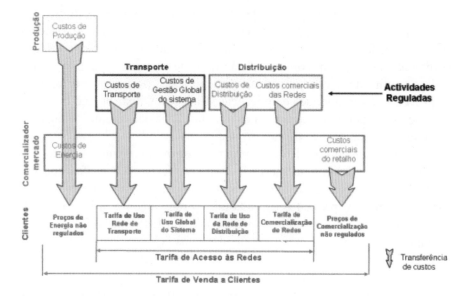

Figura 1: Aditividade tarifária para os clientes em regime liberalizado, *i.e.*, que podem escolher o seu comercializador[15]

Por seu turno, também as tarifas cobradas pelos comercializadores regulados, enquanto comercializadores de último recurso, são reguladas pela ERSE. De facto, o preço de aquisição de electricidade pelo comercializador ao produtor não é livremente negociado, traduzindo-se numa tarifa de energia que acresce, no preço final, à tarifa de acesso às redes, descrita *supra*. Do mesmo modo, os preços finais praticados pelos comercializadores também não são de livre fixação, pelo que o cliente final paga, nestas circunstâncias, uma tarifa de comercialização a acrescer às duas acima referidas (cf. Figura 2 *infra*). Todas estas tarifas acabam por ser, portanto, autoliquidadas pelos próprios operadores.

---

[15] Fonte: sítio da ERSE (www.erse.pt).

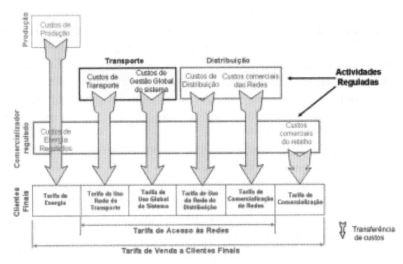

Figura 2: Aditividade tarifária para os clientes dos comercializadores regulados[16]

2.3.3. O financiamento da regulação – a Tarifa UGS e a sua cobrança pela entidade concessionária da RNT

Apresentada que está ao leitor a "cascata tarifária" do sector eléctrico, concentremo-nos agora na tarifa que, de todas as mencionadas, releva em especial para os custos de regulação, ou seja, a tarifa pelo uso global do sistema (Tarifa UGS). Esta tarifa tem como objectivo a recuperação dos seguintes custos: (*i*) custos com a gestão do sistema; (*ii*) custos decorrentes de medidas de política energética, ambiental ou de interesse económico geral, bem como da manutenção do equilíbrio contratual dos produtores com Contratos de Aquisição de Energia (CAE), hoje em fase de cessação; (*iii*) custos incorridos com o mecanismo de garantia de potência.[17]

A "Proposta de tarifas e preços de energia eléctrica e outros serviços a vigorarem em 2008" prevê que a Tarifa UGS venha a representar 20% do preço total da electricidade na perspectiva do consumidor final.[18] É, de

---

[16] Fonte: sítio da ERSE (www.erse.pt).

[17] Cf. artigo 52.º, n.º 1, do Regulamento Tarifário de Junho de 2007. Sobre a cessação antecipada dos CAE e o direito ao recebimento dos custos para a manutenção do equilíbrio contratual, veja-se Nuno de Oliveira Garcia, (2006), 133ss.

[18] A proposta encontra-se disponível no sítio da ERSE (www.erse.pt).

resto, a componente tarifária que sofrerá maior aumento, passando a suportar não apenas os designados "custos para a manutenção do equilíbrio contratual" (CMEC), no termo da potência contratada, como também os "sobrecustos" da actividade de compra e venda de energia eléctrica do agente comercial (agente responsável pela gestão dos CAE ainda não cessados) e os custos com a convergência tarifária das Regiões Autónomas e o aumento dos custos com a produção em regime especial (v. ponto 2.3.1.).

Uma especificidade própria do sector detecta-se no facto de ser a REN, enquanto entidade concessionária da RNT – e não a própria ERSE –, a responsável pela cobrança da tarifa que visa, precisamente, cobrir os encargos com a gestão do sistema eléctrico nacional e, assim, os custos de regulação desse mesmo sistema. Efectivamente, a gestão técnica do sistema eléctrico nacional é competência da REN, ou seja, daquela entidade concessionária, juntamente com as actividades de compra e venda de energia eléctrica (na qualidade de agente comercial) e de transporte de energia eléctrica (na qualidade de operador da rede de transporte).

À ERSE cabem, por outro lado, competências de regulação e não de gestão, como as de definir as condições de acesso às redes pelos operadores de mercado e assegurar a qualidade dos serviços prestados, bem como o equilíbrio das relações contratuais entre os agentes, elaborando, para tal, a regulamentação necessária, e dar parecer prévio ao Governo sobre as concessões a atribuir e as licenças de serviço público a conceder. Cabem-lhe também competências consultivas nas matérias da sua esfera de atribuições que lhe sejam submetidas pela Assembleia da República ou pelo Governo, competências sancionatórias de processamento de contra-ordenações e aplicação de coimas. Cabe-lhe ainda manter-se a par das queixas dos consumidores relativamente aos serviços prestados, ordenando a investigação das mesmas, se necessário. A gestão do sistema eléctrico não figura, portanto, entre as competências atribuídas à ERSE, mas, sim, entre as atribuídas à concessionária da rede de transporte de energia eléctrica, ou seja, à REN.

Recorde-se, no entanto, que a gestão global do sistema compreende variados custos. Entre eles constam: (i) os custos com o mecanismo de garantia de potência; (ii) os custos com as medidas de política energética, ambiental ou de interesse económico geral; (iii) e, ainda, os custos com a convergência tarifária das Regiões Autónomas dos Açores e da Madeira. Nestes custos está também incluído o montante devido à ERSE pelo desempenho das suas competências, o mesmo é dizer, pelos custos de regulação do sector eléctrico. Veja-se, a este propósito, o "Prospecto de oferta pública de venda e de admissão à negociação" elaborado pela REN, onde, entre as finalidades da tarifa de gestão global do sistema, figura a finalidade de recuperação dos custos "operacionais da entidade reguladora".[19] Também na mencionada "Proposta de tarifas e preços de energia eléctrica e outros serviços a vigorarem em 2008" é possível apurar a parcela da Tarifa UGS que cabe à ERSE, classificada como "custo de interesse económico geral", a par de outros custos.[20] Veja-se, a este propósito, a composição e a evolução da parte da Tarifa UGS dedicada aos custos de interesse económico geral, representados no gráfico seguinte (cf. Figura 3 *infra*):

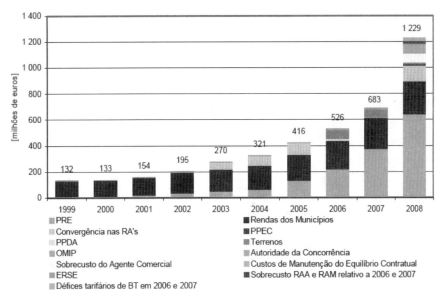

Figura 3: Evolução dos custos de interesse económico geral[21]

---

[19] Disponível no sítio da Comissão de Mercado dos Valores Mobiliários (www.cmvm.pt).

[20] É o caso das rendas dos municípios ou dos custos com os Produtores em Regime Especial (PRE).

[21] Cf. "Proposta de tarifas e preços de energia eléctrica e outros serviços a vigorarem em 2008".

286   *As Taxas de Regulação Económica em Portugal*

A percentagem destinada à ERSE, além de não ter registado variações significativas ao longo dos últimos anos, também não representa uma componente particularmente pesada no cômputo dos custos desta natureza, traduzindo-se, no ano de 2008, numa despesa média, para cada consumidor final, de € 0,13 por MWh, ou seja, 0,1% da totalidade do preço de venda ao cliente final, ao contrário, por exemplo, da componente que visa custear as rendas legalmente devidas aos municípios pelas concessões de distribuição de energia em baixa tensão.[22]

Para se chegar a estes valores é necessário conhecer a fórmula de cálculo da tarifa de venda ao cliente final, tal como explicitada no Regulamento Tarifário elaborado pela ERSE. O cálculo da referida parcela *ii)* da Tarifa UGS, relativa aos custos decorrentes de medidas de política energética, ambiental ou de interesse económico geral, é efectuado com base na seguinte expressão aritmética:[23]

$$\tilde{R}^T_{Pol,t} = \tilde{R}AA_{Pol,t} + \tilde{R}AM_{Pol,t} - \Delta \tilde{R}A^T_{Pol,t-1} + \tilde{R}^{AC}_{CVEE,t} + \tilde{T}er_{Pol,t} + \tilde{R}EG_{GS,t} + AdC_{Pol,t}$$
$$+ DT^T_{06\,Pol,t} + DT^T_{07\,Pol,t} + \tilde{O}C_{Pol,t} + \tilde{E}C_{Pol,t} + \tilde{C}H_{Pol,t-1} \times (1-\alpha) - \Delta R^T_{Pol,t-2}$$

Como pode verificar-se, a determinação das tarifas do sector eléctrico e, em especial, da Tarifa UGS assenta num cálculo complexo, sobretudo devido à meticulosa discriminação das diversas parcelas, cada uma com uma "finalidade subvencional própria", como pode comprovar-se pela análise da expressão aritmética *supra* transcrita, em que cada um dos factores representa o fim a que se destina a parcela correspondente.[24]

Da referida expressão, realça-se o factor, $\tilde{R}EG_{GS,t}$ que representa os custos com a ERSE previstos para determinado ano (t).

Resumindo, à ERSE encontram-se consignadas as receitas provenientes das contribuições que são cobradas à REN, na qualidade de entidade concessionária da RNT. A REN repercute essas quantias na

---

[22] Para o desenvolvimento das questões em torno do regime das concessões municipais de distribuição de electricidade em Portugal, veja-se Pedro Gonçalves (Coimbra, 2008), *Regulação, Electricidade e Telecomunicações, Estudos de Direito Administrativo da Regulação*, em especial 168ss.

[23] Cf. artigo 74.º, n.º 1, do Regulamento Tarifário.

[24] Vejam-se, a título de exemplo, os factores constantes da expressão transcrita (expressão que, já de si, resulta da decomposição da Tarifa UGS nas suas várias componentes), em que RAApol,t e RAMpol,t representam as parcelas que visam custear a convergência tarifária das Regiões Autónomas dos Açores e da Madeira, respectivamente.

As Taxas de Regulação Económica no Sector da Electricidade   287

parcela *ii*) da Tarifa UGS. Esta integra, por sua vez, a "Tarifa de Acesso às Redes" que será suportada, por repercussão na "Tarifa de Venda a Clientes Finais", por todos os consumidores de energia eléctrica.

2.4. *Incidência subjectiva e autoliquidação da tarifa UGS*

Chegados aqui, conhecemos melhor as características dos montantes referidos na alínea a) do n.º 1 do artigo 50.º do Decreto-Lei n.º 97/2002, quando esta disposição se refere às "contribuições da entidade concessionária da RNT". Trata-se, pois, dos montantes entregues à ERSE pela REN e que são por esta cobrados aos operadores da rede de distribuição, que os repercutem, por sua vez, nos comercializadores. Estes comercializadores reflectem, por fim, esse montante no preço a pagar pelo cliente final, a título de custo de interesse económico geral incorporado na Tarifa UGS. Assim, em rigor, apesar de a incidência subjectiva estar reservada para a concessionária da RNT, a verdade é que o consumidor final de energia eléctrica acaba por suportar os custos de regulação por via de um fenómeno de repercussão. É, de resto, o que prevê o n.º 3 do artigo 50.º dos Estatutos da ERSE ao dispor de forma esclarecedora: "As contribuições referidas na alínea a) do n.º 1 são incluídas nas tarifas a praticar pela entidade concessionária da RNT...".

A quantificação das contribuições é feita anualmente através do Orçamento da ERSE, que se integra no Orçamento do Estado. O seu pagamento, no entanto, não obedece à periodicidade anual com que são fixados os montantes devidos. Na verdade, a concessionária da RNT deve, como vimos atrás e à semelhança das outras tarifas, autoliquidar um quarto do montante fixado no início de cada trimestre, ou seja, quatro vezes por ano, nos dias 1 de Janeiro, Abril, Julho e Outubro.[25] Para 2008, o montante total das receitas próprias previstas para a ERSE, no Orçamento do Estado (ou seja, o montante que financia a regulação), é de € 9.648.927,00.[26] Caso não proceda a este pagamento, à ERSE são atribuídos poderes para lançar mão do processo de execução fiscal.

---

[25] Cf. artigo 50.º, n.º 2, dos Estatutos da ERSE.
[26] Cf. rubrica 09 do Mapa V da Proposta de Lei n.º 656/2007, de 11 de Outubro.

3. A regulação e a consignação a favor da Autoridade da Concorrência

Parece-nos não serem de descurar, num trabalho sobre os custos de regulação económica e o seu financiamento, os montantes cobrados pela Autoridade da Concorrência às demais entidades reguladoras nacionais. Trata-se, no fundo, de montantes a entregar pelas entidades reguladoras sectoriais à "entidade reguladora geral", com vista a cobrir os seus próprios custos de regulação.

De facto, pelo disposto na Portaria n.º 315/2006, de 5 de Abril, que dá execução ao artigo 2.º do Decreto-Lei n.º 30/2004, de 6 de Fevereiro, a Autoridade da Concorrência deverá receber, a título de receitas próprias, um montante máximo de 7,5% das taxas cobradas por sete entidades reguladoras sectoriais, entre as quais, a ERSE, sendo um exemplo do modo como, por vezes, a transição para os mercados liberalizados não tem sido devidamente equilibrada com o pensamento estruturado sobre a densificação dos conceitos legais das figuras tributárias. É, pois, duvidoso, à luz da Lei Geral Tributária e da Constituição da República Portuguesa, que a cobrança de taxas por determinados organismos possa conviver com a obrigação de financiarem outras entidades, situação agravada pelo facto de nem todos os reguladores sectoriais financiarem a Autoridade da Concorrência, pelo que há subsidiação dos sectores que não contribuem.[27]

Uma precisão: a Portaria n.º 315/2006, de 5 de Abril, refere que a ERSE deve transferir, dos montantes cobrados ao abrigo do artigo 50.º, n.º 1, alínea a), dos seus Estatutos, a percentagem de 6,25% para a Autoridade da Concorrência.[28] Apesar de entendermos, como faz parte da doutrina e parte da jurisprudência constitucional, que a forma como é afectada a receita constitui um importante elemento na delimitação entre as contribuições e os impostos, a referida consignação não parece ser significativa ao ponto de negar a qualificação como contribuições às prestações entregues à ERSE pela regulação do mercado.

---

[27] Assim, veja-se Sérgio Vasques (2004), 143 (nota n.º 6), e Nuno de Oliveira Garcia (2006), 129.

[28] Note-se, a propósito, que a Portaria n.º 315/2006, de 5 de Abril, fixa as percentagens para o ano de 2006, na senda de portarias anteriores que haviam fixado essas mesmas percentagens para os anos de 2004 e 2005. Para o ano de 2007, não foi publicada nova Portaria, pelo que as Entidades Reguladoras Sectoriais continuam a reger-se pela Portaria n.º 315/2006, de 5 de Abril.

No entanto, na prática, tudo leva a crer que este processo de transferências não acarrete impactos significativos na receita da ERSE. É que, nos custos de interesse económico geral integrados na Tarifa UGS, existe, além de uma percentagem destinada à ERSE, uma outra percentagem destinada especificamente à Autoridade da Concorrência.[29] Ou seja, o montante efectivamente transferido pela entidade concessionária da RNT para a ERSE já compreende, não só as quantias que constituirão receitas próprias da entidade reguladora, e que financiarão, como tal, as suas actividades de regulação, mas também a percentagem que cabe, por lei, à Autoridade da Concorrência e que deverá ser entregue, não por aquela entidade concessionária, mas por esta entidade reguladora.

Por este motivo, do montante de € 9.648.927,00 (cf. *supra* 2.4), deverá subtrair-se a parte devida à Autoridade da Concorrência, ou seja, € 603.058,00, correspondentes a 6,25% daquele valor, para se estimar, com o rigor possível, o montante de que a ERSE irá dispor, em 2008, para fazer face às despesas de regulação do sector da electricidade.

4. A aceitação da fixação das tarifas pelos operadores

Como vimos, a particular estrutura adoptada pelo mercado da electricidade – a aludida estrutura de tipo "cascata" – está pensada para não onerar de forma significativa os operadores, sujeitos passivos das tarifas fixadas pela ERSE, porquanto as tarifas são transferidas para o cliente final através do mecanismo da repercussão tarifária.[30]

Por outro lado, os princípios que enformam o cálculo e a fixação das tarifas de venda de electricidade, o que inclui, como se viu, a quantia devida à ERSE pelos custos regulatórios, procuram garantir que o nível das tarifas praticadas seja eficiente e justo, na medida em que tende a reflectir os custos efectivos. Sublinhe-se, novamente, a importância do princípio da "aditividade tarifária", segundo o qual cada cliente paga na

---

[29] Cf. Figura 3.

[30] O mesmo já não se aplica aos custos verdadeiramente suportados pelos operadores, como será o caso dos custos com a substituição dos contadores de electricidade por novos aparelhos de medição dotados de um sistema de telecontagem, se vier a ser aprovado o projecto de lei que os imputa aos operadores, e não aos consumidores, como primeiramente avançado pela ERSE.

medida dos custos em que faz o sistema incorrer, através da "adição" das tarifas por actividade da cadeia de valor do sector eléctrico. Como tal, também a regulação e os montantes que lhe estão destinados por via da Tarifa UGS não são causadores de especial agitação entre os operadores.

Já a questão que se prende com o nível das tarifas da electricidade, demasiado baixo na opinião dos operadores no mercado, tem sido motivo de descontentamento generalizado, insurgindo-se os agentes contra a margem de proveitos que lhes é permitida obter, margem, essa, que é fixada, a par das tarifas, pela entidade reguladora.[31]

O mesmo tema tem merecido a atenção da Comissão Europeia, que tem analisado a existência de tarifas regulamentadas de venda de electricidade a clientes finais, sobretudo na perspectiva do seu potencial impacto sobre a estrutura de concorrência dos mercados em causa, em especial na perspectiva de apurar se essas tarifas, a serem demasiado baixas e a cobrirem grande parte dos consumidores, podem constituir um entrave à realização de um mercado de electricidade concorrencial.

A questão colocou-se com maior visibilidade quando, no seguimento da entrada em vigor da actual Directiva comunitária relativa ao mercado interno da electricidade, a Comissão Europeia procedeu à abertura de vários processos por infracção contra diversos Estados-Membros, designadamente Espanha, Estónia, França, Irlanda, Itália e Letónia, por manterem em vigor tarifas de venda a clientes finais que, na opinião da Comissão, poderiam prejudicar a plena liberalização do mercado interno da electricidade, quer por constituírem um potencial obstáculo à entrada de novos fornecedores de electricidade, quer por dissuadirem os clientes elegíveis de se "mudarem" para o mercado liberalizado.[32]

A preocupação referida foi posteriormente retomada pela Comissão no "Inquérito ao Sector Energético", conduzido entre 2005 e 2007, em cujo Relatório final ficaram assinalados, uma vez mais, os potenciais efeitos anti-concorrenciais decorrentes do estabelecimento de tarifas de

---

[31] Um exemplo do mencionado descontentamento foi o da ameaça pública, por parte da Endesa (Outubro de 2007), o maior operador eléctrico da Península Ibérica, de abandonar o mercado liberalizado, em virtude do nível das tarifas tornado público na sequência de uma declaração do Presidente da ERSE.

[32] Atente-se aos comunicados de imprensa da Comissão Europeia "MEMO/06/152", de 4 de Abril de 2006, e "IP/06/1768", de 12 de Dezembro de 2006, disponíveis em http://europa.eu/press_room/.

comercialização de electricidade em níveis demasiado baixos, quando comparados com os valores de mercado.[33]

A par das iniciativas mencionadas anteriormente, a Comissão Europeia tem também procurado combater a existência de tarifas de comercialização de electricidade artificialmente baixas nos Estados-Membros, através de instrumentos específicos da política de concorrência.[34] Nos dois processos, a Comissão suscitou dúvidas quanto à compatibilidade, com o mercado comum, de alegadas ajudas dos estados espanhol e francês aos grandes e médios consumidores industriais de energia dos respectivos países (e, no caso espanhol, também aos operadores incumbentes de electricidade), através da concessão de tarifas de electricidade artificialmente baixas.[35]

Só em Espanha – país em que, como se sabe, o sector eléctrico assume contornos muito semelhantes aos do correspondente português –, a Comissão estima que a existência de tarifas reguladas tenha gerado um défice de 3,8 mil milhões de euros para o sistema eléctrico espanhol em 2005.

5. Conclusões

Os sistemas eléctricos nacionais assumem vital importância não só no funcionamento e no crescimento das economias, como também na

---

[33] Veja-se, neste sentido, o comunicado de imprensa da Comissão que apresentou as principais conclusões do inquérito sectorial referido no texto, "MEMO/07/15", de 10 de Janeiro de 2007, onde se pode ler que "[t]he setting of prices on supply markets can have very negative consequences for the market structure. If the regulated tariff is too low, new entrants are excluded from the market. Moreover, when prices are artificially low, market players will not invest in new capacity, which is detrimental to security of supply. It would, therefore, be important to assess the impact of remaining regulated supply tariffs on the development of competition".

[34] Exemplos destas situações são os procedimentos formais de investigação abertos pela Comissão contra Espanha e França, ao abrigo das regras comunitárias em matéria de auxílios de Estado (cf. os comunicados de imprensa da Comissão "IP/07/93", de 25 de Janeiro de 2007, e "IP/07/815", de 13 de Junho de 2007).

[35] Vejam-se, a este propósito, os convites dirigidos às partes interessadas para apresentação de observações relativamente às medidas em causa, publicados no *Jornal Oficial da União Europeia*, respectivamente, no que respeita às tarifas regulamentadas de electricidade em Espanha, na série C 43, de 27.02.2007, pp. 9 e ss., e, no que respeita às tarifas regulamentadas de electricidade em França, na série C 164, de 18.07.2007, pp. 9 e ss..

vida quotidiana de cada um. Por não se tratar de um recurso dispensável, é imperativo que a energia eléctrica seja fornecida de forma generalizada, *i.e*, universal, a preços acessíveis e em especiais condições de segurança.

Neste sentido, a recente liberalização do mercado eléctrico procura garantir o fornecimento seguro, eficiente e em meios concorrenciais "saudáveis", visando ainda assegurar a livre entrada de novos operadores no mercado em todos os segmentos do sector onde ela seja estruturalmente possível. Tal só não acontece no segmento do transporte, no qual, por enquanto, é economicamente inviável a existência de mais do que um operador.

A eficiência pretendida só é alcançável, contudo, mediante uma rigorosa estruturação do sistema de preços e a plena integração dos vários segmentos do sector eléctrico. Nesse aspecto, o sistema tarifário norteado pelo princípio da "aditividade tarifária" parece revelar-se uma solução eficaz, pela qual é permitido aos operadores reflectir e recuperar os custos das respectivas actividades, bem como beneficiar de uma margem de lucro, sendo que quem suporta a totalidade dos custos do sistema é o seu utilizador.

Todavia, esta estruturação acarreta um "ónus": a extrema complexidade do sistema tarifário, desde logo pouco perceptível para os consumidores (para os operadores resulta das disposições legais o que podem cobrar e o que lhes pode ser cobrado), sobretudo no que respeita aos montantes pagos e o título a que são pagos. Acresce que, com a liberalização, algumas tarifas foram substituídas por preços livremente negociados entre os operadores e os consumidores. Assim, coexistem no mesmo sistema operadores regulados e não regulados, tarifas por um lado e preços por outro.

Apesar da referida complexidade e da ausência de uma disposição legal ou regulamentar concreta que adjudique determinados montantes à actividade regulatória da ERSE, é possível compreender que esses montantes são dirigidos para a entidade reguladora através de uma componente expressamente identificada da tarifa cobrada pela entidade concessionária da rede de transporte de electricidade pelo Uso Global do Sistema (Tarifa UGS). Os montantes que integram a referida componente são, por sua vez, entregues depois pela concessionária da RNT à ERSE a título de contribuições trimestrais, cujo valor é anualmente fixado no Orçamento da ERSE, que integra, por sua vez, o Orçamento do Estado.

A Tarifa UGS tem diversas finalidades, sendo que para cada uma dessas finalidades é destinada uma determinada parcela do montante total cobrado. A par do montante dirigido expressamente à ERSE, que necessariamente fará face aos custos de regulação em que a entidade incorre, cumpre ainda destacar, da Tarifa UGS, o montante consignado à Autoridade da Concorrência.

Como vimos, o financiamento da regulação no sector eléctrico assume contornos que não são perceptíveis noutros sectores regulados. Conhecer o modo de financiamento da regulação na electricidade pressupõe, pois, o conhecimento prévio de toda a estrutura tarifária do sector, o que, por sua vez, exige o conhecimento do mercado e dos agentes que nele operam. Em suma, é necessária a apreensão da dinâmica própria de um sector que, nas últimas décadas, se desenvolveu primeiramente sob a batuta de políticas de Estado e, depois, de políticas de liberalização, sobretudo comunitárias, que não privilegiaram os modelos clássicos de financiamento de bens semi-públicos. Por isso, não é de estranhar a maior dificuldade em reconhecer, na qualificação e na quantificação das quantias afectas à actividade regulatória da ERSE, os elementos prototípicos – incidência objectiva, incidência subjectiva, isenções, base de cálculo, liquidação e pagamento – da relação jurídica tributária.

Resumo cronológico da legislação

Directiva n.º 90/547/CEE, do Conselho, 29 de Outubro (adopta as regras aplicáveis ao trânsito de electricidade entre as grandes redes de transporte dentro do território da Comunidade)

Decreto-Lei n.º 187/95, de 27 de Julho (cria a Entidade Reguladora do Sector Eléctrico)

Directiva n.º 96/92/CE, do Parlamento Europeu e do Conselho, de 19 de Dezembro (estabelece regras comuns para o mercado interno da electricidade)

Decreto-Lei n.º 97/2002, de 12 de Abril (aprova os estatutos da Entidade Reguladora dos Serviços Energéticos)

Directiva n.º 2003/54/CE, do Parlamento Europeu e do Conselho, de 26 de Junho (estabelece regras comuns para o mercado interno da electricidade e revoga a Directiva n.º 96/92/CE)

Decreto-Lei n.º 29/2006, de 15 de Fevereiro (transpõe a Directiva n.º 2003//54/CE)

Decreto-Lei n.º 172/2006, de 23 de Agosto, alterado pelo Decreto-Lei n.º 264//2007 de 24 de Julho (concretiza o Decreto-Lei n.º 29/2006, de 15 de Fevereiro)

Despacho da ERSE n.º 8/2007, de 29 de Junho (aprova o Regulamento Tarifário em 2007)

Comunicado de Imprensa de 15 de Outubro de 2007 (Proposta de tarifas e preços de energia eléctrica e outros serviços a vigorarem em 2008).

AS TAXAS DE REGULAÇÃO ECONÓMICA
NO SECTOR FERROVIÁRIO

Luís M. S. Oliveira

Sumário: 1. Breve excurso histórico, desde o século XIX até à adesão de Portugal às Comunidades Europeias 2. Síntese da evolução da política e do Direito comunitários relativos ao sector ferroviário 3. A absorção da política e do Direito comunitários em Portugal 3.1. A responsabilidade pelos investimentos na infra-estrutura ferroviária 3.2. A conformação institucional do sector 3.3. A abertura do mercado de serviços de transporte ferroviário 4. O actual quadro institucional do sector 5. A regulação económica 6. As "Orientações Estratégicas para o Sector Ferroviário" e a regulação económica 7. O modelo de financiamento do regulador 8. As taxas devidas ao regulador 8.1. Taxas devidas por licenças e serviços 8.2. Taxa de regulação económica 9. A taxa de regulação económica perante o Direito Comunitário 10. Natureza jurídica da taxa de regulação económica 10.1. A hipótese de se tratar de uma taxa *stricto sensu* 10.2. A tese de se tratar de um imposto

O objecto do presente estudo é o de enquadrar e qualificar juridicamente as receitas públicas que concretizam o modelo orgânico da regulação económica do sector ferroviário e respectivo regime de financiamento.

Embora sem perder de vista o objecto de estudo enunciado, bem como que a sua inserção na presente colectânea lhe dita condicionantes de espaço e parâmetros gerais de uniformidade que aconselham concisão no tratamento de matérias metodologicamente introdutórias, a apresentação de matérias assenta, portanto, numa prévia familiarização, histórica e institucional, com o próprio sector, conducente a uma adequada apreensão

296 As Taxas de Regulação Económica em Portugal

da evolução e dos fundamentos do seu quadro normativo, do enquadramento do respectivo modelo de regulação económica e do modelo de financiamento desta, para sobre essa base se partir para o tratamento jurídico das referidas receitas.[1]

1. Breve excurso histórico, desde o século XIX até à adesão de Portugal às Comunidades Europeias

O início oficial da exploração do caminho-de-ferro no nosso país data, como é de conhecimento relativamente generalizado, de 28 de Outubro de 1856.[2] Era então recém-demissionário um dos seus grandes impulsionadores, o ex-ministro da Fazenda e das Obras Públicas Fontes Pereira de Melo, uma das figuras de relevo da Regeneração. Levou a cabo a construção da linha, entre Lisboa e o Carregado, troço inicial do que deveria ser a linha do leste, de Lisboa à fronteira com Espanha, uma empresa privada, a "Companhia Central e Peninsular dos Caminhos-de-Ferro em Portugal", sociedade de capital e financiamento ingleses, à qual, por contrato aprovado por Lei de 18 de Agosto de 1853, o Governo havia concessionado a construção e exploração do caminho-de-ferro. Porém,

---

[1] Para uma análise integrada (institucional, económica, estratégica, técnica e jurídica) do sector ferroviário, ver *O Mercado do Transporte Ferroviário. Portugal 2006*, relatório elaborado sob coordenação de Partis Consulting e publicado em suporte CD-Rom: http://www.partisconsulting.com/index.php?act=page&lang=pt&id=37 Para um enquadramento essencialmente jurídico mas com uma componente relevante de exposição histórica, ver Miguel Pupo Correia (2004), *Introdução ao Enquadramento Regulatório dos Transportes*, ao que julgo inédito em suporte de papel, mas disponível em www.estig.ipbeja.pt/~ac_direito/IntrodRegTransp.pdf.

[2] Se bem que as primeiras bases para a construção dos caminhos-de-ferro sejam de 18 de Outubro de 1844, prevendo um exclusivo de exploração para o concessionário, por período até 99 anos. O concessionário deveria construir a infra-estrutura e todas as demais obras necessárias. A 19 de Dezembro desse mesmo ano, é fundada a "Companhia das Obras Públicas de Portugal", incluindo nos seus objectivos a elaboração dos estudos para a construção do caminho-de-ferro. A data de 28 de Outubro de 1856 é comummente referida como a da inauguração, mas, na verdade, nesse dia ocorreu uma muito acidentada e antecipadamente terminada viagem pré-inaugural, que se queria de cariz sobretudo institucional. Ver também texto, de índole histórico-jurídica, sobre os caminhos-de-ferro, que apresenta uma sinopse da evolução até 1951, em Alfredo Mendes de Almeida Ferrão (Coimbra, 1963), *Serviços Públicos no Direito Português*, 345-350.

As Taxas de Regulação Económica no Sector Ferroviário   297

esta veio a entrar em situação de falência em muito curto prazo, embora já depois de o Estado português ter adquirido parte do seu capital, pelo que foi o Governo autorizado, por Carta de Lei de 4 de Junho de 1857, a rescindir o respectivo contrato.

Em 12 de Setembro de 1859, foi atribuída a outro particular, D. Jose Salamanca y Mayol, que havia sido o impulsionador e principal responsável pelo empreendimento de construção da linha entre Madrid e Aranjuez, inaugurada em 9 de Fevereiro de 1851, a concessão da construção do caminho-de-ferro do Leste, até à fronteira com Espanha, bem como do Norte, entre Lisboa e o Porto, vindo o contrato a ser aprovado por Carta de Lei de 5 de Maio de 1860, para cujo empreendimento fundou a "Companhia Real dos Caminhos-de-Ferro Portugueses", à qual transmitiu a concessão.[3]

Nos anos subsequentes, apesar da sua importância crescente, a "Companhia Real dos Caminhos-de-Ferro Portugueses", em cujo capital o Estado português passou a deter posição maioritária em 1865, foi desenvolvendo a sua actividade paralelamente com várias outras empresas privadas, às quais foram sendo atribuídas concessões. Assim, foram constituídas, ao longo da década de 60, outras empresas, de capitais privados, tendo por objecto a construção e exploração do caminho-de-ferro em várias regiões do país.

A circunstância de se revelarem deficitários tais empreendimentos levou ao progressivo desinteresse da iniciativa privada, ficando desertos vários concursos, passando a ser de empreendimento público a construção de várias linhas a partir do início da década de 70. No início da década de 90 estava completamente consolidada a visão do caminho-de-ferro como um serviço público necessário, em vez de um empreendimento que se pudesse esperar ser lucrativo, se bem que no final do século 19 houvesse duas empresas privadas a operar, a par da exploração directa pelo Estado de outras duas redes.

A intervenção activa do Estado no sector reforçou-se substancialmente a partir de 1915, em função da necessidade de se proceder à concentração da exploração, conexa com o objectivo da interligação de linhas, tendo em vista a criação de uma verdadeira rede, o que culminou

---

[3] A denominação viria a ser alterada para Companhia dos Caminhos-de-Ferro Portugueses em 1910, após a implantação do regime republicano.

com a aprovação do Plano Geral da Rede Ferroviária do Continente, através do Decreto com força de lei n.º 18190, de 10 de Abril de 1930.

Com a publicação da Lei n.º 2008, de 7 de Setembro de 1945 ("lei de coordenação dos transportes terrestres"), foi dado novo enquadramento político e legal à actividade ferroviária, marcado por forte dirigismo económico, "para se conseguir a maior eficiência económica dos transportes ferroviários", como nela se verteu. Tal escopo deveria ser alcançado mediante a "substituição de todas as concessões de linhas férreas de via larga e estreita por uma concessão única", constituindo, pois, objectivo inequívoco desse diploma operar uma concentração empresarial, forçada politicamente, e seu instrumento essencial o estabelecimento do princípio de uma concessão única, em regime de monopólio, com atribuição à concessionária, que, recorde-se, era uma sociedade anónima de capitais mistos detida maioritariamente pelo Estado, das funções de transformação e reapetrechamento da rede, a par da exploração ferroviária.[4]

Apenas seis anos depois, em 1951, embora a "Companhia dos Caminhos-de-Ferro Portugueses" (CP) fosse já, desde o início de 1947, a detentora de todas as concessões de linhas férreas, ou por lhe terem sido feitas directamente, ou por ter adquirido, com autorização do Estado concedente, "os alvarás de concessão a outras empresas", ou por as concessões lhe terem sido "arrendadas", ou ainda, e por fim, por ter rescindido "o trespasse da exploração" de outras, veio a ser assinado o respectivo contrato de concessão do serviço público de transportes ferroviários, após a aprovação das bases através do Decreto-Lei n.º 38246, de 9 de Maio.

A CP passou a concentrar a actividade de gestora e de operadora do caminho-de-ferro, com a excepção da Linha de Cascais. Embora concessionária única, a CP não detinha, na verdade, a exploração universal da rede, porquanto esta Linha, que lhe fora concessionada por alvará de 1887, tinha sido "arrendada", subconcedida, à Sociedade Estoril, em 1918, por um prazo de 50 anos, contados desde o ano em que finalizasse a respectiva electrificação, o que sucedeu em 1926. Apesar das pressões

---

[4] Deve notar-se que o âmbito da Lei n.º 2008 se estendia a todos os transportes terrestres, pelo que também as exploradoras de transportes colectivos rodoviários foram objecto do mesmo "impulso" concentrador.

As Taxas de Regulação Económica no Sector Ferroviário

do regime de Salazar para a rescisão da subconcessão, as negociações nesse sentido não conduziram a um acordo, mas o Governo entendeu não resgatar a concessão.

As linhas essenciais da concessão de 1951 consistiam, assim, além da exploração de toda a rede concedida, na obrigação de a CP realizar a transformação e o apetrechamento da mesma, efectivando as necessárias medidas de conservação e remodelação, bem como de se dotar de material adequado à exploração do serviço. À CP foi ainda atribuída a definição de todas as condições de exploração, cabendo-lhe, designadamente, estabelecer o número de comboios, sua composição, ordem de inserção, horários, velocidades de marcha e tempos de paragem nas estações, mas com a excepção da fixação do tarifário, que ficou reservada ao Governo, após audição da CP. A concentração na CP da actividade de operadora ferroviária única, monopolista e integrada, quer vertical, quer horizontalmente, criou as condições para que esta desenvolvesse o "Plano de Rede Unificada Portuguesa", que apresentou logo em 1952.

Em 1951, na prossecução das reformas operadas no sector, foram criados a Direcção-Geral de Transportes Terrestres (DGTT), com a atribuição genérica de promover o desenvolvimento dos transportes terrestres de forma articulada, designadamente através da intervenção na definição das políticas do Governo para o sector, e o Fundo Especial de Transportes Terrestres (FETT), que substituiu os fundos especiais de caminho-de-ferro e camionagem e passou a ser responsável horizontal pelo financiamento público do sistema de transportes terrestres.

A situação do sector caracterizou-se, nas décadas de 50 e 60, pelo agravamento continuado dos *deficits* de exploração. Sujeito à concorrência do transporte rodoviário, então em crescimento muito acentuado, foi perdendo aceleradamente quotas de mercado em todos os segmentos, quer de passageiros, quer de mercadorias. Neste contexto, o Governo sentiu necessidade de incluir nos I, II e III Planos de Fomento medidas de apoio financeiro à CP, através de verbas destinadas, quer a instalações fixas, quer a electrificação, quer a aquisições de material circulante.

No "III Plano de Fomento 1968-1973", em particular, contemplam-se várias medidas de reestruturação do sector e de partilha de responsabilidades entre a CP e o Estado, de que se devem salientar a elaboração de planos de modernização e equipamento, a contribuição do Estado para o financiamento das infra-estruturas de longa duração, o saneamento da situação financeira da empresa e a eliminação gradual das subvenções económicas de exploração e sua substituição por indemnizações compensatórias.[5]

O Governo estava, de facto, confrontado com uma situação muito complexa, uma vez que a necessidade premente de fazer investimentos na rede e de renovar o material circulante se inseria num quadro de forte descapitalização da CP, acompanhada do "envelhecimento acentuado e generalizado da exploração ferroviária". Em concretização tardia das medidas constantes deste "III Plano de Fomento", apenas no último ano de vigência deste foram publicados dois diplomas que pretendiam ser vectores de adaptação e saneamento do sector ferroviário.

Tendo por situação de base o diagnóstico da evolução do mercado dos transportes, "outrora estabilizado na base de um monopólio de facto", para uma "dinâmica concorrencial", bem como do "crescimento das exigências do público, às quais só se torna possível responder através de uma maior flexibilidade de actuação e de pesados investimentos", o Decreto-Lei n.º 80/73, de 2 de Março, veio introduzir algumas medidas que se pretendiam correctivas. Assim, em concretização das medidas incluídas no "III Plano de Fomento", definiu as bases de revisão do sistema ferroviário, designadamente quanto à exploração, ao tarifário e ao financiamento dos investimentos na exploração ferroviária.

Vale a pena atentar, relativamente aos investimentos, que o diploma veio instituir um modelo partilhado de financiamento, entre o Estado e a concessionária, pelo qual competiria ao Estado suportar os encargos com a construção de novas linhas férreas, ao passo que a modernização da rede caberia à CP, através de recursos a obter por esta mesma nos mercados de capitais ou através de empréstimos concedidos pelo Estado. Se a modernização respeitasse a infra-estruturas de longa duração, o Estado deveria facultar à concessionária subsídios não reembolsáveis.

O Decreto-Lei n.º 104/73, de 13 de Março, procedeu à revisão do contrato de concessão, precisamente para o adaptar às medidas definidas no Decreto-Lei n.º 80/73. No essencial, procedeu a uma explicitação das obrigações e direitos da concessionária, tendo por paradigma a necessária dotação do sector de condições de competitividade, embora mantendo

---

[5] Veremos no ponto seguinte, quando nos debruçarmos sobre as linhas de evolução da política comunitária para o sector ferroviário, como estas directrizes de acção política interna a acompanham, em larga medida.

As Taxas de Regulação Económica no Sector Ferroviário   301

uma linha de compromisso entre as obrigações de serviço público e a aplicação de métodos de gestão comercial. Este diploma estabeleceu ainda medidas enunciadas como tendentes ao saneamento financeiro da CP.

As transformações ocorridas na sociedade portuguesa após 25 de Abril de 1974 não permitiram, naturalmente, avaliar o impacte que estas medidas poderiam ter tido. Desde logo, e no âmbito das alterações introduzidas no tecido económico do País, é nacionalizada a CP, através do Decreto-Lei n.º 205-B/75, de 16 de Abril, sendo igualmente prevista a respectiva reestruturação. Esta medida inseriu-se no princípio político, consignado no Programa do Governo Provisório em funções, de prosseguir uma maior intervenção estatal nos sectores básicos da vida económica, o que, reconheça-se, teve impacto nulo sobre a estrutura do sector ferroviário, a operar em monopólio legal desde a década de 50, no contexto do dirigismo autoritário da economia prosseguido pelo regime de Salazar.[6]

Em sequência da nacionalização, veio o Decreto-Lei n.º 109/77, de 25 de Março, aprovar os novos estatutos da CP, que passa a empresa pública, com a denominação de Caminhos-de-Ferro Portugueses, E.P. Esta alteração, nos termos definidos no próprio preâmbulo do diploma, visou constituir um primeiro passo para a redefinição, afirmada como urgente, da política comercial e de exploração da CP, bem como da renovação de infra-estruturas e material circulante, ao mesmo tempo que pretendia ir ao encontro da necessidade de definir uma orgânica empresarial adequada à recuperação e dinamização dos caminhos-de-ferro. Entretanto, em 31 de Dezembro de 1976 tinha terminado, pelo decurso do prazo contratual, o "contrato de arrendamento" da Linha de Cascais à Sociedade Estoril, assumindo, pois, a CP a exploração integral da rede.

2. Síntese da evolução da política e do Direito comunitários relativos ao sector ferroviário

Quando da adesão de Portugal às Comunidades Europeias, o país é forçado a absorver todo um lastro de evolução por que o enquadramento político e jurídico do sector ferroviário tinha entretanto passado no âmbito

---

[6] Na vertente do substrato accionista, note-se que a participação de capitais privados no monopólio CP, à data da nacionalização, era de 25,4%.

comunitário.

Neste âmbito, começaria por notar que, nas décadas de 60 e 70 e ainda na primeira metade da década de 80 do século passado, a problemática do sector ferroviário foi marcada pela total inércia, senão mesmo inexistência, quanto a ele, de uma política comunitária de transportes, encarada sob a óptica da promoção de um verdadeiro mercado europeu de serviços ferroviários.

Foi sendo objecto de medidas parcelares, no quadro mais vasto da política de eliminação dos subsídios de Estado nos sectores dos transportes terrestres e fluviais, criadores de opacidade na utilização de fundos públicos e portanto potencialmente geradores de distorções de concorrência. Em qualquer caso, entendeu-se também que uma opção política de eliminação da subsidiação destes sectores não podia deixar de ser mitigada pela consideração das especiais obrigações de serviço público a cargo dos Estados em matéria de transportes, ponderando-se que a mera actuação das forças de mercado não se mostraria capaz de assegurar, em todas as situações, o nível, a cobertura e a adequação destes para satisfação de objectivos públicos económicos, sociais e de política regional.

Reafirmando-se, embora, o princípio da caracterização dos transportes terrestres e fluviais como serviço público, adoptou-se uma política de eliminação da imposição genérica e universal de obrigações de serviço público, em qualquer das vertentes destas, de explorar, de transportar ou tarifárias, mantendo-as apenas quando se mostrassem indispensáveis para garantir o fornecimento de serviços de transporte suficientes, introduzindo-se também regras comuns relativas à compensação por meios financeiros públicos daquelas que fossem mantidas.

Neste contexto, tendo, portanto, em vista a eliminação de auxílios de Estado anti-concorrenciais e em valores generalizadamente arbitrários, foram definidos, no Regulamento (CEE) n.º 1191/69, de 26 de Junho de 1969, relativo à acção dos Estados-Membros em matéria de obrigações inerentes à noção de serviço público no domínio dos transportes ferroviários, rodoviários e por via navegável, bem como no Regulamento (CEE) n.º 1107/70, de 4 de Junho de 1970, relativo aos auxílios concedidos no domínio dos transportes ferroviários, rodoviários e por via navegável, regras uniformes de compensação financeira daquelas obrigações de serviço público que fossem efectivamente mantidas pelos operadores,

As Taxas de Regulação Económica no Sector Ferroviário 303

parametrizando-se a métrica para a sua atribuição, mediante a determinação dos encargos que, por decorrentes de dispositivos legais ou administrativos, não resultassem do normal funcionamento do mercado, mas antes do cumprimento das referidas obrigações de serviço público.[7]

No segmento específico do transporte ferroviário, em perda acelerada de quotas de mercado e financeiramente frágil, a subsidiação pública generalizada, assim começou a reconhecer-se, era ainda obstaculizante da necessidade de se adoptarem e aplicarem medidas de saneamento e equilíbrio financeiro sustentados do sector, pois correspondiam à ausência de atribuição às empresas ferroviárias de uma capacidade de gestão e adaptação ao mercado, com a correspondente responsabilização por objectivos a atingir, que fosse motor de eficiência e de recuperação de competitividade com o transporte rodoviário.

Não se assistiu, porém, como referi acima, a par da adopção destas medidas para o conjunto dos transportes terrestres e fluviais, e apesar de algumas iniciativas da Comissão, à adopção de uma política integrada tendente à criação de um mercado europeu de transportes ferroviários, sobretudo em razão do continuado bloqueio no Conselho, por pressão dos interesses franceses, até à prolação do Acórdão 13/83, do Tribunal de Justiça das Comunidades Europeias, em 22 de Maio de 1985, em processo interposto pelo Parlamento Europeu contra o Conselho, por omissão na abertura do mercado de transportes.[8]

Tal aresto legitimou uma actuação proactiva da Comissão, iniciada na segunda metade dessa década de 80, a qual viria a provocar uma revolução gradual, por etapas definidas à medida dos equilíbrios políticos entre Estados mais liberalizantes e outros mais "colbertistas, no cenário, até então prevalecente, de um conjunto de mercados ferroviários nacionais, isolados e salvaguardados pelas incompatibilidades técnicas e pelas barreiras à entrada.

Ainda assim, apenas no início da década seguinte, tendo por base a

---

[7] Note-se que ambos serão revogados quando da entrada em vigor do Regulamento (CE) n.º 1370/2007, do Parlamento Europeu e do Conselho, de 23 de Outubro de 2007, relativo aos serviços públicos de transporte ferroviário e rodoviário de passageiros.

[8] "The Court must find that in breach of the Treaty the Council has failed to ensure freedom to provide services in the sphere of international transport and to lay down the conditions under which non-resident carriers may operate transport services in a Member State".

verificação da manutenção da situação dos graves desequilíbrios financeiros das empresas ferroviárias, bem como da fraca competitividade do sector relativamente a modos de transporte concorrentes, designadamente o rodoviário, a qual tinha mesmo acentuado a tendência de degradação, vem a Comissão a encontrar o consenso interno que lhe permitiu preconizar um novo modelo para a ferrovia, que pudesse, de forma sustentada, conduzir à inversão desta tendência, numa visão estratégica algo seminal pela potencialidade para vir a aprofundar-se em sucessivas iniciativas ulteriores.

A Directiva n.º 91/440, de 29 de Julho de 1991, relativa ao desenvolvimento dos caminhos-de-ferro comunitários, veio constituir-se, de facto, como a pedra basilar de um novo pensamento estratégico neste sector, concentrado em duas grandes linhas de orientação:

(i) dotar as empresas ferroviárias de um estatuto de independência relativamente aos poderes públicos e de métodos de gestão de tipo comercial;

(ii) separar verticalmente a gestão da infra-estrutura do serviço de transporte e criar direitos de acesso, como forma de possibilitar a entrada de novas empresas transporte ferroviário no mercado do transporte ferroviário, através da partilha da capacidade das infra-estruturas.

Concretizando, aquela Directiva veio estabelecer, embora com carácter não vinculativo, contrariamente à separação contabilística, a qual foi estatuída como obrigatória, que a separação entre infra-estrutura e transporte ferroviário se fizesse por divisões orgânicas distintas dentro da mesma empresa, ou, alternativamente, que a gestão da infra-estrutura fosse assegurada por uma entidade distinta. Veio introduzir no modelo institucional do sector, portanto, a figura da entidade gestora da infra-estrutura, distinta do Estado, embora sujeita às orientações estratégicas deste emanadas, mas que, no quadro das suas atribuições, deve estabelecer uma relação directa com as empresas de transporte ferroviário. Em relação a estas últimas, reafirmou o princípio da independência da sua gestão, acompanhada da adaptação das respectivas actividades ao mercado, com vista a prestar serviços eficazes e adequados, ao menor custo possível em relação à qualidade exigida, gestão, essa, que deveria fazer--se em moldes aproximados aos seguidos pelas sociedades comerciais.

As Taxas de Regulação Económica no Sector Ferroviário 305

Por outro lado, o gestor da infra-estrutura ferroviária teria direito a cobrar uma tarifa pela utilização desta, a ser suportada pelas empresas de transporte ferroviário.[9]

Finalmente, é ainda por força desta Directiva que são dados os primeiros passos na concretização do conceito de concessão de direitos de acesso e trânsito nos Estados-Membros, ainda que em termos tão mitigados que se mostraram absolutamente inconsequentes.[10] Na verdade, ressalvados os direitos de trânsito, para que uma empresa transportadora instalada num Estado-Membro pudesse obter direitos de acesso à infra-estrutura ferroviária de outro, teria de constituir um agrupamento internacional com empresa aí estabelecida, o que permitia o bloqueio do acesso por efeito do mero desinteresse em constituir os agrupamentos, ou teria de limitar-se ao transporte combinado internacional de mercadorias, precisamente o segmento mais difícil de rentabilizar.

A inconsequente abertura quanto à concessão de direitos de acesso não podia, ainda assim, deixar de ser complementada com a regulamentação de algumas matérias, essenciais para viabilizar o modelo que se pretendia instituir, o que foi objecto das Directivas n.ᵒˢ 95/18 e 95/19, de 19 de Junho de 1995, a primeira relativa ao licenciamento das empresas de transporte ferroviário e a segunda à repartição das capacidades da infra-estrutura e à cobrança de tarifas de utilização.

A Directiva n.º 95/18, considerando que a Directiva n.º 91/440 previa que as empresas de transporte ferroviário, ou agrupamentos internacionais dessas empresas, gozassem de determinados direitos de acesso ao tráfego internacional ferroviário, procedeu à criação de uma licença para essas empresas, que seria legitimadora formal da prestação de serviços de transporte internacionais entre os Estados-Membros. Para as empresas incluídas no seu âmbito de aplicação, a directiva veio, assim, introduzir uma espécie de "passaporte único europeu", uma vez que as licenças deveriam ter validade para todo o território comunitário, embora sem conferir, só por elas, qualquer direito de acesso à infra-estrutura, uma vez que tal acesso dependeria sempre, em concreto, da contratação da aqui-

---

[9] Julgo preferível a expressão "tarifa de utilização", na senda do próprio Decreto-Lei n.º 270/2003, de 28 de Outubro, adiante devidamente enquadrado no texto, embora a versão portuguesa da Directiva comunitária que o mesmo transpõe recorra a "taxa de utilização", tal como o fazem outros diplomas internos.

[10] Sempre e continuadamente fruto da pressão "colbertista" no sentido de preservar a todo o custo o monopólio da SNCF.

sição de canais para os itinerários pretendidos.

Por sua vez, a Directiva n.º 95/19 teve por objectivo definir princípios e procedimentos a aplicar à repartição das capacidades da infra--estrutura e à cobrança de tarifas de utilização, tendo como destinatárias as empresas de transporte ferroviário estabelecidas ou que viessem a estabelecer-se na Comunidade, enquanto prestadoras de serviços de transporte internacionais entre os Estados-Membros. Em matéria de repartição da capacidade da infra-estrutura, instituiu o modelo da designação por cada Estado-Membro de uma entidade responsável, com conhecimento do conjunto dos canais horários disponíveis, por garantir uma repartição justa e não discriminatória das capacidades da rede, orientada para uma utilização eficaz e optimizada da infra-estrutura. Claramente, tais funções deveriam ser assumidas pela entidade gestora da infra-estrutura, já organicamente separada dos operadores ferroviários. Relativamente às tarifas de utilização, veio fixar alguns princípios basilares, como o do equilíbrio de contas do gestor da infra-estrutura, o da não discriminação entre serviços de natureza equivalente num mesmo mercado e o de as tarifas deverem ser fixadas de acordo com a natureza e o período de tempo do serviço, a situação do mercado e a natureza e desgaste da infra-estrutura.

As opções estratégicas consagradas nas três directivas de que dei nota assumiram, assim, enorme importância na ordenação e desenvolvimento do modelo ferroviário comunitário. Fruto de equilíbrios arduamente alcançados entre os Estados-Membros, conduzindo a um quadro institucional corporizado nos seguintes intervenientes:

(i) uma entidade reguladora, desde logo com atribuições em sede de regulamentação técnica e emissão de licenças aos operadores ferroviários;

(ii) uma entidade gestora da infra-estrutura, financiada pelas tarifas de utilização e pelo Estado e à qual este fixa as orientações estratégicas, à qual cabe estabelecer os acordos com os operadores para a repartição das capacidades da infra-estrutura e definição dos canais horários;

(iii) os operadores, agora com a missão exclusiva do exercício da actividade de transporte ferroviário, para a qual deveriam adaptar-se segundo princípios de actuação comercial, apenas sendo objecto de financiamento público na medida das concretas obrigações de serviço público que mantivessem.

Em 1996 foi publicado o Livro Branco "Uma estratégia para a revi-

As Taxas de Regulação Económica no Sector Ferroviário 307

talização dos caminhos-de-ferro europeus" (COM(96)421), no qual se preconiza a adopção de um programa de medidas integradas, dirigidas a melhorar a capacidade competitiva do sector ferroviário, incluindo a assunção pelos Estados dos passivos históricos das empresas, a extensão do acesso à infra-estrutura a todos os serviços de transporte de mercadorias e aos transportes internacionais de passageiros – admitindo a continuação da manutenção, para os transportes nacionais, dos serviços públicos indispensáveis por razões de coesão social e territorial –, e a evolução para uma rede europeia única, através do desenvolvimento da interoperabilidade e do ordenamento das infra-estruturas. Este programa haveria de marcar, a ritmos heterogéneos, a produção normativa ulterior.

Numa perspectiva mais ampla, intermodal, foi também na década de 90 lançado o debate sobre o modo como os instrumentos de tarifação podem contribuir para a resolução de alguns dos principais problemas relacionados com os transportes – nomeadamente os relativos a congestionamentos, deterioração das infra-estruturas, sinistralidade e impactes ambientais –, em particular através da publicação do Livro Verde "Para uma formação correcta e eficiente dos preços dos transportes" (COM(95)691), de 20 de Dezembro de 1995. Neste documento, a Comissão, partindo da constatação de que todos os modos de transporte têm efeitos secundários indesejáveis, como os referidos, cujos custos não são suportados pelos agentes económicos (daí lhes advindo a designação de "externalidades"), nem são tidos em conta pelos sistemas de tarifação, vem defender a necessidade de internalização dos custos dos transportes, ou seja, de uma política de fazer cada utente suportar a totalidade dos custos sociais da sua deslocação.

Atendendo à complexidade técnica da correcta determinação do valor das externalidades, bem como ao melindre político dos efeitos da sua internalização, o objectivo da respectiva redução seria prosseguido, preferencialmente, não através de um aumento das tarifas, mas da adopção de medidas, por parte das empresas de transporte, no sentido de diminuir o impacte daqueles custos. Supletivamente, a correcta determinação destes deveria permitir a sua imputação equitativa, de modo a criar um regime de tarifação socialmente eficaz e justo, mediante a internalização do "custo social", que aproximasse as tarifas dos custos, favorecendo, portanto, a concorrencialidade entre os vários modos de transporte através da adopção de medidas de absorção das externalidades.

Esta temática seria retomada e desenvolvida no Livro Branco "Pagamento justo pela utilização das infra-estruturas – Uma abordagem gradual para um quadro único de tarifação das infra-estruturas de transportes na União Europeia" (COM(98)466), de 22 de Julho de 1998, que apresentou um programa de internalização progressiva dos custos das infra-estruturas, com o fim de introduzir coerência entre custos suportados nos vários modos de transporte. Neste contexto, o princípio de tarifação proposto foi o de esta se fazer com base nos custos sociais marginais, ou seja, no somatório dos custos variáveis de exploração que reflectem o custo de uma unidade de transporte suplementar que utilize a infra-estrutura com custos externos (daí o uso do vocábulo "sociais") ligados à degradação das infra-estruturas e aos impactes sociais ambientais, de congestionamento e de sinistralidade.[11]

Na Comunicação da Comissão ao Conselho, ao Parlamento Europeu, ao Comité Económico e Social e ao Comité das Regiões "Política comum dos transportes. Mobilidade sustentável: Perspectivas para o futuro" (COM(98)716 final), em que fez o ponto da situação sobre as prioridades em matéria de transportes até ao ano 2000, a Comissão, além de retomar o tema do reforço da eficácia e da competitividade dos transportes e da melhoria da sua qualidade, como factores de competitividade, veio dar maior ênfase às questões ambientais. Ou seja, além do impacte económico das externalidades na concorrência intermodal, incluindo das externalidades de custos ambientais, veio conceder relevo à organização de formas de transporte sustentáveis, na sequência da conferência de Quioto sobre alterações climáticas.

Porém, a manifesta falta de ambição dos passos dados na vertente da criação de um mercado de serviços de transporte ferroviário no âmbito da crucial reforma do sector pelas Directivas n.os 91/440, 95/18 e 95/19, teria consequências que já estavam diagnosticadas quando da respectiva aprovação.

Assim, o Livro Branco "A política europeia de transportes no horizonte 2010: a hora das opções", adoptado pela Comissão em 12 de Se-

---

[11] Esta temática demoraria quase uma década a ser vertida para instrumentos normativos que instituam um tratamento integrado e coerente. Assim, um dos seus instrumentos fundamentais, que é, indubitavelmente, o da tarifação do uso das infra-estruturas rodoviárias pelo transporte pesado de mercadorias, apenas seria plasmado na Directiva n.º 2006/38, de 17 de Maio de 2006, após um arrastado e complexo processo de decisão em que, por exemplo, o então Ministro dos Transportes português votou contra.

As Taxas de Regulação Económica no Sector Ferroviário   309

tembro de 2001, veio confirmar um quadro que, como era previsível, não era nada positivo: o sector ferroviário mantinha-se em continuada deterioração, com quotas de mercado a diminuir de forma sustentada, o que reflectia o aprofundamento não estancado do desequilíbrio de condições concorrenciais entre os diversos modos de transporte e impunha a adopção de medidas tendentes a que as quotas de mercado de cada modo viessem a reflectir uma situação de maior equilíbrio, o que vinha preconizado como objectivo a atingir no referido horizonte de 2010. O Livro Branco preconizava, assim, a necessidade da adopção de uma nova série de acções e medidas, incluindo no campo da produção normativa, para revitalizar o transporte ferroviário e operar um reequilíbrio intermodal.[12]

Do seu programa político de intervenção surgiu, no campo específico do sector dos caminhos-de-ferro, a metodologia de operar intervenções progressivas mediante a aprovação de sucessivos "pacotes" de instrumentos normativos.

O "primeiro pacote ferroviário", também conhecido por "pacote das infra-estruturas", integrou três directivas, publicadas em 26 de Fevereiro de 2001: (i) a Directiva n.º 2001/12, que altera a Directiva n.º 91/440, relativa ao desenvolvimento dos caminhos-de-ferro comunitários, (ii) a Directiva n.º 2001/13, que altera a Directiva n.º 95/18, relativa às licenças das empresas de transporte ferroviário, e (iii) a Directiva n.º 2001/14, relativa à repartição de capacidade da infra-estrutura ferroviária, à aplicação de taxas de utilização da infra-estrutura ferroviária e à certificação da segurança (revogando a Directiva n.º 95/19).

Este "primeiro pacote ferroviário" visou, não só clarificar o papel das entidades que formam o núcleo central do modelo ferroviário comunitário, como também definir as respectivas atribuições, de modo a viabilizar um quadro de desenvolvimento coerente e assente em determinadas linhas organizativas.

Assim, corporizou o modelo que os Estados-Membros deveriam adoptar para um desenvolvimento sustentado do sector ferroviário, baseado em quatro grandes pilares institucionais:

---

[12] É neste quadro conceptual que o Regulamento (CE) n.º 1382/2003 veio criar um programa de apoio financeiro ("Programa Marco Polo") para projectos de promoção da transferência do fluxo de transporte de mercadorias do modo rodoviário para o ferroviário e marítimo, contribuindo, assim, para reduzir o congestionamento rodoviário, bem como acções destinadas a melhorar o desempenho ambiental do transporte rodoviário de mercadorias.

(i) o Estado, enquanto entidade tutelar, relacionando-se com o gestor da infra-estrutura, na medida em que é responsável pela definição das grandes linhas de orientação estratégica e pela promoção do financiamento da actividade, designadamente no que respeita aos investimentos de longa duração (ILD), e também com os operadores, na medida em que o Estado "contratualiza" os serviços públicos de transporte ferroviário de passageiros no território de cada Estado-Membro.

(ii) a entidade reguladora, com características de independência (de qualquer gestor da infra-estrutura, organismo de tarificação, organismo de repartição ou candidato), intervindo directamente, quer junto do gestor da infra-estrutura, essencialmente ao nível económico, com a imposição de apresentação de contas de regulação, mas também com atribuições a nível de regulamentação e supervisão, quer junto dos operadores, nomeadamente no que respeita à concessão de licenças e certificados de segurança;

(iii) o gestor da infra-estrutura ferroviária, actuando junto dos operadores, em termos que se contêm essencialmente no "directório da rede", que inclui, entre outras matérias, a fixação das condições de acesso à rede, a repartição de capacidades e o tarifário;

(iv) os operadores, enquanto adquirentes de capacidade da infra--estrutura para a exploração de serviços de transporte, mediante o pagamento de uma tarifa de utilização, e beneficiários de meios de oposição a decisões, nomeadamente do gestor da infra-estrutura, que considerem lesivas dos seus direitos e interesses.

Acrescidamente, veio, dez anos depois da publicação da Directiva n.º 91/440 e por alteração desta através da Directiva n.º 2001/12, gerar o primeiro degrau efectivo e com impacte económico de concretização do mercado europeu de serviços ferroviários, criando um segmento liberalizado mediante a definição de uma "rede transeuropeia de transporte ferroviário de mercadorias".

Através da Directiva n.º 2001/14, veio definir ainda o quadro de instituição de um modelo de incentivos à eficiência conducentes à redução dos custos de fornecimento da infra-estrutura e do nível das tarifas de utilização, por parte dos gestores de infra-estrutura, quer através de um contrato celebrado entre estes e as autoridades nacionalmente competentes, válido por período não inferior a três anos e que preveja o financiamento estatal, quer através da instituição de medidas regulatórias apropriadas, com dotação dos poderes necessários.

Embora não integrada neste "pacote", que, como referi, se enquadra numa linha de intervenção sobre infra-estruturas e direitos de acesso, merece ainda menção a publicação da Directiva n.º 2001/16/CE, de 19 de Março, sobre matéria de interoperabilidade, no caso relativamente ao sistema ferroviário convencional, impondo aos Estados-Membros a adopção de "especificações técnicas de interoperabilidade", pressuposto essencial para se atingir um espaço europeu integrado.

Em execução da metodologia de aprovação de sucessivos "pacotes" de instrumentos normativos, a Comissão adoptou, no início de 2002, um novo conjunto de medidas de aprofundamento da abertura do mercado de serviços de transporte, o "segundo pacote ferroviário". Este compõe-se de vários instrumentos normativos, datados de 29 de Abril de 2004: (i) a Directiva n.º 2004/49, relativa à segurança ferroviária, (ii) a Directiva n.º 2004/50, sobre interoperabilidade, e (iii) a Directiva n.º 2004/51, sobre direitos de acesso, e (iv) o Regulamento n.º 881/2004, que instituiu a Agência Ferroviária Europeia.

Assim, com efeitos a 1 de Janeiro de 2007, os direitos de acesso foram estendidos a todos os tipos de serviços de transporte ferroviário de mercadorias, abandonando-se, pois, o conceito limitado da mera rede transeuropeia de transporte ferroviário de mercadorias. Por sua vez, a instituição da Agência Ferroviária Europeia, um organismo da Comunidade dotado de personalidade jurídica, com a missão e o objectivo de contribuir, no plano técnico, para o reforço do grau de interoperabilidade dos sistemas ferroviários e para desenvolver uma abordagem comum no domínio da segurança, teve em vista a realização de um "espaço ferroviário europeu sem fronteiras" e garantindo um nível de segurança elevado.

Finalmente, para concluirmos esta panorâmica do Direito Comunitário derivado, foi publicado o "terceiro pacote ferroviário", composto por duas directivas e dois regulamentos, todos datados de 23 de Outubro de 2007: (i) a Directiva n.º 2007/58, que altera a Directiva n.º 91/440, relativa ao desenvolvimento dos caminhos-de-ferro comunitários (liberalizando os serviços internacionais de transporte de passageiros, o mais tardar, a 1 de Janeiro de 2010), e a Directiva n.º 2001/14, relativa à repartição de capacidade da infra-estrutura ferroviária e à aplicação de taxas de utilização da infra-estrutura ferroviária; (*ii*) a Directiva n.º 2007/59, relativa à certificação dos maquinistas de locomotivas e comboios no sistema ferroviário da Comunidade; (*iii*) o Regulamento n.º 1370/2007, relativo aos serviços públicos de transporte ferroviário e rodoviário de passageiros e que revoga os Regulamentos n.ºs 1191/69 e 1107/70; (*iv*) o Regulamento n.º 1371/2007, relativo aos direitos e obrigações dos passageiros dos serviços ferroviários.[13]

3. A absorção da política e do Direito comunitários em Portugal

Em nota sobre metodologia de exposição de matérias, começaria por indicar que me parece mais adequado a uma boa percepção do quadro normativo interno e da sua evolução considerá-las por áreas ou vectores de intervenção, por comparação com uma enunciação de base cronológica.

3.1. *A responsabilidade pelos investimentos na infra-estrutura ferroviária*

Após a assinatura do Tratado de Adesão, a segunda metade dos anos 80 corresponde, como seria natural perante a coeva dinâmica comunitária cujos traços se deixaram em síntese no ponto precedente, a uma faseada assunção por parte do Estado dos investimentos na infra-estrutura, ainda que fizesse assegurar parte deles por entidades da administração estatal indirecta.

---

[13] Este Regulamento surge na sequência do acórdão do TJCE proferido no caso *Altmark* (C-280/00), de 24 de Julho de 2003, onde se decidiu que as compensações financeiras relacionadas com a prestação de serviços públicos apenas não seriam classificadas como ajudas de Estado, na acepção do artigo 87.º do Tratado, e logo não seriam sujeitas às regras daquela disposição legal, desde que se mostrassem preenchidas as seguintes condições: (*i*) clara definição das obrigações de serviço público; (*ii*) definição objectiva e transparente dos critérios para cálculo da compensação financeira; (iii) compensação não superior aos custos efectivos da prestação do serviço público; (*iv*) nos casos em que o serviço não seja adjudicado mediante concurso público, nível de compensação determinado por comparação com a análise de custos que uma empresa de transportes incorreria em condições de exercício normal da sua actividade.

As Taxas de Regulação Económica no Sector Ferroviário 313

É, de facto, nesse período que, por força dos Decretos-Leis n.ºs 347/86, de 15 de Outubro, e 315/87, de 20 de Agosto, são criados o Gabinete do Nó Ferroviário do Porto e o Gabinete do Nó Ferroviário de Lisboa, respectivamente, com atribuições de promoção, coordenação, desenvolvimento e controlo de todas as actividades relacionadas com os nós ferroviários em cada uma das áreas geográficas, os quais levam a cabo importantíssimos programas de investimento na rede. Este reforço da intervenção do Estado no sector ferroviário, na vertente do investimento na infra-estrutura, vem a ter tradução estratégica no "Plano de Modernização e Reconversão dos Caminhos-de-Ferro 1988-1994", instrumento absolutamente fundamental na planificação do desenvolvimento do sector.[14]

A Lei de Bases do Sistema de Transportes Terrestres – Lei n.º 10/90, de 17 de Março – veio reafirmar e consagrar um regime pelo qual a construção de novas linhas a integrar na rede ferroviária nacional, bem como a conservação e vigilância das infra-estruturas existentes, podem ser feitas "pelo Estado ou por entidade, actuando por sua concessão ou delegação", bem como que o Estado deve compensar a concessionária ou delegatária "pela totalidade dos encargos de construção, conservação e vigilância de infra-estruturas".[15]

A Lei de Bases constituiu ainda um passo relevante sob outra óptica, a da consagração de uma visão da política articulada de transportes, construída sobre a base das opções em matéria de organização e ordenamento do território. Com efeito, na definição do quadro estratégico do ordenamento territorial, os planos sectoriais no domínio dos transportes, em que se deveria inserir um, sempre adiado, Plano Ferroviário Nacional, partem da compatibilização dos instrumentos de política sectorial com incidência territorial na definição do quadro estratégico do ordenamento do espaço.[16]

---

[14] Deve ter-se sobre esta matéria, contudo, uma visão panorâmica das prioridades que foram sendo definidas para o investimento público em acessibilidades, pois durante praticamente toda a década de 80 aquele investimento, incluindo o feito com recurso aos fundos comunitários, foi canalizado, em larguíssima percentagem, para as rodovias.

[15] Como vimos no texto, já o "III Plano de Fomento, 1968-1973" e, na sua concretização, o Decreto-Lei n.º 80/73, de 2 de Março, haviam definido um modelo de intervenção nos investimentos pelo qual competia ao Estado suportar os encargos com a construção de novas linhas férreas, ao passo que a modernização da rede concedida caberia à concessionária. Além disso, se a modernização respeitasse a infra-estruturas de longa duração, o Estado deveria facultar a esta subsídios não reembolsáveis.

[16] A este título, note-se como o Decreto-Lei n.º 380/99, de 22 de Setembro, diploma de desenvolvimento das bases da política de ordenamento do território e de urbanismo,

3.2. A conformação institucional do sector

Em 1997, com a criação da Rede Ferroviária Nacional – REFER, E.P., como entidade gestora da infra-estrutura integrante da rede ferroviária nacional, por força do Decreto-Lei n.º 104/97, de 29 de Abril, deu-se início ao processo de alteração do quadro institucional do sector ferroviário português, por forma a adaptá-lo às exigências do Mercado Único, como corolário do princípio da separação entre o gestor da infra-estrutura e os operadores ferroviários, consignado nas Directivas n.ºs 91/440 e 95/19.

Assim, passou a concentrar-se numa entidade separada do operador a gestão da infra-estrutura ferroviária, incluindo o comando e controlo da circulação e a promoção, coordenação, desenvolvimento e controlo de todas as actividades relacionadas com a infra-estrutura, o que implicou a transferência das infra-estruturas afectas à CP para a REFER, uma vez que, por força desta alteração, a CP passou restringir o seu objecto à operação ferroviária.

O âmbito de actuação da REFER inclui também, neste modelo, a construção, instalação e renovação da infra-estrutura ferroviária, compreendendo designadamente o respectivo estudo, planeamento e desenvolvimento, embora por conta do Estado, não como atribuição originária própria, o que determinou a extinção dos Gabinetes anteriormente referidos e a transferência da universalidade dos bens, direitos e obrigações sob a sua responsabilidade ou titularidade para a REFER.

A redefinição do modelo operativo do sistema ferroviário veio, pois, permitir introduzir a concorrência no sector dos caminhos-de-ferro, uma vez rompido o sistema de gestor e transportador verticalmente integrado, obrigando, assim, a que fossem tomadas medidas legislativas reguladoras da actividade. Com efeito, a criação da REFER veio preencher um requisito essencial à utilização da rede por diversos operadores, em condições não discriminatórias.

Para que o quadro institucional ficasse completo, em conformidade com o modelo de reorganização preconizado para o sector pelas direc-

---

consagra as redes de acessibilidades, incluindo a rede ferroviária nacional, como elemento fundamental dos próprios instrumentos de gestão territorial. É possível, porém, situar afloramentos de uma visão integradora da política de transportes no "planeamento económico global" em décadas anteriores, embora com formulações conceptuais menos desenvolvidas, o que sucede sobretudo a partir do Plano Intercalar de Fomento 1965-1967.

As Taxas de Regulação Económica no Sector Ferroviário 315

trizes comunitárias, centrado, como ficou enunciado, na coexistência de uma entidade gestora da infra-estrutura, operadores de transportes ferroviários e uma entidade pública que é, no essencial, o respectivo regulador, o Decreto-Lei n.º 299-B/98, de 29 de Setembro, criou o Instituto Nacional do Transporte Ferroviário (INTF) e aprovou os respectivos Estatutos.[17]

É já no quadro deste modelo institucional e operacional que vão ser definidas as condições de prestação dos serviços de transporte ferroviário por caminho-de-ferro e de gestão da infra-estrutura ferroviária sobre a qual os mesmos são prestados, nos termos do Decreto-Lei n.º 270/2003, de 28 de Outubro, que veio transpor as Directivas integrantes do "primeiro pacote ferroviário".

Exactamente por o sistema jurídico português em matéria de transporte ferroviário ter já um modelo institucional genericamente conforme ao consagrado neste "primeiro pacote", não trouxe o Decreto-Lei n.º 270//2003 alterações substanciais a esse modelo, sem embargo de ser instrumento fundamental na definição das áreas de intervenção de cada uma das entidades que compõem a sua arquitectura institucional, parecendo de salientar, em particular, o reforço da entidade reguladora, com realce para as suas atribuições de regulação e fiscalização.

Finalmente, na sequência da aprovação do Programa de Reestruturação da Administração Central do Estado (PRACE), bem como da Resolução do Conselho de Ministros n.º 39/2006, de 30 de Março, a lei orgânica do Ministério das Obras Públicas, Transportes e Comunicações aprovada pelo Decreto-Lei n.º 210/2006, de 27 de Outubro, veio determinar a criação do Instituto da Mobilidade e dos Transportes Terrestres (IMTT), como serviço operacional com atribuições normativas e reguladoras no domínio dos transportes terrestres, o qual passaria a integrar, entre outras, atribuições da Direcção-Geral dos Transportes Terrestres e Fluviais (DGTTF) e do INTF, ambos objecto de extinção.

Criado, subsequentemente, pelo Decreto-Lei n.º 147/2007, de 27 de Abril, com a natureza de instituto público integrado na administração indirecta do Estado, dotado de autonomia administrativa, financeira e

---

[17] Importa, porém, notar que, embora o INTF tenha absorvido a generalidade das atribuições da DGTT relativamente ao sector ferroviário, se mantiveram nesta as relativas à regulação e regulamentação do tarifário a praticar pelos operadores, nos casos em que não resulte o mesmo dos próprios contratos de concessão.

316 As Taxas de Regulação Económica em Portugal

património próprio, o IMTT veio, pois, suceder na totalidade das atribuições e competências do INTF, que foi extinto.

Adoptando solução organizativa não linearmente compreensível, o IMTT "integra uma unidade orgânica, dotada de autonomia funcional, com funções de regulação económica e técnica da actividade ferroviária, incidindo designadamente na relação entre os gestores da infra-estrutura e os operadores de transporte, a Unidade de Regulação Ferroviária" (URF), cujo "dirigente" é nomeado directamente pelo membro do Governo responsável pela área dos transportes, não dependendo funcionalmente do conselho directivo do IMTT.

Refira-se também, *a latere*, que o diploma estatui que cabe à URF não, só "definir as regras e critérios de taxação da utilização da infra--estrutura ferroviária", como "homologar as tabelas de taxas propostas pelas entidades gestoras". Trata-se de repetição descuidada do que se dispunha nos Estatutos do INTF, pois que tais tabelas de "taxas", *rectius* tarifas, não são objecto de homologação. O regime de homologação havia sido previsto quando da constituição da REFER, constando do n.º 1 do artigo 7.º do Decreto-Lei n.º 104/97. Ora, como decorre com clareza do n.º 3 do artigo 52.º do Decreto-Lei n.º 270/2003, a fixação das tarifas devidas pela utilização da infra-estrutura compete ao respectivo gestor, o que exclui a subsistência de qualquer poder homologatório.[18]

3.3. *A abertura do mercado de serviços de transporte ferroviário*

O Decreto-Lei n.º 339/91, de 10 de Setembro, no uso da autorização legislativa concedida pela Lei n.º 28/91, de 17 de Julho, havia aberto à iniciativa privada a exploração do serviço público ferroviário, alterando a Lei n.º 46/77, de 8 de Julho (lei de delimitação de sectores), opção política determinada em medida não despicienda pela necessidade de

---

[18] Nem é correcto entender-se que o Decreto-Lei n.º 147/2007 veio derrogar o referido preceito, porquanto tal geraria desconformidade com a Directiva n.º 2001/14 (n.º 1 do artigo 4.º). Inversamente, deve ter-se por líquido que o referido n.º 3 do artigo 52.º do Decreto-Lei n.º 270/2003, além de revogar expressamente o n.º 1 do artigo 7.º do Decreto-Lei n.º 104/97, havia também revogado, tacitamente, a disposição dos Estatutos do INTF que determinava a homologação (como, de resto, passou a ser entendimento e prática consistentes do próprio INTF).

As Taxas de Regulação Económica no Sector Ferroviário 317

diminuir o esforço financeiro do Estado e de reequacionar o suporte financeiro estatal inerente aos défices de algumas explorações da CP.

Porém, importa reter que esta abertura se operou em regime de mera concessão estatal, isto é, que optou o Governo da época por manter na esfera do Estado a actividade de serviço público de transporte ferroviário, permitindo, porém, a sua concessão a entidades privadas. Este regime mostra-se de compatibilização problemática com o Direito Comunitário, em particular em todos os segmentos liberalizados, obrigando o intérprete a identificar com rigor os segmentos de transporte ferroviário que constituam serviço público.[19]

Legitimado pela alteração da lei de delimitação de sectores, o Governo veio, no ano imediato, através do Decreto-Lei n.º 116/92, de 20 de Junho, definir um quadro jurídico tendente a permitir "a exploração, em regime de subconcessão, das linhas férreas de vincada natureza regional ou suburbana", bem como a determinar a construção de uma nova "linha ferroviária que, atravessando o rio Tejo, ligará Lisboa a Setúbal", consagrando, igualmente, "as condições necessárias à sua futura exploração por parte da iniciativa privada".

Entretanto, ainda em 1997, a Portaria n.º 565-A/97, de 28 de Julho, com base no Decreto-Lei n.º 116/92, atrás referido, abriu um concurso internacional "para a exploração do serviço de transporte ferroviário de passageiros, sob regime de subconcessão, no troço designado por Eixo Norte-Sul, cujos limites são Roma-Areeiro e Pinhal Novo, mas admitindo-se a sua extensão à Gare do Oriente e a Setúbal", prevendo logo a hipótese de a subconcessão passar ao regime de concessão directa, o que seria legitimado ulteriormente através do Decreto-Lei n.º 274/98, de 5 de Setembro.

Com o intuito de fazer deste concurso um efectivo factor de abertura do mercado de transporte ferroviário a privados, como era, afinal, o objectivo assumido e enunciado do Decreto-Lei n.º 339/91, a mencionada Portaria veio vedar a apresentação de proposta pela CP, ainda que como

---

[19] Parece bem resolvida esta questão no n.º 3 do artigo 4.º do Decreto-Lei n.º 270/ /2003, nos termos do qual, por remissão para o n.º 4 do artigo 2.º da Lei n.º 10/90, de 17 de Março, só são justificáveis obrigações de serviço público em transportes ferroviários de mercadorias "nos termos e na medida necessários para garantir o funcionamento eficaz do sistema, de modo a adequar a oferta à procura existente e às necessidades da colectividade", isto é, a título excepcional.

elemento integrante de qualquer agrupamento ou consórcio. Deste concurso viria a surgir o único operador privado de transporte de passageiros em caminho-de-ferro convencional até à presente data, a Fertagus, concessionária da exploração do serviço de transporte ferroviário suburbano de passageiros no Eixo Ferroviário Norte-Sul da Região de Lisboa.[20]

As directivas integradas no "segundo pacote ferroviário", que, como vimos no ponto relativo ao Direito Comunitário, vieram operar a primeira abertura relevante do mercado de serviços de transporte ferroviário, foram, por sua vez, transpostas para o Direito interno através do Decreto-Lei n.º 231/2007, de 14 de Junho, que alterou o Decreto-Lei n.º 270/2003.

Assim, desde 1 de Janeiro de 2007, todos os tipos de serviços de transporte ferroviário de mercadorias se encontram liberalizados, sem prejuízo da necessidade do licenciamento das empresas de transporte ferroviário, salvo se estiverem licenciadas pela entidade competente de outro Estado-Membro, da aprovação do sistema de gestão da segurança pelo IMTT e, por último, da celebração, com o gestor da infra-estrutura ferroviária de um acordo de acesso.

4. O actual quadro institucional do sector

Temos então fixado o presente quadro institucional do sector ferroviário convencional:[21]

(i) O Estado, enquanto entidade tutelar, que se relaciona com o gestor da infra-estrutura, na medida em que é responsável pela

---

[20] Concessão atribuída pelo Decreto-Lei n.º 189-B/99, de 2 de Junho.

[21] Omito neste quadro as Autoridades Metropolitanas de Transportes de Lisboa e do Porto, criadas pelo Decreto-Lei n.º 268/2003, de 28 de Outubro, e instituídas em concreto pelo Decreto-Lei n.º 232/2004, de 13 de Dezembro. Não estando em causa a validade e oportunidade da *ratio* subjacente à sua criação, não tiveram até esta data qualquer grau de efectiva prossecução das respectivas atribuições, como resultado do que parece ser a completa falência dos modelos concretos para elas adoptado. Tal falência não radica no respectivo modelo jurídico, desde o originário, de pessoas colectivas de direito público, dotadas de autonomia administrativa e financeira, ao actual, de entidades públicas empresariais, sujeitas ao poder de superintendência do Ministro das Obras Públicas, Transportes e Comunicações, ou qualquer outro. As raízes de fundo devem ser encontradas na complexidade inerente à existência, em ambas as cidades, de empresas públicas estatais de transportes urbanos, o que requer uma articulação difícil entre atribuições da Administração Central e

As Taxas de Regulação Económica no Sector Ferroviário   319

definição das grandes linhas de orientação estratégica e pela promoção do financiamento da actividade, designadamente no que respeita aos investimentos de longa duração (ILD), e também com os operadores, na medida em que concessiona o serviço público de transporte ferroviário de passageiros ou contratualiza obrigações de serviço público;[22]

(ii) A URF, integrada no IMTT, independente do gestor da infra--estrutura, intervindo directamente, quer junto do próprio gestor, essencialmente ao nível económico, com a imposição de apresentação de contas de regulação e a actuação, por via de decisão de recursos dos operadores, sobre o nível tarifário, mas também com outras atribuições, nas áreas da regulamentação, da supervisão ou da autorização de segurança, quer junto dos operadores, embora, quanto a estes, em vertentes que se pode afirmar serem estranhas à regulação económica, quase se circunscrevendo, em traços largos, à concessão de licenças e à certificação de segurança;

(iii) A REFER, prestadora do serviço público de gestão da infra--estrutura integrante da rede ferroviária nacional, com a atribuição de a gerir, nas vertentes de conservação, gestão da capacidade, gestão da circulação e da segurança, bem como, por conta do Estado, encarregada da construção, instalação e renovação das infra-estruturas ferroviárias, embora, quanto a estas últimas atribuições, com observância das regras gerais sobre o regime financeiro a que estão sujeitos os investimentos em infra-estruturas ferroviárias de longa duração (ILD);[23]

---

dos municípios em matérias de mobilidade e transportes, incluindo decisões estratégicas quanto a investimentos, níveis e contratualização de serviços e níveis tarifários, bem como ao financiamento do sistema, incluindo dos deficits operacionais das empresas.

[22] Desde a entrada em vigor dos Decretos-Leis n.º 394/2007, que transpôs parcialmente a Directiva n.º 2004/49, e n.º 395/2007, ambos de 31 de Dezembro, existe ainda o Gabinete de Investigação de Segurança e de Acidentes Ferroviários (GISAF), serviço central da administração directa do Estado, dotado de autonomia administrativa, que tem por missão investigar acidentes, incidentes e ocorrências relacionados com a segurança dos transportes ferroviários, visando a identificação das respectivas causas, elaborar e divulgar os correspondentes relatórios, bem como promover estudos e formular recomendações em matéria de segurança que visem reduzir a sinistralidade ferroviária.

[23] Mantenho a terminologia "serviço público", na esteira do próprio legislador (n.º 2 do artigo 2.º do Decreto-Lei n.º 104/97), considerando-a mais precisa, na sua específica

(iv) Os operadores, utilizadores da infra-estrutura para a prestação de serviços de transporte, entre os quais encontramos, à data da elaboração do presente estudo, um operador público (CP), bem como um operador privado de transporte de passageiros (Fertagus).[24]

O objectivo nuclear que se visou atingir, quer com a criação do INTF, quer com a do seu sucessor IMTT – ambos com a natureza de institutos públicos dotados de personalidade jurídica, autonomia administrativa, financeira e patrimonial – foi o de dotar o Estado de um meio de intervir na reestruturação e regulação do sector, sector este caracterizado, a traços largos, pela existência de um monopólio natural da infra-estrutura (desenvolvemos adiante esta temática) e também de um operador monopolista na quase totalidade da rede, através de atribuições de regulação e supervisão, as quais compreendem, designadamente, a regulação económica, com a componente de monitorização da adequação das tarifas aplicadas pelo gestor da infra-estrutura.

Deixo ainda uma nota de realce para o facto de a URF, tal como o IMTT, não ter um estatuto de independência perante o Ministro do sector.[25]

---

aplicação à gestão e disponibilização da infra-estrutura ferroviária integrante da rede ferroviária nacional, que a de "serviço de interesse económico geral" (n.º 1 do artigo 19.º do Decreto-Lei n.º 558/99, de 17 de Dezembro). Se bem que um serviço público (económico) seja também um serviço de interesse económico geral, conceito mais lato onde aquele se integra, o que caracteriza o serviço público, na sua conceptualização mais recente e mais rigorosa, é a sua prestação por entidades públicas. Neste contexto, entendo que existe um superior interesse público na manutenção da gestão da infra-estrutura na esfera jurídica de uma entidade pública, pelo que é de reter a sua configuração como serviço público. De resto, "as linhas férreas nacionais" integram o domínio público por imperativo constitucional (alínea e) do n.º 1 do artigo 84.º da CRP), o que, embora obviamente não imponha a sua gestão por uma entidade pública, enuncia inequivocamente a dimensão política estrutural do referido interesse público. Sobre o tema dos serviços de interesse geral e suas subespécies, ver Rodrigo Gouveia (Coimbra, 2001), *Os Serviços de Interesse Geral em Portugal*. Sobre serviços públicos económicos, ver Pedro Gonçalves/Licínio Lopes Martins, "Os Serviços Públicos Económicos e a Concessão no Estado Regulador", in Vital Moreira, org. (Coimbra, 2004), *Estudos de Regulação Pública*, vol. I, 183ss. Também Vital Moreira, "Regulação Económica, Concorrência e Serviços de Interesse Geral", in Vital Moreira, (Coimbra, 2004), *Estudos de Regulação Pública*, vol. I, 547ss.

[24] À data em que é escrito o presente texto, estão em processo de licenciamento pelo IMTT várias empresas, para operar no subsector de transporte ferroviário de mercadorias.

[25] Como o não tinha o INTF. A ilustrar esta caracterização, veja-se o Relatório de "Auditoria à Regulação no Sector do Transporte Ferroviário" (Tribunal de Contas, Rela-

As Taxas de Regulação Económica no Sector Ferroviário   321

Na verdade, não só o respectivo "dirigente" é nomeado directamente por este, não dependendo, aliás, funcionalmente do conselho directivo do IMTT, como a URF está sujeita à superintendência do mesmo Ministro, o que inclui o poder de lhe dirigir orientações e emitir directivas.[26]

Esta opção corresponde ao modo clássico de conformar as entidades com atribuições de coordenação ou intervenção económica. Modernamente, tem vindo a afirmar-se, pelo menos doutrinariamente, o paradigma das entidades reguladoras independentes, termo de uma categoria mais ampla, a das entidades administrativas independentes, isto é, de entidades integradas na administração indirecta do Estado mas não sujeitas à superintendência (ou mesmo à tutela) deste.[27]

Estas entidades têm previsão e, portanto, legitimação constitucional, desde a revisão de 1997, no n.º 3 do artigo 267.º da Constituição.[28] Por opção do legislador ordinário, são institutos públicos de regime especial, na classificação que se consagra na alínea f) do n.º 1 do artigo 48.º da Lei n.º 3/2004, de 15 de Janeiro (lei-quadro dos institutos públicos), onde se dispõe que são subtraídas ao regime comum dos institutos públicos "na estrita medida necessária à sua especificidade". Ou seja, afastam-se do regime dos institutos públicos tradicionais, sendo o afastamento, em concreto, o que seja consagrado nas respectivas leis de criação, ainda que se mantenham integradas na categoria "instituto público".

---

tório n.º 29/06), 39. O Relatório está disponível em https://www.tcontas.pt/pt/actos/rel_auditoria/2006/audit2006.shtm.

[26] N.º 1 do artigo 42.º da Lei n.º 3/2004, de 15 de Janeiro (lei-quadro dos institutos públicos). Note-se, no entanto, e sem afectar o juízo de não independência do regulador, que a superintendência não comporta o poder de dar ordens (comandos concretos, específicos e determinados), sendo, pois, de recorte mais restrito que a direcção, figura própria das relações de hierarquia. As directivas são genéricas, vinculativas quanto a objectivos a atingir ou cumprir, mas comportando liberdade de decisão quanto aos meios para os atingir, enquanto as recomendações não são vinculativas.

[27] Para um aprofundamento do tema, ver Carlos Blanco de Morais, "As Autoridades Administrativas Independentes na Ordem Jurídica Portuguesa", *Revista da Ordem dos Advogados*, 2001, Janeiro, 101ss. Circunscrevendo a análise às entidades reguladoras, ver Vital Moreira/Fernanda Maçãs (Coimbra, 2003), *Autoridades Reguladoras Independentes. Estudo e Projecto de Lei-Quadro.*

[28] Sobre a questão da legitimidade, ver Blanco de Morais (2001), 145ss; Rodrigo Gouveia (2001), 50ss; Vital Moreira/Fernanda Maçãs (2003), 41ss, e em especial sobre o sistema jurídico português, 248ss.

É questionável se deve ser encarada como correspondendo a um modelo menos perfeito de institucionalização da regulação do sector ferroviário a não adesão do estatuto do respectivo regulador ao paradigma das entidades reguladoras independentes.

Não se enquadra no objecto do presente estudo proceder a um aprofundamento da questão, pelo que me limito a observar que, contrariamente ao que sucede noutros sectores de actividade, onde a regulação económica não anda a par de uma vertente de recurso a fundos do orçamento do Estado e pode, portanto, focar-se nos incentivos à eficiência e na prevenção da "procura de renda" de monopólio (por exemplo, rede fixa de telecomunicações, electricidade ou gás natural), no sector ferroviário, ou mais latamente no sector dos transportes, a componente pública de sustentação financeira de *deficits* de exploração, designadamente pela via do pagamento de compensações financeiras, implica a ponderação de um espectro bem mais alargado de factores relevantes.

Tal espectro não se confina a uma pura regulação económica, em sentido próprio, antes tem implicações na própria despesa pública, pelo que se entende a *ratio* de não o deixar na esfera de decisão de uma entidade reguladora independente, sob pena de ser esta a determinar o nível de despesa a suportar pelo orçamento do Estado no apoio ao sector, o que suscita problemas graves de legitimação democrática.[29]

Num sentido inverso, deve também reconhecer-se que configurar a regulação económica como atribuição de uma entidade dependente do Governo, o qual por sua vez tem que decidir sobre realização de despesa pública para apoio a um determinado sector, tendo ainda em conta que

---

[29] Em sentido oposto, Vital Moreira, que, embora refira ser também de levar em consideração, no quadro de "problemas do sistema português de regulação", o das "formas de financiamento das obrigações de serviço público", acrescentando mesmo que "umas vezes é o Estado que suporta os encargos" e dando, inclusive, o exemplo dos transportes ferroviários (Vital Moreira (2004), 561), não extrai da identificação do referido "problema" qualquer consequência para o modelo regulatório, antes propende para privilegiar o paradigma das entidades reguladoras independentes, sem considerar a complexidade acrescida emergente de haver factores envolvidos que não se confinam no campo da regulação económica estrita, antes atingem o das finanças públicas. Neste sentido, veja-se a "Declaração de Condeixa", inserta na mesma colectânea *Estudos de Regulação Pública*, vol. I, 711 e seguintes. Também em sentido oposto, mas sem equacionamento ou mesmo enunciação desta problemática mais vasta, Rodrigo Gouveia (2001), 40-41, 119 e 120.

o Estado é o titular único do capital do monopolista natural e do seu principal cliente, pode tender a afastar-se dos cânones de boa regulação, precisamente por ser o Estado parte interessada no resultado desta.

Embora se trate de matéria como mais própria da ciência económica que do Direito, atrevo-me a deixar a opinião de que, em situações caracterizadas por haver um monopólio natural, de interesse público, cuja exploração é deficitária e carece de suporte do orçamento do Estado, a maximização do bem-estar social implica a procura, pelo regulador, do ponto óptimo entre a aproximação do funcionamento do sector ao paradigma da concorrência e a repartição optimizada do financiamento dos custos entre utilizadores e contribuintes.

Em qualquer caso, à luz da análise feita nos parágrafos precedentes, o enquadramento institucional português não resulta, certamente, incongruente.

Numa perspectiva puramente jurídica, importa ainda reter que o regime vertido nos normativos comunitários também não dispõe no sentido da independência da entidade reguladora do sector ferroviário, antes admite que a regulação pode ser assegurada pelos próprios ministérios dos transportes (n.º 1 do artigo 30.º da Directiva n.º 2001/14).

5. A regulação económica

O sector ferroviário português é caracterizável, em traços largos, como mencionei anteriormente, pela existência de um monopólio natural de gestão e disponibilização da infra-estrutura e também, por enquanto, de um operador monopolista (em monopólio legal e de facto, não natural) na quase totalidade da rede. Trata-se, pois, de um mercado onde não se verificam condições concorrenciais.[30]

---

[30] Maurício Levy: "o monopólio natural que constitui a rede ferroviária é caracterizado precisamente pelo facto de estarmos diante de um sector em que os custos de fornecimento do nível desejado de "output" (canais de transporte) são menores se fornecidos por um único fornecedor, por contraposição com os que seriam obtidos por surgimento de mais entidades a prestar esse serviço, mesmo se em competição entre elas (existem, portanto, economias de escala crescentes significativas)" – *Caminho de Ferro e Regulação Económica* (14 de Junho de 2002), 4. O texto está, presentemente, disponível em www.intf.pt/Uploads/%7B4B8A6218-A766-4140-9216-144B1CFD7794%7D.pdf.

O que caracteriza a situação de um sector como monopólio natural é a circunstância de os custos de fornecimento dos respectivos bens ou serviços serem menores quando produzidos por um só agente económico, dada a existência de economias de escala crescentes substanciais, o que implica que essa situação seja a mais favorável quando medida pelo bem-estar social, ou interesse público, em termos jurídicos. Em tais condições, a concorrência conduziria a resultados inversos, de diminuição de bem-estar social.

Concretizando, relativamente ao sector ferroviário, é intuitivo, no caso da realidade portuguesa – não se trata de asserção universalmente válida – que a existência de uma só rede ferroviária é social e economicamente mais favorável que a da hipotética construção de outra concorrente com aquela, que teria custos de investimento muito elevados, para mais de carácter irrecuperável para outras afectações (*sunk costs*), com um nível de risco que a tornaria dificilmente financiável por fundos privados, importando duplicação de impactes ambientais e de outras externalidades negativas, tudo isto para além de tais factores constituírem já, por natureza, barreiras económicas à entrada de novos agentes.[31]

Colhe hoje generalizado consenso entre os economistas que estas "falhas de mercado", que não podem ser corrigidas pelas políticas de concorrência, devem ser objecto de intervenções públicas de promoção da busca e partilha da eficiência, em termos que aproximem a situação do que seria o "paradigma da concorrência", preferencialmente através de regimes de incentivos.[32]

Perante estes quadros sectoriais, o objectivo a prosseguir pelo respectivo regulador económico deve ser o de conseguir obter um comporta-

---

[31] Não constitui esta afirmação qualquer apreciação, no presente contexto, do projecto de construção da rede ferroviária para a alta velocidade, a qual, pela tipologia de serviços, se não destina a concorrer com a rede convencional.

[32] Para uma visão introdutória à temática da regulação económica, ver A. Nogueira Leite, "Lição Inaugural do I Curso de Pós-graduação em Regulação Pública", in Vital Moreira, org. (Coimbra, 2004), *Estudos de Regulação Pública*, vol. I, 493ss. Ver também uma exposição crítica das teorias de regulação económica, incluindo reflexões muito frontais sobre grupos e conflitos de interesse, captura dos reguladores, "porta giratória" de lugares entre regulador e empresas reguladas, etc., em José Fernandes Soares (Lisboa, 2007), *Teorias Económicas de Regulação. Grupos de interesse, procura de renda e aprisionamento*.

mento do sector regulado "que maximize o "valor social líquido" dos bens e serviços produzidos pelas empresas sujeitas à regulação (o menor custo social para um determinado nível e qualidade de serviço)".[33]

Esta matéria tem acolhimento, a nível dos princípios, no próprio Decreto-Lei n.º 270/2003, pelo que importa fazer uma interpretação correcta do modelo aí consagrado. O "mercado" em causa – importa mantê-lo presente – é imperfeito, como referi, mas a sua regulação económica deve assentar sobre bases que se encontram, assim, legalmente balizadas.

As receitas emergentes das tarifas pela utilização da infra-estrutura ferroviária, mais os excedentes de actividades comerciais, mais as compensações financeiras do Estado, devem permitir alcançar o equilíbrio das contas do gestor da infra-estrutura, como se estatui no artigo 63.º do mencionado diploma. Especificamente quanto aos níveis de tarifas de utilização fixados pelo gestor da infra-estrutura, a regulação económica deve evitar que traduzam uma "procura de renda" de monopólio natural, o que, na fenomenologia jurídica, constitui uma situação de abuso de posição dominante.

Porém, onde a Directiva n.º 2001/14 havia apontado para um modelo de incentivos à eficiência que eu designaria por bidireccional, conducentes, quer à redução dos custos de fornecimento da infra-estrutura, quer à do nível das tarifas de utilização, em Portugal assistiu-se, no quadro da tradicional relutância do Estado na contratualização da assunção de encargos, à produção de um duplo efeito perverso sobre o sector.

Assim, não só não se avançou na contratualização entre o Estado e o gestor da infra-estrutura, apesar de o Decreto-Lei n.º 270/2003 também remeter o modelo de incentivos para contratos-programa de investimento, como este mesmo diploma veio operar uma dicotomia no modelo de incentivos à eficiência – que, de acordo com os bons princípios da regulação económica, deveria ser integrado – instituindo um factor de incentivo apenas à redução do nível tarifário, isto é, dirigido unicamente às condições financeiras a suportar pelos operadores, sem acautelar qualquer correlação ou subsidiariedade com um regime de incentivos à própria redução de custos de gestão da infra-estrutura, a contratualizar entre o Estado e o gestor da infra-estrutura.

---

[33] Maurício Levy (2002), 4.

As Taxas de Regulação Económica em Portugal

Tendo como lei habilitante aquele diploma, o INTF emitiu o Regulamento n.º 21/2005, de 11 de Março, que veio estabelecer métodos e regras de cálculo, na fixação, determinação e cobrança das tarifas devidas pela prestação dos serviços essenciais, adicionais e auxiliares.[34]

Tal Regulamento veio ainda agudizar os efeitos da falta de coerência regulatória intra-sectorial, ao fixar um referencial de eficiência dirigido às tarifas de utilização por recurso ao método da regulação por limite de preços e sobretudo pela medida específica que fixou para o correspondente *price cap* (IPC-1% em variação interanual). Esta medida corresponde a pressupor uma melhoria de eficiência anual do gestor da infra-estrutura em valor, pelo menos, igual a ela.

Partir de um pressuposto como este só é sustentado numa situação de uma rede estabilizada, com uma qualidade de serviço constante, o que não tem adesão à situação existente em Portugal, caracterizada por uma rede em modernização, com ganhos de qualidade, naturalmente com custos de gestão que, em vez de diminuir, tendem, por isso mesmo, a aumentar. Este quadro fáctico implica, portanto, mais do que a não absorção de qualquer parte dos ganhos de eficiência pelo gestor da infra-estrutura, uma perda em valores absolutos da taxa de cobertura pelas tarifas.

Se uma política correcta e eficiente de regulação económica coloca no seu centro os incentivos à promoção da eficiência e visa passar para os utilizadores parte dos ganhos obtidos, maximizando o bem-estar social, também não deve neutralizar tais ganhos para o prestador monopolista, passando-os na totalidade, sob pena de eliminar o incentivo à eficiência por parte deste e de gerar efeitos perversos, em última instância, sobre o nível de investimento de modernização e a qualidade dos serviços, com consequências laterais sobre o equilíbrio das contas de exploração do gestor da infra-estrutura, quando os respectivos custos deixam de ser cobertos.

Aprofundando e introduzindo maior grau de precisão na análise, deve mesmo salientar-se que o modelo adoptado se desvia dos bons princípios da regulação económica em termos ainda mais insustentáveis teoricamente. Na verdade, dentro destes bons princípios, o gestor da infra-estrutura deve poder apropriar os ganhos de eficiência excedentes ao *price cap* fixado. Ou seja, caso a melhoria de eficiência seja superior

---

[34] Estes serviços vêm definidos e elencados nos artigos 26.º a 29.º do Decreto-Lei n.º 270/2003, numa transposição menos rigorosa do disposto no artigo 5.º e no Anexo II da Directiva n.º 2001/14.

a IPC-1% em variação interanual, deve então, sendo esse o seu incentivo económico para obter os maiores ganhos de eficiência, poder fazer variar as tarifas de utilização apenas em IPC-1%, respeitando o *price cap*, portanto. Porém, de *jure condito*, tal não é possível, uma vez que o modelo legalmente fixado de tarifação implica que as tarifas nunca possam situar-se acima dos custos directamente imputáveis à utilização da infra-estrutura, por força do n.º 1 do artigo 54.º do Decreto-Lei n.º 270/2003.

Assim, o modelo de regulação económica, por importar sempre a aplicação do tarifário mais baixo, de entre o que resulte dos custos directamente imputáveis à utilização da infra-estrutura e o determinado pelo funcionamento do *price cap*, não só elimina, estruturalmente, o incentivo a que o gestor da infra-estrutura tenha ganhos de eficiência superiores a IPC-1%, como, numa óptica de mera racionalidade económica do comportamento do gestor, desincentiva a obtenção de tais ganhos.

Sempre se pode arguir, em sentido oposto, que este efeito é meramente teórico, precisamente porque na situação portuguesa, por haver uma rede em modernização e com ganhos de qualidade, os custos de gestão tendem a aumentar, não a diminuir e muito menos, portanto, a fazê-lo em valor superior a IPC-1%. O argumento é apenas conjunturalmente pertinente, mas é de todo irrelevante para salvar do juízo de irracionalidade económica o modelo de regulação. Este é mesmo de tal modo disfuncional, que o intérprete deve presumir ter sido fruto de insuficiente conceptualização e de nula avaliação prévia dos seus potenciais efeitos.

Em termos económicos e financeiros, um tal modelo de regulação gera, como corolário, efeitos de diminuição ao longo do tempo da taxa de cobertura dos custos da infra-estrutura pelas tarifas pagas pelos operadores, diminuição que, por sua vez, tem consequências que alastram ainda em várias outras direcções.

Por um lado, numa perspectiva macroeconómica, conduz a consagrar um modelo de financiamento da gestão da infra-estrutura que, contrariamente ao que é social e politicamente desejável, aumenta ao longo do tempo as necessidades de recurso ao orçamento do Estado, diminuindo o esforço financeiro dos utilizadores, isto é, dos operadores de transporte.

Na verdade, estes são financiados pelo próprio gestor, na medida em que, pelo efeito do *price cap*, não pagam a integralidade do custo efectivamente imputável à exploração. Ou seja, identificam-se efeitos de distorção sobre a relação entre o gestor da infra-estrutura e os operadores, importando um financiamento, mensurável, destes, públicos e privados, por parte daquele.

Sendo os défices de exploração do gestor da infra-estrutura, por sua vez, financiados, pelo menos em parte, pelo orçamento do Estado, através de compensações financeiras, o identificado financiamento pelo gestor aos operadores configura-se como um auxílio de Estado, indirecto, a estes, integralmente subtraído ao quadro legal comunitário em que tais auxílios são admitidos.

Por outro lado, uma vez que o financiamento pelo orçamento do Estado não tem coberto integralmente o deficit deixado pelas tarifas devidas pelos operadores, a taxa de cobertura global dos custos de gestão da infra-estrutura pelo somatório das receitas destas tarifas com excedentes de actividades comerciais e compensações financeiras do Estado tem mesmo vindo a diminuir, o que é reflexo da desconformidade do modelo de regulação económica, não só com a norma programática que dispõe no sentido do equilíbrio das contas do gestor da infra-estrutura, constante do n.º 1 do artigo 63.º do Decreto-Lei n.º 207/2003, como também, num contexto mais amplo, com o objectivo, a longo prazo, de cobertura tendencial, pelo utilizador, dos custos de infra-estrutura, constante do n.º 2 do mesmo preceito.

Sublinho, porém, que este objectivo, de longo prazo, tem que ser contextualizado, mostrando-se, aliás, balizado por pressupostos externos ao sector ferroviário, como são o da sua prossecução para "todos os modos de transporte com base numa concorrência intermodal equitativa e não discriminatória", ou o da existência de "um nível equivalente de internalização dos custos ambientais nos outros modos de transporte", como também consta do referido n.º 2. É de racionalidade evidente que assim seja, sob pena de se agravar ainda a situação concorrencial da ferrovia.

Porém, o apontado objectivo de cobertura tendencial, pelo utilizador, dos custos de infra-estrutura deve ainda ser considerado noutra vertente, a do equilíbrio entre uma visão de "utilizador-pagador" e outra de sustentação pelos contribuintes. Ou seja, entendo que, ainda que não haja conjunturalmente condições para se forçar o sector a uma maior absorção dos custos de gestão da infra-estrutura pelas tarifas, se mostra desconforme com o regime jurídico relevante um modelo tarifário que tende a agravar as necessidades de financiamento pelo orçamento do Estado.

Estas conclusões importam um reforço do que referi no ponto precedente, quanto à desejabilidade de o regulador instituir como critério

As Taxas de Regulação Económica no Sector Ferroviário

geral de boa regulação a procura do ponto óptimo entre a aproximação do funcionamento do sector ao paradigma da concorrência e uma repartição optimizada do financiamento dos custos entre utilizadores e contribuintes, uma vez que o sector é caracterizado por haver um monopólio natural, de interesse público, cuja exploração é deficitária e carece de suporte do orçamento do Estado.

6. As "Orientações Estratégicas para o Sector Ferroviário" e a regulação económica

Apresenta enorme oportunidade e relevância, certamente para toda a temática do sector ferroviário e do seu desenvolvimento, mas em particular para os problemas analisados no ponto precedente, a publicação das "Orientações Estratégicas para o Sector Ferroviário", apresentadas publicamente a 28 de Outubro de 2006.[35]

Partindo do reconhecimento da necessidade de pautar o investimento público no sector ferroviário por critérios de eficácia, eficiência e racionalidade, com o corolário de uma revisão do respectivo modelo institucional e regulatório, bem como do enquadramento das obrigações de serviço público, as "Orientações Estratégicas" fixam um quadro de quatro objectivos estratégicos, de entre os quais releva, para o presente estudo, o de se "evoluir para um modelo de financiamento sustentável e promotor da eficiência.

Especificamente em matéria de tarifas de utilização da infra-estrutura, as "Orientações Estratégicas" afirmam uma opção política clara, no sentido de que as mesmas devem, juntamente com as compensações financeiras do Estado, assegurar receitas que permitam a cobertura dos custos de exploração e garantam níveis adequados de autofinanciamento do gestor da infra-estrutura – como, de resto, já resulta do Decreto-Lei n.º 270/2003 – mas também, e é neste ponto que constituem um programa de orientação à alteração dos parâmetros da regulação económica, que o nível de tais tarifas deve procurar minimizar a participação do Estado.

Consagram, pois, a visão política da insustentabilidade da manutenção das actuais regras de definição do regime tarifário aplicado aos

---

[35] Disponíveis em http://www.moptc.pt/cs2.asp?idcat=1051.

330 *As Taxas de Regulação Económica em Portugal*

operadores, caso se pretenda reduzir o peso do apoio do Estado – em substância, do recurso às receitas dos impostos gerais, como importa reconhecer – na cobertura dos custos de gestão das infra-estruturas ferroviárias.[36]

Como atrás referi, a propósito da não independência do regulador relativamente ao Governo, este está sujeito à superintendência do Ministro da tutela, o que comporta o poder de este lhe dirigir orientações e de lhe emitir directivas. As "Orientações Estratégicas" são, por via desse poder de superintendência, vinculativas para o regulador, condicionando, inequivocamente, o sentido a imprimir às futuras política e métrica da regulação económica. São vinculativas quanto aos objectivos a atingir – o nível das tarifas deve procurar minimizar a participação do Estado no financiamento da gestão da infra-estrutura – embora comportem liberdade de decisão quanto aos meios para os atingir.

Neste contexto, o objectivo consistente em levar a evolução do nível das tarifas de utilização da infra-estrutura a minimizar a participação do Estado no financiamento da respectiva gestão implica, necessariamente, a reponderação e, previsivelmente, a modificação da medida do *price cap* fixada no Regulamento n.º 21/2005, senão mesmo o abandono da regulação pelo limite de preços.[37]

Como nota final, importa também notar que, num horizonte temporal relevante, é inviável para os operadores ferroviários suportar integralmente os custos directamente imputáveis à utilização da infra-estrutura,

---

[36] Consta das "Orientações Estratégicas": "O Regulamento n.º 21/2005 consagrou que a variação média anual da prestação dos serviços essenciais teria um crescimento máximo equivalente a (IPC – 1%), de acordo com a aplicação de uma metodologia denominada "price-cap". Nesta metodologia de regulação, presume-se que existe uma qualidade de serviço constante, o que representa uma debilidade grave quando se pretende aplicá-lo a uma oferta que no início do período da regulação se encontrava em estado que não permitia uma oferta de qualidade acima do mediano. Assim, este método de regulação deve ser classificado como inibidor das melhorias de qualidade, na medida em que concentra o seu estímulo na produtividade, sendo consequentemente mais adequado para o fornecimento de serviços com um padrão de qualidade pré-estabelecido do que para o fornecimento/ disponibilização de uma infra-estrutura que se pretende de qualidade crescente. (...) A aplicação desta metodologia, em 2006, deu origem a que 18 Milhões de Euros de custos com serviços prestados (7% dos custos totais da missão GI) não pudessem ser imputáveis aos operadores."

[37] Este Regulamento tem, de resto, uma vigência de três anos, pelo que se encontra em revisão à data em que é feito este estudo.

quer pelos limites político-administrativos impostos ao tarifário aplicável ao transporte de passageiros, que impedem a respectiva repercussão, quer pela grande elasticidade da procura no segmento do transporte de mercadorias, que importaria degradação da competitividade e redução de quota de mercado.

Calibrar um regime de regulação económica que, na prossecução dos objectivos definidos pelas "Orientações Estratégicas", conduza a um nível tarifário óptimo – (*i*) para a equação entre tarifas de utilização suportadas pelos operadores e compensações financeiras do orçamento do Estado, (*ii*) para a captação da *willingness to pay* dos operadores de transporte, consoante os segmentos em que operam, tendo em conta os limites político-administrativos ao tarifário aplicável ao transporte de passageiros, as condições em que o transporte ferroviário tem de competir com modos concorrentes e os incentivos à eficiência dos próprios operadores, (*iii*) para incentivar o gestor da infra-estrutura a obter ganhos de eficiência, – deve ser, portanto, o objectivo, assaz complexo, balizador das opções do regulador do sector ferroviário.

7. O modelo de financiamento do regulador

Quer os Estatutos do INTF, quer os do IMTT, são essencialmente similares, relativamente à matéria das prestações devidas pelo gestor da infra-estrutura para financiar os respectivos custos de funcionamento, embora apresentem uma variação terminológica presumivelmente não casual: trata-se de "contrapartida" (ex-INTF), ou de "comparticipação" (IMTT) genérica pelo exercício de atribuições relativas ao "desenvolvimento do sector ferroviário".[38]

---

[38] Sobre o desajustamento intrínseco ao modelo institucional, inerente à entrega de atribuições alheias à regulação a uma entidade reguladora, importa reconhecer que ele não era desconhecido do legislador, como bem se extrai do preâmbulo do Decreto-Lei n.º 299- -B/98: "considera-se ainda conveniente acrescentar às atribuições estruturantes do INTF outra vertente, não já de regulação, mas de intervenção em matéria de concessões de serviços públicos de transporte ferroviário (...) Há razões de economia de meios e eficácia de decisões que aconselham que ao INTF sejam atribuídas funções de apoio directo ao Estado também neste domínio". Ulteriormente, o Tribunal de Contas viria a recomendar o seguinte: "uma eventual alteração do estatuto do INTF deverá ter em consideração as funções incompatíveis com a missão regulatória, *maxime* promoção do desenvolvimento

332   *As Taxas de Regulação Económica em Portugal*

Analisando os dados que constam do Relatório de Actividades de 2006, do INTF, podemos determinar as percentagens de cobertura dos correspondentes custos pela "participação" devida pelo gestor da infra--estrutura. Assim, deste documento constam os seguintes valores (em milhões de euros):

(i)   2004: receitas de 4,052, sendo 3,119 cobertos por "taxas diversas" (77%), 0 pelas prestações de serviços (não tinha sido publicada a portaria das receitas), o remanescente essencialmente pelo orçamento do Estado: 0,838 (21%), sendo valores residuais os restantes;

(ii)   2005: receitas de 4,780, sendo 4,053 cobertos por "taxas diversas" (84,8%), 0,085 pelas prestações de serviços (2%), o remanescente essencialmente pelo orçamento do Estado: 0,225 (4,7%), sendo valores residuais os restantes;

(iii) 2006: receitas de 4,192, sendo 3,541 cobertos por "taxas diversas" (84,5%), 0,236 pelas prestações de serviços (5,6%), o remanescente essencialmente pelo orçamento do Estado: 0,156 (3,7%), sendo valores residuais os restantes.

Os elementos disponíveis suportam uma primeira conclusão inequívoca, que é a de que a "contrapartida" devida pelo gestor da infra-estrutura, qualificada no Relatório como "taxas diversas", correspondeu à quase totalidade das receitas próprias do INTF, de onde resulta, "para além de dúvida razoável", que financiou, necessariamente, custos incorridos com o exercício de atribuições sem nexo relevante com a gestão da infra-estrutura.[39]

---

do sector ferroviário, nos termos em que legalmente se encontra definida, cabendo apenas à entidade reguladora exercer a intervenção regulatória de natureza técnica, económica e jurídica" ("Auditoria", cit., 38). Como vimos, tal recomendação não mereceu acolhimento pelo legislador quando da criação do IMTT, presumivelmente por se manterem e serem havidas por mais relevantes as "razões de economia de meios e eficácia de decisões".

[39] Se usarmos como fonte o Relatório do Tribunal de Contas, temos os seguintes dados quanto às receitas próprias do INTF discriminadas de acordo com a sua origem e base legal (em milhões de euros):

2001: 2,412 (cobrado integralmente à REFER);

2002: 2,626 (*idem*);

2003: 2,946 (cobrados à REFER) + 0,037 (cobrados à Metro do Porto, na base de um Protocolo);

2004: 5,028 (cobrados à REFER) + 0,055 (cobrados à Metro do Porto, *idem*);

As Taxas de Regulação Económica no Sector Ferroviário   333

A razão substantiva determinante da criação desta receita na esfera do regulador deve ter sido, portanto, a de confinar ao sector o financiamento daquele, sem recurso ao orçamento do Estado, ou minimizando tal recurso. Dessa vontade política decorria a necessidade de conferir ao regulador autonomia financeira, o que pressupunha um equilíbrio tendencial entre custos e receitas, por sua vez apenas alcançável mediante receitas muito para além das potencialmente geradas pelas taxas por licenças e serviços. Para custos não suportados pelo orçamento do Estado, receitas também não integrantes do mesmo orçamento, em síntese.

Embora deva questionar-se se um modelo de financiamento que se concretiza em fazer derivar mais de 80% das receitas do regulador da "participação" devida pelo gestor da infra-estrutura se mostra adequado a garantir a independência daquele, a verdade é que os termos em que se tem processado a actuação do regulador não suportam, de modo algum, a hipótese de ter havido qualquer grau de captura pelo gestor da infra--estrutura, por essa via, como julgo ter demonstrado no ponto relativo à matéria da regulação económica do sector.

Importa ainda transpor esta questão para outra óptica, que é a de saber se um tal modelo de financiamento se mostra ajustado, na perspectiva das opções em abstracto ao dispor do decisor político em matéria de finanças públicas.[40]

Sob a perspectiva da política de finanças públicas, haveria, para suportar o deficit não coberto pelas taxas de licenças e serviços, duas outras alternativas potencialmente concebíveis: ou o financiamento através

---

2005: 3,891 (cobrados à REFER) + 0,085 (cobrados à Metro do Porto, *idem*) + 0,006 (taxas cobradas após entrada em vigor da Portaria n.º 383/2005, de 5 de Abril) ("Auditoria", cit., 41).

Há divergências entre todos os dados recolhidos, consoante a fonte seja o próprio INTF, o TC ou a REFER, para as quais não obtive clarificação.

[40] Numa nota ditada por mero *animus iocandi*, deixo a observação de como a absoluta desproporção entre as receitas provenientes das verdadeiras taxas, irrisórias em valor global cobrável, e as da "participação" devida pelo gestor da infra-estrutura não impediu que, no preâmbulo da Portaria n.º 383/2005, que aprovou a tabela de taxas do INTF, se vertesse que "a aprovação da presente portaria é essencial à efectivação da plena autonomia financeira e patrimonial do INTF, na medida em que este Instituto tem vindo a praticar os actos que a lei lhe comete sem que pelos quais possa cobrar as correspectivas receitas, com claro prejuízo da sua sustentabilidade orçamental (...)". É, de facto, óbvio que no ano 2005, sem os 5.600,00 euros de taxas cobradas, estaria, de facto, lançada em notória crise a autonomia financeira e patrimonial do INTF.

de "participações" impostas a todos os regulados, ou o financiamento assegurado pelo orçamento do Estado. De entre estas opções, entendo que a consensualmente reconhecida, e legalmente consagrada, importância estratégica do sector para o conjunto da economia nacional e para a coesão territorial, vector estruturante e estrutural a que deve aduzir-se, conjunturalmente, a conveniência de não onerar a entrada de novos operadores, justifica sobejamente que se opte pelo recurso unicamente ao orçamento do Estado para suportar o deficit não coberto pela receita das taxas de licenças e serviços.[41]

A execução da política de desenvolvimento deste sector – como de qualquer outro sector de actividade – quando chamada a si pelo próprio Estado, ainda que através da Administração indirecta, há-de responder, certamente, a objectivos públicos, definidos e que devem ser financeiramente suportados pelo próprio Estado. Relativamente, em particular, ao sector ferroviário, os mesmos estão hoje enunciados e extensamente desenvolvidos nas "Orientações Estratégicas".

Na verdade, uma política pública de desenvolvimento de um sector, para mais perspectivado como elemento estruturante do território, reforçador da coesão social e territorial e da melhoria sustentada da qualidade de vida e da mobilidade, é, nos bons princípios das finanças públicas, financiada por impostos gerais. Concluo, pois, que o dito modelo de financiamento, em mais de 80% dos custos de funcionamento do regulador, pela "participação" devida pelo gestor da infra-estrutura se deve ter, na perspectiva das opções em abstracto ao dispor do decisor político, por uma solução medíocre.

Num outro plano, a opção pelo termo "comparticipação", o qual comporta uma noção de "suporte partilhado" dos custos, em substituição de "contrapartida", operada nos Estatutos do IMTT, talvez radique na circunstância de este não ser um regulador ferroviário mas, mais latamente, um regulador dos transportes terrestres. Ou seja, enquanto o INTF tinha um âmbito de atribuições circunscrito ao subsector ferroviário, o IMTT alarga as suas – alargamento que é, previsivelmente, acompanhado por

---

[41] Outros sectores regulados merecem, provavelmente, um juízo diverso, como sucede com o da prestação de cuidados de saúde. Neste sentido, Manuel Anselmo Torres e Mafalda Martins Alfaiate, "As Taxas de Regulação Económica no Sector da Saúde", inserto na presente colectânea.

As Taxas de Regulação Económica no Sector Ferroviário   335

uma proporcional extensão dos custos do respectivo financiamento – a todo o sector dos transportes terrestres, incluindo, pois, o subsector do transporte rodoviário.[42]

Porém, uma vez que as receitas do IMTT provenientes da "comparticipação" do gestor da infra-estrutura não são consignadas a favor da Unidade de Regulação Ferroviária, é legítima a dúvida quanto a haver mesmo um enfraquecimento acentuado da legitimidade financeira da sua imposição, decorrente de vir tal tributo a suportar também o custo de funcionamento de serviços em absoluto alheios ao próprio subsector ferroviário. Dito de outro modo, num plano substantivo, o alargamento do âmbito de atribuições do IMTT, por comparação com o do extinto INTF, vem, numa perspectiva financeira, acrescentar novos factores de "entropia" na legitimação da imposição do seu financiamento ao gestor da infra-estrutura.

Ou seja, parece, pelos Estatutos do IMTT, ter-se configurado, mesmo formalmente, de forma expressa, um regime de receitas em que se admite que o gestor da infra-estrutura ferroviária financie o custo de funções de regulação transversais a todo o sector dos transportes terrestres, ou até mesmo restritas ao subsector dos transportes rodoviários.[43]

A comprovação, perante as contas do IMTT, da hipótese de que a "comparticipação" imposta ao gestor da infra-estrutura esteja a financiar qualquer das componentes funcionais das atribuições que seguidamente refiro importa, *ipso facto*, um julgamento de desproporcionalidade excessiva. Não é apenas desproporcionado aquilo que o é quantitativamente, também, porventura em maior grau, o que prescinde de qualquer nexo com o exercício de atribuições juridicamente relevantes para o sujeito passivo.

---

[42] Tenho usado ao longo do texto a expressão "sector ferroviário", apenas a trocando neste contexto por "subsector" por razões que julgo apodícticas.

[43] A verificação desta hipótese pode ser feita a partir da estrutura de custos do IMTT e da URF, por mera coonestação do valor da "comparticipação" devida pelo gestor da infra-estrutura com o custo de funcionamento, incluindo fornecimentos e serviços de terceiros, da URF. A comprovar-se que passaria a haver um financiamento que extravase os custos da URF, seria forçoso reconhecer-se que um tal modelo de financiamento seria em absoluto contrário ao que tem sido politicamente afirmado como opção de base, que é a de privilegiar o modo ferroviário, designadamente por ser mais sustentável ambientalmente, além de produzir menos externalidades negativas noutros campos, como os da congestão e da sinistralidade.

336 *As Taxas de Regulação Económica em Portugal*

É assim gravemente desproporcionado, por natureza antes mesmo que pela medida quantitativa, que se imponha ao gestor da infra-estrutura uma "comparticipação" que financie: (*i*) custos de licenciamento dos operadores, da sua certificação de segurança, etc., os quais são presumivelmente superiores ao valor das taxas a estes cobrados; (*ii*) custos relativos ao subsector ferroviário suportados com a intervenção em, ou gestão de, contratos de concessão de transporte; (*iii*) custos relativos a actividades dirigidas a segmentos do subsector ferroviário alheios à rede ferroviária nacional, como sejam metropolitanos, metropolitanos ligeiros de superfície, eléctricos rápidos, elevadores, ascensores, teleféricos e outros sistemas guiados; (*iv*) custos não restritos ao subsector ferroviário.

A conclusão a reter não é, pelo que atrás se deixou dito, que se deva então orçamentar a despesa pública com o funcionamento do regulador ferroviário, fazendo, correlativamente, reverter para o orçamento do Estado a "participação" devida pelo gestor da infra-estrutura, o que corresponderia a criar um imposto especial, numa *Massnahmegesetz* pouco habitual no sistema jurídico-tributário e de constitucionalidade duvidosa.

Antes se deve considerar que a importância estratégica do sector para o conjunto da economia nacional e para a coesão territorial justifica sobejamente que se opte pelo recurso unicamente ao orçamento do Estado para suportar o referido deficit emergente da insuficiência da receita das taxas de licenças e serviços. Claro que essa opção implica extinguir o regime de autonomia financeira do regulador, mas tal consequência deve ser ponderada num quadro que não é só o da artificialidade de tal autonomia, além da fragilidade jurídica dos seus pressupostos financeiros, como veremos de seguida, como também da sua dependência forte do respectivo Ministro da tutela sectorial, que tem sobre ele poderes de superintendência.

Caso se opte pela continuada desorçamentação da despesa, tal opção não é susceptível de escamotear que, enquanto política pública de tão vasto espectro, as atribuições que a prosseguem, ou os serviços em que estas se mediatizam, não são, por natureza, divisíveis, o que também tem consequências necessárias para a qualificação jurídica das receitas, como se verá.[44]

---

[44] Quando me refiro a "desorçamentação", estou a considerar o núcleo clássico do Orçamento do Estado, ou seja, aquele que financia a Administração directa, uma vez que o orçamento do INTF, como o de todas as entidades públicas sujeitas ao regime financeiro

8. As taxas devidas ao regulador

Importa começar por verificar se as taxas devidas ao regulador têm um quadro jurídico, um quadro de pressupostos legitimadores, que se mostre uniforme.

Os Estatutos do extinto INTF dispunham serem receitas próprias deste, além de outras sem relevância para o objecto do presente estudo, por um lado, "o produto de taxas, emolumentos e outras receitas cobradas por licenciamentos, certificações, homologações, aprovações e actos similares, no âmbito do exercício das suas atribuições", por outro, "uma taxa a receber da REFER, a título de contrapartida genérica pelo exercício das atribuições do INTF relativas ao desenvolvimento do sector ferroviário."

Os Estatutos do IMTT, por sua vez, estatuem serem receitas próprias deste, por um lado, "o produto de taxas pela prestação de serviços, que lhe estejam consignadas", por outro, "uma participação a receber da REFER (...) a título de comparticipação genérica pelo exercício de atribuições do IMTT, relativas ao desenvolvimento do sector ferroviário".

Devemos, pois, analisar separadamente, por um lado, as taxas pela emissão de licenças e pela prestação de serviços, por outro, a "participação" devida pela REFER.

8.1. *Taxas devidas por licenças e serviços*

As taxas, os emolumentos e outras receitas cobradas por licenciamentos, certificações, homologações, aprovações e actos similares, ou, na formulação mais genérica dos estatutos do IMTT, pela prestação de serviços, não suscitam problemas dogmáticos específicos.

Assentam na prestação concreta de um serviço público, o que as caracteriza como verdadeiras taxas, no quadro conceptual bem estabilizado entre nós e adoptado no n.º 2 do artigo 4.º da Lei Geral Tributária.

Não é, certamente, sobre tais taxas que deve incidir a nossa atenção no âmbito do presente estudo: não são elas as taxas em que se concretiza a tarifação da regulação económica do sector.

---

aplicável aos fundos e serviços autónomos, é incluído no Orçamento do Estado (artigo 2.º da Lei n.º 91/2001, de 20 de Agosto), que é unitário. Veremos adiante esta questão, em maior profundidade.

8.2. Taxa de regulação económica

Já a "participação" a receber do gestor da infra-estrutura, a título de contrapartida genérica pelo exercício de atribuições relativas ao desenvolvimento do sector ferroviário – essa, sim, pelo menos em termos conceptualmente complacentes, uma "taxa" de regulação económica do sector – suscita inequivocamente o problema da sua qualificação, como suscita potencialmente outros, deste decorrentes.

Entendo estar fora do âmbito deste estudo aprofundar a questão da incoincidência, senão mesmo antítese, entre "promoção do desenvolvimento", tendencialmente própria de modelos intervencionistas, e regulação económica de mercados imperfeitos. Opto, por isso, pela continuação da análise assente sobre a hipótese interpretativa de que o legislador apenas teve em vista, sem clareza conceptual, encontrar um qualquer nexo, genérico, entre o exercício das atribuições do regulador e o seu financiamento pelo gestor da infra-estrutura, sem prejuízo de fazer derivar desta generalidade do nexo as consequências em sede de qualificação jurídica que possam mostrar-se mais correctas.[45]

Começo por uma exegese dos preceitos a que aludi anteriormente, acompanhada de alguns elementos que permitam a percepção da factualidade em causa e do seu impacte financeiro.

A alínea b) do n.º 2 do artigo 33.º dos Estatutos do entretanto extinto INTF, aprovados, como atrás ficou escrito, pelo Decreto-Lei n.º 299-B/98, determinava constituir receita própria deste: "Uma participação a receber da Rede Ferroviária Nacional – REFER, E.P., proveniente da aplicação, ao montante global das taxas de utilização devidas a esta empresa pela exploração de serviço de transporte ferroviário na infra-estrutura cuja gestão lhe está delegada nos termos do artigo 2.º do Decreto-Lei n.º 104/97, de 29 de Abril, de uma taxa a fixar por despacho do ministro da tutela,

---

[45] Sobre debilidades de entendimento e conceptualização, em Portugal, da função e objectivos da regulação económica, ver Jorge Vasconcelos (2004), *A Regulação em Portugal: Arte Nova, Arte Degenerada ou Arte Pobre?*, disponível em www.fd.uc.pt/cedipre/licoes_inaugurais/CEDIPRE_LicaoInaugural_DrJorgeVasconcelos.pdf e em www.erse.pt/NR/rdonlyres/82B09F4D-4ECE-433D-B10A-69C6408B4026/0/AREGULAÇÃOEMPORTUGAL.pdf, sendo ainda de leitura interessante um texto aí transcrito, de Theodore Roosevelt, sobre a fundamentação para a regulação do sector ferroviário americano no início do século XX.

As Taxas de Regulação Económica no Sector Ferroviário 339

a título de contrapartida genérica pelo exercício das atribuições do INTF, relativas ao desenvolvimento do sector ferroviário".

Mais estatuía o n.º 4, também deste preceito: "A participação referida na alínea b) do n.º 2 é calculada com base numa estimativa do montante global de taxas de utilização, por referência aos horários técnicos previstos, e é determinada anual e antecipadamente pelo INTF, no âmbito da proposta de orçamento apresentada para aprovação superior".

Finalmente, o n.º 5, ainda do mesmo preceito, dispunha: "A participação é devida ao INTF independentemente de a Rede Ferroviária Nacional – REFER, E.P., proceder à tempestiva cobrança das taxas de utilização da infra-estrutura aos operadores de transporte ferroviário, e deve ser paga em regime de prestações trimestrais iguais, que se vencem no início de cada período correspondente".

A participação seria, assim, calculada através da fórmula:

$\Sigma TU * t$

Sendo ΣTU o somatório das tarifas de utilização devidas à REFER (apurado por estimativa do montante global de tarifas de utilização, por referência aos horários técnicos previstos) e "t" a taxa a definir por despacho do ministro da tutela.

Sucessivos despachos ministeriais vieram fixar o valor de "t" em 3,75% para os anos 1999 a 2001. Considerando as estimativas de tarifas de utilização para cada um daqueles anos, o valor fixado para a colecta da "participação" foi (em milhões de euros):

   (i)   1999: 2,357;
   (ii) 2000: 2,729;
   (iii) 2001: 3.011;
   (iv) 2002: 2.917;
   (v) 2003: 2.553.

O Decreto-Lei n.º 270/2003 veio alterar as disposições do Decreto-Lei n.º 299-B/98 acima transcritas, que passaram a ter a seguinte redacção:

   (i)   alínea b) do n.º 2 do artigo 33.º: "Uma taxa a receber da Rede Ferroviária Nacional – REFER, E.P., a título de contrapartida genérica pelo exercício das atribuições do INTF relativas ao desenvolvimento do sector ferroviário, calculada pela aplicação ao número total de quilómetros da rede ferroviária sob gestão da mesma de um valor a fixar por despacho do ministro

340 *As Taxas de Regulação Económica em Portugal*

da tutela, tendo em conta a extensão da rede, o nível de utilização da mesma e os ganhos de eficiência";

(ii) n.º 4: "O despacho a que se refere a alínea b) do n.º 2 do presente artigo deve ser emitido anualmente e antecipadamente até ao dia 31 de Junho do ano anterior àquele em que vigorará, constando o valor da taxa calculada nos seus termos da proposta de orçamento apresentada pelo INTF para aprovação superior; na falta do mesmo será usada para efeitos de cálculo e devida uma taxa idêntica à fixada no ano imediatamente anterior, sem prejuízo de eventual emissão do referido despacho em momento posterior";

(iii) n.º 5: "A taxa a que se refere o número anterior é paga em regime de prestações trimestrais iguais, que se vencem no início de cada período correspondente".

Assim, a fórmula de cálculo da participação abandonou o referencial das tarifas de utilização e passou a ser: [46]

$$\Sigma Km * t$$

Sendo ΣKm o número total de quilómetros da rede ferroviária sob gestão da REFER e "t" o valor por Km a definir por despacho do ministro da tutela. Com base na nova metodologia de determinação, os valores das colectas fixados para os anos seguintes foram (em milhões de euros):

(i) 2004: 3,300 (t = 1.145,63 * 2880,585 Km em exploração);[47]
(ii) 2005: 3,366 (t = 1.145,63 * 2938,192 Km em exploração);
(iii) 2006: 3.439 (t = 1.218,82 * 2821,6 Km em exploração);[48]
(iv) 2007: 3,456 (t = 1.218,82 * 2835,2 Km em exploração).

Como também já vimos atrás, o Decreto-Lei n.º 147/2007 revogou o Decreto-Lei n.º 299-B/98, procedendo à extinção do INTF e à criação do IMTT.

A matéria da "participação" a receber do gestor da infra-estrutura está presentemente regulada na alínea a) do n.º 2 do seu artigo 10.º, a qual dispõe ser uma receita própria do IMTT: "Uma participação a receber da Rede Ferroviária Nacional – REFER, E.P., proveniente da aplicação ao

---

[46] Este abandono pode ser, talvez, ser entendido no quadro das variações, em sentido descendente, entretanto ocorridas nas taxas de utilização devidas à REFER, ainda que não seja de excluir que possam ter estado na sua génese (também) outras razões.

[47] Despacho n.º 7083/2004 (II Série).

[48] Despacho n.º 15618/2005 (II Série).

As Taxas de Regulação Económica no Sector Ferroviário 341

montante global das taxas de utilização devidas a esta empresa pela exploração do serviço de transporte ferroviário na infra-estrutura cuja gestão lhe está delegada, nos termos do artigo 2.º do Decreto-Lei n.º 104/97, de 29 de Abril, de uma taxa a fixar por despacho do membro do Governo responsável pela área dos transportes, a título de comparticipação genérica pelo exercício de atribuições ao IMTT, relativas ao desenvolvimento do sector ferroviário".[49]

9. A taxa de regulação económica perante o Direito Comunitário

Não há no Direito Comunitário princípios ou regras especificamente relativos ou aplicáveis ao modelo de financiamento das entidades reguladoras do sector ferroviário, nem, consequentemente, às taxas de regulação económica instituídas a favor das mesmas.

Sobre estas entidades se dispõe, aliás, no artigo 30.º da Directiva n.º 2001/14, que podem ser "o Ministério dos Transportes ou outra instância", o que aponta para uma neutralidade quanto ao respectivo modelo de financiamento. Apenas se impõe que a entidade reguladora seja independente, "a nível organizativo e de financiamento, das decisões (...) de qualquer gestor da infra-estrutura". Relativamente a esta segunda vertente, parece evidente que o legislador comunitário teve em vista evitar situações em que o regulador ficasse na dependência financeira do gestor da infra-estrutura.

Porém, quando o modelo de financiamento do regulador assenta em "participações" a cargo dos regulados, sendo indiferente que, no caso vertente, se trate de apenas um dos regulados, o regime de tais tributos perante o Direito Comunitário tem de ser considerado à luz, mais geral, da forma como este ordenamento trata as contribuições, tratamento este de fonte jurisprudencial.[50]

---

[49] Esta redacção retoma, portanto, a base de cálculo constante da formulação original do Decreto-Lei n.º 299-B/98, o que parece um tanto surpreendente à luz do que atrás se disse quanto à tendência decrescente das taxas de utilização por força da regulação pelo limite de preços e da medida fixada para o referencial de eficiência.

[50] Sobre este tema, veja-se o texto de Sérgio Vasques inserido nesta colectânea.

342   *As Taxas de Regulação Económica em Portugal*

10. Natureza jurídica da taxa de regulação económica

Numa primeira aproximação ao recorte jurídico, pode-se, para já, avançar a afirmação de que se trata de contribuições financeiras a favor de uma entidade pública, figura a que se refere a alínea i) do n.º 1 do artigo 165.º da Constituição, bem como o legislador ordinário, no n.º 2 do artigo 3.º da Lei Geral Tributária.[51]

Na verdade, sendo inequívoco que (*i*) estamos perante contribuições financeiras, sendo que o termo "contribuições" desde logo confirma que não se trata de preço ou tarifa públicos, (*ii*) fixadas a favor de uma entidade pública, (*iii*) não sendo a sua fonte a prática de um ilícito, nem tendo escopo sancionatório, decorre que estamos perante uma figura tributária.

Juridicamente, porém, as contribuições financeiras a favor de entidades públicas hão-de qualificar-se, na espécie, de entre o género "tributo", em cujo conceito se devam enquadrar, de acordo com o que resultar da análise das respectivas características específicas. É o que encetamos de seguida.

Para compreendermos a natureza jurídica da "participação" devida pelo gestor da infra-estrutura, devemos principiar por buscar as razões substantivas da sua imposição, partindo, em seguida, para a análise da *ratio* invocada pelo legislador e de todos os elementos pertinentes do regime jurídico. Ora, as primeiras foram postas em evidência no ponto precedente, onde se deixaram reflexões sobre as "atribuições de desenvolvimento do sector ferroviário", o modelo do seu financiamento e até, preliminarmente, as implicações potenciais desse modelo para a conceptualização jurídica.

Cabe agora fazer a análise da *ratio* invocada e das características de regime específicas, que possam, num juízo de prognose, ser juridicamente relevantes.

10.1. *A hipótese de se tratar de uma taxa* stricto sensu

Parece razoável começar por equacionar uma hipótese preliminar, que resulta de a definição da "participação" a receber do gestor da infra-

---

[51] A alínea i) do n.º 1 do artigo 165.º da Constituição foi introduzida na revisão constitucional de 1997.

As Taxas de Regulação Económica no Sector Ferroviário   343

estrutura como "contrapartida" pelo exercício das atribuições do INTF relativas ao desenvolvimento do sector ferroviário tender a fazer subsumir o respectivo recorte conceptual à figura da taxa.[52] Trata-se de uma hipótese com legitimação terminológica evidente. Importa, porém, ver se uma análise mais rigorosa sustenta tal subsunção.

O nascimento na esfera jurídica do gestor da infra-estrutura da obrigação de pagar a "contrapartida" não é condicionado pela verificação de qualquer vantagem individualizada para aquele, derivada do exercício daquelas atribuições, o qual pode mesmo não apresentar qualquer valor para o gestor da infra-estrutura. Tanto basta para nos forçar a questionar que estejamos perante uma taxa.

Mesmo para quem não entenda que o conceito de taxa pressupõe que haja um benefício, um valor, para o obrigado ao seu pagamento, sempre se pode afirmar que, para ter a natureza de taxa, a dita "contrapartida" deve inserir-se num sinalagma cujo termo oposto seria a prestação de um serviço público (com ou sem benefício) ao gestor da infra-estrutura.

Quer perante a realidade fáctica, quer perante os termos escolhidos pelo legislador, não há cabimento a indagar se ocorre alguma das outras fontes classicamente admitidas como legitimadoras do surgimento da obrigação de pagar uma taxa: utilização de um bem do domínio público ou remoção de um obstáculo jurídico à acção dos particulares.

Além disso, tal serviço deveria, por definição, ser concreto, individualizado. A taxa não pode constituir contrapartida da mera prestação genérica de um serviço público, pelo que estruturalmente pressupõe que tal serviço seja divisível, uma vez que só esta divisibilidade permite a sua prestação concreta, individualizada.

Também assim o consagrou o legislador, no citado n.º 2 do artigo 4.º da Lei Geral Tributária.[53] A divisibilidade do serviço, enquanto traço

---

[52] Aliás, na redacção do preceito relevante dos Estatutos do INTF derivada das alterações introduzidas pelo Decreto-Lei n.º 270/2003, esta "participação" é mesmo referida como "taxa", como se deixou transcrito no texto.

[53] Como se verteu no Acórdão do STA de 15 de Maio de 2002 (Proc. 026820), "o conceito de taxa assumido pela nossa Constituição é um conceito funcional e tem o conteúdo que a doutrina e ciência do direito fiscal lhe assinalam (...) não havendo um conceito constitucionalmente positivado de taxa, não deve o intérprete rejeitar aquela dimensão do conceito construída pelo legislador ordinário (o artigo 4º n.º 2 da LGT) como correspondendo à acepção mais ampla doutrinária de taxa, conquanto saiam satisfeitas as exigências garantísticas que justificam o conceito."

344 *As Taxas de Regulação Económica em Portugal*

caracterizador de situações que legitimam o lançamento de taxas, foi ainda expressamente acolhido na Lei n.º 53-E/2006, de 29 de Dezembro, que aprovou o regime geral das taxas das autarquias locais (n.º 2 do artigo 5.º), o que deve ser interpretado como afloramento da adopção, uniforme no sistema jurídico, do conceito que doutrinariamente se havia estabilizado.[54]

A hipótese de se identificar a existência de um serviço individualizado, prestado ao gestor da infra-estrutura, é claramente afastada, desde logo pela abstracção e generalidade inerentes à expressão "atribuições relativas ao desenvolvimento do sector ferroviário" – as qual são, por natureza, não divisíveis –, depois por uma análise, mesmo perfunctória, das atribuições do INTF que são financiadas.[55]

---

[54] Este é, de facto, um elemento estabilizado na doutrina. Ver António de Sousa Franco (Coimbra, 1988), *Finanças Públicas e Direito Financeiro*, 491: "A taxa é uma prestação tributária ou tributo) que pressupõe, ou dá origem a, uma contraprestação específica, resultante de uma relação concreta (que pode ser ou não de benefício) entre o contribuinte e um bem ou um serviço público."; Nuno Sá Gomes (Lisboa, 1984), *Lições de Direito Fiscal*, 118: "Desde logo, a taxa situa-se no domínio dos serviços públicos divisíveis"; J. L. Saldanha Sanches (Coimbra, 2007), *Manual de Direito Fiscal*, 31: "Na definição doutrinal e legal de taxa, podemos distinguir um aspecto estrutural (a bilateralidade ou sinalagmaticidade) e, em consequência, os pressupostos para a sua cobrança. A sinalagmaticidade só poderá ter lugar quando se trate um qualquer bem que seja divisível, ou seja, que possa ser prestado em unidades individualizadas".

[55] Basta notar, a este título: (*i*) Que as atribuições do INTF compreendem (*rectius*, compreendiam) actividades de: regulação e supervisão, fiscalização, promoção da segurança, promoção da qualidade e dos direitos dos passageiros e clientes, promoção do desenvolvimento do sector ferroviário, promoção da concorrência, assessoria ao Governo em várias vertentes do sector ferroviário, e bem assim, repare-se, "promover e acompanhar a realização de todos os procedimentos conducentes à outorga de contratos de concessão" e "assegurar, naquilo que não se compreenda nas atribuições de outras entidades, a gestão das concessões de exploração de serviços públicos de transporte ferroviário". Em particular, as atribuições em matérias de concessões – integralmente alheias à regulação sectorial – sempre deveriam, num modelo financeiro rigoroso, ser financiadas pelo orçamento do Estado concedente. (*ii*) Que as atribuições do INTF tinham por objecto o sector ferroviário num conceito lato, "incluindo, designadamente, o caminho-de-ferro propriamente dito, os metropolitanos, os metropolitanos ligeiros de superfície, os eléctricos rápidos, os elevadores, os ascensores, os teleféricos e outros sistemas guiados". Uma vez que apenas o gestor da infra-estrutura é sujeito passivo da "contrapartida", parece seguro concluir que esta financia em termos inusitadamente amplos todos os custos do desempenho de tais atribuições.

As Taxas de Regulação Económica no Sector Ferroviário 345

Para testar se é viável encontrar uma via subsidiária (de segundo grau), para manter válida a hipótese de encontrar nexo relevante entre tais atribuições e potenciais efeitos emergentes do seu exercício na esfera do gestor da infra-estrutura, deve ainda indagar-se se o contributo virtualmente dado pelo INTF, mediante o exercício de tais atribuições, para o "desenvolvimento do sector ferroviário", pode fundamentar a inserção da "contrapartida" no tipo conceptual "taxa" por força da sua imposição financeira a todos os agentes dele abstractamente beneficiários, ou seja, quer ao gestor da infra-estrutura, quer aos operadores de transporte ferroviário.

Não é elemento determinante para afastar a potencial validade deste equacionamento a circunstância de ser o gestor da infra-estrutura o único sujeito passivo da obrigação de pagamento ao INTF, desde que, e este factor será então essencial, aquele possa, legalmente, repercutir sobre os operadores uma parte, a determinar, da mencionada "contrapartida". Se assim suceder, o exercício pelo INTF das atribuições relativas ao desenvolvimento do sector ferroviário, que presumivelmente geram efeitos benéficos para todas as partes integrantes do sector (gestor da infra--estrutura e operadores de transporte), embora nem tal geração de valor seja, como vimos, elemento essencial do conceito "taxa", constitui um sinalagma, difuso embora, de tal contrapartida, suportada economicamente por todos os "beneficiados". Uma determinação de critérios adequados de quantificação e repercussão pode, subsequentemente, permitir, por um raciocínio de reversão lógica, chegar a uma individualização da prestação de "desenvolvimento do sector ferroviário", marginalmente susceptível de salvar a hipótese de subsunção da respectiva "contrapartida" à categoria "taxa".

Porém, mesmo esta hipótese de equacionamento, manifestamente forçado, da situação não colhe base alguma no regime jurídico das tarifas a cobrar pelo gestor da infra-estrutura aos operadores.[56] Nos termos dos artigos 54.º e 55.º do Decreto-Lei n.º 270/2003, as tarifas a cobrar pelo gestor da infra-estrutura pelos serviços essenciais "devem corresponder ao custo directamente imputável à exploração do serviço de transporte ferroviário", enquanto as tarifas ou preços a cobrar pelos serviços adi-

---

[56] A divisibilidade do serviço não é susceptível, numa construção lógica rigorosa, de ser identificada por mero recurso a uma potencial divisibilidade e correspondente alocação do encargo, como está bem de ver.

346   *As Taxas de Regulação Económica em Portugal*

cionais e auxiliares, "quando os mesmos sejam oferecidos por um único prestador de serviços, que pode ser o gestor da infra-estrutura, não podem exceder o custo da sua prestação, com base no nível real de utilização."

O valor das "contrapartidas" devidas ao INTF não se inclui, pois, por imperativo legal, nem no custo da prestação dos serviços adicionais e auxiliares, nem no custo directamente imputável à exploração do serviço de gestão da infra-estrutura.[57] Neste quadro legal, o gestor da infra-estrutura não pode, consequentemente, repercutir sobre os operadores qualquer fracção da "contrapartida" por ele devida ao INTF, o que elimina a ensaiada construção de um "segundo grau" de divisibilidade e individualização do "serviço".

Equacionei atrás a interpretação de que a opção pelo termo "comparticipação", em substituição de "contrapartida", operada nos Estatutos do IMTT, radica na circunstância de este não ser um regulador ferroviário mas, mais latamente, um regulador dos transportes terrestres. Agora, numa óptica jurídica, importa aferir se essa opção contribui para uma maior certeza na qualificação da natureza jurídica, por afectar elementos relevantes para esta qualificação.

Numa primeira linha de análise, superficial, parece que, se, financeiramente, continua a ser uma imposição pecuniária a favor da entidade reguladora, cuja legitimação é ainda, *ipsis verbis*, o exercício de atribuições relativas ao "desenvolvimento do sector ferroviário", juridicamente, continua a ser uma contribuição financeira a favor de uma entidade pública, ou seja, um tributo, ao qual se aplicam todas as conclusões acima extraídas.

A variação terminológica indicia, porém, um abandono do esforço de ficcionar o pagamento, por lei imposto ao gestor da infra-estrutura, como parte de um sinalagma – formalmente subjacente ao conceito de "contrapartida" – trocando-o por um termo mais neutro, como é o de "comparticipação", o qual apenas comporta uma noção de "suporte partilhado" dos custos, portanto sem alusão a qualquer sinalagma. Estamos perante a face jurídica de uma situação já anteriormente qualificada sob uma óptica de finanças públicas.

Neste quadro interpretativo, que parece o mais razoável, a procura pelo intérprete de qualquer elemento que legitime a subsunção à figura

---

[57] O qual corresponde, na definição constante do Regulamento n.º 21/2005, ao custo que resulta de forma directa, inequívoca e expressa da prestação dos serviços essenciais.

da taxa torna-se então uma tarefa votada ao fracasso, pela total ausência, não só já de individualização, como mesmo até de mera equivalência jurídica entre a "comparticipação" e o exercício das atribuições do IMTT.

Pode fazer-se ainda uso, mesmo que tal se mostre dogmaticamente pouco sustentado, de outro critério de aferição da validade da hipótese de subsunção à figura da taxa, qual seja o da proporcionalidade. Isto porque vem sendo entendido, na esteira da melhor doutrina, que uma despro-porcionalidade excessiva entre "taxa" e serviço implica a qualificação daquela como um imposto.

O princípio da proporcionalidade foi, de resto, também expres-samente acolhido na Lei n.º 53-E/2006, já anteriormente invocada (n.º 1 do artigo 4.º, sob a epígrafe "princípio da equivalência jurídica"), com a imposição da obrigação de fundamentação económico-financeira relativa ao valor das taxas, sob pena de nulidade do regulamento que procede à respectiva criação (alínea c) do n.º 2 do artigo 8.º). Também a este respei-to se deve interpretar como afloramento da adopção de um conceito doutrinária e jurisprudencialmente estabilizado.[58]

O que se deixou concluído no ponto 7, quanto à grave desproporção, por natureza antes mesmo que pela sua medida quantitativa, da imposi-ção ao gestor da infra-estrutura de uma "comparticipação" que financie o custo de atribuições alheias à gestão da infra-estrutura, ou mesmo ao próprio sector, parece suficiente para que de aí se extraiam consequências lógicas apodícticas para reforçar a absoluta insusceptibilidade de a en-quadrar na categoria tributárias das taxas.

10.2. *A tese de se tratar de um imposto*

Afastado, portanto, o enquadramento da "contrapartida" ou da "comparticipação" na figura tributária das "taxas", importa ver se devem aqueles tributos qualificar-se como impostos.

---

[58] Ver Sousa Franco (1988), 494: "A taxa pressupõe financeiramente certos tipos de utilização de um serviço ou um bem público. Sem que se defina que tipo de utilização, demarcado por uma relação concreta, não há taxa mas imposto." Ver, ainda, Saldanha Sanches (2007), 37ss, sobre princípio da equivalência, cobertura do custo e proibição da desproporção manifesta. Também António Lima Guerreiro (Lisboa, 2001), *Lei Tributária Anotada*, 53, e jurisprudência aí citada.

348   *As Taxas de Regulação Económica em Portugal*

Embora, como referi anteriormente, o legislador constitucional haja previsto a figura das "contribuições financeiras a favor de entidades públicas", quando da revisão de 1997, inserindo-a sistematicamente na reserva relativa de competência da Assembleia da República, os termos em que o fez não são, em substância, definitivos para a questão da respectiva qualificação financeira e jurídica. Porém, uma asserção resulta, hoje, linear, em termos formais, e é a de que, para a Constituição, as referidas "entidades públicas" podem ser financiadas por "taxas e demais contribuições financeiras", pelo que estas últimas podem, inequivocamente ter natureza diversa das primeiras, podendo, pois, ter a de impostos.[59]

Encontra-se suficientemente tratado, e muito razoavelmente estabilizado, na doutrina e na jurisprudência o recorte conceptual do imposto. Trata-se de prestação pecuniária, definitiva e unilateral, estabelecida por lei a favor de entidades públicas ou que exerçam funções públicas, tendo por finalidade exclusiva ou principal a satisfação de fins públicos, não tendo por fonte a prática de um ilícito.[60]

Todas estas componentes da noção de imposto se podem identificar, linearmente, na "contrapartida" ou "comparticipação" de que temos vindo a ocupar-nos. A única que poderia, em abstracto, estar ausente seria a da unilateralidade, mas também a manifestação desta, quanto mais não seja, no sentido da ausência de um serviço divisível, e portanto prestável em

---

[59] Apesar desta previsão do legislador constitucional – a qual, enquanto mera regra de reserva de competência, obviamente não se reveste de carácter programático – não foi, até hoje aprovado um "regime geral das taxas e demais contribuições financeiras a favor das entidades públicas". Em Espanha, para referirmos um Estado de sistema jurídico próximo do português, o artigo 26.º da Ley General Tributaria, após qualificar os tributos em taxas, contribuições especiais e impostos, dispõe ainda o seguinte: "Participan de la naturaleza de los impuestos las denominadas exacciones parafiscales cuando se exijan sin especial consideración a servicios o actos de la Administración que beneficien o afecten al sujeto pasivo." A propósito deste preceito, escreve Fernando Sainz de Bujanda (Madrid, 1982), *Lecciones de Derecho Financiero*, 155: "Esto significa que tales exacciones se consideran como impuestos cuando no sean tasas (...) cuando se trate de exacciones exigidas "sin contraprestación", que es la nota característica del impuesto en la definición legal."

[60] Com variações que, no contexto do presente estudo, considero de menor relevo, pois nenhum dos autores seguidamente referidos apresenta definição que leve a infirmar a conclusão extraída, ver José Joaquim Teixeira Ribeiro (Coimbra, 1977), *Lições de Finanças Públicas*, 267, Sousa Franco (1988), 500, Nuno Sá Gomes (1984), 95, e Saldanha Sanches (2007), 22.

concreto, foi, assim o julgo, suficientemente demonstrada.[61] O elemento decisor, perante uma contribuição tão híbrida quanto é esta, que apresenta traços inequívocos de unilateralidade a par de uma comutatividade difusa e indeterminável, deve ser, em minha opinião, extraído da análise e ponderação dos objectivos da sua criação.

Ora, se pode afirmar-se, para outras contribuições estabelecidas a favor de entidades reguladoras, porventura para a generalidade delas, que o seu propósito não reside na "pura e simples" angariação de receita, antes tendo por finalidade "a compensação de prestações de que se presumem causadores ou beneficiários grupos de operadores económicos que se distinguem com clareza do todo da comunidade", em minha opinião tal ponto de vista deve ser afastado em relação às que têm um escopo de financiamento do regulador, em tal medida "desconexo" de qualquer equivalência ou comutatividade que o seu critério de legitimação por esta surja como artifício e não como substância.

Por outras palavras, no caso do sector ferroviário, a imposição ao gestor da infra-estrutura de uma "comparticipação" que financie o custo de atribuições integralmente alheias à gestão da infra-estrutura, senão mesmo ao próprio sector económico, não conduz apenas a que se extraiam consequências lógicas de absoluta insusceptibilidade de a enquadrar na categoria tributárias das taxas, antes implica também que o critério de legitimação se confirme como artifício e não como substância.

Acresce que a fórmula de cálculo da "comparticipação" devida ao IMTT – sobre o valor estimado do somatório das tarifas de utilização – não constituindo, embora, traço determinante para a qualificação como imposto, reforça em termos fortes a tese apresentada. Na verdade, aquilo que se visa atingir financeiramente é, efectivamente, uma capacidade contributiva do respectivo sujeito passivo, emergente das tarifas de utilização que lhe são devidas pelos operadores ferroviários, como sucede com os impostos, ou pelo menos com a generalidade destes (n.ºs 1 e 2 do artigo 4.º da Lei Geral Tributária).

---

[61] Parece carecida de maior afinação, ou da remoção de um lapso patente, a análise feita por J. L. Saldanha Sanches à figura dos tributos parafiscais, de que dá como exemplo algumas contribuições para entidades autónomas, como institutos públicos e órgãos de coordenação económica. Na verdade, após afirmar que "partilham de todas as características normais dos impostos – unilateralidade (...)", conclui no parágrafo imediato que "a estas receitas falta a unilateralidade como característica do imposto" (Saldanha Sanches (2007), 58-59).

350   *As Taxas de Regulação Económica em Portugal*

Bem deve afirmar-se, pois, que, no caso vertente, uma hipotética relação comutativa com a "promoção do desenvolvimento do sector ferroviário" se mostra, não tanto difusa, como fictícia, por estar a "participação" em causa a financiar feixes de prestações que são, pelo menos em parte, totalmente alheios à regulação da gestão da infra-estrutura, precisamente, recorde-se, a actividade do gestor sujeita a regulação.

Como vimos atrás, a alínea i) do o artigo 165.º da Constituição contempla, desde a revisão de 1997, a figura das contribuições financeiras a favor de entidades públicas, ficando a cargo da doutrina e da jurisprudência, perante a concreta conformação financeira que lhes dê o legislador ordinário, determinar a respectiva natureza jurídica. Assim, perante realidades que preencham todos os requisitos da noção de imposto, importa reconhecer-se que daí derivam várias consequências de regime, desde logo, as inerentes ao princípio da legalidade. Caso tais contribuições financeiras a favor de entidades públicas não devam, em razão da sua conformação, ser qualificadas como impostos, então não lhes é aplicável o regime de reserva de competência da Assembleia da República, porquanto este apenas tem por objecto o regime geral de tais receitas.

Concluo, no entanto, perante a análise da conformação dada pelo legislador e pela Administração Pública, através de meros despachos, que, de entre vários modelos possíveis de financiar o funcionamento, quer do anterior regulador ferroviário (INTF), quer, no novo modelo orgânico, do regulador dos transportes terrestres (IMTT), na parte em que os respectivos custos não podem ser cobertos por verdadeiras taxas pela prestação de serviços, o Governo visou excluir o do recurso aos impostos gerais, antes optando pela criação de um tributo parafiscal, que tem a natureza financeira e jurídica de imposto.[62]

---

[62] Neste sentido, Alberto Xavier (Lisboa, 1973), *Direito Fiscal, Lições*, 70: "sob a designação genérica de "taxas", a par de contados casos em que a receita merecia a designação, por ser contrapartida da prestação de serviço público pelo organismo, na sua grande generalidade não se descortina qualquer nexo sinalagmático que conduza a tal qualificativo". Também Sousa Franco (1988), pelo menos em tese geral, que prenuncia a necessidade de análise financeira e jurídica e há-de valorar as conclusões desta, 504: "no plano financeiro, as contribuições parafiscais podem ter qualquer uma das naturezas que as receitas de tipo tributário podem assumir (impostos, taxas, contribuições especiais, etc.)". Ainda Saldanha Sanches (2007), 58: "ao lado dos impostos que constituem a receita normal e principal do Estado e que se encontram afectos ao financiamento global

As Taxas de Regulação Económica no Sector Ferroviário 351

Ainda que se esteja perante um *Sonderabgabe*, o que não é certamente verdade se ligarmos este conceito a uma tributação que abstrai do princípio da capacidade contributiva, passámos a linha de fronteira com o imposto, entrando no território deste. Conquanto não o encontremos no salão comum dos impostos, onde seria um *Fremdkörper*, também não está já numa "antecâmara dos tributos unilaterais".[63]

Porém, pretendeu o Governo que tal imposto fosse "subtraído ao regime clássico da legalidade tributária e do orçamento do Estado".[64]

Subtraído ao regime clássico da legalidade tributária, na medida em que se visa excluir a sua criação em concreto da reserva de competência da Assembleia da República, nos termos versados quando da referência à alínea i) do artigo 165.º da Constituição.

Subtraído também ao regime clássico do orçamento do Estado, *rectius* ao núcleo do Orçamento que é objecto de escrutínio político reforçado, por via da sua votação na especialidade em plenário da Assembleia da República, porquanto apenas a criação de receitas orçamentalmente qualificadas como impostos tem sido considerada, pela prática parlamentar, como estando abrangida pela referida regra de votação, vertida no n.º 5 do artigo 39.º da Lei de Enquadramento Orçamental (Lei n.º 91/2001, de 20 de Agosto). Neste sentido, mantém total pertinência a crítica à desorçamentação, fazendo-se o seu *aggiornamento* para termos de substância: embora as receitas do IMTT, por estar este sujeito ao regime financeiro dos serviços e fundos autónomos, sejam incluídas no Orçamento do Estado, mostra-se evidente que não são sujeitas ao escru-

---

das suas despesas, encontramos outras receitas tributárias, que têm sido qualificadas como tributos fiscais ou parafiscalidade, e que partilham de todas as características normais dos impostos (...)".

[63] Como bem sintetiza António Lima Guerreiro (2001), 46: "os impostos parafiscais são impostos como quaisquer outros, constituindo a finalidade uma característica extrínseca ao seu regime jurídico, irrelevante designadamente para efeitos de sujeição à reserva de lei da Assembleia da República consagrada actualmente para os impostos pelo artigo 103.º, número 2, da C.R.P. e que inclui igualmente impostos fiscais e parafiscais".

[64] J. J. Gomes Canotilho/Vital Moreira (Coimbra, 1993) escreviam, antes da revisão constitucional de 1997, em *Constituição da República Portuguesa Anotada*, 460: "a Constituição não deu guarida ao equívoco conceito de parafiscalidade, que comporta figuras que são verdadeiros impostos (...) mesmo que cobrados em benefício de outras entidades que não o Estado".

352 As Taxas de Regulação Económica em Portugal

tínio, e consequente legitimação político-constitucional, de que são objecto os impostos "clássicos", se é que são sujeitas a algum.[65]

Esta subtracção, como seria natural perante a opção política e legislativa, arrasta, a jusante, entorses flagrantes a princípios e regras constitucionais, na construção jurídica que dá corpo à receita tributária em análise.

Assim, tal construção equilibra-se muito precariamente, para me expressar em termos leves, sobre preceitos que (*i*) na ausência de autorização parlamentar, criam as ditas "contrapartidas" ou "comparticipações" a favor do regulador, (*ii*) fixam a incidência destas sobre receitas brutas auferidas, portanto sobre uma matéria colectável que constitui um rendimento, em total alheamento do princípio da tributação das empresas "fundamentalmente" sobre o rendimento real, (*iii*) remetem para mero despacho ministerial a fixação da taxa a aplicar à referida matéria colectável.

Não só o modelo de financiamento do regulador, nos termos anteriormente caracterizados, se mostra insustentavelmente frágil nos seus pressupostos, à luz dos bons princípios das finanças públicas, como o quadro legal respectivo viola, portanto, grosseiramente, a Constituição. O tratamento subsequente das questões de inconstitucionalidade, aliás razoavelmente consensual a partir do ponto em que se tenha por válida a conclusão alcançada, pode porém, ser deixado fora do âmbito do presente estudo.

A matéria apresenta ainda, no entanto, uma derivação digna de referência incidental. Na verdade, o Decreto-Lei n.º 30/2004, de 6 de Fevereiro, veio, por sua vez, atribuir à Autoridade da Concorrência, a título de receitas próprias, o valor máximo de 7,5% do montante das taxas cobradas no último exercício em que tenham contas fechadas, por várias entidades reguladoras sectoriais, incluindo o INTF e, por a este haver suce-

---

[65] Escrevendo num contexto legal em que o orçamento do Estado não era unitário: Alberto Xavier (1972), 60: "não constam do Orçamento Geral do Estado (...) fenómenos de desorçamentação com vista a subtraí-los à rigidez e às garantias inerentes àquele documento político". Sousa Franco (1988), 503: "têm em regra desvios de regime em relação à forma normal de criação ou renovação das outras receitas de tipo tributário (designadamente a carência de previsão orçamental, de anualidade e de exigência de legalidade na criação da receita). (...) A parafiscalidade é a expressão tributária da desorçamentação da Administração Pública". Ver em Saldanha Sanches (2007), 59, nota 119, como esta subtracção à legalidade tributária começou a ser questionada pela jurisprudência.

dido, o IMTT, igualmente na absoluta ausência de qualquer sinalagma. Está-se, pois, perante um duplo grau de subtracção ao "regime clássico" da legalidade tributária e da submissão do núcleo do orçamento do Estado a escrutínio político reforçado.[66]

Resumo cronológico da legislação

Advertências prévias: (i) Os diplomas elencados encontram-se em vigor, pelo menos parcialmente, em 31 de Janeiro de 2008, data em que foi elaborada a versão definitiva deste texto, salvo quando se indica o diferimento da entrada em vigor para data ulterior; (ii) Apenas se incluem diplomas cujo objecto seja o caminho-de-ferro pesado, excluindo, portanto, metropolitanos, metropolitanos ligeiros de superfície, eléctricos rápidos, elevadores, ascensores, teleféricos e outros sistemas guiados; (iii) Não se incluem diplomas cujo objecto não seja directamente relevante para o quadro institucional e regulatório do sector, em sentido restrito. Assim, não se incluem diplomas que versam exclusivamente matérias técnicas, como sejam interoperabilidade, segurança, certificação de maquinistas e material circulante, transporte de mercadorias perigosas, eliminação de passagens--de-nível, etc., ainda que referidos no texto; (iv) Textos comunitários e internos de relevo para o sector, mas sem natureza normativa, como sejam "livros verdes" e "livros brancos" ou "orientações estratégicas", também não se incluem na sinopse, ainda que referidos no texto.

Direito interno

Decreto-Lei n.º 80/73, de 2 de Março (institui o regime regulador da definição e actualização da rede de linhas férreas, da exploração do transporte ferroviário e da coordenação deste com outros meios de transporte)
Decreto-Lei n.º 104/73, de 13 de Março (autoriza o Ministro das Comunicações a estipular novo contrato de concessão com a CP e aprova as respectivas bases)
Decreto-Lei n.º 205-B/75, de 16 de Abril (nacionaliza a CP)

---

[66] Estas receitas são objecto de análise em Carlos Pinto Correia e Rui Camacho Palma, "As Taxas da Autoridade da Concorrência", inserto nesta colectânea. Ver também uma análise deste mesmo tema no contexto da regulação do sector eléctrico em Nuno de Oliveira Garcia e Inês Salema, "As Taxas da Regulação Económica no Sector da Electricidade", igualmente inserto nesta colectânea, onde se enunciam dúvidas quanto à respectiva constitucionalidade.

354   *As Taxas de Regulação Económica em Portugal*

Decreto-Lei n.º 109/77, de 25 de Março (determina que a empresa pública denominada Companhia dos Caminhos de Ferro Portugueses passa a denominar-se Caminhos de Ferro Portugueses, E.P. e aprova os respectivos estatutos)

Decreto-Lei n.º 63/83, de 3 de Fevereiro (define o regime de exploração pela CP)

Lei n.º 10/90, de 17 de Março (Lei de Bases dos Transportes Terrestres)

Decreto-Lei n.º 116/92, de 20 de Junho (procede à definição e actualização da rede de linhas férreas, altera os estatutos da CP e abre em concreto a exploração do serviço de transporte ferroviário de passageiros à iniciativa privada, em regime de concessão ou de subconcessão, na sequência do Decreto-Lei n.º 339/91, de 10 de Setembro, que abre à iniciativa privada a exploração do serviço público de transporte ferroviário, em regime de concessão, alterando a Lei n.º 46/77, de 8 de Julho)

Decreto-Lei n.º 104/97, de 29 de Abril (procede à constituição da Rede Ferroviária Nacional – REFER, E.P.)

Decreto-Lei n.º 323-H/2000, de 19 de Dezembro (procede à constituição da RAVE – Rede Ferroviária de Alta Velocidade, S.A.)

Decreto-Lei n.º 270/2003, de 28 de Outubro (define as condições de prestação dos serviços de transporte ferroviário por caminho-de-ferro e de gestão da infra-estrutura ferroviária)

Decreto-Lei n.º 276/2003, de 4 de Novembro (relativo ao domínio público ferroviário, sua desafectação, permuta e utilização privada)

Regulamento n.º 21/2005, do INTF, de 11 de Março (estabelece os métodos e as regras de cálculo na fixação, determinação e cobrança das tarifas devidas pela prestação dos serviços essenciais, adicionais e auxiliares, contendo ainda o regime das contas de regulação e o regime de melhoria do desempenho)

Decreto-Lei n.º 78/2005, de 13 de Abril (aprova as bases revistas da concessão da exploração do serviço de transporte ferroviário de passageiros do Eixo Norte-Sul da região de Lisboa)

Regulamento n.º 42/2005, do INTF, de 3 de Junho (define os procedimentos para obtenção de licenças para o exercício da actividade de prestação de serviços de transporte ferroviário)

Direito Comunitário

Directiva n.º 91/440/CEE, do Conselho, de 29 de Julho de 1991 (relativa ao desenvolvimento dos caminhos-de-ferro comunitários)

Directiva n.º 95/18/CE, do Conselho, de 19 de Junho de 1995 (relativa às licenças das empresas de transporte ferroviário)

Directiva 2001/12/CE do Parlamento Europeu e do Conselho, de 26 de Fevereiro de 2001, que altera a Directiva 91/440/CEE

Directiva 2001/13/CE do Parlamento Europeu e do Conselho, de 26 Fevereiro de 2001, que altera a Directiva 95/18/CE

Directiva 2001/14/CE do Parlamento Europeu e do Conselho, de 26 de Fevereiro, relativa à repartição de capacidade da infra-estrutura ferroviária, à aplicação de taxas de utilização da infra-estrutura ferroviária e à certificação da segurança

Directiva 2004/49/CE do Parlamento Europeu e do Conselho de 29 de Abril de 2004, relativa à segurança dos caminhos-de-ferro da Comunidade, e que altera a Directiva 95/18/CE

Directiva 2004/51/CE do Parlamento Europeu e do Conselho de 29 de Abril de 2004, que altera a Directiva 91/440/CEE

Regulamento (CE) 881/2004 do Parlamento Europeu e do Conselho de 29 de Abril de 2004, que institui a Agência Ferroviária Europeia

Directiva 2007/58/CE do Parlamento Europeu e do Conselho de 23 de Outubro de 2007, que altera a Directiva 91/440/CEE e a Directiva 2001/14/CE

Regulamento (CE) 1370/2007 do Parlamento Europeu e do Conselho de 23 de Outubro de 2007, relativo aos serviços públicos de transporte ferroviário e rodoviário de passageiros e que revoga os Regulamentos (CEE) 1191/69 e (CEE) 1107/70 (entra em vigor em 3 de Dezembro de 2009)

Regulamento (CE) 1371/2007 do Parlamento Europeu e do Conselho de 23 de Outubro de 2007, relativo aos direitos e obrigações dos passageiros dos serviços ferroviários (entra em vigor em 3 de Dezembro de 2009)

AS TAXAS DE REGULAÇÃO ECONÓMICA NO SECTOR DO GÁS NATURAL

GONÇALO ANASTÁCIO
JOANA PACHECO[*]

Sumário: 1. Evolução e enquadramento normativo do sector do gás natural 2. Actividades do sector do gás natural 2.1. Aprovisionamento, transporte e armazenamento 2.2. Distribuição 2.3. Comercialização 3. Entidades reguladoras 3.1. Entidade Reguladora dos Serviços Energéticos (ERSE) 3.2. Direcção-Geral de Energia e Geologia (DGEG) 3.3. Autoridade da Concorrência (AdC) 4. Taxas de regulação do sector 4.1. O direito comunitário 4.2. O direito nacional 5. Tarifas e aditividade tarifária 6. Taxa: afectação, pagamento, montante e receita

1. Evolução e enquadramento normativo do sector do gás natural

A energia constitui um elemento fundamental do desenvolvimento económico e social do País, pelo que garantir as necessidades energéticas é uma das responsabilidades inalienáveis do Estado.[1]

A decisão de política económica e energética de introdução do gás natural no mercado nacional teve como objectivos dotar o País de uma

---

[*] Os autores agradecem os comentários dos Senhores Doutor Eng.º Pedro Verdelho (Director de Tarifas e Preços da ERSE), Eng.º José Carvalho Netto (Assessor para a Energia/Gás Natural do Ministro da Economia e da Inovação) e Dr. Pedro Nunes (Responsável pelo Departamento Jurídico da REN Gasodutos). Agradecem, igualmente, aos seus Ilustres Colegas de Escritório, Drs. Pedro Rebelo de Sousa, Andreia Lima Carneiro, Paula Rosado Pereira e Marta Flores.

[1] *In* ERSE (2007), *Caracterização do Sector do Gás Natural em Portugal.*

358 *As Taxas de Regulação Económica em Portugal*

nova fonte energética, capaz de aumentar a competitividade industrial, constituindo uma alternativa aos hidrocarbonetos, cómoda para o utilizador, menos poluente e mais segura.

O regime legislativo nacional do sector surgiu em 1989, cerca de oito anos antes da efectiva introdução do fornecimento do gás natural em Portugal. O Decreto-Lei n.º 374/89, de 25 de Outubro, veio definir o regime da importação, armazenagem, tratamento e distribuição de gás, atribuindo ao exercício destas actividades a natureza de serviço público.[2]

No sector do gás natural, existem actividades que, pela necessidade de investimentos avultados em infra-estruturas, pelas características de subaditividade de custos e aproveitamento de economias de escala, constituirão monopólios naturais, nacionais ou regionais, *e.g.* a prestação de serviços de transporte e distribuição.[3]

Nos termos daquele diploma legal e tratando-se de um mercado emergente e não liberalizado, a organização e funcionamento do sector do gás natural assentava inicialmente em dois tipos de concessões de serviço público, atribuídas pelo Conselho de Ministros: concessão de importação, armazenagem e tratamento do gás natural e do seu transporte e concessões de distribuição regional de gás natural. As bases das concessões foram regulamentadas respectivamente pelo Decreto-Lei n.º 285/90, de 18 de Setembro, e pelo Decreto-Lei n.º 33/91, de 16 de Janeiro.

Na sequência da revogação, pela Resolução do Conselho de Ministros n.º 14/93, de 11 de Fevereiro, da adjudicação à Natgás, S.A. da concessão de importação, armazenagem e tratamento do gás natural e do seu transporte, o Governo procedeu à reformulação do projecto de gás natural no que concerne ao aprovisionamento e recepção em território português, bem como a uma série de alterações legislativas das bases da concessão, prevendo a possibilidade da sua adjudicação por ajuste directo – cf. Decreto-Lei n.º 274-A/93 e Decreto-Lei n.º 274-B/93, ambos de 4 de Agosto. As novas bases daquela concessão de serviço público foram definidas pelo Decreto-Lei n.º 274-C/93, de 4 de Agosto, passando a ter como objecto o aprovisionamento de gás natural no estado gasoso ou

---

[2] Este diploma sofreu as alterações introduzidas pelo Decreto-Lei n.º 232/90, de 16 de Julho, pelo Decreto-Lei n.º 274-A/93, de 4 de Agosto, e pelo Decreto-Lei n.º 8/2000, de 8 de Fevereiro.

[3] Para uma definição de monopólio natural, *vide* Manuel Porto (Coimbra, 2004), *Economia: Um Texto Introdutório*, 154; Fernando Araújo (Coimbra, 2005), *Introdução à Economia*, 339; e Faull/Nikpay (Oxford, 2007), *The EC Law of Competition*, 23.

liquefeito (GNL) e sua colocação em território nacional, a recepção, armazenagem, tratamento e regaseificação do GNL, e, bem assim, o transporte, armazenagem e fornecimento de gás natural através da rede de alta pressão. A concessão relativa à importação, transporte e fornecimento às distribuidoras regionais e a grandes clientes directos, com um consumo anual de gás natural igual ou superior a 2 milhões de m^3, foi atribuída à Transgás – Sociedade Portuguesa de Gás Natural, S.A.[4]

As concessões de distribuição regional foram adjudicadas a seis empresas responsáveis pela exploração do mercado doméstico, dos serviços e pequena indústria nas áreas abrangidas pela respectiva concessão.[5]

A par do regime de concessões, o Decreto-Lei n.º 8/2000, de 8 de Fevereiro, veio introduzir o regime de atribuição de licenças de distribuição em redes locais autónomas de serviço público ou privativas, a partir de unidades autónomas de gás natural liquefeito (UAG), e bem assim de

---

[4] Na sequência da execução da reestruturação do sector energético (petróleo e gás natural), as participações directas do Estado na Transgás, na GDP e na Petrogal foram concentradas na GALP – Petróleos e Gás de Portugal, SGPS, S.A., constituída em 22 de Abril de 1999 como sociedade de capitais públicos, posteriormente privatizada – Decreto-Lei n.º 137-A/99, de 22 de Abril, alterado pelo Decreto-Lei n.º 277-A/99, de 23 de Julho. A sociedade Transgás mantém-se, actualmente como comercializadora, no Grupo Galp Energia, SGPS, S.A., sendo detida em domínio total pela GDP Distribuição, SGPS, S.A.

[5] Nos primeiros anos da década de 90, foram adjudicadas as quatro concessões inicialmente previstas às seguintes empresas de distribuição regional: (*i*) Lisboagás: a concessão foi atribuída directamente pelo Decreto-Lei n.º 33/91 à GDP – Gás de Portugal, S.A., entidade exploradora da rede de gás existente na cidade de Lisboa. Nos termos do contrato de concessão e do Decreto-Lei n.º 333/91, de 6 de Setembro, sobre a concessionária recaiu a obrigação de reconversão da rede da cidade para gás natural. Na sequência do artigo 8.º do Decreto-Lei n.º 132/95, de 6 de Junho, a concessão foi transferida para a GDL, S.A., sendo a denominação social desta alterada para Lisboagás GDL, S.A. A área de concessão abrange 16 concelhos da zona de Lisboa. (*ii*) Lusitaniagás: a concessão da distribuição foi atribuída por concurso público por um prazo de 35 anos, abrangendo uma área de 38 concelhos do centro litoral. (*iii*) Portgás: concessão atribuída por concurso público por 35 anos, abrangendo 26 concelhos do norte litoral. (*iv*) Setgás: por concurso público, foi-lhe atribuída a concessão da distribuição por 35 anos em 10 concelhos da península de Setúbal. Numa fase posterior, no final da década de 90, foram criadas e adjudicadas mais duas concessões a outras duas empresas: (*v*) Beiragás: concessão atribuída por concurso público por 35 anos, de uma área que compreende 59 concelhos da zona do interior centro. (*vi*) Tagusgás: a concessão foi adjudicada por concurso público pelo prazo de 35 anos, tendo a concessionária a seu cargo a distribuição de gás natural em 39 concelhos dos distritos de Santarém, Portalegre e Leiria.

licenças para postos de enchimento de veículos com gás natural.[6]

Com excepção das licenças privativas, as concessões e licenças são exercidas em regime serviço público e em exclusivo. A Lei n.º 26/96, de 26 de Julho, classifica o serviço de fornecimento de gás como um serviço público essencial.

A Directiva n.º 98/30/CE, do Parlamento Europeu e do Conselho, de 22 de Junho, estabeleceu as regras comuns para o mercado interno de gás natural. Nos termos da Directiva, o mercado português do gás natural beneficia do estatuto de mercado emergente, razão pela qual é objecto de derrogação no que se refere à liberalização do mercado. O acesso às actividades de comercialização de gás natural continuou condicionado, assim como a escolha do comercializador pelos consumidores.[7]

O Decreto-Lei n.º 14/2001, de 27 de Janeiro, transpôs para o ordenamento jurídico interno a Directiva n.º 98/30/CE e continha as regras relativas à organização e mecanismos de funcionamento do sector do gás natural. A organização era definida por remissão para o Decreto-Lei n.º 374/89, na sua redacção à data.

Sob a influência da futura Directiva 2003/55/CE, de 26 de Junho, a Resolução do Conselho de Ministros n.º 63/2003, de 28 de Abril, que aprovou as orientações da política energética portuguesa, deixava já antever a liberalização parcial do sector do gás natural. Previa-se, nomeadamente, a separação da actividade de transporte de gás natural em alta pressão de outras actividades de cariz comercial – fornecimento –, mediante o destaque da rede de alta pressão e separação accionista. Antevia-se ainda que, oportunamente, fosse dado tratamento análogo às redes de distribuição, logo que asseguradas as condições necessárias à separação da função de comercialização, a liberalizar, da propriedade e exploração das redes.[8]

---

[6] A regulamentação dos regimes das licenças foi efectuada pela Portaria n.º 5/2002, de 4 de Janeiro, e pela Portaria n.º 468/2002, de 24 de Abril.

[7] Nos termos da Directiva de 1998, a abertura do mercado processava-se mediante a determinação pelos Estados-Membros dos clientes elegíveis, estando obrigatoriamente abrangidos os produtores de electricidade a partir do gás e os consumidores finais com um consumo anual de gás natural num único ponto de consumo superior a 25 milhões de m³.

[8] A Resolução do Conselho de Ministros n.º 63/2003 foi além da Directiva n.º 98//30/CE. Enquanto esta, no seu artigo 13.º, apenas previa a necessidade de separação das

As Taxas de Regulação Económica no Sector do Gás Natural   361

Por seu turno, a Resolução do Conselho de Ministros n.º 68/2003, de 10 de Maio, definiu as linhas gerais do quadro estratégico do sector energético nacional e das empresas envolvidas.

Entretanto, no seguimento da Cimeira de Lisboa, a Directiva n.º 2003//55/CE do Parlamento Europeu e do Conselho, de 26 de Junho, estabeleceu as regras comuns para o mercado interno de gás natural, revogando a Directiva n.º 98/30/CE. Pretendia-se a criação de um mercado livre e concorrencial. Esta directiva definia como prazo para a sua transposição 1 de Julho de 2004, podendo contudo, em determinados casos, a separação jurídica do operador de rede de transporte de uma empresa verticalmente integrada ocorrer até 1 de Julho de 2007. No que se refere à abertura dos mercados nos Estados-Membros, a Directiva procedeu a uma classificação simplificada dos clientes elegíveis e fixou datas concretas para a abertura: (*i*) até 1 de Julho de 2004, abertura do mercado aos clientes dos segmentos não domésticos; (*ii*) até 1 de Julho de 2007, abertura do mercado para todos os clientes.[9]

A Directiva n.º 2003/55/CE manteve a previsão da derrogação para os mercados emergentes no que concerne à abertura dos mercados, acrescentando a possibilidade de derrogação das regras de designação, atribuições e separação jurídica e das contas dos operadores das redes. Enquanto mercado emergente, Portugal havia solicitado uma derrogação ao calendário de liberalização do mercado do gás, tendo sido autorizado a definir prazos de liberalização mais alargados, fixados consoante os segmentos de mercado: (*i*) produtores de energia eléctrica, até 1 de Janeiro de 2008; (*ii*) grandes consumidores industriais com um consumo superior a 1 milhão de m³/ano, até 1 de Janeiro de 2009; (*iii*) clientes industriais com um consumo superior a 10 mil m³/ano, até 1 de Janeiro de 2010; (*iv*) clientes domésticos, até 1 de Janeiro de 2012.

A Resolução do Conselho de Ministros n.º 169/2005, de 24 de Outubro, veio definir a nova estratégia nacional para a Energia, revogando as anteriores Resoluções do Conselho de Ministros n.º 63/2003 e

---

contas das actividades de transporte, distribuição e armazenamento de gás natural, aquela Resolução operou o *unbundling* patrimonial, prevendo a separação accionista das funções de transporte da comercialização do gás natural – cf. Medida 35.

[9] Trata-se de uma matéria em que se verificam diferenças significativas entre a actual Directiva e a anterior Directiva n.º 98/30/CE, que apenas previa percentagens para abertura do mercado.

n.º 68/2003. Adopta como uma das linhas orientadoras daquela estratégia a liberalização e promoção da concorrência nos mercados energéticos, através da alteração dos respectivos enquadramentos.

Esta linha estratégica foi concretizada pelo Decreto-Lei n.º 30/2006, de 15 de Fevereiro, que, em articulação com a legislação comunitária, estabelece os princípios gerais relativos à organização e funcionamento do Sistema Nacional de Gás Natural (SNGN), a organização dos mercados de gás natural e as regras gerais aplicáveis ao exercício das actividades de recepção, armazenamento, transporte, distribuição e comercialização de gás natural. No essencial, a organização do SNGN assenta na exploração da rede pública de gás natural (RPGN), a qual, nos termos do artigo 11.º deste diploma, abrange as infra-estruturas que compõem a redes nacionais de transporte e de distribuição de gás natural, bem como as instalações de armazenamento e terminais.[10]

O Decreto-Lei n.º 140/2006, de 26 de Julho, veio desenvolver os princípios gerais relativos à organização e funcionamento do SNGN, aprovados pelo Decreto-Lei n.º 30/2006. O Decreto-Lei n.º 140/2006 veio antecipar, em um ano no segmento industrial e dois no segmento doméstico, os prazos de liberalização do mercado nacional do gás relativamente aos prazos derrogatórios autorizados pela União Europeia: (*i*) produtores de electricidade em regime ordinário, até 1 de Janeiro de 2007; (*ii*) clientes com um consumo anual igual ou superior a 1 milhão de m^3 normais, até 1 de Janeiro de 2008; (*iii*) clientes com um consumo anual igual ou superior a 10 mil m^3 normais, até 1 de Janeiro de 2009; (*iv*) outros clientes, até 1 de Janeiro 2010.[11]

A legislação complementar para regulamentação integral da implementação dos princípios consagrados neste último diploma está a ser gradualmente produzida. Através do Despacho n.º 19624-A/2006, de 25 de Setembro, foram aprovados pela ERSE diversos regulamentos no âmbito do sector do gás natural: o Regulamento do Acesso às Redes, às Infra-Estruturas e às Interligações (RARII), o Regulamento Tarifário, o Regulamento de Relações Comerciais (RRC) e o Regulamento da Qua-

---

[10] O Decreto-Lei n.º 30/2006 iniciou a transposição para a ordem jurídica portuguesa da Directiva n.º 2003/55/CE e revogou o Decreto-Lei n.º 374/89 e o Decreto-Lei n.º 14/2001. Contudo, ambos os diplomas se mantiveram em vigor, relativamente a matérias não incompatíveis com aquele decreto-lei, até à entrada em vigor da legislação complementar, que veio a ocorrer com o Decreto-Lei n.º 140/2006, de 26 de Julho.

As Taxas de Regulação Económica no Sector do Gás Natural 363

lidade de Serviço (RQS). Alguns destes regulamentos são já objecto de subregulamentação.[12]

Cumpre ainda realçar a importância dos mercados regionais como forma de alcançar o mercado interno europeu do gás natural. Em Abril de 2006, os reguladores europeus, através do ERGEG (Grupo Europeu dos Reguladores de Electricidade e Gás), lançaram a denominada *Gas Regional Initiative*, composta por quatro projectos de mercados regionais de energia, no qual participam activamente reguladores e operadores dos países envolvidos. O mercado regional de energia do Sul é composto por Espanha, Portugal e Sul de França.

Por outro lado, à semelhança do que sucedeu no sector da electricidade com o MIBEL, encontra-se em fase de preparação a criação do mercado ibérico de gás natural – MIBGAS –, mercado regional a nível comunitário, em sede de construção do mercado comunitário de Energia. A 13 de Novembro de 2007, foi lançada a consulta pública sobre a proposta de organização e princípios de funcionamento do MIBGAS, elaborada pelas entidades reguladoras espanhola e portuguesa, CNE – *Comisión Nacional de Energia* e ERSE. As entidades reguladoras enviaram já aos governos de Portugal e Espanha a sua proposta de "Modelo de organização e princípios de funcionamento do MIBGAS".[13]

---

[11] Todos os produtores de energia eléctrica passaram a poder escolher livremente o seu fornecedor. Em 2005, o consumo de gás natural por aqueles produtores representava mais de metade do consumo nacional de gás € 469M, num total de cerca de € 912M – *vide* "Relatório & Contas de 2005" da Transgás e "Relatório e Contas do Exercício de 2006" da REN – Gasodutos, S.A. Apesar do desenvolvimento da rede doméstica, o peso das eléctricas tenderá a crescer em função das novas centrais a gás natural aprovadas para Sines – Galp –, Figueira da Foz – EDP e Iberdrola –, e Pego – Tejo Energia (Endesa/ /International Power).

[12] Por razões que se prendem com a sua natureza técnica específica, o Regulamento de Operações das Infra-estruturas (ROI) foi aprovado pela ERSE apenas pelo Despacho n.º 14669-AZ/2007, de 6 de Julho. Os artigos 61.º e 63.º do Decreto-Lei n.º 140/2006 estabelecem ainda a existência de regulamentos mais ligados à segurança de pessoas e bens, a aprovar pelo ministro da área da energia, sob proposta da DGEG (ouvida a ERSE e propostas entidades concessionárias): Regulamento de Armazenamento subterrâneo; Regulamento de Terminal de Recepção, Armazenamento e Regaseificação de GNL; Regulamento da Rede de Transporte.

[13] A criação do MIBGAS surge de um compromisso assumido no âmbito do "Plano de Compatibilização da Regulação do Sector Energético entre Espanha e Portugal", assinado pelos Governos de ambos os Países, a 8 de Março de 2007. A consulta pública em Portugal terminou a 29 de Novembro de 2007, tendo participado 19 entidades.

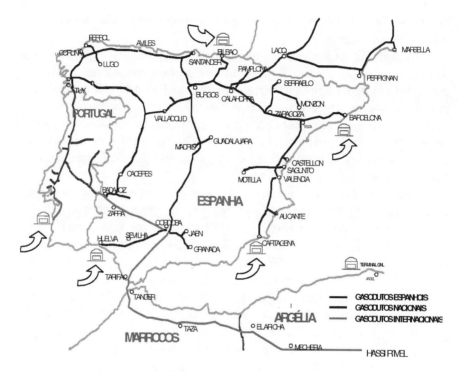

Figura 1: Rede Ibérica de gasodutos de transporte em alta pressão (fonte: Transgás in ERSE, *Caracterização da Procura de Gás Natural para o ano gás 2007-2008*)

2. Actividades do sector do gás natural

2.1. *Aprovisionamento, transporte e armazenamento*

Na implementação da Estratégia Nacional para a Energia, procedeu--se ao *unbundling* total (i.e. patrimonial) das redes de transporte de electricidade e gás. A actividade de transporte de gás natural é exercida por um único operador, concessionário de serviço público, a quem compete o desenvolvimento, manutenção e exploração da Rede Nacional de Transporte de Gás Natural (RNTGN). Atenta a importância da RNTGN, a sua exploração abrange a gestão global do sector, com vista a assegurar a

As Taxas de Regulação Económica no Sector do Gás Natural 365

continuidade e segurança do abastecimento e o funcionamento eficaz do sistema. Tendo como finalidade garantir a independência e transparência da actividade do transporte, o operador da RNTGN é contabilística, jurídica e patrimonialmente, independente das entidades distribuidoras e comercializadoras, estando-lhe vedada a compra de gás natural para comercialização.

A reestruturação do sector energético preconizava, além do mais, a concentração numa única entidade empresarial das infra-estruturas reguladas dos sectores da electricidade e do gás natural. Neste contexto, a Resolução do Conselho de Ministros n.º 85/2006, de 30 de Junho, veio autorizar a empresa pública concessionária da Rede Nacional de Transporte, REN – Rede Eléctrica Nacional, S.A. a proceder à sua modificação e constituir três novas sociedades em relação de domínio total inicial com aquela: REN Gasodutos, S.A., REN Armazenagem, S.A. e REN Atlântico, Terminal de GNL, S.A. O capital destas sociedades foi realizado em espécie, mediante transmissões parciais de estabelecimento, por entrada dos activos inicialmente afectos às concessões de que as mesmas vieram a ser titulares. Após estas operações, a REN passou a ter como objecto apenas a gestão de participações sociais, alterando a sua denominação para REN – Redes Energéticas Nacionais, SGPS, S.A. a partir de 5 de Janeiro de 2007.[14]

A concessão da Transgás abrangia tanto a importação do gás natural, como o seu transporte, armazenagem, fornecimento através da rede de alta pressão e outras actividades. A actividade de recepção, armazenamento e regaseificação de GNL tinha sido objecto de uma subconcessão à Transgás Atlântico, por contrato celebrado em Novembro de 2000. Assim, com vista à concentração das infra-estruturas reguladas numa única entidade, foi necessário promover a alteração do contrato de concessão do Estado com a Transgás.

Em Agosto de 2006, foi aprovada a minuta do contrato entre o Estado Português e a Transgás – Sociedade Portuguesa de Gás Natural, S.A., que modifica o contrato de concessão de serviço público de importação, transporte e fornecimento de gás natural outorgado em 14 de Outubro de 1993, nos termos do qual a Transgás continua a exercer a

---

[14] A Resolução previa ainda a constituição pela REN da nova sociedade REN – Rede Eléctrica Nacional, S.A., sempre integralmente detida por aquela, por cisão ou destaque dos activos respeitantes à rede nacional de transporte de electricidade.

366   *As Taxas de Regulação Económica em Portugal*

actividade de comercialização (ou aprovisionamento), deixando de ser concessionária do transporte de gás natural em alta pressão.[15]

Por contrato de compra e venda celebrado com a Transgás – Sociedade Portuguesa de Gás Natural, S.A., a Transgás – SGPS, S.A. e a GDP – Gás de Portugal, SGPS, S.A., a 26 de Setembro de 2006, a REN adquiriu os activos de transporte e armazenamento de gás natural. O Estado atribuiu às empresas do grupo REN concessões de serviço público, com a duração de 40 anos.

A REN Gasodutos passou a exercer a actividade de transporte de gás natural em alta pressão através da RNTGN, tendo igualmente a seu cargo a gestão técnica global do SNGN. A REN Atlântico desenvolve as actividades de recepção, armazenamento e regaseificação de GNL no terminal de GNL de Sines. A Transgás Armazenagem, que permaneceu no Grupo Galp Energia, mantém a concessão para armazenamento subterrâneo de gás natural do Carriço, com exclusão das cavidades atribuídas à REN. A REN Armazenagem tem a titularidade e é a operadora das infra-estruturas de armazenamento subterrâneo de gás natural do Carriço, Pombal, e respectivas estruturas de apoio.[16]

---

[15] Resolução do Conselho de Ministros n.º 109/2006, de 23 de Agosto. O contrato define as actividades que a Transgás mantém, as que deixa de exercer e as que lhe foram atribuídas, directa ou indirectamente, em regime de concessão ou de licença, para reposição do equilíbrio económico e financeiro do contrato de concessão. As sociedades Transgás SGPS, Transgás e Transgás Armazenagem fazem actualmente parte das empresas da área de aprovisionamento e transporte de gás natural do Grupo Galp Energia SGPS, sendo detidas a 100% pela GDP, SGPS.

[16] A minuta do contrato de concessão da actividade de transporte de gás natural através da Rede Nacional de Transporte de Gás Natural entre o Estado Português e a REN, Gasodutos, S.A. foi aprovada pela Resolução do Conselho de Ministros n.º 105/2006, de 23 de Agosto. A atribuição das restantes concessões e a aprovação dos respectivos contratos foi efectuada pelas Resoluções do Conselho de Ministros n.º 106/2006, 107/2006 e 108/2006, todas de 23 de Agosto.

Estima-se que o armazenamento subterrâneo do Carriço tenha potencial para a construção de 9 cavidades. A concessão de armazenamento subterrâneo à REN abrange a estação de gás, a estação de lixiviação e três cavidades de armazenamento subterrâneo (TGC-5, TGC-3 e TGC-4, duas em operação e uma em fase final de construção, com uma capacidade total estimada de 47, 53 e 52 milhões de m3), podendo ainda integrar a concessão as cavidades sitas no mesmo local que a concessionária venha a adquirir à Transgás Armazenagem, S.A., nos termos do disposto no artigo 66.º, n.º 3, do Decreto-Lei n.º 140/2006. – cf. Resolução do Conselho de Ministros n.º 107/2006. A Transgás Armazenagem explora a cavidade TGC-1S, com uma capacidade de cerca de 36 milhões de m3 e está a iniciar a lixiviação da cavidade TGC-2.

As Taxas de Regulação Económica no Sector do Gás Natural 367

2.2. Distribuição

A actividade de distribuição através de gasodutos de média e baixa pressão consiste na exploração da Rede Nacional de Distribuição de Gás Natural (RNDGN), sendo exercida em regime de concessões exclusivas de serviço público ou de licenças exclusivas de distribuição em redes locais autónomas, em regime de serviço público.[17] Fora da RNDGN, podem ser atribuídas licenças de distribuição para utilização privativa de gás natural. Cabe ao operador da rede de distribuição o desenvolvimento, exploração e manutenção da rede e garantir a capacidade da rede a longo prazo, para responder a pedidos razoáveis de distribuição de gás natural. A actividade de distribuição é contabilisticamente separada das restantes actividades, sendo a separação jurídica da organização e tomada de decisões, *legal unbundling*, também obrigatória para distribuidores com um número de clientes superior a 100.000, tendo sido concluída até ao final de 2007.[18]

Em conformidade com os critérios legais, estão abrangidas pela obrigação de *legal unbundling* as concessionárias Lisboagás, Lusitaniagás, Setgás e Portgás. Para cumprimento da separação das actividades de

---

[17] São distribuidoras regionais em regime de concessão as sociedades Beiragás – Companhia de Gás das Beiras, S.A., Lisboagás GDL – Sociedade Distribuidora de Gás Natural de Lisboa, S.A., Lusitaniagás – Companhia de Gás do Centro, S.A., Portgás – Sociedade de Produção e Distribuição de Gás, S.A., Setgás – Sociedade de Produção e Distribuição de Gás, S.A. e Tagusgás – Empresa de Gás do Vale do Tejo, S.A. A Portgás está integrada no Grupo EDP, sendo detida em 72% pela EDP Gás SGPS, S.A. (que detém ainda 20% da Setgás). O Grupo Galp Energia integra, através da GDP, SGPS, S.A. as distribuidoras regionais: Lisboagás (100%), Lusitaniagás (85,038%), Beiragás (59,04%) e Setgás (45,008%) – cf. informações disponíveis nos sites dos grupos. O Grupo Lena detém cerca de 54% da Tagusgás e a Galp detém 41,27% desta distribuidora. As distribuidoras locais participadas pelo Grupo Galp Energia são Dianagás (100%), Duriensegás (75%), Medigás (100%) e Paxgás (100%). A Dourogás, S.A., com sede em Vila Real, opera em cinco pólos – Macedo de Cavaleiros, Mirandela, Régua, Póvoa de Lanhoso e Arcos de Valdevez – estando a expandir a sua actividade em Trás-os-Montes.

[18] De acordo com os dados constantes do "Relatório & Contas de 2006" da Galp Energia, SGPS, S.A., o número de clientes das cinco distribuidoras regionais ligadas ao grupo foi o seguinte: Beiragás – 13.002 clientes; Lisboagás – 459.972 clientes; Lusitaniagás – 146.741 clientes; Setgás – 118.399 clientes; Tagusgás – 17.578 clientes. Segundo o "Relatório & Contas de 2006" da Portgás, o número de clientes da concessionária ascendia a 163.391 clientes.

368 *As Taxas de Regulação Económica em Portugal*

distribuição e comercialização, em Julho de 2007, foram criadas por aquelas concessionárias de distribuição respectivamente as sociedades Lisboagás Comercialização, S.A., Lusitaniagás Comercialização, S.A., Setgás Comercialização, S.A. e Portgás – Serviço Universal, S.A., tendo por objecto nomeadamente a compra e venda de gás natural, em regime de comercialização de último recurso, coexistindo com as empresas comercializadoras em regime livre.[19]

2.3. *Comercialização*

No que se refere à actividade de comercialização, foi estabelecido um regime transitório de abertura gradual do mercado, atenta a derrogação de que beneficia o mercado nacional do gás natural, que tem o estatuto de mercado emergente – artigos 2.º, n.º 31, 23.º e 28.º da Directiva n.º 2003/55/CE e artigo 64.º do Decreto-Lei n.º 140/2006.

Paulatinamente, no modo estabelecido no calendário de elegibilidade para a liberalização do sector, os consumidores irão poder escolher livremente o seu comercializador. Contudo, a legislação nacional antecipou as datas de liberalização do mercado do gás com relação à calendarização prevista na directiva comunitária para os mercados emergentes, sendo que o processo deverá estar completo em 1 de Janeiro de 2010. A partir desta data, a comercialização de gás natural será livre face a todos os consumidores, estando todavia sujeita à atribuição de uma licença e às demais condições fixadas em legislação complementar.

Consagra-se a separação jurídica da actividade de comercialização das restantes actividades, sem prejuízo da excepção prevista para os distribuidores com menos de 100.000 clientes.

Para protecção dos consumidores, a mudança de operador será simplificada pela figura do operador logístico de mudança de comercializador e é criada a figura do comercializador de último recurso (CUR), entidade sujeita a obrigações de serviço universal, devendo nomeadamente garantir a prestação do serviço público de fornecimento de gás natural a todos os clientes abrangidos pela RPGN que o solicitem. A função de

---

[19] As sociedades Portgás Distribuição e Portgás Serviço Universal actuam no mercado com as marcas "EDP Gás Distribuição" e "EDP Gás Serviço Universal".

As Taxas de Regulação Económica no Sector do Gás Natural 369

comercializador de último recurso foi provisoriamente atribuída às actuais empresas regionais de distribuição de gás natural, pelo prazo de duração da respectiva concessão – artigo 67.º do Decreto-Lei n.º 30/2006. A Resolução de Conselho de Ministros n.º 109/2006, de 23 de Agosto, prevê a atribuição, independentemente de qualquer formalidade, à sociedade Transgás Indústria, S.A., detida em regime de domínio total pela Transgás (Grupo Galp), uma licença de comercialização de gás natural de último recurso de todos os grandes clientes e dos titulares das concessões de distribuição regional e das licenças de distribuição local, até 2028.[20]

3. Entidades reguladoras

Conforme acima referido, cedo se constatou existirem actividades desenvolvidas no sector do gás natural que, quer face aos investimentos avultados que importam, quer pela subaditividade dos custos, quer pelo efeito de redução de custos por via do aumento das escalas de produção, são exercidas em regime de monopólio, nacional, no caso do transporte em alta pressão, ou regional, no caso da distribuição. Assim, nos contratos de concessão de importação, transporte e fornecimento e de concessão de distribuição, o Estado concedente estabeleceu cláusulas que impõem condições ao exercício das actividades e à rentabilidade das empresas concessionárias, destinadas a proteger os clientes servidos por estas.

No âmbito do mercado interno do gás natural, a Directiva n.º 98/30//CE conferiu às entidades reguladoras um papel de relevo na garantia das obrigações de serviço público e na implementação dos mecanismos necessários a assegurar aos vários operadores a transparência, igualdade de tratamento e não discriminação no seu relacionamento e no acesso às redes, com observância das regras comunitárias da concorrência plasmadas no Tratado da Comunidade Europeia. A Directiva n.º 2003/55/CE define a

---

[20] As Portarias n.º 929/2006, de 7 de Setembro, e n.º 1295/2006, de 22 de Novembro, aprovam os modelos de licença de comercialização de gás natural respectivamente em regime livre e de último recurso. Subjacente à criação do CUR está a intenção de assegurar a todos os clientes o efectivo acesso ao gás natural, protegendo-os de situações em que eventualmente os comercializadores em regime livre não quisessem celebrar contratos.

370   *As Taxas de Regulação Económica em Portugal*

obrigatoriedade da existência de entidades reguladoras totalmente independentes dos interesses dos sectores regulados, mesmo que esteja prevista a possibilidade de sujeição de algumas das medidas por si propostas a aprovação ou rejeição por parte de um organismo do Estado-Membro, *e.g.* fixação de metodologias de cálculo ou de tarifas de transporte e distribuição – artigo 25.º, n.ᵒˢ 1 e 3.

Em Janeiro de 2007, a Comissão Europeia chamou a atenção para a necessidade de uma regulação comunitária eficaz, advogando que a solução a ter em conta deveria aproximar-se da hipótese "ERGEG+", consubstanciada numa rede europeia de reguladores independentes resultante da formalização do ERGEG (Grupo Europeu dos Reguladores de Electricidade e Gás), actualmente um órgão consultivo da Comissão Europeia, com mandato definido para questões transfronteiriças.[21]

Em consequência das alterações legislativas comunitárias e da evolução da política económica e energética nacional, optou-se a nível nacional por atribuir a regulação do sector do gás natural a uma entidade independente, opção imposta quer pela necessidade de garantir a imparcialidade da regulação através da separação entre o "Estado Regulador" e o "Estado Operador", perante a forte intervenção estadual no sector, quer como meio de reforço da confiança dos operadores e consumidores, assegurando a independência da regulação face aos ciclos eleitorais e conjunturas políticas. Dando cumprimento ao estabelecido no Decreto-Lei n.º 14/ /2001 e na Resolução do Conselho de Ministros n.º 154/2001, de 19 de Outubro, que aprovou o "Programa E4 – Eficiência Energética e Energias Endógenas", o Decreto-Lei n.º 97/2002, de 12 de Abril, veio atribuir o papel regulador do sector do gás natural à Entidade Reguladora dos Serviços Energéticos (ERSE), resultante da alteração de denominação,

---

[21] "An energy policy for Europe: Commission steps up to the energy challenges of the 21st century" (10 de Janeiro de 2007). A ERSE participa no ERGEG, bem como no CEER (Conselho Europeu de Reguladores de Energia). O CEER foi criado por iniciativa de algumas entidades reguladoras energéticas nacionais, em Março de 2000, com o objectivo de cooperação entre as reguladoras energéticas nacionais e cooperação com as instituições da União Europeia. Presentemente, o CEER é composto pelas entidades reguladoras independentes dos Estados-Membros da União Europeia e ainda da Islândia e da Noruega, países pertencentes à E.E.E.. No final de 2003, a Comissão Europeia estabeleceu o ERGEG, com a finalidade de aconselhar e assistir a Comissão na consolidação do mercado interno de energia.

As Taxas de Regulação Económica no Sector do Gás Natural   371

transformação e alargamento das competências da Entidade Reguladora do Sector Eléctrico.[22]

A regulação sectorial do gás natural compete, assim, a uma entidade reguladora independente, Entidade Reguladora dos Serviços Energéticos, e a uma entidade directamente tutelada pelo Governo, Direcção-Geral de Energia e Geologia (DGEG). Ambas as entidades estão na esfera do Ministério da Economia e da Inovação, podendo dizer-se, em termos genéricos, que a regulação económica se encontra atribuída à primeira daquelas entidades e a regulação técnica à segunda.

Para além da regulação específica do sector, a regulação transversal da concorrência é levada a cabo pela Autoridade da Concorrência (AdC).

3.1. *Entidade Reguladora dos Serviços Energéticos (ERSE)*[23]

Na sequência da decisão de liberalização parcial do sector, em 2003, foram introduzidas alterações legislativas que levam à coexistência no novo ordenamento do sector do gás natural de actividades exercidas em regime livre e em monopólio. A regulação da ERSE abrange não só o controlo dos monopólios, mas também o fomento da concorrência entre os vários operadores e intervenientes e a garantia de acesso não discriminatório aos mercados e infra-estruturas, tendo por fim a protecção dos consumidores e a manutenção do equilíbrio económico-financeiro das empresas reguladas. Assim, as actividades integradas na rede pública de gás natural, a operação logística de mudança de operador e a comercialização de último recurso são objecto de regulação por parte da ERSE, sem prejuízo de competências regulatórias atribuídas por lei a outras entidades administrativas, *e.g.* DGEG, AdC, Comissão do Mercado de Valores Mobiliários e outras.

---

[22] Só após a revisão constitucional de 1997, a Constituição da República Portuguesa passou a contemplar a possibilidade de criação de entidades administrativas independentes (artigo 267.º, n.º 3). Assim, a Entidade Reguladora do Sector Eléctrico, criada pelo Decreto-Lei n.º 182/95, de 27 de Julho, era uma entidade reguladora, apenas "pelas" suas características, independente (designadamente pela possibilidade de desfasamento dos mandatos dos membros dos órgãos de administração face a ciclos eleitorais, sujeição desses membros ao regime de exclusividade e incompatibilidades, etc.).

[23] *Vide* Relatório n.º 21/2007, da 2.ª Secção do Tribunal de Contas, "Auditoria à Regulação no Sector Energético".

372 *As Taxas de Regulação Económica em Portugal*

Nos termos dos estatutos, compete, nomeadamente, à ERSE no sector do gás natural (*i*) a protecção dos consumidores quanto a preços, serviços e respectiva qualidade; (*ii*) preparar a liberalização do sector e promover a concorrência, com o objectivo de aumentar a eficiência das actividades reguladas; (*iii*) assegurar regras de regulação objectivas e a transparência das relações comerciais entre operadores e destes com os consumidores; (*iv*) zelar pelo cumprimento das obrigações de serviço público e demais obrigações estabelecidas na lei, regulamentos e contratos de concessão ou licenças por parte dos operadores; (*v*) contribuir para a melhoria progressiva das condições técnicas, económicas e ambientais do sector; (*vi*) promover a informação e esclarecimento dos consumidores de energia; e (*vii*) garantir as condições que permitam a satisfação da procura de gás natural de forma eficiente.

A ERSE dispõe de diversos poderes que lhe permitem o exercício das suas funções: poder regulamentar, poder consultivo, funções de monitorização da actividade dos operadores, poder de fiscalização de normas contratuais e legais, poderes sancionatórios pelo processamento de contra-ordenações e aplicação de coimas e sanções acessórias, poder para aplicação de mecanismos que permitam evitar qualquer abuso de posição dominante ou comportamento predatório.[24]

A ERSE rege-se pelos seus Estatutos, pela legislação que lhe seja especificamente aplicável e, subsidiariamente, pelo regime das entidades públicas empresariais.[25]

A ERSE é uma pessoa colectiva de direito público independente e dotada de autonomia administrativa e financeira, com património próprio, sujeita à tutela do Ministro responsável pela área da energia e, quando aplicável, do Ministro das Finanças. O seu orçamento integra-se no Orçamento do Estado, estando sujeito, portanto, às disposições gerais e comuns

---

[24] De acordo com o Relatório de Auditoria n.º 21/2007 do Tribunal de Contas, os Estatutos da ERSE de 2002 enfermam de um erro legislativo no que concerne ao sector do gás natural: a Secção II ("Competências relativas ao sector do gás natural") faz remissão para os Decretos-Leis n.ᵒˢ 183/95, 184/95 e 185/95, de 27 de Julho, que dizem respeito ao sector eléctrico. Tal erro inviabiliza o exercício do poder sancionatório da ERSE no sector do gás, o que constituirá uma barreira a uma regulação eficaz.

[25] Os Estatutos foram aprovados pelo Decreto-Lei n.º 97/2002, diploma posteriormente alterado pelo Decreto-Lei n.º 200/2002, de 25 de Setembro, e o regime das EPE consta do Decreto-Lei n.º 558/99, de 17 de Agosto.

As Taxas de Regulação Económica no Sector do Gás Natural 373

de enquadramento dos orçamentos e contas de todo o sector público administrativo, estabelecidas na Lei de Enquadramento Orçamental (LEO) – Lei n.º 91/2001, de 20 de Agosto.[26] O orçamento da ERSE não tem impacto orçamental, nem onera o Orçamento do Estado.

O regime de integração no Orçamento de Estado é visto como um factor que poderá afectar a independência da entidade reguladora sectorial, em virtude da falta de poder de decisão sobre os próprios recursos. Sustenta a ERSE que a sua sujeição ao regime de integração no Orçamento de Estado constitui um sério constrangimento da sua actividade e limita a sua independência, pela aplicação de um regime financeiro de intervenção governamental, dependente de autorizações dos Ministérios da Economia e da Inovação e das Finanças, nomeadamente no que se refere ao recrutamento de pessoal e à aquisição de bens.[27] Com efeito, apesar da sua autonomia administrativa e financeira, que lhe confere uma maior margem de manobra do que a dos organismos dotados de mera autonomia administrativa, aplicam-se-lhe algumas das normas relativas a este regime, nomeadamente: encerramento da conta, reescalonamento de compromissos, duodécimos, registo de contratos e cabimento das despesas, regime e requisitos de autorização de despesas, restituições, reposições, etc.

3.2. *Direcção-Geral de Energia e Geologia (DGEG)*

A DGEG é um organismo do Ministério da Economia e da Inovação competindo-lhe, *inter alia*, apoiar a definição e execução da política energética, a preparação de legislação-quadro do sector energético e a regulação técnica de segurança de pessoas e bens.

A monitorização da segurança no abastecimento é da competência do Governo, tendo sido re-atribuída à Direcção-Geral de Energia e Geo-

---

[26] Integram-se, também, no Orçamento de Estado os orçamentos das restantes entidades reguladoras nacionais, com excepção do Banco de Portugal, actualmente integrado no Sistema Europeu de Bancos Centrais.

[27] "Relatório Anual da ERSE para a Comissão Europeia", de Julho de 2006. No Relatório n.º 21/2007, o Tribunal de Contas recomenda a promoção de condições que permitam à entidade reguladora independente sectorial o desenvolvimento da actividade de regulação em condições de maior autonomia material.

374 As Taxas de Regulação Económica em Portugal

logia (DGEG), nos termos do Decreto-Lei n.º 139/2007, de 27 de Abril, e da Portaria n.º 535/2007, de 30 de Abril.

À Direcção de Serviços de Combustíveis cabe desempenhar as competências regulatórias que sejam atribuídas à DGEG por legislação específica no sector do gás natural, bem como participar na elaboração de legislação e regulamentação relativa ao licenciamento, responsabilidade técnica, segurança, eficiência e fiscalização das instalações e correspondentes taxas – artigo 4.º, n.º 1, alíneas b) e m), e n.º 3, alínea a), da Portaria n.º 535/2007. Em conformidade com o disposto nos artigos 61.º e 63.º do Decreto-Lei n.º 140/2006, cabe à DGEG elaborar os regulamentos ligados à segurança de pessoas e bens.[28]

3.3. *Autoridade da Concorrência (AdC)*

A AdC foi criada através do Decreto-Lei n.º 10/2003, de 18 de Janeiro, sendo a entidade reguladora com competência para assegurar o respeito das regras da concorrência em toda a economia, inclusive nos sectores especificamente regulados. As competências atribuídas à AdC vêm alargar o âmbito da regulação no sector da energia, apesar de ter um papel de menos relevo sectorial.

A colaboração das entidades reguladoras sectoriais com a AdC tem lugar principalmente no âmbito do direito da concorrência, sendo definidos os respectivos termos na Lei da Concorrência, no Decreto-Lei n.º 10/ /2003, e em protocolos de cooperação.

4. *Taxas de regulação do sector*

A independência das entidades reguladoras requer a obtenção de receitas próprias, o menos dependentes do Orçamento do Estado quanto possível. Assim, o recurso às denominadas taxas de regulação económica tornou-se uma fonte de receita essencial das entidades reguladoras sectoriais.

---

[28] Apesar de ter uma componente técnica acentuada, a elaboração do Regulamento de Operações das Infra-estruturas foi entregue à ERSE, em virtude das consequências económicas que dele podem advir.

As Taxas de Regulação Económica no Sector do Gás Natural 375

Utilizando a definição de Sérgio Vasques, podemos dizer que as taxas de regulação económica são tributos devidos a entidades públicas menores, integrantes da administração indirecta ou possuindo estatuto independente, em contrapartida da actividade de regulação de sectores económicos determinados.[29]

O financiamento autónomo das entidades reguladoras através destas contribuições fundamenta-se nos serviços de regulação prestados por cada entidade reguladora, nomeadamente no que se refere ao funcionamento eficiente do sector.

Alguns Autores qualificam as taxas de regulação económica como uma verdadeira taxa, por entenderem que assentam em prestações efectivas da entidade reguladora. Outros defendem que estes tributos devem qualificar-se como contribuições, por não se dirigirem à compensação de prestações efectivas, mas consubstanciarem antes uma contrapartida por prestações de que se presumem causadoras ou beneficiárias as entidades sujeitas à regulação (prestações presumidas); contribuições, estas, com um tratamento idêntico ao dos impostos no que se refere à reserva de lei parlamentar, mas sujeitas ao princípio da equivalência, afastando o princípio da capacidade contributiva característico dos impostos.[30]

---

[29] Este Autor manifesta alguma renitência no uso da expressão taxas de regulação económica, por entender que sugere uma finalidade de orientação de comportamentos dos operadores económicos regulados, que estes tributos raramente possuem. *In casu*, estamos perante tributos cobrados com finalidade recolectora, isto é, com o intuito de financiar o exercício da actividade das entidades reguladoras e custear a realização das suas prestações.

[30] A qualificação dos tributos, independentemente do nome que lhes seja atribuído, assume crucial importância face à diversidade de regimes jurídicos, formais e materiais aplicáveis a cada uma destas figuras. A Constituição consagra um regime para os impostos que se baseia na sujeição ao princípio da legalidade fiscal e ao princípio da capacidade contributiva, enquanto as taxas e outros tributos bilaterais estão sujeitos apenas à reserva de lei relativa da Assembleia da República e a respectiva medida funda-se no princípio da proporcionalidade. A tradicional qualificação dicotómica dos tributos no Direito Fiscal divide-os entre impostos ou taxas, consoante sejam unilaterais ou bilaterais – *vide* Casalta Nabais (Coimbra, 2007), *Direito Fiscal*, 19. A divisão tripartida dos tributos distingue impostos, taxas e contribuições ou tributos especiais. Sobre a natureza destas taxas de regulação económica, ver Sérgio Vasques, "Remédios Secretos e Especialidades Farmacêuticas: A Legitimação Material dos Tributos Parafiscais", *Ciência e Técnica Fiscal*, 2004, n.º 413, 159ss.

4.1. O direito comunitário

A Directiva n.º 2003/55/CE nada diz quanto a eventuais taxas reguladoras do sector do gás natural, não obrigando à instituição de tais taxas.

Contudo, a Directiva determina que as entidades reguladoras devem ser totalmente independentes dos interesses do sector do gás – artigo 25.º, n.º 1 –, independência, essa, que poderá ser garantida pela obtenção de receitas próprias. Por outro lado, os Estados-Membros podem, no respeito pelo artigo 86.º do Tratado, impor às empresas que operam no sector do gás, no interesse económico geral, obrigações de serviço público, nomeadamente em matéria de preço dos fornecimentos – artigo 3.º, n.º 3. As normas adoptadas pelos operadores das redes de transporte para assegurar a compensação da rede de transporte de gás devem ser objectivas, transparentes e não discriminatórias. As condições de prestação de tais serviços pelos operadores das redes, incluindo as regras e tarifas, devem ser estabelecidas de acordo com uma metodologia fixada pela entidade reguladora, não discriminatória e que reflicta os custos e devem ser publicadas – artigo 8.º, n.º 2, e artigo 25.º, n.º 2.

4.2. O direito nacional

O artigo 51.º dos Estatutos da ERSE institui as taxas reguladoras do sector do gás natural como fonte de financiamento desta entidade reguladora. Com efeito, a alínea a) do n.º 1 deste artigo estipula que constituem receitas da ERSE "as contribuições da entidade concessionária da RNT e da entidade concessionária da rede de transporte de gás natural que sejam necessárias para financiar o orçamento da ERSE, na proporção que anualmente vier a ser fixada no mesmo, atendendo à relevância e impacto de cada um dos sectores regulados no respectivo funcionamento."

As taxas reguladoras do sector em Portugal são contribuições pagas pela entidade concessionária da rede de transporte de gás natural com a finalidade de financiar o funcionamento da ERSE. Contudo, uma vez que à ERSE compete igualmente a regulação sectorial da electricidade, os seus custos globais de funcionamento são financiados pelas receitas das taxas de regulação da electricidade e das taxas de regulação do gás natural, na proporção da relevância e impacto relativo de cada um dos sectores no funcionamento da entidade, não possuindo qualquer *plafond* mínimo ou máximo.

Para determinar quem suportará, a final, a taxa reguladora ("sujeito passivo"), é necessário conjugar o disposto na lei com o estabelecido nos regulamentos aplicáveis. O artigo 51.º, n.º 3, dos Estatutos da ERSE estatui que as contribuições/taxas a pagar à entidade reguladora são incluídas nas tarifas a praticar pela entidade titular da concessão de serviço público de transporte de gás natural através da rede de alta pressão.

Nestes termos, a concessionária da rede de transporte – REN Gasodutos – vai repercutir as taxas de financiamento das entidades reguladoras no valor das tarifas reguladas, com vista a obter os proveitos regulados das actividades que exerce. O valor base das tarifas vai ser estimado por referência aos proveitos permitidos, determinados pelos custos e remuneração dos activos. A lei estabelece a repercussão do montante das contribuições pagas por esta entidade, mediante a sua inclusão no montante da tarifa de Uso Global do Sistema (UGS), que é um dos componentes do tarifário de acesso. Com efeito, a Tarifa de Acesso às Redes consiste na soma das tarifas de Uso da Rede de Transporte e de Uso Global do Sistema em alta pressão. As contribuições para financiamento das entidades reguladoras são um custo permitido.

Assim, torna-se necessário analisar o disposto no regime tarifário do sector do gás natural, de forma a aquilatar se a taxa reguladora se repercute ao longo da cadeia das actividades reguladas no valor das tarifas reguladas praticadas pelos operadores do sector do gás natural.

5. Tarifas e aditividade tarifária

O Decreto-Lei n.º 140/2006, de 26 de Julho, atribuiu à ERSE a competência de aprovação e aplicação do Regulamento Tarifário do Sector do Gás Natural, que veio a ser aprovado a 12 de Abril de 2006 pelo Despacho n.º 19624-A/2006, e que estabelece os critérios e métodos para cálculo e fixação de tarifas. O Regulamento Tarifário fundamenta-se nos seguintes princípios: (*i*) igualdade de tratamento e de oportunidades; (*ii*) harmonização dos princípios tarifários, de modo a que o mesmo sistema tarifário se aplique igualmente a todos os clientes; (*iii*) transparência e simplicidade na formulação e fixação das tarifas; (*iv*) inexistência de subsidiações cruzadas entre actividades e entre clientes, através da adequação das tarifas aos custos e da adopção do princípio da aditividade tarifária; (*v*) transmissão dos sinais económicos adequados a uma utilização eficiente das redes e demais infra-estruturas do SNGN; (*vi*) protecção dos clientes face à evolução das tarifas, assegurando simultaneamente o equilíbrio económico e financeiro às actividades reguladas em condições de gestão eficiente; (*vii*) criação de incentivos ao desempenho eficiente das actividades reguladas das empresas; (*viii*) contribuição para a promoção da eficiência energética e da qualidade ambiental.

O Regulamento Tarifário prevê a existência das seguintes tarifas reguladas:

(i) Tarifa de Acesso às Redes;

(ii) Tarifa de Venda a Clientes Finais a aplicar por cada comercializador de último recurso retalhista;

(iii) Tarifa de Venda a Clientes Finais a aplicar no âmbito da actividade de Comercialização de último recurso a grandes clientes;

(iv) Tarifa de Energia da actividade de Compra e Venda de gás natural para fornecimento aos comercializadores de último recurso;

(v) Tarifa de Energia a aplicar por cada comercializador de último recurso;

(vi) Tarifa de Uso do Terminal de Recepção, Armazenamento e Regaseificação de Gás Natural Liquefeito;

(vii) Tarifa de Uso do Armazenamento Subterrâneo;

(viii) Tarifa de Uso Global do Sistema, tarifa de Uso da Rede de Transporte;

(ix) Tarifa de Uso da Rede de média pressão e da rede de baixa pressão de Distribuição de cada operador de rede de distribuição; e

(x) Tarifa de Comercialização a aplicar por cada comercializador de último recurso.

Considerando o calendário de abertura de mercado, na concretização do princípio da aditividade tarifária, foi estabelecido um regime transitório de convergência para as tarifas aditivas – artigo 168.º do Regulamento Tarifário (RT). A fixação das tarifas das actividades de transporte, de arma-

As Taxas de Regulação Económica no Sector do Gás Natural   379

zenamento subterrâneo e de recepção, armazenamento e regaseificação de GNL é efectuada por aplicação do RT, desde 1 de Julho de 2007.[31]

As restantes tarifas serão aprovadas pela ERSE ao abrigo do Regulamento Tarifário, para entrarem em vigor a partir de 1 de Julho de 2008. Até lá, valem os regimes para fixação de tarifas contidos nos contratos de concessão e licenças. Aplica-se ainda o regime provisório previsto no artigo 69.º do Decreto-Lei n.º 140/2006, com as necessárias adaptações, tendo as empresas reguladas enviado à ERSE as respectivas tarifas e fundamentação, que homologou através do Despacho n.º 731/2008, de 7 de Janeiro, as tarifas de venda a clientes finais para vigorarem no 1.º Trimestre de 2008.[32]

Com a entrada em vigor em pleno do Regulamento Tarifário, a estrutura dos preços das tarifas de cada actividade será aderente à estrutura dos custos marginais ou incrementais, possibilitando a recuperação dos proveitos permitidos para essa actividade. A adopção de um sistema aditivo leva a que os custos de determinada actividade sejam imputados apenas aos clientes que tiram partido dessa actividade, de modo não discriminatório por aplicação da mesma tarifa aos diversos clientes, evitando-se subsidiações cruzadas entre grupos de clientes. A cada actividade regulada da cadeia de valor do gás natural estará associada uma tarifa regulada, sendo a tarifa final de venda ao cliente composta pelo somatório das diversas actividades imputáveis ao fornecimento desse cliente, conforme melhor se ilustra nas figuras seguintes.[33]

---

[31] Por Despacho n.º 13315/2007, publicado em 27 de Junho de 2007, a ERSE veio fixar as tarifas e proveitos permitidos aos respectivos operadores para o ano 2007-2008 (Julho 2007 a Junho 2008): a tarifa de Uso do Terminal de Recepção, Armazenamento e Regaseificação de GNL, a praticar pela REN Atlântico; as tarifas de Uso do Armazenamento Subterrâneo, a praticar pela REN Armazenagem e Transgás Armazenagem; a tarifa de Uso Global do Sistema, associada à coordenação e gestão técnica do SNGN, e a tarifa de Uso da Rede de Transporte, a cobrar pela REN Gasodutos.

[32] Este decreto corresponde a um aumento da transparência, ao enumerar e justificar todas as tarifas reguladas.

[33] Nas tarifas dos clientes dos comercializadores de último recurso, contudo, prevê-se a aplicação gradual do conceito de aditividade tarifária.

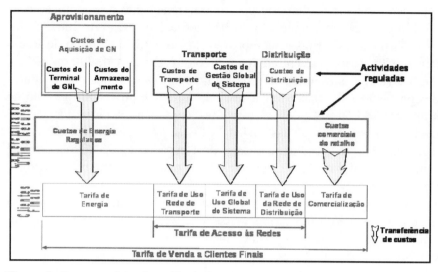

Figura 2: Decomposição da tarifa de venda a clientes (regulada)

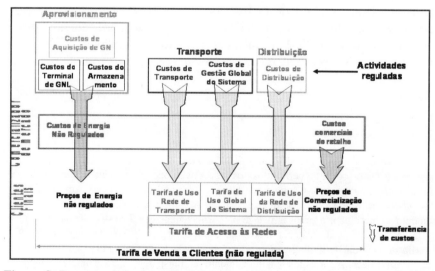

Figura 3: Decomposição da tarifa de venda a clientes (não regulada) (*in* ERSE – Determinação da Estrutura Tarifária – Tarifas de Acesso às Infra-estruturas da RNTGN 2007-2008)

As Taxas de Regulação Económica no Sector do Gás Natural 381

Num sistema de aditividade tarifária, como tenderá a ser o do mercado liberalizado de gás natural em Portugal, as taxas reguladoras deverão ser suportadas pelo cliente final. Ou seja, a taxa reguladora irá sendo repercutida ao longo da cadeia de valor até ao cliente final, que será o "sujeito passivo" da taxa.

Tal como se encontra gizado, o sistema não contempla a possibilidade de isenções. O Regulamento da Qualidade de Serviço para o sector do gás natural contempla categorias de empresas e cidadãos que podem merecer especial atenção, como clientes especiais ou clientes prioritários. Contudo, as obrigações dos operadores não têm que ver com diferenciações nas tarifas a pagar.

6. Taxa: afectação, pagamento, montante e receita

As receitas destas contribuições destinam-se a financiar a entidade independente reguladora do sector, a ERSE.[34]

Desde 2004, destinam-se ainda a financiar a Autoridade da Concorrência (AdC). Considerando-se que a AdC passou a assumir novas funções inerentes à defesa da concorrência relevantes para a regulação global dos sectores, que eram parcialmente exercidas de facto pelas entidades reguladoras sectoriais, e que a AdC e as entidades reguladoras sectoriais colaboram na aplicação da legislação da concorrência, o Decreto-Lei n.º 30//2004, de 6 de Fevereiro, determinou passarem a constituir receitas próprias da AdC parte das receitas próprias das entidades reguladoras sectoriais provenientes de taxas cobradas pelos serviços por elas prestados, até ao valor máximo de 7,5% do montante das taxas cobradas no último exercício com contas fechadas. O valor desta receita, a base de incidência e os termos da transferência da receita são fixados anualmente por portaria conjunta dos Ministros das Finanças, da Economia, das Obras Públicas, Transportes e Habitação e das Cidades, Ordenamento do Território e Ambiente.[35]

---

[34] A este propósito, cumpre fazer uma breve referência ao Decreto-Lei n.º 241-B//2004, de 30 de Dezembro, que determinou a afectação à receita geral do Estado de 85% dos saldos de gerência da ERSE a 31 de Dezembro de 2003, com vista ao cumprimento dos compromissos assumidos em matéria de défice orçamental e do Pacto de Estabilidade e Crescimento.

[35] A Portaria n.º 456/2007, de 31 de Maio, veio fixar, para o ano de 2007, o valor aplicado sobre o montante das taxas cobradas pela ERSE, ao abrigo do artigo 50.º, n.º 1,

De referir que, de acordo com o estabelecido no artigo 6.°, n.° 2, alínea e), do Decreto-Lei n.° 139/2007, de 27 de Abril, constituirão receitas próprias da DGEG o produto das taxas que lhe venham a ser consignadas por lei.

A consignação subjectiva da receita a entidades concretas constitui uma excepção ao princípio da não consignação, segundo o qual no orçamento não pode afectar-se o produto de quaisquer receitas à cobertura de determinadas despesas – artigo 7.° da LEO.

O montante das contribuições do SNGN e do SEN é definido anualmente pela ERSE no seu orçamento, para cobrir os custos globais do seu funcionamento. O montante das contribuições a consignar à AdC é inscrito no orçamento como uma despesa da ERSE.

As contribuições que caberão em concreto à concessionária da rede de transporte de gás em alta pressão e à concessionária da RNT, respectivamente pela regulação do mercado do gás natural e da electricidade, são fixadas proporcionalmente à relevância e impacto relativo de cada um dos sectores no funcionamento da ERSE, tendo em conta o plano de actividades para esse ano, mas também o valor relativo do consumo de energia e o número de clientes. O sector eléctrico tem sido a maior fonte de receitas próprias da ERSE. No orçamento para 2008, as contribuições do sector eléctrico correspondem a 69% do valor global, tendo sido imputadas ao sector do gás natural os restantes 31%.

Os montantes das taxas reguladoras do sector da electricidade e do gás natural encontram-se incluídos no montante global das receitas destas entidades que constam dos mapas do orçamento de estado, sendo objecto de divulgação nos Relatórios da ERSE e da AdC, disponíveis na Internet.[36]

---

alínea a), que é de 6,25%. Valor igual foi fixado para o ano de 2006, pela Portaria n.° 315/2006, de 5 de Abril.

[36] Em conformidade com o disposto nos artigos 24.° e 32.° da LEO, do Orçamento Geral do Estado constam especificadas as seguintes receitas (Mapa V – receitas, por classificação orgânica) e despesas (Mapa VI – despesas, por classificação orgânica) da ERSE:

Lei n.° 67-A/2007, de 31-12, OGE 2008 – Receitas: € 9.648.927; Despesas: € 8.186.289.

Lei n.° 53-A/2006, de 29-12, OGE 2007 – Receitas: € 8.958.672; Despesas: € 8.958.672.

Lei n.° 60-A/2005, de 30-12, OGE 2006 – Receitas: € 9.318.190; Despesas: € 9.318.190.

As Taxas de Regulação Económica no Sector do Gás Natural   383

Os prazos de pagamento não coincidem com os de outros tributos que incidam sobre a concessionária. Após a aprovação do orçamento, a ERSE envia um ofício à concessionária da rede de transporte de gás em alta pressão, informando que o orçamento foi aprovado e o montante das contribuições. O pagamento do montante devido é efectuado mediante transferência da entidade REN Gasodutos para a ERSE, no início de cada trimestre, de um quarto do valor anual fixado para as contribuições.

Do montante transferido pela concessionária, a ERSE transfere para a AdC a respectiva percentagem do montante das taxas cobradas, sendo os termos da transferência definidos anualmente por portaria. Até ao momento, os termos não têm variado, devendo a transferência ser efectuada no início de cada trimestre, até ao dia 15 de cada mês.[37]

Considerando a repercussão em cascata das taxas de regulação, a concessionária da rede de transporte de gás em alta pressão irá cobrar a taxa de regulação quer aos seus clientes finais directos, quer às distribuidoras, que, por sua vez, a cobrarão às empresas comercializadoras e estas, por fim, aos clientes finais de gás natural.

Resumo cronológico da legislação

Decisão da Comissão n.º 2001/546/CE, de 11 de Julho (cria um comité consultivo intitulado "Fórum Europeu da Energia e dos Transportes")

Decreto-Lei n.º 97/2002, de 12 de Abril (transforma a Entidade Reguladora do Sector Eléctrico em Entidade Reguladora dos Serviços Energéticos e aprova os respectivos Estatutos; alterado pelo Decreto-Lei n.º 200/2002, de 25 de Setembro)

Directiva n.º 2003/55/CE, do Parlamento Europeu e do Conselho, de 26 de Junho (estabelece regras comuns para o mercado interno de gás natural e revoga a Directiva n.º 98/30/CE)

Lei n.º 55-B/2004, de 30-12, OGE 2005 – Receitas: € 7.764.253; Despesas: € 7.764.253.

Lei n.º 107-B/2003, de 31-12, OGE 2004 – Receitas: € 7.202.249; Despesas: € 7.202.249.

Nos Relatórios de Gestão e Contas da AdC relativos aos anos de 2005 e 2006, são mencionados os seguintes montantes de transferências correntes recebidas da ERSE: 2005 – € 353.562,00; 2006 – € 450.141.

[37] Cf. Portaria n.º 456/2007, de 31 de Maio, e Portaria n.º 315/2006, de 5 de Abril.

384 *As Taxas de Regulação Económica em Portugal*

Decisão da Comissão n.º 2003/796/CE, de 11 de Novembro (estabelece o grupo europeu de reguladores da electricidade e do gás)

Directiva 2004/67/CE do Conselho, de 26 de Abril (medidas destinadas a garantir a segurança do aprovisionamento em gás natural)

Resolução do Conselho de Ministros n.º 169/2005, de 24 de Outubro (aprova a estratégia nacional para a energia)

Decreto-Lei n.º 30/2006, de 15 de Fevereiro (estabelece os princípios gerais relativos à organização e ao funcionamento do Sistema Nacional de Gás Natural)

Resolução do Conselho de Ministros n.º 85/2006, de 30 de Junho (autoriza a REN a proceder à constituição de novas sociedades, cujo objecto visa assegurar o exercício das concessões do serviço público de transporte de gás natural em alta pressão, de armazenamento subterrâneo de gás natural e de recepção, armazenamento e regaseificação de gás natural na forma liquefeita, no âmbito do Sistema Nacional de Gás Natural)

Decreto-Lei n.º 140/2006, de 26 de Julho (desenvolve os princípios gerais relativos à organização e ao funcionamento do Sistema Nacional de Gás Natural, aprovados pelo Decreto-Lei n.º 30/2006, de 15 de Fevereiro)

Resolução do Conselho de Ministros n.º 105/2006, de 23 de Agosto (aprova a minuta do contrato de concessão do serviço público de transporte de gás natural através da rede de alta pressão a celebrar entre o Estado Português e a sociedade REN, Gasodutos, S.A.)

Resolução do Conselho de Ministros n.º 106/2006, de 23 de Agosto (aprova a minuta do contrato de concessão do serviço público da recepção, armazenamento e regaseificação no terminal de gás natural liquefeito de Sines, a celebrar entre o Estado Português e a sociedade REN Atlântico, Terminal de GNL, S.A.)

Resolução do Conselho de Ministros n.º 107/2006, de 23 de Agosto (aprova a minuta do contrato de concessão de serviço público de armazenamento subterrâneo de gás natural em três cavidades, a celebrar entre o Estado Português e a sociedade REN, Armazenagem, S.A.)

Resolução do Conselho de Ministros n.º 108/2006, de 23 de Agosto (aprova a minuta do contrato modificado da concessão de serviço público de armazenamento subterrâneo de gás natural, a celebrar entre o Estado Português e a Transgás Armazenagem, S.A., relativamente às cavidades que esta detém ou venha a construir)

Resolução do Conselho de Ministros n.º 109/2006, de 23 de Agosto (aprova a minuta do contrato a celebrar entre o Estado Português e a TRANSGÁS – Sociedade Portuguesa de Gás Natural, S.A., que regula a modificação do contrato de concessão)

Decisão n.º 1364/2006/CE, do Parlamento Europeu e do Conselho, de 6 de Setembro (estabelece orientações para as redes transeuropeias de energia e revoga a Decisão n.º 96/391/CE e a Decisão n.º 1229/2003/CE)

Portaria n.º 929/2006, de 7 de Setembro (aprova o modelo de licença de comercialização de gás natural em regime livre)

Portaria n.º 1295/2006, de 22 de Novembro (aprova o modelo de licença de comercialização de gás natural de último recurso)

Portaria n.º 1296/2006, de 22 de Novembro (define os requisitos das licenças de distribuição local de gás natural em regime de serviço público através da exploração de redes locais, respectiva transmissão e regime de exploração)

Despacho da ERSE n.º 19624-A/2006, de 25 de Setembro (aprova diversos regulamentos no âmbito do sector do gás natural, o RARII, o Regulamento Tarifário, o RRC e o RQS)

Resolução do Conselho de Ministros n.º 50/2007, de 28 de Março (aprova medidas de implementação e promoção da Estratégia Nacional para a Energia)

Decreto-Lei n.º 139/2007, de 27 de Abril (aprova a orgânica da Direcção-Geral de Energia e Geologia)

Portaria n.º 535/2007, de 30 de Abril (estabelece a estrutura nuclear da Direcção-Geral de Energia e Geologia e as competências das respectivas unidades orgânicas)

Portaria n.º 456/2007, de 31 de Maio (determina, para o ano de 2007, o valor da percentagem a aplicar sobre o montante das taxas cobradas pelas entidades reguladoras sectoriais e a respectiva base de incidência, a receber anualmente pela Autoridade da Concorrência a título de receitas próprias)

Despacho da ERSE n.º 14669-AZ/2007, de 6 de Julho (aprova o ROI)

Sítios consultados

Associação Regional dos Reguladores de Energia: www.erranet.org
Autoridade da Concorrência: www.autoridadedaconcorrencia.pt
Conselho Europeu dos Reguladores de Energia: www.ceer.eu
Comissão Europeia/Direcção-Geral da Energia e dos Transportes (DGTREN): http://ec.europa.eu/dgs/energy_transport/index_pt.html
DGEG – Direcção-Geral de Energia e Geologia: www.dgge.pt
Diário da República Electrónico: www.dre.pt
EDP: www.cdp.pt
ERSE – Entidade Reguladora dos Serviços Energéticos: www.erse.pt
GALP Energia: www.galpenergia.com

Grupo Europeu de Reguladores de Electricidade e Gás Natural: www.ergeg.org
Ministério da Economia e da Inovação: www.min-economia.pt
Ministério da Justiça / ITIJ – Bases Jurídico-documentais: www.dgsi.pt
Portal da Justiça MJ – Publicação on-line de actos societários: www.publicacoes.mj.pt
Portal da União Europeia: www.europa.eu
REN – Redes Energéticas Nacionais, S.A.: www.ren.pt
Tribunal de Contas: www.tcontas.pt

AS TAXAS DE REGULAÇÃO ECONÓMICA NO MERCADO DE CAPITAIS

DIOGO LEÓNIDAS ROCHA
MARTA GRAÇA RODRIGUES
GONÇALO CASTRO RIBEIRO

SUMÁRIO: 1. Introdução 2. Enquadramento do sector 3. Fundamento das taxas 4. Incidência subjectiva 5. Incidência objectiva e montantes 6. Isenções 7. Base de cálculo 8. Receptividade 9. Liquidação e pagamento 10. Valor da receita e sua afectação

1. Introdução

No presente artigo é efectuada uma análise das taxas de regulação aplicadas pela autoridade de supervisão do mercado de capitais português, a Comissão do Mercado de Valores Mobiliários, ou "CMVM".

2. Enquadramento do sector

Os primeiros marcos da evolução recente do mercado de capitais português corresponderam à criação, em 1991, da CMVM, entidade responsável pela regulação e supervisão dos mercados de capitais em Portugal, e à aprovação, dez anos mais tarde, do actual Código dos Valores Mobiliários, ou "CódVM". Este código veio substituir o Código do Mercado dos Valores Mobiliários que havia sido aprovado juntamente com a criação da CMVM, e que revelara alguma falta de adaptabilidade a novas necessidades entretanto surgidas.

388 *As Taxas de Regulação Económica em Portugal*

Após este momento inicial, o mercado de capitais português evoluiu bastante em resultado de um conjunto de factores, como a adesão ao Euro e consequente diminuição do risco cambial, a globalização da economia e, no plano dos mercados, a adesão da então Bolsa de Valores de Lisboa e Porto, ou "BVLP" à plataforma Euronext, um projecto de bolsa pan-europeia resultante da fusão das bolsas de Amesterdão, Bruxelas e Paris.

A recessão económica que entretanto se verificou e a queda das cotações subsequente à bolha das *dotcom* tiveram consequências ao nível político e regulamentar.

Com efeito, os organismos comunitários, cujo esforço de harmonização das legislações nacionais já se manifestara claramente no sentido de incrementar a livre circulação de capitais dentro da União Europeia, pretenderam reagir às causas mais imediatas daquela queda de cotações, aprovando legislação que, tal como já acontecera nos Estados Unidos, exigia uma maior transparência e qualidade da informação prestada ao mercado pelos seus agentes económicos.

A legislação portuguesa tem acompanhado esta tendência, quer através da transposição do direito comunitário, quer por iniciativa própria do legislador português.

As últimas alterações de relevo ocorreram muito recentemente, com a transposição da Directiva da Transparência e da Directiva dos Mercados de Instrumentos Financeiros, também conhecida por "DMIF" e, na sigla inglesa, "MiFID", e a aprovação de recomendações da CMVM intituladas de "Código de Governo das Sociedades Cotadas".

No âmbito deste quadro normativo e económico, a CMVM, apesar de inicialmente acusada de excesso de intervencionismo, tem demonstrado capacidade de supervisão e de regulação dos mercados de valores mobiliários e instrumentos financeiros, contribuindo para a eficácia da supervisão dos sistemas financeiros e funcionando com clara independência.

De acordo com o seu Estatuto, aprovado pelo Decreto-Lei n.º 473/99, de 8 de Novembro, a CMVM é uma pessoa colectiva de direito público, dotada de autonomia administrativa e financeira e de património próprio, estando apenas sujeita à tutela do Ministro das Finanças. O seu modelo de financiamento inclui, como aspecto fundamental, a obtenção de receitas através da cobrança de taxas devidas pelo exercício das suas funções.

O sistema de taxas da CMVM tem sido regulado por diversos diplomas, tendo, em concreto, o Decreto-Lei n.º 183/2003, de 19 de Agosto,

As Taxas de Regulação Económica no Mercado de Capitais 389

que alterou o Estatuto da CMVM, as Portarias n.º 1313-A/2000, de 29 de Fevereiro, n.º 1338/2000, de 5 de Setembro, n.º 1303/2001, de 22 de Novembro, n.º 323/2002, de 27 de Março, n.º 913-I/2003, de 30 de Agosto, n.º 1018/2004 (II Série), de 17 de Setembro, e n.º 712/2005, de 25 de Agosto, e os Regulamentos da CMVM n.º 9/2000, n.º 35/2000, n.º 8/2001, n.º 10/2002, n.º 1/2003, n.º 4/2003, n.º 7/2003, n.º 17/2003, n.º 2/2004, n.º 6/2004 e n.º 3/2005 desagravado sucessivamente as taxas cobradas pela realização de operações sobre valores mobiliários.

Entretanto foram recentemente apresentadas pela CMVM ao Ministério das Finanças propostas de alteração do Estatuto da CMVM e da portaria que actualmente regula as taxas.

Quando aprovado, prevê-se que o novo regime se caracterize por uma tendência para nova redução das taxas aplicáveis, em benefício dos diversos operadores, mas muito particularmente dos intermediários financeiros, uma vez que é relativamente a eles que se estima uma diminuição da percentagem em que participam no financiamento da CMVM, que passará de 33,10% para 31,95%.

A data de entrada em vigor do novo regime ainda não se encontra determinada, embora seja previsível que, tendo em consideração a recente transposição da DMIF, tal ocorra em breve.

3. Fundamento das taxas

Em termos gerais, o fundamento das taxas cobradas pela CMVM é comum ao das restantes taxas cobradas pelo Estado ou por entidades públicas, consistindo, de acordo com a opinião comummente aceite, na contrapartida económica devida pelos serviços prestados.

Contudo, no caso particular da entidade reguladora do mercado de valores mobiliários, sendo o esforço de supervisão e regulação do mercado tomado em consideração na determinação do montante da taxa, o fundamento desta não reside apenas nos custos do serviço prestado, mas também numa parcela dos custos globais do funcionamento da entidade pública que o presta.

Não obstante o exposto, as referidas razões fundamentam a cobrança de taxas pela CMVM, mas não servem para justificar a utilização destas como modo primordial de financiamento desta entidade em detrimento dos impostos ou outros meios.

As Taxas de Regulação Económica em Portugal

Assim, o verdadeiro motivo justificativo para a cobrança de taxas pela CMVM assume natureza política, consistindo na necessidade de garantir a autonomia financeira e patrimonial da CMVM relativamente ao Estado, enquanto entidade administrativamente independente deste.

4. Incidência subjectiva

A base de incidência subjectiva das taxas cobradas pela CMVM encontra-se definida no Regulamento da CMVM n.º 7/2003, ou "Regulamento", e na Portaria n.º 913-I/2003, de 30 de Agosto, ou "Portaria", de forma bastante clara e apreensível para os agentes de mercado.

Estes diplomas definem as taxas devidas pelos operadores à CMVM tendo por base sobretudo a sua incidência objectiva, sendo que esta se encontra descrita adiante, juntamente com o respectivo montante. A incidência subjectiva corresponde quase sempre ao requerente do acto ou à entidade responsável pela actividade que estiver em causa.

Desta forma, serão os requerentes da aprovação do prospecto ou do registo de entidade, a entidade gestora de determinado mercado ou o emitente de certos valores mobiliários, etc., os responsáveis pelo pagamento da taxa.

Por outro lado, verifica-se que a incidência subjectiva das taxas cobradas pela CMVM é bastante uniforme, não havendo qualquer distinção entre grandes e pequenas entidades sujeitas ao pagamento das taxas em causa. Podem naturalmente existir diferenças nas taxas cobradas *ad valorem*, mas tais diferenças decorrem da dimensão relativa das operações, e não do operador em causa.

No entanto, com o novo regime proposto vai ser introduzida, na aplicação das taxas devidas pela supervisão da informação prestada pelos emitentes de acções, uma diferenciação em função da capitalização bolsista, bem como a diferenciação na aplicação da taxa de supervisão contínua dos intermediários financeiros com base nos valores depositados ou registados.

Registe-se, por fim, que os responsáveis pelo pagamento das taxas são apenas aquelas pessoas que directamente beneficiam do serviço prestado pela CMVM, pelo que, normalmente, serão os operadores do sector e não os "consumidores finais" a suportarem os custos das taxas.

5. Incidência objectiva e montantes

Os montantes das taxas cobradas pela CMVM encontram-se definidos, em função das categorias a que se referem e tipo de actos sobre que incidem, no Regulamento e na Portaria acima identificados, nos seguintes termos.

(i) Registo de entidades

Entidades gestoras de:	
Bolsa	€ 7.500,00
Outros mercados regulamentados	€ 7.500,00
Outros mercados não regulamentados	€ 2.500,00
Sistemas de liquidação, com assunção de contraparte	€ 7.500,00
Sistemas de liquidação, sem assunção de contraparte	€ 5.000,00
Sistemas centralizados de valores mobiliários	€ 7.500,00
Intermediários financeiros e sucursais de instituições de crédito ou empresas de investimento não comunitárias	€ 7.500,00
Sociedades gestoras de fundos de garantia	€ 2.500,00
Sociedades de capital de risco e entidades gestoras de fundos de capital de risco	€ 2.500,00
Sociedades de titularização de créditos	€ 2.500,00
Sociedades de notação de risco	€ 2.500,00
Auditores	€ 1.000
Avaliadores de imóveis	€ 1.000,00
Associações de defesa dos investidores	€ 100,00

As Taxas de Regulação Económica em Portugal

(ii) Registo de mercados, sistemas conexos, actividades e serviços

Bolsa	€ 7.500,00
Mercado regulamentado	€ 7.500,00
Mercado não regulamentado	€ 2.500,00
Sistema centralizado de valores mobiliários	€ 7.500,00
Sistema de liquidação:	
com assunção da contraparte	€ 7.500,00
sem assunção da contraparte	€ 5.000,00
Actividade de intermediação financeira	Entre € 750,00 e € 1.000,00, consoante a actividade em causa

(iii) Comercialização de instituições de investimento colectivo estrangeiras

Recepção e análise da comunicação prévia de comercialização de participações em instituições de investimento colectivo em valores mobiliários estrangeiras que sejam reguladas de acordo com a Directiva Comunitária n.º 85/611/CE	€ 1.500,00
Autorização de comercialização de outras instituições de investimento colectivo em valores mobiliários estrangeiras	€ 3.000,00
Inserção de novos compartimentos nas instituições de investimento colectivo em valores mobiliários	€150,00

(iv) Autorizações diversas da CMVM

Sucessão de ofertas, prevista no artigo 186.º do CVM	€ 2.500,00, sendo este valor descontado no valor da taxa devida pelo registo da oferta
Actividade de consultor autónomo	€ 500,00
Actividade de entidade comercializadora de unidades de participação em instituições de investimento colectivo	€ 3.000,00

(v) Registo de ofertas e aprovação de prospectos

Registo de oferta pública de aquisição ou aprovação de prospecto de oferta pública de distribuição	Dívida, excepto papel comercial – € 2.500,00 + 0,05‰ do valor da operação não podendo exceder os € 50.000,00 Outros valores mobiliários, incluindo acções – € 2.500,00 + 0,1‰ do valor da operação não podendo exceder os € 50.000,00
Aprovação de prospecto de oferta pública de papel comercial	€ 250,00
Registo de recolha de intenções de investimento	€ 1.000,00
Registo de aquisição potestativa	€ 5.000,00
Aprovação de prospecto de admissão de valores mobiliários	€ 1.500,00 + € 250,00 por cada categoria de valores mobiliários € 250,00 no caso de aprovação prévia do mesmo prospecto no âmbito da oferta pública
Aprovação de prospecto complementar de admissão de valores mobiliários à negociação	€ 250,00 por cada categoria de valor mobiliário ou, no caso de warrants, por cada activo subjacente

394 As Taxas de Regulação Económica em Portugal

(vi) Dispensas de tradução e publicação

Relativamente a tradução de documentos em língua estrangeira divulgados em Portugal	€ 250,00
Relativamente a publicação de participações qualificadas dos accionistas	€ 250,00

(vii) Reconhecimento de certos factos

Perda de qualidade de sociedade aberta	€ 2.500,00
Relatório ou parecer de auditor não registado na CMVM	€ 500,00
Declaração de derrogação da obrigação de lançamento de oferta pública	€ 2.500,00

(viii) Cópias e certidões

Cópias	€ 0,50 por página
Certidões que devam ser passadas independentemente de despacho, nos termos do artigo 63.º do Código	
Procedimento Administrativo	€ 0,50 por página
Certidões para efeitos de herança e sucessão, nos termos do Código do Imposto do Selo	€ 3,00 por página
Outras certidões	€ 0,15 pela certidão + € 0,75 por cada página

(ix) Serviços de manutenção do registo de mercados não regulamentados e suas entidades gestoras

Serviços de manutenção do registo de mercados não regulamentados e suas entidades gestoras	€ 150,00, taxa mensal

(x) Serviços de supervisão da informação prestada pelos emitentes

Acções admitidas à negociação no mercado de cotações oficiais	€ 2.250,00, taxa trimestral
Outros valores mobiliários admitidos à negociação em mercado regulamentado	€ 750,00, taxa trimestral
Emitentes em relação aos quais se apliquem ambas as situações	€ 2.250,00, taxa trimestral

Com o novo regime das taxas, tal como constante da proposta apresentada ao Ministério das Finanças pela CMVM, os emitentes de acções passarão a ser diferenciados em função da capitalização bolsista e os emitentes de outros valores mobiliários passarão a estar sujeitos a novas taxas pelos serviços de supervisão da informação por si prestada. O novo regime será o seguinte:

Emitentes de acções	**Capitalização até mil milhões de euros**	€ 1.500,00, taxa trimestral
	Capitalização superior a mil milhões de euros e até 5 mil milhões de euros	€ 3.000,00, taxa trimestral
	Capitalização superior a 5 mil milhões de euros	€ 4.500,00, taxa trimestral
Emitentes de dívida	€1.000,00, taxa trimestral	
Emitentes de outros valores mobiliários	€1.500,00, taxa trimestral	

Por outro lado, importa salientar que as taxas aplicáveis às sociedades de titularização de créditos e às sociedades de capital de risco passarão a ser comuns às taxas aplicáveis aos fundos que exercem a mesma actividade, titularização de créditos ou capital de risco, uma vez que se entendeu, na formulação da proposta de alterações ao regime em vigor, que a diferença de tributação não se justificava face a produtos de investimento similares.

As Taxas de Regulação Económica em Portugal

(xi) Serviços de supervisão contínua dos mercados e suas entidades gestoras

Entidade gestora de mercado especial de dívida pública	€ 5.000,00, taxa mensal
Entidade gestora de mercados de bolsa ou de outros mercados regulamentados	€ 30.000,00, taxa mensal
Entidade gestora de mercados não regulamentados	5% do montante das comissões provenientes das operações sobre acções admitidas em mercados regulamentados, que sejam realizadas nos mercados não regulamentados geridos, não podendo a colecta ser superior a € 20.000,00, taxa mensal

Com as alterações propostas ao regime das taxas, e na sequência da transposição da DMIF, as entidades gestoras de mercados e de sistemas de negociação multilateral passarão a pagar taxas que incidirão sobre as comissões aplicadas às operações sobre quaisquer instrumentos financeiros, e não apenas sobre acções, como se encontra actualmente previsto. Por outro lado, propõe-se que seja estabelecido um montante mínimo de € 1.000,00.

O novo regime passará a abranger nomeadamente instrumentos derivados sobre mercadorias, incluindo assim o MIBEL.

(xii) Serviços de supervisão contínua dos sistemas centralizados, de compensação e de liquidação de valores mobiliários

Entidade gestora de sistemas de liquidação de operações realizadas em mercado regulamentado ou de sistemas centralizados de valores mobiliários	€ 45.000,00, taxa mensal
Entidade que actue como câmara de compensação de operações efectuadas em mercados regulamentados	€ 13.000,00, taxa mensal

(xiii) Serviços de supervisão contínua de intermediários financeiros

Instituições de crédito, sociedades financeiras de corretagem ou sociedades corretoras registadas junto da CMVM	0,0075% do montante correspondente aos valores mobiliários registados ou depositados em contas abertas junto da CMVM no último dia de cada mês, não podendo a colecta ser inferior a € 750,00 nem superior a € 30.000,00, taxa mensal
Intermediários financeiros que não exerçam a actividade de registo e depósito de valores mobiliários	€ 750,00, taxa mensal
Sucursais estabelecidas em território nacional de instituições de crédito ou de empresas de investimento estrangeiras equiparáveis a sociedades financeiras de corretagem ou sociedades corretoras	€ 750,00, taxa mensal

Relativamente aos intermediários financeiros, encontra-se previsto que a taxa máxima seja aumentada para € 40.000,00 e que seja utilizada uma nova fórmula de cálculo da taxa, nos seguintes termos:

$$750 + e^{\beta 1+\beta 2} x - 0.75$$

Em que $\beta 1 = 10,6$ e $\beta 2 = -10\,000\,000$, e = número de Neper e X>0 – montante dos valores mobiliários, expresso em euros, registados ou depositados em contas abertas junto do intermediário financeiro para tal autorizado no último dia de cada mês

De acordo com estas alterações, passará a existir uma maior adequação relativamente aos intermediários financeiros responsáveis pelo pagamento das actuais taxas máximas. Efectivamente, no âmbito do regime actual, embora as diferenças quanto à base de cálculo entre intermediários financeiros sujeitos à taxa máxima chegue a atingir 100 mil milhões de euros, tais entidades encontram-se sujeitas ao pagamento da mesma taxa sem qualquer diferenciação.

Com a aplicação dos novos critérios, os intermediários financeiros com maiores valores registados ou depositados passarão a estar sujeitos a taxas mais elevadas, em benefício dos restantes intermediários financeiros, que pagarão em média taxas mais reduzidas.

398 · As Taxas de Regulação Económica em Portugal

(xiv) Serviços de supervisão contínua de instituições de investimento colectivo

Fundos de tesouraria, fundos do mercado monetário e fundos de titularização de créditos	0,0067‰ do valor líquido global de cada fundo, correspondente ao último dia de cada mês, não podendo a colecta er inferior a € 100,00 nem superior a € 10.000,00, taxa mensal
Outros fundos de investimento mobiliário, na forma societária ou contratual, e fundos de capital de risco	0,0133‰ do valor líquido global de cada fundo, correspondente ao último dia de cada mês, não podendo a colecta ser inferior a € 100,00 nem superior a € 10.000,00, taxa mensal
Fundos de investimento imobiliário	0,0226‰ do valor líquido global de cada fundo, correspondente ao último dia de cada mês, não podendo a colecta ser inferior a € 200,00 nem superior a € 20.000,00, taxa mensal
Outras instituições de investimento colectivo, nomeadamente fundos especiais de investimento	0,03‰ do valor líquido global de cada fundo, correspondente ao último dia de cada mês, não podendo a colecta ser inferior a € 200,00 nem superior a € 20.000,00, taxa mensal

O novo regime das taxas trará algumas diferenças relativamente às instituições de investimento colectivo, passando a separar-se os fundos de titularização de créditos dos fundos de tesouraria e dos fundos do mercado monetário.

Assim, encontra-se prevista a redução para 0,005‰ da taxa mensal a pagar pelos fundos de tesouraria e pelos fundos do mercado monetário, enquanto os fundos e as sociedades de titularização de créditos e os fundos e as sociedades de capital de risco terão um regime de taxas bastante diverso do actual, uma vez que passarão a ser equiparados, conforme já se referiu.

Essas alterações poderão ser esquematizadas nos seguintes termos:

As Taxas de Regulação Económica no Mercado de Capitais 399

	Em vigor	Novo regime
Fundos de titularização de créditos	0,0067‰ do valor líquido global – mínimo de €100,00 e máximo de € 10.000,00, taxa mensal	0,03‰ do valor líquido global – mínimo de € 600,00 e máximo de € 60.000,00, taxa semestral
Sociedades de titularização de créditos	€ 750,00 taxa trimestral	0,03‰ do valor líquido global – mínimo de € 600,00 e máximo de € 60.000,00, taxa semestral
Fundos de capital de risco	0,0133‰ do valor líquido global – mínimo de €100,00 e máximo de € 10.000,00, taxa mensal	0,0798‰ do valor líquido global – mínimo de € 600,00 e máximo de € 60.000,00, taxa semestral
Sociedades de capital de risco	€ 750,00, taxa trimestral	0,0798‰ do valor líquido global – mínimo de € 600,00 e máximo de € 60.000,00 taxa semestral

(xv) Serviços de supervisão contínua da comercialização de participações em instituições de investimento colectivo estrangeiras

Entidade comercializadora das participações numa instituição de investimento colectivo em valores mobiliários domiciliada fora do território nacional	€ 100,00, taxa mensal

(xvi) Serviços de supervisão contínua da gestão individual de carteiras

Entidade que efectue gestão individual de carteiras por conta de terceiros	0,0075‰ do valor total administrado no último dia de cada mês, não podendo a colecta ser inferior a € 200,00 nem superior a € 20.000,00, taxa mensal

De acordo com a informação divulgada pela CMVM a propósito da apresentação das propostas de alteração do regime das taxas, e com base na informação do relatório anual sobre a actividade da CMVM, apenas 1,39% do financiamento desta entidade supervisora resulta de actos efectivamente praticados por si.

400   *As Taxas de Regulação Económica em Portugal*

Com o novo regime proposto, essa percentagem deverá aumentar para 1,42%.

Ora, as alterações propostas pela CMVM ao Ministério das Finanças incluem ainda uma alteração que decorre do incremento considerável e súbito de pedidos de entendimento à CMVM que ocorreu no quadro das ofertas públicas de aquisição em 2006 e 2007 sobre a Portugal Telecom e o Banco BPI.

Face a tal proliferação de pedidos de entendimento, a CMVM vem agora propor uma taxa devida por cada pedido apresentado, não só como contrapartida do serviço prestado, mas igualmente de modo a evitar que tais pedidos se banalizem e passem a constituir meros expedientes estratégicos em determinadas circunstâncias, nomeadamente no contexto de OPA.

Contudo, encontra-se previsto que tal norma se aplique com diversas restrições, visando apenas pedidos que não tenham subjacente a execução de qualquer acto concreto e, ainda assim, com bastantes excepções, a mais relevante das quais deverá referir-se aos pedidos de entendimento para emissão de parecer genérico pela CMVM sobre determinada matéria.

6. Isenções

De acordo com o disposto no Regulamento, estão isentos da taxa devida pela aprovação do prospecto:

(i) As ofertas públicas em que o prospecto não seja exigível nos termos do artigo 134º do CódVM, quando não seja efectivamente divulgado o prospecto;

(ii) As ofertas públicas de distribuição respeitantes a emitente não comunitário relativamente às quais o prospecto tenha sido reconhecido nos termos do artigo 147.º do CódVM.

Por outro lado, o requerente está isento de taxas por aprovação de prospecto de oferta pública de distribuição no caso de a oferta ter por objecto unidades de participação em fundos de investimento, de titularização de créditos ou de capital de risco constituídos nos termos da legislação nacional ou de outros países da União Europeia.

Estão igualmente isentos, no que respeita à aprovação de prospectos de admissão à negociação, os actos de admissão de unidades de participação em instituições de investimento colectivo, fundos de capital de risco ou fundos de titularização de créditos.

O Regulamento prevê ainda que a CMVM possa dispensar o pagamento de taxa pelo registo de qualquer oferta ou aprovação de prospecto quando o requerente demonstrar que a operação visa a recuperação económica ou financeira do emitente.

No âmbito das ofertas públicas de aquisição obrigatórias existe uma isenção de taxa a pagar pela declaração de derrogação do dever de lançamento da OPA. Quando o accionista estiver obrigado a lançar OPA na sequência da ultrapassagem de um dos limiares previstos na lei, mas esse limite tiver sido ultrapassado em virtude da execução de plano de saneamento financeiro de acordo com uma das modalidades previstas na lei, tal accionista poderá não só obter da CMVM uma declaração de derrogação da obrigação de lançar a OPA, como estará isento de taxa relativamente à emissão dessa declaração.

Finalmente, está consagrada uma isenção de taxa pelos serviços de manutenção do registo de mercados não regulamentados e suas entidades gestoras quando estas sejam simultaneamente gestoras de mercados regulamentados.

No que se refere à Portaria, encontra-se estabelecido que os fundos de investimento mobiliário, os fundos de tesouraria e os fundos do mercado monetário gozam de isenção temporária de seis meses desde a sua colocação no mercado, desde que constituam fundos abertos.

As isenções acima descritas não produzem uma perda significativa de receitas para a entidade reguladora, na medida em que o montante das isenções em termos globais é um montante reduzido por referência às receitas da CMVM.

Por outro lado, convém referir que a maior parte das isenções estabelecidas no Regulamento e na Portaria justificam-se por razões de política sectorial, não existindo razões aparentes que levem a concluir que tais isenções tenham sido aprovadas em virtude de reivindicações ou do exercício de quaisquer influências por parte dos interessados.

7. Base de cálculo

As bases de cálculo para as taxas cobradas pela CMVM encontram-se definidas no Regulamento e na Portaria.

402   *As Taxas de Regulação Económica em Portugal*

Não existe um critério único adoptado nesta sede, recorrendo-se, consoante a taxa em questão, a uma base específica ou a uma base *ad valorem*, conforme se descreve a propósito dos seus montantes *supra*.

As taxas fixadas numa base *ad valorem* possuem normalmente um *plafond* máximo de forma a não onerar excessivamente as grandes operações e a respeitar o princípio da proporcionalidade da taxa que é inerente à natureza de contraprestação que ostentam.

Os operadores tendem a considerar, na maioria dos casos, que o cálculo das taxas a pagar é relativamente simples, uma vez que são normalmente fixadas por operação e de forma directa ou através de critérios de fácil apreensão.

Analisando as incidências, montantes, isenções e bases de cálculo acima descritos, é possível verificar que nem todos os montantes das taxas têm uma correspondência directa com a contraprestação específica prestada pela CMVM. A este respeito, saliente-se que o Tribunal Constitucional teve já ocasião de pronunciar-se no sentido de não ser necessário existir uma equivalência económica rigorosa entre o serviço prestado e a quantia paga pelo utente para que a taxa seja proporcional, uma vez que o montante da taxa baseia-se, não só no custo do serviço, mas também na utilidade prestada.[1]

Por outro lado, é possível identificar-se no regime das taxas da CMVM discriminações que constituem discriminações positivas, por exemplo, para os casos específicos em que os operadores de mercado apresentam maiores dificuldades económicas, como acontece com as entidades que se encontrem em processos de recuperação empresarial, a regulamentação vigente acima descrita isenta-os do pagamento de taxas, pelo que o regime geral se apresenta como sendo justo e adequado.

8. Receptividade

Uma vez que a evolução das taxas tem-se verificado no sentido do seu desagravamento, a aceitação por parte dos diversos operadores económicos tem sido considerável e a adaptação dos mesmos às novas regras tem-se demonstrado pacífica e imediata.

---

[1] Acórdãos do Tribunal Constitucional n.º 115/2002 e n.º 256/2005.

As Taxas de Regulação Económica no Mercado de Capitais   403

Para além disso, a tendência prevalecente na CMVM parece ser a de evitar sobrecarregar os operadores com custos administrativos excessivos ou injustificados no cumprimento das suas obrigações tributárias.

Acresce que antes de cada alteração do regime vigente têm sido efectuadas consultas públicas, quer de âmbito geral, quer junto dos diferentes interessados, o que tem contribuído para evitar a tomada de medidas contra a sensibilidade dos operadores, ou pelo menos para não desconsiderar tal sensibilidade. A via adoptada pela CMVM no procedimento regulatório tem passado normalmente pela consensualização de posições, o mesmo ocorrendo no procedimento legislativo, através da formulação de propostas apresentadas ao Ministério das Finanças e igualmente sujeitas a consultas públicas.

Tal clima de harmonia tem-se reflectido igualmente no reduzido nível de litigância, quer administrativa, quer contenciosa, em matéria de taxas aplicadas pela CMVM. Com efeito, esta entidade supervisora e os tribunais apenas têm sido questionados ao longo do tempo quanto à legalidade de taxas que actualmente já não estão em vigor.

A questão mais controvertida neste quadro versou as taxas cobradas relativamente a operações fora de bolsa, em que foi invocada a ilegalidade e inconstitucionalidade da taxa em virtude da inexistência de qualquer contraprestação específica e da violação dos princípios da igualdade de tratamento e da proporcionalidade.

Recorde-se que as taxas devidas por operações realizadas fora de bolsa estiveram em vigor até 1 de Março de 2000. Tais taxas eram aplicáveis a todas as transmissões fora de bolsa, a título gratuito ou oneroso, de quaisquer valores mobiliários, realizadas com a intervenção, seja para que efeito fosse, de intermediário financeiro ou de notário.

A questão chegou quer ao Supremo Tribunal Administrativo quer ao Tribunal Constitucional, ou "TC", mas em ambos os foros se concluiu pela legalidade de tais taxas.

Com efeito, o TC considerou existir uma contraprestação ainda que se tratasse de operações fora de bolsa, uma vez que o operador em causa utilizara o sistema de registo e controlo dos valores mobiliários escriturais que é supervisionado pela CMVM. Foi mesmo julgado que, tendo o operador obtido uma utilidade considerável com a utilização de tal sistema supervisionado, não ocorrera qualquer violação ao princípio da proporcionalidade.

Por outro lado, o TC tomou em consideração que, contrariamente ao que sucede nas operações em bolsa, cada operação fora de bolsa assume

404 *As Taxas de Regulação Económica em Portugal*

características particulares, o que resulta numa maior dificuldade na análise de cada operação pela autoridade de supervisão. Assim, o entendimento do TC relativamente à concretização do princípio da igualdade, que exige tratamento igual do que é igual e tratamento diferente do que for efectivamente diferente, foi o de que a tributação mais pesada das operações fora de bolsa encontrava-se perfeitamente justificada à luz de tal princípio.

Em sentido inverso, e embora não em matéria de taxas de operações fora de bolsa, existe jurisprudência recente do Tribunal de Justiça das Comunidades Europeias, ou "TJCE", no sentido de considerar desconforme com o direito comunitário a cobrança de emolumentos notariais, nos casos de aumentos de capital, cujo montante aumente directamente e sem limites de proporção relativamente ao capital subscrito.

Apesar de tal jurisprudência comunitária não abranger directamente as taxas cobradas pela CMVM, esta autoridade parece ter entendido, tal como decorre das propostas apresentadas ao Ministério das Finanças, que as razões aí invocadas poderiam aplicar-se. Com efeito, por essa ou outra razão, a CMVM acabou por considerar prudente estabelecer *caps* e *floors* nas taxas *ad valorem* previstas no regime actualmente vigente, tendo sido completamente eliminadas do nosso ordenamento jurídico as taxas sobre operações fora de bolsa acima referidas com a revogação do artigo 408.º do Código do Mercado dos Valores Mobiliários e da Portaria n.º 904/95, de 18 Julho, pelo Decreto-Lei n.º 486/99, de 13 de Novembro, que aprovou o actual CódVM.

9. Liquidação e pagamento

Antes da entrada em vigor do Regulamento, os (*i*) procediam à respectiva autoliquidação e pagamento. Com o actual regime implementado, passou a ser a CMVM a entidade responsável pela liquidação das taxas e envio das correspondentes notas de liquidação e cobrança aos devedores.

As razões invocadas pela CMVM para a referida alteração prendem-se com a intenção de obter uma simplificação de procedimentos e maior comodidade para os devedores das taxas, evitando custos administrativos com o cumprimento de deveres acessórios como o dever de liquidação.

As Taxas de Regulação Económica no Mercado de Capitais 405

Os prazos para pagamento das taxas devidas à CMVM estão definidos no artigo 17.º do Regulamento, de acordo com os serviços prestados, e variam em função das taxas em causa.

As taxas relativas a registo de entidades, artigo 1.º, registo de mercados, sistemas conexos, actividades e serviços, artigo 2.º, comercialização de instituições de investimento colectivo estrangeiras, 3.º, autorizações diversas da CMVM, por exemplo, para a actividade de consultor autónomo, artigo 4.º, registo de ofertas, artigo 5.º, aprovação de prospectos, artigo 6.º, dispensas de tradução e publicação, artigo 7.º, reconhecimento de certos factos, por exemplo, perda de qualidade de sociedade aberta, artigo 8.º, declaração de derrogação de obrigação de lançamento de oferta pública, artigo 9., e cópias e certidões, artigo 10.º, deverão ser pagas nos seguintes prazos:

(i) No prazo de cinco dias úteis após a data de recepção da notificação do deferimento ou indeferimento do pedido;

(ii) No prazo de quinze dias após a data de emissão inscrita na nota de liquidação e cobrança, se o final deste prazo for posterior ao do previsto na alínea anterior.

Contudo, as taxas relativas a cópias e certidões, artigo 10.º, deverão ser pagas no momento do levantamento das certidões ou cópias, se este for efectuado antes do final dos prazos de cinco dias úteis e quinze dias acima mencionados.

Por outro lado, as taxas relativas a serviços de manutenção do registo de mercados não regulamentados e suas entidades gestoras, artigo 11.º, deverão ser pagas até ao 10.º dia do mês seguinte àquele a que respeitam e as taxas relativas a serviços de supervisão da informação prestada pelos emitentes, artigo 12.º, são pagas até ao fim do primeiro trimestre do ano civil a que respeitam.

A Portaria por seu lado remete para as regras e prazos de liquidação e pagamento das taxas estabelecidas no Regulamento, nomeadamente as previstas no respectivo artigo 12.º.

10. Valor da receita e sua afectação

A actividade financeira da CMVM rege-se exclusivamente pelo regime jurídico aplicável às entidades públicas empresariais e a gestão patrimonial e financeira segue os princípios de direito privado. Contudo, o orçamento da CMVM está sujeito à aprovação da Assembleia da República e do Ministro das Finanças, integrando a Proposta de Lei do Orçamento de Estado e a Conta Geral de Estado. As receitas arrecadadas figuram assim não só nos mapas do Orçamento de Estado, mas também são divulgadas publicamente no *site* www.cmvm.pt.

Apesar de o orçamento da CMVM integrar o Orçamento Geral do Estado, a CMVM tem autonomia patrimonial e financeira, isto é, tem capacidade de gerar receitas próprias que lhe permitem financiar a sua actividade. As taxas, a sua principal fonte de receita, encontram-se consignadas ao financiamento global da actividade da CMVM, consignação subjectiva, e não a despesas concretas, consignação objectiva.

No ano de 2006 o montante total arrecadado foi de cerca de 20 milhões de euros, sendo previsto que o impacto da redução operada pelas novas taxas em 2007 relativamente a esse valor seja de cerca de 400 mil euros.

A repartição do financiamento da CMVM em função do tipo de entidade supervisionada é a seguinte: intermediários financeiros – 33,10%; gestão de activos – 57,35%; mercados e sistemas – 5,48%; emitentes – 2,67%; actos praticados pela CMVM – 1,39%.

De acordo com as projecções efectuadas pela CMVM, o impacto estimado das novas taxas previstas na proposta apresentada ao Ministério das Finanças corresponde a uma pequena redução na participação proporcional dos intermediários financeiros, prevendo-se que passe a ser de 31,95%, em contrapartida de um ligeiro acréscimo na contribuição dos emitentes – que passam de 2,67% para 2,82%.

De qualquer modo, não parece ser possível identificar um impacto directo dos sucessivos desagravamentos no número de entidades registadas ou de transacções, uma vez que esses valores parecem evoluir sobretudo de acordo com outras variantes, como a situação económica do país ou a previsão de operações de privatização, e não com a carga fiscal aplicada.

Resumo cronológico da legislação

Decreto-Lei n.º 142-A/91, de 10 de Abril (aprova o Código de Mercado de Valores Mobiliários e cria a Comissão de Mercado de Valores Mobiliários)
Portaria n.º 904/95, de 18 de Julho (fixa as taxas devidas pelas operações fora de bolsa)

As Taxas de Regulação Económica no Mercado de Capitais 407

Decreto-Lei n.º 473/99 de 8 de Novembro (aprova o Estatuto da Comissão de Mercado de Valores Mobiliários)

Decreto-Lei n.º 486/99 de 13 de Novembro (aprova o Código de Valores Mobiliários)

Regulamento da CMVM n.º 9/2000, de 23 de Fevereiro (adaptou a regulamentação das taxas ao novo enquadramento legal que resultou da aprovação do Código de Valores Mobiliários)

Portaria n.º 1313-A/2000, de 29 de Fevereiro (adaptou a regulamentação das taxas ao novo enquadramento legal que resultou da aprovação do Código de Valores Mobiliários)

Portaria n.º 1338/2000, de 5 de Setembro (adaptou a regulamentação das taxas ao novo enquadramento legal que resultou da aprovação do Código de Valores Mobiliários)

Regulamento da CMVM n.º 35/2000, de 29 de Dezembro (revoga o Regulamento da CMVM n.º 9/2000 e procede ao desagravamento da generalidade das taxas aplicadas pela CMVM)

Portaria n.º 1303/2001, de 22 de Novembro (cria uma taxa que incide sobre a entidade gestora do mercado de bolsa)

Regulamento da CMVM n.º 8/2001, de 21 de Dezembro (revoga o Regulamento da CMVM n.º 35/2000 e fixa a taxa de supervisão de informação periódica prestada pelas entidades emitentes)

Portaria n.º 323/2002, de 29 de Março (altera a Portaria n.º 1303/2001, de 22 de Novembro, que fixa as taxas devidas à Comissão Mercado de Valores Mobiliários)

Regulamento da CMVM n.º 10/2002, de 19 de Julho (altera o Regulamento da CMVM n.º 8/2001, de 21 de Dezembro e fixa a taxa devida pelo registo dos avaliadores de imóveis)

Regulamento da CMVM n.º 1/2003, de 23 de Janeiro (altera o Regulamento CMVM n.º 8/2001 relativo à taxa de supervisão de informação periódica prestada pelas entidades emitentes)

Regulamento da CMVM n.º 4/2003, de 27 de Junho (altera o Regulamento CMVM n.º 8/2001 e fixa uma taxa devida pela autorização e registo das sociedades de titularização de créditos)

Decreto-Lei n.º 183/2003 de 19 de Agosto (altera o Estatuto da Comissão de Mercado de Valores Mobiliários no que respeita à estrutura das taxas de supervisão do mercado de valores mobiliários e revoga o artigo 211.º do Código de Valores Mobiliários e a Portaria n.º 1303/2001, de 22 de Novembro, com a redacção que lhe foi dada pela Portaria n.º 323/2002, de 27 de Março)

Portaria n.º 913-I/2003 de 30 de Agosto (altera o Estatuto da Comissão de Mercado de Valores Mobiliários e consagra o novo sistema de taxas de supervisão do mercado de valores mobiliários)

Regulamento da CMVM n.º 7/2003, de 30 de Agosto (completa a nova estrutura de taxas de supervisão que passou a vigorar com o Decreto-Lei 183/2003 e revoga o Regulamento da CMVM n.º 8/2001, de 28 de Dezembro, bem como as alterações nele introduzidas pelos Regulamentos da CMVM n.º 10/2002, de 19 de Julho, n.º 1/2003, de 23 de Janeiro, e n.º 4/2003, de 27 de Junho)

Regulamento CMVM n.º 17/2003, de 13 de Janeiro de 2004 (altera o Regulamento da CMVM n.º 7/2003 por força das alterações introduzidas no Código de Imposto do Selo)

Regulamento da CMVM n.º 2/2004, de 16 de Fevereiro (altera o artigo 10.º do Regulamento da CMVM n.º 7/2003 e fixa uma taxa pelo registo prévio da oferta pública de papel simplificado)

Portaria n.º 1018/2004, de 17 de Setembro (altera a Portaria n.º 913-I/2003, de 30 de Agosto e procede ao desagravamento da generalidade das taxas de supervisão contínua do mercado de valores mobiliários)

Regulamento CMVM n.º 6/2004, de 20 de Setembro (altera o Regulamento da CMVM n.º 7/2003 e revoga o Regulamento da CMVM n.º 2/2004, procedendo a um desagravamento das taxas aplicadas pela CMVM)

Regulamento da CMVM n.º 3/2005, de 13 de Julho (revoga os Regulamentos da CMVM n.º 8/2000, n.º 16/2000, n.º 18/2000, n.º 25/2000 e n.º 34/2000 e altera o Regulamento da CMVM n.º 7/2003, na sequência da reestruturação dos mercados regulamentados que conduziu à adopção de um único mercado regulamentado)

AS TAXAS DE REGULAÇÃO ECONÓMICA
NO SECTOR DA SAÚDE

MANUEL ANSELMO TORRES
MAFALDA MARTINS ALFAIATE

Sumário: 1. Enquadramento legal e regulação pública do Sector Económico da Prestação de Serviços de Cuidados de Saúde 1.1. Enquadramento legal 1.2. Regulação pública 2. Tributação pela actividade de regulação pública do Sector Económico da Prestação de Serviços de Cuidados de Saúde 2.1. Enquadramento legal 2.2. Regulamentação do poder tributário da ERS 2.2.1. Evolução histórica 2.2.2. Incidência e determinação do montante das taxas de registo 2.2.3. Liquidação e pagamento das taxas de registo 3. Financiamento da actividade de regulação pública do Sector Económico da Prestação de Serviços de Cuidados de Saúde

1. Enquadramento legal e regulação pública do Sector Económico da Prestação de Serviços de Cuidados de Saúde

1.1. *Enquadramento legal*

A Lei de Bases da Saúde enquadra toda a actividade económica, a nível nacional, de prestação de serviços de cuidados de saúde, desenvolvida pelo Estado ou por outros entes públicos ou privados, com ou sem fim lucrativo.[1]

---

[1] Lei n.º 48/90, de 24 de Agosto, alterada pela Lei n.º 27/2002, de 8 de Novembro.

410 As Taxas de Regulação Económica em Portugal

A actividade económica de prestação de serviços públicos de cuidados de saúde, que constitui o assim designado sistema de saúde, é desenvolvida pelas entidades e serviços oficiais que se encontram sob a superintendência e a tutela do Ministro da Saúde, os quais constituem o Serviço Nacional de Saúde (SNS), e pelas entidades privadas ou sociais que contratem com o Ministério da Saúde ou com o SNS a prestação de serviços de saúde aos beneficiários do SNS em condições idênticas aos prestados pelo próprio SNS – os designados operadores convencionados.[2]

Podem contratar a prestação de serviços de cuidados de saúde aos beneficiários do SNS os entes privados, com ou sem fim lucrativo, em particular os profissionais de saúde em regime liberal.[3]

A contratação de entidades privadas para prestação de serviços públicos de cuidados de saúde é enquadrada pelo modelo das parcerias em saúde, que visa a associação duradoura de entidades dos sectores social e privado à realização directa dos fins do SNS, de acordo com instrumentos contratuais por sua vez enquadrados na disciplina das parecerias público-privadas (PPP).[4]

A actividade económica de prestação de serviços sociais de cuidados de saúde é desenvolvida por instituições particulares de solidariedade social, sem fim lucrativo, sob a orientação do Ministério da Saúde.

A actividade económica de prestação de serviços privados de cuidados de saúde é desenvolvida por entidades com fim lucrativo e por profissionais de saúde em regime liberal.

---

[2] V. Decreto-Lei n.º 11/93, de 15 de Janeiro, que aprova o Estatuto do SNS. Quanto aos operadores convencionados, v. Decreto-Lei n.º 97/98, de 18 de Abril, que regulamenta as convenções por estes contratadas com o Ministério da Saúde ou com o SNS.

[3] São beneficiários do SNS todos os cidadãos portugueses bem como os nacionais de outros Estados-Membros da União Europeia, nos termos das normas comunitárias, os apátridas e os estrangeiros residentes em Portugal, estes últimos em condições de reciprocidade.

[4] V. Decreto-Lei n.º 185/2002, de 20 de Agosto, que define os princípios e os instrumentos para o estabelecimento de parcerias em saúde, e Decreto-Lei n.º 86/2003, de 26 de Abril, que define as normas gerais das parcerias público-privadas.

1.2. *Regulação pública*

Até 2003, a regulação pública do sector económico da prestação de serviços de cuidados de saúde concentrou-se no Estado, ao qual competia, além de assegurar o funcionamento regular do SNS, fiscalizar a prestação desses serviços "por outros entes públicos ou por entidades privadas, com ou sem fim lucrativo" e promover "a regulamentação e vigilância de qualidade" das "organizações privadas com objectivos de saúde e fins lucrativos".[5]

Em 2004, o Governo criou um órgão independente para desempenhar as atribuições de regulação pública do sector económico da prestação de serviços de cuidados de saúde, a Entidade Reguladora da Saúde (ERS), nos termos do Decreto-Lei n.º 309/2003, de 10 de Dezembro, que entrou em vigor em 9 de Janeiro de 2004 adiante designado Estatuto da ERS.[6]

A ERS é uma pessoa colectiva de direito público dotada de autonomia administrativa e financeira e de património próprio, cujo objecto consiste na regulação, supervisão e acompanhamento da actividade de todos os prestadores de serviços de cuidados de saúde, incluindo os serviços públicos, sociais e privados, com excepção das farmácias e sem prejuízo das atribuições das ordens ou associações profissionais de direito público dos profissionais de saúde.

A regulação atribuída à ERS é definida como uma "regulação secundária", na medida em que o Governo retém para si as tarefas de definição da orientação estratégica e das políticas para o sector.[7]

---

[5] Cf. Base I, n.º 4, e Base XXXIX, n.º 1, da Lei de Bases da Saúde.

[6] Cf. ainda o artigo 23.º da Lei Orgânica do Ministério da Saúde, aprovado pelo Decreto-Lei n.º 212/2006, de 27 de Outubro. O regulamento interno da organização e funcionamento dos serviços da ERS foi aprovado pela Portaria n.º 418/2005, de 14 de Abril.

[7] Cf. preâmbulo do Decreto-Lei n.º 309/2003, de 10 de Dezembro. A Lei Orgânica do Ministério da Saúde, no seu artigo 12.º, comete à Inspecção-Geral das Actividades em Saúde a missão de assegurar o cumprimento da lei e elevados níveis técnicos de actuação, em todos os domínios da prestação dos cuidados de saúde, quer pelas instituições, serviços e organismos do Ministério da Saúde, quer pelas entidades privadas, pessoas singulares ou colectivas, com ou sem fins lucrativos.

412 *As Taxas de Regulação Económica em Portugal*

2. Tributação pela actividade de regulação pública do Sector Económico da Prestação de Serviços de Cuidados de Saúde

2.1. *Enquadramento legal*

A autonomia financeira de que a ERS goza traduz-se, designadamente, na sua competência para cobrar as suas próprias receitas necessárias ao desempenho das suas atribuições.

Entre as diversas fontes de receitas próprias da ERS, a lei prevê três tipos tributários:[8]

(i) Contribuições das entidades gestoras de hospitais em regime de parceria público-privada;

(ii) Taxas pelos serviços prestados, incluindo os registos legalmente exigidos e emissão de certidões e pareceres;

(iii) Taxas pelo registo público dos operadores dos sectores privado, social e cooperativo e dos operadores convencionados.

O primeiro desses tipos tributários, as contribuições das entidades gestoras de hospitais em regime de PPP, não resulta imediatamente do regime legal das parcerias em saúde estabelecido no Decreto-Lei n.º 185//2002, de 20 de Agosto, o qual, no seu artigo 37.º, se limita a prever a possibilidade de regulação económica e o financiamento da entidade reguladora pelas entidades reguladas, nos termos a definir em diploma próprio.

Constituindo as entidades gestoras de hospitais em regime de PPP apenas uma categoria no universo das entidades reguladas pela ERS, a lei não apresenta qualquer justificação para sujeitar a tais contribuições apenas essas entidades, com exclusão das demais. É isso que parece reconhecer o próprio Estatuto da ERS quando, nas disposições finais e transitórias, prevê a futura regulamentação da "contribuição das entidades reguladas para o orçamento da ERS", sem distinção entre estas. Em todo o caso, até 2007, a contribuição de quaisquer entidades reguladas para o financiamento da actividade da ERS não tinha ainda sido objecto de regulamentação.[9]

---

[8] Decreto-Lei n.º 309/2003, de 10 de Dezembro, artigo 54.º, alíneas a), b) e c).

[9] Apesar de o artigo 62.º, alínea b), do Decreto-Lei n.º 309/2003, de 10 de Dezembro, que prevê a futura regulamentação das contribuições das entidades reguladas pela

O segundo tipo tributário legalmente previsto, as taxas pelos serviços prestados, parece dever a sua justificação a serviços individualizáveis, dos quais o Estatuto da ERS destaca os serviços de registo e a emissão de certidões e pareceres. Embora o mesmo Estatuto remeta igualmente para regulamentação futura a definição dos diversos serviços a prestar pela entidade reguladora, até ao final de 2007 essa regulamentação não fora ainda emitida.[10]

O terceiro tipo tributário legalmente previsto, designado por taxas pelo registo público dos operadores dos sectores privado, social e cooperativo e dos operadores convencionados, carece de autonomia em relação ao segundo, já que o registo de quaisquer entidades sujeitas à regulação da ERS é um dos serviços que esta lhes presta. Esta ausência de autonomia irá reflectir-se na regulamentação das taxas de registo, como adiante se verá, as quais incidem indistintamente sobre quaisquer operadores, sejam estes públicos ou convencionados, privados, sociais ou cooperativos.

Do elenco de tributos assim previsto pelo Estatuto da ERS, impressiona a ausência de uma taxa devida pela generalidade das entidades sujeitas à regulação da ERS que constitua a contrapartida da própria actividade genérica de regulação, que não de serviços específicos prestados na qualidade de autoridade reguladora. Como adiante se verá, o Ministério da Saúde tentou colmatar essa ausência em sede de regulamentação, através da criação de uma taxa incidente sobre o volume de negócios dos operadores. Porém, essa iniciativa revelar-se-ia efémera.

O Estatuto da ERS remeteu, finalmente, os "critérios e cálculo" relativos às referidas contribuições e taxas para futura portaria do Ministro da Saúde, e as respectivas normas de "liquidação e cobrança" para futuro regulamento da ERS. Todas essas matérias acabariam, porém, por ser regulamentadas na mesma sede, em portaria do Ministro da Saúde.[11]

ERS, ter fixado a data de 9 de Maio de 2004 como prazo até ao qual deveria ser publicada a portaria respectiva. Esse prazo deduz-se do respectivo artigo 63.º, que o estabelece em 120 dias após a entrada em vigor do Decreto-Lei n.º 309/2003, de 10 de Dezembro, que ocorreu em 9 de Janeiro de 2004, 30 dias após a sua publicação.

[10] Artigo 54.º, n.º 1, alínea b), do Decreto-Lei n.º 309/2003, de 10 de Dezembro, que destaca as taxas pelo registo e emissão de certidões e pareceres. V. ainda artigo 62.º, alínea a), deste decreto-lei, que também fixou a data de 9 de Maio de 2004 como prazo até ao qual deveria ser publicada a portaria regulamentar dos serviços prestados pela ERS.

[11] Remissão dos n.ºs 3 e 4 do artigo 54.º do Decreto-Lei n.º 309/2003, de 10 de Dezembro.

414   As Taxas de Regulação Económica em Portugal

2.2. Regulamentação do poder tributário da ERS

2.2.1. Evolução histórica

2.2.1.1. A Portaria n.º 310/2005, de 23 de Março

A Portaria n.º 310/2005, de 23 de Março, do Ministro da Saúde, regulamentou, pela primeira vez, "a efectivação do dever de pagamento de contribuições e taxas" devidas pelas entidades reguladas pela ERS, embora com exclusão das contribuições das entidades gestoras de hospitais em regime de PPP.

Esta Portaria definiu a incidência, subjectiva e objectiva, e a base de imposição das taxas de registo público dos operadores dos sectores privado, social e cooperativo e dos operadores convencionados, que passou a designar por "taxas de inscrição", previstas na alínea c) do artigo 54.º do Estatuto da ERS. Desta taxa ficaram excluídos os operadores do sector público.[12]

Esta Portaria desdobrou as taxas por serviços prestados, previstas na alínea b) do n.º 1 do artigo 54.º do Estatuto da ERS em duas espécies tributárias totalmente distintas: uma, de natureza específica (*ad rem*), pela emissão de certidões e pareceres e pelos registos; e outra, de natureza *ad valorem* e periodicidade anual, aparentemente como contrapartida pela actividade de regulação pública prestada pela ERS.

Assim, esta Portaria criou um tributo designado "taxa pelos serviços prestados", incidente sobre a "facturação anual de prestação de cuidados de saúde", com uma alíquota de 0,1%, devido por todos os operadores sujeitos à taxa de inscrição e ainda sobre os operadores do sector público "dotados de capital social" – uma referência aos hospitais públicos com a natureza de sociedades anónimas de capitais exclusivamente públicos, conhecidos por "Hospitais S.A.". A expressão "serviços prestados" é aqui utilizada de modo ambíguo, quer para sugerir uma contrapartida pelos serviços de regulação pública prestados pela ERS, quer para sugerir a base de imposição da taxa, definida como a facturação pelos serviços de cuidados de saúde prestados pelos respectivos operadores regulados pela ERS.[13]

---

[12] Dada a sua exclusão do artigo 29.º do Estatuto da ERS.

[13] A incidência sobre os operadores do sector público "dotados de capital social" está prevista no artigo 14.º, n.º 2, da Portaria n.º 310/2005, de 23 de Março, entendendo-se a

As Taxas de Regulação Económica no Sector da Saúde 415

A cobrança desta nova "taxa pelos serviços prestados", relativa à facturação de 2005, deveria ter tido início em Fevereiro de 2006. Porém, a taxa foi revogada a 7 de Janeiro de 2006, antes, portanto, de ter sido alguma vez cobrada, por força da entrada em vigor da Portaria n.º 38//2006, de 6 de Janeiro, do Ministro da Saúde, que, de resto, revogou toda a Portaria n.º 310/2005, de 23 de Março.

2.2.1.2. A Portaria n.º 38/2006, de 6 de Janeiro

A Portaria n.º 38/2006, de 6 de Janeiro, actualmente em vigor, reconheceu o "custo excessivo" e o "encargo desajustado" das taxas previstas na portaria revogada e admitiu não ser "clara" a contrapartida da "taxa pelos serviços prestados".[14]

Assim, a nova portaria limitou-se a regulamentar as taxas de registo previstas no Estatuto da ERS, remetendo "para momento ulterior a regulamentação das restantes taxas previstas no Decreto-Lei n.º 309/2003, de 10 de Dezembro, após a revisão prevista deste diploma".

A Portaria n.º 38/2006, de 6 de Janeiro, prevê dois tipos de taxas de registo: a "taxa de inscrição", que é devida uma única vez no acto de criação de um número de registo atribuído pela ERS, e a "taxa de manutenção", que é devida anualmente como contrapartida dos serviços de gestão, manutenção, publicidade e certificação do registo.[15]

Ao contrário do regime que a antecedeu, a nova portaria não excluiu das taxas de registo nenhum dos operadores do serviço público de cuidados de saúde.

---

remissão para o artigo 2.º como um lapso, que deve ser corrigido pela remissão para o artigo 12.º. Quanto aos denominados "Hospitais S.A.", *vide* artigo 19.º do Re-gime Jurídico da Gestão Hospitalar, aprovado pela Lei n.º 27/2002, de 8 de Novembro, ao abrigo do qual o XV Governo Constitucional viria a transformar 36 estabelecimentos hospitalares em 31 sociedades anónimas, as quais viriam a ser transformadas em Entidades Públicas Empresariais (EPE) pelo XVII Governo Constitucional, nos termos do Decreto--Lei n.º 93/2005, de 7 de Junho.

[14] Cf. respectivo preâmbulo.

[15] As taxas de inscrição e manutenção estão reguladas nos artigos 8.º e 9.º da Portaria n.º 38/2006, de 6 de Janeiro, respectivamente.

416   *As Taxas de Regulação Económica em Portugal*

2.2.2. Incidência e determinação do montante das taxas de registo

A Portaria n.º 38/2006, de 6 de Janeiro, estabeleceu um campo de incidência de taxas de registo coincidente com o universo dos operadores sujeitos à regulação da ERS, sem quaisquer exclusões ou isenções.

À definição alargada da base de incidência, a Portaria acrescentou um factor de variação do montante da taxa que tendencialmente reflecte a complexidade relativa de cada registo: o número de técnicos de saúde vinculados à entidade sujeita a registo. Porém, a Portaria omitiu como factor de variação outros critérios igualmente susceptíveis de reflectir a dificuldade e o custo acrescidos de verificação e validação dos dados apresentados a registo, como sejam o número de serviços especializados ou de valências disponíveis em cada estabelecimento.

A preferência pelo número de técnicos de saúde sobre o número de serviços surpreende, até porque a Portaria não sujeita a registo os próprios técnicos de saúde, ao contrário do que sucede com os serviços. Acresce que o simples número de técnicos de saúde pode variar consideravelmente num mesmo estabelecimento ou serviço, consoante a política de gestão de recursos humanos privilegie a dedicação exclusiva ou parcial. As mesmas necessidades de recursos humanos de um serviço poderão ser satisfeitas, digamos, com 10 técnicos a tempo inteiro ou com 50 técnicos a tempo parcial, sem que dessa diferença devesse resultar qualquer variação na complexidade do registo do operador. Mesmo se o número de técnicos de saúde a tempo parcial e em dedicação exclusiva for comparável entre diversos operadores, a complexidade dos respectivos registos poderá variar consoante esses técnicos se distribuam por um número maior ou menor de serviços ou valências. Também nesse caso, as taxas de registo baseadas apenas no número de técnicos não logram captar essas diferenças.

2.2.2.1. Incidência objectiva

(i) Taxa de inscrição

A taxa de inscrição incide sobre a criação de um número de registo atribuído pela ERS a um operador sujeito à sua regulação.

As Taxas de Regulação Económica no Sector da Saúde

(ii) Taxa de manutenção

A taxa de manutenção incide sobre a conservação anual do registo atribuído pela ERS a um operador sujeito à sua regulação.

2.2.2.2. Incidência subjectiva

Ambas as taxas de registo incidem sobre todos os operadores sujeitos à regulação da ERS, os quais são, por sua vez, definidos no artigo 8.º do Estatuto da ERS pelas seguintes categorias:

(i) Entidades, estabelecimentos, instituições e serviços prestadores de cuidados de saúde, integrados ou não na rede de prestação de cuidados de saúde, independentemente da sua natureza jurídica;

(ii) Entidades externas titulares de acordos, contratos ou convenções;

(iii) Entidades e estabelecimentos prestadores de cuidados de saúde dos sectores social e privado, incluindo a prática liberal;

(iv) Associações de entidades públicas ou privadas e instituições particulares de solidariedade social que se dedicam à promoção e protecção da saúde, ainda que sob a forma de pessoa colectiva de utilidade pública administrativa e desenvolvem a respectiva actividade no âmbito da prestação de serviços de cuidados de saúde ou no seu apoio directo; e

(v) Os subsistemas de saúde.

Esta lista de sujeitos passivos, apresentando-se claramente como taxativa, encerra, no entanto, várias dificuldades interpretativas, resultantes quer da indefinição dos conceitos empregues, quer da circunstância de as diferentes categorias não se apresentarem como mutuamente exclusivas, permitindo ao mesmo operador preencher simultaneamente diferentes categorias de sujeitos passivos. Assim, perante uma entidade externa que detenha vários estabelecimentos com vários serviços, permanece a dúvida se constitui um único contribuinte, sujeito a um único registo, ou se está sujeita a uma multiplicidade de registos e correspondentes taxas, por cada estabelecimento e serviço.

A Portaria n.º 38/2006, de 6 de Janeiro, procurou ultrapassar algumas dessas dificuldades, avançando definições dos conceitos de "enti-

418   *As Taxas de Regulação Económica em Portugal*

dade", "estabelecimento" e "serviço", sem, contudo, resolver todos os problemas suscitados pela deficiente técnica legislativa.[16]

Assim, a Portaria passou a definir "entidade" como qualquer "pessoa singular ou colectiva que tutela, gere ou detém estabelecimento onde são prestados cuidados de saúde" e "estabelecimento" como qualquer "instalação de carácter fixo e permanente, onde seja exercida, de modo habitual e profissional, a actividade de prestação de cuidados de saúde". Um "serviço" foi, por sua vez, definido como uma "unidade funcional que presta cuidados de saúde específicos no estabelecimento".

Central às três definições é, assim, o conceito de "estabelecimento", já que dele depende a definição tanto de "entidade", como de "serviço". Através dessas definições, a Portaria densificou o conceito de "entidade", a qual deixa de poder significar qualquer pessoa, singular ou colectiva, que preste serviços de cuidados de saúde, para limitar o seu alcance àquelas que o fazem mediante a tutela, a gestão ou a detenção de uma instalação de carácter fixo e permanente onde é exercida de modo habitual e profissional uma actividade de prestação de serviços de cuidados de saúde.

Assim, um médico ou um enfermeiro que preste a sua actividade exclusivamente num ou vários estabelecimentos alheios não preenche a definição de entidade, tal como não a preenche uma colectividade que ofereça aos seus membros a prestação de serviços de cuidados de saúde ocasionais, ainda que o faça nas suas instalações.

Porém, a Portaria continua sem esclarecer se uma entidade que preste serviços de cuidados de saúde através de vários estabelecimentos deve requerer registos separados enquanto entidade e para cada um dos estabelecimentos de saúde sob a sua gestão, ou um só registo enquanto entidade gestora dos três estabelecimentos de saúde. O mesmo se diga, por maioria de razão, no caso do sector público, em que as administrações regionais de saúde, enquanto institutos públicos com personalidade jurídica, que preenchem claramente a definição de entidades, gerem um elevado número de centros de saúde que preenchem a definição de estabelecimento.[17]

---

[16] Artigo 2.º, alíneas c), d) e e).

[17] *E.g.* a Administração Regional de Saúde de Lisboa e Vale do Tejo, I.P. está registada no *site* da ERS com 88 estabelecimentos, dos quais 87 são centros de saúde.

As Taxas de Regulação Económica no Sector da Saúde   419

Consoante uma ou outra interpretação, serão sujeitos passivos das taxas de registo a entidade prestadora de serviços de cuidados de saúde e cada um dos estabelecimentos e serviços por si geridos, cada um devedor da respectiva taxa de inscrição e da respectiva taxa de manutenção; ou será sujeito passivo apenas a entidade gestora dos diversos estabelecimentos e serviços, devedora de apenas uma taxa de inscrição e de uma taxa de manutenção. Esta última parece ser a solução que se depreende da determinação do valor da taxa de manutenção, que se baseia no número dos técnicos de saúde "dos estabelecimentos da entidade registada" (v. *infra*).

Em todo o caso, estão sempre sujeitos às taxas de registo todas as entidades que prestem serviços de cuidados de saúde, independentemente da sua natureza jurídica, do seu sector de propriedade e da sua integração no sistema de saúde.

Além das entidades, estão, como vimos, sujeitos a registo, autónomo ou integrado no da respectiva entidade gestora ou estabelecimento, consoante a interpretação que for dada à lei, os serviços prestadores de cuidados de saúde. Embora a Portaria defina "serviço" como qualquer "unidade funcional que presta cuidados de saúde específicos no estabelecimento", o termo definido não é empregue em mais parte nenhuma da mesma, não resultando do respectivo articulado a sujeição dos serviços a qualquer registo ou taxa.

Já uma outra categoria de "operadores" sujeitos a registo, que a lei designa por "instituições", não é objecto de qualquer definição, nem no Estatuto da ERS nem na Portaria, deixando abertas dúvidas como por exemplo se serão instituições, para efeitos de incidência, os conselhos de administração das administrações regionais de saúde, enquanto órgãos de administração regional do SNS.[18]

Por último, merece destaque a categoria de sujeitos passivos constituída pelos "subsistemas de saúde", que também carece de definição própria para efeitos de sujeição a regulação da ERS e respectivas taxas de registo. Designa-se por "subsistema de saúde" o conjunto de benefícios de cuidados de saúde sob gestão integrada e privativos de funcionários e

---

[18] O Estatuto do Serviço Nacional de Saúde define o SNS como o conjunto ordenado e hierarquizado de instituições e de serviços oficiais prestadores de cuidados de saúde, funcionando sob a superintendência ou a tutela do Ministro da Saúde. Sobre o termo instituição para designar os órgãos das pessoas colectivas de direito público, v. Diogo Freitas do Amaral (Coimbra, 1994), *Curso de Direito Administrativo*, vol. I, 589ss.

420 *As Taxas de Regulação Económica em Portugal*

agentes de certos organismos e instituições da administração pública (subsistemas de saúde públicos), ou de trabalhadores de empresas privadas ou profissionais liberais (subsistemas de saúde privados). Sendo esta categoria de sujeitos passivos identificada numa alínea própria, terá de concluir-se que os subsistemas de saúde estão sujeitos a registo autónomo, ainda que sejam geridos por entidades por sua vez já sujeitas a registo.[19]

2.2.2.3. Determinação do montante

O montante, quer da taxa de inscrição, quer da taxa de manutenção, é determinado em função de uma única variável: o número de técnicos de saúde da entidade sujeita a registo.

A Portaria n.º 38/2006, de 6 de Janeiro, define "técnicos de saúde", para efeitos de determinação do montante dessas taxas, como "os médicos, médicos dentistas, enfermeiros, farmacêuticos e técnicos de diagnóstico e terapêutica que exerçam actividade remunerada na entidade proponente, independentemente da natureza do vínculo jurídico de cada um daqueles profissionais com a entidade".[20]

O conceito utilizado de "exercício de actividade remunerada na entidade proponente, independentemente da natureza do vínculo jurídico" suscita a questão da inclusão ou exclusão do cômputo da taxa, de profissionais que, embora exerçam actividade remunerada num estabelecimento gerido pela entidade sujeita a registo, não tenham qualquer vínculo jurídico com esta, mas sim com um terceiro com quem essa entidade haja contratado um serviço que implique aquele exercício. Se uma

---

[19] *E.g.* o subsistema de saúde dos Serviços Sociais do Ministério da Justiça, aprovado pelo Decreto-Lei n.º 212/2005, de 9 de Dezembro; a Caixa de Previdência e Abono de Família dos Jornalistas mantém um subsistema de saúde baseado na livre escolha pelos seus beneficiários de serviços médicos, cujo custo é reembolsado pelo Ministério da Saúde.

[20] Artigo 8.º n.º 2 da Portaria n.º 38/2006, de 6 de Janeiro, na redacção dada pelo artigo 1.º da Portaria n.º 639/2006, de 23 de Junho. Por sua vez, o artigo 5.º do Decreto-Lei n.º 564/99, de 21 de Dezembro, que estabelece o estatuto legal da carreira de técnico de diagnóstico e terapêutica, inclui nesta as seguintes profissões: técnico de análises clínicas e de saúde pública, técnico de anatomia patológica, citológica e tanatológica, técnico de audiologia, técnico de cardiopneumologia, dietista, técnico de farmácia, fisioterapeuta, higienista oral, técnico de medicina nuclear, técnico de neurofisiologia, ortoptista, ortoprotésico, técnico de prótese dentária, técnico de radiologia, técnico de radioterapia, terapeuta da fala, terapeuta ocupacional e técnico de saúde ambiental.

As Taxas de Regulação Económica no Sector da Saúde

entidade que gere um estabelecimento de saúde contratar os serviços de outra que não gere qualquer estabelecimento, mas que contrata profissionais de saúde que coloca à disposição da primeira, parece que fica totalmente esvaziada a respectiva base tributável. A entidade que gere o estabelecimento não está sujeita às taxas de registo na medida em que não tem qualquer vínculo jurídico com aqueles profissionais de saúde, e a entidade com a qual esses profissionais têm um vínculo jurídico não está sujeita às taxas de registo na medida em que não gere qualquer estabelecimento.

Certo parece ser, em todo o caso, que o mesmo profissional poderá integrar o cômputo de várias entidades com as quais mantenha um vínculo jurídico que lhe permita exercer a sua actividade em regime de tempo parcial. Um médico que se obrigue a exercer a sua actividade durante metade de um dia em cada semana a uma entidade diferente, poderá integrar o cômputo da taxa de registo de 10 entidades diferentes.

(i) Taxa de inscrição

O montante da taxa de inscrição varia entre € 1.000,00 e € 50.000,00, consoante o número de técnicos de saúde da entidade inscrita, no momento da inscrição. O montante a fixar dentro desse intervalo é o que resultar da expressão "900 + 25xNTS", em que NTS representa o número de técnicos de saúde.[21]

Assim, ao montante mínimo da taxa de inscrição, de € 1.000,00, acresce € 25,00 por cada técnico de saúde que exceder o número de quatro e não exceda o número de 2.004. Visto de outro modo, o montante da taxa de inscrição varia entre € 1.000,00 para as entidades que tenham até 4 técnicos de saúde, e € 50.000,00 para as entidades que tenham 2.004 ou mais técnicos de saúde, fixando-se entre esses dois limites para as demais entidades consoante o número de técnicos de saúde, à razão de € 25,00 por cada.

Excepcionalmente, os profissionais liberais e as associações de doentes que prestem serviços de cuidados de saúde em estabelecimento próprio e em regime de tempo parcial estão sujeitos a uma taxa de inscrição reduzida de € 200,00.[22]

---

[21] Portaria n.º 38/2006, de 6 de Janeiro, artigo 8.º, n.º 1, na redacção dada pelo artigo 1.º da Portaria n.º 639/2006, de 23 de Junho.

[22] Portaria n.º 38/2006, de 6 de Janeiro, artigo 8.º, n.º 4, na redacção dada pelo artigo 1.º da Portaria n.º 639/2006, de 23 de Junho.

422   *As Taxas de Regulação Económica em Portugal*

(ii) Taxa de manutenção

O montante da taxa de manutenção varia entre € 500,00 e € 25.000,00, consoante a média aritmética simples do número de técnicos de saúde dos estabelecimentos da entidade registada no final de cada mês do ano civil anterior. O montante a fixar dentro desse intervalo é o que resulta da expressão "450 + 12,5xNMTS", em que NMTS representa o número médio anual de técnicos de saúde.[23]

Os limites e os parâmetros correspondem a exactamente metade dos da taxa de inscrição. Ao valor mínimo da taxa de manutenção, de € 500,00, acresce o montante de € 12,50 por cada técnico de saúde que exceder o número de quatro e não exceder o número de 2.004. Visto de outro modo, o montante da taxa de manutenção varia entre € 500 para as entidades que tenham, em média, até 4 técnicos de saúde, e € 25.000,00 para as entidades que tenham, em média, 2.004 ou mais técnicos de saúde, fixando-se entre esses dois limites para as demais entidades consoante o número inteiro da média de técnicos de saúde à razão de € 12,50 por cada unidade.

Excepcionalmente, os profissionais liberais e as associações de doentes que prestem serviços de cuidados de saúde em estabelecimento próprio e em regime de tempo parcial estão sujeitos a uma taxa de manutenção reduzida de € 100,00.[24]

2.2.3. Liquidação e pagamento das taxas de registo

A Portaria n.º 38/2006, de 6 de Janeiro, não esclarece se a liquidação das taxas de registo incumbe à ERS ou aos sujeitos passivos. A operação de liquidação é de elementar simplicidade no caso das taxas de registo de valor fixo, devidas pelos profissionais liberais e associações de doentes que prestem serviços em estabelecimento próprio e em regime de tempo parcial, e pelos operadores que tenham até quatro técnicos de saúde. O mesmo não se pode afirmar da liquidação das taxas de registo dos demais operadores, cujo valor varia em função do número de técnicos de saúde ao seu serviço.

---

[23] Portaria n.º 38/2006, de 6 de Janeiro, artigo 9.º, n.º 1.

[24] Portaria n.º 38/2006, de 6 de Janeiro, artigo 9.º, n.º 2, na redacção dada pelo artigo 1.º da Portaria n.º 639/2006, de 23 de Junho.

As Taxas de Regulação Económica no Sector da Saúde   423

A liquidação das taxas variáveis implica, assim, o conhecimento do número de técnicos de saúde vinculados à entidade devedora, quer inicialmente, quer no final de cada mês subsequente. A lei não impõe, porém, aos operadores qualquer obrigação declarativa autónoma que permita à ERS antecipar ou verificar a identidade ou o número dos técnicos de saúde relativos a cada entidade, sem prejuízo, naturalmente, dos poderes que lhe atribui para obter informações e investigar a veracidade das declarações prestadas pelos operadores.

Na prática, as taxas de registo têm vindo a ser liquidadas pela ERS, com base na informação sobre o número de técnicos de saúde fornecida pelos operadores no acto de inscrição. Embora a informação relativa aos técnicos de saúde não esteja sujeita a registo obrigatório, nos termos do artigo 5.º da Portaria n.º 38/2006, de 6 de Janeiro, o sistema de inscrição telemática dos operadores não aceita qualquer registo se e enquanto essa informação não for prestada.

Porém, o sistema telemático de registo não exige uma actualização mensal do número de técnicos de saúde ao serviço de cada operador registado, o que impede a ERS de conhecer o número médio mensal de técnicos de saúde ao serviço de cada operador e de liquidar correctamente as respectivas taxas de manutenção.

Caso a ERS não liquide o valor das taxas variáveis com base nos dados de que disponha ou que recolha dos operadores, estes não estão dispensados de o fazer, sob pena de caducidade do registo.

(i) Taxa de inscrição

As taxas de inscrição são liquidadas com a apresentação do pedido de registo inicial (inscrição) dos operadores junto da ERS. A apreciação desse pedido de inscrição fica dependente do pagamento da respectiva taxa de inscrição, de acordo com as instruções constantes do formulário de inscrição. A falta de pagamento determina a inexistência do registo e a eliminação dos dados que o requerente haja inserido no sistema informático da ERS através do *website* disponível para o efeito.[25]

---

[25] Portaria n.º 38/2006, de 6 de Janeiro, artigo 8.º, n.º 6, na redacção dada pelo artigo 1.º da Portaria n.º 639/2006, de 23 de Junho.

424 *As Taxas de Regulação Económica em Portugal*

(ii) Taxa de manutenção

As taxas de manutenção são liquidadas decorridos 12 meses sobre o registo inicial (inscrição) ou sobre a liquidação da taxa de manutenção anterior.[26]

A portaria prevê a notificação do operador para o pagamento da taxa de manutenção devida, no dia seguinte àquele em que se perfizerem 12 meses sobre o registo inicial (inscrição) ou sobre o vencimento da taxa de manutenção anterior. Porém, não esclarece se essa notificação deve incluir a liquidação do montante devido ou se cabe ao operador proceder a essa liquidação.[27]

Notificado o operador para proceder ao pagamento desta taxa, este dispõe de um prazo de 60 dias para o fazer, sob pena de o registo ser automaticamente cancelado.[28]

3. Financiamento da actividade de regulação pública do Sector Económico da Prestação de Serviços de Cuidados de Saúde

As taxas de registo constituem receita própria da ERS, nos termos do artigo 54.º do respectivo Estatuto. Até à data, não se mostram regulamentadas quaisquer outras das taxas legalmente previstas nesse Estatuto. Por isso, as necessidades de financiamento da actividade da ERS não satisfeitas pela receita das taxas de registo têm sido asseguradas por dotações do Orçamento do Estado.

Embora a ERS tenha sido criada em 2004, apenas em 2005 viu a sua estrutura interna regulamentada e apenas em 2006, com a entrada em vigor da Portaria n.º 38/2006, de 6 de Janeiro, ficou habilitada a iniciar a sua actividade registral e a cobrar as respectivas taxas.

No primeiro ano da sua actividade, 2005, a ERS não logrou assim obter qualquer receita própria, tendo contado exclusivamente com uma

---

[26] Portaria n.º 38/2006, de 6 de Janeiro, artigo 9.º, n.ᵒˢ 3 e 5, na redacção dada pelo artigo 1.º da Portaria n.º 639/2006, de 23 de Junho.

[27] Portaria n.º 38/2006, de 6 de Janeiro, artigo 9.º, n.º 4, na redacção dada pelo artigo 1.º da Portaria n.º 639/2006, de 23 de Junho.

[28] Portaria n.º 38/2006, de 6 de Janeiro, artigo 9.º, n.º 4, segunda parte, na redacção dada pelo artigo 1.º da Portaria n.º 639/2006, de 23 de Junho.

As Taxas de Regulação Económica no Sector da Saúde   425

dotação do Orçamento do Estado no valor de € 1.769.396. Essa dotação excedeu as despesas desse ano em € 817.153, saldo esse que transitou para o exercício de 2006.[29]

No primeiro ano de actividade registral, 2006, a ERS já logrou obter receitas próprias no valor de € 7.162.287, das quais € 6.743.125 provenientes das taxas de inscrição. A essas receitas próprias, a ERS somou ainda uma dotação do Orçamento do Estado de € 1.769.500.[30]

As receitas próprias da ERS em 2006, provenientes essencialmente das taxas de inscrição, quase cobriram a totalidade das suas despesas desse ano, que atingiram € 7.366.105.[31]

As despesas da ERS em 2006 deveram-se, em larga medida, a investimentos não recorrentes em elementos do seu activo imobilizado, como foi expressamente reconhecido pelo Orçamento do Estado para 2007. Por isso, nesse ano a ERS viu a sua dotação orçamental do Estado reduzida em mais de 70% face à do ano anterior.[32]

É, portanto, lícito concluir que as despesas correntes da ERS em 2006, incluindo a amortização do seu imobilizado, foram largamente superadas pelas receitas próprias cobradas a título de taxas de inscrição. Isto é, o produto das taxas de inscrição cobradas pela ERS, pela primeira vez, em 2006, a título de contrapartida da criação de um número de registo, terá excedido não só os gastos correntes relativos a essa actividade registral, como mesmo a totalidade dos gastos correntes da ERS relativos a toda a sua actividade de regulação pública.

---

[29] Conta Geral do Estado de 2005, aprovada pela Resolução da Assembleia da República n.º 48/2007, de 3 de Outubro, Volume II, Tomo VI, Mapa 32, p. 419 (Discriminação das receitas e das despesas dos Serviços e Fundos Autónomos – Entidade Reguladora da Saúde) e Conta Geral do Estado de 2006, Volume II, Tomo X, Mapa 32, p. 564 (Discriminação das receitas e das despesas dos Serviços e Fundos Autónomos – Entidade Reguladora da Saúde).

[30] Conta Geral do Estado de 2006, Volume II, Tomo X, Mapa 32, p. 564 (Discriminação das receitas e das despesas dos Serviços e Fundos Autónomos – Entidade Reguladora da Saúde) e Orçamento do Estado para 2006, Orçamentos Privativos para 2006, Desenvolvimento das Receitas dos Serviços e Fundos Autónomos, Orçamento Privativo de Funcionamento da Entidade Reguladora da Saúde.

[31] Conta Geral do Estado de 2006, Volume II, Tomo X, Mapa 32, p. 564 (Discriminação das receitas e das despesas dos Serviços e Fundos Autónomos – Entidade Reguladora da Saúde).

[32] Cf. Relatório do Orçamento do Estado para 2007, aprovado pela Lei n.º 53-A/2006, de 29 de Dezembro, p. 217 (Políticas Sectoriais para 2007 e Despesa Consolidada, Ministério da Saúde, Orçamento).

A taxa de inscrição desempenhou, assim, pelo menos até 2006, o papel de verdadeira contrapartida pelo serviço de regulação pública prestado pela ERS, suprindo a ausência de uma contribuição pela regulação pública em sentido próprio. O mesmo se poderá esperar, a partir de 2007, da taxa de manutenção

Em 2007, as receitas próprias da ERS deverão provir essencialmente das primeiras taxas de manutenção que serão pagas pelos operadores que se inscreveram em 2006. O valor dessas receitas deverá, por isso, corresponder sensivelmente a metade do valor cobrado em taxas de inscrição no ano anterior. Em face da actual estrutura de receitas e gastos da ERS, é de esperar que, a partir de 2007, a totalidade dos gastos globalmente incorridos na sua actividade de regulação pública continuem a ser cobertos pelas receitas das taxas de registo, agora com preponderância da taxa de manutenção.

Salvo uma revisão profunda da estrutura e da incidência das taxas da ERS, a taxa de manutenção de registo deverá continuar a desempenhar, efectivamente, o papel da verdadeira contrapartida pela actividade de regulação pública e, possivelmente, a exceder a globalidade dos gastos correntes necessários ao desempenho das atribuições da ERS.

Resumo cronológico da legislação

Decreto-Lei n.º 185/2002, de 20 de Agosto (define os princípios e os instrumentos para o estabelecimento de parcerias em saúde e prevê o financiamento da entidade reguladora pelas entidades reguladas, a definir em diploma próprio)

Decreto-Lei n.º 86/2003, de 26 de Abril (define as normas gerais das parcerias público-privadas)

Decreto-Lei n.º 309/2003, de 10 de Dezembro (cria a Entidade Reguladora da Saúde – ERS)

Portaria n.º 310/2005, de 23 de Março (cria taxas de registo e supervisão de operadores dos sectores privado, social e cooperativo, dos operadores convencionados e dos operadores do sector público "dotados de capital social")

Portaria n.º 418/2005, de 14 de Abril (aprova o regulamento interno de organização e o funcionamento dos serviços da Entidade Reguladora da Saúde)

Portaria n.º 38/2006, de 6 de Janeiro (revoga a Portaria n.º 310/2005, de 23 de Março, estabelece as regras do registo obrigatório e cria as correspondentes taxas devidas por todos os operadores sujeitos a regulação da ERS)

As Taxas de Regulação Económica no Sector da Saúde

Portaria n.º 639/2006, de 23 de Junho (altera a Portaria n.º 38/2006, de 6 de Janeiro, criando um limite fixo das taxas de registo devidas por profissionais liberais e associações de doentes legalmente reconhecidas que prestem cuidados de saúde em estabelecimento próprio e em regime de tempo parcial)

AS TAXAS DE REGULAÇÃO ECONÓMICA NO SECTOR DOS SEGUROS

ROGÉRIO M. FERNANDES FERREIRA
JOÃO R. B. PARREIRA MESQUITA

SUMÁRIO: 1. Introdução 2. Enquadramento normativo e institucional do sector 2.1. Enquadramento normativo 2.1.1. Direito comunitário 2.1.2. Direito nacional 2.2. Enquadramento institucional 3. Taxa a favor do Instituto de Seguros de Portugal 3.1. Direito nacional 3.2. Incidência objectiva 3.3. Incidência subjectiva 3.4. Base de cálculo 3.5. Montante 3.6. Liquidação e pagamento 3.7. Afectação e valor da receita 4. Tributo a favor do Instituto Nacional de Emergência Médica, I.P. 4.1. Direito nacional 4.2. Incidência objectiva 4.3. Incidência subjectiva 4.4. Base de cálculo 4.5. Montante 4.6. Liquidação e pagamento 4.7. Afectação e valor da receita 5. Tributo a favor do Fundo de Garantia Automóvel 5.1. Direito nacional 5.2. Incidência objectiva 5.3. Incidência subjectiva 5.4. Base de cálculo 5.5. Montante 5.6. Liquidação e pagamento 5.7. Afectação e valor da receita 6. Tributos a favor do Fundo de Acidentes de Trabalho 6.1. Direito nacional 6.2. Incidência objectiva 6.3. Incidência subjectiva 6.4. Base de cálculo 6.5. Montante 6.6. Liquidação e pagamento 6.7. Afectação e valor da receita 7. Tributos a favor da Autoridade Nacional de Protecção Civil (ex-SNB) 7.1. Direito nacional 7.2. Incidência objectiva 7.3. Incidência subjectiva 7.4. Base de cálculo 7.5. Montante 7.6. Liquidação e pagamento 7.7. Afectação e valor da receita 8. Tributos a favor do Instituto de Financiamento da Agricultura e Pescas, I.P. (ex-IFADAP) 8.1. Direito nacional 8.2. Incidência objectiva 8.3. Incidência subjectiva 8.4. Base de cálculo 8.5. Montante 8.6. Liquidação e pagamento 8.7. Afectação e valor da receita

430   *As Taxas de Regulação Económica em Portugal*

1. Introdução

Tradicionalmente, a actividade seguradora desempenha um papel preponderante na garantia de elevados níveis de eficiência e eficácia no funcionamento de múltiplos aspectos da actividade económica. No entanto, desde 1 de Novembro de 1991, com a sujeição da generalidade dos contratos de seguro, celebrados em regime de livre prestação de serviços ou de liberdade de estabelecimento, a *taxas parafiscais* que oneram os prémios de seguro, o sector segurador passou também a contribuir activamente para o financiamento de determinadas prestações e serviços públicos de extrema importância e utilidade social, nomeadamente através de contribuições em percentagem para o Instituto de Seguros de Portugal (ISP), para o Instituto Nacional de Emergência Médica, I.P. (INEM, I.P.), para a Autoridade Nacional de Protecção Civil (ANPC), para o Fundo de Garantia Automóvel (FGA), para o Fundo de Acidentes de Trabalho (FAT) e para o Instituto de Financiamento da Agricultura e Pescas, I.P. (IFAP, I.P.).

2. Enquadramento normativo e institucional do sector

2.1. *Enquadramento normativo*

2.1.1. *Direito comunitário*

A Directiva n.º 88/357/CEE, do Conselho, de 22 de Junho de 1988, veio introduzir no sector segurador europeu, mais especificamente no âmbito da contratação de seguros dos ramos "Não Vida", o conceito de *livre prestação de serviços*, possibilitando, assim, a qualquer empresa com sede social no território da CEE ou a qualquer agência ou sucursal situada dentro da Comunidade, a prestação dos seus serviços em qualquer outro Estado-Membro, e não apenas no Estado-Membro em que se encontrava sediada ou situada.[1] Neste pressuposto, de livre prestação de

---

[1] Os seguros "Não Vida" incluem os seguintes ramos: a) Acidentes de trabalho, acidentes pessoais (nas modalidades de prestações convencionadas, de prestações indemnizatórias ou combinação de ambas) e acidentes com pessoas transportadas; b)

serviços, em que uma empresa de seguros estabelecida num qualquer Estado-Membro da CEE poderia, a partir do seu estabelecimento, cobrir riscos situados noutro Estado-Membro, e como forma de solucionar os problemas a nível concorrencial que se começavam a fazer sentir, surgiu a necessidade de definir qual o regime fiscal e parafiscal a que ficariam sujeitos os prémios de seguro dos contratos celebrados ao abrigo deste regime; sendo que, naquela altura, existiam, essencialmente, duas hipóteses: regime do Estado-Membro onde se encontrava localizada a sede social da empresa de seguros ou situada a sua agência ou sucursal, ou regime do Estado-Membro em que o risco coberto se encontrava situado.[2] A decisão recaiu sobre a segunda das hipóteses referidas.

Doença (nas modalidades de prestações convencionadas, prestações indemnizatórias ou combinação de ambas); c) Veículos terrestres, com exclusão dos veículos ferroviários, que abrange os danos sofridos por veículos terrestres propulsionados a motor e por veículos terrestres sem motor; d) Veículos ferroviários, que abrange os danos sofridos por veículos ferroviários; e) Aeronaves, que abrange os danos sofridos por aeronaves; f) Embarcações marítimas, lacustres e fluviais, que abrange os danos sofridos por toda e qualquer espécie de embarcação marítima, lacustre ou fluvial; g) Mercadorias transportadas; h) Incêndio e elementos da natureza; i) Outros danos em coisas; j) Responsabilidade civil de veículos terrestres a motor; l) Responsabilidade civil de aeronaves; m) Responsabilidade civil de embarcações; n) Responsabilidade civil geral; o) Crédito; p) Caução; q) Perdas pecuniárias diversas; r) Protecção jurídica; s) Assistência (cf. artigo 123.º do Decreto-Lei n.º 94--B/98, de 17 de Abril).

[2] Por Estado-Membro onde o risco se situa, deveria entender-se: (i) Estado-Membro onde se encontram os bens, sempre que o seguro respeite quer a imóveis, quer a imóveis e ao seu conteúdo, na medida em que este último estiver coberto pela mesma apólice de seguro; (ii) Estado-Membro de matrícula, sempre que o seguro respeite a veículos de qualquer tipo; (iii) Estado-Membro em que o tomador tiver subscrito o contrato, no caso de um contrato de duração igual ou inferior a quatro meses relativo a riscos ocorridos durante uma viagem de férias, qualquer que seja o ramo em questão; (iv) Estado-Membro onde o tomador tenha a sua residência habitual ou, quando o tomador for uma pessoa colectiva, o Estado-Membro onde se situe o estabelecimento da pessoa colectiva a que o contrato se refere, em todos os casos não referidos anteriormente (cf. artigo 2.º, alínea d), da Directiva n.º 88/357/CEE, do Conselho, de 22 de Junho de 1988). Ficou ainda definido que os bens móveis contidos num imóvel situado no território de um Estado-Membro, com excepção dos bens em trânsito comercial, constituem um risco situado nesse Estado--Membro, mesmo se o imóvel e o seu conteúdo não estiverem cobertos pela mesma apólice de seguro, e que a lei aplicável ao contrato de seguros não tem incidência sobre o regime fiscal aplicável (cf. artigo 25.º da Directiva n.º 88/357/CEE, do Conselho, de 22 de Junho de 1988).

432 *As Taxas de Regulação Económica em Portugal*

Mais tarde, em 18 de Junho de 1992, com a publicação da Directiva n.º 92/49/CEE, do Conselho, a sujeição dos prémios de seguro aos impostos indirectos e às taxas parafiscais definidos pelo Estado-Membro em que está situado o risco passou a verificar-se não só relativamente aos contratos de seguro "Não Vida" celebrados ao abrigo do regime da livre prestação de serviços, mas, também, em relação àqueles celebrados ao abrigo do regime de liberdade de estabelecimento.[3] De facto, o artigo 46.º daquela Directiva, que revogou o artigo 25.º da Directiva n.º 88/357/ /CEE, do Conselho, de 22 de Junho de 1988, veio estabelecer que "qualquer contrato de seguro ficará exclusivamente sujeito aos impostos indirectos e taxas parafiscais que oneram os prémios de seguro no Estado- -Membro em que está situado o risco, nos termos da alínea d) do artigo 2.º, da Directiva 88/357/CEE (...)".[4]

No que concerne ao seguro "Vida", o seu percurso legislativo comunitário foi em tudo semelhante. Assistiu-se, numa primeira fase, com a Directiva n.º 90/619/CEE, do Conselho, de 8 de Novembro de 1990, à quebra das barreiras que impediam as empresas de seguros que tivessem a sua sede social na Comunidade de prestar serviços noutros Estados- -Membros. Seguiu-se a imposição da sujeição dos contratos celebrados em regime de prestação de serviços exclusivamente aos impostos e às taxas parafiscais que oneravam os prémios de seguros no *Estado-Membro em que o compromisso era assumido*, entendendo-se como tal o Estado- -Membro onde o segurando residisse habitualmente ou, caso se tratasse de pessoa colectiva, o Estado-Membro no qual se encontrava, situado o estabelecimento da pessoa colectiva a que o contrato dizia respeito.[5]

Numa segunda fase, a Directiva n.º 92/96/CEE, do Conselho, de 10 de Novembro de 1992, tendo em vista a consolidação do mercado interno no sector do seguro "Vida", à semelhança do que havia sucedido com o sector do seguro "Não Vida", regulou a possibilidade de exercício da

---

[3] Cf. artigo 46.º, n.º 2, da Directiva n.º 92/49/CEE, do Conselho, de 18 de Junho de 1992.

[4] E não apenas o contrato de seguro celebrado *em regime de prestação de serviços*, como previa o artigo 25.º da Directiva n.º 88/357/CEE, do Conselho, de 22 de Junho de 1988.

[5] De referir que a lei aplicável ao contrato de seguro propriamente dito não tinha qualquer relevância na determinação do regime fiscal (cf. artigo 25.º da Directiva n.º 90/ /619/CEE, do Conselho, de 8 de Novembro de 1990).

As Taxas de Regulação Económica no Sector dos Seguros 433

actividade seguradora, quer em regime de livre prestação de serviços, quer em regime de liberdade de estabelecimento, alargando, deste modo, o campo de aplicação das taxas parafiscais aos prémios de seguro referentes a contratos celebrados ao abrigo do segundo regime.

Ainda relativamente à Directiva n.º 92/96/CEE, do Conselho, de 10 de Novembro de 1992, convém notar que o seu artigo 44.º, n.º 2, reflecte a decisão de abertura do mercado segurador europeu ao regime da liberdade de estabelecimento, determinando, a propósito do regime fiscal a que se encontrava sujeita a actividade seguradora e resseguradora, que *qualquer* contrato de seguro apenas poderia ser sujeito aos mesmos impostos indirectos e taxas parafiscais que onerassem os prémios de seguro no Estado-Membro do compromisso.

2.1.2. *Direito nacional*

Em Portugal, a produção legislativa em matéria de acesso e exercício da actividade seguradora e resseguradora, na qual se enquadra a questão específica do regime parafiscal a que esta se encontra sujeita, acompanhou de perto a adopção das *supra* mencionadas directivas comunitárias e todas as grandes transformações verificadas no seio do sector segurador.

O Decreto-Lei n.º 352/91, de 20 de Setembro, que transpôs para a ordem jurídica interna, nos seus exactos termos, a Directiva n.º 88/357/ /CEE, do Conselho, de 22 de Junho de 1988, veio prever que "os prémios dos contratos de seguro celebrados em livre prestação de serviços que cubram riscos situados em Portugal, na acepção da alínea c) do artigo 2.º, estão sujeitos às taxas parafiscais previstas na lei portuguesa, independentemente da lei que vier a ser aplicada ao contrato".

Posteriormente, com a entrada em vigor do Decreto-Lei n.º 102/94, de 20 de Abril, e consequente revogação do Decreto-Lei n.º 352/91, de 20 de Setembro, foram transpostas para a ordem jurídica interna as Directivas n.ºs 92/49/CEE, de 18 de Junho, referente a seguros "Não Vida", e 92/96/CEE, de 10 de Novembro, referente a seguros "Vida", tendo ficado consagrada, no direito interno, a possibilidade de exercício da actividade seguradora e resseguradora ao abrigo do regime de liberdade de estabelecimento, alargando-se, deste modo, o campo de aplicação das taxas parafiscais aos prémios de seguro referentes a contratos "Vida" e "Não Vida" celebrados ao abrigo deste regime.

Actualmente, decorridos quase oitenta anos de produção legislativa dispersa por uma multiplicidade de diplomas legais, iniciada com a criação de uma *taxa a favor do Estado*, que tinha por objectivo fazer face a despesas com a coordenação e a fiscalização da actividade seguradora, todos os aspectos essenciais daquela actividade, como é o caso do regime fiscal e parafiscal a que, em geral, a mesma se encontra sujeita, encontram-se condensados no Decreto-Lei n.º 94-B/98, de 17 de Abril.[6]

---

[6] As primeiras disposições de natureza tributária sobre a actividade seguradora surgiram com o Decreto n.º 17.555, de 5 de Novembro de 1929, num notável esforço de agrupamento dos diversos impostos e taxas que incidiam sobre as sociedades de seguros, dispersos por inúmera legislação avulsa. O referido decreto previa que as sociedades que exercessem a indústria de seguros ficariam sujeitas (*i*) a uma taxa de 2,5% sobre a totalidade da receita processada, líquida de estornos e anulações, relativa aos prémios (ramos "Vida" e "Não Vida") de seguros directamente subscritos pelas sociedades, (*ii*) a uma contribuição para os serviços de incêndios (*iii*) e a uma contribuição industrial (cf. artigo 21.º do Decreto n.º 17.555, de 5 de Novembro de 1929). Mais tarde, a Lei n.º 5/78, de 6 de Fevereiro, veio alterar a taxa sobre prémios a favor do Estado, definida pelo Decreto n.º 17.555, de 2,5% para 2%, e sujeitar as sociedades de seguros que exercessem a sua actividade em Portugal ao pagamento de uma taxa ao Instituto Nacional de Seguros, fixada anualmente pelo Ministro das Finanças, até ao limite de 1% sobre a totalidade da receita processada (cf. artigos 1.º, 2.º e 6.º da Lei n.º 5/78, de 6 de Fevereiro). O Decreto-Lei n.º 131/78, de 5 de Junho, veio fixar em 0,75% a taxa a favor do Instituto Nacional de Seguros, relativamente aos anos de 1977 e 1978. Posteriormente, o Decreto-Lei n.º 156/83, de 14 de Abril, veio novamente alterar a taxa sobre prémios a favor do Estado de 2% para 1,75% e alterar o montante devido por parte das empresas de seguros ao Instituto de Seguros de Portugal (o Instituto Nacional de Seguros foi extinto e substituído pelo Instituto de Seguros de Portugal com a entrada em vigor do Decreto-Lei n.º 302/82, de 30 de Julho), redefinindo o limite máximo da taxa sobre a totalidade da receita processada de 1% para 0,75% (cf. artigo 1.º do Decreto-Lei n.º 156/83, de 14 de Abril). No ano de 1987, foi promulgado o Decreto-Lei n.º 171/87, de 20 de Abril, nos termos do qual é criada uma taxa a ser paga anualmente ao Instituto de Seguros de Portugal pelas entidades gestoras de fundos de pensões autorizadas a exercer a sua actividade em Portugal (0,1% para o ano de 1987) e consubstanciada a isenção do ramo "Vida" do pagamento da taxa sobre prémios a favor do Estado (e da taxa que resulta a favor do INEM) (cf. artigos 2.º e 3.º do Decreto-Lei n.º 171/87, de 20 de Abril). O Decreto-Lei n.º 50/91, de 25 de Janeiro, em resultado da transferência para o Instituo de Seguros de Portugal das funções de coordenação, regulação e fiscalização do sector que até então cabiam ao Estado (cf. Decreto-Lei n.º 302/82, de 30 de Julho), veio revogar o n.º 3 do artigo 21.º do Decreto n.º 17.555, de 5 de Novembro de 1929, extinguindo, assim, a taxa de 1,75% a favor do Estado, incidente sobre os prémios de seguros directamente subscritos pelas empresas seguradoras.

As Taxas de Regulação Económica no Sector dos Seguros   435

Assim, nos termos do Decreto-Lei n.º 94-B/98, de 17 de Abril, mais especificamente do seu artigo 173.º, e depois de transposta para o direito interno a generalidade do direito comunitário nesta matéria, o regime fiscal vigente em matéria de seguros é o seguinte: os prémios dos contratos de seguro que cubram riscos situados em território português, ou em que Portugal é o Estado-Membro do compromisso, estão sujeitos aos impostos indirectos e às taxas previstos na lei portuguesa, independentemente da lei que vier a ser aplicada ao contrato e sem prejuízo da legislação especial aplicável ao exercício da actividade seguradora no âmbito institucional das zonas francas.[7]

Quanto ao regime parafiscal aplicável às sucursais de empresas seguradoras sediadas noutro território da União Europeia e aos representantes fiscais das seguradoras que exerçam em Portugal a sua actividade em regime de livre prestação de serviços, o artigo 33.º do citado diploma legal – incluído na secção V do título I, relativa ao *estabelecimento em Portugal de sucursais de empresas com sede no território de outros Estados-Membros* – esclarece que *as empresas de seguros estabelecidas em Portugal (...) devem (...) contribuir, nas mesmas condições das empresas autorizadas ao abrigo deste diploma, para qualquer regime destinado a assegurar o pagamento de indemnizações a segurados e terceiros lesados, nomeadamente quanto aos riscos referidos na alínea a) do n.º 1) e no n.º 10) do artigo 123.º, excluindo a responsabilidade do transportador, assegurando as contribuições legalmente previstas para o*

---

[7] Por Estado-Membro onde o risco se situa deverá entender-se: (*i*) Estado-Membro onde se encontram os bens, sempre que o seguro respeite, quer a imóveis, quer a imóveis e seu conteúdo, na medida em que este último estiver coberto pela mesma apólice de seguro; (*ii*) Estado-Membro em que o veículo se encontre matriculado, sempre que o seguro respeite a veículos de qualquer tipo; (*iii*) Estado-Membro em que o tomador tiver subscrito o contrato, no caso de um contrato de duração igual ou inferior a quatro meses relativo a riscos ocorridos durante uma viagem ou fora do seu domicílio habitual, qualquer que seja o ramo em questão; (*iv*) Estado-Membro onde o tomador tenha a sua residência habitual ou, se este for uma pessoa colectiva, o Estado-Membro onde se situe o respectivo estabelecimento a que o contrato se refere, nos casos não referidos anteriormente (cf. artigo 2.º, n.º 1, alínea h), do Decreto-Lei n.º 94-B/98, de 17 de Abril). Estado--Membro do compromisso é aquele onde o tomador do seguro reside habitualmente ou, caso se trate de uma pessoa colectiva, onde está situado o estabelecimento da pessoa colectiva a que o contrato ou operação respeitam (cf. artigo 2.º, n.º 1, alínea i), do Decreto-Lei n.º 94-B/98, de 17 de Abril).

436 As Taxas de Regulação Económica em Portugal

Fundo de Actualização de Pensões (FUNDAP) e para o Fundo de Garantia Automóvel (FGA).

Ainda quanto a esta questão, importa referir, que as sucursais estabelecidas em Portugal são responsáveis pelo pagamento dos impostos indirectos e taxas que incidam sobre os prémios dos contratos que celebrarem, conforme previsto no artigo 166.º do referido diploma legal.

Dispõe, por último, para este efeito, o artigo 175.º, no seu n.º 1, que as empresas de seguros que operem em Portugal em livre prestação de serviços devem, antes do início da sua actividade, designar um representante munido de procuração com poderes bastantes, residente em território português, solidariamente responsável pelo pagamento dos impostos indirectos e taxas que incidam sobre os prémios dos contratos que a empresa celebrar nas condições previstas no diploma.

Entrando agora naquilo que são os elementos distintivos de cada um dos diferentes tributos existentes – designadamente, montante, incidência, base de cálculo, afectação de receita liquidação e pagamento –, que se encontram definidas em decreto-lei e, complementarmente, em normas regulamentares, emitidas por institutos públicos, como é o caso do Instituto de Seguros de Portugal (ISP), importa comerçar por referir que[8] existem, essencialmente, seis tributos parafiscais, suportados por seguradoras e/ou segurados, definidos em função da entidade em cujo proveito os mesmos foram estabelecidos:[9]

    (i)   *taxa a favor do Instituto de Seguros de Portugal (ISP)*, regulada pelo Decreto-Lei n.º 156/83, de 14 de Abril, e, complementarmente, pela Norma Regulamentar n.º 10/2001-R, emitida pelo ISP, ao abrigo do disposto no artigo 4.º do seu estatuto,

---

[8] Cf. artigo 4.º, n.º 3, do Estatuto do Instituto de Seguros de Portugal, aprovado pelo Decreto-Lei n.º 289/2991, de 13 de Novembro.

[9] Fora dos tributos parafiscais encontra-se *o imposto do selo*, o qual desempenha um papel importante em sede de tributação da actividade seguradora, incidindo, nas apólices de seguros, sobre a soma do prémio do seguro, do custo da apólice e de quaisquer outras importâncias que constituam receita das seguradoras, cobradas juntamente com esse prémio ou em documento separado (cf. verba 22.1 da Tabela Geral do Imposto do Selo). A taxa varia entre 5% e 9%, nos seguintes termos: (*i*) seguros dos ramos "Acidentes", "Doenças", "Crédito", "Mercadorias transportadas", "Embarcações", "Aeronaves" e modalidades de "seguro Agrícola e pecuário" – 5%; (*ii*) seguros do ramo "Caução" – 3%; (*iii*) seguros de quaisquer outros ramos – 9% (cf. verba 22 da Tabela Geral do Imposto do Selo).

As Taxas de Regulação Económica no Sector dos Seguros 437

aprovado pelo Decreto-Lei n.º 289/2001, de 13 de Novembro (Regulamento n.º 2/2002);

(ii) *taxa a favor do Instituto Nacional de Emergência Médica (INEM, I.P.)*, prevista no Decreto-Lei n.º 220/2007, de 29 de Maio, e, complementarmente na Norma Regulamentar n.º 17/ /2001-R, com a redacção que lhe foi dada pela Norma Regulamentar n.º 7/2003-R, emitida pelo ISP, ao abrigo do disposto no artigo 4.º do seu estatuto, aprovado pelo Decreto-Lei n.º 289/2001, de 13 de Novembro (Regulamentos n.ᵒˢ 10/2002 e 10/2003);[10]

(iii) *taxa a favor da Autoridade Nacional de Protecção Civil (ANPC)*, regulamentada pelo Decreto-Lei n.º 388/78, de 9 de Dezembro, com a redacção que lhe foi dada pelo artigo 1.º do Decreto-Lei n.º 97/91, de 2 de Março, e, complementarmente, pela Circular n.º 27/1996, emitida pelo ISP, juntamente com a Norma Regulamentar n.º 16/2001-R, de 22 de Novembro, alterada pela Norma Regulamentar n.º 2/2002, de 31 de Janeiro (Regulamentos n.º 6/2002 e n.º 15/2002, respectivamente);

(iv) *taxa a favor do Fundo de Garantia Automóvel (FGA)*, prevista no Decreto-Lei n.º 291/2007, de 21 de Agosto, e, complementarmente, pela Norma Regulamentar n.º 11/2001-R, emitida pelo ISP, na redacção introduzida pela Norma Regulamentar n.º 2/2006-R, de 13 de Janeiro, e pela Norma Regulamentar n.º 15/2007-R, de 25 de Outubro (Regulamentos n.º 3/2002 e n.º 313/2007, respectivamente);[11]

---

[10] Esta taxa foi inicialmente regulada pelo Decreto-Lei n.º 234/81, de 3 de Agosto, alterado pelo Decreto-Lei n.º 171/87, de 29 de Abril. Mais tarde, o Decreto-Lei n.º 234/ 81, de 3 de Agosto, foi revogado pelo Decreto-Lei n.º 167/2003, de 29 de Junho, o qual, por sua vez, veio a ser revogado pelo Decreto-Lei n.º 220/2007, de 29 de Maio.

[11] O Fundo de Garantia Automóvel foi criado ao abrigo do Decreto-Lei n.º 408/79, de 25 de Setembro, nos termos do Decreto Regulamentar n.º 58/79, também de 25 de Setembro. O referido Decreto-Lei foi revogado pelo Decreto-Lei n.º 522/85, de 31 de Dezembro, alterado pelos Decretos-Leis n.ᵒˢ 122/2005, de 29 de Julho, 44/2005, de 23 de Fevereiro, 72-A/2003, de 14 de Abril, 301/2001, de 23 de Novembro, 368/97, de 23 de Dezembro, 68/97, de 3 de Abril, 224-A/96, de 26 de Novembro, 3/96, de 25 de Janeiro, 130/94, de 19 de Maio, 358/93, de 14 de Outubro, 18/93, de 23 de Janeiro, 122/92, de 2 de Julho, 415/89, de 30 de Novembro, 394/87, de 31 de Dezembro, 81/87, de 20 de Fevereiro, 436/86, de 31 de Dezembro, e 122-A/86, de 30 de Maio. Posteriormente o

438   As Taxas de Regulação Económica em Portugal

(v) *taxa a favor do Fundo de Acidentes de Trabalho (FAT)*, prevista e regulada pelo Decreto-Lei n.º 142/99, de 30 de Abril, na redacção que lhe foi dada pelo Decreto-Lei n.º 185/2007, de 10 de Maio, e complementarmente, pela Norma Regulamentar n.º 12/2007-R, de 26 de Julho (Regulamento n.º 231/2007), emitida pelo ISP;[12]

(vi) *taxa a favor do Instituto de Financiamento da Agricultura e Pescas, I.P. (IFAP, I.P.)*, prevista pelo Decreto-Lei n.º 20/96, de 19 de Março, com a redacção que lhe foi dada pelo Decreto-Lei n.º 23/2000, de 2 de Março e, complementarmente, pela Norma Regulamentar n.º 261/1991, de 2 de Outubro, emitida pelo ISP.[13]

---

referido Decreto-Lei veio a ser revogado pelo Decreto-Lei n.º 83/2006, de 3 de Maio, o qual, por sua vez, veio a ser revogado pelo Decreto-Lei n.º 291/2007, de 21 de Agosto, actualmente em vigor.

[12] O Decreto-Lei n.º 142/99 veio extinguir o antigo Fundo de Actualização de Pensões de Acidentes de Trabalho (FUNDAP), criado pelo Decreto-Lei n.º 240/79, de 25 de Julho, na redacção que lhe foi dada pelos Decretos-Leis n.ºs 468/85, de 6 de Novembro, e 388/89, de 9 de Novembro. O referido Decreto-Lei determina, ainda, que será extinto o Fundo de Actualização de Pensões (FGAP), previsto na Base XLV da Lei 2127, de 3 de Agosto de 1965, transitando as respectivas responsabilidades e saldos para o FAT, nos termos e condições a definir por portaria dos Ministros das Finanças e do Trabalho e da Solidariedade.

[13] Esta taxa surgiu com o Decreto Lei n.º 395/79, de 21 de Setembro, nos termos do qual foi criado o seguro agrícola de colheitas e o Fundo de Compensação do Seguro de Colheitas, que funcionava junto do Instituto Nacional de Seguros. Constituíam receitas do referido fundo 0,3% de todos os prémios e respectivos adicionais processados pelas seguradoras que explorassem o ramo "Agrícola e Pecuário", com excepção do ramo "Vida" e 10% do prémio de todos os seguros de colheitas efectuados sem intervenção do mediador (cf. artigo 13.º do referido diploma legal). Mais tarde, o Decreto-Lei n.º 395/79, de 21 de Setembro, foi revogado pelo Decreto-Lei n.º 283/90, de 18 de Setembro, alterado pelo Decreto-Lei n.º 253/91, de 18 de Julho, e revogado pelo Decreto-Lei n.º 326/95, de 5 de Dezembro, nos termos do qual é criado um fundo de calamidades, integrado no Fundo Integral de Protecção contra as Aleatoriedades Climáticas (FIPAC), cujas receitas eram constituídas, parcialmente, por uma contribuição dos agricultores, cobrada através do seguro de colheitas. Posteriormente, o Decreto-Lei n.º 20/96, de 19 de Março, veio revogar os Decretos-Leis n.ºs 283/90, 253/91 e 326/95, de 18 de Setembro, 18 de Julho e 5 de Dezembro, respectivamente.

2.2. Enquadramento institucional

Em 1976, com a nacionalização do sector segurador e ressegurador, e a consequente extinção da *Inspecção-Geral de Crédito e Seguros* – entidade que, até então, desempenhava as funções de fiscalização da actividade seguradora e resseguradora em Portugal –, e com a criação do *Instituto Nacional de Seguros* (INS), através do Decreto-Lei n.º 11-B/76, de 13 de Janeiro, cujo estatuto foi aprovado pelo Decreto-Lei n.º 400/76, de 26 de Maio, surgiu a necessidade de dotar o Estado e o sector segurador de um serviço oficial de inspecção capaz de, com eficácia e eficiência, e sem prejuízo das funções desenvolvidas pelo INS, desempenhar o papel de acompanhamento dos diversos operadores do sector e de vigilância pelo cumprimento das normas legislativas e regulamentares aplicáveis. Assim, com o Decreto-Lei n.º 513-B1/79, de 27 de Dezembro, foi criada, na dependência do Ministério das Finanças, com objectivos distintos mas complementares dos definidos para o INS, a *Inspecção--Geral de Seguros*.

Contudo, a comprovada inadequação do Estatuto do Instituto Nacional de Seguros à dinâmica da actividade seguradora que se fazia sentir, o entrave que o mesmo representava para o processo de estabilização e desenvolvimento do sector económico dos seguros, assim como a falta de justificação para o exercício, por parte de organismos distintos, de duas actividades complementares, como eram a coordenação e a fiscalização do sector dos seguros, fez com que, em 1982, com o Decreto-Lei n.º 302/82, de 30 de Julho, fossem extintos, quer o INS, quer a Inspecção-Geral de Seguros, e fosse criado o *Instituto de Seguros de Portugal* (ISP), instituto público sujeito à tutela do Ministério das Finanças e do Plano, dotado de autonomia administrativa e financeira e património próprio, concentrando em si as funções de coordenação e fiscalização da actividade seguradora, do resseguro e da mediação. No âmbito das suas atribuições, era-lhe conferido, inclusivamente, o poder de emitir normas regulamentares de cumprimento obrigatório, nomeadamente sobre o sistema de cobrança de taxas.

O contexto de mudança que caracterizou os anos que se seguiram à institucionalização do ISP, nomeadamente, a adesão à Comunidade Europeia em 1986, as preocupações crescentes, a nível concorrencial, entre todos os operadores de mercado, o alargamento do âmbito da

440   *As Taxas de Regulação Económica em Portugal*

liberalização da actividade seguradora e resseguradora no espaço comunitário, surgido com a aprovação das directivas de terceira geração, e a institucionalização dos fundos de pensões, que justificava o alargamento do campo de supervisão do ISP, impôs a necessidade de adaptação do estatuto desta entidade às novas realidades do sector segurador e ressegurador.[14] Assim, em 26 de Setembro de 1997, foi publicado o Decreto-Lei n.º 251/97 e revogado o Decreto-Lei n.º 302/82, de 30 de Julho, nos termos do qual havia sido criado o ISP.

Mais tarde, a revisão do regime de acesso e exercício da actividade seguradora, operada pelo Decreto-Lei n.º 94-B/98, de 17 de Abril, juntamente com a necessidade de atribuir ao referido instituto um maior poder regulamentar e ampliar as suas competências decisórias em matéria de supervisão, determinaram a substituição do Decreto-Lei n.º 251/97, de 26 de Setembro, pelo Decreto-Lei n.º 289/2001, de 13 de Novembro, nos termos do qual ficou aprovada a mais recente versão do Estatuto do ISP.[15]

3. Taxa a favor do Instituto de Seguros de Portugal

3.1. *Direito nacional*

Com o Decreto-Lei n.º 156/83, de 14 de Abril, o qual teve por base a Lei de Autorização n.º 2/83, de 18 de Fevereiro (artigo 36.º, alínea b)), as empresas de seguros autorizadas a exercer a sua actividade em Portugal passaram a ficar obrigadas ao pagamento anual, ao ISP, de uma taxa, fixada anualmente pelo Ministro das Finanças e do Plano, até ao limite de 0,75%, sobre a totalidade da receita processada, líquida de estornos e anulações, relativamente aos prémios de seguros directamente subscritos pelas mesmas.[16]

---

[14] Ver ponto 2.1. *supra*. O Decreto-Lei n.º 323/85, de 6 de Agosto, confiou exclusivamente às companhias de seguros exploradoras do ramo "Vida" a gestão dos fundos de pensões. Com o Decreto-Lei n.º 396/86, de 25 de Novembro, entretanto revogado pelo Decreto-Lei n.º 415/91, de 25 de Outubro, a gestão dos referidos fundos passou a poder ser exercida por sociedades especializadas.

[15] Ver ponto 2.1. *supra*.

[16] Cf. artigos 2.º e 3.º do referido diploma legal. A Lei n.º 5/78, de 6 de Fevereiro, veio, inicialmente, sujeitar as sociedades de seguros que exercessem a sua actividade em

As Taxas de Regulação Económica no Sector dos Seguros 441

De acordo com o Decreto-Lei n.° 94-B/98, de 17 de Abril, os prémios dos contratos de seguro que cubram riscos situados em território português estão sujeitos aos impostos indirectos e taxas previstos na lei portuguesa, independentemente da lei que venha a ser aplicada ao contrato.[17] Ora, nos termos da última versão do Estatuto do ISP, aprovada pelo Decreto-Lei n.° 289/2001, de 13 de Novembro, constitui fonte de receita do ISP, entre outras, uma taxa paga pelas empresas de seguros, fixada nos termos da legislação em vigor.[18]

Por outro lado, no que concerne às *entidades gestoras de fundos de pensões*, tendo em consideração as funções de supervisão e coordenação dos referidos fundos atribuídas ao ISP, também elas se encontram obrigadas ao pagamento de uma taxa a este organismo, nos termos do artigo 33.° do Decreto-Lei n.° 415/91, de 25 de Outubro, em conjugação com os artigos 4.° e 30.°, n.° 1, alínea a), do Decreto-Lei n.° 289/2001, de 13 de Novembro e com o Decreto-Lei n.° 171/87, de 20 de Abril.

3.2. Incidência objectiva

As empresas de seguros e as entidades gestoras de fundos de pensões autorizadas a exercer a sua actividade em Portugal encontram-se, pois, obrigadas a pagar ao ISP uma taxa, fixada anualmente por Portaria do Ministro das Finanças, com base em proposta a apresentadar pelo ISP, fundamentada na previsão do seu orçamento anual, incidente sobre a *totalidade da receita processada, relativa aos prémios de seguro directamente subscritos pelas empresas de seguros, cujos contratos cubram riscos situados no território português.*[19]

Portugal ao pagamento de uma taxa ao, então, Instituto Nacional de Seguros, fixada anualmente pelo Ministro das Finanças, até ao limite de 1% sobre a totalidade da receita processada.

[17] Cf. artigo 173.°, n.° 1, do referido diploma legal.
[18] Cf. artigo 30.°, n.° 1, alínea a), do Decreto-Lei n.° 289/2001, de 13 de Novembro.
[19] Cf. artigos 30.°, n.° 1, alínea a), do Decreto-Lei n.° 289/2001, de 13 de Novembro, e 2.° do Decreto-Lei n.° 156/83, de 14 de Abril, e n.° 2, alínea a), capítulo II, da Norma Regulamentar n.° 10/2001, de 22 de Novembro de 2001, emitida pelo ISP.

3.3. Incidência subjectiva

Quanto à incidência subjectiva da taxa, o artigo 2.º do Decreto-Lei n.º 156/83, de 14 de Abril, e o n.º 1 da Norma Regulamentar n.º 10/2001, de 22 de Novembro de 2001, na parte referente às empresas de seguro, identificam, com clareza, as *empresas de seguros, sediadas ou não em Portugal, actuando em regime de estabelecimento ou em livre prestação de serviços, que operem em Portugal,* como sendo os sujeitos passivos da relação tributária em causa, podendo revestir uma das seguintes formas: (*i*) sociedades anónimas, mútuas de seguros e sucursais de empresas de seguros com sede fora do território da Comunidade Europeia, a quem tenha sido concedida uma autorização administrativa para o exercício da actividade seguradora ou resseguradora, nos termos do Decreto-lei n.º 94-B/98, de 17 de Abril; (*ii*) sucursais de empresas de seguros com sede no território de outros Estados-Membros, desde que devidamente cumpridos os requisitos exigidos; e (*iii*) empresas de seguros públicas ou de capitais públicos, criadas nos termos da lei portuguesa.[20]

Por sua vez, no que respeita à incidência subjectiva da taxa devida pelas entidades gestoras de fundos de pensões ao ISP, dever-se-á referir que, de acordo com o previsto no Decreto-Lei n.º 171/87, de 20 de Abril, mais especificamente como seu artigo 1.º, n.º 1, e à semelhança do que sucede com a taxa devida pelas empresas de seguros ao referido instituto, apenas as *entidades gestoras de fundos de pensões autorizadas a exercer a sua actividade em Portugal* se encontram obrigadas a pagar a mencionada taxa. Nos termos da legislação portuguesa, a constituição deste tipo de entidades depende de autorização do ISP, sendo que, para tal, as mesmas apenas se poderão constituir sob a forma de sociedades anónimas e terão obrigatoriamente de fixar a sua sede social e a sua administração principal e efectiva em território português.[21]

---

[20] Cf. artigo 7.º, n.º 1, do Decreto-Lei n.º 94-B/98, de 17 de Abril. A actividade seguradora poderá, ainda, ser exercida por empresas de seguros que adoptem a forma de sociedade europeia, nos termos da legislação que lhes for aplicável (cf. artigo 7.º, n.º 2, do referido diploma legal). Nos contratos celebrados em regime de co-seguro, compete a cada co-empresa de seguros o pagamento da taxa para o ISP referente à sua quota-parte (cf. Capítulo II, n.º 3, da Norma Regulamentar n.º 10/2001, emitida pelo ISP).

[21] Cf. artigos 38.º e 39.º do Decreto-Lei n.º 12/2006, de 20 de Janeiro, na redacção que lhe foi dada pelos Decretos-Leis n.ºs 180/2007, de 9 de Maio, e 357-A/2007, de 31

As Taxas de Regulação Económica no Sector dos Seguros 443

Ainda a propósito da determinação do sujeito passivo da relação tributária em causa, convém esclarecer que, nos termos do n.º 5 da Norma Regulamentar n.º 10/2001 do ISP, na eventualidade de uma transferência da gestão de um fundo de pensões, a entidade responsável pelo pagamento da referida é a entidade gestora que se encontre a gerir o fundo de pensões na data em que aquele pagamento for devido.

3.4. Base de cálculo

Nos termos do Decreto-Lei n.º 156/83, de 14 de Abril, a taxa em apreço será calculada com base na totalidade da receita processada, líquida de estornos e anulações, relativa aos prémios de seguro directamente subscritos pelas empresas de seguros, sendo fixada *anualmente* pelo Ministro das Finanças e nunca excedendo o *limite máximo* de 0,75%.[22]

No caso das entidades gestoras de fundos de pensões, a taxa devida ao ISP possui igualmente uma base *ad valorem* e incide sobre a totalidade das contribuições efectuadas pelos associados e pelos participantes para os correspondentes fundos, sendo definida, anualmente, pelo Ministro das Finanças, com base em proposta apresentada pelo ISP, não podendo exceder o *limite máximo* de 0,1%.[23]

A respeito do conceito de "prémios de seguro (...) subscritos pelas empresas", a que se refere o citado artigo 2.º do Decreto-Lei n.º 156/83, de 14 de Abril, cumpre salientar que o mesmo não está legalmente definido, a não ser que se entenda aqui aplicável o disposto na alínea a) do artigo 26.º do Decreto-Lei n.º 176/95, de 26 de Julho, com as alterações que lhe foram introduzidas pelos Decretos-Leis n.ºs 60/2004, de 22 de Março, e 357-A/2007, de 31 de Outubro (diploma da "transparência"), fazendo-o corresponder ao do(s) "prémio(s) bruto(s)", defenido(s), pela alínea n) do seu artigo 1.º, como sendo o "prémio comercial, acrescido das cargas relacionadas com emissão do contrato, tais como fracciona-

---

de Outubro. No caso de fundos de pensões geridos, em conjunto, por várias entidades gestoras, compete a cada co-gestora efectuar o pagamento respeitante às contribuições recebidas (cf. Capítulo II, n.º 4, da Norma Regulamentar n.º 10/2001, emitida pelo ISP).

[22] Poderão ser fixadas taxas diferentes consoante o ramo de seguro em causa. Cf. artigos 2.º e 3.º do referido diploma legal.

[23] Cf. artigo 1.º, n.ºs 1 e 2, do Decreto-Lei n.º 171/87, de 20 de Abril.

444   *As Taxas de Regulação Económica em Portugal*

mento, custo de apólice, actas adicionais e certificados de seguro", correspondência que poderá ser abusiva.

Na verdade, o citado Decreto-Lei n.º 176/95 define tais conceitos apenas "para efeitos do presente diploma", e não quis, expressamente, "afectar, nomeadamente, a base de incidência das receitas fiscais e parafiscais".[24]

Por outro lado, tal "correspondência" é estabelecida para o disposto no Decreto-Lei n.º 17.555, de 5 de Novembro de 1929, com a alteração que lhe foi introduzida pelo Decreto-Lei n.º 156/83, de 14 de Maio – alteração, a que este último procedeu, ao artigo 21.º daquele primeiro diploma –, ou seja, para a taxa (de 1,75%) a favor do Estado e não do ISP.

Certo é, porém, que esta última "correspondência" não se entende, uma vez que, à data do citado Decreto-Lei n.º 176/95, de 26 de Julho, e através do Decreto-Lei n.º 50/91, de 25 de Janeiro, já havia sido expressamente revogado o citado n.º 3 do artigo 21.º do Decreto n.º 17.555 e extinta, com efeitos a partir de Julho de 1991, a referida taxa – a favor do Estado – de 1,75%, pelo que o único efeito útil daquela "correspondência" (porventura, por interpretação correctiva), e com as reservas assinaladas, é a de se aplicar à taxa a favor do ISP, cuja base de incidência é idêntica que existia a favor do Estado.

Por último, é de notar que a base de cálculo da taxa a favor do ISP – receita processada no âmbito da generalidade dos seguros directos subscritos por uma empresa de seguros ou contribuições efectuadas pelos associados e pelos participantes para os fundos de pensões – se encontra plenamente justificada, se tivermos em conta que são as empresas de seguros e as entidades gestoras de fundos de pensões quem mais *beneficia* do exercício, por parte do ISP, das funções de regulação, fiscalização e supervisão das actividades desenvolvidas por cada um daqueles operadores. Deste modo, e tendo em consideração que as atribuições do ISP se concretizam ao nível da generalidade dos seguros directos e fundos de pensões, a aplicação da referida taxa apenas a ramos específicos de seguro directo ou a determinados fundos de pensões nunca se justificaria, na medida em que implicava um tratamento diferenciado entre os diferentes ramos de seguro directo ou entre os diversos fundos de pensões existentes.

---

[24] Cf. artigo 1.º do referido diploma legal e parte final do respectivo preâmbulo.

3.5. Montante

No que concerne o montante da taxa em análise, foi já feita referência *supra* ao facto de o mesmo ser anualmente fixado por portaria do Secretário de Estado do Tesouro e Finanças, nos termos da delegação de poderes efectuada pelo Ministro de Estado e das Finanças, para a generalidade, quer das empresas de seguros e resseguros, quer das entidades gestoras de fundos de pensões, não podendo, contudo, ultrapassar os já referidos limites máximos definidos pelos Decretos-Leis n.ºs 156/83, de 14 de Abril, e 171/87, de 20 de Abril, respectivamente.[25]

Desde a criação do ISP, a evolução do valor da taxa devida pelas empresas de seguros e resseguros e entidades gestoras de fundos de pensões tem acompanhado, ao longo do tempo, as previsões de variação efectuadas pelo ISP e os "avanços e recuos" do mercado, sendo de assinalar uma progressiva, apesar de ligeira, diminuição do valor da referida taxa.

	2000	2001	2002*	2003	2004	2005	2006	2007	2008
Seguro (ramo "Vida")	0,08	0,08	0,08	0,073	0,066	0,056	0,05	0,046	0,046
Seguro (restantes ramos)	0,33	0,33	0,33	0,297	0,282	0,257	0,25	0,23	0,23
Fundos de pensões	0,08	0,08	0,08	0,073	0,066	0,056	0,05	0,046	0,046

Quadro 1: Evolução do valor da taxa a favor do ISP (unidade: percentagem)

* O valor da taxa a favor do ISP é fixado, para o *mês de Julho do ano de 2002*, em (*i*) 0,075% sobre a receita processada relativamente aos seguros directos do ramo "Vida" e 0,30% sobre a receita processada relativamente aos seguros directos dos restantes ramos; e em (*ii*) 0,075% sobre a totalidade das contribuições efectuadas pelos associados e pelos participantes para os correspondentes fundos de pensões (cf. Portaria n.º 737/2002, de 28 de Junho).

De acordo com a Portaria n.º 1092/2007, de 9 de Novembro, do Gabinete do Secretário de Estado do Tesouro e Finanças, a taxa a ser paga pelas empresas de seguros a favor do ISP, tendo em conta a proposta apresentada por este instituto, foi fixada, para o ano de 2008, em 0,046% sobre a receita processada, relativamente aos seguros directos do ramo

---

[25] Cf. Despacho n.º 17.827/2005 (II Série), de 27 de Julho, do Ministro de Estado e das Finanças, publicado no *Diário da República*, II Série, de 19 de Agosto de 2005.

446   *As Taxas de Regulação Económica em Portugal*

"Vida", e em 0,23% sobre a receita processada, quanto aos seguros directos dos restantes ramos.

Por seu turno, e com base na mesma portaria, a taxa a favor do ISP, prevista no artigo 1.º do Decreto-Lei n.º 171/87, de 20 de Abril, foi fixada, para o ano de 2008, em 0,046% sobre a totalidade das contribuições efectuadas pelos associados e pelos participantes para os correspondentes fundos de pensões.

3.6. *Liquidação e pagamento*

Quanto ao modo de liquidação da taxa em análise, o procedimento a adoptar, quer por empresas de seguros e resseguros, quer por entidades gestoras de fundos de pensões, assume a forma de *autoliquidação*.

Assim, no respeitante à taxa sobre os prémios de seguro, o montante em causa correspondente à aplicação das "taxa" devida sobre a receita dos prémios, nos termos do n.º 4 do Despacho Normativo n.º 121/83, de 3 de Maio, e do n.º 6 do Capítulo III da Norma Regulamentar n.º 10/ /2001, do ISP, deverá ser depositado anualmente em duas prestações, efectuadas durante os meses de Janeiro e Julho, com referência ao semestre imediatamente anterior, em conta da Caixa Geral de Depósitos, denominada "Instituto de Seguros de Portugal".

Quanto ao montante resultante da aplicação da taxa sobre as contribuições para fundos de pensões, a pagar pelas entidades gestoras, estabelecem o n.º 3 do artigo 1.º, do Decreto-Lei n.º 171/87, de 20 de Abril, e o n.º 7, Capítulo III, da Norma Regulamentar n.º 10/2001, emitida pelo ISP, que o mesmo deverá ser depositado, de forma autónoma, em duas prestações, com vencimento nos meses de Janeiro e Julho, com referência ao semestre imediatamente anterior, na Caixa Geral de Depósitos, em "Depósitos Obrigatórios", à ordem do ISP.

Nos dez dias seguintes ao pagamento, ainda que não tenha sido registada produção ou contribuições, conforme o caso, tanto as empresas de seguros como as entidades gestoras de fundos de pensões deverão enviar ao ISP os mapas modelo ISP1/2 e ISP FP, respectivamente, anexos à Norma Regulamentar n.º 10/2001, do ISP, devidamente preenchidos e certificados pela Caixa Geral de Depósitos.[26]

---

[26] Cf. n.ºˢ 8 a 11, da Norma Regulamentar n.º 10/2001-R, emitida pelo ISP. Nos termos dos referidos mapas, são discriminados, relativamente a cada ramo de seguro e a

As Taxas de Regulação Económica no Sector dos Seguros   447

Nos termos do artigo 4.º do citado Decreto-Lei n.º 156/83, de 14 de Abril, as dívidas resultantes, para as seguradoras, do não pagamento da taxa a favor do ISP, devido sobre a receita dos prémios, pelas seguradoras, *serão cobradas pelos serviços de justiça fiscal, servindo de título executivo uma certidão passada pelo Instituto de Seguros de Portugal, de acordo com o determinado nos artigos 37.º, alíneas c) e d), e 153.º a 156.º do Código de Processo das Contribuições e Impostos.* Dado que, entretanto, o Código de Processo das Contribuições e Impostos foi expressamente revogado pelo artigo 11.º do Decreto-Lei n.º 154/91, de 23 de Abril, que aprovou o Código de Processo Tributário, o qual, por sua vez, foi revogado pelo Decreto-Lei n.º 433/99, de 26 de Outubro, que aprovou o Código de Procedimento e de Processo Tributário, tal remissão deverá ser entendida como efectuada para as alíneas f) e j), do n.º 1 do artigo 10.º, alínea a), do n.º 1, do artigo 148.º e artigos 162.º e 163.º, deste último código.

3.7. *Afectação e valor da receita*

Nos termos do artigo 30.º do Decreto-Lei n.º 289/2001, de 13 de Novembro o montante pago por seguradoras e entidades gestoras de fundos de pensões, resultante da aplicação da taxa em causa, nos termos referidos anteriormente, constitui receita do ISP, em geral, não se prevendo qual o tipo de despesas a que a mesma se encontra consignada.[27]

---

cada fundo de pensão, o valor das receitas ou contribuições verificadas, respectivamente, assim como o valor a pagar ao ISP, resultante da aplicação da taxa em causa aos montantes apurados.

[27] O artigo 4.º, do Decreto-Lei n.º 251/97, de 28 de Setembro, aprovou um novo estatuto orgânico do ISP (revogando o anterior, aprovado pelo Decreto-Lei n.º 302/82, de 30 de Julho) e revogou o artigo 5.º do já citado Decreto-Lei n.º 156//83, de 14 de Abril, no qual se previa (como, aliás, já desde, pelo menos, o artigo 5.º da Lei n.º 5/78, de 6 de Fevereiro, em relação ao Instituto Nacional de Seguros) que, "após a aprovação das contas anuais do Instituto de Seguros de Portugal, será por este entregue ao Estado a diferença entre as receitas e despesas efectuadas". Em conformidade com a indicada revogação, o artigo 22.º, n.º 2, do referido Decreto-Lei n.º 251/97 (estatuto orgânico do ISP) veio prever a transição para o ano seguinte dos saldos apurados em cada exercício. Actualmente, o artigo 30.º, n.º 2, do Decreto-Lei n.º 289/2001, de 13 de Novembro, que revogou e substitui o Decreto-Lei n.º 251/97, de 28 de Setembro, estabelece uma norma com o mesmo teor.

448   *As Taxas de Regulação Económica em Portugal*

4. Tributo a favor do Instituto Nacional de Emergência Médica, I.P.

4.1. *Direito nacional*

Com a criação, pelo Decreto-Lei n.º 511/71, de 22 de Novembro, na redacção que lhe foi dada pelos Decretos-Leis n.ºˢ 447/74, de 13 de Setembro e 79/75, de 22 de Fevereiro, do *Serviço Nacional de Ambulâncias*, responsável pela coordenação dos primeiros socorros e transporte para hospitais dos sinistrados e doentes graves, no âmbito de um sistema nacional de alertas, ficou previsto que parte das receitas do referido serviço viriam do pagamento, por parte das empresas de seguros, de um tributo a incidir sobre os prémios de seguros dos ramos vida, acidentes de trabalho, automóvel, responsabilidade civil e acidentes pessoais, que as mesmas cobrariam aos seus segurados, no Continente.[28]

Mais tarde, o Decreto-Lei n.º 234/81, de 3 de Agosto, criou o *Instituto Nacional de Emergência Médica*, responsável pela coordenação das actividades de emergência médica a executar pelas diversas entidades intervenientes no âmbito de um sistema integrado de emergência médica, determinando a futura extinção do Serviço Nacional de Ambulâncias e do Gabinete de Emergência Médica, criado, entretanto, para apresentar o estudo de um organismo coordenador de um sistema integrado de emergência médica. Nos termos do referido diploma legal, o esquema de receitas definido pelo Decreto-Lei n.º 511/71, de 22 de Novembro, não foi alterado, nomeadamente no que toca à cobrança da um tributo no valor de 1%, a incidir sobre os prémios dos contratos de seguro.

Por força da entrada em vigor do Decreto-Lei n.º 171/87, de 20 de Abril, o tributo de 1%, acima referido, passou a incidir, quanto ao ramo "Vida", apenas sobre os prémios ou contribuições relativos a seguros, em caso de morte, e respectivas coberturas complementares, e, quanto aos restantes ramos, sobre os prémios ou contribuições relativos a seguros dos ramos "Doença", "Acidentes", "Veículos terrestres" e "Responsabilidade civil de veículos terrestres a motor".[29]

Posteriormente, com a aprovação dos Estatutos do Instituto Nacional de Emergência Médica, publicados em anexo ao Decreto-Lei n.º 167/

---

[28] Cf. artigo 6.º, alínea a), do Decreto-Lei n.º 511/71, de 22 de Novembro.
[29] Cf. artigo 3.º do referido diploma legal.

As Taxas de Regulação Económica no Sector dos Seguros 449

/2003, de 29 de Julho, foi introduzida uma (ligeira) alteração relativamente aos contratos que estariam sujeitos ao pagamento de um tributo sobre o respectivo prémio, tendo ficado estabelecido que o mesmo incidiria apenas sobre os *prémios dos contratos de seguros celebrados por entidades sediadas ou residentes no continente.*[30]

Finalmente, em 2007, com a entrada em vigor do Decreto-Lei n.° 220/ /2007, de 29 de Maio, foi aprovada a Lei Orgânica do Instituto Nacional de Emergência Médica, I.P. (INEM, I.P.) e, consequentemente, revogado o Decreto-Lei n.° 167/2003, de 29 de Julho, transitando, no entanto, para o regime legal actual a possibilidade de aquele instituto gerar receita proveniente da aplicação, nos mesmos moldes, de um tributo sobre os prémios dos contratos de seguros.[31]

4.2. *Incidência objectiva*

A base de incidência objectiva do tributo a favor do INEM, I.P. encontra-se expressamente determinada na alínea a), do n.° 2, do artigo 11.°, do Decreto-Lei n.° 220/2007, de 29 de Maio, nos termos da qual, o tributo em causa incide sobre os *prémios ou contribuições relativos a contratos de seguros, em caso de morte, do ramo "Vida" e respectivas coberturas complementares, e a contratos de seguros dos ramos "Doença", "Acidentes", "Veículos terrestres" e "Responsabilidade civil de veículos terrestres a motor", celebrados por entidades sediadas ou residentes no continent*e.

4.3. *Incidência subjectiva*

Nos termos do artigo 14.°, n.° 1, do Decreto-Lei n.° 220/2007, de 29 de Maio, as empresas de seguros devem cobrar a percentagem prevista na alínea a), do n.° 2, do artigo 11.°, conjuntamente com o prémio ou contribuição, sendo responsáveis por essa cobrança perante o INEM, I.P.

Assim, por razões (muito provavelmente) de simplicidade, comodidade, economia e praticabilidade, o legislador continuou a impor às

---

[30] Cf. artigo 25.°, alínea b), do Decreto-Lei n.° 167/2003, de 29 de Julho.
[31] Cf. artigo 11.°, n.° 2, alínea a), do Decreto-Lei n.° 220/2007, de 29 de Maio.

450 *As Taxas de Regulação Económica em Portugal*

seguradoras – à semelhança do que já sucedia com o regime estabelecido pelos Decretos-Leis n.ºˢ 234/81, de 3 de Agosto e 167/2003, de 29 de Julho –, a liquidação e a cobrança do indicado tributo *conjuntamente* com os respectivos prémios de seguro.

Como se poderá, à partida, antever, existem essencialmente dois potenciais sujeitos passivos da relação tributária em causa: o segurado, que é quem suporta o encargo económico decorrente da aplicação do referido tributo, e a seguradora, responsável pela liquidação e pagamento do mesmo ao Estado.

Por um lado, poder-se-á entender que estamos perante o fenómeno (jurídico) da *substituição tributária*, através da qual a lei exige o pagamento do tributo às seguradoras – devedoras por débito alheio –, em *substituição* dos verdadeiros contribuintes – os segurados.

Contrariamente, podemos inferir que o legislador se limitou a admitir a existência de uma mera *repercussão tributária (económica)*, nos termos da qual se permite, por um lado, que o sacrifício patrimonial em que o tributo se traduz recaia sob uma determinada categoria de sujeitos, enquanto contribuintes de facto – os segurados –, e, por outro, que o dever de efectuar a prestação correspondente incumba a um terceiro, o verdadeiro contribuinte de direito – a seguradora.

A determinação da base subjectiva do tributo a favor do INEM, I.P. será essencial para a questão de saber se poderá, ou não, admitir-se que uma eventual execução por falta de pagamento do mesmo, por parte das seguradoras, possa reverter contra os segurados e se a estes é garantido o direito de se oporem e, até, reclamarem e impugnarem uma eventual liquidação, nos termos do Código de Procedimento e de Processo Tributário – enquanto sujeitos passivos, e não meros repercutidos –, ou mesmo, ainda, quem poderá ser responsabilizado pela violação das normas constantes do actual Regime Geral das Infracções Tributárias (RGIT), aprovado pela Lei n.º 15/2001, de 5 de Junho, designadamente dos artigos 114.º ("falta de entrega da prestação tributária") e 105.º ("abuso de confiança"), que só vemos poderem ser as seguradoras, enquanto sujeitos passivos únicos.

4.4. *Base de cálculo*

O tributo a favor do INEM, I.P. incide sobre o valor bruto dos prémios ou contribuições relativos a contratos de seguros, em caso de morte,

As Taxas de Regulação Económica no Sector dos Seguros 451

do ramo "Vida" e respectivas coberturas complementares, e a contratos de seguros dos ramos "Doença", "Acidentes", "Veículos terrestres" e "Responsabilidade civil de veículos terrestres a motor", celebrados por entidades sediadas ou residentes no Continente, actuando em regime de estabelecimento ou em livre prestação de serviços.

Nos termos do n.º 3 do Capítulo II da Norma Regulamentar n.º 17/ /2001, de 22 de Novembro de 2001, além dos riscos compreendidos nos referidos ramos de seguro, deverão ser sujeitos ao tributo a favor do INEM, I.P. todos aqueles que, nos termos do artigo 127.º do Decreto-Lei n.º 94-B/98, de 17 de Abril, sejam acessórios de outros ramos.[32]

Por outro lado, ao abrigo do n.º 4, do Capítulo II, da norma regulamentar referida anteriormente, o tributo a favor do INEM, I.P. deverá incidir sobre o valor dos prémios brutos, sendo que, no caso dos riscos acessórios, o mesmo incide sobre a parte do prémio bruto correspondente ao risco em causa.

Por último, de acordo com o n.º 6, do Capítulo II, da norma regulamentar mencionada, nos contratos celebrados em regime de co-seguro, a empresa de seguros líder do contrato é responsável pelo pagamento da totalidade do valor cobrado a favor do INEM, I.P.

Convirá, ainda, referir que o facto de o tributo em apreço ser calculado com base nos prémios ou contribuições relativos aos contratos de seguro referidos *supra* – "Vida", em caso de morte, "Doença", "Acidentes", "Veículos terrestres" e "Responsabilidade civil de veículos terrestres a motor" – serve, em pleno, a finalidade que lhe subjaz, na medida em que é, precisamente, no âmbito dessas *situações de risco,* que o papel do INEM, I.P. – garantia de uma pronta e adequada prestação de cuidados de saúde a sinistrados ou vítimas de doença súbita – mais se justifica.

---

[32] Apesar de a referida norma vir regulamentar certos aspectos do Decreto-Lei n.º 234/81, de 3 de Agosto, na redacção que lhe foi dada pelo Decreto-Lei n.º 171/87, de 20 de Abril, já revogado pelo Decreto-Lei n.º 167/2003, de 29 de Julho, o qual foi, por sua vez, revogado pelo actual Decreto-Lei n.º 220/2007, de 29 de Maio, a verdade é que o ISP não sentiu necessidade de emitir nova norma regulamentar em sua substituição, devendo, então, as remissões efectuadas ao abrigo da Norma Regulamentar n.º 17/2001 ser consideradas efectuadas para as disposições legais equivalentes do novo Decreto-Lei n.º 220/2007.

452 As Taxas de Regulação Económica em Portugal

4.5. Montante

O montante do tributo em análise, foi definido pelo Decreto-Lei n.º 511/71, de 22 de Novembro, tendo-se mantido, desde aí, inalterado. Como ficou referido no ponto 4.1. *supra*, actualmente, é no artigo 11.º, n.º 2, alínea a), do Decreto-Lei n.º 220/2007, de 29 de Maio, nos termos do qual foi aprovada a Lei Orgânica do INEM, I.P., que se encontra fixado o valor do tributo a favor do INEM, I.P. – 1%.

4.6. Liquidação e pagamento

Nos termos do artigo 14.º do Decreto-Lei n.º 220/2007, de 29 de Maio, apesar de a obrigação de pagamento do valor correspondente à aplicação do tributo em apreço pertencer ao tomador do seguro, são as empresas de seguros que se encontram obrigadas não só a cobrá-lo ao segurado, conjuntamente com o prémio ou contribuição – sendo responsáveis perante o INEM, I.P. por essa cobrança –, mas, também, a liquidar esse mesmo tributo. Assim, no decurso do segundo mês posterior ao das referidas liquidações e cobranças, as empresas de seguros devem transferir, para conta aberta na Direcção-Geral do Tesouro e Finanças, em nome do INEM, I.P., o total mensal, sem qualquer dedução. Passados dez dias sobre o termo do prazo referido anteriormente, devem as mesmas enviar ao INEM, I.P. uma relação das cobranças efectuadas por ramo de actividade, bem como a confirmação da data-valor da transferência.[33]

4.7. Afectação e valor da receita

Nos termos do artigo 11.º, n.º 2, do Decreto-Lei n.º 220/2007, de 29 de Maio, a receita do tributo em análise encontra-se subjectivamente consignada ao INEM, I.P.

Por outro lado, de acordo com o artigo 12.º do Decreto-Lei n.º 220/ /2007, todas as receitas próprias do INEM, I.P., nas quais se incluem os montantes resultantes da aplicação da percentagem em apreço sobre o

---

[33] Cf. artigo 14.º, n.ºs 1 a 3, do Decreto-Lei n.º 220/2007, de 29 de Maio.

As Taxas de Regulação Económica no Sector dos Seguros 453

valor dos prémios ou contribuições já referidos no ponto 4.4. *supra*, são consignadas à realização de despesas daquele Instituto, durante a execução do orçamento do ano a que as mesmas respeitam, podendo os saldos não utilizados transitar para o ano seguinte.[34]

5. Tributo a favor do Fundo de Garantia Automóvel[35]

5.1. Direito nacional

Com a institucionalização do seguro obrigatório de responsabilidade civil automóvel – Decreto-Lei n.º 408/79, de 25 de Setembro –, surgiu a necessidade de instituir um fundo de garantia automóvel, de forma a acautelar os direitos dos lesados por acidentes ocorridos, em Portugal, com veículos sujeitos ao seguro obrigatório, naqueles casos em que o responsável era desconhecido ou não beneficiava de seguro válido ou eficaz ou havia sido declarada a falência do segurador. Assim, foi instituído, no âmbito do Decreto Regulamentar n.º 58/79, de 25 de Setembro, o Fundo de Garantia Automóvel (FGA), integrado no Instituto Nacional de Seguros e financiado, em parte, pela cobrança de uma percentagem sobre os prémios simples de seguros directos automóvel processados no ano anterior.

Com a entrada em vigor do Decreto-Lei n.º 522/85, de 31 de Dezembro, que revogou ambos os diplomas legais referidos, foram introduzidas algumas alterações quanto aos requisitos necessários para que fosse accionado o FGA, mantendo-se, no entanto, a possibilidade de finan-

---

[34] Dentro dos serviços prestados aos segurados no âmbito do Sistema Integrado de Emergência Médica (SIEM), incluem-se a prestação de socorro pré-hospitalar, o transporte das vítimas para o hospital mais adequado, a recepção hospitalar e a adequada referenciação do doente ou sinistrado, a formação em emergência médica, o planeamento civil, a prevenção e a gestão da rede de telecomunicações de emergência médica.

[35] Correlacionada com esta contribuição encontra-se a "taxa" a favor dos Governos Civis, aplicável a todas as empresas de seguros, sediadas ou não em Portugal, actuando em regime de estabelecimento ou livre prestação de serviços, que explorem o ramo "Automóvel" em Portugal, incidente sobre o número de Cartas Verdes emitidas (cf. Portaria n.º 403/86, de 26 de Julho, e Norma Regulamentar n.º 12/2001, do ISP.

454 · As Taxas de Regulação Económica em Portugal

ciamento do mesmo através do montante resultante da aplicação da percentagem já referida anteriormente.

Alguns anos mais tarde, e depois de consubstanciadas diversas alterações ao citado Decreto-Lei n.º 522/85, de 31 de Dezembro – nomeadamente através dos Decretos-Leis n.ᵒˢ 122-A/86, de 30 de Maio, 433/86, de 31 de Dezembro, 81/87, de 20 de Fevereiro, 394/87, de 31 de Dezembro, 415/89, de 30 de Novembro, 122/92, de 2 de Julho, 18/93, de 23 de Janeiro, 358/93, de 14 de Outubro, 130/94, de 19 de Maio, 368/97, de 23 de Dezembro, e 83/2006, de 3 de Maio –, o mesmo foi revogado pelo Decreto-Lei n.º 291/2007, de 21 de Agosto, nos termos do qual ficaram previstos dois tipos de contribuição para o FGA, resultantes da aplicação de percentagens específicas sobre prémios comerciais distintos.

5.2. Incidência objectiva

O Decreto-Lei n.º 291/2007, de 21 de Agosto, define, no seu artigo 58.º, n.º 1, alíneas a) e b), a base de incidência objectiva dos mencionados tributos a favor do FGA, estabelecendo que os mesmos incidem, por um lado, sobre os prémios comerciais da cobertura obrigatória do seguro de responsabilidade civil automóvel e, por outro, sobre os prémios comerciais de todos os contratos de "Seguro automóvel", processados no ano anterior.

5.3. Incidência subjectiva

Nos termos do Decreto-Lei n.º 291/2007, de 21 de Agosto, o tomador do seguro deverá pagar o valor correspondente à aplicação de uma percentagem sobre os prémios comerciais referentes aos contratos de seguro identificados nas alíneas a) e b) do n.º 1 do artigo 58.º, do Decreto--Lei n.º 291/2007, de 21 de Agosto, ficando as empresas de seguros, sediadas ou não em Portugal, actuando em regime de estabelecimento ou em livre prestação de serviços e que explorem o ramo "Seguro automóvel" em Portugal, responsáveis perante o FGA pela cobrança ao segurado dos referidos tributos, em conjunto com o prémio comercial do seguro por si contratado.

Por se levantarem questões várias na determinação da base de incidência subjectiva dos tributos em apreço, em tudo idênticas àquelas que foram já colocadas, na parte correspondente, a propósito do tributo a favor do INEM, I.P., desde já se remete a análise dos mesmos para o que ficou dito no ponto 4.3. *supra*.

Deverá, contudo, assinalar-se que a própria evolução do regime aplicável ao tributo a favor do FGA parece adiantar uma possível solução para a determinação mais fidedigna da sua base de incidência subjectiva. De facto, e ao contrário do que se encontrava previsto no Decreto-Lei n.º 522/85, de 31 de Dezembro – onde, para efeitos de cumprimento da obrigação de liquidação do referido tributo, as seguradoras estavam *autorizadas* a cobrar um *adicional* de igual montante aos seus segurados do ramo "Automóvel", calculado sobre os prémios simples (líquidos de adicionais) –, o regime legal actual, estabelecido no Decreto-Lei n.º 291/ /2007, impõe – e esta é a palavra-chave – a liquidação e a cobrança do tributo – dos segurados – às entidades seguradoras, estatuindo que estas *devem* [e não *estão autorizadas a*] *cobrar as contribuições previstas nas alíneas a) e b) do n.º 1 conjuntamente com o prémio de seguro (...)*.[36]

Parece, assim, que o legislador tributário optou, no que respeita a este tributo em particular, por abandonar um regime, em que – ao *permitir*, expressamente, a cobrança do indicado *adicional* e ao indicar, explicitamente, que os sujeitos passivos (devedores) eram as (próprias) seguradoras, directamente responsáveis pela respectiva liquidação e pagamento – admitia a existência de um mero fenómeno (económico) de *repercussão* sobre os segurados de um encargo financeiro decorrente da aplicação de uma determinada *percentagem* sobre determinados prémios de seguro, para consagrar um outro, em que *impõe* expressamente a cobrança dos segurados – verdadeiros sujeitos passivos – de um tributo a favor do FGA, assumindo as seguradoras, por razões de comodidade, segurança e economia, que tal técnica faculta, o papel de substitutas tributárias, de devedoras indirectas numa relação tributária estabelecida, afinal, juridicamente, entre o segurado – substituído – e a Administração Tributária.[37]

---

[36] Cf. artigo 58.º, n.º 4, do citado Decreto-Lei n.º 291/2007.
[37] Cf. artigo 27.º, n.os 1, alínea a), e 3, do Decreto-Lei n.º 522/85, de 31 de Dezembro.

5.4. Base de cálculo

No que concerne à base de cálculo dos tributos para o FGA, ela encontra-se definida, de forma clara, no Decreto-Lei n.º 291/2007, de 21 de Agosto, mais especificamente nas alíneas a) e b), do n.º 1, do seu artigo 58.º. De acordo com o mencionado preceito legal, constituem receitas do FGA, além de outras, o montante, a liquidar por cada seguradora, resultante, por um lado, da aplicação de uma percentagem sobre o montante total dos prémios comerciais processados, líquidos de estornos e anulações, da cobertura obrigatória do seguro de responsabilidade civil automóvel e, por outro, da aplicação de uma percentagem sobre os prémios comerciais processados, líquidos de estornos e anulações, de seguro directo, da modalidade e dos ramos incluídos sob a denominação "Seguro automóvel".

A Norma Regulamentar n.º 15/2007-R, de 25 de Outubro, emitida pelo ISP vem esclarecer aquilo que se deverá entender por *prémios comerciais da cobertura obrigatória do seguro de responsabilidade civil*, definindo-os como os valores correspondentes àquela cobertura contabilizados no ramo 43 (Responsabilidade Civil de Veículos Terrestres a Motor), a que se refere a Tabela 1 – Ramos "Não Vida" do plano de contas para as empresas de seguros.

Por seu turno, ainda nos termos da referida Norma Regulamentar, consideram-se *prémios comerciais do "Seguro automóvel"*, *todos* os prémios contabilizados no ramo "4 – Automóvel", a que se refere a Tabela 1 – Ramos Não Vida, do Plano de Contas, nomeadamente os constantes das modalidades "41 – Veículos Terrestres", "42 – Mercadorias Transportadas", "43 – Responsabilidade Civil de Veículos Terrestres a Motor" e "44 – Pessoas Transportadas".[38]

Como bem se entende, a base de cálculo de ambos os tributos mencionados possui uma relação lógica com o propósito para o qual os mesmos foram definidos, uma vez que os segurados que subscrevem este tipo de seguros são aqueles que, à partida, mais contrapartidas, ou interesse, retirarão de um fundo com as características do FGA.

---

[38] Cf. artigo 3.º, n.º 4, da Norma Regulamentar 15/2007-R.

5.5. *Montante*

O montante de ambos os tributos em apreço, representativos dos dois tipos de contribuições para o FGA, encontra-se actualmente fixado, no respeitante ao tributo correspondente à aplicação de uma percentagem sobre os prémios comerciais de cobertura obrigatória do seguro de responsabilidade civil automóvel, em 2,5% ao ano, podendo, no entanto, vir a ser alterada por Portaria do Ministro de Estado e das Finanças, sob proposta do ISP.

No que concerne o tributo para o FGA, resultante da aplicação de uma percentagem sobre os prémios comerciais de todos os contratos de "Seguro automóvel", aquele montante é fixado com base na percentagem de 0,21% ao ano, podendo igualmente ser alterado, mas apenas por despacho conjunto dos Ministros de Estado e das Finanças e da Administração Interna, sob proposta do ISP.[39]

5.6. *Liquidação e pagamento*

Os montantes devidos pelas empresas de seguros ao FGA, cobrados ao segurado conjuntamente com o prémio de seguro, à semelhança do regime previsto para o tributo a favor do INEM, I.P., deverão ser pagos através de depósito em conta da Caixa Geral de Depósitos, denominada Instituto de Seguros de Portugal – FGA, no mês seguinte ao de cada trimestre civil de cobrança.[40]

De referir é, ainda, que, em caso de contratos celebrados em regime de co-seguro, será a empresa líder do contrato a responsável pelo pagamento da totalidade dos montantes referidos no ponto 5.6. *supra*.

5.7. *Afectação e valor da receita*

Como ficou já esclarecido, a receita proveniente da aplicação das percentagens acima referidas encontra-se subjectivamente consignada ao

---

[39] Cf. artigo 58.º, n.ºs 2 e 3, do Decreto-Lei n.º 220/2007, de 21 de Agosto.

[40] Cf. artigo 58.º, n.ºs 4 e 6, do Decreto-Lei n.º 220/2007, de 21 de Agosto, e artigo 4.º da Norma Regulamentar n.º 15/2007-R, de 25 de Outubro, emitida pelo ISP.

458   *As Taxas de Regulação Económica em Portugal*

FGA. No entanto, no que à consignação objectiva dessas receitas diz respeito, o Decreto-Lei n.º 220/2007, de 21 de Agosto, apenas prevê que as contribuições resultantes da aplicação da percentagem sobre os prémios comerciais de todos os contratos de "Seguro automóvel" sejam aplicadas no âmbito da prevenção rodoviária, não especificando qual o destino das contribuições resultantes da aplicação da percentagem sobre os prémios comerciais de cobertura obrigatória do seguro de responsabilidade civil automóvel.

Contudo, este segundo tipo de contribuições visa, em nosso entender, garantir a participação dos próprios segurados nas despesas suportadas pelo FGA – das quais são também, de alguma forma, os principais potenciais interessados – decorrentes da satisfação, até ao limite mínimo do seguro obrigatório de responsabilidade civil automóvel, das indemnizações por danos causados por responsável desconhecido ou isento da obrigação de seguro em razão do veículo em si mesmo, ou por responsável incumpridor da obrigação de seguro de responsabilidade civil automóvel, nos termos dos artigos 48.º e seguintes, do Decreto-Lei n.º 291/ /2007, de 21 de Agosto.

6. Tributos a favor do Fundo de Acidentes de Trabalho

6.1. *Direito nacional*

A criação, no âmbito da actividade seguradora, do Fundo de Actualização de Pensões (FUNDAP) em 1979, através do Decreto-Lei n.º 240/79, de 25 de Julho, determinada pela incapacidade da Administração Pública de suportar a actualização das pensões por acidente de trabalho ou doença profissional efectuada pelos Decretos-Leis n.ᵒˢ 668/75, de 24 de Novembro, e 456/77, de 2 de Novembro, veio proporcionar as condições para que, de uma forma equitativa, fossem asseguradas as actualizações de pensões devidas por acidentes de trabalho.[41] Ficou, desde logo, definido que o referido Fundo seria financiado pela receita resultante da aplicação

---

[41] O Decreto-Lei n.º 240/79, de 25 de Julho foi sucessivamente alterado pelo Decretos-Leis n.ᵒˢ 468/85, de 6 de Novembro, e 388/89, de 9 de Novembro.

As Taxas de Regulação Económica no Sector dos Seguros   459

de uma percentagem sobre os prémios dos seguros do ramo "acidentes de trabalho" (incluindo encargos), a cobrar pelas seguradoras aos segurados, bem como pela receita proveniente da aplicação de uma percentagem, suportada pelas seguradoras, sobre as reservas matemáticas do ramo acidentes de trabalho.[42]

Mais tarde, o Decreto-Lei n.º 142/99, de 30 de Abril, determinou a substituição do FUNDAP pelo Fundo de Acidentes de Trabalho (FAT), dotado de autonomia financeira e administrativa, assumindo novas competências e apresentando um leque mais alargado de garantias.[43] O financiamento deste Fundo era, então, assegurado através de uma percentagem a cobrar pelas empresas de seguros aos segurados sobre os salários considerados, sempre que fossem processados prémios da modalidade "Acidentes de Trabalho" e por meio da cobrança de uma percentagem a suportar pelas empresas de seguros, sobre o valor correspondente ao capital de remição das pensões em pagamento à data de 31 de Dezembro de cada ano.[44]

Mais recentemente, o Decreto-Lei n.º 185/2007, de 10 de Maio, introduziu algumas alterações ao citado Decreto-Lei n.º 142/99, de 30 de Abril, nomeadamente no que respeita às receitas do FAT. Assim, o referido diploma prevê, para além do que já se encontrava definido em sede de financiamento, o alargamento do campo de incidência do tributo a suportar pelas empresas de seguros, nos termos do Decreto-Lei n.º 142/99, de 30 de Abril, determinando que o mesmo passaria a incidir, também, sobre o *valor da provisão matemática das prestações suplementares por assistência de terceira pessoa, em pagamento à data de 31 de Dezembro de cada ano.*[45]

---

[42] Cf., por um lado, o artigo 3.º, n.ºs 1, alínea a), 2 e 3, do Decreto-Lei n.º 240/79, de 25 de Julho, e Norma Regulamentar n.º 24/79, de 30 de Agosto, do (ex-)Instituto Nacional de Seguros e, por outro, o artigo 3.º, n.ºs 1, alínea b), 2 e 4, do Decreto-Lei n.º 240/79, de 25 de Julho, e Norma Regulamentar n.º 24/79, de 30 de Agosto do (ex)Instituto Nacional de Seguros, e o Despacho do Secretário de Estado do Tesouro n.º 161/85, de 23 de Agosto (publicado na II Série do *Diário da República*, n.º 200, de 31 de Agosto de 1985).

[43] Cf. artigo 1.º, n.º 1, alíneas a) a d), do Decreto-Lei n.º 142/99, de 30 de Abril, com a redacção que lhe foi dada pelo Decreto-Lei n.º 185/2007, de 10 de Maio.

[44] Cf. artigo 3.º, n.º 1, alíneas a) e b), do referido diploma legal.

[45] Cf. artigo 2.º do Decreto-Lei n.º185/2007, de 10 de Maio.

460 *As Taxas de Regulação Económica em Portugal*

6.2. Incidência objectiva

Nos termos do artigo 3.º, n.º 1, alíneas a) e b), do Decreto-Lei n.º 142/ /99, na redacção dada pelo Decreto-Lei n.º 185/2007, os tributos cobrados pelas empresas aos seus segurados incidem, objectivamente, sobre os salários considerados, o capital de remissão das pensões e a provisão matemática das prestações suplementares por assistência de terceira pessoa.

6.3. Incidência subjectiva

A determinação da incidência subjectiva dos tributos a favor do FAT terá, necessariamente, de ser feita em função dos três tipos de tributos actualmente existentes, ao abrigo do Decreto-Lei n.º 142/99, de 30 de Abril, na redacção que lhe foi dada pelo Decreto-Lei n.º 185/2007, de 10 de Maio. Assim, no que diz respeito ao tributo incidente sobre o valor correspondente ao capital de remição das pensões em pagamento à data de 31 de Dezembro de cada ano, bem como sobre o valor da provisão matemática das prestações suplementares por assistência de terceira pessoa em pagamento à data de 31 de Dezembro de cada ano, os termos da lei são claros, no sentido de permitirem concluir que serão as próprias empresas de seguros os sujeitos passivos da relação tributária.

No que concerne o tributo incidente sobre os salários seguros, sempre que sejam processados prémios da modalidade "Acidentes de Trabalho", o facto de as seguradoras se encontrarem obrigadas a cobrar directamente ao segurado o referido tributo, faz surgir, mais uma vez e nos mesmos termos, a dúvida sobre quem será o sujeito passivo da relação tributária em causa.

Por se tratar da mesma situação fáctica, remete-se, uma vez mais, a análise desta questão para o ponto 4.3. *supra*.

6.4. Base de cálculo

A base de cálculo dos tributos a favor do FAT encontra-se expressamente fixada no n.º 1, do artigo 3.º, do Decreto-Lei n.º 142/99, de 30 de Abril, com as alterações introduzidas pelo Decreto-Lei n.º 185/2007, de 10 de Maio, e nas alíneas a) e b), do n.º 1, do artigo 3.º da Norma

As Taxas de Regulação Económica no Sector dos Seguros 461

Regu-lamentar n.º 12/2007-R, de 26 de Julho, emitida pelo ISP. Assim, o cálculo dos referidos tributos deverá ser feito, por um lado, com base nos *salários seguros*, sempre que sejam processados prémios da modalidade "Acidentes de Trabalho" e, por outro, com base no *valor correspondente ao capital de remição das pensões em pagamento à data de 31 de Dezembro de cada ano, bem como no valor da provisão matemática das prestações suplementares por assistência da terceira pessoa, em pagamento à data de 31 de Dezembro de cada ano.*

Para efeitos de cálculo dos referidos tributos, devem considerar-se abrangidos os salários seguros, os capitais de remição de pensões e as provisões matemáticas das prestações suplementares por assistência de terceira pessoa, referentes a contratos de seguros de acidentes em serviço.[46]

Nos seguros por área, os salários a considerar para efeitos de cálculo das percentagens acima referidas são obtidos pelo quociente entre o prémio comercial do contrato e a taxa da tarifa utilizada pela entidade seguradora aplicável à actividade em questão, ou, quando for abrangida mais do que uma actividade, a média das respectivas taxas.[47]

6.5. Montante

Os montantes dos tributos em causa, são fixados, anualmente, por Portaria do Ministro das Finanças, sob proposta do ISP, ouvida a comissão de acompanhamento do Fundo de Acidentes de Trabalho.[48] Desde o ano de 2002, que o montante do tributo incidente sobre o valor de remição das pensões, em pagamento à data de 31 de Dezembro de cada ano, bem como sobre o valor da provisão matemática das prestações suplementares por assistência de terceira pessoa, em pagamento à data de 31 de Dezembro de cada ano, se encontra fixado em 0,85% e o montante do tributo sobre os salários seguros em 0,15%.

---

[46] Cf. artigo 3.º, n.º 3, do Decreto-Lei n.º142/99, de 30 de Abril, na redacção dada pelo Decreto-Lei n.º 185/2007, de 10 de Maio.

[47] Cf. artigo 3.º, n.º 4, da Norma Regulamentar n.º 12/2007-R, de 26 de Julho.

[48] Cf. artigo 3.º, n.º 2, do Decreto-Lei n.º 142/99, de 30 de Abril.

462   As Taxas de Regulação Económica em Portugal

6.6. Liquidação e pagamento

As empresas de seguros devem depositar, até ao final de cada mês, o quantitativo global referente à percentagem incluída nos recibos cobrados no mês anterior, líquido de estornos e anulações, referentes ao mesmo mês, em conta da Caixa Geral de Depósitos, denominada Instituto de Seguros de Portugal – FAT.[49]

No que respeita ao montante correspondente à aplicação das percentagens referentes aos tributos a favor do FAT que incidem sobre o valor do capital de remição das pensões, em pagamento à data de 31 de Dezembro de cada ano, e sobre o valor da provisão matemática das prestações suplementares por assistência de terceira pessoa, em pagamento até à data de 31 de Dezembro de cada ano, o mesmo deverá ser depositado pelas seguradoras na conta já acima referida, até 30 de Junho do ano seguinte.[50]

Nos contratos de co-seguro, a entidade seguradora líder do contrato é responsável pelo pagamento da totalidade do valor cobrado a favor do FAT.[51]

6.7. Afectação e valor da receita

O artigo 3.º do Decreto-Lei n.º 142/99, na redacção dada pelo Decreto-Lei n.º 185/2007, não deixa grande margem para dúvidas quanto à *consignação subjectiva* da receita resultante da aplicação das percentagens acima referidas, ao prever que uma das formas de financiamento do FAT consiste, exactamente, na percepção das receitas daí advenientes.

Por outro lado, apesar de ser legítimo entender que as receitas do FAT, provenientes da cobrança das percentagens em apreço, sejam destinadas à cobertura dos encargos financeiros suportados por este Fundo, no âmbito do exercício das suas competências, nomeadamente, reembolsos de diversa ordem, garantia do pagamento das prestações devidas por acidentes de trabalho, sempre que as seguradoras não o possam fazer, por motivos de incapacidade económica e garantia do pagamento do prémio

---

[49] Cf. artigo 4.º, n.º 1, da Norma Regulamentar n.º 12/2007-R, de 26 de Julho.
[50] Cf. artigo 4.º, n.º 2, da Norma Regulamentar n.º 12/2007-R, de 26 de Julho.
[51] Cf. artigo 4.º, n.º 3, da Norma Regulamentar n.º 12/2007-R, de 26 de Julho.

As Taxas de Regulação Económica no Sector dos Seguros   463

do seguro de acidentes de trabalho das empresas que, no âmbito de um processo de recuperação, se encontrem impossibilitadas de o fazer, a verdade é que a lei é omissa quanto à *consignação objectiva* dos referidos montantes.[52]

7. Tributos a favor da Autoridade Nacional de Protecção Civil (ex-SNB)

7.1. *Direito nacional*

O Decreto-Lei n.º 388/78, de 9 de Dezembro, criou o Conselho *Coordenador do Serviço Nacional de Bombeiros*, tendo ficado previsto que o referido órgão seria financiado, entre outras formas, pelo produto da colecta prevista no artigo 708.º do Código Administrativo, o qual estabelecia que as Câmaras Municipais que mantivessem ou subsidiassem o serviço de incêndios poderiam colectar os prédios urbanos que não beneficiassem de isenção definitiva de contribuição predial e os estabelecimentos comerciais ou industriais do concelho, quando uns e outros não estivessem seguros pelo seu valor em sociedades legalmente autorizadas. Por seu turno, nos seguros contra fogo, agrícolas e pecuários, a (ex-) *Inspecção-Geral de Crédito e Seguros* poderia cobrar, anualmente, das sociedades de seguros autorizadas, um tributo no montante de 6%, nos seguros contra fogo, e de 2%, nos seguros agrícolas e pecuários, sobre os prémios de seguro processados, líquidos de estornos e anulações.

Um ano mais tarde, a Lei n.º 10/79, de 20 de Março, veio alterar, por ratificação, o Decreto-Lei n.º 388/78, de 9 de Dezembro, tendo sido constituído o *Serviço Nacional de Bombeiros* (SNB), na dependência do Ministério da Administração Interna, responsável pela orientação e coordenação das actividades e serviços de socorro exercidos pelos corpos de bombeiros e pelo assegurar da sua articulação, em caso de emergência, com o Serviço Nacional de Protecção Civil. Como receitas do SNB constavam, entre outras, as resultantes da aplicação de um tributo, no mon-

---

[52] Cf. artigo 1.º do Decreto-Lei n.º 142/99, de 30 de Abril, na redacção que lhe foi dada pelo Decreto-Lei n.º 185/2007, de 10 de Maio.

464   *As Taxas de Regulação Económica em Portugal*

tante de 8%, incidente sobre os prémios de seguro contra fogo e um tributo no montante de 4%, a incidir sobre os seguros agrícolas e pecuários.[53]

Posteriormente, em 1991, o artigo 37.º da Lei n.º 101/89, de 29 de Dezembro – Lei do Orçamento de Estado para 1990 –, veio a autorizar o Governo a legislar no sentido de alargar a base do tributo para o SNB, tendo o Decreto-Lei n.º 97/91, de 2 Março, consubstanciado tal alteração. Nos termos do referido diploma, além dos tributos já existentes, incidentes sobre o valor dos prémios do seguro contra fogo e seguros agrícolas e pecuários, foi criado um outro, incidente sobre o valor dos prémios do seguro de transporte de mercadorias perigosas, incluindo o seguro das viaturas especificamente destinadas a este tipo de transporte.[54]

Em 2003, com o Decreto-Lei n.º 49/2003, de 25 de Março, verificou-se uma alteração estrutural significativa, que levou à criação de um novo serviço de protecção civil e socorro, o *Serviço Nacional de Bombeiros e Protecção Civil* (SNBPC), em substituição do SNB e do Serviço Nacional de Protecção Civil.

7.2. Incidência objectiva

A base de incidência objectiva dos tributos a favor da ANPC é constituída, por um lado, pelos prémios dos seguros contra fogo e de transporte de mercadorias perigosas, incluindo o seguro de carga e o seguro das viaturas especificamente destinadas a este tipo de transporte e, por outro, pelos prémios de seguros agrícolas e pecuários.[55]

7.3. Incidência subjectiva

À semelhança do que se verifica em relação a outras situações analisadas outros tributos em análise também no presente estudo, também as

---

[53] Cf. artigo 5.º, n.º 1, alínea a), da Lei n.º 10/79, de 20 de Março.

[54] Cf. artigo 5.º do Decreto-Lei n.º 388/78, de 9 de Dezembro, ratificado com alterações pela Lei n.º 10/79, de 20 de Março, na redacção que lhe foi dada pelo Decreto-Lei n.º 97/91, de 2 de Março.

[55] Cf. artigo 5.º, n.º 1, alíneas a) e b), do Decreto-Lei n.º 388/78, de 9 de Dezembro, ratificado com alterações pela Lei n.º 10/79, de 20 de Março, na redacção que lhe foi dada pelo Decreto-Lei n.º 97/91, de 2 de Março.

As Taxas de Regulação Económica no Sector dos Seguros   465

empresas de seguros se encontram obrigadas a cobrar os tributos em apreço conjuntamente com os respectivos prémios de seguro, nos termos do n.º 2, do artigo 38.º, do Decreto-Lei n.º 49/2003, de 25 de Março, e do artigo 5.º do Decreto-Lei n.º 388/78, de 9 de Dezembro, alterado, por ratificação, pela Lei n.º 10/79, de 20 de Março, na nova redacção que lhe foi dada pelo Decreto-Lei n.º 97/91, de 2 de Março.

Sobre a análise da incidência subjectiva destes tributos remete-se desde já para o ponto 4.3. *supra*, sem prejuízo de ser feita referência ao facto de, actualmente, essa questão se encontrar mais esclarecida, porquanto o legislador se refere a *sujeitos passivos* no artigo 2.º do Decreto--Lei n.º 97/91, preceito que diz respeito, necessariamente, aos segurados, por serem precisamente estes – e não as entidades seguradoras – aqueles que podem "residir" nas regiões autónomas.

7.4. *Base de cálculo*

A base de cálculo dos tributos a favor da ANPC encontra-se definida na alínea h), do n.º 1, do artigo 38.º do Decreto-Lei n.º 49/2003, de 25 de Março, e nas alíneas a) e b) do artigo 5.º, do Decreto-Lei n.º 388/78, de 9 de Dezembro, alterado, por ratificação, pela Lei n.º 10/79, de 20 de Março, na nova redacção que lhe foi dada pelo Decreto-Lei n.º 97/91, de 2 de Março. Assim, no que diz respeito aos seguros contra fogo e de transporte de mercadorias perigosas, incluindo o seguro de carga e o seguro das viaturas especificamente destinadas a este tipo de transporte, por um lado, e aos seguros agrícolas e pecuários, por outro, os tributos incidem sobre o *valor dos respectivos prémios*.

O tributo a favor da ANPC é igualmente aplicável àqueles riscos que, nos termos do artigo 127.º do Decreto-Lei n.º 94-B/98, de 17 de Abril, sejam considerados *riscos acessórios* e aos riscos inseridos nos chamados "seguros multirriscos" (cf. n.º 3, alíneas a) e b), do Capítulo II, da Norma Regulamentar n.º16/2001, de 22 de Novembro de 2001, emitida pelo ISP).[56]

De referir ainda, que este tributo incide sobre o valor dos prémios brutos, devendo as empresas de seguros cobrar o mesmo conjuntamente

---

[56] Nestes casos, a taxa a favor da ANPC incide sobre a parte do prémio bruto correspondente ao risco em causa.

com o respectivo prémio de seguro.[57] Mais: no seguro de colheitas, o tributo, no montante de 6%, incide também sobre o valor das bonificações, sendo o mesmo aplicável ao seguro pecuário.[58]

Por último, é de notar que, nos contratos celebrados em regime de co-seguro, a empresa de seguros líder do contrato é responsável pelo pagamento da totalidade do valor cobrado a favor da ANPC.[59]

Convém referir que a definição da base de cálculo dos tributos em apreço, nos moldes atrás mencionados, demonstra coerência com a finalidade que subjaz aos mesmos, uma vez que, no sector segurador, é exactamente sobre aquelas áreas, em particular, que maior intervenção tem a ANPC, na prossecução das suas atribuições.

7.5. *Montante*

Nos termos do artigo 5.º do Decreto-Lei n.º 388/78, de 9 de Dezembro, ratificado com alterações pela Lei n.º 10/79, de 20 de Março, na nova redacção que lhe foi dada pelo Decreto-Lei n.º 97/91, de 2 de Março, em conjugação com a Norma Regulamentar n.º 16/2001, de 22 de Novembro de 2001, emitida pelo ISP, os montantes dos tributos a favor do (ex-)SNB, incidentes sobre os prémios dos seguros contra fogo e de transporte de mercadorias perigosas, incluindo o seguro de carga e o seguro das viaturas especificamente destinadas a este tipo de transporte, e sobre os prémios de seguros agrícolas e pecuários foram fixados em 13% e 6%, respectivamente. De notar que, antes da entrada em vigor do Decreto-Lei n.º 97/91, de 2 de Março, os montantes em causa se encontravam fixados em 8% sobre os prémios de seguro contra fogo e em 4% sobre os seguros agrícola e pecuários.[60]

---

[57] Cf. n.º 4, Capítulo II, da Norma Regulamentar n.º 16/2001, de 22 de Novembro de 2001, emitida pelo ISP.

[58] Cf. n.º 6, Capítulo II, da Norma Regulamentar n.º 16/2001, de 22 de Novembro de 2001, emitida pelo ISP.

[59] Cf. n.º 7, Capítulo II, da Norma Regulamentar n.º 16/2001, de 22 de Novembro de 2001, emitida pelo ISP.

[60] Ver ponto 7.1. *supra*.

As Taxas de Regulação Económica no Sector dos Seguros   467

7.6. Liquidação e pagamento

Na sequência daquilo que ficou referido *supra*, as empresas seguradoras são responsáveis pela cobrança dos valores dos tributos a favor da
ANPC juntamente com o valor do prémio do seguro, devendo, no decurso
do mês seguinte àquele em que se efectuaram as cobranças dos recibos
de prémios, depositar directamente em conta especial da Caixa Geral de
Depósitos, à ordem do ISP, o quantitativo mensal, sem qualquer dedução.[61]

7.7. Afectação e valor da receita

A lei dispõe que a receita resultante da aplicação das percentagens
acima referidas se encontra consignada à ANPC (*consignação subjectiva*), para subsidiar os corpos de bombeiros (*consignação objectiva*).[62]
O facto de o Decreto-Lei n.º 388/78, de 9 de Dezembro, ratificado
com alterações pela Lei n.º 10/79, de 20 de Março, na nova redacção que
lhe foi dada pelo Decreto-Lei n.º 97/91, de 2 de Março, ainda fazer
referência ao, já extinto, SNB e aos serviços prestados pelos corpos de
bombeiros, como sendo a entidade financiada pela receita resultante da
aplicação das referidas percentagens e o serviço a cujas despesas aquele
receita está consignada, obriga a que, actualmente, com a entrada em
vigor dos Decretos-Leis n.os 203/2006, de 27 de Outubro e 75/2007, de
29 de Março, essas mesmas referências se considerem feitas para a
ANPC e para os serviços (por esta prestados) de planeamento, coordenação e execução da política de protecção civil.

---

[61] Cf. artigo 5.º do Decreto-Lei n.º 388/78, de 9 de Dezembro, alterado, por ratificação, pela Lei n.º 10/79, de 20 de Março, na nova redacção que lhe foi dada pelo
Decreto-Lei n.º 97/91, de 2 de Março, e n.º 8, Capítulo III, da Norma Regulamentar n.º
16/2001, de 22 de Novembro de 2001, emitida pelo ISP.

[62] Cf. artigo 5.º, n.º 1, do Decreto-Lei n.º 388/78, de 9 de Dezembro, ratificado com
alterações pela Lei n.º 10/79, de 20 de Março, na nova redacção que lhe foi dada pelo
Decreto-Lei n.º 97/91, de 2 de Março.

468   As Taxas de Regulação Económica em Portugal

8. Tributos a favor do Instituto de Financiamento da Agricultura e Pescas, I.P. (ex-FADAP)

8.1. *Direito nacional*

O Fundo de Compensação do Seguro de Colheitas (FCSC) foi criado pelo Decreto-Lei n.º 395/79, de 21 de Setembro, tendo sido posteriormente, substituído pelo Decreto-Lei n.º 283/90, de 18 de Setembro, nos termos do qual revertia para o referido FCSC a receita resultante da aplicação dos tributos no montante de 10%, sobre a totalidade dos prémios simples da modalidade agrícola – colheitas, do ramo classificado na alínea 9), do artigo 1.º do Decreto-Lei n.º 85/86, de 7 de Maio (que procedeu à classificação dos riscos por ramos) e sobre os prémios simples correspondentes aos contratos do seguro de colheitas celebrados sem intervenção de mediador.[63]

Com a publicação do Decreto-Lei n.º 253/91, de 18 de Julho, foi extinto o Fundo de Compensação do Seguro de Colheitas e criado um Fundo que passou a assumir a universalidade dos seus direitos e obrigações, com excepção das responsabilidades financeiras que foram transferidas para a Direcção-Geral do Tesouro.

Mais tarde, tendo em vista a redinamização do seguro de colheitas, foi criado um Sistema Integrado de Protecção contra as Aleatoriedades Climáticas (SIPAC), inicialmente previsto pelo Decreto-Lei n.º 326/95, de 5 de Dezembro, que, no entanto, nunca chegou a entrar em vigor, sendo substituído pelo Decreto-Lei n.º 20/96, de 19 de Março. Tal diploma legal revogou, igualmente, os acima rcfcridos Decretos-Leis n.ºs 283/90 e 253/91.[64]

A regulamentação do SIPAC, com efeitos a partir de 1 de Janeiro de 1997, constava, inicialmente, da Portaria n.º 430/97, de 1 de Julho, que havia revogado a Portaria n.º 90/96, de 25 de Março, com as alterações nela introduzidas pela Portaria n.º 269/96, de 19 de Junho.

---

[63] Cf. artigo 13.º, n.º 1, alínea b), do Decreto-Lei n.º 283/90, de 18 de Setembro. Contudo, as seguradoras podiam ficar dispensadas do pagamento desta contribuição, caso renunciassem ao benefício da compensação por sinistralidade referido na alínea b), do n.º 1, do artigo 10.º, do Decreto-Lei n.º 283/90, de 18 de Setembro. Cf., também, artigo 13.º, n.º 1, alínea c), do Decreto-Lei n.º 283/90, de 18 de Setembro.

[64] Apesar de não ter revogado, os decretos legislativos regionais sobre a matéria.

As Taxas de Regulação Económica no Sector dos Seguros 469

Mais tarde, a Portaria n.º 388/99, de 27 de Maio, alterada, por sua vez, pelas Portarias n.ºs 47/2000, de 3 de Fevereiro, 207/2000, de 6 de Abril, 282/2001, de 29 de Março, e 293-A/2002, de 18 de Março, veio revogar a Portaria n.º 430/97, de 1 de Julho, tendo esta vindo a ser a ser revogada, por sua vez, pela Portaria n.º 907/2004, de 26 de Julho, alterada pela Portaria n.º 395/2005, de 7 de Abril, a qual se mantém hoje em vigor. Aí são definidas as regras respeitantes à atribuição das bonificações dos prémios de seguro de colheitas, às especificidades técnicas deste seguro, à intervenção do fundo de calamidades e à actuação do mecanismo de compensação de sinistralidade, competindo ao IFAP, I.P., nos termos do artigo 12.º do citado Decreto-Lei n.º 20/96, a coordenação global do sistema e a sua gestão técnica e financeira.

O SIPAC é constituído por três componentes: *seguro de colheitas*, *fundo de calamidades* e *compensação de sinistralidade*, sendo os encargos do fundo de calamidades e os encargos com a compensação de sinistralidade financiados pelas contribuições dos agricultores e das seguradoras, respectivamente, nos termos de portaria conjunta dos Ministros das Finanças e da Agricultura, do Desenvolvimento Rural e das Pescas.[65]

O *fundo de calamidades* visa compensar os agricultores pelos sinistros provocados por riscos não passíveis de cobertura no âmbito do seguro de colheitas, nos casos em que seja declarada oficialmente a situação de calamidade, ao passo que o mecanismo de *compensação de sinistralidade* é destinado a compensar as empresas de seguros pelo valor das indemnizações decorrentes de sinistros verificados no âmbito do seguro de colheitas, na parte em que excedam, em cada ano civil, uma percentagem do valor dos prémios processados.[66]

---

[65] Cf. artigo 10.º, n.ºs 3 e 4, do Decreto-Lei n.º 20/96, de 19 de Março. Cf., também, artigo 18.º, alíneas d) e e), do Decreto-Lei n.º 20/96, de 19 de Março, e Portaria n.º 430/97, de 1 de Julho.

[66] Apenas podem beneficiar dos apoios a criar no âmbito do fundo de calamidades os agricultores que, cumulativamente, tenham efectuado o seguro de colheitas (que deverá incluir, pelo menos, os riscos de cobertura base e abranger a cultura ou plantação atingida por calamidade) e realizado o pagamento da contribuição para o tal fundo (cf. artigo 7.º do Decreto-Lei n.º 20/96, de 19 de Março, com a redacção que lhe foi dada pelo Decreto--Lei n.º 23/2000, de 2 de Março). A adesão ao mecanismo de compensação de sinistralidade é facultativa. As empresas de seguros que não pretendam, em determinado ano, aderir ao mecanismo de compensação de sinistralidade deverão manifestar formalmente essa intenção ao IFAP, I.P., até dia 31 de Dezembro do ano anterior (cf. n.ºs 3 e 4 da Portaria n.º 907/2004, de 26 de Julho, com as alterações que lhe foram introduzidas pela

470   *As Taxas de Regulação Económica em Portugal*

8.2. Incidência objectiva

No que concerne a *incidência objectiva* dos tributos em causa, importa referir que a mesma se encontra definida na Portaria n.º 907/2004, de 26 de Julho, mais especificamente nos seus n.ᵒˢ 4, subalínea ii), e 9 do Capítulo II, no que concerne ao tributo cobrado como forma de contribuição para o *fundo de calamidades*, e no n.º 5 do Capítulo III, no respeitante ao tributo cobrado como forma de contribuição devida pela adesão ao mecanismo de *compensação de sinistralidade*.

Assim, quanto ao fundo de calamidades, a contribuição para o mesmo, cobrada conjuntamente com o prémio de seguro de colheitas, será calculada com base numa percentagem incidente sobre o *valor seguro*. Pela adesão ao mecanismo de compensação de sinistralidade, será devida uma contribuição calculada na base de uma percentagem a incidir sobre o *valor dos prémios processados* em diferentes regiões do país.

8.3. Incidência subjectiva

A propósito da *base de incidência subjectiva* dos tributos em causa, a lei, ao contrário do que sucede relativamente aos tributos analisados anteriormente, define quem são os sujeitos passivos das relações tributárias em causa. Por um lado, tanto o n.º 3 do artigo 10.º do Decreto-Lei n.º 20/96, como a subalínea ii) do n.º 4 do Capítulo II da Portaria n.º 907/ /2004 estabelecem que os encargos do fundo de calamidades são financiados, entre outras formas, pelas contribuições *dos agricultores,* prevendo que as mesmas sejam cobradas pelas seguradoras (e, portanto, pagas pelos segurados) conjuntamente com o prémio do seguro de colheitas. Por outro lado, quer o n.º 4 do artigo 10.º do Decreto-Lei n.º 20/96, quer o n.º 5 do capítulo III da Portaria n.º 907/2004 definem que os encargos com a compensação de sinistralidade serão financiados, inclusivamente, pelas contribuições *das seguradoras,* correspondentes a uma percenta-

---

Portaria n.º 395/2005, de 7 de Abril, e o artigo 5.º, alínea a), do Decreto-Lei n.º 209/ /2006, de 27 de Outubro). Essa percentagem pode ser de 110% (regiões A, B e C), de 80% (região D) ou de 65% (região E) – cf. alínea a) do n.º 2 do Capítulo III da Portaria n.º 907/2004, de 26 de Julho, com as alterações que lhe foram introduzidas pela Portaria n.º 395/2005, de 7 de Abril, e, na parte que respeita à classificação das regiões, ver Capítulo I do referida portaria.

As Taxas de Regulação Económica no Sector dos Seguros   471

gem do valor dos prémios processados e que, pela adesão ao correspondente mecanismo de compensação de sinistralidade, as seguradoras *ficam obrigadas a efectuar uma contribuição.*

8.4. Base de cálculo

No que concerne o tributo, a suportar pelos agricultores, devido caso estes queiram beneficiar do fundo de calamidades, o mesmo será, como se viu, cobrado conjuntamente com o prémio de seguro de colheitas e calculado por aplicação de uma determinada percentagem sobre o valor do capital seguro, prevista no n.º 9 do Capítulo II da Portaria n.º 907/ /2004, de 1 de Julho, com as alterações que lhe foram introduzidas pela Portaria n.º 395/2005, de 7 de Abril.

Quanto ao tributo, a suportar pelas entidades seguradoras, devido pela adesão ao mecanismo de compensação de sinistralidade, o mesmo deverá corresponder a uma percentagem do valor dos prémios totais, incluindo o valor das bonificações, líquidos de estornos e anulações e deduzidos os impostos e taxas, processados no ramo de seguro em questão, diferenciada por região, de acordo com a classificação efectuada no Capítulo I, da Portaria n.º 907/2004, de 26 de Julho, com as alterações que lhe foram introduzidas pela Portaria n.º 395/2005, de 7 de Abril.[67]

8.5. Montante

Prevê o n.º 9, do Capítulo II, da Portaria n.º 907/2004, de 26 de Julho, com as alterações que lhe foram introduzidas pela Portaria n.º 395/ /2005, de 7 de Abril, que o tributo para o fundo de calamidades, suportado por agricultores, condição *sine qua non* para estes beneficiarem das medidas de apoio a criar no âmbito do referido fundo, será calculado por aplicação de uma percentagem no montante de 0,2% do valor seguro.

Por outro lado, o mesmo diploma legal, no n.º 5, do Capítulo III estabelece que a adesão ao mecanismo de compensação da sinistralidade, destinado a compensar a as seguradoras pelo excesso de sinistralidade ocorrido durante o exercício da sua actividade, será feita, globalmente,

---

[67] Não deverão ser englobados os prémios referentes aos riscos contratados ao abrigo do n.º 6, Secção II, do Capítulo I, da Portaria n.º 907/2004, de 26 de Junho, com as alterações que lhe foram introduzidas pela Portaria n.º 395/2005, de 7 de Abril.

472 *As Taxas de Regulação Económica em Portugal*

para a totalidade das regiões e implicará, necessariamente, o pagamento de um tributo, calculado com base numa percentagem do valor dos prémios totais – incluindo o valor das bonificações, líquidos de estornos e anulações e deduzidos os impostos e taxas – processados no ramo de seguro em questão, sendo diferenciado por região, nos seguintes termos: a contribuição correspondente às regiões A, B e C será equivalente a 6,3% da totalidade dos prémios processados nestas regiões; na região D, a contribuição será equivalente a 9% da totalidade dos prémios processados na região; na região E, a contribuição será equivalente a 10,8% da totalidade dos prémios processados na região.

Com a Portaria n.º 90/96, de 25 de Março, na redacção que lhe foi dada pela Portaria n.º 269/96, de 19 de Junho, os valores das contribuições para o fundo de calamidades eram calculados com base num tributo no montante de 5% do valor do prémio da cobertura base, deduzidos os impostos; para o cálculo das contribuições para o mecanismo de compensação de sinistralidade, ficaram definidas os seguintes montantes: 7% da totalidade dos prémios processados nas regiões A, B e C; 10% da totalidade dos prémios processados na região D; e 12% da totalidade dos prémios processados na região E.

Posteriormente, a Portaria n.º 430/97, de 1 de Julho, alterou os valores dos referidos tributos, estabelecendo, para o fundo de calamidades, a obrigação de pagamento de uma contribuição, calculada por aplicação das seguintes percentagens sobre o valor do capital seguro:

Regiões	Culturas*				
	I	II	III	IV	V
A....................	0,06	0,07	0,09	0,06	0,05
B....................	0,06	0,08	0,10	0,09	0,05
C....................	0,08	0,10	0,24	0,20	0,05
D....................	0,09	0,13	0,28	0,39	0,05
E....................	0,17	0,20	0,34	0,41	0,05

Quadro 2 (unidade: percentagem)

(*) Entende-se por:
 I – Cereais, linho, lúpulo, oleaginosas arvenses, leguminosas para grão, cebola, cenoura, alface, feijão-verde, alho, ervilha, beterraba hortícola e culturas em regime de forçagem;
 II – Tomate, pimento, melão, meloa, melancia, abóbora, beterraba açucareira, tabaco, azeitona para conserva, batata, castanha e azeitona para azeite;
 III – Uva, figo, actinídea (kiwi) e avelã;
 IV – Pomóideas, prunóideas, noz e amêndoa;
 V – Citrinos.

As Taxas de Regulação Económica no Sector dos Seguros   473

Com a Portaria n.º 388/99, de 27 de Maio, alterada, entretanto, pelas Portarias n.ᵒˢ 47/2000, de 3 de Fevereiro, 207/2000, de 6 de Abril, 282//2001, de 29 de Março, e 293-A/2002, de 18 de Março, os valores das contribuições para o fundo de calamidades eram calculados com base numa percentagem de 0,2% do valor seguro, ao passo que, para o cálculo das contribuições para o mecanismo de compensação de sinistralidade, ficavam definidas as seguintes percentagens: 6,3% da totalidade dos prémios processados nas regiões A, B e C; 9% da totalidade dos prémios processados na região D; e 10,8% da totalidade dos prémios processados na região E.

A Portaria n.º 388/99, de 27 de Maio, com as sucessivas alterações que entretanto sofreu, veio a ser revogada, finalmente, pela Portaria n.º 907/2004, de 26 de Julho, a qual foi alterada, por sua vez, pela Portaria n.º 395/2005, de 7 de Abril, tendo-se mantido, contudo, até aos dias de hoje, os valores das percentagens estabelecidos por aquela Portaria n.º 388/99, de 27 de Maio.

8.6. *Liquidação e pagamento*

Como ficou referido anteriormente, as contribuições dos agricultores, devidas no âmbito do fundo de calamidades, são cobradas pelas seguradoras conjuntamente com o prémio de seguro de colheitas, nos termos do n.º 9 do Capítulo II da Portaria n.º 907/2004, de 26 de Julho, com as alterações que lhe foram introduzidas pela Portaria n.º 395/2005, de 7 de Abril.

Em seguida, contra a entrega ao IFAP, I.P. do recibo do prémio do seguro, do qual deverá constar a liquidação do tributo com base no qual aquela contribuição tenha sido calculada, a empresa de seguros recebe do Estado, a título de retribuição pelos serviços prestados no âmbito do fundo de calamidades, uma remuneração, equivalente a 10% da receita cobrada para o este fundo, relativa a contratos em que o tomador do seguro haja efectuado a contribuição para o mesmo.[68]

---

[68] Cf. artigo 11.º, n.º 2, do Decreto-Lei n.º 20/96, de 19 de Março, e n.º 10, Capítulo II, da Portaria n.º 907/2004, de 26 de Julho, com as alterações que lhe foram introduzidas pela Portaria n.º 395/2005, de 7 de Abril.

474 As Taxas de Regulação Económica em Portugal

Por seu turno, nos termos do n.º 2 do artigo 11.º do Decreto-Lei n.º 20/96, de 19 de Março, as contribuições das empresas de seguros, devidas pela adesão ao mecanismo de compensação de sinistralidade, deverão ser entregues pelas mesmas ao IFAP, I.P.

8.7. *Afectação e valor da receita*

A receita resultante da aplicação das percentagens nos termos acima identificados, entregue ao IFAP, I.P., enquanto entidade responsável pela coordenação global e gestão técnica e financeira do SIPAC, encontra-se consignada, quer ao fundo de calamidades, quer ao mecanismo de compensação de sinistralidade (*consignação subjectiva*), destinando-se a mesma a cobrir os encargos decorrentes de ambos aqueles mecanismos de compensação (*consignação objectiva*).[69]

---

[69] Cf. artigos 10.º, n.ºs 3 e 4, 11.º, n.º 2, e 12.º do Decreto-Lei n.º 20/96, de 19 de Março.

BIBLIOGRAFIA

AMARAL, Diogo Freitas do (Coimbra, 1994; 2007), *Curso de Direito Administrativo*

ANASTÁCIO, Gonçalo, "Regulação de Energia", in *Regulação em Portugal* (no prelo)

ARAGÃO, Maria Alexandra de Sousa (Coimbra, 1997), *O Princípio do Poluidor Pagador*

ARAÚJO, Fernando (Coimbra, 2005), *Introdução à Economia*

BARATA, Nunes (Lisboa, 1961), *Localização dos Organismos de Coordenação Económica no Ultramar*

BARROS, Pedro Pita (2003), *Sobre a articulação entre o ICP-ANACOM e a Autoridade da Concorrência* (disponível em http://www.icp.pt/streaming/parec_anacom.pdf?categoryId=78651&contentId=128075&field=ATTACHED_FILE)

BASTOS, Nuno Castello-Branco (Coimbra, 2004), *Direito dos Transportes*

BUJANDA, Fernando Sainz de (Madrid, 1982), *Lecciones de Derecho Financeiro*

SAINZ DE BUJANDA, *Impuestos Directos e Impustos Indirectos, Análisis Jurídico de una vieja distincion*

CAETANO, Marcelo (Lisboa, 1938), *O Sistema Corporativo*

CAMPOS, Diogo Leite de/Rodrigues, Benjamim Silva/Sousa, Jorge Lopes de (Lisboa, 2003), *Lei Geral Tributária Comentada e Anotada*

CANOTILHO, José Joaquim Gomes/Moreira, Vital (Coimbra, 1993; 2007), *Constituição da República Portuguesa Anotada*

COELHO, Luiz Pinto, "Os Organismos de Coordenação Económica", *Revista da Ordem dos Advogados*, 1941, n.º 3

CONFRARIA, João (Lisboa, 2005), *Regulação e Concorrência – Desafios do século XXI*

CORREIA, Luís Brito (Coimbra, 2000), *Direito da Comunicação Social*, vol. I

CORREIA, Miguel Pupo (2004), *Introdução ao Enquadramento Regulatório dos Transportes* (disponível em www.estig.ipbeja.pt/~ac_direito/IntrodReg-Transp.pdf)

COSTA, Andreia Pereira da/Lage, Sandra, "MIBEL – Mercado a Prazo; caracterização e implicações fiscais", *Cadernos do Mercado de Valores Mobiliários*, 2006, n.º 25

CupÁ, José Manuel Cardoso da, "Sobre o Princípio da Legalidade das 'Taxas' (e das 'Demais Contribuições Financeiras')", in VV. (Coimbra, 2006), *Estudos em Homenagem ao Professor Doutor Marcello Caetano*, vol. I

Cunha, Patrícia/Vasques, Sérgio (Coimbra, 2002), *Jurisprudência Fiscal Comunitária Anotada*

Domingo, Fernando Vicente-Archo, "Notas de Derecho Financiero a la Ley de Tasas y Exacciones Parafiscales de 26 Diciembre de 1958", *Revista de Administración Pública*, 1959, n.º 29

Dourado, Ana Paula, "Caracterização e fundamentação da substituição e da responsabilidade tributária", CTF, 1998, n.º 391

Dourado, Ana Paula (Coimbra, 2007), *O Princípio da Legalidade Fiscal: Tipicidade, Conceitos Jurídicos Indeterminados e Margem de Livre Apreciação*

ERSE (2007), *Caracterização do Sector do Gás Natural em Portugal*

Faull, Jonathan/Nikpay, Ali (Oxford, 2007), *The EC Law of Competition*

Faustino, Manuel (Lisboa, 2003), *IRS de Reforma em Reforma*

Faveiro, Vítor (Coimbra, 2002), *O Estatuto do Contribuinte. A pessoa do Contribuinte no Estado Social de Direito*

Ferrão, Alfredo Mendes de Almeida (Coimbra, 1963), *Serviços Públicos no Direito Português*

Ferreira, Ana Sofia, "Do que Falamos Quando Falamos de Regulação em Saúde?", *Análise Social*, 2004, n.º 171

Ferreira, Rogério M. Fernandes/Amador, Olívio Mota/Vasques, Sérgio, "O financiamento do serviço público de televisão e a nova contribuição para o audiovisual", *Fiscalidade*, 2003, n.º 17

Franco, António de Sousa (Coimbra, 1988), *Finanças Públicas e Direito Financeiro*

Garcia, Nuno de Oliveira, "Preços, Tributos e Entidades Reguladoras: O Caso do Sector da Electricidade", *Ciência e Técnica Fiscal*, 2006, n.º 418

Garcia, Nuno de Oliveira, "Isenção de Tarifa Municipal/Vigência de Isenção Atribuída em 1955 – Acórdão STA de 6 de Outubro de 2004", *Ciência e Técnica Fiscal*, 2005, n.º 416

Garijo, Mercedes Ruiz (Valladolid, 2002), *Problemas Actuales de las Tasas*

Goldhirsch, Lawrence B. (Dordrecht/Boston/London, 1988), *The Warsaw Convention Annotated: A Legal Handbook*

Gomes, Nuno Sá (Lisboa, 1984), *Lições de Direito Fiscal*, vol. I

Gonçalves, Pedro/Martins, Licínio Lopes, "Os Serviços Públicos Económicos e a Concessão no Estado Regulador", in Vital Moreira, org. (Coimbra, 2004), *Estudos de Regulação Pública*, vol. I

Gonçalves, Pedro (Coimbra, 2008), *Regulação, Electricidade e Telecomunicações, Estudos de Direito Administrativo da Regulação*

Bibliografia

GOUVEIA, Jorge Bacelar, coord. (Coimbra, 2007), *Estudos de Direito Aéreo*
GOUVEIA, Rodrigo (Coimbra, 2001), *Os Serviços de Interesse Geral em Portugal*
GRECO, Marco Aurélio (São Paulo, 2001), *Contribuições de Intervenção no Domínio Económico e Figuras Afins*
GRECO, Marco Aurélio (São Paulo, 2000), *Contribuições: Uma Figura Sui Generis*
GUERREIRO, António Lima (Lisboa, 2001), *Lei Geral Tributária Anotada*
JARASS, Hans, "Verfassungsrechtliche Grenzen für die Erhebung nichtsteuerlicher Abgaben", *Die öffentliche Verwaltung*, 1989
JARASS, Hans (Köln, 1999), *Nichtsteuerliche Abgaben und lenkende Steuern unter dem Grundgesetz*
LEITÃO, Luís M. T. Menezes, "A substituição e a responsabilidade fiscal no direito português", CTF, 1997, n.º 388
LEITE, António Nogueira, "Lição Inaugural do I Curso de Pós-graduação em Regulação Pública", in Vital Moreira, org. (Coimbra, 2004), *Estudos de Regulação Pública*, vol. I
LEVY, Maurício (2002), *Caminho de Ferro e Regulação Económica* (disponível em www.intf.pt/Uploads/%7B4B8A6218-A766-4140-9216-144B1CFD7794%7D.pdf)
LOBO, Carlos, "Reflexões sobre a (necessária) equivalência económica das taxas", in VV. (Coimbra, 2006), *Estudos Jurídicos e Económicos em Homenagem ao Prof. Doutor António de Sousa Franco*, vol. I
LOBO, Carlos Baptista, "Taxas enquanto instrumento de financiamento público – as responsabilidades acrescidas do Estado", TOC, 2006, n.º 76
LOFF, Vicente (Lisboa, 1960), *Estudo de Base sobre o Ordenamento e Coordenação dos Serviços e Organismos Executivos da Política Económica Nacional de Âmbito Ultramarino*
LUCENA, Manuel de, "Sobre a Evolução dos Organismos de Coordenação Económica Ligados à Lavoura", *Análise Social*, 1978, n.ºs 56 e n.º 57, e 1979, n.º 58
MAÇÃS, Fernanda/Moreira, Vital, "Estudo e Projecto de Estatutos do Instituto das Comunicações de Portugal (ICP)", in Vital Moreira, org. (Coimbra, 2004), *Estudos de Regulação Pública*
MACHADO, Hugo de Brito, "As Taxas no Direito Brasileiro", *Boletim da Faculdade de Direito da Universidade de Coimbra*, 2001, n.º 77
MARQUES, Maria Manuel Leitão/Moreira, Vital, "Economia de Mercado e Regulação", in (Coimbra, 2003), *A Mão Visível: Mercado e Regulação*
MARQUES, Maria Manuel Leitão/Almeida, João Paulo Simões de/Forte, André Matos (Coimbra, 2005), *Concorrência e Regulação (A Relação entre a Autoridade da Concorrência e as Autoridades de Regulação Sectorial)*

478 *As Taxas de Regulação Económica em Portugal*

Martin, Juan A. Alvarez (Barcelona, 2003), *La liberalización del sector eléctrico y la tasa municipal por utilización privativa o aprovechamentos especiales del domínio público local*

Martins, Guilherme d'Oliveira/Martins, Guilherme Waldemar d'Oliveira/Martins, Maria d'Oliveira (Coimbra, 2007), *A Lei de Enquadramento Orçamental – Anotada e Comentada*

Melo, Pedro/Pulido, João Garcia/Marques, Paulo/Beato, Alexandra da Silva (Coimbra, 2004), *Estudos sobre Energia: Petróleo e Gás Natural*

Menéndez, Adolfo Menéndez (Madrid, 2005), *Régimen jurídico del transporte aére*

Ministério da Reforma do Estado e da Administração Pública (Lisboa, 2001), *Relatório e Proposta de Lei-Quadro sobre os Institutos Públicos*

Ministério das Finanças (Lisboa, 1998), *Reforma da Lei do Enquadramento Orçamental: Trabalhos Preparatórios e Anteprojecto*

Miranda, Jorge, "A Competência Legislativa no Domínio dos Impostos e as Chamadas Receitas Parafiscais", *Revista da Faculdade de Direito da Universidade de Lisboa*, 1988, vol. XXIX

Morais, Carlos Blanco de, "As Autoridades Administrativas Independentes na Ordem Jurídica Portuguesa", *Revista da Ordem dos Advogados*, 2001, ano 61, Janeiro

Morais, Carlos Blanco de, "Breve Introdução ao Regime Jurídico das Comunicações Electrónicas no Direito Comunitário e Português", in VV. (Coimbra, 2006), *Estudos Jurídicos e Económicos em Homenagem ao Prof. Doutor António de Sousa Franco*, vol. I

Moreira, Vital (Coimbra, 1997), *Auto-Regulação Profissional e Administração Pública*

Moreira, Vital/Maçãs, Fernanda (Coimbra, 2003), *Autoridades Reguladoras Independentes: Estudo e Projecto de Lei-Quadro*

Moreira, Vital, "Regulação Económica, Concorrência e Serviços de Interesse Geral", in Vital Moreira, org. (Coimbra, 2004), *Estudos de Regulação Pública*, vol. I

Mussgnug, Rheinhard, "Die zweckgebundene öffentliche Abgabe", in Roman Schnur, org. (München, 1972), *Festschrift für Ernst Forsthoff zum 70. Geburtstag*

Nabais, José Casalta, "Jurisprudência do Tribunal Constitucional em Matéria Fiscal", *Boletim de Faculdade de Direito de Coimbra*, 1993, n.º 69

Nabais, José Casalta, "Tarifa e Questões Fiscais: Competência dos Tribunais Tributários", *Justiça Administrativa*, 1997, n.º 6

Nabais, José Casalta, "O Princípio da Legalidade Fiscal e os Actuais Desafios da Tributação", *Boletim da Faculdade de Direito de Coimbra: Volume Comemorativo dos 75 Anos*, 2003

Bibliografia 479

NABAIS, José Casalta (Coimbra, 2004), *O Dever Fundamental de Pagar Impostos*

NABAIS, José Casalta (Coimbra, 2003; 2006; 2007), *Direito Fiscal*

OLIVEIRA, Mário de (Lisboa, 1959), *O Regime Corporativo e os Organismos de Coordenação Económica*

ORTIZ, Gaspar Ariño/Castro, Lucía López (Madrid, 1998), *El Sistema Eléctrico Español. Regulación y Competência*

PORTO, Manuel Carlos Lopes (Coimbra, 2004), *Economia: Um Texto Introdutório*

PUENTE, Marcos Gómez (Madrid, 2006), *Derecho Administrativo Aeronáutico (Régimen de la aviación y el transporte aéreo)*

QUADROS, Fausto de (Coimbra, 2004), *Direito da União Europeia*

RIBEIRO, José Joaquim Teixeira (Coimbra, 1939), *Princípios e Fins do Sistema Corporativo Português*

RIBEIRO, José Joaquim Teixeira (Coimbra, 1977), *Lições de Finanças Públicas*

RIBEIRO, José Joaquim Teixeira, "Noção Jurídica de Taxa", RLJ, 1985, n.º 117

RIBEIRO, José (Lisboa, 1997), História Legislativa do Sector Eléctrico em Portugal, 182 ss.

RODRIGUES, Gualdino (Lisboa, 2004), *As Fontes Internacionais no Direito Aéreo*

SANCHES, José Luís Saldanha, "OGE 96: notas sobre a autorização legislativa sobre os métodos indiciários", Fisco, 1996, n.os 76-77

SANCHES, José Luís Saldanha, "Poderes Tributários dos Municípios e Legislação Ordinária", *Fiscalidade*, 2001, n.º 6

SANCHES, José Luís Saldanha/Gama, João Taborda da, "Taxas municipais pela ocupação do subsolo", *Fiscalidade*, 2004, n.os 19-20

SANCHES, José Luís Saldanha (Coimbra, 2002; 2007), *Manual de Direito Fiscal*

SCHMITZ, Bob, "Anomalies abundant", *Ground Handling International*, 2007, vol. 12, n.º 3

SILVA, Arnaldo, "Responsabilidade civil no Direito Aéreo e a problemática da indemnização do dano moral", Jorge Bacelar Gouveia, coord. (Coimbra, 2007), *Estudos de Direito Aéreo*

SILVA, João Nuno Calvão da (Coimbra, 2008), *Mercado e Estado, Serviços de Interesse Económico Geral*

SOARES, José Fernandes (Lisboa, 2007), *Teorias Económicas de Regulação. Grupos de interesse, procura de renda e aprisionamento*

SOUSA, Jorge Lopes de (Lisboa, 2006), *Código de Procedimento e de Processo Tributário, Anotado e Comentado*, vol. I

TORRÃO, José António Valente (Lisboa, 2005), *Código de Procedimento e de Processo Tributário, Anotado e Comentado*

UTRAY, Jorge F. (Madrid, 2004), *Liberalización o Regulación? Un Mercado para la Electricidad*

VASCONCELOS, Jorge (2004), *A Regulação em Portugal: Arte Nova, Arte Degenerada ou Arte Pobre?* (disponível em www.fd.uc.pt/cedipre/

licoes_inaugurais/CEDIPRE_LicaoInaugural_DrJorgeVasconcelos.pdf
e em www.erse.pt/NR/rdonlyres/82B09F4D-4ECE-433D-B10A-
69C6408B4026/0/AREGULAÇÃOEMPORTUGAL.pdf)

Vasques, Sérgio, "A Tributação da Electricidade: Técnica e Direito Comparado", *Ciência e Técnica Fiscal*, 2001, n.º 404

Vasques, Sérgio, "Remédios Secretos e Especialidades Farmacêuticas: A Legitimação Material dos Tributos Parafiscais", *Ciência e Técnica Fiscal*, 2004, n.º 413

Vasques, Sérgio, "Acórdãos do Tribunal Constitucional n.º 652/2005 e n.º 52//2006 (Dupla Tributação por Taxas Locais)", *Ciência e Técnica Fiscal*, 2006, n.º 418, 443 (nota n.º 5)

Vasques, Sérgio, "Taxas de Saneamento Ad Valorem – Anotação ao Acórdão n.º 68/2007 do TC", *Fiscalidade*, 2006, n.º 28

Vasques, Sérgio (Coimbra, 2008a), *O Princípio da Equivalência como Critério de Igualdade Tributária*

Vasques, Sérgio (Coimbra, 2008b), *Regime das Taxas Locais: Introdução e Comentário*

Viegas, Maria José, "O handling nos aeroportos portugueses", Boletim da Ordem dos Advogados, 2003, n.º 26

Viegas, Maria José (Lisboa, 2004), *Direito dos Aeroportos*

Viegas, Maria José, "Much ado about nothing?", *Ground Handling International*, 2004, vol. 9, n.º 5

Viegas, Maria José, "Expense account?", *Ground Handling International*, 2007, vol. 12, n.º 5

Xavier, Alberto (Lisboa, 1973), *Direito Fiscal, Lições*

Xavier, Alberto (Lisboa, 1974), *Manual de Direito Fiscal*

ÍNDICE

Nota Prévia 5

Apresentação dos Autores 7

As Taxas de Regulação Económica em Portugal: Uma Introdução 15
Sérgio Vasques

As Taxas de Regulação Económica no Sector dos Aeroportos 59
António Moura Portugal
Maria José Viegas

As Taxas de Regulação Económica nos Sectores das Águas e Resíduos .. 111
Gonçalo Leite de Campos
Miguel Clemente

As Taxas de Regulação Económica no Sector da Comunicação Social .. 153
Diogo Ortigão Ramos
Pedro Sousa Machado

As Taxas de Regulação Económica no Sector das Comunicações Electró-
nicas 171
Conceição Gamito
João Riscado Rapoula

As Taxas da Autoridade da Concorrência 251
Carlos Pinto Correia
Rui Camacho Palma

As Taxas de Regulação Económica no Sector da Electricidade 271
Nuno de Oliveira Garcia
Inês Salema

482 As Taxas de Regulação Económica em Portugal

As Taxas de Regulação Económica no Sector Ferroviário 295
Luís M. S. Oliveira

As Taxas de Regulação Económica no Sector do Gás Natural 357
Gonçalo Anastácio
Joana Pacheco

As Taxas de Regulação Económica no Mercado de Capitais 387
Diogo Leónidas Rocha
Marta Graça Rodrigues
Gonçalo Castro Ribeiro

As Taxas de Regulação Económica no Sector da Saúde 409
Manuel Anselmo Torres
Mafalda Martins Alfaiate

As Taxas de Regulação Económica no Sector dos Seguros 429
Rogério M. Fernandes Ferreira
João R. B. Parreira Mesquita

Bibliografia 475